suhrkamp taschenbuch
wissenschaft 577

Michel Leiris, geboren 1901, ist Schriftsteller und Ethnologe. 1924 kam er zur surrealistischen Bewegung, 1929 trennte er sich von ihr. Während dieser Zeit zählte er zu dem Kreis um André Masson, dem auch Artaud und Bataille angehörten. Mit Bataille und Callois gründete er 1937 das Collège de Sociologie. Befreundet war er ebenfalls mit Sartre und Lacan.

Anfang der dreißiger Jahre führte Leiris während einer ethnologischen Expedition quer durch Afrika von Dakar nach Djibouti ein Tagebuch, das die Fachwelt aufschreckte und verärgerte. Im Sinne der akademischen Wissenschaft ist es ein skandalöses Buch; in ihm kommt zur Sprache, was alle Kollegen auch wissen, aber nicht schreiben: das Konstruierte in jeder Deskription, theoretische Mängel und methodologische Tricks. Der ›Ertrag‹ dieser Expedition ist eine mit allen Mühen der Feldforschung erworbene Kenntnis einiger afrikanischer Ethnien und eine mit allen Mitteln erbeutete Sammlung von Alltagskultgegenständen. Leiris nimmt an diesen Raubzügen teil und beschreibt seine obsessionelle Lust, seine Gier nach dem Besitz des Fremden. Mit kolonialistischem Gehabe, in Korruption und Lügen verstrickt, erfüllen die Ethnologen ihren Auftrag, das heimische Staatsmuseum aufzufüllen und den Ethnologie-Studenten Anschauungsmaterial zu liefern. *Phantom Afrika* dokumentiert die kolonialistische Herkunft der Ethnologie.

Michel Leiris
Phantom Afrika

Tagebuch einer Expedition
von Dakar nach Djibouti 1931–1933
Zweiter Teil

Ethnologische Schriften
Band 4

Übersetzt und mit einem Nachwort
von Rolf Wintermeyer
Herausgegeben und mit einer Einleitung
von Hans-Jürgen Heinrichs

Suhrkamp

Titel der Originalausgabe:
L'Afrique fantôme. De Dakar à Djibouti 1931–1933.
© 1934 Éditions Gallimard, Paris

CIP-Kurztitelaufnahme der Deutschen Bibliothek
Leiris, Michel:
Phantom Afrika:
Tagebuch e. Expedition
von Dakar nach Djibouti 1931–1933 /
Michel Leiris.
Hrsg. u. mit e. Einl.
von Hans-Jürgen Heinrichs. –
Frankfurt (Main): Suhrkamp
Einheitssacht.: L'Afrique fantôme <dt.>
Teil 2. Übers u. mit e. Nachw.
von Rolf Wintermeyer. –
1. Aufl. – 1985.
(Ethnologische Schriften /
Michel Leiris; Bd. 4)
(Suhrkamp-Taschenbuch Wissenschaft; 577)
ISBN 3–518–28177–1
ISBN 3–518–09688–5 (Gesamtw.)
NE: GT

suhrkamp taschenbuch wissenschaft 577
Erste Auflage 1985
© 1984 by Syndikat Autoren- und Verlagsgesellschaft
Frankfurt am Main
Lizenzausgabe mit freundlicher Genehmigung der
Syndikat Autoren- und Verlagsgesellschaft
Suhrkamp Taschenbuch Verlag
Alle Rechte vorbehalten, insbesondere das
des öffentlichen Vortrags, der Übertragung
durch Rundfunk und Fernsehen
sowie der Übersetzung, auch einzelner Teile.
Druck: Nomos Verlagsgesellschaft, Baden-Baden
Printed in Germany
Umschlag nach Entwürfen von
Willy Fleckhaus und Rolf Staudt

1 2 3 4 5 6 – 90 89 88 87 86 85

Vorwort des Herausgebers
zum Abschluß der Ethnologischen Schriften
von Michel Leiris

Dieser II. Teil von Michel Leiris' *L'Afrique fantôme. De Dakar à Dji-bouti (1931-1933)* schließt zeitlich und geographisch (im Sinne der von West nach Ost ziehenden ethnologischen Expedition) an den I. Teil an und ist Vorstufe des von Leiris in den dreißiger Jahren ins Auge gefaßten Projekts einer Autobiographie, einer durch Tagebuchnotizen und selbstanalytische Notizen erschriebenen Dokumentation eines Lebens.

Trotz dieser mehrfachen Abhängigkeit ist es auch als selbständiges Buch zu lesen: die Erfahrungsstruktur, die den I. Teil prägte, ist ebenso durchgängig in den vorliegenden Aufzeichnungen vorhanden, so daß man gleichsam voraussetzungslos mit der Lektüre beginnen kann; und doch ist es nicht nur eine Neuauflage des Vorangegangenen, da sich der Erfahrungsraum beständig erweitert und der ethnographische Blick in eine Kultur (Äthiopien) einzudringen beginnt, deren *Besessenheitskulte* die *Magie* der Maskengesellschaft der Dogon ablösen. Neben der eindringlichen Erfahrung des Heiligen im außereuropäischen Alltagsleben: die beständiggleiche Erfahrung des Alltags, der in seiner Banalität und unerträglichen Langeweile die Faszination am »Heiligen« ad absurdum zu führen droht.

Leiris' Tagebuch ist eine Chronik des Heiligen und des Alltäglichen – aus der Sicht eines als Archivar angestellten Schriftstellers, eines am Ideal der Authentizität sich fortschreibenden Chronisten und Poeten, eines jungen Mannes, der sich ebenso bestürzt seiner inneren wie der ethnographischen Fremde ausgesetzt sieht und sprachlich sein Lebenswissen und sein ethnologisches Wissen zu fassen versucht. Die Folge der Tage gibt die Abfolge des Dargestellten vor, das Dargestellte strukturiert sich in unablässiger Bewegung vom Protokoll zur Erzählung.

Die Dakar-Djibouti-Expedition, der sich Leiris 1931 mehr zufällig, mehr aus privaten denn aus professionellen Gründen (etwa eine Karriere als Ethnologe standesgemäß mit Feldforschung zu fundieren) anschloß, führte bis 1932 quer durch Senegal und Mali in den Tschad. Ziel war die Erforschung der Sprachen, der Kulte und Sozialverhältnisse, der Lebens- und Arbeitsbedingungen, der Architektur und Kunst Äthiopiens. So wie sich Leiris in Mali dem umfangreichen Projekt einer Beschreibung der *Geheimsprache der Dogon* zuwendete, beginnt er in Äthiopien mit der Analyse der *Zâr-Besessenheitskulte*. Der »Ertrag« der Expedition ist eine mit allen Mühen der Feldforschung erworbene *Kenntnis* einiger afrikanischer Ethnien und eine mit allen Mitteln erbeutete *Sammlung* einiger Alltags-Kultgegenstände. Leiris nimmt an den Raubzügen teil und beschreibt die empfundene obsessionelle Lust, die Gier nach dem Besitz des Fremden. Auch unter diesem Gesichtspunkt durchzieht die gleiche Struktur den ersten und den zweiten Teil von *Phantom Afrika*.

Phantom Afrika will in seinen Resultaten der Ethnologie weniger Grundlagen sichern und ein »Feld« erobern, als ihr vielmehr den Boden einer objektiven, unbestechlichen oder gar reinen Wissenschaft entziehen, nicht aus wissenschaftstheoretischer, sondern aus expeditions-praktischer Erfahrung heraus: Mit kolonialistischem und freibeuterischem Gehabe, in Korruption und Lügen verstrickt, erfüllen die Ethnologen ihren Auftrag, das heimische Staatsmuseum aufzufüllen und den Hörern der Ethnologie-Vorlesungen ethnographisches Anschauungsmaterial zu liefern.

Das *Projekt,* das für Leiris auch nach Abschluß von *Phantom Afrika* offen bleibt – »Schon nur mehr ein Phantom für mich im Jahre 1934, entzieht sich das Afrika von 1980 erst recht meinem Blick« –, ist die Arbeit an seiner hier begonnenen *Methode* der tagebuchmäßigen Aufzeichnung.

Der Blick des Tagebuchschreibers Leiris wendet sich zunehmend auf seine eigene Person und die literarische Form subjektiven Erlebens. Ohne die Gebundenheit an den ethnologischen Gegenstand wird sein Projekt zu einer endlosen Selbstanalyse, das in der 1940 bis 1982 geführten »Autobiographie« *La règle du jeu* ihre endgültige Gestalt findet. An die Stelle der »Unmittelbarkeit« eines jungen Ethnologen, der nichts zu verlieren hat, tritt die assoziative, linguistische Vermitteltheit eines jungen Literaten, der sich, trotz aller Einbrüche, irgendwo zu finden hofft.

Das Band, das Leiris zwischen sich als werdendem Ethnologen und seinen ausgebildeten Kollegen mit seinen Enthüllungen (in *Phantom*

Afrika) zerreißt, ist gleichsam der Vollzug der in sich brüchigen Beziehung zwischen dem Ethnologen und seinem Gegenstand, einer Beziehung, die sich von ihrer kolonialistischen Vergangenheit nicht lösen konnte und ihren Gegenstand zu verlieren schien im Niedergang der traditionalen Gesellschaften bzw. der Verunsicherung der sozialen, ökonomischen, kulturellen und religiösen Systeme, der traditionsbezogenen und der modernistischen Werte. In der Abwendung von dem autobiographischen Projekt, das seinen Stoff aus der Konfrontation mit außereuropäischen Kulturen bezog, hin zu einem selbstanalytisch orientierten Projekt wird dieser Bruch zwischen dem Beobachter und seinem Objekt an der Sprache selbst beschrieben und analysiert.

So wie sich dem Ethnologen Leiris der ethnologische Gegenstand in der ihm traditionell zugewiesenen wissenschaftlichen Ordnung entzog, so bekommt Leiris, als der Erforscher seines Selbst, nur Schatten, Fußangeln und Fäden seines Lebens zu fassen. Im Aufspüren seiner Kindheitserlebnisse entdeckt er in sprachlichen Ausbrüchen, in Laut- und Wortfolgen, die Spuren seiner Sozialisation und seiner archaischen Vergangenheit. *Sprachlich* stellen sich ihm jetzt die »Rätsel, die ich zu lösen hatte«.

Leiris' Bücher sind Entwürfe eines Menschen, der nicht gewillt war, sein Scheitern wort-los hinzunehmen, der es aber auch nicht in Worten emphatisch überhöhen und verfälschen wollte. Er wollte sein »Gesetz« (Struktur) und seine »Etikette« (Oberfläche) kennenlernen, die Räume zwischen Ich und Es – wo Es war und Ich werden wollte, wo Ich Es verdeckte usw. – skizzieren, auch auf die Gefahr selbstzerstörerischer Entdeckungen hin. So werden das Scheitern und das Mißglückte, die Verfehlungen und Verletzungen Angelpunkt eines *Lebens,* das sich auf das Schreiben bezieht, und eines *Schreibens,* das ohne eine entsprechende Lebenserfahrung nicht denkbar wäre. Nicht als Literatur, sondern als Ersatz des Lebens entworfen, entwickelt sich dieses Projekt im Sich-Einlassen auf die verwinkelsten Bezüge der Sprache und den durchgehaltenen Bezug auf einen (scheiternden) Helden zu einem literarischen Entwurf par excellence.

Hans-Jürgen Heinrichs

20. April

Die abessinische Grenze. Wir sind heute abend hier angekommen, nach einem Tag in Gedaref (19. April), wo wir bei den Grenzschiebern eine große Zahl von Einkäufen getätigt und die Reihe der offiziellen Einladungen bei den angelsächsischen Honoratioren durch einen Cocktail beim District Commissoner fortgesetzt haben, und nach einem weiteren Tag, den wir mit unserem brechend vollen Lastwagen für die beschwerlichen 96 Meilen von Gedaref nach Gallabat (für die Abessinier Métamma) brauchten. Ziemlich mühsame Piste, lauter »cottonsoil«, zwei eingegrabene Wagenspuren, aber zu schmal für unsere gedoppelten Hinterräder. Resultat: der erstarrte, rissige Schlamm zerfetzt den Gummi der Räder. Glühende Hitze. In den Kühler muß ständig Wasser nachgefüllt werden. Aber erstaunliche Bäume mit blaßgrünen Stämmen und Blättern, Bäume, die mir zwischen die Augen blicken wie Nixen . . .

21. April

Gestern bin ich 31 geworden. Der junge englische Captain – stämmig und blond –, der uns mit großem Aufwand an Gin, Whisky usw. empfangen hat, goß mir noch ein Glas nach, als er erfuhr, daß dies mein *birthday* war, und entschuldigte sich zugleich, nicht mit Champagner aufwarten zu können. Mir fallen bei ihm zwei Photos auf: ein alter Gentleman mit weißen Haaren, Zigarre und schwarzem Anzug; eine noch junge Frau mit hübschen, etwas harten Gesichtszügen, ganz *lady*. Er ist der einzige Europäer in der kleinen Festung von Gallabat, einer kleinen Ansammlung von Gebäuden auf dem Hügel, der den übrigen Teil der Stadt überragt: ein paar spanische Reiter, eine vage Andeutung von Stacheldraht. In einem von diesen Gebäuden werden wir bewirtet.

Die englisch-abessinische Grenze ist ein zu dieser Jahreszeit ausgetrockneter Wildbach, der genau am unteren Ende der Stadt vorbeifließt. Auf der anderen Seite befindet sich der äthiopische Zoll. Begleitet von einem eingeborenen englischen Soldaten und einem Beamten der Regierung – einem amharisch[1] sprechenden Araber, der uns im übrigen Maulesel besorgen soll – gehen wir hinüber.

Wir haben kaum Kontakt mit diesen Leuten aufgenommen, da fangen die erwarteten Scherereien auch schon an: Der *guérazmatch*[2], der Chef des Grenzpostens, (ein großer, allmählich grau werdender Mann mit schwärzlichem Wollmantel und klassischer, eng am Bein anliegender weißer Hose) ist selbstverständlich sehr zuvorkommend, erklärt aber, die Verantwortung dafür, uns mit unserem Boot ins Land einreisen zu lassen, könne er nicht übernehmen. Wir müssen nach Addis Abeba telegraphieren und die Erlaubnis des Königs der Könige einholen. Der zwielichtige abessinische Gentleman (gelbe Schuhe mit Gummibändern, senffarbene Strümpfe, Shorts), der dem *guérazmatch* als Dolmetscher für Englisch dient, fügt – bald auf abessinisch, bald in sehr schlechtem Englisch – hinzu, er sei keineswegs sicher, ob uns diese Erlaubnis erteilt werde. Der Kaiser werde den Ras[3] Haylou und den Ras Kasa zu Rate ziehen müssen, die seit der Krönung beide ihren Wohnsitz in Addis Abeba haben. (Wie wir schon vermutet hatten, und wie uns auch der arabische Beamte bestätigt, stehen die beiden mehr oder weniger unter Hausarrest.)

Es ist zudem nicht möglich, Maulesel nur zu leihen. Sie sind lediglich zu kaufen, und ihr gegenwärtiger Preis beläuft sich auf ungefähr 6 ägyptische Pfund. Anstatt eine große Karawane zusammenzustellen, müssen wir uns also mit etwa dreißig Mauleseln begnügen und unser Material in mehreren Etappen transportieren.

Zwei Telegramme nach Addis Abeba: das eine an den französischen Botschafter, das andere an den Kaiser. Vertragsabschluß mit dem Mann, der uns die Maulesel besorgen soll. Abschied von dem englischen Captain, der sich die Haare schneiden lassen will, weil er nach dem Essen mit ein paar Soldaten und sechs Kamelen für das Material und die Wasserkanister auf Patrouille geht. Noch beim Nachtisch hören wir von ferne die *Youyou*-Schreie der Frauen, die den glanzvollen Aufzug der Patrouille bejubeln. Als letzter zieht der Captain auf seinem Kamel vorüber.

Wohlverdienter Mittagsschlaf. Heute abend will Griaule den *guérazmatch* wieder aufsuchen und ihm noch einmal einige Pfund Bakschisch

---

1 *Amharigna*, oder das Amharische ist die weitestverbreitete abessinische Sprache.
2 Militärischer Titel in Abessinien, wörtlich bedeutet er »Chef zur Linken«.
3 D. h. »Kopf« – Titel der großen Provinzgouverneure.

zustecken. Morgen früh fahren wir gleich bei Tagesanbruch wieder nach Gedaref zurück, um die Antwort auf unsere beiden Telegramme abzuwarten.

22. April

Griaule hielt es für diplomatischer, dem *guérazmatch* seinen Besuch nicht persönlich abzustatten. So bin ich also gegangen, kurz nach Sonnenuntergang, mit drei, in Papier eingeschlagenen Pfund-Noten. Auf dem Papier standen in abessinischer Sprache die folgenden Zeilen:

»Dies ist ein kleines Geschenk. In Gedaref habe ich viele Dinge. Ich habe viele Geschenke. 300 Piaster oder 50 Taler.«

Sobald ich den Kreis der Vertrauten und Wächter durchschritten und dem *guérazmatch* das Papier übergeben habe – ich zeige ihm mit dem Finger, daß etwas daraufgeschrieben steht –, wende ich mich um und nehme mit noblen und gemächlichen Schritten denselben Weg über den Grenzfluß wieder zurück, genau wie ich gekommen bin. Griaule erwartet mich auf der anderen Seite des Flusses. Mir fällt die biblische Erzählung von Gideon, seinen Soldaten und den auf dem Boden der Krüge verborgenen Lampen ein. Aber die Fahrt von heute morgen, zurück nach Gedaref, erinnert mich schon eher an die Geier des Prometheus . . .

Um der Hitze zu entgehen und nicht ängstlich auf die nächste Wasserstelle warten zu müssen, an der man dem Motor wieder zu trinken geben kann, fahren wir schon um 5 Uhr morgens los. Neben dem Wasser zu unserem persönlichen Gebrauch haben wir noch 50 Liter extra mitgenommen.

Bei Tagesanbruch scheucht der Wagen Wolken von Vögeln vor uns auf, und wir sehen unterwegs Rebhühner, Perlhühner und Hirschkühe. Keine weiteren Zwischenfälle, außer daß unsere Benzinkanister aus einem der seitlich angebrachten Behälter fallen – ohne Schaden zu nehmen übrigens – und daß von einem der Reifen endgültig ein breiter Gummistreifen abfliegt. Aber dieses Geholper! Schon nach den ersten paar Kilometern nehme ich den Platz Largets ein, der sich im Innern des nunmehr fast leeren Lastwagens eingerichtet hatte (das Boot haben wir in einem der Lagerhäuser der Festung und die Strom- und Eismaschine in einem Raum des Camps gelassen), und der Wagen springt was er kann. Gegen den Staub habe ich mir ein kariertes Taschentuch vor das Gesicht gebunden. Nur die Augen sind noch frei. Ich sehe so sicher dem famosen Banditen aus den *Geheimnissen von New York* zum Verwechseln ähnlich . . . Die Holzteile der Karosserie vibrieren alle. Die Verstrebungen schwanken vor mir hin und her wie die Häuserwände beim Erdbeben von San Franzisco. Alles scheint aus den Fugen gehen zu wollen. Die Schrauben lockern sich. Eine springt heraus. Aber der Motor läuft gut und wir kommen schnell voran.

Müde vom Sitzen und vom ewigen Festklammern, strecke ich mich bäuchlings auf meinem Wäschesack aus. Große Befriedigung, dazuliegen in der Realität, aufzugehen im Wirklichen. Ich bin grau vor Staub, lege mich auf den Rücken. Dieselbe Lust, als würde ich mitten im Schlamm herumpantschen oder auf einem Misthaufen lieben. Ich irre nicht mehr umher wie ein Körper ohne Seele oder die Seele ohne den Körper. Ich bin ein Mann. Ich existiere.

Vor lauter Stößen hätte ich um ein Haar den heute morgen getrunkenen Milchkaffee erbrochen. Ein paar lange Züge aus unserem Wasserkanister bringen mir die Eingeweide wieder in Ordnung. Dann sitze ich und klammere mich fest, um nicht anzustoßen. Ich fange erneut zu grübeln an . . .

Welch unwahrscheinlicher Algebra ist mein Leben ausgeliefert? Wozu reise ich, wenn nicht, um jenem Bild Gestalt zu verleihen, das fest am Firmament meines Geistes steht, wie der Stern der heiligen drei Könige: zwei Augen, zwei Lippen, zwei Brüste . . . Und zu nichts anderem!

Ein ausgiebiges Bad in Gedaref entspannt und reinigt mich. Die Stadt ist nicht mehr in dem belagerungsähnlichen Zustand, in dem wir sie verlassen hatten: rundum eine Postenkette zur Festnahme von sechs ausgebrochenen abessinischen Sträflingen.

23. April

Wirre Nacht. Wir haben gestern bei dem District Commissioner mit dem Kommandanten der Truppen des Gebietes von Gedaref zu Abend gegessen. Der Kommandant oder *bimbashi,* ein älterer Schönling, groß, kräftig, mit einem Anflug von roten Haaren, gestikulierend, fidel und halb übergeschnappt, sieht wie ein alter Jahrmarktsringer und gleichzeitig wie ein Gigolo aus einem amerikanischen Film aus. Mit ihm ist einer seiner Untergebenen gekommen, ein großer Kerl, breit wie ein Kleiderschrank. Kaum sind sie angekommen, als der *bimbashi* auch schon redend und wild gestikulierend mit dem Fuß vor das Getränketablett tritt und sämtliche Gläser umwirft. »Eeh – Eeh – *Awful! Dreadful! Horrible!*« Aber was er auch ruft, es wird ohne die geringste Überzeugung hervorgebracht.

Ich mag diese Männer-Diners nicht. Ich bin auch kein Militarist, und alles in allem gesehen kann ich mich selbst mit Soldaten à la Kipling nicht anfreunden. Der Buschhund, der in Wirklichkeit ein weiblicher Schakal ist, kam mir auch in die Quere: er ist auf mein Bett gesprungen, hat mir das Gesicht abgeleckt und an den Stricken meiner Pritsche gezerrt. Ich habe ihn immer wieder wegjagen müssen. Den Rest der Nacht durchkreuzten konfuse und unangenehme Träume, in denen die Passagiere der *Gedid* und die Leute aus Paris vorkamen. Die Frau, die bei der Landung in Kosti den Schakal gestreichelt hatte, erschien mir schrecklich entstellt als schamlos aufgeputzte alte Vettel mit tiefem Dekolleté. Auch Georges Bataille kam in dem Traum vor: ich trat mit ihm aus einem Theater, und vor der Tür stießen wir auf ein riesiges Rind – das, glaube ich, das »königliche Rind« genannt wurde und so groß war wie ein Elefant –, mit Pfosten aus Holz, Metall oder Karton statt Beinen, einem zylindrischen Metallbehälter als Körper und auf dem Kopf, wo sonst die Hörner sind, einem enormen Kronleuchter oder Kandelaber mit Kerzen, von denen ich nicht mehr weiß, ob sie angezündet waren oder nicht. Bataille und ich gingen um das Tier herum, und ich wunderte mich noch, daß dieses Monster nicht gefährlicher war.

Kurz vor Tagesanbruch plötzlich die zehrende Verzweiflung, ganz allein zu sein. Heftiges Verlangen, mit einer Frau zusammen zu sein; nicht unbedingt um der Erotik willen, sondern einfach als Gesellschaft. Gefühl entsetzlicher, seit Monaten währender Entbehrung. Es gibt nichts Trübsinnigeres und Schauerlicheres als diese Diners unter Männern . . .

Heute morgen Militärmusik zur Begrüßung des Gouverneurs, der am Bahnhof ankommt.

Aber die unerwartet eintreffenden Briefe reißen mich aus meiner Betrübnis. Ich verbringe einen angenehmen Nachmittag mit Faulenzen, mache ein paar Einkäufe und lese die übrige Zeit in den *Pickwick papers,* die ich im Rest-house in einem Stapel liegengebliebener Schwarten entdeckt habe.

24. April

Nichts Nennenswertes: Fortsetzung der Militärmusik, der Lektüre in den *Pickwick papers*, Büroarbeiten. Der Schakal wird immer lästiger. Er hat ein Stück aus meinem Plaid herausgerissen.

25. April

Fortsetzung der Militärmusik, Fortsetzung der Verwaltungsarbeiten und immer wieder der Schakal.

Ein abessinischer Fahrer wird engagiert, der – obwohl er halb verhungert ist – mit seiner grauen Flanellhose, seiner Kappe und seinem kleinen Schnurrbart doch sehr stattlich auftritt. Bei Sonnenuntergang, als ich auf der Terrasse sitze und in den *Pickwick papers* lese, bemerke ich den District Commissioner und dann seinen jungen Assistenten, die beide in ihren weißen Hosen und in weißlackierten Stiefeln von einer Partie Polo zurückkommen und ihre aufgeputzten Pferde zum Galopp antreiben.

Im Laufe des Tages hat Griaule herausbekommen, daß der alte Lagerwächter, den wir für einen Araber hielten, in Wirklichkeit Abessinier ist und daß er früher auf seiten der Derwische an dem »Krieg« von Métamma teilgenommen hat.

26. April

Fortsetzung der Militärmusik. Aber nicht lange. Fortsetzung der Lektüre in den *Pickwick papers*.

Mein Mittagsschlaf wird von unmenschlichen, vom Gefängnis herüberkommenden Schreien gestört. Ein Verrückter? Oder wird jemand ausgepeitscht? Ich werde es nie erfahren . . .

27. April

Zwei Telegramme:

1.) Lutten, der uns bereits telegraphieren ließ, daß er bis nach Bangui zurück müsse, um das Lagermaterial zu holen, teilt uns jetzt mit, daß er wegen einer Panne in Bangassou erst am 4. Mai in Juba sein könne. Resultat: Da er vor dem 15. oder 16. Mai kein Boot haben wird und die Piste Gedaref-Gallabat zur Zeit seiner Ankunft in Gedaref nur noch mit Kamelen zu passieren ist, wird er wohl kaum vor Mitte Juni am Tanasee zu uns stoßen. Bis dahin haben wir kein Lager . . .

2.) Aus Addis Abeba übermittelt der französische Botschafter die Antwort des Kaisers auf unser Telegramm: Genehmigung, mit unserem ganzen Material einzureisen und es zu gebrauchen – mit Ausnahme des Schiffsmotors, der auseinandergenommen oder versiegelt nach Addis Abeba zu bringen ist. Das läuft praktisch darauf hinaus, uns die Benutzung unseres Bootes zu untersagen.

Sofortiger Brief, um die Erlaubnis einzuholen, den Motor doch verwenden zu dürfen. Ein Trost: wenn wir das Boot nicht zusammenbauen, können wir uns mit seinem Bordzelt einen sehr schönen Hangar aufbauen, solange wir auf Lutten und das Lagermaterial warten.

28. April

Gestern 40-42° im Schatten. Heute nacht Hyänenschreie, die ein wildes Lärmen der Vögel auslösen.

Morgen fahren Griaule und ich mit dem leichten Wagen nach Gallabat, um dem *guérazmatch* die Antwort des Kaisers zu übermitteln und herauszufinden, wie weit man mit dem Wagen an den Tanasee herankommen kann.

Ich bin abgestumpft durch Onanie und Hitze. Zum Platzen voller Bauch von dem vielen Wasser, das ich hinuntergestürzt habe. Höchste Zeit zu reagieren, wenn ich nicht der Verblödung anheimfallen oder einfach wahnsinnig werden will.

Unangenehmer Traum von einer Fahrt mit der Eisenbahn, vom Faubourg St. Germain und von offiziellen Ehrungen – ein Traum, der den üblen Mundgeruch noch verstärkt, den ich von dem ganzen Chinin und dem Durst schon habe, und der mich wieder in meine ewige Manie der Selbstkritik zurückfallen läßt.

In den Dingen sein wie ein Kind. Das gilt es zu erreichen. Und ich werde es erreichen . . .

Seit gestern habe ich bei mir einen leicht in Brutalität umschlagenden Haß oder Widerwillen gegen bestimmte Tiere entdeckt. Der kleine Schakal, der übrigens zur Plage wird, hat es zu spüren bekommen. Vielleicht die letzten Regungen meiner Nichtanerkennung der Natur, meiner Ablehnung all dessen, was mich als meine eigenste Lebenswelt umgibt . . .

Fahrten mit dem abessinischen Chauffeur. Er ist nicht sehr geschickt

und rammt schon gleich zu Anfang einen der Eingangspfeiler des Rest-
house. Dann geht es etwas besser. Mit der gewöhnlichen Höflichkeit
des Orientalen lädt mich der armenische Händler, bei dem ich die Einkäufe mache, zum Sitzen ein und bietet mir ein Ginger-beer an.

29. April

Gedaref-Gallabat: die Strecke ist nicht so mühsam wie beim ersten
Mal, denn wir fahren heute nicht den Lastwagen mit den breiten Dop-
pelreifen, sondern den Personenwagen. Griaule sitzt am Steuer. Der
abessinische Chauffeur macht es sich auf dem Rücksitz bequem. Kein
Glück heute: zwei kaputte Reifen, und nicht wieder zu reparieren.
Nach zwei Dritteln der Strecke sehen wir einen Klumpen hackender
Geier auf einem toten Kamel. Die Vögel haben die größte Flügelspann-
weite, die wir je bei Geiern gesehen haben, und als wir näher kommen,
können sie kaum auffliegen – so schwer sind sie von dem vielen
Fleisch.
Beim Zoll von Gallabat setzen der Guérazmatch und sein Helfershelfer, der zwielichtige kleine Dolmetscher mit der miesen Zuhältervisage,
ihre Trinkgeldpolitik fort. Das Telegramm des französischen Gesandten läßt sie kalt. Versteht sich: es ist auf französisch abgefaßt (das sie
nicht lesen können) und vom französischen Gesandten unterzeichnet
(von dessen Rechten sie nichts zu wissen behaupten) . . . Zumal der
kleine Zuhälter, der bis jetzt leer ausgegangen ist, gibt sich Mühe, die
allgemeine Verwirrung zu schüren.
In Sachen Maultiere nichts Neues. Aber wir bekommen ein weiteres
Telegramm, diesmal vom äthiopischen Außenminister. Bestätigung der
Einreiseerlaubnis, mit demselben Vorbehalt hinsichtlich des Motors
(eine neue Variante allerdings: wenn wir wollen, können wir ihn wieder
mitnehmen nach Frankreich – immerhin die dritte Version jetzt, denn
inzwischen hatte uns ein zweites Telegramm des französischen Botschafters angekündigt, der Kaiser sei gewillt, den Motor zu erwerben) . . . Wir zeigen dieses Telegramm dann bei unserem nächsten
Gang zum Zoll vor, wenn wir mit einer neuen Ladung wieder aus Gedaref zurück sind.
Vergebliche Versuche des Chauffeurs, die Reifen zu reparieren. Er
holt alle Werkzeuge aus der Kiste, betrachtet sie, breitet sie vor sich
aus, möchte, daß wir sie gebührend bewundern. Er läßt die Sachen
herumliegen und wirft alles durcheinander. Wenn er die Kurbel in die

Hand nimmt, verliert er sie. Wenn er Bolzen herausnimmt, kommen sie ihm abhanden. Wir suchen die Bolzen, merken schließlich, daß sie gar nicht verschwunden, sondern an ihrem gewohnten Platz sind.

Nach dem Besuch beim Zoll haben Griaule und ich einen Spaziergang nach Abessinien hinein gemacht, begleitet von einem jungen Mann mit Gras-Gewehr und Patronengürtel über dem Bauch. Zur Not ist die Piste nach einigen Instandsetzungsarbeiten mit dem Auto befahrbar; aber eben nur die ersten Kilometer . . . Bei einer Kirche, einer runden Strohhütte, die noch verwahrloster aussieht als selbst die bescheidenste Fetischhütte, die uns je vor Augen gekommen ist, machen wir wieder kehrt. Auf dem Rückweg fallen uns kreisrunde steinerne Mauerreste auf, die wie Überreste eingestürzter Gebäude aussehen. Sonst ist von dem alten Métamma, dem Schlachtfeld, auf dem der Kaiser Jean bei der Begegnung mit den Derwischen sein Leben ließ, nichts übriggeblieben.

30. April

Der Chauffeur, der den Abend mit Freunden verbracht hat, ist stockbesoffen. Damit er nicht alles ruiniert, muß man ständig hinter ihm her sein und aufpassen, daß er nichts anrührt. Die Rückfahrt ohne Ersatzreifen ist doch recht beunruhigend: nur ein bißchen Pech, und das kleinste Mißgeschick kann uns zwei bis drei Tage mitten auf der Strecke festhalten. Zum Glück geht alles glatt . . . Wir halten oft an, denn der Säufer muß dauernd pissen und beklagt sich mit belegter Zunge auf abessinisch . . .

Die Geier haben jetzt den Kadaver des Kamels aufgegeben. Er ist blitzsauber gehackt, und nur die Knochen sind übriggeblieben.

Gestern hat es geregnet. Die Piste ist ziemlich verschlammt. Aber was für ein Morast muß das erst sein, wenn die Regenfälle eingesetzt haben!

Griaule schickt noch ein weiteres Telegramm nach Addis Abeba mit der Meldung, daß der Zoll in Gallabat weder von den Visas etwas wissen will noch von den an uns adressierten französischsprachigen Telegrammen.

Abends bedrohliche Wirbelstürme. Wolkengeschwülste, gigantischer als je zuvor. Blitzadern. Schweflige oder stahlblaue Stücke von Himmel. Starker Schweiß und leiser Regen perlen über die Gesichter. In romantischer Anwandlung auf die Terrasse hoch, um die Prozession der Gewitter auf mich zukommen zu sehen. Zum Abendessen hinuntergegangen.

1. Mai

Windige Nacht. Durch das Moskitogitter der Veranda, auf der ich schlafe, pfeift es wie auf dem Theater. Etwas Regen nieselt auf mich herab, aber nicht so viel, daß ich den Rückzug antreten müßte.
Traum: Ich soll den Konservator des belgischen Kongo-Museums in Brüssel-Tervueren zu einem großen Boxkampf begleiten. Aber ich muß mich entschuldigen, daß ich ihn so lange warten lasse. Mir gelingt es einfach nicht, ein schickliches Kleidungsstück in die Hand zu bekommen. Der Saal ist bestimmt schon zum bersten voll. Ob wir überhaupt noch einen Platz bekommen?

2. Mai

Die ganze Nacht und den ganzen Tag über Wind. Heute morgen hat uns der District Commissioner einen Besuch abgestattet. Er hat uns ein paar Neuigkeiten aus der Gegend erzählt: von den sechs ausgebrochenen abessinischen Gefangenen sind vier ein paar Kilometer weiter verdurstet aufgefunden worden, einen anderen hat man lebend gefaßt. Wir haben ihn dafür von unseren Auseinandersetzungen mit dem abessinischen Zoll in Kenntnis gesetzt.
Abendlicher Besuch bei den Offizieren – in der Person des *bimbashi*, der einen hellroten Pyjama trägt, gerade von einem Asthmaanfall geplagt wird und im Luftstrom eines mit einem Heißluftmotor angetriebenen, tragbaren Ventilators sitzt. Als wir ihn das erste Mal sahen, hatte er einen Hexenschuß.
Wenn vier von den Ausgebrochenen verdurstet sind – gibt Larget beim Essen im Rest-house zu bedenken –, so nur deshalb, weil sämtliche Wasserstellen der Gegend militärisch bewacht waren.

3. Mai

Schlaflosigkeit. Zweideutige Bilder: ich laufe durch Stockwerke und Korridore, die aber eher Straßen sind, oder verglaste Passagen mit den Eingangstüren von Bordellen. Ich schlage die Angebote der Prostituierten ab.

18

Kein Zweifel, daß das mit der Stelle aus den *Pickwick papers* in Zusammenhang steht, die ich am Nachmittag gelesen habe und in der von der Fleet-Street und dem Schuldgefängnis die Rede ist.

Heute kommt alles zusammen. Reisevorbereitungen. Morgen verlassen wir endgültig Gedaref und fahren nach Gallabat.

Feuchtwarmer Körper. Seidige Luftzüge. Mir ist manchmal, als hätte ich in Spinnengewebe gegriffen, wenn ich mit dem Schreibpapier hantiere und die Luft in den Härchen auf dem Handrücken spüre.

Diner beim *bimbashi*. Ich hätte es mir ja denken können, daß er Irländer ist. Große Orgie schottischer und irischer Melodien auf der Bagpipe. Die eingeborenen Spieler defilieren rund um den Tisch, als wir beim Kaffee sind. Heute hat der *bimbashi* weder Asthma noch Hexenschuß; er hustet.

4. Mai

Kopfweh. Übelkeit. Manche von den Riten waren sicher recht gelungen (das regelmäßige Vor und Zurück der Dudelsackspieler, durch das sie, je nach Entfernung, *forte*- und *piano*-Stellen erzeugen konnten; die gastronomische Teufelsaustreibung am Schluß, als einem dieselben Säcke wild in die Ohren dudelten), aber ich habe die Nase gestrichen voll vom englischen Zeremoniell. Die Regimentsfarbe ist grün, und deshalb ist auch das Geschirr der Offiziersmesse mit einem grünen Streifen dekoriert und die Herren Offiziere tragen über ihrer grauen Flanellhose als Abendgürtel ein sorgfältig eingerolltes Stück grünen Stoffs. Nur ein kleiner Musikmeister aus Khartoum hatte eine dunkelblaue Hose mit rotem Doppelstreifen an und vor der steifen Hemdbrust ein kurzes weißes Jäckchen. Im Einklang mit den nicht ganz korrekt klebenden Haaren, dem Eckchenkragen mit schwarzem Schlips und der Visage des Londoner Kleinganoven verlieh ihm diese Uniform das Aussehen eines Zirkusakrobaten. Er spielte die ganze Zeit über den Snob, gab lustige Geschichten zum besten und diskutierte mit dem *bimbashi* über Uniformfarben. Wahrscheinlich ihm zu Ehren wird heute morgen schon wieder Musik gemacht.

Die Strecke ist heute diffizil: extrem trockene und harte Piste, die die Reifen noch endgültig zerfetzt; eine Federung scheint versagen zu wollen. Wir reihen eine Verspätung an die andere und müssen im Busch übernachten, 60 km vor Gallabat. Ganz wider Erwarten ist die Piste ausgesprochen belebt: zahlreiche Karawanen ziehen vorbei; als wir zu

Abend essen, galoppiert direkt neben unseren Bettstellen eine entlaufene Kuh herum.

5. *Mai*

Die ganze Nacht über Leute, Kamele und sogar Lastwagen auf der Straße. Drohender Regen. Kälte. Daher auch sehr schlecht geschlafen und mit Halsschmerzen aufgewacht.

Wir fahren weiter und kommen langsam, aber ohne nennenswerten Zwischenfall nach Gallabat, wo wir wieder auf unseren englischen Captain treffen. Er ist von der Patrouille zurück und schickt sich an, Gallabat und seine Festung endgültig zu verlassen. Er geht nach Kassala, dem Hauptort der Provinz. Einer unserer Tischgenossen von vorgestern abend wird seinen Posten übernehmen.

Um nicht aus der Übung zu kommen, statte ich dem Guérazmatch einen Besuch ab. Sein Dolmetscher, der zusehends gekonnt in die Rolle des Schurken in einem Rührstück hineinwächst, betrachtet mich mit immer scheeleren Blicken. Wie vorauszusehen, hat er nichts Handfestes zu erwidern, als ich ihm das Telegramm zeige, das uns der abessinische Außenminister geschickt hat.

Auf mein Drängen hin (ich habe ihm gesagt, er solle sich seine Antwort wohl überlegen, denn Herr Griaule werde sie telegraphisch der französischen Regierung übermitteln) wird ein auf Inspektionsreise befindlicher Zollaufsichtsbeamter, der *balambaras*[4] Gassasa zu Rate gezogen. Mit gekonnten Manieren und ausgesprochen »distinguiert«, empfängt mich dieser große, hochgewachsene Abessinier mit einem Fächer in Form eines Bahnwärterfähnchens in der Hand. Er thront auf einem Diwan, vor einem wackligen Tischchen, auf dem neben Zigaretten und einem Stück Seife Verwaltungsschriftstücke mit amharischem und französischem Briefkopf herumliegen. Unter dem Tisch ein staubiger Teppich. Der Raum, in dem wir sind, ist eine runde Strohhütte, und der mit einer Strohschicht bedeckte Boden eigentlich ein Dunghaufen. Nachdem er und der Schurke lange die Köpfe zusammengesteckt haben, beschließt der Balambaras sehr liebenswürdig, uns einreisen zu lassen. Nur eine Bedingung: wir müssen eine Kopie des Telegramms mit englischer Übersetzung vorlegen, das ganze unterzeichnet vom Posteinnehmer von Gallabat.

---

4 Militärischer Titel. Dem *guérazmatch* untergeordnet.

Da der Balambaras zudem morgen nachmittag Métamma verläßt und nach Gondar zurückkehrt, soll ich ihm die Namen derjenigen Expeditionsteilnehmer aufschreiben, die die Grenze überschreiten sollen.
Ich überbringe Griaule die Antwort. Der findet, daß sich jetzt alles ein bißchen zu gut anläßt. Ich überbringe den Brief an den Post-master. Der kann natürlich das Telegramm nicht übersetzen, weil er kein Französisch kann. Es sei auch nicht nach den Vorschriften, ein solches Papier auszustellen, erklärt er außerdem. Ich lasse ihn das alles unten auf die Anfrage schreiben, die wir an ihn gerichtet haben.
Rückkehr zur Festung bei stockfinsterer Nacht. Ich habe vergessen, eine Lampe mitzunehmen, stolpere über die Steine, verlaufe mich fast und renne direkt in den Stacheldraht an einem der großen Tore. Zum Glück tue ich mir dabei nicht weh.

6. Mai

Beim Aufwachen sind meine Halsschmerzen fast weg. Die abessinischen Querelen heitern mich auf. Ich bin froh, einen weiteren Schritt nach Osten gemacht zu haben (denn es ist abgemacht, daß ich nicht wieder mit nach Gedaref komme, wenn Griaule und Larget zurückfahren). Alles bestens.
Der brünstige Bock, der gestern so jämmerliche Schreie ausgestoßen hat (so menschliche Laute, daß das Geheul, das ich eines Nachmittags in Gedaref gehört habe und für die Schmerzensschreie eines im Gefängnis ausgepeitschten oder gefolterten Mannes gehalten hatte, mir jetzt auch nichts anderes gewesen zu sein scheint) – der Bock scheint sich entschlossen zu haben, seinen gräßlichen Lärm einzustellen.
Nachher gehe ich dann mit der Antwort des Post-masters zu den Abessiniern hinüber. Was werden sie dazu sagen?

. . . .

Meine erste Begegnung auf dem Weg hinunter in die Stadt: ein in Khaki gekleideter Zollbeamter mit Turban redet mich auf arabisch an. Keine Ahnung, was er will: ich verstehe kein Wort von dem, was er sagt. Ein alter, speckiger Grieche mit hängendem Schnurrbart, der mit seinen Wickelgamaschen und seinen über den Knien zu Shorts abgeschnittenen Reithosen wie ein ehemaliger Stallbursche aussieht, geht ganz in der Nähe vorbei. Der Mann ruft ihn an, und das alte Wrack, das ein paar Brocken Englisch radebricht, schwenkt ab, steuert auf mich zu, drückt mir die Hand. Er macht dann den Dolmetscher. Anscheinend steht der Superintendent des anglo-ägyptischen Zolls (den der Postmaster gestern in seiner Eigenschaft als »aufrechter Freund der abessinischen Zöllner« von den Ereignissen in Kenntnis gesetzt hatte) ganz zu meiner Verfügung. Wenn ich möchte, will ihn der Mann, der mich angeredet hat, sofort holen. Ich bin einverstanden.

Auftritt ein dicker, schnurrbärtiger Ägypter mit anglo-sudanesischer Uniform und fleischfarbenem Sonnenschirm. Wir wechseln ein paar Worte. Als er erfährt, daß ich zum abessinischen Zoll will, bietet er mir seine Begleitung an. Eskortiert von ihm und dem alten griechischen Stallburschen, durchquere ich den Lauf des Grenzflüßchens und verfüge mich zum Guérazmatch. Der liegt auf seinem Bett, steht aber auf, um uns zu empfangen, und läßt Sitzgelegenheiten holen. Ich übergebe ihm einen Brief von Griaule, in dem dieser ihm mitteilt, er werde – da der Post-master das Telegramm nun einmal nicht übersetzen kann – nach Gedaref fahren, um diese Übersetzung hochoffiziell durch den englischen District Commissioner anfertigen zu lassen. Der-abessinische-Dolmetscher-großer-Star-im-Dubiosen, nach dem ich hatte schicken lassen, ist inzwischen auch da und wiederholt dem Guérazmatch meine englische Übersetzung des Briefes auf abessinisch. Lange Reden: im Abessinisch des Guérazmatch zum Dolmetscher; im Arabisch des Dolmetschers zum Superintendent. Man hat die Güte, sie mir auch ins Englische zu übersetzen. Die Herren Abessinier machen uns ihre plattesten Entschuldigungen; in Wahrheit sind sie hoch erfreut, daß wir ihr Land besuchen möchten. In Addis Abeba sind Franzosen und Abessinier wie Brüder. Aber als Beamte legen sie Wert darauf, daß alles seine Ordnung hat, und wenn Herr Griaule doch so gut sein möchte, nach Gedaref zu fahren und die Übersetzung anfertigen zu lassen, so wird alles ganz vortrefflich sein. Beiläufig läßt der Dolmetscher einfließen, daß es auf dem Weg zum Tanasee *chifta*[5] gibt und daß wir vielleicht besser zusehen sollten, wie wir eine Eskorte von Soldaten auftreiben könnten. Als ich aber erkläre, das habe damit erst mal nichts zu tun, insistiert er nicht weiter.

Da alles klarzugehen scheint, zieht der Superintendent sich zurück, gerade in dem Augenblick, als der Balambaras eintritt, den ich hatte rufen lassen. Eleganter denn je hat der Balambaras heute alles von

---

5 Rebellen oder Straßenräuber.

einem Provinztragöden in der Rolle des Duc de la Tremouille in *Patrie*, des Saverny in *Marion de Lorme*, oder auch des Abbé de Gondy in einem Stück im Genre *Jugend der Musketiere*. Würdevoll in seine abessinische Toga gehüllt, trägt er einen mächtigen Revolver an der Seite und hält zwischen Daumen und Zeigefinger der rechten Hand mehrere Zettel – ein paar davon sind grün – und zwischen Zeige- und Mittelfinger einen langen Bleistift. Er posiert wie ein Premierminister, der sich beim Unterzeichnen eines Ediktes porträtieren läßt. Er hat sich auf eine ans Bett des Guérazmatch gerückte Kiste gesetzt. Dieser hat sich übrigens wieder hingelegt und pennt schon halb: die Hände im Nacken gefaltet und die Kniehügel unter dem Laken. Neuerlicher Austausch von Entschuldigungen mit mirabolesken Komplimenten. Ich übergebe dem hohen Beamten einen Brief von Griaule mit dem Namen der Expeditionsteilnehmer (die Liste, die er gestern verlangt hatte) und ein kleines Paket mit mehreren Stücken Seife, einem Notizblock und einem Fläschchen Parfum. Geht in Ordnung mit dem Brief, aber er erkundigt sich nach dem Päckchen. Eine bloße Willkommensgabe, gebe ich zur Antwort, eigentlich gar nichts, oder doch nichts weiter Nennenswertes . . .

Ausgesuchteste Urbanität dieses sehr hohen Beamten: als ich mich auf den Weg mache, ergehen er und die anderen sich in Entschuldigungen, ich in Dankesbezeugungen. Das Päckchen liegt immer noch auf dem Boden; er hat sich gar nicht erst die Mühe gemacht, es auszuwickeln. Der Balambaras verläßt die Hütte, und das Paket bleibt – verpackt und unberührt – vor dem Bett des Guérazmatch liegen.

7. Mai

Die abendlichen Drinks (beim Captain gestern) sind durch ein paar Aussprüche oder Zwischenfälle aufgeheitert worden:
1.) Der junge Captain fragt uns mit entwaffnender Naivität, worin das Ziel unserer Expedition besteht und ob wir auch nicht in geheimer Mission gekommen sind!!! Worauf wir – versteht sich – zur Antwort geben, dies sei nicht der Fall.
2.) Auch er findet, Emil Ludwig sei für Abessinien *too soft* gewesen. Aber ich erfahre etwas Neues, nämlich daß der arme Ludwig tatsächlich nach Abessinien eingereist ist, nach 4 Tagesmärschen in Richtung Tanasee aber krank umkehren mußte. Er wollte Material für sein Buch über die Quellen des Nil sammeln.

3.) Der Captain schätzt die Offiziersmesse von Gedaref, hat aber nichts für die Bagpipes übrig, die er den Schotten überläßt.

4.) Als er von unserem Ärger mit dem Zoll hört, bietet er uns an, selbst die besagte Übersetzung anzufertigen und zu unterzeichnen (ich warte deswegen heute morgen auf ihn).

5.) Die abendlichen Drinks wurden kurz unterbrochen, als unvermittelt und in amtlicher Sache der sudanesische Zoll-Superintendent auftauchte, der den Captain davon in Kenntnis setzte, daß die Herren vom abessinischen Zoll sich im Laufe des Tages einer kleinen Karawane arabischer Kaufleute bemächtigt haben, die, glaube ich, aus 7 Männern und 7 Eseln bestand und die sie – wenn ich das richtig verstanden habe – mehr oder weniger als Gefangene festhalten. Der Captain muß in dieser Angelegenheit heute morgen nach Métamma hinüber. Um zwei Fliegen mit einer Klappe zu schlagen, nimmt er mich mit, und wir unterbreiten den Herren Zöllnern dann zusammen die Übersetzung.

Bei den abendlichen Drinks bin ich noch mit einem Whisky (mit Wasser), zwei Bitter Gin (mit Wasser) und einem Sherry davongekommen, aber darunter ist absolut nichts zu wollen.

. . . .

Vor dem Captain (der, wie ich im Laufe unseres Vorstoßes erfahre, aus Wales stammt) erklärt dieser Galgenvogel von Dolmetscher rundheraus, die von diesem Offizier vorschriftsmäßig bescheinigte und unterschriebene Übersetzung könne Irrtümer enthalten. Er will den französischen Text haben. Aber die Sache verfilzt sich noch einmal, denn jetzt scheint er nicht mehr nur eine Abschrift des Telegramms, sondern das Telegramm selbst (?) haben zu wollen. Jedenfalls wird er mit dem Guérazmatch und dem Balambaras darüber beratschlagen und ich komme heute nachmittag wieder.

Der walisische Captain ist ganz schön baff.

. . . .

Larget spricht schon davon, dem Guérazmatch »die Ohren langzuziehen«, die Zöllner einfach zu überrumpeln, um »den Blutpreis nicht zahlen zu müssen«.

. . . .

Gegen 4 Uhr 30 mein üblicher Botengang zum Guérazmatch. Jetzt schon zweimal täglich. Liebenswürdig wie immer, bietet mir der Guérazmatch eine mit Rosenessenz oder sonst irgend etwas parfümierte Zigarette an, die – kaum habe ich an dem langen Papprohrfortsatz ein paar Züge gemacht – 1. mich fast zum Kotzen bringt, 2. Kopfweh bewirkt. Der Dolmetscher tritt auf den Plan und hält dem Guérazmatch eine lange Rede, in der immer wieder das Wort »Telegramm« vorkommt. Da die Antwort des Guérazmatch noch länger ist und ich, obgleich darin häufig das Wort »Europa« vorkommt, doch nur Bahnhof verstehe und anfange, mich zu langweilen (obwohl die Rede gespickt ist von Einfällen, kurzem Gelächter, kleinen Grimassen – die vom Auditorium stark honoriert werden), bietet mir der scheeläugige Dolmetscher seinerseits eine Zigarette an, die zwar nicht parfümiert ist, durch die ich mich aber auch nicht gerade von der ersten zu erholen vermag. Zu guter Letzt ergreift der Dolmetscher auf englisch das Wort (mit noch holderer Stimme als vorhin) und erklärt mir wie folgt: es sei in der Tat das Original des Telegrammes vonnöten und nicht seine Abschrift – zusätzlich zu der Übersetzung. Außerdem täten wir gut daran, nicht allzu lange hier zu verweilen – wegen der bevorstehenden Regenfälle, wegen der Maultiere (von denen 15 jetzt unverzüglich eintreffen werden und die erkranken würden, falls wir sie zu lange hierbehielten), wegen noch vieler anderer Dinge, die er nicht weiter präzisiert. Wir müssen uns beeilen. Und das beste wäre sogar, daß wir bis Tchelga, dem Hauptort der Provinz »mit ihnen« reisen. Keine Ahnung, ob er mit dem »ihnen« den Guérazmatch und sich selbst meint, den Balambaras und seine Leute, oder nur irgendeine abessinische Eskorte – eine zweischneidige Ehre, denn wir würden genauso bereitwillig bedient wie ausgiebig bespitzelt werden . . .
Morgen früh gehe ich noch einmal zum Dolmetscher, um ihm die Übersetzung wieder einzuhändigen, die ich zurückhaben wollte, weil der Captain eine Kopie zu behalten wünschte.

. . . .

Unerwartetes Handicap: Gegen 6 Uhr ein Telegramm von Faivre, dem erwarteten Botaniker. Wir glaubten ihn schon seit dem 4. Mai in Khartoum, aber er ist dort zweifellos erst letzten Mittwoch angekommen, oder gestern, am Freitag. Er ist in Kairo durch Formalitäten aufgehalten worden.

Gestern habe ich bei dem griechischen Händler eine Pfundnote umgetauscht. Heute morgen nun hat er Makan – der auf dem Markt einkaufen gegangen war – eine von den Münzen nicht abnehmen wollen, die er mir gestern selbst gegeben hatte. Griaule möchte, daß ich hingehe und Einspruch erhebe. Mir ist das nun aber maßlos lästig. Fast möchte ich irgendeine Ausrede erfinden, damit ich nicht hinzugehen brauche . . . So eine Bagatelle ist für mich ein Wust von Komplikationen. Und wie erst, wenn ich einmal wirklich um mein Leben zu kämpfen hätte? Wenn ich mich z. B. in einer Lage befände, wo mit dem Gewehr auf mich geschossen würde, oder ich selbst zu schießen hätte? A priori spricht nichts dafür, daß ich nicht total zusammenbreche und mich wie eine Memme aufführen würde.

. . . .

Heute morgen ist ein Kommando Soldaten eingetroffen. Ohne Zweifel die Ablösung des nach Kassala versetzten Captains und seiner Leute. Vorgestern waren eine ganze Gruppen von Frauen und ein Mann, welcher die Youyou-Rufe der Frauen auf der Trommel begleitete, auf einem Lastwagen abgefahren. Es waren sicher die Frauen der Soldaten.
Zwei englische Unteroffiziere sind beim Captain. Da der mit ihrem Empfang zu tun hat, lasse ich meinen Besuch sein, bei dem ich ihm die Kopie des Telegramms überbringen wollte. Und da ich das nicht erledigen kann, warte ich auch mit meinem Botengang zu den Abessiniern bis morgen. Mithin gehe ich heute nicht in die Stadt hinunter. Mithin gehe ich auch nicht zu dem Griechen, um die Angelegenheit mit der falschen Münze zu bereinigen. Eins fügt sich zum anderen, und ich bin – bis morgen – diese Last los.

. . . .

Die *Pickwick papers* zu Ende gelesen. Sonderbarer Einschnitt im Lauf dieser Reise, den das Buch in meiner Geistesverfassung bewirkt hat. Das verstärkt noch jenes Gefühl eines Zwischenakts, den für mich, materiell gesehen, der Aufenthalt im anglo-ägyptischen Sudan darstellt. Und vielleicht komme ich damit auch wieder auf jene altehrwürdige und banale Ansicht zurück, daß nämlich die Abenteuer, in denen man sich mit Händen und Füßen seiner Haut wehrt, nicht unbedingt aufregender sind als diejenigen, welche sich im Kopf abspielen.

. . . .

Überraschendes Auftauchen des kürzlich eingestellten abessinischen Kochs: Balay, unser versoffener Chauffeur, ist gerade ins Gefängnis gesteckt worden, weil er sich wegen einer Weibergeschichte mit einem anderen Abessinier geprügelt hat. Makan seinerseits merkt an, daß der besagte Balay ihm, bevor er losging, um in der Stadt einen draufzumachen, seine, Makans, »Golduhr« hat mitgehen lassen. Im Prinzip wartet man nur auf unser Eingreifen, um den Häftling wieder freizulassen. Aber die Angelegenheit wird erst heute abend beim Captain geregelt werden, wo wir zum Essen eingeladen sind.

. . . .

Noch während des Bades vor dem Kleiderwechsel für den abendlichen Empfang wurde der Captain von einem Soldaten davon unterrichtet, unser Chauffeur habe angefangen, das Gefängnis kurz und klein zu schlagen, und bereits zwei Türen und ein Fenster ruiniert . . . Da der unglückselige Balay als Dienstbote wirklich keine Perle ist, steht dem Wunsch des Captains, ihn über die Grenze zurückbefördern zu lassen, nichts im Wege.

9. Mai

Erschöpft von den unvermeidlichen Getränken, die wir bei der Zusammenkunft gestern abend zu uns genommen haben.

Dieser wackere walisische Captain ist ja sehr nett, aber er übertreibt weißgott ein bißchen, wenn er einen ewig zum Trinken anhält. Als ich nach dem Abendessen ohne Lampe und bei stockfinsterer Nacht seine Wohnung verließ, um im Camp Zigaretten zu holen, bin ich glatt vom Weg abgedriftet: erst einmal bin ich jäh ins Leere getreten und, weil ich bei der Finsternis natürlich nichts sah, in einer Vertiefung auf dem Hintern gelandet. Anschließend habe ich mir den Knöchel wundgerissen, als ich wie neulich in den Stacheldraht der spanischen Reiter gelaufen bin.

Fast vollständige Untätigkeit heute. Nach Métamma gegangen, aber den Zolldolmetscher nicht gefunden. Auf dem Rückweg bin ich dem Griechen mit der falschen Münze auf der Post begegnet. Natürlich habe ich nichts gesagt und mich damit begnügt, ihm nicht die Hand zu geben.

Ein Telegramm aus Khartoum meldet, daß Faivre erst in 8 Tagen kommt.

Den ganzen Tag erotische Obsessionen. Seit heute morgen verfolgt mich das Bild einer nackten Frau mit aschblonden Haaren, sektfarbenen Strümpfen, sehr weißem Körper. Sie kehrt mir den Rücken zu und ich nehme mit äußerster Schärfe die Form ihres Gesäßes wahr und den Geschmack ihrer Haut.

Lust, einen Essay über Onanie zu schreiben. Aufzeigen, daß die Onanie, trotz ihrer oft zu hörenden Apostrophierung als »solitäres Laster«, doch einen eminent sozialen Charakter besitzt, insofern sie immer von Vorstellungen halluzinatorischer Art begleitet wird. Seien die Gestalten, die unmittelbar vor oder bei der Onanie dem Manne sich aufdrängen, auch ganz und gar imaginär oder (wie in den meisten Fällen, glaube ich) aus einer einzigen bzw. mehreren, miteinander verschmolzenen Erinnerungen gebildet – der Onanierende wird sich doch niemals und unter keinen Umständen mit sich selbst zufrieden geben können. Er bedarf des äußeren Haltes durch den oder die eingebildeten Partner und die gängige Redensart, wonach der Onanierende »sich selbst genüge«, verfehlt die Sache. Dieser Halluzinationscharakter (der schon gleich nach der Ejakulation verschwunden ist) ist das Grandiose an der Onanie und zugleich das ewig Mißlungene an ihr.

. . . .

Ermordung des Präsidenten Doumer. Dem sehr zerstreuten walisischen Captain fällt das auf einmal wieder ein, und er bringt die Depeschen bei. Er hatte sie schon gestern erhalten, aber vergessen, sie uns mitzuteilen. Über die Wahlen nichts Neues.

10. Mai

Mit seinem Wachsfigurengesicht und seinem stocksteifen Bart hatte Doumer die Physiognomie des tragischen Präsidenten, des Politikers, der einen Krieg anfängt oder ermordet wird. Ich erinnere mich noch an die Nachtsitzung kurz vor unserer Abfahrt, als das Gesetz verabschiedet wurde, das der Expedition endgültig den offiziellen Segen gab und ihre materielle Grundlage absicherte. Ich weiß nicht, war es der Ort, die Übermüdung, das erdfahle Aussehen der Leute, ihre altfränkische Art, sich zu kleiden, die Kupplerinnen-Allüren der großen Stars aus den Ministerien oder – auf dem Sockel der Tribüne – die gespenstische Büste dessen, den ein satirisches Blatt anläßlich seiner Wahl in den Elysée-Palast den »Präsidenten von Borniol«* genannt hatte – aber ich habe an diese so aufreibende Sitzung voller unmittelbar bedrängender Besorgnisse (denn von ihr hing es ja ab, ob wir fahren konnten oder nicht) die Erinnerung einer durchwachten Nacht bewahrt, die man am Krankenlager eines frisch Operierten oder eines Sterbenden verbringt. Es gibt mir immerhin zu denken, daß gerade der einzige hochgestellte Politiker, der mir je die Hand gegeben hat (nämlich der Präsident Doumer, als er uns am Ende der Sitzung beglückwünschte und uns allen eine gute Reise wünschte) – daß gerade dieser Mann nun ermordet worden ist . . .

. . . .

Besuch beim abessinischen Zoll, wo heute alles in hypermondänem Ton abgehandelt wird. Eine ziemlich angenehme arabische Frau (sicher eine »Lendendienerin« des Guérazmatch) schenkt europäischen Kaffee aus. Der Dolmetscher ist charmant (Folge vielleicht des kürzlich überreichten Parfumfläschchens). Man möchte, daß wir unbehindert die Grenze überschreiten, daß uns nichts zustößt. Aber wir müssen uns beeilen, denn der ganze übrige Posten wird bald Métamma verlassen und sich während der Regenzeit nach Tchelga verfügen. »Weniger gute« Männer werden an ihre Stelle treten. Es wird keinen Übersetzer mehr geben. Wieder werden unsere Papiere nichts mehr wert sein. Und vielleicht würden diese Leute gar unser Gepäck visitieren wollen . . . Als mir der Dolmetscher das zu verstehen gibt, glaube ich seinem Tonfall entnehmen zu dürfen, diese »Visitation« möchte nach einigermaßen tendenziösen Methoden und Auffassungen von den Aufgaben des Zolls vonstatten gehen. Aber wir werden das alles noch morgen früh im Rest-house besprechen, wo der Dolmetscher Griaule einen Besuch abstatten soll.

. . . .

---

* Nach Auskunft des Autors ein bekanntes Pariser Bestattungsinstitut. A. d. Ü.

29

Gegen Ende des Mittagessens erscheint unser eingesperrter Chauffeur Balay. Er ist sehr abgemagert und trägt Handschellen. Man gibt ihm weder zu essen noch zu trinken. Begleitet von einem Gefängniswärter und dem Gouvernementsagenten, der sich um den Ankauf unserer Maultiere kümmert, macht er uns einen Besuch. Er will, daß Griaule, der einzige »Verwandte«, den er hier hat, als Bürge für die Summe aufkommt, die er zu seiner Freilassung bezahlen muß. Natürlich gibt ihm Griaule ein paar Piaster, aber die Bürgschaft will er erst später übernehmen, denn Griaule rechnet sich aus, daß Balay die paar Tage, die er noch im Gefängnis absitzt, davon abhalten werden, sich auf der Stelle gleich wieder zu besaufen.

Selbstverständlich zieht sich das Palaver zwischen dem Mann in Handschellen und seinem Chef beträchtlich in die Länge. Der im Gefängnis angerichtete Sachschaden, den man ihm zur Last legt, scheint in Wirklichkeit viel geringer zu sein, als anfänglich behauptet wurde.

. . . .

Der Captain läßt uns die Reuter-Depeschen mit dem Ausgang der französischen Wahlen bringen. Ein deutlicher Linksruck. Zwar ist nicht einzusehen, wie das in irgendeiner Hinsicht irgend etwas ändern sollte, aber es ist doch ein interessantes Anzeichen für die Entwicklung der öffentlichen Meinung.

11. Mai

Gestern ist der neue Captain eingetroffen. Der Waliser übermittelt ihm die Dienstanweisungen: Die Eingänge zur Festung werden verbarrikadiert, auf der Terrasse taucht ein Maschinengewehr auf.

Zum Aperitif gehe ich zum Captain und übergebe ihm die Post, die er bei seiner Abreise morgen früh mitnehmen soll. Diesmal bewirtet der neue Captain. Er kurbelt das Grammophon an: *Die schöne blaue Donau,* zwei idiotische Mistinguett-Schnulzen und ein langer, von einem englischen Tenor gesungener Schmachtfetzen, mit dem man Hunde zum Weinen bringen könnte.

Kein Besuch vom Dolmetscher heute morgen. Vielleicht ein Mißverständnis, und er hat geglaubt, Griaule komme zu ihm.

12. Mai

Diese Nacht hat wieder die Hyäne geschrien, immerhin nicht so laut wie in einer der letzten Nächte. Aber wie gewöhnlich konnte man an dem weiterwandernden Hundegebell ihren ganzen Weg verfolgen. Schlaflosigkeit, noch verstärkt dadurch, daß mitten in der Nacht einer der Stricke meiner Pritsche gerissen ist. Kein Licht, um das Bett zu reparieren. Wie in einer Hängematte, blieb ich also in der schlappen Leinwandkuhle hängen. An alles mögliche gedacht: a) an die Psychoanalyse, die mich zwar nicht von meinem Pessimismus geheilt, aber mir doch die Kraft gegeben hat, meine jetzige Aufgabe zu erfüllen, ohne gleich wieder zu kapitulieren, und mir zugleich das erforderliche Minimum an Optimismus eingeflößt hat, um diesen meinen Pessimismus nicht mehr – wie ich das vorher tat – als etwas derart Lächerliches zu betrachten, daß er eine psychoanalytische Kur erforderlich macht; b) an jene Art Mildtätigkeit, die manchen Nutten eigen ist und die ich versucht bin, »animalische Güte der Vagina« zu nennen.
Unser walisischer Freund ist abgereist. Sein Nachfolger hat ein paar Reformen durchgeführt: aus Hygienegründen will er Abfallkisten im Camp aufstellen lassen.
Nichts Neues von seiten der Abessinier.

13. Mai

Nichts. Zum dritten oder vierten Mal seit drei Tagen eine neue Fassung des Rechenschaftsberichts der Expedition angefertigt. Das ist aber auch meine einzige Zerstreuung.
Makan, der gestern krank war, ist heute wieder auf den Beinen. Der arme Kerl kommt sich immer fremder vor. Sein Kumpel, der Chauffeur Mamadou Kamara, ist mit Lutten unterwegs, und jetzt wartet er voller Ungeduld auf seine Rückkehr, damit er wenigstens jemand hat, mit dem er reden kann. Man kann sich, glaube ich, nur schwer vorstellen, wieviel unglücklicher als wir jemand wie Makan in so einem Abenteuer sein kann. Wo wir unter uns sind und auch nur da sind, weil wir es so gewollt haben, ist er ganz allein hier und weil es sein *Beruf* ist. Er ist an uns gefesselt wie an unstete, unbegreifliche Dämonen. Und da er keine Kolanüsse mehr hat, versieht er seinen Dienst immer schlechter und wird dauernd angeschrien. Keine Landsleute mehr, die er beeindrukken könnte, weil er so reichen Leuten dient. Keine Spezis mehr, keine

Tamtams mehr, keine Frauen mehr, gar nichts mehr. Wenn das Wort
»Exotik« einen Sinn hat, dann jedenfalls für ihn . . .
Ich gehe zur Post. Als der neue Captain mich gewahr wird, schleppt er
mich zu seinen Drinks ab. Ich gehe mit. Er nimmt sie zusammen mit
seinem Untergebenen ein, dem chinesisch aussehenden ägyptischen
Offizier, der bereits ziemlich angeschlagen ist. Grammophonplatten.
Lotte Schöne, Elisabeth Schumann, Mistinguett, welche man als *sixty
years old lady* verehrt, die sooo gut singt . . . Alte englische Platten, die
mir Freude machen. Wegen unseres Präsidenten sind sämtliche Fahnen
des anglo-ägyptischen Sudan auf Halbmast gesetzt. Gesprächsweise
läßt der Captain einfließen, daß ich zur französischen Armee anscheinend nicht gerade das beste Verhältnis habe. Das ärgert mich, als würfe
er mir vor, daß ich nicht zu einem bestimmten Geheimclub gehöre . . .

14. Mai

Noch immer nichts Neues. Es bietet uns jemand seine Dienste an. Wie
es sich herausstellt, ist es ein Senegalese aus Boundou, in der Nähe von
Tamba-Counda, also fast die Gegend von Makan (der ihn übrigens
mißtrauisch mustert).
Mangels anderer Lektüre stürze ich mich auf die *Notes and Queries on
Anthropology* des Londoner Royal Anthropological Institute. Ich stoße
auf die folgende Stelle (die mich interessiert, weil ich darin die Erklärung für die außergewöhnliche Anpassungsunfähigkeit von Leuten wie
Makan finde – und weil sie zugleich den tragischen Aspekt der Kolo-
nisierung berührt):

*»In den Gesellschaften der Wilden, die nicht durch den Kontakt mit den
Weißen zur Auflösung gebracht wurden, werden die Kinder im großen
und ganzen unter ziemlich gleichförmigen Bedingungen großgezogen.
Zweifellos leiden sie nur sehr selten unter Vernachlässigung, mangelnder
Zuneigung oder sozialen ›disabilities‹. Die angeborenen Neigungen können sich daher gleichmäßiger entfalten, und die Folge ist die Ausbildung
eines gleichförmigeren psychologischen Typus. Diese relative Gleichför-
migkeit der Bedingungen begünstigt keineswegs größere Variationen in
der Ausbildung des Charakters und demzufolge in der Fähigkeit, sich
den Veränderungen des Milieus anzupassen. Dieses Phänomen spielt
möglicherweise eine Rolle bei der rapiden Entartung, die so oft dem*

durch die unvermittelte Einführung der europäischen Kultur bewirkten
Wandel der Lebensbedingungen auf dem Fuße folgt.«

Natürlich, Makan ist kein »Wilder«. Er und die Seinen sind schon vor langer Zeit im Kontakt mit den Europäern degeneriert. Aber wenn Leute wie er – und in stärkerem Maße noch unberührtere Menschen – sich sofort in der Fremde fühlen, sobald sie auch nur ein wenig weiter von zu Hause weg sind, wenn sie schon fast demoralisiert sind, kaum daß ein störender Fremdkörper sie in ihren Bräuchen irregemacht hat, so ist der Grund hierfür in der zur Frage stehenden Uniformität zu suchen.

Ein lädierter Rabe wollte bei uns Zuflucht suchen. Larget hatte seine Last, ihn wieder zu verjagen, und der Vogel hat ihm in die Hand gebissen.

Griaule macht eine Befragung mit einem Neger, einem abessinischen Untertanen.

Ich für mein Teil mache weiter nichts, ich ackere dieses Buch durch, schreibe zu meiner Zerstreuung irgendwas in mein Tagebuch, meditiere (tue wenigstens so) und döse manchmal vor mich hin.

Gestern hat es ziemlich heftig geregnet. Sehr starker Wind heute; bewölkter Himmel, und am Abend wird es bestimmt wieder regnen. Seit drei Tagen habe ich quasi nicht mehr die Füße vor die Tür gesetzt. Wie lange sollen wir hier noch wie Gefangene sitzen bleiben?

. . . .

Bei den Platten gestern abend habe ich einen Carmen-Querschnitt und eine Caruso-Platte zu erwähnen vergessen.

Dem Captain zufolge ist die Postzustellung wegen der Regenzeit nicht sicher. Nicht so sehr, weil der Transport von Gallabat nach Gedaref mit Kamelen vor sich geht, sondern weil die Bahnlinie von den Regenfällen stellenweise weggerissen wird und der Zug erst mit mehreren Tagen Verspätung ankommt

15. Mai

Abreise Griaules und Largets nach Gedaref, wo am Montag, d. h. übermorgen, Faivre eintreffen soll.
Ich bin ganz allein.

Seltsam prophetische Vision: obwohl ich mich nicht daran erinnern kann, daß der Captain, der uns gestern abend einen Besuch abgestattet hat, irgend etwas Dahingehendes erwähnt hätte, träumte mir, daß die laut mit ihren Gewehren knallenden Soldaten des Eastern Arab Corps eine große Reiterschau veranstalteten.

Das erste, was ich heute morgen zu Gesicht bekomme, ist der Übungsplatz[6] der Festung gerade außerhalb des Befestigungswalls und ganz in der Nähe unseres Camps: er hat sich in einen Schießplatz verwandelt. Schießscheiben sind aufgestellt worden, und die Soldaten stehen mit ihren Gewehren vollzählig in einer Reihe. Da ich eine schon krankhafte Angst vor Detonationen habe (ich weiß noch genau, wie sehr ich, trotz meiner Begeisterung für ihre Zeremonien, bei den Dogon darunter gelitten habe), meine ich einen Augenblick, sie schießen wirklich. Aber dem ist nicht so. Sie begnügen sich zum Glück damit, die Handhabung der Waffen mit bloß fiktiver Munition zu üben.

Da ich immer noch nichts zu tun habe (mangels Dolmetscher kann ich auch keine Befragung machen), vertiefe ich mich wieder in mein einziges Buch – die *Notes and Queries* –, das mir gerade wegen seiner Einzigkeit fast zu einer Art von Bibel geworden ist. Ich überlese nochmal den folgenden Absatz, der mir schon gestern aufgefallen war:

»Obwohl Freud, dem wir die erste klare Darlegung der Traummechanismen verdanken, der Ansicht ist, die Sphäre des Sexuellen übe den vorherrschenden Einfluß auf sie aus, zeigen neuere Untersuchungen, insbesondere die Erfahrung der Kriegsneurosen, daß jede beliebige Gemütsbewegung, zumal wenn sie mit einem psychischen Konflikt einhergeht, wie dies beim Kampf zwischen Pflicht und Angst der Fall ist, zur auslösenden Ursache von Träumen werden kann. Wenn wir ihn hierin recht verstanden haben, betrachtet Jung den Traum als einen Versuch, sich – in der Regel durch Analogiebildungen – den gegenwärtigen und zukünftigen Schwierigkeiten und Bedürfnissen anzupassen. Andererseits wird behauptet, eine der Funktionen des Traums sei es, dem Träumenden bestimmte Probleme des Lebens klarer vor Augen zu führen.«

Ich meinerseits wäre versucht, meine hauptsächlichen Phobien symbolisch mit den vier Elementen in Verbindung zu bringen. Mit dem *Feuer* scheint meine Angst vor Detonationen in Bezug zu stehen, meine

---

6 Gewöhnlich spielten die eingeborenen Soldaten dort Fußball, zumindest seit der Ankunft des neuen, kulanteren Captains.

Schwindelanfälligkeit mit der *Luft,* mit dem *Wasser* das Entsetzen, das mir eine sportliche Übung wie das Schwimmen einflößt, mit der *Erde* meine Abscheu vor Spinnen und bestimmten Insekten.

. . . .

Als kleiner Stachel löckt der Weltschmerz – aber dann entdecke ich auf Griaules Tisch ein Exemplar des Sonderdrucks von seinem Artikel *Mythes, croyances et coutumes du Begamder* (Mythen, Anschauungen und Bräuche in Begamder)[7]. Ich labe mich daran. Es steht eine verblüffende Geschichte von einem Vogel darin, der ganz ohne Männchen in den Lüften vom Wind befruchtet wird und von dem manche Eier (die rätselhafte Inschriften tragen, mit der Bedeutung: »Jesus von Nazareth, König der Juden«) es unter bestimmten Umständen erlauben, eine wunderbare unterirdische Frucht zu entdecken, die dem, der sie ißt, Weisheit und Glück verleiht . . . Die Geschichte erinnert mich an den Stein der Weisen und an die Symbole der Alchimie.

Es tut so gut, ein wenig alleine zu sein! Und es ist auch ein wenig traurig, denn im Grunde des Herzens fragt man sich doch, was man denn zum Teufel hier verloren hat . . .

Alles in allem ein ruhiger Tag – mit Ausnahme von ein paar winzigen Paniken: außerordentliche Schwierigkeit, mich mit dem Koch zu verständigen (der nur abessinisch spricht), unmöglich, die ausgeklügelte Kompressionslampe anzukriegen, Massaker des Hähnchens für mein Abendessen: zur großen Freude des kleinen Schakals, dem ich einen riesigen Anteil Knochen abtrete, mit denen ich nicht ordentlich zurechtzukommen wußte – noch wollte.

Heute abend leistet mir das von ferne herüberklingende Grammophon des Captains Gesellschaft.

16. Mai

Wieder militärische Übungen; mit Schnellfeuergewehren diesmal; aber immer noch lautlos.

Es geht wieder aufwärts mit mir. Ich mokiere mich über mich selbst, über meine ewigen Gewissensprüfungen, meine Phobien. Mit dem Schakal verstehe ich mich glänzend.

. . . .

---

7 Vgl. *Journal Asiatique,* Januar-März 1928.

Ich wehre mich zwar dagegen, aber ich beginne trotzdem, meinen Gefährten gegenüber jene Art Haß (oder eher Gereiztheit) zu verspüren, die mich jetzt schon mehrere Male dazu gebracht hat, mit Gruppen oder einzelnen Personen zu brechen. Anscheinend nehme ich es meinen Freunden übel, ihnen zu einem gewissen Zeitpunkt intellektuell verbunden gewesen, mehr oder weniger von ihnen beeinflußt worden zu sein und mich mit manchen ihrer Gesichtspunkte solidarisch erklärt zu haben. Ich reagiere da auch in Afrika nicht anders. Zumal heute, wo ich alleine bin, wird mir das voll bewußt. Mein Prügelknabe ist natürlich Griaule . . .

Sachlich gesehen nichts weiter zu vermelden: Honigwasser getrunken, versucht, mich mit dem Koch zu arrangieren, damit er mir nicht so viel zu essen bringt, abends ein Tornado (stärker als der gestrige).

17. Mai

11 Uhr 15: Der Captain schaut beim Camp vorbei. Er hat soeben erfahren, daß die Straße nach Gedaref abgeschnitten ist; Griaule, Larget, Faivre werden also heute abend nicht mehr kommen. Der Captain lädt mich zum Abendessen ein.

13 Uhr 45: Der Koch macht mir umständlich klar, daß der *dedjazmatch*[8] Wond Woussen, der Vize-Gouverneur der Provinz und Sohn des Ras Kasa, dem Zoll von Métamma geschrieben oder telephoniert (?) habe, man solle uns die Grenze überschreiten lassen. Er müßte demnach jetzt die Instruktionen aus Addis Abeba erhalten haben.

14 Uhr 15: »Wie eng auch der Soziologe und der Psychologe das Netz ihres Wissens zusammenziehen, wie nah und immer näher sie an die Objektivität heranreichen mögen, sie werden dennoch unweigerlich Beobachter bleiben, d. h. immer ganz in ihrer eigenen *Subjektivität* stehen. Alle Wissenschaftler sind hierin genauso weit. Und die Philosophen? Auch sie scheinen nicht gerade auf dem besten Wege, eine zufriedenstellende Gleichung zwischen diesen beiden Janusgesichtern aufzustellen. Ein einziger darf Anspruch erheben, etwas vom Leben, von der Substanz dieses Lebens zu wissen: der Poet. Weil er im Herzen des Dramas steht, das zwischen den beiden Polen Objektivität und Subjektivität sich abspielt, weil er sie auf seine Weise, in ihrer Zerrissenheit zum Ausdruck bringt, durch den *Riß,* an dem er sich nährt,

---

8 Hoher militärischer Titel: »Chef der Nachhut«.

dessen Gift er hinausträgt in die Welt, oder, wenn man so will, dessen Wort er führt. Aber es gibt so viele Arten, Poet zu sein. Eine Feder oder einen Pinsel in der Hand zu halten ist dabei nicht unbedingt die beste.«

16 Uhr 10: »Der Selbstmord – dessen gewissestes Resultat im Auslöschen des Subjekts besteht – ist vielleicht eine elegante Lösung für das vorgenannte Problem.«

16 Uhr 20: Der Koch bringt mir Honigwasser, ich trinke die eine Hälfte und lasse ihm die andere.

19 Uhr 30: Als ich beim Captain gerade den Drinks zuspreche, kommen Griaule-Faivre-Larget an, die ohne allzugroße Schwierigkeiten durchgekommen sind und nur an zwei Stellen Steine unterlegen mußten. Sie richten sich im Camp ein, während ich mit dem Captain zu Abend esse und dabei all meine Hirngespinste vergesse.

18. Mai

9 Uhr 30: Ich gehe nach Métamma, um die Kopie des besagten Telegramms zu überbringen, die Griaule in Gedaref anfertigen und vom D. C. firmieren ließ. Der Dolmetscher, der heute eine großartige Reithose zur Schau trägt, hält mir das Parfumfläschchen hin, das ich ihm neulich gegeben habe: es ist leer. Ihm zufolge war das Fläschchen schon leer, als ich es ihm gegeben habe . . . Die Verdunstung, kein Zweifel! Aber gleichviel. Die Angelegenheit wird jetzt noch vertrackter. Der Dedjazmatch Wond Woussen hat zwar Anweisung gegeben, uns zollfrei einreisen zu lassen, aber wir sollen uns nicht direkt nach Zaghié begeben.[9] Wir sollen zuerst nach Tchelga, was viel weiter im Norden liegt, dort unser Material deponieren und anschließend bis Dabra-Tabor weiterreisen, auf der anderen Seite des Tana-Sees, wo der Dedjazmatch residiert. Den ganzen Weg über wird für unsere Verpflegung gesorgt sein und eine stattliche Eskorte wird gleichzeitig über unsere Sicherheit wachen . . . Ich beklage mich beim Dolmetscher, und der räumt auch ein, daß wir in diesem Fall aller Wahrscheinlichkeit nach die ganze Regenzeit in Dabra Tabor zu verbringen hätten. Falls wir unbedingt darauf bestünden, wäre es aber anschließend immer noch

---

9 Der Ort am Südufer des Tanasees, an dem wir mit Gaston-Louis Roux zusammentreffen und unsere Winterquartiere aufschlagen sollten. Von dort aus hätten wir mit unserem zerlegbaren Boot das ganze Seegebiet erkunden können.

möglich, nach Zaghié zu kommen. Wann, kann er allerdings nicht sagen.

11 Uhr: Zurück im Camp, wo ich Griaule Bericht erstatte. Er läßt mich ein Telegramm an den französischen Botschafter in Addis Abeba auf die Post bringen, mit dem Ansuchen, sich an den Völkerbund zu wenden, falls sich keine andere Lösung finden läßt.

17 Uhr: Der Chauffeur Balay kommt (diesmal ohne Handschellen) zu Griaule, der sich entschließt, sein Bußgeld (ein ägyptisches Pfund) zu bezahlen, als er sieht, daß die Gefängniswärter Miene machen, ihn lebenslänglich in Gewahrsam zu halten, falls er nicht bezahlt. Balay erachtet diese Höflichkeit als derart selbstverständlich, daß er sich nicht bedankt.

17 Uhr 30: Tornado.

19. Mai (Jahrestag der Abfahrt der Saint-Firmin)

Larget hat von dem armenischen Händler in Gedaref gehört, der Guérazmatch Hayla Sellasié, der Zollvorsteher von Métamma, solle seines Amtes enthoben werden, weil er bei seinen Geldeintreibungen die Schraube etwas zu weit angezogen habe. Der Balambaras ist, wie es scheint, auch nur gekommen, um des Guérazmatch Sellasié Rechnungsbücher zu überprüfen. Seine bevorstehende Abreise – wegen der Regenzeit, wie ich glaubte – heißt zweifellos auch nichts anderes.

9 Uhr 30: Besuch beim Guérazmatch, um eine amharische Kopie des Briefes von Wond Woussen einzuholen. Er ist in Gesellschaft des Dolmetschers und zweier Vertrauter. Einleitende Konversation über das Fieber. Gibt es das bei uns auch? Ich erwidere, daß es am Kongo und im Sudan vorkommt. Um dem Guérazmatch zu erklären, wo sich der Kongo befindet, kratzt daraufhin der Dolmetscher mit der Spitze seines Stockes einen Kreis auf den Boden, teilt ihn anschließend mit Kreisbögen und Kreisen in mehrere verschieden große Fächer auf und setzt hier und da einen Punkt hin. Das ist die Landkarte Afrikas, mit Abessinien, den angrenzenden Provinzen und den wichtigsten Städten. Er berührt mit der Stockspitze den Boden außerhalb des Kreises und deutet damit an, wo sich Europa befindet. Dann hebt er zu langen Erklärungen an, von denen ich natürlich kein Wort verstehe. Ich höre die Namen verschiedener westlicher Nationen (unter anderem: »Amerika«), das Wort *manguest* (Regierung), das Wort *machina* und zweifellos auch *abou gédid,* den Namen eines in ganz Ostafrika gehandelten Baumwollstof-

fes. Es würde mich nicht wundern, wenn er seinen Zuhörern ein Referat über die Absichten und Ziele des europäischen Kolonialimperialismus hielte.

Die Besucher gehen. Ich bringe mein Anliegen vor. Da sie annehmen, wir wollten die Kopie selbst anfertigen (und das heißt natürlich: sie fälschen), lehnen meine Gesprächspartner erst einmal ab. Nach mühsamen Erläuterungen begreifen sie schließlich, daß sie selbst diese Kopie machen sollen, und akzeptieren widerwillig. Die Ankunft von drei weiteren Besuchern, die den Guérazmatch leise, leise begrüßen und von ihm umhalst werden, setzt der Unterredung ein Ende.

Im Weggehen werfe ich einen Blick auf eine Gruppe von Maultieren, unter denen sich auch 10 von den unsrigen befinden müßten, denn wie man uns heute früh gesagt hat, sollen die gerade eingetroffen sein.

14 Uhr: Besuch von einem Abessinier, einem ehemaligen englischen Soldaten, dem Griaule bereits begegnet war und der ihm seine Dienste als Karawanenführer angeboten hat. Er hat ein sehr lobendes Empfehlungsschreiben: »Hervorragender Mann, Typ des guten abessinischen Soldaten. Ausgesprochen rechtschaffen, schlicht, nüchtern und zuverlässig. Ist aus rein medizinischen Gründen entlassen worden (Hypertrophie der Milz).« Er bietet an, unsere Karawane aus gemieteten Maultieren zusammenzustellen. Auf diese Weise kämen wir wesentlich billiger weg, als wenn wir mit dem Agenten Osman, der uns welche besorgen soll, den Handel abschlössen. Wir täten übrigens gut daran, uns vor Osman zu hüten, meint er. Und es stimmt, daß die direkte Strecke nach Zaghié sehr schlecht ist: die Maultiere krepieren und an einer bestimmten heiklen Stelle laufen sie Gefahr, in eine Schlucht abzustürzen.

. . . .

Der endlich befreite Balay arbeitet unter der Anleitung von Makan, um seine Guinee abzuzahlen. Makan hat ihm den Uhrenklau noch immer nicht verziehen: er hat die Uhr zwar wieder zurückbekommen, aber kaputt.

Besuch vom Captain. Ihm fehlen zu seinem Kreuzworträtsel zwei Ausdrücke, die wir ihm geben: rumänische Münze mit drei Buchstaben (LEI), Name des Gründers der ersten transatlantischen Schiffahrtslinie (CUNARD).

Besuch von Osman, dem Mann mit den Maultieren. Er bestätigt, was

man Larget bereits über den Guérazmatch erzählt hatte: er hat den Zoll
in der Tat um 2800 Taler erleichtert, und der Balambaras ist gekommen, um die Affäre zu untersuchen. Sein Vertreter, ein gewisser Nourou, ein Freund von Osman, ist schon da. Er befindet sich auf englischem Territorium. Aber der Guérazmatch will ihm den Posten nicht
abtreten. Er gibt vor, nichts von den Befehlen des Ras Kasa zu wissen,
des in Addis Abeba sitzenden Gouverneurs der Provinz, sondern nur
die von Wond Woussen, dessen Sohn (in Dabra Tabor), zu kennen. Ob
im Zuge dieser Enthüllungen über die lokale Politik jetzt allmählich
etwas Licht in unsere Affäre kommt?
Nachts erscheint der Captain noch einmal. Er bringt Larget ein eisernes
Winkeleisen mit, das dieser brauchte, und auch sein Kreuzworträtsel,
denn er kommt wirklich nicht damit zu Rande. Als ich es ihm etwas
später wieder zurückbringe – ohne übrigens im geringsten weiterge-
kommen zu sein –, ist er gerade bei seiner Arabischlektion mit dem
ägyptischen Offizier. Der macht sich das zunutze, um einen Whisky
nach dem anderen zu schlucken.

20. Mai

Besuch beim Guérazmatch, der mir in Gegenwart des Dolmetschers
und des Zoll-Superintendenten von Gallabat die gewünschte Kopie
überreicht. Der Dolmetscher Lidj Damsié meint, der Ras Kasa und der
Dedjazmatch Wond Woussen hätten uns nur deshalb nicht erlaubt, uns
direkt nach Zaghié zu begeben, weil sie glaubten, wir hätten immer
noch vor, mit unserem Boot einzureisen. Im Verlauf der Unterhaltung
bietet mir der Guérazmatch einen abscheulichen Cognac an, in einem
kleinen Hornbecher, aus dem er höflicherweise zuerst trinkt. Ich lehne
erst ab, nehme dann aber doch an, obwohl ich weiß, daß der Guérazmatch vor einigen Monaten nach Gedaref gefahren ist, um seine Syphilis behandeln zu lassen . . . Es ist allerdings anzunehmen, daß so ein
greulicher Fusel ein optimales Desinfektionsmittel darstellt! Damsié,
der sich in Gegenwart des Superintendent sehr vorschriftsmäßig gibt,
möchte, daß ich eine Liste mit unserem ganzen Gepäck aufstelle, welches er so freundlich sein will, nicht zu durchsuchen.
Als ich, vom Dolmetscher begleitet, wieder hinuntergehe, sehe ich
Griaule und Faivre aus der Zollstation kommen und nach Gallabat
hinübergehen. Ich erfahre vom Dolmetscher, der auch gerade erst davon gehört hat, daß Griaule gekommen war, um seine in Métamma

bereitstehenden Maultiere in Augenschein zu nehmen, daß eine Wache ihn aber nicht die Grenze überschreiten lassen wollte und er wütend wieder abgezogen ist . . . Um die Affäre beizulegen, führt man mir die Maultiere vor. Drei davon sehen ganz schön aus, aber ein paar von den anderen sind wund gerieben. Ich verstehe ja nun allerdings nicht das geringste von Maultieren. Bevor irgend etwas abgemacht wird, muß Griaule sie sich erst ansehen.

Ich habe kaum den Grenzbach überquert, da treffe ich auf den Captain, der selbst gerade seinen Antrittsbesuch beim Zoll von Métamma machen will und möchte, daß ich ihn begleite. Er begutachtet die Maultiere und meint, sie seien in Ordnung. Damsié, mit dem er sich – zum Kennenlernen – ein bißchen unterhält, stellt ein paar liebenswürdige Fragen: wo er sein Englisch gelernt habe, das er so gut spreche? Wo man abessinische Briefmarken finden könne, denn er, der Captain, brauche welche, um sie einem kleinen Jungen seiner Bekanntschaft zu schicken? Wie Maultier auf abessinisch heiße? Ob es in Métamma eine Fußballmannschaft gebe, denn es ließe sich ja vielleicht ein Match veranstalten?

Wieder zurück im Camp, gebe ich Griaule die Kopie des Briefes. Er liest sie aufmerksam und übersetzt sie mir. So wie der Brief formuliert ist, geht es in der Tat darum, uns unter Begleitschutz bis Dabra Tabor zu bringen und aus uns praktisch Gefangene und Ehrengäste in einem zu machen.

17 Uhr 45: Ein Telegramm des französischen Botschafters meldet, daß ein Versehen vorliegt, daß neue Instruktionen abgegangen sind und daß wir hingehen können, wohin wir wollen.

Diner beim Captain. Nach dem Essen macht Faivre mit Magnesiumblitz eine Aufnahme der Tafelrunde. Larget, der sich mit rotem Nelkenpfeffer vollgestopft hat, macht sich erbötig, ein Feuerwerk abzubrennen (zwei »Krakatau«, die er aus dem Camp holen will), aber der Captain ist wenig erbaut davon: er fürchtet, die Soldaten des Eastern Arab Corps möchten das für einen Alarm halten und an die Gewehre springen.

21. Mai

»Welch köstlicher Duft steigt mir in die Nase?« sagte gestern der schwarze abessinische Informant von Griaule, als ein *achkar*-Anwärter[10] mit den Falten seiner Toga eine Flasche Martell-Cognac heruntergeworfen und zerbrochen hatte. Derselbe Bursche mit dem so edlen Geruchssinn bringt Griaule heute morgen eine Pflanze, von der er ihm im Verlaufe der Befragung erzählt hatte, und platzt mitten in die Lohnverhandlungen von etwa 15 Anwärtern hinein, die mit dem Vermittler Osman (immer noch mit Turban und leuchtend buntem Burnus) und mit dem Abessinier und ehemaligen englischen Soldaten (wie gewöhnlich in Shorts und graugrünem Bush-shirt) diskutieren.

Zwei von den Anwärtern sind sehr schön: was man gewöhnlich so »Jesus-Köpfe« nennt. Aber das sind vielleicht nicht die besten . . . Bis auf einige Ausnahmen sind die anderen eher schlecht gebaut. Ein abscheulicher Greis, kahl, zahnlos, verschrumpelt und fast bartlos, klaubt während der ganzen Verhandlung mit den Zehen eines seiner Füße Abfälle vom Boden auf. Bei einem anderen, viel jüngeren Mann, der einen schwarzen Anzug trägt, ist das Gesicht voller Pockennarben. Ich war dem Mann schon in Métamma begegnet.

Ich mache meinen Besuch beim Zoll diesmal mit Griaule und Larget, die sich die Maultiere anschauen kommen. Der Guérazmatch wußte ja, daß sie die Tiere eigentlich heute morgen hätten begutachten sollen, deshalb ist er aus seiner Hütte getreten und Griaule entgegengegangen. Da er sich aber genausogut daran erinnert, daß er in seiner Wut von gestern den Bediensteten gegenüber erklärt hat, »er habe von so einem diebischen kleinen Chef keine Befehle entgegenzunehmen«, bleibt der Guérazmatch nach der Begrüßung abseits an einen Baum gelehnt stehen. Er wendet uns den Rücken zu und tut so, als ginge er Papiere durch – furchtsam zugleich und schmollend, wie ein bestrafter Schüler. Als Griaule wieder gegangen ist, zeige ich dem Guérazmatch und seinem Helfershelfer das letzte Telegramm. Sie scheinen uns keine weiteren Hindernisse mehr in den Weg legen zu wollen.

Jedem von ihnen habe ich als Geschenk eine Schachtel »Orthogenal«-Tabletten überreicht, eine pharmazeutische Spezialität, die gut sein soll gegen die Beschwerden der »Automnose«, d. h. – wie es auf dem Papier steht – gegen die Krankheiten des mittleren und des hohen Alters. Ich muß selbst eine von den Pillen schlucken, um dem Guérazmatch zu zeigen, wie er sich dabei anzustellen hat. Da ich sie nun aber sehr schnell runtergeschluckt habe und der Guérazmatch kaum mehr mitgekriegt haben kann, als wenn einem ein Zauberkunststück vorgemacht

---

10 D. h. bewaffneter Bediensteter oder Maultiertreiber.

wird, hoffe ich, daß der alte Schnapphahn bei der ersten Gelegenheit daran verreckt.

22. Mai (Sonntag)

Abfahrt Griaules und Largets nach Gedaref, wo sie Lutten abholen, der morgen abend dort ankommt. Gestern nachmittag ist noch Verschiedenes erledigt worden: Einstellung von 6 Achkars, die von dem ehemaligen englischen Soldaten befehligt werden sollen, Ankauf von 10 Maultieren. Die Bezahlung Osman Ibrahim Zakis für diese 10 Maultiere und die Ausstellung einer Quittung über die entsprechende Summe lösten zwischen Osman und dem ehemaligen englischen Soldaten (der unsere Interessen wahrnehmen wollte) eine große Debatte aus, während derer der immer noch mit graugrünem Drillichzeug bekleidete ehemalige Soldat manchmal – um ihm seine Argumente begreiflicher zu machen – die Schulter des (wieder in seidige Kleider gehüllten) Sudanesen berührte. Bei dieser Geste entfernte er zugleich in einer graziösen Seiten- und Rückwärtsbewegung seinen Kopf. Er schaute Osman dabei an und sah so ganz wie ein Maler aus, der – anstatt sich an seine Leinwand zu halten – mit der Pinselspitze sein Modell berührt und zurücktritt, um zu sehen, wie es sich ausnimmt.
Arbeit: Zur Verladung auf die Maultiere packe ich meine Sachen schon wieder um (ich mache schon seit Gedaref nichts anderes mehr). Versuch, mich ein wenig mit dem amharischen Alphabet vertraut zu machen, Inspektionsgang zu den Maultieren, um zu sehen, wie sie gefüttert werden.

23. Mai

Im W. C. eine Schlange gefunden, unter folgenden Umständen: als ich wie gewöhnlich in den besudelten Kanister einen kleinen Berg Kies schaufle, den ich mit einer alten Konservendose aus der zu diesem Zweck bereitstehenden Blechkiste schöpfe, bemerke ich auf dem Boden des Kanisters momentan ein mysteriöses Krabbeln, als wäre der Inhalt auf einmal lebendig geworden . . . Ein weiterer schneller Blick genügt, um eine Schlange zu erkennen, die sicher in der Kieskiste geschlafen hatte und die ich wahrscheinlich mit herausgeschöpft habe. Ein sehr schmales Tier mit geflecktem, im ganzen violett getönten Körper, etwas länger als eine Viper. Griaule und Larget haben vor einigen Tagen hinter den Kisten eine von derselben Sorte gefangen. Jene sehr junge Schlange war harmlos gewesen. Aber ich weiß nicht, wie es mit ihrer Artgenossin in der Scheiße bestellt ist . . . Faivre, unserem Naturforscher, kommt jedenfalls die Ehre zu, ihr den Kopf zwischen zwei Hölzern einzuklemmen und sie in einer Konservendose mit Wasser zu ertränken.

Nach dieser Leistung mache ich mit dem Koch die Abrechnung von gestern (mit Hilfe eines jungen abessinischen Bediensteten, den wir nach seiner Vorstellung durch den Zolldolmetscher engagiert haben und von dem ich erst heute erfahren habe, daß er englisch spricht). Wir bestellen ein ganz abessinisches Mittagessen, so abessinisch, daß der Koch – würdehalber, oder weil er es wirklich nicht besser weiß? – erklärt, es nicht selbst zubereiten zu können und vom Markt eine Köchin mitbringen zu müssen.

. . . .

Mittagessen zusammen mit dem Captain. Ich habe ihn eingeladen, weil ich weiß, daß er als Neuling in den Kolonien auf alle eingeborenen Speisen neugierig ist. Das mit *berbéri*[11] gewürzte Fleischgericht, das der Koch schließlich selbst zubereitet hat, ist exquisit, obwohl ausgesprochen »hot«. Die Fladen, die als Brot dienen, schmecken ausgezeichnet. Aber damit ist auch schon Schluß. Und ich glaubte, ein komplettes abessinisches Mahl bestellt zu haben! Ich schäme mich vor unserem Gast, zumal der Dienstbote, als er den Kaffee bringt, darauf hinweist, daß nur noch drei Zuckerstücke da sind, und ich schon zum Nachtisch, wo ich eine Dose Maronencreme hatte auftischen lassen, die der Captain höflicherweise als köstlich bezeichnete, das Öffnen einer zweiten Dose verlangt hatte, ohne zu ahnen, daß gar keine zweite mehr da war. Ich bin auch schon immer ein rechter Küchenheld gewesen. Griaule wird meine Anfänge in diesem Amt bestimmt nicht so schnell vergessen: ein gewisses eisgekühltes Zwischengericht mit Linsen und Kondensmilch, bei der Exkursion nach Yougo. Ich hatte es irrigerweise mit einem Mehl zubereitet, das dazu bestimmt war, als Gemüsebrei verspeist zu werden . . .

Ich verbringe fast den ganzen Nachmittag mit dem Captain. Ich gehe

---

11 Sehr scharfe Pfefferschotenart.

mit ihm zum Bazar hinunter und nehme – in ihren Spiritusflaschen – die beiden Schlangen mit, um sie von den Eingeborenen identifizieren zu lassen (die sich nicht einig werden und ihnen, wie ich es mir ja hätte denken können, alle möglichen Namen geben). Von da aus gehen wir uns den Garten des Captains anschauen und dann »meine Maultiere« (die ich wie ein zünftiger Wachtmeister inspiziere, obwohl ich von der Sache ja keinen blassen Schimmer habe), anschließend – wo wir schon einmal da sind – schauen wir beim Guérazmatch vorbei, der den Kopf verliert, als er die beiden Schlangen sieht. Er meint, diese Tiere, deren Ahnen unser erstes Elternpaar ins Verderben gestürzt haben, möchten ihm Unglück bringen: er ist so kopflos, daß ich ihm zur Beruhigung die Geschichte von der Jungfrau Maria erzählen lassen muß, die das Haupt der ekelhaften Bestie unter ihrem Fuße zermalmt, und außerdem behaupten muß, der Anblick der getöteten Schlangen stelle also für die Mutter Gottes eine Wohltat dar . . . Der Guérazmatch klatscht in die Hände. Der Captain, der den Eingeborenen gegenüber die Politik der Freundlichkeit betreibt und auf Popularität aus ist, würdigt überschwenglich meinen Apolog.

24. Mai

Heute müßten Griaule und Larget eigentlich mit Lutten zurückkommen. Ich freue mich, Lutten wiederzusehen. Was ich auch immer über meine Einsamkeit sagen mag – ich stelle fest, daß sich durch die Reise nach und nach, und eigentlich ohne daß man es gewahr wird, zwischen meinen ständigen Gefährten und mir eine bestimmte Solidarität eingestellt hat. Schönheit und Schmach des Gruppenlebens . . .
Tag für Tag machen die Raben dem Schakal sein Fressen streitig. Heute, wo er zu viel Milch gesoffen hat und krank war, fressen sie seine Kotze auf, als er schläft.

25. Mai

Griaule-Larget-Lutten sind, wie erwartet, zum Abendessen eingetroffen. Lutten, der mit demselben Schiff wie wir den Nil hinuntergefahren ist, hat vom Engineer schon von dem Unfall seiner Zibetkatze gehört. Dem Schakal, der gestern den ganzen Tag gekränkelt hat, scheint es besser zu gehen.

. . . .

Ereignisreicher Tag heute. Mit dem Wagen, den er aus Gedaref mitgebracht hat, will Griaule heute morgen eine Fahrt nach Abessinien hinein machen, um die Wegroute zu erkunden. Gegen 6 Uhr 30 in der Frühe schickt er mich als Aufklärer voraus, um den Guérazmatch zu verständigen. Der will natürlich nichts davon wissen, behauptet, unsere Genehmigung, mit dem ganzen Material einzureisen, erstrecke sich nicht auf die Kraftfahrzeuge. Ich mache kehrt und gehe Griaule entgegen, dem ich auf halber Hanghöhe begegne. Es sitzen außerdem Lutten und Faivre im Wagen. Ich steige zu und komme so noch einmal zum Zoll. Wir machen vor dem »Büro« halt, in der Nähe des Ortes, wo unsere Maultiere untergestellt sind. Auf Befehl Griaules gehe ich zum Guérazmatch und richte ihm aus, Griaule sei fest entschlossen, die Grenze zu überschreiten. Der gute Mann braucht einige Sekunden, um mit seinen Schuhen klarzukommen und stürzt dann patronengegürtet und gefolgt von mir und mehreren mit Gewehren bewaffneten Männern nach draußen: er zittert (vor Angst?) und schäumt (vor Wut). Griaule erneuert sein Ansuchen, beruft sich auf die Telegramme, die ihn dazu berechtigen. Der Guérazmatch verweigert immer noch seine Einwilligung. Griaule verlangt daraufhin einen schriftlichen Befehl, aber der Guérazmatch will ihn nicht ausstellen. Griaule schwingt sich ans Steuer. Ich klettere in den Wagen, obwohl der Guérazmatch mich am Handgelenk zurückzuhalten sucht. Faivre steigt mir nach. Die Wächter mit den Gewehren umzingeln den Wagen. Wenn Lutten jetzt auch noch eingestiegen ist, fährt Griaule ab und bricht mit Gewalt durch, geht es mir durch den Kopf. Aber der Guérazmatch befiehlt anzuhalten – »Bei Ménélik«! Als diese Zauberformel einmal ausgesprochen ist, ist nichts mehr zu wollen. Griaule verlangt jedoch – »bei Ménélik« –, der Guérazmatch solle seine Entscheidung auf ein Papier aufschreiben, sonst werde er sich darüber hinwegsetzen. Er habe in Gallabat übrigens auch Gewehre . . . Der Guérazmatch leistet Folge. Griaule und ich gehen mit ihm hinein, um die Abfassung des Dokumentes abzuwarten. Griaule seinerseits übergibt dem Guérazmatch einen Brief, in dem er erklärt, er betrachte es als »wenig freundschaftlich«, uns die Einfuhr eines Vehikels zu verweigern, das in unserer Bewilligung inbegriffen ist.
Der Chauffeur Balay, der ehemalige Soldat und Karawanenführer sowie der englischsprechende Dienstbote, die im Augenblick der Auseinandersetzung von weiß Gott woher angelaufen kamen, sind alle drei verhaftet worden. Lutten, der beim Wagen geblieben war, erzählt, daß

er sich mit Händen und Füßen dieser Festnahme entgegengestemmt hat. Er hat erreicht, daß sie jetzt nicht mehr fest*gehalten* werden, obwohl sie im Prinzip immer noch fest*genommen* sind. Sobald Lutten den Wagen gewendet hat, verfügt Griaule denn auch, daß sie in den Wagen steigen, und gibt Lutten die Order, sie nach Gallabat zu fahren, während Faivre, er und ich zu Fuß zurückkehren.

Wieder im Camp, erfahren wir von Lutten Näheres über das Handgemenge. Einer hat ihm einen Gewehrlauf in die Rippen gerammt. Ein anderer drohte mit dem Kolben seines Gewehres. Ein Dritter holte mit einer Hacke zum Schlag aus. Sofortiges Telegramm Griaules an den französischen Botschafter in Addis Abeba und Brief an den Guérazmatch – von mir überbracht – mit der Ankündigung einer Klageerhebung in Addis Abeba.

Meine Demarche löst ein gewaltiges Palaver aus. Der offizielle Dolmetscher – der sich während der ganzen Streitigkeiten verdrückt hatte – ist nicht da. Anscheinend ist er krank . . . Ein junger, zufällig anwesender Ägypter, der Englisch kann, macht den Dolmetscher. Großer Protest: Lutten hat als erster einen Fußtritt versetzt, wir waren nicht berechtigt, mit dem Auto einzureisen usw . . . Ich lasse dem Guérazmatch als Antwort übermitteln, er solle gleichfalls nach Addis Abeba schreiben, wenn er etwas zu melden habe . . . Der »Chef der Garden« wird gerufen – ein mächtig großer, abgezehrter, ungestümer Mann mit Alkoholiker- oder Syphilitikeraugen, und das Palaver hebt von neuem an, diesmal noch heftiger. Ich meinerseits brülle auf englisch . . . Auf einmal hat der Guérazmatch seine Entgegnung gefunden: Die Bediensteten, die unsere Maultiere bewachen, stiften Unfrieden im Dorf, wir müssen sie auf englisches Territorium hinüberbringen, sonst schiebt er sie nach Addis Abeba ab. Im Augenblick verschlägt mir das ein wenig die Sprache – denn die Maultiere allein zurückzulassen heißt, sie den Angriffen der Hyänen auszusetzen oder sie schlichtweg verhungern zu lassen; sie auf englisches Gebiet hinüberzubringen bedeutet sehr hohe Zollkosten – ich weiß nicht, was ich darauf sagen soll. Als der Guérazmatch aber verlangt, ich solle die Bediensteten sofort mitnehmen, erkläre ich, daß ich – als bloßer Botengänger – nicht dazu befugt bin. Außerdem verlange ich Schriftliches. Man zeigt mir ein mit Bleistift geschriebenes angebliches Reglement für Bedienstete, in Amharisch und Arabisch. Ich will es einstecken, aber man schreit Zeter und Mordio, und ich muß das Papier wieder herausrücken. Der Guérazmatch verspricht immerhin, Griaule im Laufe des Tages durch einen

Soldaten einen Brief zustellen zu lassen und bis dahin keine weiteren Schritte zur Ausweisung der Maultiertreiber zu unternehmen ...

Zum sechsten Mal seit heute morgen (mein dritter Rückweg) überschreite ich die abessinische Grenze und lasse die Bande übler Witzbolde mit ihren (nach dem Beispiel ihres Chefs) von Patronengurten durchkreuzten Bäuchen weiter kräftig ihre Grenze bewachen. Der besagte Chef hielt es während dieser allerletzten Unterredung für angezeigt, sich in seinen dunklen Regenmantel zu werfen, um keinen Zweifel daran zu lassen, daß so viel Durcheinander ihn jedenfalls krank mache.

Es stand sicher geschrieben, daß es dem armen Balay auf alle Ewigkeit beschieden sein sollte, eingelocht zu werden, gleich ob auf englischem oder auf abessinischem Gebiet!

. . . .

Der Guérazmatch schickt das Papier nicht, aber am späten Nachmittag kommt Lutten, der nach den Maultieren gesehen hatte, mit einem der Achkar zurück. Der meldet, ihr Chef, der ehemalige Soldat (der genau wie der Zolldolmetscher auch Damsié heißt), sei soeben ins Gefängnis geworfen worden. Der englische Captain und ein aus Gedaref angereister Doktor waren mit dem Auto beim Zoll vorgefahren, um die einige Kilometer hinter der Grenze befindliche Kirche zu besichtigen. Man hat sie nicht passieren lassen und den Chef der Maultiertreiber festgenommen, denn nur er könne diesen Wagen zum Zoll geschickt haben.

Lutten und ich gehen zum Zoll, begleitet von dem Maultiertreiber, der uns benachrichtigt hat, und Wadadjé, dem jungen englisch-sprechenden Bediensteten. Der Guérazmatch und der Dolmetscher (der jetzt wieder gesund ist) verweisen uns an den Chef der Garden und behaupten, sie wüßten von nichts. Der Gardechef lehnt es rundweg ab, den Gefangenen freizulassen, wir dürfen ihn nicht einmal sehen, und er will uns auch keine schriftliche Tatbestandsaufnahme aushändigen. Ich erkläre daraufhin, daß wir für den Karawanenführer die Bürgschaft übernehmen, was nach abessinischem Brauch eigentlich seine sofortige Freilassung bewirken müßte, sobald erst der Betrag des geforderten Bußgeldes dem Richter ausgehändigt worden ist. Man verweigert aber die Freilassung, solange Griaule keinen Brief geschrieben hat, in dem er sich als Bürgen erklärt. Es wird Nacht. Zum Zeichen, daß die Unterredung beendet ist, erheben sich alle. Wadadjé, der befürchtet, ebenfalls festgenommen zu werden, legt uns nahe, nicht weiter zu insistieren. »It's too bad . . . It's too bad«, sagt er mir halblaut, mit deutlichem Entsetzen in der Stimme.

Er erklärt uns anschließend, daß all unsere Gesprächspartner betrunken sind, und daß mehrere von ihnen gemunkelt haben, man solle Lutten einen verpassen, falls dieser sich unterstehe, »die Hand zu erheben«. Er hat auch gehört, daß man beabsichtigt, uns für die Freilassung des Gefangenen 16 Guineen bezahlen zu lassen . . .

Nach den Abschiedsbekundungen hatte der widerliche Polizeichef, der sich kaum auf den Beinen zu halten vermochte und sein altes Säufergesicht in eine einzige grinsende Grimasse verzog, Lutten seine offenen Hände entgegengehalten und damit zu verstehen gegeben, daß er ein Trinkgeld erwarte.[12]

Wenn sich die Affäre nicht gütlich beilegen läßt, stelle ich mich persönlich als Bürgen für den Karawanenführer zur Verfügung, lehne es selbstverständlich ab, das Bußgeld zu bezahlen und lasse mich festnehmen.

26. Mai

Ein Theatercoup nach dem anderen. Um 8 Uhr 30 morgens kommt der Koch Ayyêlé zu Griaule und sagt ihm im Vertrauen, daß der Karawanenführer – der Mann, für den ich mit meiner Person zu bürgen gedachte und für den ich mich, theoretisch wenigstens, ins Gefängnis werfen lassen wollte – nicht nur aus den angegebenen Gründen verhaftet worden ist, sondern wegen eines auf englischem Territorium begangenen Mordes im Zusammenhang mit irgendeinem Maultierhandel. Leute aus Tchelga wollen ihn angeblich sogar umbringen, falls er sich weiter in abessinisches Hoheitsgebiet vorwagen sollte.

Um 9 Uhr 15 gehe ich nach Métamma. Von irgendeiner Bürgschaft kann selbstverständlich keine Rede mehr sein. Von einem jungen Wachhabenden, dem ich bei meiner Ankunft begegne, erfahre ich als erstes, daß der Dolmetscher Damsié soeben aus Métamma abgereist ist, und zwar nicht in Richtung Tchelga, wohin er sich normalerweise hätte begeben sollen, sondern nach Addis Abeba; und auch der Gu-

---

12 Lutten erklärte mir 2 Tage später, daß nicht der Chef der Garden ihm die Hand hingehalten hatte, sondern ein jüngerer Mann, der neben dem Chef stand. Ich habe später von Osman Ibrahim Zaki erfahren, daß dieser junge Mann der Zollkassierer war.

érazmatch werde sich in fünf Tagen nach Addis Abeba verfügen. Wahrscheinlich hat unsere Affäre, die sich zusammen mit der Affäre der unterschlagenen 2800 Taler jetzt zur Lawine ausgewachsen hat (zusätzlich zu der ursprünglichen Abhalfterung der Herren Zöllner), jetzt ihre Rückberufung nach Addis Abeba bewirkt. Vielleicht hat aber auch Lidj Damsié selbst dieses Gerücht in Umlauf gesetzt, um so einen eleganten Weg zu finden, von der Bildfläche zu verschwinden.

Am Abend weht der Wind schon wieder aus einer anderen Richtung. Wir hören, daß der angebliche Mörder freigelassen worden ist . . . Ich bin froh darüber, denn mir machte die Vorstellung zu schaffen, daß er zweifellos zum Tod durch Erhängen verurteilt werden würde, falls er des Mordes für schuldig befunden wird und wir seine 16 Guineen nicht bezahlen sollten (ein Preis, der etwas höher ist als der Blutpreis).

Der District Commissioner und der Kommandant der Truppen von Gedaref sind auf ihrer Rundreise in Gallabat eingetroffen. Wir sitzen alle bei einem fröhlichen Diner zusammen. Das Bett des D. C. ist teilweise in Flammen aufgegangen: er hatte es auf der Terrasse des Forts aufgestellt und ein Feuerfunke aus der Küche eines Soldaten war hineingeflogen.

Eine andere Neuigkeit, die ich fast vergessen hätte: die Eskorte, die auf Befehl von Wond Woussen abgeschickt worden ist und die uns als Ehrengefangene bis nach Tchelga geleiten soll, wird bald eintreffen. Ihr Chef ist schon da.

27. Mai

Die Tage sind jetzt so übervoll von Ereignissen und oft widersprüchlichen Nachrichten, daß ich nur mit Mühe die Zeit finde, sie in diesem Tagebuch festzuhalten. Während die anderen bei den Engländern sitzen, sich die Drinks zu Gemüte führen und die beiden »Krakatau« von Larget abbrennen, bleibe ich im Camp. Ich habe die (übrigens reale) Verpflichtung vorgeschützt, mehrere Berichte über die abessinischen Angelegenheiten abfassen zu müssen.

Ich bin auch froh, um die Drinks herumzukommen, die wirklich bald allen zum Halse heraushängen . . . Ich rekapituliere den Tagesablauf.

8 Uhr: Besuch von Osman Ibrahim Zaki, der einen Bediensteten des Guérazmatch Ennayo (des Chefs unserer Eskorte) begleitet. Der Be-

dienstete überbringt einen Brief des *fitaorari*[13] an den Guérazmatch, demzufolge uns die Garden bis Métchela geleiten sollen, wo wir von einem gewissen Lidj Abto übernommen werden. Dem Botschafter zufolge sollen wir von Tchelga aus nach Dabra Tabor geleitet werden. Griaule legt klar, daß er auf keinen Fall nach Dabra Tabor will und daß er sich weigern wird, den Garden zu folgen, falls weiter darauf bestanden werden sollte. Worauf der Bote zur Antwort gibt, er glaube wohl, daß wir uns dahin begeben können, wohin wir wollen. Griaule erklärt, wir würden zu dem von uns bestimmten Ort aufbrechen, sobald alle Maultiere eingetroffen sind.

Als der Bote wieder gegangen ist, erinnert Osman im Auftrag des Guérazmatch Hayla Sellasié daran, daß Griaule bei ihrer ersten Unterredung (als alles noch eitel Freude und Lächeln war) von einem Geschenk in Form von Patronen gesprochen hatte. Da der Guérazmatch uns ja auf jeden Fall bis Tchelga begleiten soll (wo wir durchmüssen, denn anscheinend ist es wirklich der bessere Weg), läßt Griaule ausrichten, daß man in Tchelga weitersehen werde.

8 Uhr 15: Besuch des freigelassenen Gefangenen. Er gibt seine Darstellung der auf ihm lastenden Mordanschuldigung: es handle sich lediglich um eine Schlägerei, in der niemand zu Tode gekommen sei. Er fügt hinzu, die Abessinier würden es ihm übel nehmen, daß er als englischer Soldat gedient hat.

18 Uhr: Ein Soldat des Guérazmatch Ennayo überbringt Griaule folgenden Brief:

»Möge dies Schreiben erreichen den ehrwürdigen Herrn und Minister Grêyol. Beim Heiland der Welt, Gott gebe Euch Gesundheit! Ich sagend, ich habe die Hand erhoben, Euch zu grüßen. Leute sagen: ›Dieser Mann, der heißt Damsié, hat unsern Verwandten getötet.‹ Und weil dies so ist, soll er nicht durchgelassen werden. Ich habe gesagt, ich will Euch beschützen mit starken Wachen. Ich gebe zu wissen, daß nicht Männer wie dieser mit Euch arbeiten dürfen. Guenbot 19. (Unterschrift:) Guérazmatch Ennayo.«

Der Soldat macht sich mit einem Geschenk für seinen Herrn und Meister auf den Rückweg.

Morgen früh werde ich diesem letzteren einen Besuch abstatten, um

---

13 Militärischer Titel. In der Hierarchie zwischen dem *gagmazmatch* (Chef zur Rechten) und dem *dedjazmatch* (Chef der Avantgarde).

herauszukommen, wer er eigentlich ist und ob er nicht zufällig derselbe sein könnte wie der besagte Chef der Garden, der bei den Vorfällen von gestern eine so große Rolle gespielt hat.

. . . .

Gestern und eine Zeitlang auch heute hat Makan seinen Dienst in alten Frauenkleidern versehen, die er in irgendeiner von unseren Kisten aufgestöbert hat.

28. Mai

7 Uhr 50: Besuch des ehemaligen Soldaten Damsié, dem Griaule mitteilen läßt, daß er ihn in Anbetracht der schweren Anschuldigung, die gegen ihn erhoben wird, nicht mitnehmen kann. Ich überreiche ihm im Auftrag Griaules ein Geschenk: Gesichtspuder und Parfum.
14 Uhr: Ein Soldat des Guérazmatch Hayla Sellasié bringt einen Brief des Guérazmatch: wir sollen nicht den Protégé von Ennayo, d. h. Walda Maryam, den Griaule heute morgen gesprochen hat und der von dem Koch empfohlen worden war, als Karawanenführer einstellen, denn dieser Mann, der ehemals Angestellter der abessinischen Regierung war, hat angeblich ein Rechnungsbuch gestohlen. Der Guérazmatch will selbst zum Rest-house kommen, um darüber zu konferieren. Er läßt mündlich hinzufügen, daß er ganz gern ein Geschenk bekäme.
15 Uhr 15: Begleitet von Wadadjé gehe ich nach Métamma, um den Guerazmatch Ennayo aufzusuchen. Obwohl ich es mir ja schon gedacht hatte, verschlug es mir doch einigermaßen die Sprache, als ich den »Chef der Garden« der Ereignisse vom 25. Mai wiedererkenne. Schon gleich nach dem Austausch der Höflichkeiten fragt mich Ennayo, ob wir seinen Brief bekommen haben und ob ich ihn nicht deswegen aufsuche. Ich danke ihm für den Brief, erkläre aber, daß ich eigentlich – ich konnte ja nicht wissen, daß ich ihn schon kannte – zu einem Höflichkeitsbesuch gekommen bin, weil ich erfahren hatte, daß der von Wond Woussen beauftragte Eskortenchef soeben in Métamma eingetroffen sei. Ich bekräftige noch einmal unseren Vorsatz, uns erst *nach* dem Aufenthalt in Zaghié auf den Weg nach Dabra Tabor zu machen. Ennayo erwidert, es gehe ihn nichts an, was wir nach Tchelga machen,

er habe lediglich den Auftrag, uns bis zu diesem Ort zu geleiten, wo wir dann von dem Fitaorari Asfao übernommen werden. Nach Auftragserledigung werde er nach Métamma zurückkehren, wo viel Arbeit auf ihn warte. Seine Leute seien aufbruchsbereit und auf der ganzen Strecke sei schon für die Verpflegung unserer Karawane gesorgt. Er hoffe, in Addis Abeba werde alles gutgehen. Er scheint zu glauben, daß wir von einer Etappe zur anderen eskortiert und schließlich bis nach Addis Abeba gebracht werden. Als er noch einmal auf seinen Brief über den Ex-Soldaten Damsié zu sprechen kommt, rufe ich ihm unseren »kleinen Zwist« von neulich in Erinnerung und füge hinzu, daß wir außer seinem Brief – einem schriftlichen Dokument! – keiner zusätzlichen Auskünfte bedürfen. Die Unterredung endet in einem Dunst überschwenglicher Komplimente . . .

17 Uhr: Der Koch hinterbringt Griaule, daß die beiden Guérazmatch – die wir wegen der Denunzierung von Walda Maryam, des Schützlings von Ennayo, durch Hayla Sellasié und der vorhergehenden Denunzierung des ehemaligen Soldaten Damsié durch Ennayo für Rivalen gehalten hatten – »zusammen essen und trinken«. Und das verschwundene Rechnungsbuch soll der Dolmetscher Lidj Damsié mitgenommen haben, als er nach Addis Abeba abreiste.

18 Uhr 10: Entlassung des Ex-Chauffeurs Balay, der das Geld, mit dem wir ihn aus dem Gefängnis geholt haben, jetzt abgearbeitet hat.

18 Uhr 35 bis 19 Uhr 35: Der versprochene Besuch von Hayla Sellasié. Höflichkeitsbekundungen. Er erklärt, Ennayo sei ein Betrüger, er habe keine Befugnis, uns abzuholen, er selbst dagegen habe einen einwandfreien Brief aus Addis Abeba bekommen. Er habe Befehle erhalten, denen zufolge wir mit ihm über Tchelga nach Dabra Tabor kommen und unser Gepäck in Tchelga lassen sollen. Es sei besser, unverzüglich aufzubrechen, denn Ennayo sei kein sicherer Mann: er werde bestimmt das Gepäck durchsuchen und uns alle möglichen Scherereien machen. Als der Dolmetscher Lidj Damsié nach Addis Abeba abgereist sei, habe er Walda Maryam sein Rechnungsbuch ausgeliehen und dieser habe es ihm nicht zurückgegeben. Damsié dagegen, der ehemalige Soldat, werde von Ennayo und seinen Leuten fälschlich des Mordes bezichtigt: er sei erst vor zwei Monaten von Gedaref nach Gallabat gekommen und niemand habe etwas gegen ihn. In Tchelga könnten wir uns dann besser erklären, denn dort gebe es Telephon. In der Zwischenzeit werde er versuchen, Mietesel für uns aufzutreiben. Er lege Wert darauf, mit uns zusammen aufzubrechen, um uns vor Ennayo zu

schützen, und das sei auch der Grund dafür, warum er seine eigene Abreise verzögere.

Er empfiehlt sich.

Dem Augenzeugen Wadadjé zufolge soll einer der Männer Ennayos mit dem Gewehr nach Lutten geschlagen haben, und anscheinend sind es dieselben Leute gewesen, die auch die drei Bediensteten festgenommen haben. Jedenfalls waren *sie* es, die bei dem abendlichen Palaver betrunken waren.

Der Guérazmatch Hayla Sellasié hat sich, bevor er zu uns kam, eine Zeitlang mit den englischen Offizieren unterhalten; und noch während er bei uns war, kam einer von diesen Offizieren – der Kommandant der Truppen von Gedaref – und hinterbrachte uns, was er dort verlauten ließ: die Leute von Ennayo wären unterwegs ständig besoffen und würden uns alle möglichen Unannehmlichkeiten bereiten.

29. Mai

Obwohl das aufreibende Leben weitergeht, scheinen wir uns doch auf eine gewisse Klärung der Sachlage zuzubewegen.

Von 7 Uhr 30 bis 7 Uhr 50: Besuch von Osman Ibrahim Zaki, den Griaule hatte kommen lassen. Er gibt uns verschiedene Auskünfte: Der Balambaras Gassasa hat einen gewissen Nourou, einen Muselmanen und Freund von ihm, Osman, als Zollchef eingesetzt. Nourou wartet jetzt bei ihm, auf englischem Gebiet, bis Hayla Sellasié geruht, ihm den Posten abzutreten, denn der abservierte Guérazmatch hat angedroht, er wolle ihn umbringen, sobald er sich auf abessinischem Territorium blicken lasse. Die beiden Guérazmatch – Hayla Sellasié und Ennayo – sind, so scheint es, ehrenwerte Männer. Walda Maryam ist ein rechtschaffener junger Mann, er war der Untergebene des Dolmetschers Lidj Damsié. Und Lidj Damsié selbst ist »nur ein wenig befreundet mit dem Guérazmatch«.

8 Uhr 40 bis 9 Uhr 35: Besuch Ennayos bei Griaule. Da die sudanesische Regierung ihre Einwilligung gegeben hat, daß wir die Maulesel zollfrei über die Grenze holen können, hat Griaule beschlossen, sie bis in die Nähe des Rest-houses bringen zu lassen. Ennayo, der davon gehört hat, ist beunruhigt, denn Griaule mache das vielleicht, weil er an den Abessiniern etwas auszusetzen habe. Er bestätigt, was er mir gestern gesagt hat, und erklärt ebenfalls, daß wir in Tchelga ganz nach unserem Belieben alle offenstehenden Fragen per Telephon regeln

können. Hayla Sellasié ist in der Tat geschaßt worden, aber er will nicht gehen. Ennayo verbürgt sich für Walda Maryam, der der Privatsekretär von Lidj Damsié war und nur deswegen in Métamma geblieben ist, weil dieser letztere, der ja nach Addis Abeba gegangen ist, dort keinen Sekretär mehr benötigte. Griaule stellt klar, daß er zwar mit Ennayo nach Tchelga kommen wolle, aber falls man ihn dann anschließend von Tchelga nach Dabra Tabor zu bringen gedenke, dann nur als Gefangenen.

11 Uhr: Besuch eines griechischen Händlers, der angeblich Taler zu 5 Piaster 50 eintauscht.

Bei der Karawane gibt es viel Neues: Hayla Sellasié hat 40 Mietesel für uns ausfindig gemacht, und da die Eseltreiber nicht mehr als zwei Tage warten wollen, werde ich zweifellos schon mit Faivre aufbrechen und auf einer ersten Reise einen Großteil des Materials abtransportieren, denn Osman Ibrahim Zaki hat seinerseits 6 Kamele für uns aufgetrieben, die uns wenigstens bis Wahni (Métchela) zur Verfügung stehen, dem eigentlichen Wohnort des Guérazmatch Ennayo, auf halbem Weg nach Tchelga.

Bei den Engländern: Die beiden Majore (der District Commissioner von Gedaref und der Kommandant der Truppen der Gegend) sind heute nachmittag abgereist und haben unsere Post mitgenommen. Der Captain hat im Lager der Soldaten eine Kinderschaukel aufstellen lassen.

Um 6 Uhr 45 der alltägliche Theatercoup: Ein Telegramm aus Paris meldet, daß der Ras Haylou, der Gouverneur von Godscham, mit dessen Gastfreundschaft wir von Zaghié an[14] gerechnet hatten, festgenommen worden ist. Ich überbringe unserem Freund, dem Captain, die Nachricht. Wir plaudern über abessinische Politik, über Lokalpolitik, über Insektenkunde, und kommen von da aus auch noch irgendwie auf ein paar Grundwahrheiten bezüglich der Syphilis und des Trippers zu sprechen.

30. Mai

Regen heute nacht. Hyänenschreie. Lutten mußte aufstehen, um nach den Maultieren zu sehen. Am Abend regnet es. Winteranfang. Wenig

---

14 Auf einer ersten Reise nach Abessinien (1928-29) hatte Griaule sich mehrere Monate auf den Ländereien des Ras Haylou aufgehalten. Dieser hatte ihn königlich empfangen und ihm alle möglichen Erleichterungen für eine zukünftige Reise in Aussicht gestellt.

los heute. Ich breche morgen auf. Die Karawane: 2 Reitmaultiere, 9 Kamele, 25 Esel, eine entsprechende Anzahl Männer.

Heute früh ist Ennayo mit einem jungen Mann, der halb arabisch, halb äthiopisch aussieht und niemand anderes ist als der Zollkassierer, zu Griaule gekommen. Sicher ein sonderbarer Kassierer. Aber gleichviel: Beide haben Anstalten gemacht, Griaule als Zeichen ihrer vollkommenen Unterwerfung die Knie zu küssen – und das ist das Entscheidende.

Heute nachmittag habe ich Hayla Sellasié aufgesucht, denn wir sollen die Reise ja zusammen antreten. Die Unterredung war sehr herzlich, aber er ließ einfließen, daß er – manchmal – das Gepäck durchsuche . . . In der Tat hat er mir unter der Hand zu verstehen gegeben, ein Geschenk in Form von Patronen könne diese Formalität ersetzen. Heute abend hat er sie denn auch von Griaule eingefordert, und der hat sie ihm – falls alles gutgeht – für Tchelga versprochen.

Sehr angenehmes Abschiedsessen mit meinem Freund, dem Captain. Als ich ihn nach seiner Londoner Adresse frage, antwortet er: »Naval and Military Club«. Es freut mich, ihm bei der weiteren Angabe zuvorkommen zu können: »94 th Piccadilly«, sage ich, denn dieselbe Adresse hatte uns schon der Major mit den Elefanten genannt . . .

31. Mai

Zusammenstellung der Karawane: die Traglasten für die Esel werden vorbereitet, anschließend die für die Kamele. Die Männer kommen, und endlich auch die Tiere. Die Esel sind klägliche und freundliche Gestalten, die Kamele die reinsten Giftschleudern, die ihre langen Schlangenhälse vorstrecken und finster, unnahbar mit den Zähnen knirschen.

Gegen 6 Uhr abends – am Ende eines aufreibenden Tages, den wir damit zubrachten, die verkehrt herum gepackten Lasten wieder richtig herum zu verpacken, neue Konflikte mit dem abessinischen Zoll zu bereinigen (welcher erst die Zollerklärung für unzureichend erachtet und dann die Karawane anhalten läßt – unter dem Vorwand, das Gepäck müsse durchsucht werden – worauf Griaule dann einen Skandal macht: er erteilt den Karawanenführern Befehl kehrtzumachen und versucht, den Zollkassierer, der Halt und Durchsuchung angeordnet hatte, mit seiner Toga an die Toga eines der Bediensteten anzubinden, ein Vorgehen, das es nach altem Brauch ermöglicht hätte, ihn bis nach

Addis Abeba mitzunehmen, um in der Sache dort sein Recht einzuklagen; ja, der Vorfall schlägt erst noch weitere Wellen – denn Hayla Sellasié und sein Nachfolger, der zusammen mit Osman auch gekommen ist, brüllen sich gegenseitig an – und findet dann durch den Kassierer selbst seine Auflösung, als dieser erklärt, daß unsere gewieften Eseltreiber zu unseren Traglasten noch Ballen Abou gédid mit dazugepackt haben, um sie auf diesem Wege über die Grenze zu schmuggeln) gegen 6 Uhr abends also, ziehen wir schließlich ab. Da wir allerdings nur holpernd vorankommen und außerdem von Griaule und dem Zollkassierer zu Fuß begleitet werden, kampieren wir schon in kaum 2 Kilometer Entfernung von Métamma, in der Nähe einer Quelle, an dem Maryam Waha genannten Ort. Griaule kommt morgen früh wieder, um nachzusehen, ob alles in Ordnung ist, und der Zollkassierer will kommen, um die Eseltreiber zu durchsuchen. Worauf wir uns dann – falls nicht noch weitere Unbilden uns erwarten – endgültig auf den Weg machen . . .

Meinen Abend im Busch kaum genossen. Angst vor Zwischenfällen und müde. Eine Unzahl von Nachtfaltern und Insekten. Schwarze Skorpione auf der rissigen Erde.

1. Juni

Fast nicht geschlafen. Beim kleinsten Geräusch hellwach und aufgepaßt. Angst, daß die Maultiere ausreißen, daß das Gepäck gestohlen wird. Mein Reisegefährte, der die Welt als Pfadfinder betrachtet und die Nacht durchschnarcht, geht mir auf die Nerven. Ich wäre lieber ganz alleine, oder mit jemandem wie Lutten, Larget, Griaule zusammen. Mit als erstes fällt mir heute früh auf, daß ein Stativ für das Landvermessungsgerät, das uns der District Commissioner von Gedaref geliehen hat, zu Bruch gegangen ist. Ich nehme das ausgesprochen schwer. Die Kameltreiber haben aber auch eine fast übernatürliche Geschicklichkeit, Kisten, die man gerade noch richtig herum gesehen hat, wieder verkehrt herum zu stellen, sobald man ihnen den Rücken zugekehrt hat. Wir müssen jetzt auf die Zöllner warten. Die brauchen Ewigkeiten. Und Griaule genauso . . . Esel und Kamele sind zu den Weideflächen abgezogen. Mein Reisegefährte fängt Schmetterlinge. Mangels Befähigung zum Kommandieren, die ich gern hätte, aber nicht habe, weiß ich nicht aus noch ein.

. . . .

Ich habe das gestern falsch verstanden. Der Chef der Eseltreiber hat seine Angelegenheiten mit dem Zoll bereinigt und kommt gerade zurück. Da in diesem Fall für Griaule kein Grund zum Kommen besteht, braucht jetzt nur noch das Zeichen zum Aufbruch gegeben zu werden. Ich schicke Faivre mit seinen 11 Kamelen als Avantgarde voraus. Ich folge mit den Eseln nach, von denen wir jetzt mehr als 30 haben, denn der Chef der Eseltreiber hat – vielleicht wegen der Sicherheit, die wir und unsere Geleitwache darstellen – heute morgen noch weitere Esel mit anderen Lasten gebracht, die wahrscheinlich den besagten Abou gédid enthalten, aber jedenfalls nichts mit der Expedition zu tun haben. Als ich selbst den Aufbruch befehle, stößt einer der mit Gewehren bewaffneten Soldaten in eine Trompete, die der Tute eines Milchmanns ähnelt. Ich treibe meine Esel an und bin sehr zufrieden . . . Die Befürchtungen von gestern sind verschwunden. Da wir mit Miettieren reisen (denn nur die Maultiere gehören uns) und deshalb auch keine Angst zu haben brauchen, daß sie unterwegs verenden, scheint mir nichts weiter Schlimmes passieren zu können. Wieder einmal ist es ein wenig wie die Eisenbahn, die Straße oder das Schiff . . . Ärger habe ich nur mit dem Maultier, das die Kamele nicht ausstehen kann, vor Angst scheut, sobald auch nur eines ein wenig in seine Nähe kommt, den Eseln manchmal Huftritte versetzen will und wie angewurzelt stehenbleibt, sobald es in einem Dorf einen Hund sieht.

Um 3 Uhr Ankunft an der Wasserstelle und Errichtung des Lagers. Das Dorf ist von Heiden, von »chankalla«[15] oder Negern bewohnt – »animal people«, wie unser Engländer Wadadjé sagt – und heißt Qoqit.

Natürlich geht es nicht ohne Ärger ab: Die Kistenkanten haben die Tragseile der Kamele durchgescheuert; viele Seile sind gerissen. Aus der Kiste eines Esels sickert Essig heraus, weil in der Kiste eine Flasche kaputtgegangen ist. Der Hammer mußte auch dran glauben: bei einem zu starken Schlag auf einen Zelthering bricht glatt der ganze Stiel weg. Und ich Idiot lasse ihn ins Feuer legen, um den Stielrest herauszubrennen, und denke nicht daran, daß er ja aus Blei ist! Man bringt mir zwei Bleiplätzchen zurück . . . Zu allem Überfluß wird dann Wadadjé beim Kramen in der Küchenkiste auch noch von einem Skorpion gestochen.

---

15 Verächtlicher Terminus, den die Abessinier zur Bezeichnung der Menschen negroider Rasse verwenden.

Immer noch kein Tornado heute nacht. Wie lange wird diese Glückssträhne noch andauern?

Von abessinischer Seite her entsteht entschiedene Verwirrung . . . Um
5 Uhr 30 kommt ein Mann des Guérazmatch Ennayo aus Métamma und
meldet, Griaule und die beiden Guérazmatch seien heute abend hier.
Das genügt, damit die vier Begleitsoldaten – in deren Interesse es liegt,
die große Karawane abzuwarten, um von der besseren Verpflegung zu
profitieren – jetzt mit den Eseltreibern reden. Mit denen ist für den
Transport eine Pauschalsumme ausgehandelt worden; sie haben keinen
Grund, die Karawane aufzuhalten, aber zweifellos fällt von dem Fest-
mahl auch für sie ein Teil ab. Und die Kamelführer, die noch die ge-
wissenhaftesten zu sein scheinen, beeilen sich nicht, weil sie pro Tag
bezahlt werden. Die Ankündigung in der letzten Minute, daß der Pack-
sattel eines der Kamele kaputtgegangen ist, ist das gefundene Mittel,
um noch weitere Zeit zu vergeuden. Der Clou aber ist doch das Palaver
mit dem alten Chef der Eseltreiber, der auf der Stelle aufbrechen
wollte, als er noch nichts von der Ankunft der anderen Karawane gehört hatte, jetzt aber – unter dem Vorwand, die Esel seien erschöpft
bzw. 3 der Tiere seien verlorengegangen – überhaupt nicht mehr los
will. Da er (wegen der anderen Fracht) mehr Esel hat, als er für unser
Gepäck bräuchte, legen wir die Karten auf den Tisch. Der Starrsinn des
Alten widersteht nicht der Drohung, ihn nicht zu bezahlen, falls er
versucht, uns übers Ohr zu hauen, und das Zeichen zum Aufbruch ist
schnell gegeben.

Wie gestern ist Faivre mit den Kamelen vorher losgezogen, aber die
Esel haben ihn schnell wieder eingeholt. Wie er mir in einem Briefchen
mitteilt, denn wir können – er an der Spitze und ich am Ende dieser
zusammengewürfelten Karawane – nur so miteinander kommunizieren, wollen die Eseltreiber ihn jetzt sogar überholen. Ich überlasse
schließlich die Esel (die sich an die Spitze gesetzt haben) Faivre und
kümmere mich um die säumigen Kamele. Aber sie werden auf der
steinigen Piste und in der zusehends bergiger werdenden Gegend immer langsamer. Sie legen sich hin, reiben sich bzw. die Kisten an den
Böschungen des Weges und geben jammervolle Klagelaute von sich.
Mir ist wirklich einmal heiß. Sonnenbrand auf den Armen, am Hals.
Ich stürze fast einen ganzen Kanister Wasser hinunter. Ich bin schläfrig,
denn auch heute nacht bin ich wieder mehrere Male aufgestanden. Ich

gebe es auf, Faivre einholen zu wollen, und lasse ihm einen Zettel bringen, er solle bitte den Marsch verlangsamen. Er tut, was er kann, um das Ungestüm der Eseltreiber zu bremsen, aber er kommt doch schon um 11 Uhr 35 am Etappenziel an, eine Stunde früher als ich. Da alle Kisten mit dem Küchen- und Lagermaterial von den Kamelen transportiert werden und er nur die Esel hat, kann er nichts vorbereiten. Es würde auch niemand von einem verlangen, eine Reihe von Lieferdreirädern, mehrere Lastwagen und zwei oder drei Schubkarren zu einträchtigem Marsch anzuhalten. Aber genau das passiert leider bei diesen gemischten Karawanen.

An der Etappe (einer Wasserstelle mitten im Busch, in der Nähe eines sehr breiten, aber offensichtlich ausgetrockneten Baches) erholen sich alle wieder von den Strapazen und nehmen eine Arbeit vor: die Kamelführer (von denen zwei Abd-el-Krim heißen) flechten Seile aus Fasern, um die durchgescheuerten Halterungen zu ersetzen. Die abessinischen Bediensteten plaudern. Die Soldaten, die im Schatten eines großen Baumes sitzen, tun nichts. Die Kamelführer sondern sich ab. Sie sind alle Sudanesen und Muselmanen.

3. Juni

Das Ereignis des Tages: Ich trete mit dem Fuß einen Teller gerösteter *shoumbra*[16] weg, den sich Wadadjé während der Zeltlagerverpackung von dem Mauleseltreiber Ayaléo bringen läßt. Ich werde jetzt auch bald wild: Als gestern abend der Tornado, über dessen Ausbleiben ich mich schon gewundert hatte, schließlich doch kam und ich nicht wußte, welche Kisten ich von dem ganzen Berg, den ich unter meiner Obhut habe, mit unserer kleinen Plane abdecken sollte, hatte ich diese Plane dann den Bediensteten als Schlafunterlage überlassen. Dieses Minimum an Menschlichkeit genügt schon, damit sie sich alles herausnehmen und unausstehlich werden: Heute morgen haben Faivre und ich, unterstützt allein von dem alten Makonnen, unsere Betten selbst zusammenlegen müssen, während die Herren Wadadjé und Ayaléo, ohne uns erst zu fragen, baden gegangen waren . . . Deshalb habe ich beim Essen dann auch die Geduld verloren, und mir ist der Fuß ausgerutscht . . .

Unterwegs spielt Wadadjé den Beleidigten. Die beiden Soldaten dage-

---

16 Eine Art Kichererbse.

gen, die wie gestern mit mir am Ende der Karawane bleiben, werden zahmer. Es entsteht sogar ein Ansatz von Gespräch, das im wesentlichen mit Orts- und Personennamen bestritten wird. Mein Maultier allerdings will nicht zahm werden. Jedesmal wenn ich halten will, um auf Nachzügler zu warten, fängt ein regelrechter Slalom durch die Bäume an. Die Schwierigkeit besteht weniger darin, im Sattel zu bleiben, als vielmehr, nicht in die Bäume geschleudert zu werden, wenn das Tier anfängt, seitwärts oder rückwärts zu gehen oder sich im Kreise zu drehen.

Herrliche Buschlandschaft, durchfurcht von ausgetrockneten Wildbächen. Große, felsige Abhänge, die die Kamele hart mitnehmen. Wie gestern hier und da Steinhaufen: das ist alles, was von den Masten der Telegraphenleitung übriggeblieben ist, die eine Zeitlang (bevor sie bei dem Aufstand gegen den Kaiser auf Befehl des Ras Gougsa zerstört wurde) Gallabat mit Tchelga verband. Gegen Viertel vor 11 durchwaten wir die Guendoa, die im Augenblick ohne weiteres zu durchqueren ist, in einem Monat aber unpassierbar sein wird.

Um 11 Uhr 45 Etappenhalt an der Wasserstelle Napwin. Soldaten, Eseltreiber und Kamelführer erklären einstimmig, es sei unmöglich, noch weiter zu ziehen. Das möchte ich erst noch mit eigenen Augen sehen . . . Vorhin ist einer der Soldaten und der Maultiertreiber Ayaléo mit einer Hacke und einer Fackel in einen Baum gestiegen, um einen Bienenstock auszunehmen. Tasamma Haylou, der Chef der Eseltreiber, macht ein paar von seinen Abou-gédid-Packen auf und zeigt den Inhalt den Soldaten und den anderen Eseltreibern. Vielleicht kommt dieser Verkaufsversuch (?) noch zu den Gründen der Verspätung hinzu.

Einige Minuten vor dem jetzt täglichen Tornado mache ich einen kleinen »Inspektionsgang« und sehe nach – wie ein Schiffskapitän vor dem Sturm –, ob auch alles in Ordnung ist: das Gepäck so dicht wie möglich zusammenstellen, unter einige Kisten Steine legen (unter die Kamellasten, die man kaum transportieren kann, denn am Morgen muß jedes Tier sich wieder zwischen seine beiden Lasten niederlegen können, die ihm auf den Rücken gebunden werden), zusehen, daß das Zelt abgesichert ist, alles was herumliegt festbinden lassen usw. Die reine Freude! Und wie groß wird diese Freude erst sein, wenn ich dann ganz alleine von Wahni nach Tchelga reise. Ein Brief Griaules, der mir gestern abend durch einen Boten überbracht wurde, gibt mir den Auftrag, bis nach Tchelga weiterzuziehen. Er selbst muß noch auf Instruktionen vom französischen Gesandten in Addis Abeba warten, bevor er die Grenze überschreitet.

Nach dem Regen bringt mir der Mauleseltreiber Ayaléo, der mich an meinen Dogonfreund Ambara erinnert (mit seinem kleinen Bärtchen und bestimmten wunderlichen Einzelheiten seiner Aufmachung, wie z. B. einem Kragenknopf aus Perlmutt, den er als Ohrring trägt, einem europäischen Schlapphut, den er mit lila Tinte mit Darstellungen des Kreuzes, oder *masqal,* bemalt hat) mein Freund Ayaléo – betreten vielleicht wegen des Zwischenfalls von heute morgen – bringt mir eine Art von Wurzelknolle zum Essen, die er in der Nähe gefunden und unter der Asche gebraten hat.

Nebenbei bemerkt: Ich bin das gerade Gegenteil von einem Soldaten, und doch hätte es mir anscheinend zugesagt, Söldner oder Bandenchef zu werden.

Die letzte Leckerei, die Ayaléo mir anbietet: ein Wachskuchen voller Bienenlarven, den er irgendwo aufgestöbert hat. Ein Stück mit einer ganzen Biene drin ist dabei der besondere Leckerbissen.

Um ähnliche Vorfälle wie die heute morgen zu verhindern, veranstalten wir nach dem Abendessen ein kleines Zeremoniell der Auftragsvergabe. Faivre und ich sitzen beim Schein der Sturmlampe an unserem Tisch vor dem Zelt und lassen nacheinander kommen: den Koch (der Anweisungen für den Tee erhält), die Maultiertreiber (die Instruktionen für ihre Tiere entgegennehmen, und wie sie das Lagermaterial zu verpacken haben), und dann zusammen den Chef der Geleitsoldaten, den Chef der Eseltreiber und den Chef der Kamelführer, denen wir erklären, daß wir wenigstens bis Maka zu kommen gedenken, einen Punkt, den wir auf der Karte des *Survey Department* der sudanesischen Regierung ausgemacht haben. Unsere Leute sind mit allem absolut einverstanden. Sie verlangen allerdings, daß Kamele und Esel zusammen reisen, denn vor Maka stehen die Bäume sehr dicht und es gibt *chifta.*

4. Juni

Eine Reihe von übrigens harmlosen Zwischenfällen: Nachdem ihm durch die gestrige Lektion der Kopf zurechtgerückt wurde, steht dieses Rindvieh von Koch noch vor Tagesanbruch auf, um den Tee zuzubereiten. Nichts rührt sich im Lager, außer bei den Kameltreibern. Ich stehe auf, wecke Faivre. Wir ziehen uns an, lassen die Betten zusammenlegen, schütten den Tee hinunter. Nichts rührt sich, weder bei den Soldaten noch bei den Eseltreibern. Der Tag will nicht anbrechen. Als ich dann auf meine Uhr schaue, merke ich, daß es kurz nach halb drei Uhr morgens ist. . . Es bleibt uns nichts anderes übrig, als wieder unter das Zelt zu kriechen, das noch nicht abgebaut ist, meinen Regenmantel überzuziehen, mich auf den Boden zu legen und meinen Sattel als Kopfkissen zu nehmen . . .

Zweiter Ärger: Als ich sehe, daß heute morgen alle diszipliniert losgezogen sind und sich die Reise gut anzulassen scheint, als ich andererseits bemerke, daß sich 1¼ Stunden von unserer gestrigen Etappe eine Wasserstelle mit Lagerspuren befindet und ich daraus den Schluß ziehe, daß es unsere Leute wirklich nicht allzu eilig haben (gestern waren wir nur 4 Stunden 10 Minuten unterwegs; bis zu dieser Wasserstelle zu kommen hätte insgesamt nicht einmal 6 Stunden erfordert), da ich im übrigen weiß, daß diese Wasserstelle auf halbem Weg nach Maka liegt, lasse ich Faivre einen Brief überbringen, er solle zumindest bis nach Abay weiterziehen, was nicht mehr als zwei Stunden von Maka entfernt ist. Einverstanden.

Kaum habe ich die Antwort von Faivre bekommen, als ein paar Kamele zu trödeln beginnen. Ein Kamel, das unter anderem das Stativ der Kamera, das Ofenrohr, die Schaufel, die Spitzhacke, die große Leiter trägt, bricht mit einem Bein bis zur Kniekehle in eine Spalte des cotton-soil. Wütend schüttelt es seine Ladung ab, verstreut sie nach allen Richtungen und beginnt zu brüllen. Vier Männer müssen das Tier wieder auf die Beine stellen. Etwas weiter, gerade als ich Faivre die andere Uferböschung des Wildbaches hinaufsteigen sehe, bei dem ich ankomme, legt sich ein Kamel hin. Man versetzt ihm kräftige Peitschenhiebe quer über den After. Nichts zu machen: es steht nicht auf. Ich denke, das wird sich schon geben und halte es nicht für nötig, Faivre zurückrufen zu lassen. Das Tier zieht auch tatsächlich weiter, nachdem Ayaléo ihm ein Bündel Blätter zu fressen gegeben hat. Wir überqueren den Wildbach. Faivre ist jetzt gänzlich außer Sicht. Wir gelangen zu einer großen Lagerstelle (ein baumbestandener Platz mit Strohresten und Spuren der Feuerstellen der letzten Karawane: alles sehr »typische Landschaft«, aber zugleich so leer wie eine verlassene Bühne). Die anderen Kamele stehen dort aufbruchsbereit, aber das erschöpfte Kamel legt sich endgültig nieder. Dieser Ort ist eben gerade Maka, wo wir haltmachen sollten. Faivre ist schon zu weit voraus, als daß ich ihn zurückrufen lassen könnte. Er kann jetzt erst in Abay haltmachen. Ich lasse das erschöpfte Tier abladen und schicke die anderen Kamelführer nach Abay, mit einem Brief an Faivre, mit der Bitte um ein oder zwei Ersatztiere.

Während ich diese Zeilen schreibe, sitze ich auf einer der zurückgelassenen Kisten – der Kiste, die gerade die Nummer 13 trägt und in der ich meine ganzen Anzüge, weißen Hemden und Krawatten verstaut habe, die mir auf Monate hinaus zu nichts mehr nütze sein werden. Ganz in meiner Nähe stampft mein abgesatteltes Maultier. Es ist kaum später als 10 Uhr morgens und ich warte geduldig auf meine Hilfsmannschaft. Um die Zeit totzuschlagen, nehme ich mein Toilettenetui aus dem am Sattel hängenden Brotbeutel und rasiere mich.

Ayaléo, der Soldat und der Kamelführer, die bei mir geblieben sind, geben mir einen Teil von ihren Wurzelknollen ab. Beim Essen bemerke ich, daß eine andere von den drei liegengebliebenen Kisten der besagte Außenbordmotor ist, dem wir so viele Sorgen und Telegramme verdanken.[17]

Als die erwartete Hilfe nicht eintrifft, ordne ich den Aufbruch an. Es ist kurz nach Mittag. Der Kamelführer holt sein Lasttier. Bevor er ihm den Sattel auflegt, streichelt er ihm lange den Rücken und richtet mit halblauter Stimme einen ganzen Schwall von Worten an das Tier. Ich weiß nicht, ob er direkt zu ihm spricht oder ob er es beschwört. Vielleicht beides in einem. Das Kamel läßt sich zwar seine Last aufbürden und macht sich wieder auf den Weg, aber kaum eine halbe Stunde später bricht es erneut zusammen. Unmöglich, es aufzurichten. Ayaléo, der Soldat, der Maultiertreiber und ich versuchen gemeinsam – aber erfolglos – zwei der Kisten auf dem Rücken meines Maultieres zu befestigen (das einen wilden Tanz aufführt), als die beiden Ersatzkamele eintreffen. Sie teilen sich das gestrandete Gepäck, und wir ziehen weiter; aber schon bald kommt das nunmehr entlastete Kamel endgültig zu Fall. Wir müssen es mit seinem Führer zurücklassen . . .

Um 5 Uhr 15 stoße ich in Abay wieder zu Faivre, der mit den Leuten einer anderen, aus Addis Abeba kommenden Karawane Bekanntschaft gemacht hat: einem protestantischen schweizerischen Pastor und einem Ingenieur. Sie sind jetzt 66 Tage unterwegs. Auf dem Weg hierher haben sie von den »fünf Franzosen mit dem Motorboot« gehört. Da sie nach Khartoum wollen, geben wir ihnen natürlich Briefe mit.

---

17 In der Hoffnung, all diesen Unannehmlichkeiten einen Riegel vorzuschieben, hatte Griaule sich letzten Endes entschlossen, das zerlegbare Boot in Gallabat zurückzulassen, als Geschenk für die sudanesische Regierung, und nur den Außenbordmotor mitzunehmen.

Unterwegs ist mir aufgefallen, daß Ayaléo, den ich gestern eines der schönen Kreuze, die seinen Hut zieren, auf einen Zettel malen ließ, diese aus irgendwelchen Gründen ausradiert hat. Der Filzhut des alten Makonnen dagegen erinnert eher an die Kopfbedeckung eines kalabresischen Straßenräubers.

Bei Einbruch der Nacht stelle ich fest, daß der auf der Strecke gebliebene Kamelführer wieder da ist. Ich gebe ihm einen Taler, den er mit den beiden Gefährten, die ihn abgeholt haben, teilen soll. Alle drei bedanken sich. Morgen früh werde ich dann sehen, inwieweit diese Trinkgeldpolitik ihre Früchte trägt. Vorhin ist der schweizerische Ingenieur anscheinend zu seinem Gewehr gesprungen, weil er einen Löwen zu hören glaubte. Ich möchte wetten, daß dieser Löwe niemand anderes war als das lädierte, ob seiner Erschöpfung geifernde Kamel.

5. Juni

Gestern abend großer Lärm im Lager der Schweizer und in der Umgebung: Gewehrschüsse, Rufe, Trompetenstöße, Hufschläge. Ich erfahre heute, als ich mich von dem Ingenieur verabschiede, daß alle seine Maultiere ausgerissen waren. Er hat sich selbst auf die Suche machen und eines bis auf einen nahegelegenen Hügel verfolgen müssen.

Der Pastor ist ein kleiner, hagerer Mann von ungefähr 60 Jahren und professoralem Aussehen. Er ist seit mehr als einem Jahr unterwegs und hat ganz Afrika bereist. Sein Rückweg führt ihn noch über den englischen Sudan, Ägypten und Palästina.[18]

Abreise. Bambussträuße. Immer dichter stehende Bäume. Oft muß man die Zweige abschlagen, damit die Kamele durchkönnen. Deutlicher Höhenwechsel. Wir sind jetzt in einer Sierra, die mich an Don Quichotte und seine Geschichten mit den Maultiertreibern erinnert.

Gegen 10 Uhr 45 stößt der Soldat, der mich begleitet, in seine Trompete: die Karawane hat das Gebiet des Guérazmatch Ennayo erreicht.

. . . .

---

18 Ich habe inzwischen erfahren, daß dieser Mann in Wirklichkeit 69 Jahre alt war. Über ein Jahr durch Afrika und 66 Tage Karawane von Addis Abeba bis Abay, wo ich ihm begegnet bin: eine recht stattliche Leistung!

Kaum haben wir in Wahni das Lager aufgeschlagen, als schon wieder die Komplikationen beginnen. Um 15 Uhr 30 trifft ein Bote ein, der in der Spalte seines kleinen Stabes einen Brief von Griaule trägt, auf dessen Umschlag auf amharisch und französisch mein Name geschrieben steht. Der Brief ist folgenden Inhalts:

»Gallabat, den 3. Juni 1932 – 18 Uhr 30.
Bleibt mit dem Material in Wahni. Gespannte politische Lage in Abessinien. Wenn die Eseltreiber nicht warten wollen, sie bezahlen, so gut es geht. Seht zu, daß die Kamelführer sich gedulden, damit ihr sie, wenn nötig, für den Rückweg zur Verfügung habt.
Ich lasse durch Paris Genaueres ermitteln.
Macht Euch keine Sorgen.
Herzlich.«

Worauf ich – im wahrsten Sinn des Wortes postwendend – zurückschreibe:

»Wahni, 5. Juni 1932.
Gegen Mittag in Wahni angekommen. Deinen Brief um 15 Uhr 30 erhalten.
Politik: *Die Schweizer, denen wir gestern begegnet sind und die – über Dabra Tabor, Gondar, Tchelga – aus Addis Abeba kommen, haben nichts verlauten lassen, was auf irgendwelche Unruhen schließen ließe. Der eine, der als Ingenieur für die Regierung gearbeitet hat, beklagte sich ein wenig und lobte das Buch von Armandy.[19]*
Empfänge: *Um 17 Uhr Besuch von Lidj Abto und den 20 Männern, die er befehligt und die uns bis Tchelga eskortieren sollen. Lidj Abto ist ein Mann von etwa 25 bis 30 Jahren und, wie ich glaube, ganz der klassische Typ des Abessiniers (ein wenig wie Kasa Makonnen). Ich fand ihn sympathisch, und er und seine Leute waren respektvoll und höflich zu uns. Ich habe ihm gesagt, daß ich soeben Anweisung von Dir erhalten habe, bis auf weiteres in Wahni auszuharren. Ich habe ihm Deine Grüße übermittelt und versucht, so kulant wie irgend möglich zu sein. Er und seine Männer haben ihr Lager ganz in der Nähe des unsrigen aufgeschlagen, um uns zu bewachen.*
Lager: *Da das von Ennayo zur Verfügung gestellte Haus ausgesprochen unpraktisch zu sein scheint (es liegt an einem Abhang, ist schwer zugäng-*

---

19 *La désagréable partie de campagne* (Die unangenehme Landpartie), Pamphlet gegen Abessinien.

lich und weit von den Wasserstellen entfernt), werden wir unser Lager an der üblichen Stelle für die Karawanen aufschlagen, in der Nähe der zentralen Wasserstelle.

Eseltreiber: *Der alte Tasamma Haylou hat gerade die glückliche Eingebung gehabt, mich – unter dem Vorwand, er müsse seinen Vater aufsuchen – um einen Urlaub zu bitten. Ich habe ihm den Urlaub sofort zugestanden, denn wir gewinnen dadurch den morgigen Tag. Ich sehe dann später weiter.*

Kamelführer: *Alle Auskünfte ergeben übereinstimmend, daß es ohnehin unmöglich ist, mit dem Kamel von Wahni nach Sounkwa, dem ersten regulären Etappenhalt auf dem Weg nach Tchelga zu kommen. Genau wie den Eseltreibern lasse ich auch ihnen mitteilen, daß morgen Ruhetag ist und sehe dann gleichfalls später weiter.*

Letzte Meldung: *Auf Verlangen von Lidj Abto habe ich von Wadadjé auf Amharisch einen Brief an den Fitaorari Asfao aufsetzen lassen. Sein ungefährer Inhalt:*

›Herr Leiris an den Fitaorari Asfao:

Nach meiner erfolgten Ankunft in Wahni übersende ich Ihnen die besten Wünsche von Herrn Griaule, dem Chef der Expedition französischer Wissenschaftler, welche sich anschickt, Abessinien zu besuchen, und auch meine besten Grüße.

Ich freue mich sehr, die Bekanntschaft von Lidj Abto gemacht zu haben, und danke Ihnen vielmals für diese große Ehre.

Ich habe Métamma noch vor Herrn Griaule verlassen und warte in Wahni auf seine Befehle.‹

Dieser Brief geht heute abend mit Boten nach Tchelga ab, begleitet von einem Schreiben Lidj Abtos, dessen Inhalt er mir mitteilen ließ, bevor er es abschickte. Er meldet unsere Ankunft und fügt meinen Brief bei.

WICHTIG: *Keine Maultiere, weder in Wahni noch in der Umgebung.*

Herzliche Grüße an alle drei usw.«

6. Juni

Ängstliches Warten auf die nächste Nachricht von Griaule. Müssen wir jetzt, wo wir doch noch kaum etwas von Abessinien gesehen haben, schon wieder zurück? Sollte diese heißersehnte Feuerprobe letzten Endes auf die korrekte Durchführung einer Art Rückzug hinauslaufen?

Heute morgen habe ich das Problem der Kamelführer geregelt: Nach einer Anzahlung auf die Summe, die wir ihnen schulden, waren sie bereit, bis übermorgen früh zu warten. Heute abend werde ich mit den Eseltreibern über die Angelegenheit verhandeln.

. . . .

Als ich zum Mittagessen aus dem Zelt trete, sehe ich, daß Lidj Abto – der mich bestimmt abgepaßt hat – begleitet von einigen Männern auf mich zukommt. Ich gehe ihm entgegen, tausche ein paar vage Grüße mit ihm aus und rufe Wadadjé zum Dolmetschen. Wie er schon gestern hatte durchblicken lassen und wie Lidj Abto jetzt bestimmt behauptet, ist die Stelle, wo wir unser Lager aufgeschlagen haben, ungesund. Falls seine Leute mehrere Tage dort bleiben müßten, würden sie krank werden. Wir täten besser daran, weiter weg zu kampieren, gegen den Hügel zu. Mit dieser lächerlichen Schwäche, die mich oft (und auch wenn ich es dann später wieder bereue) immer ja sagen läßt, sobald man irgend etwas von mir haben oder wissen will, stimme ich zu. Aber beim Essen macht mich Faivre zu Recht darauf aufmerksam, welche Mühe es bedeuten würde, noch einmal die Tiere zu beladen und das Gepäck ein paar hundert Meter weiterzuschaffen. Mir wird gleichzeitig bewußt, daß wir ja nicht in dieser Leute Dienst stehen und daß sie eigentlich ganz schön mit uns umspringen. Das Wort »Ehre« hat für mich immer einen derart verschwommenen Sinn gehabt, daß es noch länger braucht als bei jedem anderen, bis ich mich in irgendeiner »Ehrenfrage« erhitze oder auch nur einfach aufzumucken wage . . . Da ich meine Lidj Abto gegebene Einwilligung nicht wieder zurücknehmen will, mache ich einen Winkelzug ganz im Stil abessinischer Politik: 1.) Ich schicke Wadadjé zu Abto, mit dem Auftrag, ihm ein Fläschchen Parfum zu überreichen und ihn darum zu bitten, einen Soldaten zu schicken, welcher uns die Stelle zeigen könnte, an der er sich mit uns niederzulassen gedenkt; 2.) wenn dann, in dem Moment, wo der Soldat kommt, der aufziehende Tornado genügend nahe ist, sage ich, es käme jetzt nicht in Frage, das Lager zu verlassen und verschiebe die Sache auf morgen früh; 3.) als letztes Mittel werde ich, im Einvernehmen mit Faivre, behaupten, er, Faivre, der mit der materiellen Organisation des Lagers betraut ist, finde die Stelle ungeeignet; 4.) werde ich noch hinzufügen, ich möchte um keinen Preis, daß die Männer von Lidj Abto krank werden, und erlaube ihnen demnach, ihr Zelt aufzuschlagen, wo sie wollen. Falls Lidj Abto der Ansicht ist, es sei absolut notwendig, uns zu bewachen, soll er jede Nacht ein paar Männer abordern.

Leider habe ich keine große Hoffnung, daß die Garden diese letzte Lösung akzeptieren. Obwohl wir sie dadurch so elegant losgeworden wären . . .

Das Problem mit den Eseltreibern hat sich im übrigen von selbst gelöst, denn nach dem Mittagessen hat sich der alte Tasamma Haylou bei mir erkundigt, wann wir aufzubrechen gedächten. Auch er behauptete, seine Leute würden krank werden, falls sie hier länger als drei oder vier Tage blieben. Es wurde abgemacht, daß er frühestens übermorgen aufbricht.

Einen kleinen Schauer haben wir uns gleich zunutze gemacht, um ein Zelt für die empfindlichsten Sachen aufzubauen und Lidj Abto ausrichten zu lassen, es sei jetzt zu spät zum Umziehen und wir würden uns morgen früh sein Terrain ansehen. Die einzig mögliche Taktik besteht sowohl bei den Kamelführern als auch bei den Eseltreibern und Polizisten darin, Zeit zu gewinnen . . . Wir haben schon heute den morgigen Tag gewonnen. Aber wie vorauszusehen, ist um halb sieben abends noch keine Nachricht von Griaule da. Und im Grunde nähme es mich wunder, wenn ich vor drei Tagen etwas von ihm hörte, denn er muß ja erst die Antwort aus Paris abwarten. Wir werden also, gewissermaßen Stunde für Stunde, mindestens diese drei Tage herausschlagen müssen.

7. Juni

Stattlicher Tornado gestern abend (ein richtiger diesmal). Wir fürchteten einen Augenblick, unsere Zelte würden weggeweht. Wir können auf keinen Fall noch länger warten: wo auch immer; wir müssen uns noch heute definitiv einrichten.

Begleitet von Wadadjé und drei Soldaten schaue ich mir das vorgeschlagene Gelände an. Unmöglich, dort das Lager aufzuschlagen: es liegt wenig geschützt am Fuß eines Hügels, und bis zur nächsten Wasserstelle muß man zwei- bis dreihundert Meter cotton-soil überqueren.

Es kommt also nicht mehr in Frage, den Lagerplatz zu wechseln. Ich lasse Lidj Abto ausrichten, daß wir uns jetzt erst einmal hier niederlassen und dann später weitersehen, wenn der Brief von Griaule angekommen ist. Das Projekt Faivre wird angenommen, welches darin besteht, zu bleiben, wo wir sind, und lediglich die Haltetaue der Zelte zu verstärken und zur Befestigung der Wände ringsum Steine zu legen, damit der Wind nicht unter die Zeltplane fährt.

Von 10 bis 11 schlagen Wadadjé, die beiden Maultiertreiber und der Koch das große Zelt auf. Der Koch wollte eigentlich für die Bediensteten das Essen holen. Ich habe ihn aber im Lager zurückgehalten, denn jedesmal, wenn er ins Dorf geht, bleibt er Stunden. Nach dem Mittagessen wird das restliche Kamelgepäck in dieses Zelt geschafft. Aus Angst, sie zu verdrießen, habe ich die Kamelführer nicht darum bitten wollen, unseren Bediensteten zur Hand zu gehen. Unsere Leute arbeiten ohne Schwung . . . Gegen 13 Uhr – ich habe gerade den Befehl gegeben, jetzt das Eselsgepäck hineinzutragen – erklärt Wadadjé unumwunden, er werde nicht arbeiten, bevor er nicht gegessen habe. Ich wiederhole meinen Befehl. Er weigert sich wieder. Ich erkläre, daß ich ihn vor die Tür setze. »Und wohin soll ich gehen?« sagt er. Die drei anderen Bediensteten verweigern ebenfalls die Arbeit. Ich kann sie ja wirklich nicht alle vier vor die Tür setzen. Und wo sollten sie denn auch hin? Ich fühle mit ganz besonderer Schärfe die Absurdität meiner Lage. Zwar behaupte ich jetzt, daß sie entlassen würden, sobald Griaule eintrifft, aber ich habe kein einziges praktisches Mittel, sie zur Arbeit zu zwingen: ich kann sie ja nicht verprügeln oder mich mit der Knarre vor sie stellen . . .

Ich gehe mit Faivre ins Zelt und rufe Wadadjé: Ich sage ihm, die Arbeit sei dringend, der Regen werde nicht auf sich warten lassen und er solle nach der Arbeit essen. Mit haßverzerrtem Gesicht und aus den Höhlen tretenden Augen erinnert er mich – mit den Füßen stampfend – an den Tag, an dem ich mit seinem Essen »Fußball gespielt habe«, und fügt außer sich vor Wut hinzu, daß wir nicht mehr »im Land der Europäer sind, sondern im Land der schwarzen Menschen«. Einem anderen wäre es vielleicht als unvereinbar mit seiner Würde erschienen, derartige Reden zu akzeptieren. Den Schuldigen auf der Stelle zu Boden zu schmettern, dieses Verbrechen der Majestätsbeleidigung keine Sekunde ungesühnt zu lassen, wäre das mindeste gewesen. Aber ich habe es schon einmal gesagt: mir geht jeder Sinn für Ehre (und zumal für eine bestimmte Art von Ehre) vollkommen ab. Der einzige Punkt, in dem im Moment mein Selbstgefühl auf dem Spiel steht, ist die Ausführung der mir übertragenen Aufgabe. Ohne in Wut zu geraten – etwas Neues ist dazugekommen, und ich bin jetzt ruhiger als zu Beginn der Auseinandersetzung – fordere ich Wadadjé auf, sich zu beruhigen. Es ist mir klar geworden, daß mir nichts anderes übrigbleibt, als schmählich die Luft abzulassen, falls ich nicht sehr gewalttätige Mittel anwenden möchte (die nicht meine Stärke sind und, politisch gesehen, wahrscheinlich auch ausgesprochen unklug wären), ich versuche lediglich, so wenig wie möglich dabei das Gesicht zu verlieren. Ich schiebe die Schuld also auf den Koch, der mit nichts zurechtkommt. Ich ordne ein Reglement für die Zukunft an. Für heute schließe ich einen Kompromiß: zwei arbeiten, zwei essen. Aber der Koch erklärt, daß er unter diesen Umständen in den Hunger- und Durststreik tritt, bis Griaule wieder da ist. Ich lasse ihm daraufhin fast lachend ausrichten, er sei ein Narr und er solle sofort die verlangten Speisen holen, aber nicht zu lange wegbleiben. Die Bedienstetenaffäre ist also beigelegt. Zwar habe ich mich dabei ein wenig lächerlich gemacht, aber die Angelegenheit ist doch wenigstens vorläufig bereinigt . . . Eine schwerwiegende Frage bleibt allerdings in der Schwebe: die Reaktion der Kamelführer, der Eseltreiber und der Soldaten von Lidj Abto[20], wenn sie sehen, daß mir die Bediensteten nicht gehorchen. Und an diesem Punkt greift schließlich die Vorsehung ein in Gestalt des alten Affen Tasamma Haylou, der vor dem Zelt auftaucht und zu verstehen gibt, daß er mich sprechen möchte. Ich rufe Wadadjé zurück. Tasamma Haylou, der erfahren hat, daß wir ihm die Eselslasten abzunehmen gedachten (die er und seine Männer zu Unterständen aufeinandergetürmt und mit Strohmatten bedeckt haben), Tasamma Haylou erklärt, man müsse ihnen diese Unterstände lassen, falls er und seine Männer mehrere Tage hierbleiben sollen; ansonsten würden sie krank werden. Er fügt hinzu, daß das Gepäck im übrigen gut geschützt sei. Eine unerwartete Lösung, die es ermöglicht, zwei Fliegen mit einer Klappe zu erschlagen: zum einen ist dadurch das Palaver mit den Bediensteten auf eine anscheinend ehrenhafte Weise beigelegt, denn der Anlaß für den Streit ist beseitigt worden, zum anderen stellen die Eseltreiber, die es ja gerade zurückzuhalten galt, ihr Verbleiben in Aussicht. Ich gehe also auf seine Vorschläge ein und begebe mich mit Faivre, gefolgt von dem alten Tasamma Haylou und von Wadadjé, zum Lager der Eseltreiber, um mich zu vergewissern, ob das Gepäck auch gut verstaut ist. Gewillt, aus meiner Niederlage ein Zeichen von Großmut zu machen, sage ich Wadadjé, daß ich, entgegen meiner Androhung, Griaule nicht von den Vorfällen un-

20 Ich erinnere mich, daß Faivre mich auf diese letzteren aufmerksam gemacht hatte, denn sie fingen an zu lachen, als sie mich in der Klemme sahen.

terrichten werde. Als einer der Soldaten ein Fleischstück zum Kauf anbietet (das nicht zu erstehen eine ausgesprochene Unverschämtheit bedeuten würde), verfüge ich sogar, das Fleisch solle zwischen uns, den Bediensteten, den Eseltreibern und den Soldaten von Lidj Abto aufgeteilt werden. Die Kamelführer bekommen nichts, denn als Muselmanen schlachten sie ihr Vieh selber.

Ich frage mich, wohin mich diese Politik Ludwigs XVI. noch führen wird?

Faivre hat mir zu bedenken gegeben – zu Recht (aber warum hat er es mir erst nachher gesagt?) –, daß ich unseren Leuten eine Anstrengung zugemutet habe, die »die menschlichen Kräfte übersteigt«.

. . . .

Neue Soldaten treffen ein. Sie kommen aus Tchelga, wo man sich wundert, daß Griaule noch nicht da ist. Das Personal lächelt wieder einmal verschmitzt. Unter dem Vorwand, es sei Fastenzeit, haben die Soldaten und die Eseltreiber unser Fleisch abgelehnt. Höchstwahrscheinlich wird jetzt niemand davon essen, denn die Bediensteten scheinen mit den Soldaten und Eseltreibern einer Meinung zu sein, und wir selbst können unter solchen Umständen auch nichts davon anrühren, wenn wir nicht auch noch den letzten Rest des uns verbleibenden Prestiges aufs Spiel setzen wollen.

Von hier nach da, aus diesem und jenem, von einem zum anderen, von der Skylla zur Charybdis, von Kaiphas zu Pilatus, nimmt das Debakel allmählich Gestalt an. Wir stellen plötzlich fest, daß drei von den Kamelen weg sind: weder die Männer, noch die Tiere, noch die Sättel sind da. Ein einziger Kamelführer hatte uns am frühen Nachmittag vage von seiner Abreise in Kenntnis gesetzt. Wir treiben entschieden auf die großen klassischen Geschichten zu: Meuterei, Desertion.

Als ich nach dem Abendessen den Meuterer Wadadjé frage, ob es nicht möglich sei, sich – wie üblich in Abessinien – Patronen als Wechselgeld herausgeben zu lassen, wenn man für eine Ware von geringerem Wert einen Taler bezahlt, gibt Wadadjé zur Antwort, wir seien in den »tropical countries« und man gebrauche die Patronen hier nicht als Kleingeld, denn alle Leute seien Diebe.

Das Dorf, in dem man zwei Häuser für uns bereitgestellt hatte und dessen so ehrwürdig aussehenden Chef wir gesehen hatten, dieses Dorf – d. h. Wahni – ist ein Diebesnest. Der Guérazmatch selbst und seine

Männer sind *chifta*. Kommt ein Reisender ohne Weisung der Regierung durch das Dorf, so steigt der Guérazmatch mit seinen Männern von den Bergen herunter, wo er wohnt, stiehlt nachts das Gepäck und behauptet anschließend, er wisse nicht, was damit geschehen ist. Er macht zudem auf anglo-ägyptischem Gebiet Sklaven und verkauft sie in Abessinien. Einer der Soldaten, der uns begleitete (und der uns die letzten Nächte über freundlich sein Gewehr zur Aufbewahrung ins Zelt stellte, damit es nicht naß werde), ist ein Sudanese, den er entführt oder gekauft hat. Wenn wir nicht die Soldaten hätten, die uns bewachen, wir würden bestohlen werden. Wadadjé fügt hinzu, daß übrigens die Soldaten selbst auch *chifta* sind, denn Soldaten und Chifta sind ein und dasselbe. Und das gilt für das ganze Gebiet zwischen Gallabat und Tchelga.

Ich frage mich allmählich, ob wir denn so einfach wieder weg könnten, falls Griaule uns Anweisung gäbe umzukehren . . .

Letzte Nachricht: Die Kamelführer kommen alle zusammen zu uns und teilen uns ihren unumstößlichen Entschluß mit, uns morgen früh zu verlassen.

8. Juni

Wir sind kaum aufgestanden, als Tasamma Haylou erscheint und uns ankündigt, er wolle noch heute aufbrechen. Da Wahni ungefähr auf halbem Weg nach Tchelga liegt, biete ich ihm die Hälfte des ausgemachten Preises an. Er lehnt ab und verlangt volle Bezahlung, denn Wahni sei ganz in der Nähe von Tchelga. Ich verweise auf meine Karten, sage, daß ich genau weiß, daß Tchelga mindestens fünf Tagereisen von Wahni entfernt ist und der schwierigste Teil der Strecke noch vor uns liegt. Tasamma Haylou insistiert nicht weiter und geht ab.

7 Uhr 15: Abreise der Kamelführer, die fast alle gekommen sind, um sich von uns zu verabschieden. Ein einziger war schon gestern aufgebrochen – derjenige, der uns das vorher gesagt hatte – und nicht drei, wie wir geglaubt hatten (was beweist, wie leicht doch eine Zeugenaussage gefärbt ist, und den geringen Wert aufzeigt, den man diesen Zeugenaussagen im allgemeinen und den gerichtlichen Aussagen im besonderen beimessen kann).

Gleich nach der Abreise der Kamelführer, entfesselter Galopp der Soldaten; sie eignen sich die Matten an, die den Kamelführern als Unterstand gedient hatten. Danach kommen die Geier und verschlingen die

Reste der Speisen. Später mischt sich auch noch ein großer Hund ein.

Zu Ehren des Museums erlegt Faivre einen der Geier und ist den ganzen Nachmittag damit beschäftigt, ihn zu präparieren.

Ruhe, Ruhe überall. Die Soldaten haben sich in den Bäumen so etwas wie Vogelnester gebaut.

Um 6 Uhr 30 überbringt ein Bote des Guérazmatch Hayla Sellasié zwei Briefe: einen für die Eseltreiber (die zusammen mit unserem Gepäck auch die Waren des Guérazmatch befördern), den anderen für Lidj Abto. Diesem Boten zufolge soll Griaule morgen Gallabat verlassen. Ein möglicherweise falsches Gerücht, das aber unsere Leute alle in gute Laune versetzt. Wir hüten uns, es zu dementieren . . .

Heute morgen habe ich Griaule durch die Kamelführer einen ausführlichen Bericht sämtlicher Ereignisse zugehen lassen.

9. Juni

Träume: Wir haben nicht die Reise nach Abessinien, sondern die nach Kamerun verpaßt und kehren gleich nach Paris zurück. Aus diesem Aufenthalt in Paris ergeben sich 1.) eine sonderbare Geschichte, bei der ich eine sehr sehr junge Frau heirate – fast ein kleines Mädchen, dem ich einmal in Wirklichkeit begegnet bin; 2.) ein Abenteuer im Autobus: ich stehe; eine junge Frau oder ein Mädchen streichelt mich am After. Als ich sehe, daß sie aussteigen will, drehe ich mich um, küsse ihr die Hand und sage, sie solle auf mich warten, denn ich finde meinen Überzieher nicht. Ich suche ihn erfolglos in der »Garderobe« der Metro. Anschließend gehe ich wieder an den Ort zurück, wo mich das Mädchen erwartet. Noch bevor ich ihr ein Zeichen geben konnte, sehe ich sie weggehen. Ich folge ihr schnell nach. Ich bin in dem Moment im Pyjama und habe einen Tropenhelm auf dem Kopf. Ich sehe sie am Ende einer Straße verschwinden. Ich betrete das Haus, in das sie wahrscheinlich hineingegangen ist: eine weiträumige Villa mit Terrassengärten. Den Kopf nach unten, paaren sich nackte Gestalten mit erigierenden Statuen. In vielen Sälen sitzen angekleidete Damen und warten wie bei der Maniküre, bis auch sie dann in den verschiedenen, von Matronen bedienten Sesseln und Lustinstrumenten Platz nehmen können. In einem Gang begegne ich einem dicken, alten, ganz nackten Mann. Da ich selbst jetzt nackt bin, drücke ich mich, soweit es geht, zur Seite, um ihn nicht berühren zu müssen. Ich bin enttäuscht – hatte ich doch geglaubt, das Abenteuer im Autobus sei ein einmaliges, einzigartiges Erlebnis, und jetzt merke ich, daß ich offenbar mit einer Expertin zu tun hatte.

6 Uhr 30: Ein Bote überbringt einen Brief von Griaule. Sie sind gestern aus Gallabat abgereist. Ich soll mit den Eseltreibern nach Tchelga weiter. Hayla Sellasié ist anscheinend von Addis Abeba eine tüchtige Abfuhr erteilt worden. Freude.

9 Uhr 30: Besuch bei Lidj Abto, dem ich ankündige, daß ich Nachrichten von Griaule erhalten habe und morgen früh nach Tchelga abzureisen gedenke. Lidj Abto meint, es sei besser, wenn alle zusammen reisen, und daß ich folglich gut daran täte, Griaules Ankunft abzuwarten, falls mich nicht unaufschiebbare Aufgaben nach Tchelga rufen. Ich gebe zur Antwort, daß mein einziger Grund dafür, schon morgen früh aufzubrechen, die Ungeduld der Eseltreiber ist und daß ich bei dem Gepäck bleiben muß, um darauf aufzupassen. Ich solle mir darüber keine Sorgen machen, sagt er mir zuerst, er werde mit den Eseltreibern reden, und fügt dann – überfließend vor Liebenswürdigkeit – hinzu, er wolle auch mit seinen Soldaten reden und sie fragen, ob sie darauf Wert legen, alle zusammen zu reisen, oder ob sie nicht getrennt aufbrechen wollen. Ich ziehe mich zurück. Ein paar Minuten später, bevor ich den Brief an Griaule versiegele (den ich dem zurückkehrenden Boten übergebe), schicke ich Wadadjé erst noch nach Neuigkeiten aus: Griaule solle bei seiner Ankunft nicht wütend werden, läßt Lidj Abto mir ausrichten; er will mir Soldaten geben, und ich reise morgen ab. Ob der Brief vom Guérazmatch, den er gestern bekommen hat, einen Hinweis auf die tüchtige Abfuhr enthielt?

Die übrige Zeit viel Arbeit mit den Eseltreibern. Sie besorgen mir nacheinander noch weitere 8 Esel, so daß ich von dem Kamelgepäck zum Transport nach Tchelga noch mehr als zwei Kamellasten mitnehmen kann. Falls die Griaule-Karawane noch etwas zusätzliches Gepäck nehmen kann, wird also nicht mehr viel in Wahni zurückbleiben, und eine einzige von Tchelga aus abgeschickte Karawane wird ausreichen, um den Rest zu befördern.

Die verschiedensten Kombinationen für die Zusammenstellung des Gepäcks. Besonders das Bett und die Zeltstäbe lassen sich schlecht unterbringen. Aus der Küchenkiste muß ich, damit sie beim Transport leichter wird – denn die Esel sind nicht sehr stark – das Mehl herausnehmen (ich esse dann eben *dourra*[21] oder abessinische Waffeln) sowie

---

21 Getreideart.

die Hälfte des Zuckers, den Ölkanister und die meisten Fleischkonserven (die in zu großen Büchsen sind, um für einen einzelnen praktisch verwendbar zu sein).

Schließlich findet sich doch noch für alles eine Lösung.

Ich bekomme Besuch: Lidj Abto überbringt mir zwei Briefe, den einen vom Sohn des Fitaorari Asfao mit zwei verschiedenen Texten, einer Grußadresse für mich und Grüßen für Griaule; den anderen Brief von Asfao senior mit Grüßen für Griaule. Der Vater für Griaule, der Sohn für mich. Ich bin voller Bewunderung für diese Etikette.[22]

Obwohl Lidj Abto mich noch einmal fragt, ob ich meine Abreise nicht bis zur Ankunft Griaules verschieben wolle, wo wir dann alle zusammen reisen könnten, ist er doch wieder einverstanden, als ich erneut meinen Vorsatz bekräftige, morgen früh aufzubrechen. Aber schon bald nachdem er sich zurückgezogen hat, läßt er mir offiziös durch Wadadjé einen Brief übermitteln, den der Fitaorari Asfao ihm geschickt hat. Der Fitaorari Asfao teilt ihm mit, daß er vom Dedjazmatch Wond Woussen in Dabra Tabor Order erhalten habe, einen aufsässigen Fitaorari zu verhaften, der seine Quartiere ganz in der Nähe von Wahni aufgeschlagen haben soll. Er habe mir sechs Soldaten geben wollen, läßt Lidj Abto mir ausrichten, aber in Anbetracht der Unruhen in der Gegend sei es klüger, die Ankunft Griaules abzuwarten und in einer einzigen Karawane zu reisen. Ich lasse zur Antwort geben, daß ich nicht das geringste gegen diese Lösung einzuwenden habe, wenn nur Lidj Abto sich mit den Eseltreibern ins Einvernehmen setzt, damit diese mit einem weiteren Warten einverstanden sind. Einige Minuten später begibt sich Lidj Abto, gefolgt von ein paar Männern, zu den Eseltreibern. Kurzes Palaver. Die Soldaten ziehen wieder ab. Tasamma Haylou kommt zu mir, läßt mich fragen, ob ich einverstanden bin, Griaule in Wahni abzuwarten. Ich lasse antworten, daß ich durchaus einverstanden bin, denn solches sei der Wunsch des Fitaorari Asfao. Und da es, wie Wadadjé sagt, in der Gegend »plenty of donkeys« gibt, bitte ich Tasamma Haylou, mir in den zwei bis drei Tagen, die uns noch bleiben, eine ausreichende Zahl Esel zusammenzubringen, damit wir auch den Rest des Gepäcks befördern können. Er verspricht mir zwanzig, über den Preis sei noch zu reden. Aber ich hoffe, daß auf diese Weise die

---

22 Seitdem habe ich erfahren, daß Wadadjé sich in dem Unterzeichner der Briefe getäuscht hatte. Der mit nur einem Text war eine Grußadresse von Asfao senior an Griaule und mich, der mit 2 Texten ein Gruß vom Sohn Asfaos an mich und eine andere Grußbotschaft an mich von dem *balamwal* oder Protégé des Fitaorari Asfao.

Zeit in Wahni dann doch keine verlorene Zeit war und wir in einer einzigen großen Karawane alle zusammen nach Tchelga reisen können ...

Wenn Lidj Abto jetzt mit den Eseltreibern doch fertig geworden ist, so sicher deshalb, weil er ihnen als Polizist schlichtweg befohlen hat dazubleiben.

10. Juni

Große Blumen sind in die Höhe gewachsen, eine Art rotweißer Lilien, die zu mehreren an einem Stengel wachsen und an Jugendstilleuchter erinnern. Ob wir von den Gräsern am Ende noch überwuchert werden?

Große ärztliche Untersuchung durch Faivre. Er hat ein gutes halbes Dutzend Patienten.

Ich meinerseits stelle mühsame Rechnungen an, ob meine Eselpläne wirklich so vorteilhaft sind, wie ich zuerst gedacht hatte. Alles in allem kommt uns der Transport der strittigen Waren von Wahni nach Tchelga wahrscheinlich billiger als mit den Kamelen von Gallabat nach Wahni. Und da wieder neue Soldaten eintreffen und es sich immer mehr erhärtet, daß es in der Gegend einen Aufständischen gibt – kein Fitaorari, aber der Sohn des Dedjazmatch Barihun (?) –, wird es immer unwahrscheinlicher, daß man uns getrennt reisen läßt.

Sicher in Erwartung der Wonnen und Genüsse von Tchelga, machen sich die vier Bediensteten ans Werk, ihre Klamotten zu waschen, zu flicken und neu zusammenzunähen. Unter dem Vorwand, er gehe Dourra kaufen, macht der Meuterer Wadadjé, der mir heute morgen einen dieser Pflanzenleuchter als Präsent überreicht hatte, jetzt im Schmuck seiner rot und hellgrüngeringelten Fußballersocken einen Gang ins Dorf.

Rund um die Bäume herum hocken die Soldaten und plaudern. Klare, deutliche Gruppen, wie auf Tellern präsentiert.

Morgen wird bestimmt die Griaule-Karawane ankommen. Ich werde meinen alten Freund Hayla Sellasié wiedersehen, nach dem ich mich jetzt fast ein wenig sehne, wenn ich mich an unsere Grenzüberschreitung im Stil eines Opernfinales erinnere, als mitten im Chor der weißgekleideten Parteigänger und im Gebrüll der Tiere er und sein Nachfolger, der Muselmane Nourou, sich unvermittelt gegenüberstanden.

Nächtliche Träumereien: 1. Ich steche mit der Spitze eines Dolches in die rechte Bettstütze am Kopfende des Totenbettes von meinem Vater, als der Körper noch darin liegt. 2. Heimlicher Flirt, in dessen Verlauf ich nacheinander den Freunden, bei denen ich in Dakar wohnte, begegne und einem Cousin (der mich bis nach Bordeaux begleitet hat, als ich mich auf der *St. Firmin* einschiffte). In der Folge (?) dieses Abenteuers – da meine Haare mich stören, die mir allmählich zu lang werden (nicht nur im Traum übrigens) – lasse ich mir von einem schwarzen Chef, der all denen, die sich dieser Prozedur unterziehen, eine Flasche Weißwein stiftet, den Schädel glattrasieren.

Fortsetzung der ärztlichen Untersuchung durch Faivre: lauter syphilitische Schwären. Eine Fäulnis, von der selbst Französisch Schwarzafrika keinen Begriff zu geben vermag.

Höflichkeitsbesuch bei Lidj Abto, der mich von seiner Absicht unterrichtet, mit seinen Männern Griaule entgegenzuziehen, sobald wir hören, daß die Karawane in der Nähe ist. Er fragt mich, ob ich mit ihm kommen will. Ich sage natürlich ja und denke mir eine kleine Inszenierung aus, als ich wieder im Zelt bin. Wadadjé und Ayaléo (der überhaupt nicht mehr wie Ambara aussieht, seitdem er sich rasiert hat, und übrigens viel jünger ist) sollen mich begleiten, jeder mit einem quer übergehängten Colt und einem Patronengürtel bewehrt. Ich meinerseits will den alten, mit cremefarbenem Filali-Leder überzogenen Tropenhelm aufsetzen, den ich, weil er so leicht ist, in der Regel im Camp aufhabe. Ab sofort trage ich anstelle meiner Schnürstiefel cremefarbene Foulbé-Stiefel aus Filali, die ich in Garoua erstanden habe. Außerdem lasse ich von Wadadjé Leuchterblumen schneiden und am Vorderpfosten jedes Zeltes einen Strauß anbringen. Ich denke mir, daß die Abessinier so zufrieden sein werden.

Sobald das Zeichen gegeben wird, soll Ayaléo mein Maultier satteln.

. . . .

Ankunft Griaules, der nicht einmal den Fuß auf die Erde setzt, um den Gruß Lidj Abtos zu erwidern. Die Lage ist bedenklich. Aus einem chiffrierten englischen Telegramm, das ihm der Kommandant des Forts von Gallabat übersetzt hat, hat Griaule von einer Neuigkeit erfahren, von der in ganz Abessinien noch niemand etwas weiß: wenn der Ras

Haylou verhaftet worden ist, so deshalb, weil er zusammen mit Lidj Yasou (dem Enkel von Ménélik und Rivalen des Kaisers) konspiriert hat, der in Haft gehalten wurde und sich vor kurzem in Richtung Godscham abgesetzt hat, wohin er von den Regierungstruppen verfolgt wird. Aus diesem Grund ist Roux auch noch nicht in Zaghié, wo wir mit ihm zusammentreffen sollten, sondern in Dabra Marqos, beim italienischen Konsul. Er hat dort wahrscheinlich Asyl gesucht. Dieser Aufruhr in Godscham soll mit parallelen Unruhen bei bestimmten arabischen Stämmen des anglo-ägyptischen Sudan in Verbindung stehen.

12. Juni

Mit der Griaule-Karawane sind angekommen: der unvermeidliche Balay – der so anhänglich ist, daß er zwangsläufig zu einer Art Vertrauensdiener geworden ist – und der Mörder Damsié, der gegen Arbeitsleistung mit seiner Frau zusammen in der Karawane mitreist und noch von niemandem umgebracht worden ist.

Die ethnographische Arbeit kommt wieder in Gang. Da es nicht mehr darum geht, sich zu beeilen und nur Gott weiß, wann wir in Zaghié sein werden, müssen wir uns ab sofort irgendwie an die Arbeit machen. Eine Reihe von photographischen Aufnahmen im Dorf. Die Chifta-Damen sind hübsch, aber nicht genügend gewaschen. Alte Frauen und kleine Mädchen tragen schöne Kreuze um den Hals. Der alte Ennayo, der uns herumführt, wird schon fast sentimental. Er ist heute nicht betrunken.

Auf unseren Rundgängen werden wir von einer zahlreichen Eskorte begleitet. Ein Hügel, den wir besteigen, ist ein prächtiger Beobachtungsstand. Von diesem Punkt aus bleibt nichts verborgen. Man ist sicher, daß einem keine mögliche Beute durch die Lappen geht. Mehrere Kinder haben Gewehre, die ihnen die Männer aus dem Dorf zu tragen gegeben haben. Die Leute sind gekommen, uns ihre Reverenz zu erweisen. Kurze Zeit stelzt ein Kalb vor uns her. Darüber hinaus sammeln wir Pflanzen und notieren ihre Namen.

Hartnäckiges Feilschen mit den Eselsverleihern von Wahni, die ihre Tiere unter 5 Talern nicht abgeben wollen. Sollen sie eben wieder in ihre Berge steigen. Wir warten mit unserer Abreise, bis sie ihre Ansprüche herunterschrauben. Aber wir müssen doch schon allmählich die Lasten neu zusammenstellen. Und das ist alles andere als einfach ... Tasamma Haylou will jetzt so wenig nehmen wie möglich.

Kaum daß er die Gepäckstücke wiedererkennen will, die seine Leute ein paar Minuten vorher angebracht hatten, weil jemand von uns sie brauchte. Der alte Affe stellt mir sogar einen Sack wieder vors Zelt und behauptet, der Ballen, in den ich ihn verpacken will, sei zu schwer. Ich muß ihm erst die Papiere unter die Nase halten, um nachzuweisen, daß die betreffende Last genau dieselbe ist wie von Gallabat nach Wahni . . . Zu guter Letzt wird auf beiden Seiten gelacht.

Die Palaver werden im tragischen Ton ausgetragen. Griaule notiert botanische Termini. Faivre macht trigonometrische Vermessungen. Lutten und Larget behandeln die versehrten Maultiere. Starker Regen gegen Ende des Tages.

Großes Verbrechen Makans, der mit seinem Kumpel, dem Syphilitiker Mamadou Kamara, mangels Dolo den *talla* (Gerstenbier) ausgetrunken hat, den wir als Hefeersatz zum Brotmachen gekauft hatten. Auseinandersetzung mit den Maultiertreibern, die ein Zelt haben wollen, denn die Bediensteten hätten auch eins.

Meine Eselpolitik ist voll daneben gegangen. Als ich noch alleine nach Tchelga reisen sollte, hatte ich durch Tasamma Haylou ein paar zusätzliche Esel zu dem unerhörten Preis von 5 Talern mieten lassen; jetzt hat sich die Nachricht davon in der ganzen Gegend verbreitet und die Preise in die Höhe getrieben. Unmöglich, Esel zu 3 ½, ja nicht einmal zu vier Talern zu bekommen. Wenn die Eselsvermieter nicht in ihren Preisansprüchen heruntergehen, reisen wir morgen mit den Maultieren ab, machen nach 2 Stunden halt, schicken sie zurück und lassen sie auch das restliche Gepäck noch mitnehmen. Zwei Stunden weiter soll man angeblich so viele Esel finden, wie man will (Lidj Abto *dixit*).

13. Juni

Wecken schon ganz früh am Morgen. Das Eselsvolk – das heute nacht, wie übrigens jede Nacht, ganze I-A-Chöre angestimmt hat – das Eselsvolk, die Männer wie die Tiere, rührt sich als erstes. Die Maultierleute haben es nicht so eilig. Es sind zwei Frauen bei ihnen: die eine – zu fett, aber doch nicht übel – ist die Gattin des Mörders Damsié; die andere, ein dunkelhäutiges, schmutziges Mädchen mit rosafarbenem Kleid, ist von einem der Maultiertreiber angebracht worden.

Ich breche kurz vor 8 Uhr, hinter der Truppe der Esel, auf. Vorne sind Soldaten. Es ist ausgemacht worden, daß sie 2 Stunden hinter Wahni bei einem Ort namens Sounkwa haltmachen. Die Maultierkarawane, die ein oder zwei Stunden nach mir losziehen soll, wird ihr Gepäck dort abladen und die Tiere kehren nach Wahni zurück, um Faivre mit dem restlichen Gepäck abzuholen.

Der Weg ist wie eine Achterbahn und zuweilen beschwerlich. Nach zwei Stunden Marsch eine Wasserstelle. Aber das ist nicht Sounkwa. Ich klettere von meinem Maultier herunter, stelle mich mitten in den Weg, um die Karawane anzuhalten (denn wenn ich noch weiter ziehe, wird die Etappe für die Maultiere zu lang: sie müssen ja wieder nach Wahni und dann auch noch zurück). Die Esel ziehen an den Seiten vorbei. Die Eseltreiber legen ausgesprochene Böswilligkeit an den Tag. Mangels Dolmetscher – Wadadjé ist bei der Griaule-Karawane geblieben – bin ich überfordert. Mir bleibt nichts anderes übrig, als mich wieder auf den Weg zu machen, denn alle wollen mich glauben machen und davon überzeugen, daß es bis Sounkwa nicht mehr weit ist. Als ich um 10 Uhr 55 (d. h. nach 3 ¼ Stunden Weg) immer noch nichts sehe, schicke ich eine Botschaft an Griaule und unterrichte ihn von meiner Lage. Wir ziehen noch lange weiter. Um ihre todmüden Tiere zu entlasten, müssen zwei Eseltreiber ihnen Gepäck abnehmen: einer nimmt einen Sack mit Zeltheringen auf die Schulter, der andere eine Kiste. Ich trotte, wegen eines kleinen, knochenlahmen Esels, der schwitzt, blutet und auf seinen Beinen zittert, im Schlepptau hinter der Karawane her. Von dem mich begleitenden Soldaten lasse ich ihn unbarmherzig antreiben. Soldaten des Guérazmatch Hayla Sellasié (der auch heute früh aufgebrochen ist) überholen mich; eine Frau mit weit vorspringendem Unterkiefer (blauweiß gestreiftes Kleid, fast bis in die Augen gedrückter grauer Filzhut über dem Schleier) reist mit ihnen.

Um mir auszuhelfen, wird mir von vorne schon bald ein neuer Esel entgegengeschickt. Um halb eins (nach 4 Stunden, 50 Minuten Marsch) erreiche ich, außer mir vor Wut, das Lager.

Leichter Regen. Meine Sachen, die unter einem Baum aufgestapelt sind, sind nicht naß geworden. Aber ich werde ungeduldig. Um viertel vor zwei kommt Ayaléo (den ich mit meinem Brief zu Griaule geschickt hatte). Er überbringt mir seine Antwort. *»Laß sie kampieren, wo sie wollen. Komm zurück, uns entgegen. Du allein. Wir machen vielleicht vorher halt.«* Auf in den Sattel! Aber kaum bin ich losgezogen, begegne ich den Soldaten, dann Lutten und der Spitze der näherkommenden Karawane. Ich kehre zum Camp zurück.

Zu spät, um Faivre abzuholen, der also in Wahni bleiben muß. Er hat kein Bett (das haben wir dabei), aber ein Zelt. Ein Mann wird mit

Essen zu ihm geschickt. Morgen früh holt ihn dann Lutten mit den Maultieren ab.
Als Vorbote größeren Unheils festgestellt, daß von den Maultieren schon mehrere verletzt sind. Larget ist nicht einmal mit Samthandschuhen anzufassen.

. . . .

Morgen, während Lutten Faivre abholt, wollte ich mich eigentlich ausruhen. Ich hätte meine Voraussagen lieber sein gelassen: Die Eseltreiber, die entschieden die Nase voll haben vom ewigen Warten, werden beim Guérazmatch Hayla Sellasié vorstellig, der gerade eingetroffen ist. Da kein Grund vorliegt, die armen Leute ewig hinzuhalten, wird beschlossen, daß sie morgen früh aufbrechen und daß ich sie begleite. Mir bleibt nichts anderes übrig, als meine Sachen zu packen und bis zum Tagesanbruch noch zu schlafen.
Griaule, der heute morgen Wahni verlassen hat, ohne den Guérazmatch Ennayo noch zu sehen, hat ein Geschenk für ihn hinterlassen, als Gegenleistung für ein Maultier, das Ennayo ihm bei seiner Abreise aus Gallabat geschenkt hat. Bei Einbruch der Nacht kommt ein Mann mit einer Botschaft von Ennayo. Der Guérazmatch erklärt, er sei kein Mann des Geldes, sondern er suche »die Freundschaft der Männer«; er bedanke sich für das Präsent und erkenne an, daß es bei weitem dem Preis eines Maultieres entspreche. Immerhin – da Ennayo so freundlich ist, darüber hinaus auch noch den Sattel und die Kandare zu verschenken (ohne jegliche Bezahlung dafür zu verlangen), möchte Griaule die Liebenswürdigkeit besitzen, nicht etwa ein Gegengeschenk zu machen, nein, aber das Geschenk für das Maultier doch ein wenig aufzuwerten.

14. Juni

7 Uhr 40: Abreise. Die Eseltreiber, die gestern selbst auf der Abreise bestanden hatten, haben es heute morgen natürlich überhaupt nicht mehr eilig. Eine Strecke Wegs mit dem Schweizer zusammen zurückgelegt, dem ich schon in Abay begegnet war, als er seinen Landsmann, den alten Pfarrer, nach Gallabat begleitete. Er ist jetzt auf der Rückreise.
Grüne Tunnel. Man muß sich auf den Hals seines Reittieres legen, mit

den Zweigen Versteck spielen. Da ich nur langsam hinter meinen Eseln herzuckle, lasse ich den Schweizer allein vorausziehen.

Pfad am Rand des Abgrundes. Unaufhörliche Serpentinen. Wir reisen über Kaps und Isthmen.

12 Uhr 10: Etappenhalt an der Wasserstelle Sabasguié. Der Schweizer ist schon weiter. Mir ist das lieb. Aber kurz darauf erscheinen Hayla Sellasié, die Frau mit dem vorspringenden Kinn, der von einem Mann auf dem Kopf getragene Flechtstuhl, das kegelförmige Zelt aus weißem Wollstoff und die ganze restliche Sippschaft.

Starker Regen. Zum Mittagessen eine Dose mit irgendeinem Fisch und eine mit Piment gewürzte Waffel gegessen. Die Waffel gehört zu dem *dergo*[23], den der Chef des naheliegenden Dorfes gestern abend unseren Leuten übergeben hat. Seit drei Tagen nicht mehr rasiert. Berauschendes Gefühl, wie eine Wanze oder Termite zu leben.

Trotzdem will ich mich heute nachmittag rasieren . . . Zum Abendessen gibt es dafür wieder nur Gemüsesuppe. Viel an Z. gedacht, an die Liebe im allgemeinen, an die Poesie.

Verdreckte Stiefel, lange Haare, schwarze Nägel. Aber es gefällt mir in diesem Dreck, wo alles, was ich liebe, so rein und so fern wird.

. . . .

Meine Toilette beendet. Ich habe mir sogar die Stiefel wichsen lassen. Der Regenschauer ist vorbei. Strahlende Sonne. Ich gehe spazieren.

Ich mache ein paar Schritte auf einen vorspringenden Berg zu, auf dem ein paar Bäume stehen, und gelange zum Rand einer wild chaotischen Schlucht. Ein alter Wassernix ruft mir von der anderen Seite etwas zu. Es ist Tasamma Haylou, der auf halber Hanghöhe Gras für seine Tiere schneidet. Der kleine Mann weist mir mit Nachdruck den Weg; sicher meint er, ich suche die Wasserstelle. Mit großen, ausweichenden Gesten deute ich zum Himmel, zur Sonne, auf die Bäume, um ihm zu verstehen zu geben, daß ich spazierengehe.

Das Schicksal hat mich mit den Eseltreibern zusammengeschweißt. Ich gewinne sie allmählich lieb, und wer weiß, vielleicht sie mich auch. Ulkige Leute und ulkige Tiere, ständig am Schreien, am Leiden und versuchsweise am Rammeln.

---

23 Eine Art Steuer in Naturalabgaben, welche die Bauern den offiziellen Durchreisenden übergeben.

Große Aufregung gegen Abend: Die Esel kommen von den Weideplätzen zurück, und ich höre, daß die Maultiere verschwunden sind. Meine drei Dienstleute brauchen fast eine Stunde, um sie wiederzufinden. Ich nehme mir vor, sie morgen nicht aus den Augen zu lassen.

15. Juni

Traum: Auf einer Uferböschung der Seine (oder auf einer Straße) begehe ich irgendeinen Sabotageakt (worin genau er besteht, bleibt unklar). Der junge Arzt, dem man mich zuerst übergibt, unterbindet weitere Nachforschungen, denn er erkennt mich moralisch als nicht verantwortlich an. Ich bin darüber zu Tränen gerührt und schamvoll entzückt.

Gegen ½ 3 Uhr von einer Fanfare i-a-ender Esel geweckt. Die Eseltreiber laufen schreiend durch die Gegend. Wadadjé, den ich nach der Ursache des Tumultes frage, sagt mir, ein »Bär« (?) habe zwei von den Eseln fressen wollen. Aber die Eseltreiber hätten das wilde Tier in die Flucht geschlagen. Ich schlafe wieder ein . . .

Die heutige Etappe (6 Uhr 45 bis 11 Uhr 45) ging fast ausschließlich damit hin, den vorspringenden Berg zu umrunden, der nur ein Vorgebirge, ein Teil von einem viel größeren Massiv war. Abstiege und Anstiege zur Durchquerung von Schluchten oder Bächen, deren Bett voller leuchterförmiger Wolfsmilchpflanzen steht. Ich zerfetze mein Hemd an den Stacheln. Ein Geschirrteil reißt ab. Wir müssen es mit einem Lederstück reparieren, das wir der Länge nach aus einem anderen Riemen herausschneiden. Aber wenn schon, mein Sattel und sein ganzes Zubehör sind ohnehin altersschwach. Halt in Wali Daba, vor einem neuen Gebirgszug.

Um nicht die Übung zu verlieren, palavern die Eseltreiber eine Stunde oder länger mit einem Händler von einer Karawane, der wir unterwegs begegnet sind. Da ihm ein Esel und das dazugehörige Gepäck abhanden gekommen sind, will er meine Treiber durchsuchen. Alle Welt gestikuliert vor dem Chef meiner Eskorte herum, und jedes Argument wird von einer Bewegung des Oberkörpers und des Armes begleitet, als wolle man einen Stein abschleudern. Griaule hatte mir bereits von dieser Art gesprochen, das Argument dem Opponenten wie einen Bannfluch entgegenzuschleudern.

Noch ein Tagesmarsch bis Tchelga.

Während des Regens, allein in meinem Zelt, mit der Erde kopuliert und meine Seele den Ameisen verkauft . . .

16. Juni

Traum: Ich mache an einer abessinischen (?) Zollstation halt und werde Zeuge eines Kampfes zwischen einem Warzenschwein und einem riesigen Panther. Obwohl die beiden Tiere zahm sind und sich nur im Spiel miteinander balgen, bringt man sie doch auseinander. Das Warzenschwein wird zu einem Star des Music-hall, mit Badehose und – auf dem Kopf – einem breiten Sombrero.

Kurz bevor wir das Lager abbrechen, ein Knall. Einer der Soldaten hat eine kleine Hirschkuh erlegt und bietet sie mir an. Ich kann sie leider nicht annehmen, denn wie soll ich sie transportieren?

Aufbruch um 6 Uhr 50.

Tasamma Haylou, den ich eine Zeitlang vor mir hergehen sehe, läuft nicht mehr mit nackten Beinen herum wie ein Faun. Wo wir uns jetzt zivilisierteren Gegenden nähern, hat er eine Hose übergezogen.

Je höher wir kommen – schnell und manchmal in schwierigen, abrupten Steigungen, die den Eseln und Maultieren schwer zu schaffen machen – bietet mir das Panorama, wie in einer versteinerten Zeit, einen Rückblick auf meine voraufgehenden Etappen. Ich sehe Gallabat (das von hier aus wie ein den Horizont verstellendes Gebirge aussieht); die Qoqit-Berge, die Etappe mit den vielen Skorpionen, wo Tasamma Haylou einen weiteren Tag haltmachen wollte, weil angeblich Esel gestohlen worden waren; die »sieben Berge« in der Nähe von Wahni und den Berg, auf dem Ennayo seinen Schlupfwinkel eingerichtet hat; das große Gebirge von Wahni; das Horn mit den drei gleichen Spitzen in regelmäßigen Abständen, das ich vom Lager in Sabasguié aus sah; das große, vorspringende Felsmassiv, von dem ich bei derselben Etappe einen Teil gesehen habe; den Steilhang schließlich, an dessen Fuß ich gestern übernachtet habe. Irgendwo, 24 Stunden von mir entfernt, zieht die Griaule-Karawane durch das Land . . .

Die Ankunft auf dem Kamm (über die Böschungen, auf denen man bis zum Hochplateau hinaufgelangt und die eine weite, leicht ansteigende Grasfläche bilden) behält mir noch eine ganz andere Überraschung vor: man zeigt mir plötzlich den Tana-See. Tatsächlich sind wir ja 2000 Meter hoch . . . Ich kann mir kaum vorstellen, daß wir so nahe an diesem See sein sollen, einem der großen Ziele unserer Reise und sicher eines von denen, das wir am schwersten erreichen werden. Die Wolken sind so nahe, daß sie einem vertikal vorkommen.

Kurz vor dem Kamm der unvermeidliche Zwischenfall mit den Eseltreibern. Sie werden auf einmal von Leuten angehalten, und ein allgemeines Gezeter hebt an. Die Eseltreiber wollen sich dann wieder auf den Weg machen, inmitten eines wirren Handgemenges, bei dem die Esel alles abbekommen, denn von den Eseltreibern und den Leuten meiner Eskorte werden sie von hinten geschlagen, damit sie vorwärtsgehen und von den anderen vorne, damit sie nicht weiterziehen. Ich erfahre, daß es sich um Zöllner handelt, die Respekt vor ihrer Zollschranke erheischen und von den Eseltreibern verlangen, sie sollen sofort und auf der Stelle ihre Ballen mit Abou gédid verzollen, während meine Leute darauf bestehen, daß man – in Anbetracht meiner Würde – meine Karawane vorbeiläßt und die Zollformalitäten erst in Tchelga erledigt. Das Gezeter findet schließlich ein Ende, alle sind wieder gute Freunde und wir brechen auf.

Tchelga liegt jenseits des Kamms, und wir müssen ein kleines Stück wieder hinunter. Mit Bedauern sehe ich den Tanasee wieder verschwinden . . .

Fruchtbare Gegend. Wiesen, gepflügte Felder, Vieh, Häuser, Menschen.

Um 12 Uhr 30 Tchelga. Der Ort ist weder eine Stadt noch ein zusammenhängendes Dorf – wie ich es naiverweise erwartet hatte–, sondern eine sehr lockere Ansammlung verstreuter Gruppen von Hütten. Meine Gefolgschaft ist größer geworden, und alle meine Begleitsoldaten haben jetzt korrekt ihr Gewehr geschultert. Wir nähern uns der Anhöhe, auf der der Fitaorari Asfao wohnt. Im letzten Augenblick kommt dieser, umgeben von den Männern seiner Gefolgschaft, den Pfad herunter, mir entgegen. Das Maultier, das er bestiegen hat, ist mit einer scharlachroten Schabracke bedeckt. Ein scharlachroter, geflochtener Sonnenschirm wird über seinen Kopf gehalten. Der Fitaorari ist so groß und mächtig, daß er mich an Othello erinnert. Absteigen. Höflichkeiten. Anschließend Wahl des Lagerplatzes. Einer der ersten Personen, der ich bei dieser Zeremonie begegne, ist Lidj Damsié, der nach Addis Abeba zurückberufene Dolmetscher des Zolls von Métamma. Aus Furcht vor Repressalien hat er wahrscheinlich hier haltgemacht. Wie mit einem Turban hat er sich den Kopf mit seinem kunstseidenen Halstuch umwickelt; er trägt einen durchgewetzten Reisepaletot über den Schultern und sieht armselig aus . . . Nach getroffener Wahl Ab-

schied vom Fitaorari und Versprechen, ihn am Nachmittag aufzusuchen. Ich verabschiede mich zugleich von zwei weiteren Persönlichkeiten, deren Bekanntschaft ich gerade gemacht habe: vom Gagnazmatch
X . . ., dem Chef der Zollstationen in der Gegend; von einem Guérazmatch mit geflochtenem Sonnenschirm, der uns von Dabra-Tabor aus
entgegengekommen ist und wahrscheinlich gewillt ist, uns direkt nach
dort weiterzugeleiten . . .
Ich schlage mein Lager an einem kleinen Hang vor einer immensen
Prärie auf. Ich bin gerade fertig damit, als ich einen Brief von dem
Schweizer bekomme, den ich in Sounkwa hatte vorausziehen lassen. Er
ist seit gestern hier und lädt mich zum Abendessen ein. Kaum habe ich
von den Eseltreibern die Kisten fertig aufstapeln lassen und beunruhigt
festgestellt, daß von diesen Kisten anscheinend eine fehlt, kaum habe
ich eine Büchse Thunfisch und eine Dose Maronencreme anstelle eines
Mittagessens verschlungen, als von dem Schweizer wieder ein Brief
kommt. Er ist beim Fitaorari Asfao, und dieser bittet mich, gleich zu
kommen, um zu plaudern. Der Schweizer wird den Dolmetscher abgeben. Ich gehe also zum Fitaorari Asfao hinüber. Er empfängt mich in
einem erhöht gebauten, geschlossenen Pavillon, der sehr verkommen
aussieht. Um den Raum zu betreten, muß man einen Steinhaufen hoch-
klettern, der eine Art rudimentärer, grober Treppe darstellt. Neben
diesem Pavillon bauen arbeitsverpflichtete Leute einen neuen, der
zweifellos größer und schöner wird. Ich sollte später sehen, daß der
Fitaorari selbst die Arbeiten leitete.
Konversation – durchweg höflich und banal –, an der stehend ein jüngerer Bruder des Fitaorari Asfao teilnimmt. Ein schöner junger Mann,
der seit Sounkwa zu meiner Eskorte gehört, serviert Honigwein. Er
trägt einen Degen an der Seite, und sein Hinterkopf ist tonsuriert. Drei
Sorten Honigwein, eine alkoholhaltiger als die andere. Gleichzeitig
wird leicht gesalzener türkischer Kaffee getrunken. Eine schwarze Dienerin (mit geschorenem Schädel, Kupferkreuz und erdfarbenem Kleid
von mönchischem Schnitt) bringt zweimal feste Nahrung: große, weiche Sorgho-Waffeln, eine Art von Berbéri-Mayonnaise; dann dieselbe
Art Waffeln (von denen eine als Tischtuch dient) mit flüssiger Berbéri-
Sauce und rohem Fleisch. Der Fitaorari läßt mir zu wiederholten Malen
die Ehre zuteil werden, mir selbst die Essenshäppchen mit Sauce zu
bestreichen und sie mir hinzuhalten. Die Speisen schmecken alle recht
gut, aber man muß die Mischung ertragen, und vor allem die Menge.
Angst, der Fülle zu erliegen; ich muß mich entschuldigen. Das ist aber

nicht einfach und trägt mir eine Einladung für morgen zum Mittagessen
ein, mit Versprechen, am Morgen nichts zu essen, um zu allem bereit zu
sein. Es soll »Spinat« geben, aus einem Gemüsegarten, den ich schon
habe bewundern dürfen. Zum Abschluß reicht uns ein kleiner Junge
die Wasserkanne zum Händewaschen und wir gehen hinaus.

Wieder im Lager, stelle ich fest, daß die Soldaten ihr Zelt direkt neben
dem meinen aufgestellt haben, was mich nachhaltig verärgert.

Zum Abendessen beim Schweizer – wo ich nichts als Tee trinke. Dort
erfahre ich die letzten Neuigkeiten: Lidj Yasou ist gefaßt worden; alle
Gefahr eines Bürgerkrieges ist gebannt. Was uns betrifft, bleibt die
Lage allerdings bedenklich: man bildet sich ein, daß sich in unseren
Kisten eine Menge Waffen und Munition befinden, die wir für den Ras
Haylou bestimmt haben. Egal, wie die Befehle aus Addis Abeba lauten: keine der lokalen Behörden ist gewillt, uns den Weg nach Godscham einschlagen zu lassen. Vor ein paar Tagen war die Rede davon
(der Plan ist jetzt glücklicherweise fallengelassen worden), gleich bei
unserer Ankunft unser Lager mit Soldaten zu umringen, uns anschließend von einer starken Begleitmannschaft nach Dabra-Tabor bringen
zu lassen und nötigenfalls unser Gepäck zwangsweise auf Maultiere zu
verladen.

Starker Regen heute nacht. Zweimal hinaus, um die Zeltseile zu ent-
spannen und starr vor Kälte wieder ins Bett gegangen. Die Eseltreiber,
die nicht mehr unsere Kisten zu beschützen haben – und unsere Kisten,
um *sich* zu beschützen –, haben bestimmt nichts zu lachen. Die behag-
liche Symbiose von Menschen und Waren ist zu Ende.

17. Juni

Auf dem Hang hinter meinem Zelt läßt Lidj Damsié von einem Diener
Steine aufschichten. Ich glaube, es geht lediglich um die Ausbesserung
eines zusammengesackten Wegrandes, aber es behagt mir nicht, ihn so
um das Zelt herumstreunen zu sehen. Der Schweizer Ingenieur hat mir
gestern abend erzählt, Lidj Damsié habe ihn gefragt, ob er nicht eine
Arbeit für ihn habe.

Nur teilweise Bezahlung der Eseltreiber. Ich muß den Ärmsten ankündigen, daß ich ihnen die 24 Esel aus Gallabat nicht begleichen kann,
solange ich nicht weiß, was aus der verschwundenen Kiste geworden
ist. Ich bezahle also: einen Esel aus Gallabat, der einem Soldaten na-
namens Tegou gehört, die 7 Esel, die wir ab Wahni für 5 Taler von Ta-

samma Haylou gemietet haben, 3 von einem gewissen Fanta für 3 ½ Taler pro Tier ab Sounkwa gemietete Esel. Die Eseltreiber sind derart an Scherereien gewöhnt, daß ihnen meine Entscheidung natürlich vorkommt und sie nicht protestieren.

Während ich die Taler abzähle und die Fingerabdrücke auf die Quittungen setzen lasse, höre ich, wie Damsié weiter seine Steine aufstapeln läßt. Als ich die Papiere fertig geordnet und das Geld verstaut habe, schaue ich zu ihm hinüber. Er ist jetzt dabei, die Erde auszuheben. Plötzlich tritt schimpfend ein Mann auf den Plan und zwingt Damsié zu schmählichstem Abzug. Ich höre, daß das der Besitzer des Geländes ist, auf dem Damsié sich ein Haus bauen wollte, direkt hinter unserem Lager . . . Aber der Schuft kommt einige Minuten später zurück und nimmt ein paar Meter weiter die Arbeiten wieder auf.

Mittagessen mit dem Schweizer beim Fitaorari, mit großem Aufwand an Piment, Honigwasser und rohem Fleisch. Unterhaltung über Jerusalem, die Schlacht von Adouah und die Ermordung des Präsidenten Doumer. Zu guter Letzt kommt als Zahnstocher auch noch Lidj Damsié und stiftet einige Unruhe. Die schwarze Dienerin ist wirklich sehr hübsch. Bei jeder Speise, die sie bringt, erhält sie vom Hausherrn – noch bevor er die anderen bedient – einen Teil der Nahrung. Sie nimmt sie tief gebeugt entgegen.

Wieder im Camp und auf meinem Bett liegend, plaudere ich lange mit Wadadjé, der vom Meuterer zum Vertrauensmann geworden ist . . .

Abreise der Eseltreiber, der Soldaten. Die Prärie ist so weitläufig, daß ich es geradezu bedaure, auf ihre Gesellschaft verzichten zu müssen.

Immerhin kommen bei Einbruch der Nacht ein Mann und zwei Kinder mit dem Zelt des Guérazmatch (des Chefs meiner Eskorte) und stellen es zwei Schritte von dem meinen auf, obwohl ich ihnen eine etwas weiter entfernte Stelle angewiesen habe.

Den neuesten Nachrichten zufolge ist dieses so nahe stehende Zelt nicht für die Wächter, sondern für das Gepäck.

18. Juni

Kein einziger Soldat hat gestern nacht hier geschlafen. Vielleicht entspannt sich die Lage?

Ich habe die Nachwirkungen des Gelages bei Asfao zu spüren bekommen und mußte mehrere Male aufstehen. Wie sollte man hier auch ungestraft rohes Fleisch essen können? Fleisch, das mit einem großen, sichelartigen Messer direkt von dem Stück Rindfleisch heruntergeschnitten wird, das ein stehender Diener wie eine Schürze vor sich hält.

Ich denke an meine gestrige Unterhaltung mit Wadadjé, der mir eine Menge Auskünfte über Lidj Damsié gegeben hat. Lidj Damsié ist kein reiner Abessinier, sondern ein Galla. Er ist in der amerikanischen Mission von Gambeila aufgewachsen, der sudanesischen Enklave am Sobat. Er läßt sich »Lidj« (Infant) nennen, weil er ein »Schreiber« ist, aber er hat nicht den geringsten Anspruch auf diesen Titel, denn er ist der Sohn eines Mannes von zweifelhaftem Herkommen. Bevor er Damsié beim Zoll von Métamma begegnet war (wo Damsié so getan hatte, als würde er ihn nicht wiedererkennen), hatte Wadadjé ihn schon in Khartoum kennengelernt. Da er keine Arbeit hatte, mußte Damsié von Khartoum nach Addis Abeba zu Fuß zurückkehren. Dort hatte er dann wegen seiner Bildung den Posten eines Dolmetschers bekommen, den er auch in Métamma innehatte. Seine Frau, eine Abessinierin aus Addis Abeba, ist eine geborene Niemand, weniger als nichts: sie verkaufte Honigwein auf den Märkten.

Bau von Water-closets aus Stroh, als Pendant zu der bereits gestern errichteten Küche.

Hinter mir ist kein Steinewälzen mehr zu hören. Damsié scheint seine Bauvorhaben aufgegeben zu haben. Den Schweizer – der mir einen Besuch macht – hat er gestern gegen Ende des Tages aufgesucht. Er hat ihm gesagt, unsere Kisten seien voller Waffen und Munition für den Godscham. Man erzählt außerdem, wir wollten vielleicht deshalb zum Tanasee, um dort die Arbeiten zum Bau des Staudamms in Angriff zu nehmen (dessen Anlage von verschiedenen englischen und amerikanischen Expeditionen erkundet und geplant wurde und der dazu dienen soll, den Lauf des blauen Nils zu regulieren), ein Staudamm, der in den Augen der Abessinier einzig und allein die Austrocknung der Gegend und damit – durch das Sterben des Viehs – ihren Ruin zur Folge hätte. Man munkelt auch, unsere Lichtmaschine, unser Tonaufnahmegerät usw. möchten Maschinen sein, mit denen man Gewehre herstellt.

Damsié und der Guérazmatch Hayla Sellasié wollen ihren Weg nach Addis Abeba nicht fortsetzen. Sie schützen Krankheit vor und wollen bis zum Ende der Regenzeit hierbleiben. Der Schweizer ist genau wie ich der Ansicht, daß Damsié einer der Haupturheber der Schwierigkeiten ist, die man uns bereitet. Er glaubt jedoch nicht, daß er mit seiner

Politik lediglich Geld herausschlagen möchte; ihm zufolge ist Damsié tatsächlich davon überzeugt, daß wir Waffen ins Land bringen, um Unruhe zu stiften. Es scheint andererseits, daß man in Addis Abeba seit der Krönung die Europäer ziemlich von oben herab behandelt. Vor nicht allzu langer Zeit ist der amerikanische Botschafter von Soldaten heftig geschlagen worden, weil er (ohne ihr besonders weh zu tun) eine Frau mit seinem Auto angefahren hatte.

Wie gestern morgen spricht auch heute der Bruder des Fitaorari vor, um mich zu begrüßen. Ich versuche ohne großen Erfolg, mit ihm eine kleine Befragung in Gang zu bringen. Er kündigt mir an, daß Griaule morgen da sein wird.

Eine *chermouta*[24] mit einem Baby auf dem Rücken und geschlossenem linken Auge, die gekommen war, mir ihre Aufwartung zu machen, d. h. mir ihre Dienste anzubieten, schicke ich wieder weg. Ich will mich gerade zum Mittagessen hinsetzen, da kommt noch ein Besuch. Das Zelt wird nicht mehr leer. Diesmal ist es der Dolmetscher des Schweizers, ein distinguierter Herr, der fein in seinen kurzen Bart lächelt und Italienisch spricht. Er ist heute morgen zum Telephonhaus gegangen (einer Strohhütte in etwa 300 Meter Entfernung von meinem Zelt, an einem Ende derselben Anhöhe, auf der sich auch – an einem anderen Ende – der Wohnsitz des Fitaorari Asfao befindet). Auf Anordnung seines Herrn hat er eine Botschaft an den äthiopischen Außenminister abgesandt, um unsere Angelegenheiten ins Reine zu bringen. Das Vorhaben – von dem mir der Schweizer Ingenieur zwar gesprochen hatte, aber ohne zu sagen, daß er telephonieren wolle – besteht in folgendem: der Schweizer möchte den Vertrauensvorschuß, den ihm seine Stellung als Ingenieur der abessinischen Regierung verleiht, in die Waagschale werfen, um zu erreichen, daß er selbst uns bis Zaghié begleiten darf. Er wäre dann gewissermaßen unser Bürge. In dem Bestreben, sich angenehm zu machen, teilt mir der – im übrigen sehr freundliche – Dolmetscher ein paar im Telephonhaus gehörte Neuigkeiten mit. Einiges davon war mir schon bekannt: die Inhaftierung des Ras Haylou, Ausbruch und Gefangennahme von Lidj Yasou. Aber eins wußte ich noch nicht: in Metcha in Godscham ist in diesen Tagen ein Italiener von Chifta ermordet worden. Ich schenke dem Informanten als Belohnung eine Dose Puder.

Im Laufe des Nachmittags statte ich dem fraglichen Schweizer einen

---

24 Prostituierte.

Höflichkeitsbesuch ab, um ihm für diesen Anruf zu danken (auf den wir, ehrlich gesagt, auch gut hätten verzichten können). Er trinkt mit ein paar Abessiniern *talla* und teilt mir gleich noch eine letzte große Neuigkeit mit: der Ras Kasa, der schon in Addis Abeba unter Hausarrest steht, soll jetzt verhaftet worden sein, weil er gleichfalls in das Komplott von Lidj Yasou verwickelt war. Daraus folgt, daß man seinen Sohn, den Dedjazmatch Wond Woussen, den eigentlichen Urheber all unserer Unannehmlichkeiten, aus Dabra-Tabor abberufen wird. Der Kaiser ist jetzt mit all seinen Rivalen fertig geworden, und seine Befehle werden in Zukunft respektiert werden . . .

Als ich mich von dem Schweizer verabschiede, kann ich mich – trotz der Gutmütigkeit des blonden, feisten, kräftigen Burschen – nicht eines leisen Mißtrauens erwehren . . . Er scheint mir dazu zu neigen, einerseits die Komplikationen und andererseits die Einfachheit der jeweiligen Lösung zu übertreiben. Es würde ihm schmeicheln, glaube ich, uns gegenüber den *Deus ex machina* zu spielen. Im Augenblick habe ich ihn noch nicht im Verdacht, sich dabei einen finanziellen Vorteil zu versprechen – obwohl sein Vorschlag, uns zu begleiten, bei jener letzten Unterredung eine sonderbare Wendung genommen hat: Der Unterhalt seines Personals würde auf unsere Kosten gehen und er würde, gewissermaßen unentgeltlich, die Rolle unseres Karawanenführers übernehmen; unklar ist mir dabei, ob er uns jetzt seine Maultiere leihen, verkaufen oder vermieten will. Überhaupt hat mich das Durcheinander von Geschichten, in dem wir jetzt schon seit über einem Monat stecken, übertrieben mißtrauisch gemacht . . . Aber wie liebe ich dieses Land, in dem man sich so lebendig fühlt: weil man sich auf keinen einzigen wirklich verlassen kann.

Nach reiflicher Überlegung entschließe ich mich, Wadadjé die Nachricht von der »freundschaftlichen« Gefangenhaltung des Ras Kasa im Palast des Kaisers mitzuteilen. Er wird sie verbreiten, und die Leute erfahren so, wie gut wir informiert sind. Meinen Worten lauschend (ich rede so leise, als hätte ich ihm ein großes Geheimnis anzuvertrauen, über das Stillschweigen zu bewahren ist) legt er die Lippen aufeinander, pfeift leise und scheint ganz und gar niedergeschmettert zu sein . . .

18 Uhr: Rückkehr des Boten, den ich heute früh mit der Nachricht zu Griaule gesandt hatte, daß ich Wadadjé – den Griaule bei sich haben wollte – doch hierbehalte, denn ich brauche ihn als Dolmetscher. Der Bote überbringt mir einen Brief aus Wali Daba, geschrieben um 1 Uhr

nachmittags. Die Karawane ist in Schwierigkeiten. Die Tiere sind wund und müde. Ich soll ein Maultier als Ersatz schicken.

19. Juni
(in Paris wahrscheinlich der Sonntag des großen Steeple Chase)

3 Uhr 45: Aufbruch des Maultiertreibers Malassa nach Wali Daba mit meinem Lastmaultier (das ebenfalls verwundet ist) und einem Brief für Griaule.
8 Uhr 30: Drei kleine Kinder, die ich oft sehe und die in einem Haus ganz in meiner Nähe wohnen, stellen sich in 10 Meter Entfernung vor meinem Zelt auf. Der Jüngste – der vielleicht 3 Jahre alt ist – hebt sein Kleid hoch und fängt lachend an zu pissen. Die beiden Älteren – die etwa 6 bis 7 Jahre alt sind – verständigen sich untereinander, drapieren die Lumpen, mit denen sie bekleidet sind, als Zeichen der Ehrerbietung wie eine *chamma*[25] und gehen dann mit graziösen Verneigungen auf mich zu. Ich antworte mehrmals auf ihr: »*Tenaystèlliñ!*«. Aber plötzlich ergreifen sie die Flucht, vielleicht weil jemand aus ihrer Familie sie zurückgerufen hat, vielleicht auch weil sie glauben, ich würde sie ausschimpfen.

. . . .

Afrikanisches Bilderbuch:
Die Afrikanerin, die Oper von Meyerbeer mit dem berühmten »Unisono« und der großen Arie des Vasco da Gama;
die Schirmmütze des Pater Bugeaud und die Smalah von Abd el Kader;
Aida, von Verdi zur Einweihung des Suezkanals komponiert;
die Geschichte vom Priester Jean;
der Tod Livingstones;
Faschoda;
Arthur Rimbaud Waffenverkäufer in Ménélik;
Savorgnan de Brazza;
der kaiserliche Thronfolger, von den Zulu ermordet;
die Massenmörder Voulet-Chanoine;
die Bombenleger Gaud-Tocquet;

---

25 Abessinische Toga.

die Affäre der N'Goko Sanga-Bahn;
die Kongo-Ozean-Bahn;
die Schlacht an den Pyramiden;
der Streich von Agadir;
die Konferenz von Algeciras;
Impressions d'Afrique;
die Königin Ranavalo;
die Amazonen von Béhanzin;
und Sirdar Kitchener, und der Mahdi-Krieg, und Samori usw . . .
Neulich, als mir Asfao erhobenen Hauptes – silberköpfig wie ein alter
jüdischer Vagant; mit dunklem Teint, aber auf schön gemacht – von
seinen guten Beziehungen erzählte, die er zur Zeit der Schlacht von
Adouah mit dem Konsul Lagarde unterhalten hat, war ich ganz benommen von dieser Atmosphäre.

. . . .

Ich schicke ein Individuum wieder weg, das mir für zwei Patronen Parfum abkaufen will. Ich lasse ihm in edler Aufwallung zur Antwort geben, daß »ich kein Händler bin, sondern ein Konsul«.
Der Bruder des Fitaorari, der an den vorausgehenden Tagen immer
gekommen war, mir seinen Gruß zu entbieten, erscheint heute zum
ersten Mal nicht. Vielleicht deshalb, weil ich von ihm verlangt hatte, er
solle mir ein paar von den lokalen Geschichten aufschreiben, die er
kennt.
Empfang einer kleinen Karawane von Eseltreibern, die noch vor
Griaule Wali Daba verlassen hat und 27 Kisten, 2 Planen und 3 Zeltsäcke transportiert.
Mußte für einen halben Taler einen Liter Petroleum kaufen lassen, um
mein Maultier vor den Mückenstichen zu schützen (Rezept Ayaléo).
Einen Maria-Theresientaler hingegeben und als Wechselgeld Patronen
bekommen. Noch während ich die Kisten in Empfang nehme, schickt
mir der Fitaorari jemand, der mir seinen Gruß ausrichtet und mir eine
Feldflasche halb saurer Milch überbringt. Schon gestern abend hatte er
mir ein großes Stück vollkommen ungenießbaren Fleisches geschickt.

Als ich ihn schon gar nicht mehr erwartete, ist Griaule gestern noch mit
seiner ganzen Karawane angekommen. Resultat: ein großes Freß- und
Saufgelage, an dem (wie der Fitaorari als Kämmerer des Papstes gekleidet) der Guérazmatch Tasamma, Chef der von Dabra Tabor aus
geschickten Sbirren, und der Qagnazmatch Malassa, der oberste Zöllner, teilnehmen. Auch der junge Page mit dem Wasserkrug, der jetzt
zum Trompeten- und Schildträger avanciert ist, war da.
Sehr feierliche Unterredung, über zwei Dolmetscher (Wadadjé und
mich). Griaule erklärt, daß wir nicht gekommen sind – wie manche das
behauptet haben –, um Krieg zu führen, sondern um Abessinien zu
erforschen und gerade dadurch das Land gegen seine Feinde im Völkerbund verteidigen zu können. Müde von der Reise, hätte Griaule
sich noch vor dem Essen empfehlen wollen, wurde dann aber vom
Fitaorari zurückgehalten. Da sein Magen von den niederschmetternden
Gewürzen jäh wie umgestülpt wird, übergibt er sich. Sofort machen
Diener sich um ihn zu schaffen und breiten Stoffe aus, um ihn vor den
Blicken zu verbergen.
Er ist die ganze Nacht über krank gewesen. Ich meinerseits habe geträumt, daß ich in aller Freundschaft eine kalte, männerscheue Frau
liebte, die es zu animieren galt. Ich bemühte mich lange, aber meine
Findigkeit blieb fast erfolglos. Um sie zu erregen, flegle ich sie an und
beschimpfe sie als »Schlampe« und anderes mehr. Wir gehen in zärt-
lichster Freundschaft auseinander, aber keiner von uns beiden ist zum
Orgasmus gekommen.
Außer Griaule verspürt niemand sonst Nachwirkungen von dem gestrigen kleinen Fest, bei dem wir alle durchaus abessinische Phantastik an
den Tag gelegt haben . . . Griaule ist auf dem Maultier von Lidj Abto
zurückgeritten, gestützt auf der einen Seite von dem Besitzer des Tieres
und von noch sonst jemand auf der anderen. Ich für mein Teil habe
große erotische Reden geschwungen und bin, brüderlich auf die Schulter des tonsurierten jungen Mannes gestützt, nach Hause gegangen.
Aber die Abessinier sind alle begeistert . . .
Eine Vielzahl von Besuchen heute morgen: der Fitaorari, der Qagnazmatch Malassa, Abgesandte des Guérazmatch Tasamma, die ein Maultier als Geschenk überbringen, die schwarze Dienerin des Fitaorari
(die, bei Lichte besehen, nur ein schäbiges Bettelweib ist) und ein paar
kleine Boys, die unter der Leitung von Lidj Abto einen Krug Honig-

wein, einen Korb Waffeln und eine Schale Kraut bringen. Dem Fitaorari habe ich den Gebrauch der Schreibmaschine gezeigt. Während der Vorführung stützte er sich mit einer Hand liebevoll auf meinen rechten Schenkel.

Larget macht eine ganze Reihe ärztlicher Untersuchungen: beim Guérazmatch Tasamma zunächst (der ihm auch einen Wecker zu reparieren gibt), bei einem alten Mann, den ich nicht kenne, dann beim Sohn des Fitaorari. Ich begleite Larget auf diesem letzten Besuch.

In der schwarzen Finsternis der großen Hütte, in die man uns zuerst hineinführt, sehen wir erst überhaupt nichts. Wir nehmen in der Mitte ein Feuer wahr und merken, daß Leute da sind. Schritt für Schritt führt man uns näher. Erst später werde ich gewahr, daß der Mann, der uns empfängt, der Fitaorari selbst ist und daß sein Sohn hinter ihm liegt. Ich glaubte, dem Sohn die Hand zu geben, als ich dem Vater die Hand gab ... Als sich unsere Augen nach und nach an die Dunkelheit gewöhnen, erkennen wir jetzt die große runde Hütte mit dem Söller, die zugleich als Küche, als Hühnerstall und als Eßzimmer dient und in ihrem Söller die Schlafzimmer enthält. Männer, Frauen, Mädchen, Diener, kochende Speisen, Kinder, Federvieh ... Unterdrücktes Lachen in den Ecken. Larget läßt seine elektrische Lampe holen, stellt ein paar Fragen, untersucht den Kranken (vor dem man eine Toga ausspannt, um ihn vor den Blicken der anderen abzuschirmen), kündigt an, daß er morgen mit Medikamenten wiederkommt. Der Fitaorari fordert uns dann auf, in den luftigen Pavillon der Orgien hinüberzuwechseln, und wir klettern über den Haufen wackliger Steine. Obwohl der Fitaorari ihn dazu anhält, »zuviel zu essen«, macht Larget nicht mit. Seine Ausrede ist glänzend: es sei Mäßigkeit geboten, damit sein Wissenschaftlergehirn intakt bleibe. Ich, der ich schon gestern meinen Zehnten reichlich bezahlt habe, lasse mir von dem alten Mann zwar eigenhändig ein paar Bissen in den Mund schieben, bremse ihn dann aber und sage, daß ich Wert darauf lege, heute vernünftig zu sein ... Der Fitaorari mästet daraufhin Wadadjé (der als Dolmetscher fungiert) und reicht dann einem kleinen, zweieinhalbjährigen Baby, das zufällig da ist, große Waffelstücke. Es ist sicher der Sprößling irgendeines Zweiges der Nachkommenschaft des Patriarchen. Wie gewöhnlich werden anschließend die Gewehrträger, die uns begleitet haben, eingelassen und gespeist. Endlich dann die Zeremonie der Handwaschung. Verborgen hinter mehreren, vor ihm ausgespannten Togen, beginnt der Herr des Hauses ... Beim Hinausgehen stelle ich fest, daß die

Treppe quasi unbegehbar ist, selbst wenn man klar bei Kopf ist. Wie sind wir nur nach dem gestrigen Bankett da hinuntergekommen, ohne uns sämtliche Knochen zu brechen.

Der Fitaorari war so voller Bewunderung für Largets elektrische Lampe, daß unser Ältester ihm versprechen mußte, ihm auch eine zu schenken.

Die letzten Neuigkeiten:

1.) Der Guérazmatch (Chef der Eskorte aus Dabra Tabor), der Griaule heute morgen begrüßen kam, scheint gewillt zu sein, uns reisen zu lassen, wohin wir wollen.

2.) Der ehemalige Soldat und Mörder Damsié wird seit Sounkwa von drei Männern verfolgt, die sich unter die Eskorte gemischt haben und ihn umbringen wollen; er sieht deshalb zu, daß er unterwegs immer in der Nähe von Griaule bleibt.

3.) Der Schweizer bricht morgen früh nach Gondar auf. Er hätte durchaus nichts gegen die Annahme, daß sein Telephonanruf es war, der alles wieder ins Lot gebracht hat.

4.) Ich werde in der Sache der Eseltreiber als Zeuge aufgerufen; ich kann das nicht ablehnen, und es macht mir im übrigen auch ein wenig Spaß.

5.) Der in der Nähe von Dabra Tabor getötete Italiener ist der Händler von Gondar, der in dieser Gegend auf Reisen war.

6.) Im Vergleich zu der Gegend, aus der wir kommen, klappert man hier vor Kälte mit den Zähnen. Die Strickjacken genügen abends nicht mehr. Wir müssen auch die Jacketts auspacken.

21. Juni

Markt heute. Lange Reihen von Frauen mit langen, rot gesäumten Kleidern eilen zum Markt, Lasten tragend, Esel lenkend oder kleine Weidensonnenschirme über ihren Kopf haltend.

Begleitet von Wadadjé, begebe ich mich zum Telephon. Es sind zwei Grußadressen nach Addis Abeba zu schicken: die eine ist an den Kaiser gerichtet, die andere an den französischen Gesandten. Wir gehen quer über ein gepflügtes Feld und gelangen zu der Hütte mit dem Strohdach, aus dem das Kabel herauskommt, welches einen Mast mit dem anderen verbindet, manchmal fast die Erde berührt, manchmal ganz verdrillt und an einer Stelle zusammengeknüpft ist, als wenn es einmal gerissen wäre. Ein etwa zwölfjähriger Junge sitzt auf der Schwelle der Hütte. Er hält einen Hörer an sein Ohr, der so groß ist wie eine Untertasse, nimmt ihn manchmal vor den Mund und spricht hinein: »*Aloalo Gonndderr . . .!* (da capo).« Eine Hütte mit Wänden aus Lehmziegeln, in der Mitte einer Einfriedung, die von einer gleichfalls aus Lehmziegeln gebauten Mauer begrenzt wird. Vor und hinter mir die Wiesen, auf denen die Rinder, Esel und Maultiere weiden. Ringsum die Berge. Die Hütte ist so wunderbar bizarr wie ein Leuchtturm auf einem unbebauten Grundstück oder eine Pinkelbude als Markierung des Nordpols . . .

Im Moment vertritt der kleine Junge seinen Vater. Er wartet auf einen Anruf und geht dann Mittag essen. Auf meine Bitte hin ruft er mit gellender Stimme seinen Vater herbei. Der ist im Dorf jenseits des gepflügten Feldes und der Prärie, auf der wir unser Lager aufgeschlagen haben, und will erst nichts gehört haben. Nach wiederholten Rufen entschließt er sich dann aber doch, sich zu zeigen. Ich übergebe ihm die beiden, von Wadadjé aufgesetzten Botschaften, und er schickt sich an, sie durchzutelephonieren. »*Aloalo Gonndderr . . .*« sagt auch er. Da er keine Antwort erhält und die Sitzung sich in die Länge zieht, lasse ich ihn mit Wadadjé allein.

Vom Telephonieren zurück, finde ich bei Griaule einen Diener des Guérazmatch Hayla Sellasié mit einem Telegramm, das der Ras Kasa an seinen Herrn geschickt hat. Wie ausgemacht steht es uns immer noch vollkommen frei, uns hinzubegeben, wohin wir wollen, aber in Anbetracht der Unruhen rät man uns davon ab, nach Godscham einzureisen. Falls wir trotzdem darauf bestehen, verlangt die abessinische Regierung eine schriftliche Erklärung, die sie von aller Verantwortung entbindet. Gegen dieses korrekte Ersuchen ist absolut nichts einzuwenden, und es ist nur normal, daß man uns davon abrät, eine Gegend in vollem Aufruhr zu bereisen. Wir werden uns dem eben fügen. Unser neues Ziel ist Gondar, von wo aus wir anschließend zum Tanasee hinunter können. Aber was wird aus Roux, und wie sollen wir unseren Zusammenschluß in die Wege leiten? Roux findet wahrscheinlich, daß er ganz gut bedient ist – wo er doch anscheinend mit dem Kopf voller Bruce und den alten Erzählungen der Reisenden aus Paris aufgebrochen ist.

Das Zelt des Schweizers ist verschwunden. Kein Zweifel, er ist weg. Ich bin immer mehr davon überzeugt, daß er mich bluffen wollte . . .

Am Nachmittag haben Griaule und ich zwei sehr ärmliche Kirchen besichtigt, die – der Norm entsprechend – auf einem Hügel in der Mitte eines heiligen Hains stehen.

Würdig vor meinem Zelt sitzend, habe ich nach unserer Rückkehr die Zeugenaussage abgegeben, die man von mir in der Sache der Eseltreiber verlangte. Etwa dreißig Männer waren anwesend: die Prozeßführenden standen, der Richter und seine Männer saßen. Als erster ergreift Tasamma Haylou das Wort. Ob ich bei der Etappe von Sabasguié nicht gesehen hätte, daß mitten in der Nacht ein fremder Esel zu der Karawane gestoßen ist? Ich erinnere mich, daß ich in jener Nacht wegen großes Tumultes aufgestanden bin, den Wadadjé mir zuerst damit erklären wollte, daß ein »Bär« zwei von den Tieren gefressen habe. Ich weiß auch, daß Tasamma Haylou von einem Händler, dem wir zwischen Sabasguié und Wali Daba begegnet sind, beschuldigt wird, sich eines Esels, der ihm nicht gehörte, bemächtigt und ihn seiner Karawane einverleibt zu haben. Ich lasse zur Antwort geben, daß ich in jener Nacht viele Esel gesehen habe, daß leider kein Grund vorlag, sie zu zählen, daß ich sie nicht gezählt habe, daß ich demnach nicht in der Lage bin zu sagen, ob einer, zwei, drei oder vier zu viel da waren, oder einer, zwei, drei oder vier zu wenig. Entzückt ziehen alle wieder ab . . .

Heute besonders üppige Dergos, zeremoniell in langen Prozessionen von jungen Mädchen, Frauen und Kindern herangetragen, von denen manche fast unter ihrer Last verschwinden. Ein Dergo kommt vom Fitaorari, ein anderer vom Guérazmatch Tasamma, ein weiterer von den vier Angestellten der Post. Alles in allem: 60 Waffeln, 51 Eier, 2 Krüge Honigwein, 3 Krüge Bier, 1 Kalebasse mit Milch, ein Hähnchen, 1 Topf Fleisch, 1 Schale Kraut, 4 Ladungen Futter und 2 Ladungen Dourra. Alle Gaben, welche die Vertreter der Stifter sorgfältig einzeln aufzählen, werden genauso sorgfältig in unser Merkheft eingetragen.

Vorgestern sind ein paar von den Maultiertreibern entlassen worden. Heute nachmittag Vergrößerung des Personals. Der Mörder Damsié (der bis jetzt nur aus freien Stücken der Karawane gefolgt war) wird als *agafari* oder Aufseher eingestellt, der Dieb des Rechnungsbuches bleibt *alaqa* oder Chef der Maultiertreiber. Ein entlaufener Priester wird als Maultiertreiber eingestellt. Griaule tritt für den Mörder als Bürgen ein. Der Mörder übernimmt die Bürgschaft für den entlaufenen Priester. Unter die Bürgschaftserklärung setzt er einen roten Fingerabdruck, Konterfei seines in rote Tinte getunkten Daumens.

Rückkehr des Eilboten, der, von Sounkwa aus, nach Gallabat abgegangen war.

22. Juni

Ich werde nie von den Eselleuten loskommen. Ich zahle jetzt endgültig Tasamma Haylou aus – der nur zu lange warten mußte –, aber kurz darauf bringt er mir das Geld wieder zurück, mit der Bitte, es bis zu seiner Abreise aus Tchelga aufzubewahren. Der Ärger fängt für ihn also jetzt erst an. Nun, wo er bezahlt worden ist, hat er Angst, bestohlen zu werden.

Der Fitaorari, den gestern niemand aufgesucht hat, macht sich Sorgen. Infolgedessen stattet er Griaule einen Besuch ab. Er reist übermorgen nach Dabra Tabor ab. Griaule teilt ihm mit, daß wir die Regenzeit in Gondar zu verbringen gedenken. Er überreicht ihm auch verschiedene Medikamente und die schöne Lampe, mit drei Ersatzbatterien. Ephemerer und fast schon ein wenig tragischer Charakter dieses Geschenks: was soll der Fitaorari damit machen, wenn alle drei Batterien verbraucht sind? Wahrscheinlich wird sie aber zum Prunkgegenstand werden, oder aber er pfeift darauf, wenn er sich erst einmal lange genug damit amüsiert hat.

Griaule verspricht, daß er am Nachmittag zum Fitaorari kommt, um Photos zu machen. Er wird jedoch von zwei unerwarteten Besuchern aufgehalten: von einem gewissen Qagnazmatch zunächst, der gerade angekommen ist und von dem man erst nicht so recht weiß, wer er ist, bis er noch einmal erklärt hat, er sei der Stellvertreter des Fitaorari, denn dieser sei nach Dabra Tabor abberufen worden; anschließend von einem Diener des Guérazmatch Tasamma, der ein Maultier zurückfordert, das sein Herr gestern oder vorgestern Griaule geschenkt hat. Griaule hatte dem Guérazmatch als Gegengeschenk Patronen und Parfum bringen lassen – und der hatte es angenommen. Aber der Diener behauptet jetzt, das Maultier gehöre gar nicht dem Guérazmatch, sondern ihm selbst. Der Guérazmatch habe das Geschenk angenommen, weil er der Meinung gewesen sei, es handle sich um ein bloßes Freundschaftsgeschenk. Er, der Bedienstete, beanspruche folglich Bezahlung für sein Maultier. Wut Griaules, der ihm bedeutet, er solle sein Maultier wieder mitnehmen (was der Bedienstete nicht macht), und erklärt, unter diesen Umständen gehe er nicht zum Fitaorari. Aber er geht dann doch, denn der alte Bursche besteht darauf. Und er ist mit ihm und

Lutten allein nicht zufrieden: man schickt anschließend noch nach Faivre und mir und läßt uns noch einmal den wackligen Pavillon besteigen. Allein Larget bleibt verschont, dem sein Alter das Recht gibt, müde zu sein.

Griaule macht seine Photos, bringt es fertig, mehr als maßvoll zu essen. Ich meinerseits – der ich mir zweifellos den Ruf eines großen Essers eingehandelt habe – werde vom Hausherrn mit einer unglaublichen Anzahl gigantischer Bissen abgefüttert. Er beehrt mich gleichfalls mit einem Glas Honigwein, das so groß ist wie ein kleineres Bierglas. Warum habe ich auch nur neulich dem Fitaorari gegenüber verlauten lassen, im alten Europa gelte der Honigwein als der Trank, den man im Paradiese trinkt?

Noch vor meiner Ankunft haben Griaule und Lutten, mit dem Fitaorari trinkend, der Unterzeichnung des formellen Haftbefehls gegen den werten Räuber Ennayo beigewohnt.

Der heimkehrende Lidj Abto verabschiedet sich. Er erhält als Geschenk 20 Taler. Der tonsurierte junge Mann und ein anderer Herr, von denen der eine einen Rasierapparat, der andere zwei Dosen Gesichtspuder mit Spiegel bekommt, ziehen ab, ohne sich zu bedanken.

23. Juni

Der Guérazmatch Tasamma – der Mann mit dem Maultier – schickt schon am frühen Morgen Diener, die die Geschenke zurückbringen. Griaule weigert sich, sie zurückzunehmen, wiederholt, was er schon gestern gesagt hat, nämlich daß er das Maultier nicht mehr will und läßt es zurückerstatten.

Das Dorf bleibt heute ruhig. Keine Beerdigung wie gestern. Keine doppelte (ansteigende und absteigende) Strömung wehklagender Männer und Frauen am Hang unseres Hügels. Kein Trauergeleit zur Kirche. Nur Gesänge und ein paar Klagerufe.

Ich schreibe diese Zeilen mit einem Drehbleistift, der gestern fast daran glauben mußte, denn der Fitaorari hatte schon damit herumgespielt und Interesse dafür gezeigt, wie neulich für die Lampe. Um das Gerät zu retten, hatte ich so getan, als sei es kaputt und es wieder in meiner Tasche verstaut, noch bevor der Fitaorari mir verständlich machen konnte, daß es angemessen sei, ihm den Stift zu schenken.

Zweimal im Laufe des Tages spricht der Guérazmatch Tasamma vor und wird von Griaule, der mit dem Entwickeln seiner Photos beschäftigt ist, zweimal wieder abgewiesen. Kleine Geschichte am Tagesende: der junge Zöllner, der meine Karawane auf dem Gebirgskamm vor Tchelga hatte anhalten lassen und der ein Untergebener des Balambaras Gassasa ist, verlangt, daß die Zollerklärung, die ich ihm gestern auf französisch überreicht habe, auf amharisch ausgestellt werde und will darüberhinaus die genaue Aufteilung der Lasten pro Tier aufgeführt haben. Da im Moment niemand gewillt ist, sich belästigen zu lassen, wird er ohne viel Federlesens hinauskomplimentiert.

Wir wollen jetzt unverzüglich nach Gondar aufbrechen, wo wir zweifellos im italienischen Konsulat wohnen werden. Ein Brief des italienischen Konsuls, der am Tag von Griaules Ankunft in Tchelga eingetroffen ist, lädt uns in der Tat dazu ein, jenes Konsulat »als ein Konsulat unserer eigenen Nation« zu betrachten.

Neben den Abessiniern mit ihrer römischen Haltung sieht der immer fetter werdende ehemalige Chauffeur Mamadou Kamara mit seinem Schlapphut und seinem geblümten Morgenrock wie ein Akrobat oder Jahrmarktsringer aus.

24. Juni

Ausflug zu einem Ort namens *Esata Gamara* (»Feuer der Gehenna«). Flußbett in engem Canyon, eingeschnitten in den weichen, abblätternden, erstaunlich mürben Stein. Schichten glimmender Braunkohle. Heiße, mit Schwefelstaub überzuckerte Steine. Hier und da steigen stinkende Dämpfe auf. Rundum Cotton-soil, Torferde. Seit einem Jahr schwelt hier ein Feuer, das sich sicher zufällig in den Braunkohlenschichten entzündet hat. Seitdem das Feuer brennt, blüht das Land, sagen die Leute; der Preis der Nahrungsmittel ist gesunken. *Gamara*, was »Gehenna« bedeutet, ist dasselbe semitische Wort wie Gomorrha. Die Dämpfe stinken auch tatsächlich nach Pech, genau wie ich mir die Gerüche in der Umgebung des toten Meeres vorstelle ...

Besuch des Qagnazmatch Tayé, des Stellvertreters oder Nachfolgers des Fitaorari Asfao. Dieser Mann – der uns der würdigste von allen scheint – macht keine Schwierigkeiten und geht uns auch nicht um Geschenke an; er möchte lediglich, daß wir ihn dem Dedjazmatch Wond Woussen, dem Ras Kasa und dem Kaiser empfehlen und will seine Syphilis behandelt haben.

Ich weiß immer noch nicht, wer der *balamwal* oder Günstling ist. Ich war lange in dem Glauben, es sei der junge Mann mit der Tonsur, der mich nach dem Gelage nach Hause geleitet hatte. Aber der *balamwal* (der mir einen versiegelten Brief geschickt hat) muß eine viel bedeutendere Persönlichkeit sein als dieser, der nur ein einfacher Leutnant von Lidj Abto war.

25. Juni

Die Lage, die sich klären zu wollen schien, verwickelt sich aufs neue. Letztlich werden wir hin- und hergezerrt wie Drahtpuppen und Hampelmänner . . .

Der Fitaorari, der heute morgen zum Lager kommt und unter anderem seinen Verdruß zu erkennen gibt, daß wir, ohne seine Erlaubnis einzuholen, das Gomorrha-Feuer besichtigt haben (die Sehenswürdigkeit der Gegend, der Ort, den man den Fremden zeigt und an den er uns zweifellos mit großem Pomp hingeleitet hätte), enthüllt uns – nachdem er zuerst alle Leute seiner Gefolgschaft hinausgeschickt hat, sowie den Qagnazmatch Tayé, seinen vermuteten Stellvertreter (der mit einem großen Zug bewaffneter Männer und mit einem kleinen Boy, der das schöne Gewehr und die prächtigen Schuhe trug, bei uns vorgesprochen hatte) – der Fitaorari enthüllt Griaule, daß er soeben einen Brief aus Dabra Tabor erhalten hat, mit der Anweisung, in Tchelga zu bleiben. Er ist also nicht abberufen worden . . . Wir haben einen gewaltigen Schnitzer gemacht, ihn nicht von unserer bevorstehenden Abreise zu unterrichten und nur dem Qagnazmatch Tayé den Tag unseres geplanten Aufbruchs bekanntzugeben. Griaule bringt die Dinge wieder ins Lot, so gut er kann, indem er anführt, daß wir hier ganz mit der Zählung der Tage durcheinanderkommen und die Zeit ganz vergessen. Der Tag unserer Abreise wird auf Montag, d. h. übermorgen festgesetzt.

Aber gegen 3 Uhr erreicht uns eine bestürzende Nachricht: Roux und Frl. Lifszyc sind in Zaghié. Wir entnehmen das dem Postskriptum eines Briefes des italienischen Konsuls, in dem er Griaule wissen läßt, daß er uns in Gondar erwartet und daß wir unser Lager auf dem Gelände des Konsulats aufschlagen können. Roux und Lifszyc haben also doch Dabra Marqos verlassen können. Die Provinz Godscham ist also gar nicht so sehr in Aufruhr, wie es den Anschein hatte . . . Aber es ist zu spät, noch einmal alles umzupolen. Die Expedition wird den Winter über in Gondar bleiben, und unsere Freunde müssen dann eben dort zu uns stoßen.

Es wird immer kälter. Larget in seinem Gürtelbund-Anzug und mit seinem offenen Kragen ist ganz der Pariser in Ferien in einem billigen Nest der Bretagne oder des Nordens.

26. Juni

Abreise des entlaufenen Priesters nach Zaghié. Er überbringt einen Brief an Roux-Lifszyc, mit der Anweisung, sich in einem *tanqwa*[26] an den Gondar am nächsten liegenden Punkt des Seeufers zu begeben, und der Ankündigung, daß sie von einer kleinen Reisekarawane dort abgeholt werden.

7 Uhr: Tasamma Haylou holt das Geld wieder ab, das er mir anvertraut hatte. Der alte Filou ist so dankbar (und wer weiß? vielleicht so erstaunt) darüber, daß ich es ihm tatsächlich wieder aushändige, daß er mir überschwenglich die Hände küßt.

Ich begleite Lutten, der beim Fitaorari Photos macht. Wir haben von Griaule Verschiedenes auszurichten. Wir sollen ihn 1. beim Fitaorari entschuldigen, unter dem Vorwand, ihm sei gestern, über Gondar, ein ganzer Packen Korrespondenz von der französischen Regierung zugestellt worden, die er zu beantworten habe; unter anderem sei ein Brief von dem italienischen Konsul dabei gewesen, welcher es nicht verfehle, dem Fitaorari seine Grüße zu übermitteln; 2. ausrichten, daß Griaule, den Anweisungen seiner Regierung entsprechend, unwiderruflich morgen abreist; 3. sagen, daß ihn, Griaule, von Gondar aus viele Ausflüge in die Umgebung führen werden, wobei er jedenfalls auch wieder nach Tchelga kommen werde, dem Fitaorari seinen Gruß zu entbieten, und daß wir, falls der Fitaorari nach Gondar kommen sollte, entzückt darüber wären, ihn im italienischen Konsulat empfangen zu dürfen; 4. daß Roux, ein großer französischer Maler, sein Bildnis in Lebensgröße und haltbarer Farbe malen werde, falls er uns während unseres Aufenthalts in Gondar einen Besuch abstatte.

Der Fitaorari, der seit unserem gestrigen Schnitzer sehr verdrossen ist, reagiert auf diese, im Laufe der Unterhaltung einer nach dem anderen aufs Tapet gebrachten Punkte sehr sauer: beim ersten verzieht er das Gesicht und tut so, als sei er mitnichten beeindruckt; auch er habe einen Brief vom italienischen Konsul erhalten, der Konsul spreche davon, nach Tchelga zu kommen, und lege dem Fitaorari gleichfalls ans

---

26 Eine Art Floß aus Schilfzweigen.

Herz, ihn auf jeden Fall mit seinem Besuch zu beehren, falls er nach Gondar komme. Der zweite ist für ihn selbstverständlich ein Stoß ins Herz; gegen Ende der Unterredung wird er behaupten, die schöne runde Hütte, die ich im Bau gesehen habe, und die jetzt fast fertig ist, sei extra für unseren Empfang bestimmt gewesen. Der dritte erscheint ihm wahrscheinlich mehr als zweifelhaft. Und den vierten hält er sicher für pure Schaumschlägerei und für eine frisierte Weigerung, jetzt sofort die Diademe und Pelzkrägen zu photographieren, die er zur Schau stellt. Diese Schmucksachen, die er aus einer Art Verlies hervorholen ließ, das in den erhöhten Boden des Orgienpavillons eingelassen ist – der Eingang ist durch ein Lederkissen kaschiert –, diese Schmucksachen läßt er schon gleich wieder in das Loch verstauen, wahrscheinlich weil er unsere Komplimente für unzureichend erachtet. Und das, obwohl er uns zwei mit Löwenfell besetzte Felle gezeigt hatte, auf die er mit geblähten Backen ein gutes Glas Honigwein gespien hatte, um sie anzufeuchten und anschließend mit eigenen Händen glattzustreichen.

Aber das schlimmste von allem ist die skandalöse Aufführung Luttens, der sich untersteht – es ist kurz nach 8 Uhr morgens – sich nicht mästen lassen zu wollen. Zwar versuche ich, ein bißchen zu essen und zu trinken, aber es ist nichts zu machen: ich muß schon bald wieder aufhören. Der Fitaorari wird daraufhin ausgesprochen kühl. Ob wir die Ziege, die er uns gestern geschenkt hat, gegessen hätten, will er wissen, und wir müssen das leider verneinen. Mit von grenzenloser Verachtung getönter Jovialität sagt er daraufhin, er habe gestern vorgehabt, uns ein Stück Fleisch zu schicken, aber man habe ihn davon abgebracht, denn: »Warum sollte man Männern ein ganzes Stück Fleisch schicken, die sich zu fünft an ein kleines Hühnchen machen!« Die Essensverweigerung wird noch schwerwiegender dadurch, daß der *balamwal* (den ich jetzt endlich identifiziert habe: es ist der Mann, den ich für den Bruder des Fitaorari gehalten hatte), daß der *balamwal* über Bauchschmerzen klagte und von mir ein Medikament haben wollte, worauf ich ihm sagte, die Arzneien seien zwar gut, aber sie erzielten ihre eigentliche Wirkung erst unter der Bedingung, daß man eine Woche lang weder viel trinkt noch viel ißt . . . Und Lutten sagt zu allem Unglück auch noch – um seinen mangelnden Appetit zu entschuldigen – er habe heute morgen ein Medikament eingenommen! Der Fitaorari stellt sich zweifellos vor, daß wir mit aller Gewalt gegen die Nahrung lästern wollen und sie für ein Gift ansehen, das sich mit keinem Medikament verträgt . . .

Der schlecht übersetzende Dolmetscher bringt alles noch mehr durcheinander, und ich setze der Reihe der Schnitzer die Krone auf, als ich mich zum Schluß der Sitzung fast ausschließlich für ein kleines, etwa zwei- oder dreijähriges Mädchen interessiere ... Lutten photographiert es. Die schwarze Dienerin scheint ihm jeden Wunsch von den Augen abzulesen. Um es im Photomerkheft zu notieren, frage ich Wadadjé, wer dieses Kind ist. Wadadjé erwidert, er könne es nicht sagen. Was mich darauf schließen läßt, daß es sich um ein Kind handelt, das der Fitaorari mit der Dienerin gezeugt hat.

Eine ärztliche Visite von Larget beim Sohn des Fitaorari (der wirklich sehr krank ist; er hat Fieber und Bauchschmerzen und hat sich zudem übergeben, als er, nach einem ganzen Tag Diät mit nichts als Honigwasser, versuchte, Honigwein zu trinken) macht die Sache auch nicht besser. Durch einen Irrtum des Dolmetschers hat der Fitaorari zudem verstanden, Griaule wolle abreisen, ohne sich vorher von ihm zu verabschieden.

Die Trennung könnte kaum kühler sein – was den Fitaorari aber nicht daran hindert, zum Mittagessen Speisen herüberzuschicken, wofür er als Gegengabe ein Fläschchen Eau de Cologne bekommt.

Besuch des Qagnazmatch Malassa. Wie der andere Qagnazmatch, will auch er seine Syphilis behandeln lassen, sein Traum aber ist ein großer Revolver, um sich gegen die Banditen zu verteidigen. Er ist ganz weg von dem Colt, den Griaule ihm zeigt.

27. Juni

»Mich mit meinem Klo in die Luft jagen, auf daß der Verräter Damsié es nicht erbe ...« So lautet die Sentenz, die mir beim Abbrechen des Lagers manchmal durch den Kopf geht, wenn ich das W. C. betrachte, das ich habe errichten lassen, und das Haus, das Lidj Damsié seit drei oder vier Tagen in der Nähe baut, als sei er – nach seinem erfolglosen Versuch, sich am Abhang anzusiedeln – jetzt zu dem Schluß gekommen, daß dieser Platz der geeignete ist und daß er nach unserer Abreise unsere Einrichtungen benutzen kann. Der Fitaorari, der auf seinem Weg zur Kirche Griaule begrüßen kommt, ist zunächst sehr kühl; dann aber, auf dem Rückweg von der Kirche, ausgesprochen herzlich, und verlangt, daß wir bei ihm vorbeikommen, um uns von ihm zu verabschieden ...

Die Verpackung der einzelnen Lasten nimmt viel Zeit in Anspruch.

Scherereien mit den Maultiertreibern, von denen wir ein paar entlassen und anschließend, mehr schlecht als recht, wieder ersetzen müssen. Grund des Streikes war das Verbot, ihre eigenen Sachen zu den Maultierlasten hinzuzufügen. Wir haben auch wirklich schon genug verletzte Tiere. Zusätzliche Esel sind nicht leicht aufzutreiben. Sie werden übrigens nicht ausreichen, und Faivre soll dableiben, um auf das restliche Gepäck aufzupassen.

»EINE TÖRICHTE WETTE: *Er hatte gewettet, Schlag zwölf Uhr mittags zwölf hartgekochte Eier zu verspeisen.*« Noch eine Sentenz – diesmal in Form einer Schlagzeile – geht mir durch den Kopf, als ich – von der Abschiedssituation überlistet – tatsächlich vom Fitaorari mit hartgekochten Eiern vollgestopft werde. Dieser großmütige Mann – der seine schlechte Laune von gestern vergessen und sich damit abgefunden zu haben scheint, kein besonders ansehnliches Geschenk zu erhalten – mästet mich heute so rapide, daß ich kaum Zeit finde, Sturzbäche von Hydromel nachzuschütten (der zum Glück nicht sehr stark ist), um dem Geschick des törichten Wetters zu entgehen: dem Tod durch Erstikken.

Die heutige Etappe ist sehr kurz. Kaum zwei Stunden Marsch, gerade genug, um sagen zu können, daß man weggekommen ist.

Übernachtung im Dorf Anker, von wo aus man Tchelga mit dem *guébi*[27] des Fitaorari und das weiße Zelt von Lidj Damsié sieht. Wir sind ganz und gar unter uns, denn die Eskorte und ihr Chef haben uns im Stich gelassen und sind in Tchelga geblieben. Ich hätte nie geglaubt, daß wir ohne eine neue Lawine von Zwischenfällen aus dieser Stadt wegkämen.

28. Juni

Vier Stunden leichten Weges bis zu der Wasserstelle in der Nähe der Kirche Makwamya Maryam und eines Dorfes, dessen Name ich nicht weiß, denn die Einwohner haben unsere Wißbegierde partout nicht befriedigen wollen.

Die Karawane, die anfänglich sehr in die Länge gezogen war, kommt dicht zusammengedrängt am Etappenziel an, weil Griaule, der nach hinten gegangen ist, den Eseln einen höllischen Dampf macht. Die kleinen Tiere laufen im Trott und galoppieren sogar manchmal, wenn

---

27 Großes, befestigtes Wohnhaus.

es abwärts geht. »Das sind keine Esel, das sind Löwen«, sagt der Mörder Damsié, der neben Griaule reitet.

Eine Dame mit römischer Toga und geflochtenem Sonnenschirm zieht vorbei. Ein Diener und ein Soldat mit Gewehr gehen vor ihr her. Man tauscht Grüße aus.

Das Lager wird an einem angenehmen, grasbestandenen Platz errichtet. Wenn nicht unsere ganzen Utensilien wären, die den Ort sofort in eine Pariser Landschaft zur Zeit der Befestigungsanlagen verwandeln, käme man sich wie auf einem Rasenplatz vor. Da wir dummerweise das Rohr des Küchenofens in Tchelga gelassen haben, macht Larget den Vorschlag, ausschließlich zylindrische Konservenbüchsen zu verzehren, um das Rohr zu rekonstituieren: Innereien à la mode de Caen, Toulouser Cassoulet sind die Büchsen, die sich am besten als Rohrstücke eignen. Am Abend besteht das Ofenrohr erst aus einer Büchse. Morgen wird es um mindestens zwei oder drei weitere aufgestockt.

Unsere Lagereinrichtung entspricht genau dem Typus der vorstädtischen Barackensiedlung. Dem Läufer, der für heute abend bestellt worden ist und morgen früh nach Gallabat abgehen soll, übergibt Griaule anstelle eines Briefetuis eine alte Keksdose als Postbehälter.

29. Juni

Abreise Luttens nach Tchelga, wo er Faivre und das Gepäck abholt. Tagesausflug von Griaule und mir zu einer Kirche, in der es nach Aussagen des Qagnazmatch Malassa Malereien geben soll. Es ist eine der wenigen Kirchen der Gegend, bei der das noch der Fall ist. Die Derwische haben alles verwüstet. Zwar sind die Kirchen wiederaufgebaut worden, aber die Malereien hat man nicht erneuert.

Wir ziehen also mit den Maultieren los. Durchquerung feindseliger Dörfer. Wenn man die Leute etwas fragt, geben sie keine Antwort, oder sie antworten unwillig und nach langem Schweigen. Gestern, als wir einen Ausflug zu dem Dorf in der Nähe unseres Lagers machten, bekamen viele Frauen Angst. Anscheinend erinnerten wir die Leute an Abessinier auf Sklavensuche, als wir so von einer Hütte zur anderen schlenderten und uns überall umschauten. Wir sind hier nämlich im Lande der *qemant* . . . Und als gute Kolonialisten tun sich die Amhara keinen Zwang an, bei den Qemant Sklaven zu machen . . .

Weites Hügelland mit unendlich sanften Abhängen. Man glaubt kaum, daß man so hoch ist. Aber nach einer Stunde Marsch sehen wir tatsäch-

lich den Tanasee und das dahinter liegende Gebirge. Eine sehr trüge-
rische Gegend allerdings. Wir sehen die Kirche schon in etwa 2 Kilometern Entfernung – Luftlinie – und meinen, wir seien bald da. In
Wirklichkeit ist sie aber noch mehr als eine Stunde entfernt, denn man
muß erst ein tief eingeschnittenes Tal, das Tal der Lout, durchqueren.
Wie uns der Priester erzählte, den wir später trafen, hat dieser Berg-
bach in früheren Zeiten, als der muselmanische Eroberer Gragne in das
Land einfiel, die Kirche gerettet: Es geschah das Wunder, daß die
Sonne nur das eine Ufer beschien, auf dem der Eroberer sich befand,
und das andere Ufer mit der Kirche im Schatten ließ. Der Eroberer sah
die Kirche also nicht und zog wieder ab, ohne die Lout überquert zu
haben, die Wasser-Scheide zwischen Licht und Schatten.
Ankunft auf dem höchsten Kamm, bei dem durch zwiefaches Wunder
gesegneten Bau (die 13 Mönche, welche die Kirche begründeten, leg-
ten zuvor durch ihre Gebete das unter Wasser stehende umliegende
Land trocken). Sie duckt sich in einen blühenden Wald, hinter einen
Vorhang hoher Bäume, in denen sich Raben und Affen ankeifen. Abgesehen von diesen Schreien – welche Stille!
Das Gebäude ist im klassischen Stil errichtet: eine große runde Hütte
mit Strohdach, Dachkreuz und Pfeilergalerie rings herum, gebaut aus
Holz und Strohlehm. In jeder Himmelsrichtung eine große, zweiflüge-
lige Tür, die mit rötlichen oder kohlefarbenen Graffiti bedeckt ist. Immense Freude, eine Kunst, die zumindest genauso nobel ist wie die
romanische, eine so lebendige Form annehmen zu sehen wie die Krit-
zeleien in den Pissoirbuden . . .
Nach einiger Zeit erscheint ein junger Priester. Er trägt einen schwarzen Bart, einen über der Schulter zur Spitze gefalteten Mantel und ein
hohes, in etwa zylindrisches Käppchen (die kirchliche Kopfbedek-
kung). Er ist mißtrauisch, will die Verantwortung nicht dafür übernehmen, uns einzulassen. Nach so manchen Verhandlungen entschließt er
sich, durch einen kleinen Schäfer den Würdenträger des Ortes verständigen zu lassen, unter dessen Aufsicht die Kirche steht. Während wir
auf diesen letzteren warten, picknicken Griaule und ich auf der Wiese
vor dem heiligen Hain, an dem Ort, wo unsere Maultiere stehen. Ein
allzu kärgliches Mittagsmahl, das zudem noch von den Ameisen gestört
wird. Vor der Kirche muß Griaule dann später seine Stiefel ausziehen,
weil zwei oder drei von den Insekten hineingeschlüpft sind und ihn
grausam zerbeißen. In dem Moment kommt auch der junge Schäfer
und teilt uns mit, der Würdenträger weigere sich herzukommen. Wir

sollten also zweieinhalb Stunden Weg zurückgelegt und nicht einmal die Kirche besichtigt haben?

Der junge Priester folgt dann immerhin einer Regung des Mitleids und läßt sich vermittels einiger Taler dazu erweichen, uns heimlich einen Blick ins Innere werfen zu lassen.

Verstohlen drückt er eine Tür auf (die nicht verschlossen war und die wir ohne weiteres auch selbst hätten öffnen können) und läßt uns ein. Mit schnellen Schritten gehen wir um den *maqdes* herum, einen großen, von einem Zylinder überragten Würfel, in dem der Altar verschlossen ist. Nur die Priester dürfen diesen Raum betreten. Wir haben gerade Zeit, im Halbschatten die den zentralen Verschlag von oben bis unten bedeckenden Malereien auszumachen, Malereien archaischer Prägung, aber von bewundernswerter Frische, lebhaft und leuchtend, angefangen von den ruhigen Gestalten der Heiligen bis zu den gehörnten Dämonen, die sich in den unteren Bereichen eines Jüngsten Gerichtes winden.

Als er uns verläßt, bittet der Priester Griaule, ihn in Addis zu empfehlen, damit man ihn auf einen höheren Posten befördere.

Rückkehr. Der Regen bricht über uns los. Wir steigen ab. Eine gute Viertelstunde Warten in Regen und Hagel. Wir machen uns ein wenig Sorgen, als wir die vom Regen angeschwollene Lout erreichen. Der Sturzbach, den wir auf dem Hinweg quasi trockenen Fußes überquert haben, ist jetzt so weit angeschwollen, daß das Wasser an einer Stelle der Furt bis an den Bauch unserer Maultiere geht. Auf den glitschigen Hängen kommen wir nur langsam voran. Mangels deutlich erkennbarer Piste machen wir kurz vor dem Ziel – in dem Glauben, eine Abkürzung einzuschlagen – noch einen vollkommen unnützen Umweg. Alles in allem vier Stunden Marsch, um – in umgekehrter Richtung – einen Weg von eigentlich 2½ Stunden zurückzulegen, von dem wir – den vorher eingezogenen Erkundigungen entsprechend – annehmen durften, daß er nicht länger als eine Stunde sei. Und das alles für eine flüchtige Diebestour im Halbdunkel eines Baudenkmals . . . Aber wie auch immer! Ich weide mich an diesem archaischen Dasein. Ich lasse mich leben. Ich vergesse all meine Qualen und Kümmernisse.

30. Juni

Traum: Bei einem Fest (Empfänge, Bankette usw.), das nach unserer Rückkehr in Paris stattfindet, betitelt mich mein Kollege F., mit dem

110

ich auf sehr schlechtem Fuß stehe, als *»francofiasse«* (Franzenfisser). Ich sei nicht *»francofiasse«*, sondern *francophobe* (franzosenfeindlich), gebe ich ihm zur Antwort. In diese Vorkommnisse sind weiter verwikkelt: die wichtigsten Mitglieder der Familie meiner Frau; ein paar Deutsche; eine Jüdin von zweifelhafter Nationalität, eine Nervensäge zwischen zwei Altern, nicht alt und nicht jung, die ich einfach nicht loswerden kann und die in dem Traum anscheinend so etwas wie die mutmaßliche Mutter meines Kollegen F. vorstellt. Es kommt auch noch der Kutscher einer Art Omnibus vor, der unter anderem mein Feldbett transportiert. Zu wiederholten Malen macht sich mein Kollege Sorgen, ob ich ihm auch ein ausreichendes Trinkgeld gegeben habe.[28]

Der besagte Faivre ist um 2 Uhr nachmittags aus Tchelga zurück, gerade als Griaule und ich uns mit den Maultieren nach der Kirche Maqwamya Maryam aufmachen (eine halbe Stunde von unserem Lager entfernt). Lutten und Faivre sind noch einmal zum Fitaorari eingeladen worden, haben abgelehnt. Der Sohn des Fitaorari hat Lutten um Patronen von einem Kaliber gebeten, mit dem Lutten ihm nicht dienen konnte. Und der Fitaorari selbst, dem er durch den Dolmetscher ein Geschenk von 39 Patronen überbringen ließ, hat sie zurückgewiesen, weil es nur 39 waren und nicht 40, wie angekündigt. Vorher hatte er den Dolmetscher beschuldigt, eine davon gestohlen zu haben . . . Kurz, er soll wütend sein. Auf dem Weg zur Kirche wird uns (Griaule und mir) von Ayaléo ein abstruses Gerücht hinterbracht: man erzählt in Métamma, daß es der außerordentlich furchterregende *choumagalié*[29] Larget war, der in der Schlacht der Regierungstruppen gegen die aufständischen Ras Gougsa diesen getötet habe. Ein für Larget ausgesprochen schmeichelhaftes Gerücht, aber Griaule und ich brechen in ein irres Gelächter aus, als wir das hören.

Bei der Kirche Ankauf einer sehr hübschen Pergamentmalerei für 13 Taler. Der *gabaz* (Kirchenaufseher) bringt sie uns zum Lager, nimmt sie dann aber wieder mit, denn auf einmal will er sie nicht mehr verkaufen und behauptet, er sei nur gekommen, sie uns zu zeigen. Er gibt

---

28 Ohne mir bloß etwas zusammenzureimen, glaube ich präzisieren zu können, daß das Suffix *fiasse* in diesem Traum eine Zusammenziehung der beiden Worte *fiotte* (Tunte) und *chiasse* (Scheißerei) ist. Das Erste ist wahrscheinlich eine Anspielung auf den betrüblichen Eindruck, den – wie ich mir denke – bestimmte Äußerungen päderastischer Natur, die ich anscheinend in meine romantische Rede beim Gelage des Fitaorari einfließen ließ, auf meinen Kollegen gemacht haben müssen. Das zweite fungiert entweder als pure Verspottung der pfaffenfreundlichen Ader meines Gefährten oder als Anspielung auf den willentlich ordinären und trivialen Charakter der Reden, die wir als keusch lebende Männer führten.
29 Reifer, achtbarer Mann.

die 13 Taler zurück und nimmt das Gemälde wieder mit – ein Judas, dem es an Schamlosigkeit gebrach.

Kurz vor dem Mittagessen hatte uns Larget, der grimmige *choumagalié*, zu einem Gebüsch mitgeschleppt, in dem er beim Schmetterlingsjagen ein großes Tier gehört hatte, das vielleicht, wie er hinzufügte, nur ein Esel war. Immerhin hatte Griaule sein Gewehr und unser Ältester seinen Revolver mitgenommen, und beide waren in das Gesträuch eingedrungen. Kein Tier weit und breit, aber in einem Baumstamm ein großes, schwarzes Loch. Unser Ältester, der die Truppe anführte, beugte sich über das schwarze Loch, nachdem er mir zuvor sein Taschenmesser anvertraut hatte, damit ich das fragliche Tier, im Falle daß es sich um eine Schlange handeln sollte, die ihre Ringe um den *choumagalié* legen würde, an irgendeiner Stelle ihres Rückenwirbels durchtrennen und lahmlegen könne . . . Das Loch, versteht sich, gähnte vor Leere, aber unsere kriegerische Mobilmachung hat zweifellos unsere Umgebung in ihrem Glauben an die totschlägerischen Qualitäten des *choumagalié* bestärkt.

1. Juli

Ankunft in Gondar, nach sintflutartigen Regengüssen und Lawinen von Hagelkörnern. Wahre Sturzbäche schießen über die Rasenhänge. Die alten, den Nachfahren der Portugiesen zugeschriebenen Ruinen, die sich vor dem Gewitter am Horizont abzeichneten, verschwinden jetzt hinter dem Wasservorhang.

Der italienische Konsul ist ein kleiner Mann mit Bärtchen und Binokel, weißer Marinemütze und weiter, in Briefträgerstiefeln steckender Hose. Ehemaliger Offizier der Bersaglieri und äußerst umgänglich. Sein Büro (in einem rechteckigen Gebäude, getrennt von dem, in welchem sich sein sehr bequemes Zimmer befindet) ist durch eine mächtige, mit starken Eisenbeschlägen verstärkte Tür verschlossen. Da sind wir also, bei den faschistischen Kerkern und den Bleikammern von Venedig . . . Das Speisezimmer mit seinen sehr sauberen, weißen Wänden riecht nach Insektenpulver, aber man ißt dort ausgezeichnet. In einer abseits stehenden Hütte erzeugt ein Motor sogar Elektrizität. Ein weiträumiger Laden – als Genossenschaft organisiert – ist in Hülle und Fülle mit festen und flüssigen Nahrungsmitteln bestückt. Und nicht teuer! Wermuth für 2½ Taler! In einem weiteren Gebäude die Motorjolle des Konsuls, die (genau wie unser im Sudan liegengebliebenes

Boot) noch nicht bis zum Tanasee gebracht worden ist, denn der Dedjaz Wond Woussen möchte das Boot zu gern vom Konsul als Geschenk erhalten, um nicht ein paar Hindernisse in den Weg zu legen. All diese Gebäude und die runden Hütten der Soldaten (denn im Konsulat liegt eine Garnison von 70 Mann, zum Großteil Eritreer) werden überragt von einer Art Windmühle ohne Flügel, auf der die nationale Flagge weht. Es ist die Wache.

Auf einem nahen Hügel und über die Strohdächer der Stadt hinaus ragen hohe Steingebäude, die letzten Reste der vor vier Jahrhunderten errichteten Bauten der Portugiesen.

Wir schlagen das Lager auf dem Gebiet des Konsulats auf. Wieder Regen. Abendessen beim Konsul, mit seinem Assistenten, dem Funker.

Als erstes die Neuigkeiten: Nicht der Kaufmann von Gondar ist in Godscham ermordet worden, sondern ein pensionierter italienischer Kolonell; der Mord (Schuß in den Unterleib, nachts von einem Unbekannten abgegeben, der die Zeltwand anlüftete) ist in der Nähe von Zaghié geschehen; der Leichnam wurde zum Lager von Roux gebracht, und Roux ist dann durch seinen Bericht darüber, daß er den Toten – mit den beschränkten Mitteln, die ihm zur Verfügung standen – so würdig wie möglich bestattet hatte, mit dem Konsul in Verbindung getreten. Das Gerücht, demzufolge der Mann, der Gougsa getötet hat, zu unserer Expedition gehört, macht entschieden die Runde. In den Augen der Abessinier trägt der Flieger M., der an der Schlacht, in welcher der Ras den Tod fand, teilgenommen hat, die Verantwortung für diesen Tod. M. ist ein Freund von Griaule; Griaule ist selbst Flieger gewesen; mehr braucht es nicht, um die Konfusion herbeizuführen und einen von Griaules Gefährten (in diesem Fall Larget) dieses Mordes zu bezichtigen. In diesen unruhigen Zeiten und zudem nach dem Bauchschuß von Zaghié, wäre es natürlich besser, wenn dieses Gerücht nicht umliefe.

Der Ras Kasa steht anscheinend nicht unter Hausarrest. Er ist beim Kaiser immer noch halb in Gnade. Haylou ist zu lebenslänglicher Haft verurteilt und als Gouverneur von Godscham durch den Dedjaz Emrou ersetzt worden. In der Gegend von Gondar herrscht reger Sklavenhandel – wovon wir uns überzeugen können, indem wir welche kaufen. Und Griaule hat das auch vor . . .

Erste wirkliche Berührung mit den Ruinen. Drei Kirchen angesehen, eine jede in einen Rest Wald verwoben. An die erste grenzen die Mauerreste eines Königspalastes, den die Gemahlinnen von Haylous Vorfahren bewohnten. Ganz in der Nähe, unter einem Strauß hoher Palmen, entspringt eine wundertätige Quelle. Die zweite und dritte Kirche (Sankt Johannes und die Kirche des Kaisers Fasil) sind sehr geruhsame Parks, in denen das Vieh grast. Die des Kaisers Fasil ist von einem breiten Graben umgeben, der vor der Kirche einen tief liegenden Vorplatz bildet. Sollte es sich um ein (jetzt ausgetrocknetes) Wasserbecken für die Taufe und zum Eintauchen der heiligen Gegenstände handeln? Oder um eine Materialisierung des Mythus, demzufolge viele Kirchen aus den Wassern hervorgehoben wurden?
Mehr noch als die Weihestätten der Dogon oder in Dahomey, ist das Innere dieser Kultstätten ein einziger Dunghaufen.
Rückkehr des Läufers, den wir zu Roux geschickt hatten: er überbringt einen Brief von ihm. Roux müßte heute bei Sonnenuntergang losgezogen sein. Auf dem Weg von Addis hatte ihm Haylou Eskorte und Karawane gestellt. In zwei oder drei Tagen ziehen wir ihm entgegen.
Beim Personal hat sich das Glücksrad stark gewendet: Der Säufer Balay (den Lutten in Tchelga für zwei Tage an die Luft gesetzt hatte und der dann endgültig gegangen war) ist jetzt als Mechaniker beim hiesigen Konsulat angestellt. Er hat seine gewürfelte Mütze und die schöne englische Flanellhose, die er in Gedaref anhatte, gegen den italienischen Umhang eingetauscht. In dieser Aufmachung kommt er zu Griaule und begrüßt ihn sehr freundlich. Der Mörder Damsié – der jetzt unter der förmlichen Anklage steht, bei einem in Gedaref an einem Abessinier verübten Mord als Komplize beteiligt gewesen zu sein – wird von einem Fitaorari von Gondar zur gerichtlichen Vernehmung angefordert. Der italienische Konsul (dem Damsié automatisch untersteht, weil er unser Bediensteter ist und sich wie wir auf italienischem Territorium befindet) hat dem Fitaorari zugesichert, Damsié werde zur Gerichtsverhandlung erscheinen. Nach einer Unterredung mit Griaule und auf die förmliche Anklage einer Verwandten des Opfers hin, entschließt sich der Konsul, sich der Person Damsiés zu versichern. Eskortiert von zwei Eritreern mit Muskete, italienischem Umhang und rotem Fez, verläßt uns der Mörder.

3. Juli

Nachrichten aus Europa: Attentatsversuch gegen Mussolini. Der Schuldige ist an die Wand gestellt worden.

Heute ist Sonntag. Ein alter französischer Lazarenerpater, der 10 Kilometer weiter weg wohnt und gehört hat, daß Landsleute von ihm in Gondar eingetroffen sind, kommt zum Konsulat, um die Messe zu lesen. Ihm gegenüber ein Marienbild, links von ihm das Konterfei des Königs, rechts das Bildnis Mussolinis, hält er auf seinem Klappaltar, den er auf die Rutenbündelmöbel aus vergoldetem Metall gestellt hat, den Gottesdienst ab.

Der Konsul ist der Autor einer Robespierrebiographie.

Faivre, der wieder mit dem überschüssigen Gepäck zurückgeblieben war, kommt mit einem *midaqwa* an, einer kleinen Hirschkuh, die man uns bei der Etappe von Doqmit geschenkt hatte. Das vermehrt unsere Menagerie: ein dicker gewordener Schakal, der in einer Tour seine Kette zerreißt, Hühner, die beständig in den Zelten auftauchen und mit viel Lärm wieder verjagt werden wollen – ganz zu schweigen von den Maultieren und der gutmütigen Hündin, die Griaule ab Qoqit gefolgt ist.

Um den Portugiesen Konkurrenz zu machen, sind umfangreiche Bauarbeiten in Angriff genommen worden: eine hufeisenförmige Umfassungsmauer für unser Lager, Wetterdächer für die Küche und verschiedene Abstellkammern. Nach unserer Abreise erbt dann das Konsulat den Bau und benutzt ihn zu seinen Zwecken.

Die letzten Enthüllungen in bezug auf die über uns umlaufenden Gerüchte: Als wir noch in Gallabat waren, hat man dem italienischen Konsul gesagt, wir kämen nach Äthiopien, um Lidj Yasou zu befreien.

4. Juli

Der Midaqwa ist tot. Das kleine Tier war schon bei dem heftigen Wind am Nachmittag fast vor Kälte gestorben. Faivre und ich hatten es wiederbelebt, indem wir es in eine Decke einwickelten und ihm Milch einflößten. Gestern abend hatte ich es dann mit in mein Zelt genommen und am Kopfende meines Bettes festgebunden. In der Nacht hörte ich es fressen und wiederkäuen. Da es sich unablässig bewegte, hatte es sich mit seinem Strick an den Fußenden meines Bettes und am Knauf meines Sattels verwickelt. Aus Angst, es ziehe sich den Hals zu, hatte ich es schließlich am Vorderpfosten meines Zeltes festgebunden und hörte es noch wiederkäuen, als ich einschlief. Beim Aufwachen fand ich es dann im Todeskampf draußen in dem kleinen Wassergraben, den ich rund um mein Leinwandhaus gegraben habe. Weder Decken noch Milch konnten es wieder ins Leben zurückrufen. Das kleine Tier war zu jung – und vielleicht nicht einmal entwöhnt – und auf jeden Fall nicht für diesen Wind hier geschaffen.

Fortsetzung der Geländeerkundungen mit Griaule. Diesmal nehmen wir das eigentliche Zentrum der historischen Bauten in Angriff: die Gemäuer, die über die Stadt hinausragen und einem von weitem wie ein reizendes Bühnenbild aus Silhouetten ohne jede Tiefenwirkung erscheinen. Schon gleich hinter einer Kirche – die auf ihrem Hügelchen im Kreis ihrer Bäume versinkt, mit den an der Tür festgezurrten Maultieren und dem Chor von Männerstimmen, der zum Rhythmus einer begleitenden Trommel aus ihren Mauern dringt (denn heute ist das Fest des Heiligen, auf den die Kirche sich beruft) –, schon gleich hinter der Kirche gelangen wir zu den Ruinen und sehen nun wohl, wie wirklich und wie mächtig sie sind. Eine gewaltige Fläche, überzogen von Mauern, alten Palästen mit Burgfrieden, Zinnen, Kuppeltürmen und der ganzen Szenerie alter Ritterromane. Rätselhafte Bauten, deren genaue Funktion bei vielen nicht mehr zu eruieren ist. Abstürzende Treppen führen zu schwindelerregenden Deckenresten. Spuren von Fresken. Graffiti. Manche Figuren (mit einer Vorderseite, zwei Profilen und drei Hörnern) erinnern an Janusköpfe. Sie stellen einen Verdammten vor: den Kaiser der Juden. An beiden Enden eines weiten Saales ist das Siegel Salomons in den Stein gehauen. Und an zwei Stellen – bloß spielerisch mit Kohle an die Wand gekritzelt – sein Labyrinth, ein Wirrwarr von Pisten und Linien. Ein paar Leute aus der Stadt, die erstaunt sind, daß wir diesen alten Steinen – die ihnen gleichgültig sind – eine solche Aufmerksamkeit widmen, sagen uns, daß man Schätze finden könne, wenn man tiefer grabe. Sie nehmen zweifellos an, daß wir deswegen gekommen sind.

Der Mörder Damsié ist noch nicht vor Gericht gestellt worden.

Die abessinischen Behörden von Zaghié haben die Erlaubnis verweigert, den Leichnam des ermordeten Kolonells zur Bestattung nach Gondar zu überführen. Die beiden Läufer, die der italienische Konsul mit der diplomatischen Post nach Dabra Marqos geschickt hat, sind in der Nähe von Delgui, am Westufer des Tanasees ausgeraubt worden.

Diese Gegend – mit Namen Tagousa, durch die ursprünglich unsere Reise führen sollte – ist in den Händen des aufständischen Fitaorari Damsa und eines Chifta namens »Chouggoutié« (mein Revolver), Anspielung auf seine sehr kleine, gedrungene Statur. Dieser Chouggoutié rühmt sich, 18 Männer getötet zu haben, wo andere nur Löwen und Elefanten erlegt haben. Wie angekündigt, müßte Roux heute abend mit dem Tanqwa in Delgui eintreffen. Griaule und ich müssen uns also morgen früh auf den Weg machen, um ihn abzuholen.

5. Juli

Es ist entschieden zu viel zu tun in Gondar. Griaule bleibt da, und ich ziehe alleine Lifszyc und Roux entgegen.
Vollkommen problemlose Wegstrecke. Allmählicher Abstieg zum Tanasee.
Ich besichtige eine Kirche, von der man uns erzählt hatte, daß sie voller Malereien sei. Es ist jedoch nur eine schöne Ruine, die überhaupt nichts Gemaltes enthält.
Nachtlager in Darasguié, mit Blick auf den See.
Aber ich habe mich noch nie so gelangweilt, seitdem wir in Abessinien sind . . .
Spaziergang zur Kirche, wie es sich gehört. Das wie gewöhnlich bewaldete Kirchengelände ist von Bambus überwuchert. Sogar die Umfassungsmauer ist aus Bambus. Strohgarben zur Instandsetzung des Daches lehnen an dem heiligen Würfel. Trotz ihrer Ärmlichkeit wirkt diese Kirche vielleicht etwas weniger verrottet als die anderen. Und dann sind da natürlich die Graffiti!
Dem Kirchenaufseher, einem alten Mann, der sein Feld bestellte, habe ich einen Taler gegeben. Ich bin kaum wieder in meinem Zelt, als – begleitet von einem Kind – der alte Mann auftaucht. Geschenk von zwei Hähnchen und ein paar Eiern, für das ich mich – da ich ja schon den Taler gestiftet habe – mit der (zumindest für uns) klassischen Puderdose revanchiere, die die Leute in der Regel zu schätzen wissen, denn sie gebrauchen sie zum Parfümieren ihrer Kleider. Der Alte zieht unzufrieden wieder ab. Als er mir seine Hühner brachte, hatte er sich ausgerechnet, ich würde ihm ein mindestens doppelt so wertvolles Geschenk machen. Der erste Taler, den ich ihm gegeben hatte, hatte lediglich seine Habsucht geweckt. Aber ist es denn nicht normal, daß die Rolle des Ehrenmannes darin besteht, immer weiter, immer wieder

zu *geben?* Hätte ich ihm das erste Mal zehn Taler geschenkt, er hätte mich für noch zehnmal so reich gehalten und wäre das zweite Mal noch zehnmal so unzufrieden gewesen . . .

Den Anweisungen Luttens entsprechend, lasse ich die Zecken der Maultiere herausschneiden. Bei dieser Operation muß meine Taschenschere dran glauben.

6. Juli

Nach einem recht kurzen Abstieg endlose Durchquerung der Tanaebene. Zu umgehende Felder in Hülle und Fülle, Weideplätze, zahlreiche Häuser, sauberer als in den Bergen. Hier und da Bäume, Bambushecken. Je näher man dem See kommt, desto flacher wird das Land. Bei einer Furt geht den Maultieren das schlammige Wasser bis zum Bauch. Die Hündin schwimmt hinüber. Eine Gruppe von Kindern und Mädchen des Dorfes (kleine Mädchen mit Kommuniantinnenallüren; größere Mädchen) schauen sich die durchziehende Karawane als Attraktion an. Noch lange das Geschlängel durch die Felder. Ärger mit meinem Reittier, das sich hartnäckig weigert, nach rechts abzubiegen, wenn ich es aus der Reihe ausscheren lassen will. Links geht es immerhin etwas besser.

Noch eine Furt, und wir kommen nach Attiégtcha, dem Ort unseres geplanten Zusammentreffens. Ein paar hundert Meter weiter der See. Ich gehe hin, aber dieses Meeresufer ist so nackt wie meine Hand. Nichts von Lifszyc, nichts von Roux.

Beim Schreiben dieser Zeilen sitze ich auf einem Klappstuhl, in der Nähe meines Zeltes auf der Wiese am Seerand. Meine Maultiere weiden einträchtig mit einer Herde von Kühen. Die Frauen, die vom Wasserholen kommen, machen halt, wenn sie auf meiner Höhe angelangt sind, und betrachten mich – halblaute Bemerkungen austauschend – wie ein Unikum. Zwischen diesen Schönen und meinen Maultiertreibern kommt bald ein gegenseitiges Witzeln auf.

7. Juli

Schon beim Aufwachen verschiedene Dergos, darunter eine Kalebasse voll Milch, die ein vierjähriger Junge anschleppt. Nachdem er sein Geschenk erhalten hat, bleibt der Kleine neben den Maultiertreibern stehen. Plötzlich geht er lässigen Schrittes auf das Zelt zu, macht dann aber unvermittelt kehrt und rennt Hals über Kopf davon. Der junge Chifta hat sich gerade einer leeren Konservendose bemächtigt, die ich gestern abend weggeworfen habe.

Gang zum Dorf. Ich will versuchen, dort Photos zu machen, eine Kunst, in der ich noch immer wenig Geschick zeige. Rückkehr zum Lager kurz vor 10 Uhr und Bad im Tanasee. Wie in Wali Daba mit der Erde, so habe ich diesmal mit dem Wasser einen Pakt geschlossen und mich dem Schlick anvertraut. Das zweite Element, mit dem ich mich vermähle, das dritte gar, wenn die ewigen Nachtmahre meiner Träume die Dämonen der Luft sind, und das vierte, wenn es die einfache, unverfälschte Liebe ist, mit dem Feuer zu rammeln.

In bezug auf mein gegenwärtiges Leben im übrigen an das große legendäre Thema der Reise gedacht und an das, was sich mir damit verbindet:

Fahrten durch den Himmel und Abstiege in die Hölle;

Ödipus, der auf einer weiten Reise seinen Vater erschlägt;

Offenbarung, die dem Eingeweihten immer in der Ferne zuteil wird (in der Antike: Moses, Pythagoras, Apollonius von Tyana, Jesus Christus usw., bei den Primitiven: technische oder mystische Entdeckungen, die immer im Busch geschehen);

Suche nach dem Dornröschen im schlafenden Wald, Abwesenheit Ritter Blaubarts;

Wanderzüge der Lehrlinge, die Gesellen werden wollen, durch ganz Frankreich, Wallfahrten der fahrenden Ritter, reisende Alchimisten (von denen in der ganzen Geschichte des europäischen Hermetismus die Rede ist);

heutzutage große sportliche Fernfahrten, die in gewisser Hinsicht als Bewährungsproben fungieren usw . . .

Ich für mein Teil muß allerdings gestehen, daß ich auf die Offenbarung noch warte . . . Die Reiseerzählung, die mich am meisten berührt, ist die Geschichte jenes Mannes, der von zu Hause weggeht und – als er zurückkommt – niemanden mehr wiedererkennt: er ist inzwischen über 100 Jahre alt.

. . . .

13 Uhr 05: ein Tanqwa in Sicht.

13 Uhr 45: Der Tanqwa legt an, aber es sind keine Europäer darin. Von Wadadjé, den ich nach Neuigkeiten ausschicke, erfahre ich, daß es sich

um die Soldaten handelt, die der italienische Konsul nach Zaghié gesandt hatte, um den ermordeten Kolonell zu überführen, und die jetzt ohne den Leichnam wieder zurückkommen. Sie sind gestern einem Boten begegnet, den Roux von Zaghié aus an Griaule geschickt hat. Aller Wahrscheinlichkeit nach sind Roux und Lifszyc vor übermorgen nicht da.

. . . .

Weil ich nichts anderes zu tun habe – denn bei dem Regen kann ich nicht ausgehen – überlese ich die letzten beiden Monate dieses Tagebuchs. Ich verbessere eine unwahrscheinliche Anzahl von Fehlern, Rechtschreibfehler, Wiederholungen, Irrtümer aller Art. Die Fehler sind teils der allzu kurzen Zeit anzulasten, über die ich zum Schreiben verfüge, teils dem Gedächtnisschwund, den die (seit einiger Zeit allerdings eingestellte) Chinineinnahme bewirkt, teils dem Leben, das wir hier führen, und dann auch dem Klima. Meinen Gefährten und mir ist schon oft aufgefallen, zu welcher Verarmung des Wortschatzes (bis zur Unfähigkeit, auch nur einen Brief zu schreiben) uns die fehlende Lektüre und die wenig Neues enthaltenden Gespräche führen.
Mein Leben wird immer tierhafter. Weil ich kein Brot mehr habe (ich bin mit sehr knappen Vorräten losgezogen) esse ich abessinische Waffeln. Weil ich kein Trinkwasser mehr habe, trinke ich Gerstenbier. Angewidert von den Konserven, ernähre ich mich von Milch, Eiern, Honig und Huhn mit Berbéri.
Genau wie gestern hat sich auch heute abend an der Stelle, wo die Frauen das Wasser schöpfen, eine Unzahl von Wildenten auf dem See niedergelassen.

8. Juli

Der Zusammenschluß ist endlich zustande gekommen. Um 7 Uhr 50 sind zwei Tanqwa in Sicht. Um 8 Uhr 45 legen sie an. Lifszyc und Roux sind klatschnaß. Schon seit Beginn ihrer Reise, seitdem sie Addis verlassen haben, sind sie naß geworden, denn die leichten Zelte, die sie dabei hatten, vermochten nichts gegen den Regen. Und in dem Tanqwa hat das Wasser natürlich endgültig seine Rechte geltend gemacht.
Triste Erzählungen von den Ereignissen in Zaghié: keine Chefs mehr, die Anarchie herrscht, allein die Priester haben ein wenig Einfluß. Sehr

deutliche Feindseligkeit gegenüber den Fremden. Der Leichnam des Kolonells ist zwar exhumiert worden, darf aber auf eine per Flugzeug aus Addis Abeba nach Dabra Marqos geschickte Order hin nicht weggebracht werden und verfault allmählich in einem Zelt, bewacht von italienischen Soldaten, die der Gestank am Näherkommen hindert, und von Abessiniern, die befürchten, die Italiener möchten ihn wegschaffen. Am Vortag der Abreise mit dem Tanqwa ist dem Wächter des Hauses, in dem Roux und Lifszyc sich eingerichtet hatten, bei einer Keilerei der Schädel aufgeschlagen worden. Die Wellen der Erregung gehen hoch. Jeden Augenblick könnte eine Schlacht zwischen den italienischen und den abessinischen Soldaten ausbrechen, die sich beide um den verwesenden Leichnam scharen.

9. Juli

Zigeunerlager zu dritt, unter dem Zelt, das ich mitgebracht habe, denn die anderen halten dem Regen wirklich nicht stand.
Wir plaudern lange. Die letzten Geschichten aus Paris, so ausgefallen, so vage und so nichtig. Bei uns hier geht das Spiel weiter: der Dolmetscher, die vier Bediensteten und die zwei Führer, die Roux mit seinen 7 Reitmaultieren auf dem Landweg nach Attiégtcha geschickt hat, sind heute nachmittag eingetroffen . . . Aber die Männer sind in Delgui drei Tage in Ketten gelegt worden – auf Befehl eines gewissen Fitaorari Ayané und unter dem Vorwand, der Dolmetscher sei niemand anderes als der Sohn von Lidj Yasou . . . Dank eines Briefes, den der Fitaorari Asfao aus Tchelga geschickt hat, sind sie schließlich wieder auf freien Fuß gesetzt worden. Die Maultiere sind erstklassig. Sie gehen einwandfrei im Paßgang. Ich probiere eines – kein Vergleich zu meiner alten Schindmähre! – und will es jetzt als Reittier übernehmen.
Vorbereitungen zur Abreise, die wir auf morgen früh festgesetzt haben. Wir plaudern noch viel (ich hauptsächlich). Freundschaftsbad. Als alles geregelt ist, noch früh zu Bett. Aber die Gespräche und Witze gehen noch lange weiter.

10. Juli

Langsame Rückkehr nach Gondar.
Verspäteter Aufbruch, denn die Einteilung der Lasten, die aus sehr unterschiedlich großen Kisten bestehen, nimmt viel Zeit in Anspruch.

Die geliehenen Maulesel, die unter anderem die Malutensilien von Roux befördern, ziehen noch später los.

5¾ Stunden Marsch, in der ärgsten Hitze. Auf dem Hinweg war mir die Etappe nicht so lang vorgekommen.

Bei der Ankunft sind alle müde. Lifszyc und Roux haben Kopfweh. Sie sind natürlich noch von ihrer beschwerlichen Überfahrt her erschöpft.

Wir haben in Attiégtcha so viel geplauscht, über so viele Dinge geredet, daß mir selbstverständlich keine Zeit bleibt, sie aufzuschreiben: Der Ras Haylou hat die Maultiere nicht eigentlich geschenkt, sondern – da er immerhin auf eine Bezahlung Wert legte – zu einem sehr niedrigen Preis verkauft. Der ermordete Kolonell scheint ein kurioser Abenteuertyp gewesen zu sein. Lifszyc und Roux hatten zuvor in Dabra Marqos bei der Prinzessin, der Tochter von Haylou, mit ihm zu Mittag gespeist. Lifszyc und Roux sind im übrigen nie im italienischen Konsulat von Dabra Marqos beherbergt worden, wie man uns aus Paris telegraphiert hatte; sie haben da lediglich einmal zu Mittag gegessen. Wie gut doch das Außenministerium informiert ist! In Addis hat der französische Gesandte sie über nichts auf dem laufenden gehalten, nur einmal hat er lachend und wie zufällig auf die Bootsaffäre angespielt . . . Die Leute sind dort alle schrecklich snobistisch. Atmosphäre von Staatsbällen in Provinzpräfekturen. Das kann ja heiter werden! Ich hoffe nur, daß es sich unter diesen Umständen einrichten läßt, einen Ausflug nach Harrar zu machen, sobald wir die unvermeidlichsten offiziellen Strapazen hinter uns gebracht haben.

Lager in Darasguié. Eine sehr würdige Frau mit grobem, braunem Wollmantel wie die Männer, aber ohne Faltenspitze über der linken Schulter, bringt einen Dergo. Sie ist anscheinend die Frau des »Chefs der Reiter« (?) des Ras Kasa. Andere, meist rein geschäftlich angebrachte Dergos weisen wir zum Großteil ab.

11. Juli

Gerade, als wir aufbrechen wollen, kommt noch einmal die Frau des »Chefs der Reiter« (?). Auch ihr Umhang hat jetzt eine Spitze, aber im Rücken, herabhängend, und nicht in Erektion auf einer Schulter getragen wie bei den Männern. Für die Eier von gestern geben wir ihr ein paar Medikamente, denn sie leidet an Bauchschmerzen.

Der Weg ist schnell zurückgelegt. Fast ohne es zu merken, sind wir auf einmal in Gondar. Ein ungutes Ereignis allerdings für mich: ich bringe die Hündin, die mir nachgelaufen war, nicht wieder mit. Als wir gestern aus Attiégtcha aufbrachen, fanden wir sie tot vor einem Zelt.

Weiter Nachrichten von vollkommener Ungereimtheit: Es geht das Gerücht, daß Lidj Yasou gar nicht wieder aufgegriffen worden ist; zwischen Gondar und dem Tanasee, in der Nähe der Route, auf der wir gekommen sind, haben sich in der vorgestrigen Nacht Soldaten und Bauern eine Schlacht geliefert; Tote und mehrere Verwundete (darunter eine Frau und ein Kind), die ins Lager gekommen sind, um sich von Larget behandeln zu lassen. Gestern sind im arabischen Dorf von Gondar zwei Chifta getötet worden. Es ist dies das Dorf, in dem der Verkauf der Sklaven stattfindet.

Vom Konsul erfahren wir, daß die Überführung der Asche des Kolonells jetzt entschieden ist: mit 50 Talern hat sich die Angelegenheit prompt arrangieren lassen. Schließlich melden die Telegramme aus Europa dann sogar noch, daß auch die Frage der Reparationen dank einer Konferenz von Mac Donald in Lausanne ihre Lösung gefunden habe. Was für eine Komödie! Alles geht wirr durcheinander. Komisch das alles, wenn man gerade vor dem Einschlafen daran denkt.

12. Juli

Arbeit. Übersetzung von Manuskripten. Heimlicher Empfang von Verkäufern, die Bücher oder Amulette bringen, mit magischen Figuren geschmückte Pergamentrollen.

Der Bau nimmt allmählich Gestalt an. Morgen fangen wir mit dem Dach an. Die nächtliche Schlacht neulich hat in Azzezo stattgefunden, dem Dorf, wo ich auf dem Weg zum Tanasee eine Kirche besichtigt hatte, weil ich glaubte, sie sei voller Malereien. Der Guérazmatch Makonnen, der Chef der Soldaten, die an den Kampfhandlungen beteiligt waren, ist von einem Vertreter des Ras Kasa verhaftet worden. Er behauptet, er habe Chifta gefangennehmen wollen, und die Bauern hätten für diesen letzteren Partei ergriffen. Ich frage mich, ob die Frau mit dem wollenen Umhang, der wir in Darasguié begegnet sind und die man uns als die Gattin des »Chefs der Reiter« ausgegeben hatte, nicht ganz einfach die Frau jenes Emissärs war, der die Verhaftung des Guérazmatch Makonnen vorgenommen hat. Letzte Meldung: zwei der Verwundeten sind gestorben.

13. Juli

Ich besichtige mit Lifszyc die Kirche von Dabra Berhan, die bewundernswerte Malereien enthält. Wir werden von zwei Priestern empfangen, von denen einer – der rechte Weise aus dem Morgenland in seinen roten, weißen, grünen Lumpen – betend die Kirche mit Weihrauch ausschwenkt. Wir legen eine vorbildliche Pietät an den Tag. Die Jüdin und der Ungläubige küssen devot das Kreuz, das der Weise ihnen hinhält. Als Belohnung lädt er sie beide morgen zu einer Zeremonie ein.
Griaule seinerseits, der über geheimnisvolle Sendboten verfügt, kauft ein Manuskript nach dem anderen. An einem Tag hat Roux eine Kreuzigung im reinsten abessinischen Stil gemalt. Wir wollen sie einer Kirche stiften und versuchen, eine Freske dafür einzutauschen.
Abends großer Alarm: Schüsse, Trompete der Italiener. Der Konsul und seine Männer setzen – außerhalb des Konsulargebietes – einem Dieb nach, der eine auf dem Gelände wohnende Frau ausgeraubt hat. Der Mann wird auf einem Hügel gestellt und zum Gelände zurückgebracht. Der Konsul – weiße Mütze und blauer Umhang mit orangenen Troddeln und orangem Spitzenbesatz – geht mit gutem Beispiel voran. Umringt von den tanzenden und singenden eritreischen Soldaten versetzt er dem Dieb einen festen Schlag mit der Karbatsche. Angewidert mache ich kehrt und setze mich im Lager wieder an mein amharisches Alphabet, das ich heute morgen zu lernen begonnen habe. Meine ganze Selbstbeherrschung (oder meine ganze Feigheit) wird darin bestanden haben, mich nicht mit der Knarre in der Hand auf die Lyncher zu stürzen – zumindest keinen kompletten Skandal heraufzubeschwören. Als meine Gefährten zurückkommen, erfahre ich, daß der Mann ohne Verhandlung zu 25 Karbatschenhieben verurteilt worden ist. Beim Abendessen im Konsulat höre ich aus dem Munde des Konsuls selbst, daß nichts weiter als eine Chamma entwendet worden war. Als Scherz getarnt, gibt Roux zu bedenken, daß die bestohlene Frau, die Alarm geschlagen hatte, durchaus ihre Wichse verdient hätte.
Der Leichnam des ermordeten Kolonells wird morgen früh da sein. Er soll in Anwesenheit des Lazarenerpaters aus Kerker feierlich noch einmal bestattet werden.
Immer bestrebt, sich als feiner und gewitzter Politiker zu zeigen, eröffnet uns der Konsul, daß der Kolonell Lawrence unweit von unseren Gebieten operieren soll; wie dem auch sei, es sieht immer mehr danach aus, als würden wir etwas zu lachen bekommen . . .

14. Juli

Beisetzung des Kolonells. Kriegerische Ehren. Die italienische Flagge wird aufgezogen, militärischer Gruß vor dem Kreuz. Der Konsul, offenbar ein Liebhaber von Eröffnungen und Einweihungen, wirft die erste Schaufel Erde auf den Sarg, wie er auch gestern dem Dieb den ersten Karbatschenhieb versetzt hatte. Die ganze Zeremonie wird von strömendem Regen begossen. Die wahrscheinlichste Version des Mordes ist, daß der Kolonell, der recht kümmerlich von seinem Handel lebte, auf Befehl seines Schuldners, des Qagnazmatch Balay und Chefs von Zaghié, umgebracht worden ist.

Bei dem Wetter ist es unmöglich, zu dem religiösen Fest zu gehen, zu dem man uns eingeladen hatte. Ein Ritt mit dem Maultier, als der Himmel einen Moment aufklart, macht mir Spaß. Ich habe eine Reitpeitsche, eine Satteldecke, neues Geschirr. Lust, grob und brutal zu sein, eine Sklavin z. B. zu haben, durch die Länder zu ziehen. Paßgang des Maultiers, so sanft wie in erotischen Träumen die Empfindung des Fliegens.

Tagesgerücht: Ermordung des Qagnazmatch Mashshasha in Attiégtcha durch betrunkene Soldaten; in Europa: Generalstreik und Unruhen in Belgien, Krawalle in Deutschland, Norwegen besetzt einen Teil von Grönland.

Abba Jérôme, großer abessinischer Gelehrter und von Rom verbotener katholischer Priester kommt mit dem Flugzeug in Dabra Marqos an. In Addis Abeba hatten Lifszyc und Roux ihn als Dolmetscher mitnehmen wollen, aber dann keine Zeit gehabt, die Entscheidung der Regierung abzuwarten. Abba Jérôme arbeitet im äthiopischen Außenministerium. Er ist ein Gegner der Italiener. Warum kommt er jetzt plötzlich hierher? Was soll ausspioniert werden: wir, unsere Manuskriptkäufe oder das Treiben der Italiener?

15. Juli

Schon lange vor Tagesanbruch wach. Unmöglich, wieder einzuschlafen. Ich denke gereizt an das abendliche Essen im Konsulat. Nur schnell eine Zweitexpedition! Gleich nach dem Aufstehen beschließe ich, die Umgebung von Gondar zu erkunden. Ich will versuchen, ein Dorf zu finden, das etwa eine Stunde entfernt ist und in dem interessante Leute wohnen, die *Koumfel,* Heiden, die anscheinend ihre ursprüngliche Sprache, die sich von dem Amharischen unterscheidet, bewahrt haben. Griaule rät mir, vorher bei einem alten Priester, einem seiner hauptsächlichen Informanten vorbeizuschauen.

Ich mache mich auf den Weg zu dem betreffenden alten Priester, dem Alaqa Johannès. Natürlich finde ich ihn nicht. Da ich nicht so recht weiß, bei wem ich mich erkundigen soll, um mein Dorf zu finden, kehre ich ins Lager zurück. Griaule macht sich über mich lustig: ich bräuchte ja nur die Leute zu fragen, mich durchzuschlagen, es gebe noch mehr Priester in Gondar als den alten Johannès usw. Ziemlich gedemütigt und zerknirscht ziehe ich noch einmal los – grübelnd: Ich weiß tatsächlich nicht allein zurechtzukommen, ich bin den Ereignissen nie wirklich gewachsen. Auf diesem Maultier und mit dieser Aufmachung, auf die ich gestern so stolz war, gebe ich doch nur eine hohle Theaterfigur ab. Ich rede ständig davon, mich »zu verheiraten« und mache es doch nie, mir fehlt jede Männlichkeit. Und das Geschirr: es ist aus dem billigsten Leder gefertigt. Der Sattel: er ist gerade erst wieder zurechtgeflickt worden. Die Satteldecke: ein alter, abgewetzter roter Lappen, den Griaule mir gegeben hat, als er eine neue Decke bekam. Die Reitpeitsche: sie gehört nicht einmal mir; Lutten hat sie mir geliehen. Und gestern abend noch, als der Konsul sich beim Essen über Abessinien beklagte, habe ich doch tatsächlich erklärt, ich sei entzückt über dieses Land – gerade wegen der Schwierigkeiten, denen man hier begegnet!

Erkundigungen, alle negativ. Keine Koumfel in der Gegend, außer in Alafa, einem Dorf der Provinz Taqousa am Westufer des Tanasees. Ausgeschlossen, bis da hin zu reiten . . . Rückkehr. Ich steige wieder in den Sattel. Es kracht. Einer meiner Bügelriemen ist gerissen. Um das Arschklatschen zu vermeiden, kehre ich kläglich im Schritt zurück. Morgen früh wird auf dem Markt Leder gekauft und der Bügelriemen erneuert.

Der restliche Tag: ereignislos. Der Regen verlangsamt noch zusätzlich die Bauarbeiten. Unser Haus ist noch lange nicht bewohnbar. Der Konsul spielt weiter den großen Diplomaten und erzählt uns von seinen kleinen Tücken in Sachen abessinische Politik. Er hat Roux gebeten, ein Porträt von ihm im Stil des Landes zu malen. Was kümmern mich die Neuigkeiten? Was geht es mich an, daß der Kaiser einen neuen Gouverneur von Gondar ernannt hat, um den alten Makourya abzulösen, daß dieser neue Gouverneur 15 Jahre alt ist, daß 7 Männer (darunter ein Vormund) ihn begleiten, daß alle auf italienischem Territorium wohnen, weil sie auf Sicherheit Wert legen. Ein einziges markantes

Ereignis – rein geistiger Art im übrigen: auf einem kleinen Gemälde, das Griaule erworben hat, ist zu Füßen des gekreuzigten Christus der klassische Totenkopf zu sehen. Ein eigenartiges Detail kommt allerdings hinzu: der Kopf ist von hinten gesehen und es fließt ihm das Blut Christi in den Mund. Griaule fragt den entlaufenen Priester aus, den wir unter unseren Bediensteten haben. Ihmzufolge wird zu Füßen des Kruzifix nie ein *Schädel,* sondern immer eine *Vase* abgebildet. Seltsame Verbindung zwischen dem *Schädel* und der *Vase* . . . Die Kirdistämme, die wir besucht haben, bewahren die Schädel der Toten in Vasen auf, und wir haben überall sonst die Bestattungsfunktion der Tongefäße beobachten können; Schaeffner ist sogar auf eine Geschichte von einem Gelage gestoßen, bei dem aus einem Menschenschädel getrunken wurde. Ob die Vase, in die das Blut Christi geflossen ist, anders gesagt der Gral des Joseph von Arimathias, nicht auch ein Schädel (oder das Äquivalent eines Schädels) ist?

16. Juli

Immer noch der gleiche Trott. Ankauf, Übersetzung von Manuskripten. Ich verliere den Boden in der abessinischen Politik. Da ich bei dem gestrigen Diner schon halb schlief, habe ich ein paarmal danebengegriffen: der fünfzehnjährige Junge ist nicht gekommen, um den Fitaorari Makourya abzulösen, sondern um 7 Dörfer hier in der Nähe zu verwalten; und auch die Frau, der wir in Darasguié begegnet sind, war nicht die Frau des »Chefs der Reiter« des Ras Kasa, sondern die Frau eines seiner Zahlmeister.[30] Unerheblich im übrigen . . .
Roux malt und flirtet mit einer Eingeborenen. Lutten hat Wunden an den Füßen; er hütet das Bett. Larget droht den Boys dauernd entsetzliche Strafen an, deren Vollstreckung er ständig vertagt. Griaule verhandelt mit den Leuten. Faivre ist fast unsichtbar zwischen seinem Herbarium, seinen topographischen Vermessungen und den Briefen, die er an die Vor- und Nachhut sämtlicher Pfadfinder Frankreichs verschickt. Lifszyc spielt freundlich die Rolle des gelehrten polnischen Mädchens. Ich für mein Teil werde allmählich gewahr, daß ich mich schon wieder einmal langweile. Ich bin zappelig und jede Arbeit ist mir zuviel. Ich möchte, daß irgend etwas passiert – oder spazierengehen.

---

30 Noch ein Irrtum – wie ich später erfahren sollte, als ich ihre Bekanntschaft machte.

17. Juli

Ein Traum rührt mich fast zu Tränen: Nach Reisen und komplizierten Abenteuern sehe ich Z. wieder, die fast ein kleines Mädchen ist, und ich merke, daß sie ein Verhältnis mit einem meiner Freunde hat. Ich bin selbst schuld daran; ich habe sie zu lange allein gelassen. In wenigen Worten erkläre ich ihr . . . Sie kommt sofort zu mir zurück. Aber mir liegen die Gewissensbisse auf der Seele, und ich empfinde vor allem ein entsetzliches Mitleid.

18. Juli

Mir wird verschiedenes klar. Ein guter Teil meiner Neurose geht darauf zurück, daß ich mich – aufgrund eines überzogenen Malthusianismus – an den unvollständigen, nicht beendeten Koitus gewöhnt habe. Mein Horror vor der Liebesapotheke und meine Furcht andererseits, eine Frau durch mein Verschulden zur Abtreibung zu zwingen, halten mich in einem idiotischen Dilemma gefangen. Da ich aus moralischen Gründen, die mit meinem Pessimismus zusammenhängen, nicht auf diesen Malthusianismus verzichten kann, ihn aber auch nicht tapfer durchzustehen vermag, ohne vor dem medizinischen Zubehör zurückzuschrekken, fühle ich mich nicht als Mann; ich bin wie kastriert. Und darin besteht im Grunde vielleicht mein ganzes Problem. Warum ich reise, warum ich mich langweile, warum ich mich zu einer bestimmten Zeit ganz banal einfach besoff. Ich gestehe mir das auch seit langer Zeit selbst ein; aber ich habe noch nicht gewagt, es hinzuschreiben, auch für mich selbst nicht, und noch viel weniger, es irgend jemand anzuvertrauen. Mir genügten kaum ein paar Wochen Leben in Abessinien, um nicht mehr aus noch ein zu wissen und mit der unbestreitbarsten Hellsichtigkeit zu der Einsicht zu kommen, daß ich mich verändern muß – koste es was es wolle.[31]

Besichtigung von Kirchen. In einer sprechen die Priester gerade ihre Gebete. Ein Kind trinkt im Stehen an der Brust seiner hingekauerten Mutter. Eine ganze Schar von Kindern läuft durcheinander. Erwachsene lachen. Der Gottesdienst geht seinen Gang. C'est la vie.

Der besagte Abba Jérôme ist da. Er ist mit dem Flugzeug bis Dabra Marqos gekommen, hat den kleinen Nil schwimmend überquert. Des-

---

31 Eine allzu einfache Lösung, deren Vergeblichkeit ich heute (September 1933) zu ermessen vermag.

sen ungeachtet hat er das gediegene Aussehen eines alten Professors: Brille, Bart und Kraushaar rund um den braunen Kahlkopf, abgewetzter Überzieher, gestreifte Hose, Lackschuhe. Er scheint sich mit den Italienern nicht sehr gut zu stehen und macht sogar Andeutungen, sie möchten an dem Tod des Kolonells nicht ganz unbeteiligt gewesen sein, der Antifaschist war und aus diesem Grund seinen Posten als Kommandant des Hafens von Massaouah verloren hatte. Der Kaiser und sein Gefolge sollen sich an den Reichtümern des Ras Haylou schadlos gehalten haben. Man hat in den Schatzkammern von Dabra Marqos mehr als 3 Millionen Taler gefunden, 30 Frauen und 15 garantiert unberührte »Fräuleins«.

19. Juli

Unverändert. Einen langen erotischen Brief an Z. geschrieben. Kein Geschmack mehr an der Arbeit. Abba Jérôme – der zum Mittagessen kommen sollte und mit dem ich auf Anweisung Griaules über die Besessenheit durch die sogenannten »zar«-Geister arbeiten soll – ist nicht erschienen.
Zahlreiche Besucher: Manuskript- und Amulettverkäufer, Maler (einer kommt aus Maqwamya Maryam und soll bei uns wohnen, in dem Gebäude, das jetzt jeden Moment fertig sein muß und größer wird, als wir anfänglich gedacht hatten), Alaqas usw . . .
Trübseliges Diner beim Konsul, der ein teilweise abessinisches Menu auftischen wollte. Zu Anfang *tedj* (Honigwein) in kleinen Karaffen und Huhn mit Berbéri, zum Beschluß »Giovinezza« auf dem Grammophon. Dem Hausherrn ist offensichtlich nicht daran gelegen, die Gäste zu mästen, noch sie zur Sauferei zu verleiten, noch dazu, große Reden zu schwingen und sich zu übergeben.

20. Juli

Ein weiterer peinlicher Traum: ich liebkose Z. Sie sagt mir, daß ich die Gedanken woanders habe, daß ich sie nicht richtig streichle. Ich wache auf, nicht eigentlich schlechter Laune, sondern eher entmutigt. Auch das Wetter ist trübsinnig. Ich vermisse die afrikanischen Wirbelstürme.
Abba Jérôme kommt zum Mittagessen. Er trägt immer noch seine

Schuhe aus lackiertem Leder und blauem Segeltuch, ist noch genauso akkurat professoral gekleidet.

Große Dämonenversammlung vorige Nacht bei der Zar-Chefin, bei der er abgestiegen ist. Zwei peitschenbewehrte »Fräuleins« sind plötzlich in den ersten Stock geklettert, den er bewohnt. Er hat sie kurz entschlossen aufgefordert, wieder ins Parterre hinabzusteigen und ihre Geißelübungen dort zu vollführen. Gesänge, Händeklatschen, Getrommel, Explosionen (ins Feuer geworfenes Schießpulver) dröhnten von diesem Parterre herauf. Als einer der Bediensteten von Abba Jérôme, der bei der Veranstaltung dabei war, – von den Ereignissen aufgepeitscht – sich eines der »Fräulein« bemächtigen wollte, habe die entrüstete Chefin ihm bedeutet, ein solches Gelüst könne nur draußen befriedigt werden. Immerhin habe sie ihm gestattet, seine Wahl im Innern zu treffen.

Abba Jérôme wird sich bei den Zar verwenden, um uns Zugang zu der Gesellschaft zu verschaffen . . . Er selbst ist gleich am Abend seiner Ankunft in das Haus eingeführt worden. Da der Fitaorari Makourya, den er um Gastfreundschaft gebeten hatte, sich weigerte, ihm aufzumachen, blieb er draußen im Regen stehen. Ein Freund aus Addis aber, ein jüdischer Lehrer, der gerade bei ihm war, hatte ihn zum Haus der Zar-Chefin geführt und es ihm als Gasthaus angegeben.

21. Juli

Erste Nacht in dem Haus. Die Wände sind noch nicht trocken, und man zittert vor Kälte. Wir müssen mit Glutfeuern, die einem in die Augen stechen, dagegen ankämpfen.

Befragung über die Zar mit einem hinkenden *dabtara*[32], der klein ist, wenn er auf dem einen Fuß steht und groß auf dem anderen. Obwohl noch jung, ist der Mann von Krankheiten entstellt; sein Auge ist milchig verschwommen wie bei einem beginnenden Hornhautfleck. Assistiert von Abba Qesié, unserem Bediensteten, dem entlaufenen Priester – der sich mit den Geschichten von Hexern auskennt –, zählt er mir die Namen der 14 Geisterkönige auf, sowie ihre Wohnorte (Flüsse und Felsen) und die Länder, über die sie gebieten. Es gibt 13 Könige, von denen einer, *Kirouf*, größer ist als die anderen, und eine Königin, *Tchertcherlit*, die goldene Kleider trägt und wie die Lorelei in einem großen Felsen über einem Wildbach haust.

---

32 Geistlicher, der die Magie kennt und als Heilspezialist praktiziert.

Abba Jérôme – der bei dem Regen heute ungeschnürte gelbe Schuhe anhat und ein Wettercape aus schwarzem Gummi – hat sich jetzt bei uns eingerichtet. Es ist ihm eins der Zelte zur Verfügung gestellt worden (das frei ist, seit Griaule und ich ausgezogen sind).

Seit gestern arbeitet Roux mit dem alten, aus Makwamya Maryam gekommenen Maler in seinem Atelier. Die beiden Amtsbrüder scheinen sich bestens zu verstehen.

Politische Neuigkeiten: Der Ras Haylou ist nach Harrar überführt worden, wo er in demselben Gefängnis einsitzt wie Lidj Yasou. In der Gegend von Atchéber, südwestlich vom Tanasee, haben seine rebellierenden Söhne nach einem 3½ Stunden währenden Kampf die Regierungstruppen besiegt. An die 100 Mann sollen gefallen sein.

In der Gegend von Gondar wird immer noch umgebracht, aber nur hin und wieder mal.

Abba Jérôme rühmt einen seiner Bediensteten, einen kühnen und entschlossenen Burschen, so kühn und entschlossen, daß er sogar als erster angreift, wenn Räuber sich blicken lassen . . . Abba Jérôme gibt keine Auskunft darüber, welche Methode sein Bediensteter anwendet, um die Räuber als Räuber zu erkennen.

22. Juli

Abba Jérôme hat dem Konsul einen Besuch abgestattet. Immer noch braunhäutig, glatzköpfig und mit dem gepflegten Bart an den Seiten, hat er den römischen Gruß abgelegt, ist mit der Stirn an die Lampe gestoßen und hat sich dann hingesetzt. Der große Gelehrte hat trotz seiner Stellung als abessinischer Beamter unterwegs ziemlich viel Unannehmlichkeiten gehabt. Griaule und mir erzählt er, wie er einen Wald auf allen vieren durchkriechen mußte, weil die Chifta die Bäume gefällt hatten. Auf der Erde habe man die Spuren des gestohlenen und weggeschleiften Gepäcks gesehen, sagte er.

Um uns angenehm zu machen, begibt sich Abba Jérôme morgen zu seiner Freundin, der »Dame« und Chefin der Zar, und bringt ihr von uns einen Taler als Geschenk, einen Taler als Trinkgeld und eine Flasche Raki. Wie Abba Jérôme erklärt, mögen die Zar Gaben und Schmeicheleien sehr gern.

Durch Vermittlung des entlaufenen Priesters erbietet sich mein Lahmer, mir die *ganyèn,* die bösen Geister zu zeigen. Um den Tarif nicht in die Höhe zu treiben, schütze ich allergrößte Gleichgültigkeit vor. Im

131

übrigen erfahre ich von ihm, daß die schöne *Tchertcherlit*, die Königin der Zar, im Gegensatz zu den anderen »Zarinnen« (wie Abba Jérôme sagt) nie menstruiert. Und die Zarkönige ihrerseits haben kein Sperma.

23. Juli

Intensive Arbeit, an die ich mich mit einem gewissen Eifer, aber ohne eine Unze Leidenschaft heranmache. Ich wäre lieber selbst besessen, als die Besessenen zu studieren, würde lieber körperlich eine »Zarin« kennenlernen als wissenschaftlich das ganze Drum und Dran auszutüfteln. Das abstrakte Wissen wird für mich immer ein Notbehelf bleiben . . .
Die Reise geht denn also weiter. Oder besser: sie schleppt sich weiter. Bis zum Ende der Regenzeit sind wir jetzt in einem Haus untergebracht. Sehr pittoreske Leute zwar (Abba Jérôme, der ehemalige Priester Abba Qesié, unser Carbonaro von Konsul, der hinkende Dabtara . . .), allemal schöne Ruinen, eine üppig gebliebene Landschaft. Aber mitten drin ist nichts, kein Leben – nur trockener Gelehrtenfleiß.
Unser Kollege, der Pfadfinder, existiert für mich schon nicht einmal mehr. Ich sehe ihn nicht. Er ist buchstäblich *nicht da* . . .
Kein besonderer Pessimismus, aber eine grenzenlose Gleichgültigkeit. Hier sein? Dort sein? In sechs Monaten nach Hause, oder erst in sechs Jahren? Aus Gondar weg und woanders hin? Dableiben? Was ist das beste? Ich weiß es nicht . . .

24. Juli

Bei der Arbeit mit Abba Jérôme (wir übersetzen und kommentieren die Aufzeichnungen, die er wie im Fluge während seines gestrigen Besuchs bei der Chefin der Zar gemacht hat) begeistere ich mich ein wenig, denn das ruft mein krankhaftes Faible für das Zauberbrimborium wach.
Der hinkende Dabtara ist wirklich sympathisch, mit seinem (möglicherweise aus rein neurotischem Belang) zurückgewinkelten Bein und seiner Mephistomiene (Mephisto als ganz junger Student verkleidet).
Trotzdem bleiben diese Tage öde. Ich funktioniere rein mechanisch. Wieder einmal beschleicht mich der Haß auf meine Gefährten.

25. Juli

Die Läufer, die wir nach Gallabat geschickt hatten und um die wir uns allmählich Sorgen machten, weil sie zu lange ausblieben, sind zurückgekommen. Sie haben durch einen großen Umweg Zeit verloren, denn die Guendoa, die ich zwischen Gallabat und Wahni fast trockenen Fußes überquert hatte, ist jetzt so hoch, daß man sie selbst schwimmend nicht zu überqueren vermag.

Auch die Frau des Mörders Damsié ist angekommen. Sie ist aus Tchelga angereist, um ihren Mann auf freien Fuß setzen zu lassen. Einer unserer Achkar wird für den Gatten bürgen, was automatisch seine Befreiung zur Folge haben muß.

Von dem hinkenden Dabtara eingeladen, hat Abba Jérôme den Nachmittag bei ihm verbracht. Der Dabtara hat ein hübsches Haus, eine Frau, eine Familie. Sein Gebrechen sei ihm von den Zar auferlegt worden, sagt er ihm. Anscheinend ist auch der Kaiser Ménélik, der über sämtliche Geister gebot, von diesen erschlagen worden, weil er sie mit äußerster Tyrannei behandelt hatte.

Griaule seinerseits erwartet morgen einen Händler, der ihm eine Sklavin zum Kauf anbieten soll, eine schwangere Frau und Mutter eines kleinen Kindes. Wir werden so bald wie möglich die Befreiung vornehmen.

Die Kritik an der Sklavenhalterei gefällt mir nur halb. Die bürgerliche Welt entrüstet sich; aber ich sehe nicht so recht ein, wieso man über jene Länder, in denen der Sklavenhandel immer noch an der Tagesordnung ist, derart skandalisiert sein sollte, wenn man gleichzeitig an die Lage denkt, in welcher in unseren Gesellschaften z. B. die Arbeiter sind. Ewige Heuchelei . . . Als ich diese Ansicht vortrage, ziehe ich mir die Mißbilligung der Expeditionsmitglieder auf den Hals.

26. Juli

Kauf und Befreiung der Sklavin. Preis: 270 Taler, denn die Händler haben die Schwangerschaft der Frau geltend gemacht und die drei oder vier Jahre eines weiteren Kindes ins Feld geführt. Das Kind ist sehr freundlich. Es ist von sehr schwarzer Hautfarbe und hat fast dieselben prononciert negroiden Züge wie seine Mutter, und das heißt schon nicht wenig. Die Mutter hat sich zum Dank verbeugt, als man ihr sagte, sie sei frei. Sie blieb jedoch vollkommen gleichgültig, denn höchstwahrscheinlich – und aus gutem Grunde – hat sie überhaupt nichts verstanden.

Sie schläft mit ihrem Buben in dem Raum, der das Zimmer Griaules von dem meinen trennt. Eine formlose Masse unter den Decken, das ist alles, was man von der Mutter und dem Kleinen sieht. Die eine schnarcht, der andere hustet: so beweisen sie, daß sie existieren.

Nur noch wenige politische Neuigkeiten vom Konsul. Immerhin ist der Fitaorari Tasamma, der Sohn des Ras Haylou, der sich in Atchéber mit den Regierungstruppen geschlagen hatte, festgenommen und ins Gefängnis von Dabra Marqos gebracht worden. Er wird dort auch den Qagnazmatch Balay treffen, der wirklich am Tod des italienischen Kolonells schuld sein soll (er war ihm 300 Taler schuldig) und der unter dieser Anklage inhaftiert worden ist.

Der Fitaorari Makourya, der Justizchef von Gondar und Inhaber eines Filzhutes, der aus der Zeit Mazzinis oder Simon Bolivars stammen muß, schläft immer noch den Schlaf des Gerechten – ohne sich im mindesten darum zu kümmern, ob da geplündert oder gemordet wird. Sympathischer alter Kauz, der keine anderen Ansprüche hat als in Ruhe gelassen zu werden ...

Als er den Guérazmatch Makonnen, den Verantwortlichen der Ereignisse von Azzezo, die 8 Tote und ein Dutzend Verwundete gefordert hatten, zur Aburteilung nach Dabra Tabor schicken sollte, ist der alte Bär Makourya zu dem Schuldigen gegangen und hat ihn dazu zu überreden versucht, sich abführen zu lassen. Er wurde glattweg als »alter Schwachkopf« traktiert und dekretierte daraufhin philosophisch: in Anbetracht der Tatsache, daß sein Beleidiger Makonnen ganz augenscheinlich verrückt sei, liege kein Grund vor, sich seinem Willen zu widersetzen.

27. Juli

Eine ziemlich schlechte Nacht verbracht: geräuschvolles Atmen der Sklavin, Hustenanfälle ihres Sohnes. Wie gewöhnlich knabbern die Maultiere, die hinter der Wand untergebracht sind, das Dach an.

Der Raum, in dem die Sklavin schläft, muffelt gewaltig, selbst wenn sie nicht da ist. Morgen wird die Ärmste sich waschen müssen. Sie ist vollkommen passiv. Anscheinend ist sie darauf gefaßt, jeden Augenblick vergewaltigt zu werden. Vielleicht ist sie überrascht, daß sie von uns noch niemand angerührt hat. Angesichts unserer Trägheit wird sie

sicher bald denken, daß wir von irgendeinem geheimen Laster ausge-
zehrt sind . . .

Ihr Junge dagegen ist außer Rand und Band, obwohl er erst 3 Jahre alt
ist. Er lacht, er rennt herum, er plärrt. Wie alle anderen kleinen
Schwarzen oder Amhara seines Alters stören ihn die Mücken, die sein
Gesicht bedecken, keineswegs . . . Heute nachmittag, beim Spielen mit
Griaule, bedrohte er diesen mit einem 10 Zentimeter langen Nagel,
und als Griaule ihn als »Sohn eines Krokodils« betitelte, bewarf er ihn
mit einem Stein und beschimpfte ihn als »Chifta«.

28. Juli

Besuch bei der Chefin der Zar, der alten Freundin von Abba Jérôme.
Sie bewohnt ein rundes Haus mit erstem Stock an einem der äußeren
Enden des Hügels von Gondar. Sie behandelt uns sehr vertraulich, ist
zugleich lachlustig und schwatzhaft und hat etwas von einer Zuhälterin,
einem Hanswurst und einer Wahrsagerin in einem. Die beiden Adeptinnen und Dienerinnen, die uns empfangen, küssen uns Knie und
Hände. Es sind geheilte Besessene, die kaum noch Anfälle haben –
außer zu bestimmten, festliegenden Zeitpunkten oder an den Tagen
der großen Auszüge der Zar. Eine von ihnen, eine charmante Dämonin, ist äußerst versiert darin, einem die verstohlensten Blicke zuzuwer-
fen . . . Wie es scheint, ist sie das Pflegekind der Chefin, dieselbe, die
einer der Bediensteten von Abba Jérôme hatte vergewaltigen wollen.
Sie hat der Chefin, als diese sie adoptiert hat, die Fußzehen abge-
lutscht.

Honigwasser, *injéra* genannte Waffeln, gekochter Salat[33], Milch. Die
Alte phantasiert: Sie verkörpert einen der drei großen Geister, von
denen sie besessen ist. Aber sie schmeichelt dabei ständig den Europäern. Sie scheint sehr zufrieden zu sein über das Ramschhalsband, das
ich ihr habe geben lassen, aber sie taut erst richtig auf, als – überbracht
von meinem Schildträger, auf Anraten von Abba Jérôme – die Flasche
Raki kommt. Die Kaffeezeremonie ist eben zu Ende: Eine der Adeptinnen hat der Chefin zunächst die Blechplatte hingehalten, auf der sie
die Körner röstet, und dann, als der Kaffee fertig ist, ein kleines, *guenda*
(Tränke) genanntes Tablett, auf dem 13 Tassen stehen und außerdem
noch eine größere Tasse, die mit Kaffeesatz gefüllt ist. Es wurde Weih-

---

33 Das, was ich manchmal als »Spinat« und manchmal als »Kohl« bezeichnet habe.

rauch abgebrannt, und die Chefin sprach dazu ein Gebet. Anschließend schenkte die Adeptin den Kaffee aus, wobei sie sorgfältig auch ein wenig in die Tassen goß, aus denen niemand trank, und für die Tasse mit dem Kaffeesatz ein Trankopfer darbrachte. Es wird dreimal ausgeschenkt. Dann wieder Gebet und Weihrauch, und die Adeptin trägt das Tablett weg. Kurz danach kommt dann auch die Rakiflasche. Die Chefin (deren auf der Seite der Italiener dienender Gatte in der Schlacht von Adouah gefallen ist) empfängt sie mit einem militärischen Gruß, läßt sie – ein einziges Mal – herumgehen und die noch halbvolle Flasche dann sorgfältig in ihrer Vorratskammer verwahren. Sie schickt darauf – zum zweiten Mal – die männlichen Bediensteten hinaus[34] und beginnt zu singen. Abba Jérôme und ich hören ihr zu, machen ein paar Aufzeichnungen und geben dann unsere Absicht kund, uns zurückzuziehen. Aber das Maultier von Abba Jérôme sei ausgerückt, heißt es auf einmal. Die Alte versichert, daß es bald wiedergefunden sei, sie habe einen Geist auf die Suche geschickt. In der Zwischenzeit zeigt sie uns eins von ihren Amuletten, und die hübsche Dämonin führt einen farbigen Weidenkorb vor, an dem sie arbeitet und den sie uns zum Lager bringen und zum Verkauf anbieten will. Die Chefin hat mir bereits die Peitsche mit 5 Lederriemen und einem Glöckchen am Stielende gezeigt, mit der sie diejenigen Besessenen züchtigt, deren Zar rebellisch wird oder die nicht richtig tanzen wollen. Als ich mir das Gerät anschaue, lachen die beiden Adeptinnen, als würden sie gekitzelt.

Als das Maultier endlich wiedergefunden ist (ich frage mich, ob die Chefin es nicht absichtlich hatte wegbringen lassen), verabschieden wir uns endgültig. Da ich weiß, daß im Augenblick bei der Chefin eine Kranke in Behandlung ist, bitte ich Abba Jérôme – der das Haus kennt – mich zu ihr zu führen. Wir betreten einen kreisrunden, ziemlich dunklen Raum im Parterre. In diesem Raum sind zwei Alkoven, die beide aus rechtwinklig aufgestellten Bambuswänden bestehen. Jeder Alkoven ist mit einer kleinen Tür versehen. In dem einen schläft einer der Bediensteten. In dem anderen die Kranke. Ich lasse ihr durch Abba Jérôme ein paar Fragen stellen. Sie leidet an Bränden im ganzen Körper und kann nicht gehen. Sie spürt so etwas wie eine Kugel, die in ihrem Körper auf- und absteigt. Sie ist noch nicht geheilt, denn sie hat den Namen ihres Zar noch nicht bekannt . . .

---

34 Die in Wirklichkeit die Bediensteten Abba Jérômes sind. Der eine ist immer noch Pensionär bei der Chefin, der andere bei einer ihrer Nachbarinnen.

Da taucht die Chefin auf (die sich sicher fragte, wo wir abgeblieben waren, nachdem wir uns zwar von ihr verabschiedet, aber doch ihr Haus noch nicht verlassen hatten). Sie weist uns auf den drohenden Regen hin, hält uns dazu an, ins Camp zurückzukehren. Ohne Zweifel legt sie keinen gesteigerten Wert darauf, daß man mit ihren Kranken Rücksprache hält . . .

Rückkehr. Diner beim Konsul. Der teilt Griaule mit, der Négadras Balay Guérazguier, der uns die Sklavin verkauft hat, lasse anfragen, ob wir jetzt nicht einen Eunuchen haben möchten. Wenn ja, würde er einen extra anfertigen lassen – aus einem Kind, das er in der Umgebung entführen lassen würde.

29. Juli

Entsetzlich schlecht geschlafen. Solche Magenbrände, daß ich mich schon besessen glaube. Kolik. Langanhaltende Regengüsse. Regelmäßig fallen durch das Dach Tropfen in mein Bett. Zum Teufel mit dem abessinischen Essen! Die Erfahrung von gestern nachmittag ist jetzt endgültig die letzte.

Das Haus steht. Aber das Dach des neuen Flügels ist kaum fertig, als es auch schon zu knacken beginnt und einstürzt. wir müssen es wieder instand setzen – was im übrigen schnell gemacht ist.

Unser reiner Freund und Hygieniker Faivre, der frißt wie ein Scheunendrescher, hat noch viel stärkere Magenschmerzen als ich, so daß er beim Abendessen das Bett hüten muß. Im übrigen langweilt er sich hier, hat keinen blassen Dunst von der Ethnographie, macht sich Sorgen um seine Rückkehr (die er vorverlegen möchte, wegen der Regenzeit aber auf den Sankt Nimmerleinstag verschoben sieht).

Beim Konsul neapolitanische Lieder auf dem Grammophon. Ich wünsche mir »*Santa Lucia*«. Dann kurzer Exkurs über Robespierre und Napoleon.

Von Flöhen zerbissen.

30. Juli

Verschiedenes: Eine Frau aus Gondar ist heute nacht von ihrem Mann mit dem Gewehr erschossen worden; da der Bach durch den Regen stark angeschwollen war, ist ein kleines Mädchen, das seine Mutter auf der Holzsuche begleitete, darin ertrunken.

Lutten, der mit der Sklavin arbeitet, hat erreicht, daß sie ihm die Geschichte ihres Lebens erzählte. Wahrscheinlich ist sie kaum älter als 20 Jahre. Im Alter von 7 Jahren ist sie aus dem Haus ihrer Eltern geraubt worden und hat in Griaule schon ihren sechsten Besitzer, d. h. durchschnittlich einen in etwas mehr als 2 Jahren. Da sie dem Ras Haylou gehörte, ist sie schon ein erstes Mal befreit worden, als vor etwa drei Monaten dessen Besitz beschlagnahmt wurde; eine ihr bekannte Frau hat sie – angeblich um sie zu beschützen – einem Mann anvertraut, der sie zu Verwandten bringen sollte; dieser hat sie an einen Chef aus Métcha, den Guérazmatch Taffara, verkauft, der sie seinerseits wieder dem Négadras Balay weiterverkaufte, von dem Griaule sie gerade erworben hat. Wenig erfreuliche Geschichte, genauso trist wie eine Bordellgeschichte . . .

Faivre, der nur noch ans Abreisen denkt, will jetzt sogar zu Fuß zurück, wie er sagt. Ich stelle hartnäckig meinem Ungeziefer nach.

Die alte Circe von den Zar hat einen Boten geschickt, um uns zu einem weiteren Besuch anzuhalten. Es ist abgemacht, daß ich am Dienstag wieder hingehe, zusammen mit Abba Jérôme und unserer Freundin Lifszyc, welche die »Zarin« kennenlernen möchte, weil sie ihre »kleine Schwester« sei, wie sie sagt . . .

31. Juli

Als ich gerade meine Decken zusammenlege, wird mir von hinten auf einmal gewaltig der Hintern verdroschen. Der Missetäter ist der kleine Junge der Sklavin, der sich heimlich in mein Zimmer eingeschlichen hat und jetzt laut lachend davonrennt. Die Gefangenschaft scheint seine Schalksnatur nicht sonderlich gebremst zu haben. Vielleicht möchte er aber auch von Stund an in den Genuß seines Status als freier Mann kommen.

Fortsetzung der Befragung mit dem hinkenden Dabtara, der die schwarze Magie betreibt, ohne falsche Scham bekennt, daß er die Dämonen beschworen hat, und pro forma erklärt, er habe diese beklagenswerten Praktiken jetzt aufgegeben. Abba Jérôme frohlockt. Man ist ja auch nicht umsonst ein von Rom verbotener Priester . . .

Beim Abendessen Unterhaltung über die Schweizer des Papstes, seine Nobelgarden, den Vatikan. Larget, der allemal mit Beziehungen aufwarten kann, enthüllt, daß sein Vater einen unserer letzten Päpste sehr gut gekannt hat, und zwar durch die Vermittlung – nicht von Lukrezia

Borgia, sondern eines gewissen Prinzen Prospero Colonna.
Klatschspalte: Der Konsul beschuldigt den Fitaorari Makourya, eine alte Tunte zu sein. Aber vielleicht meint er es im übertragenen Sinn.

1. August

Höllischer Radau heute Nacht. Zuerst die Hyäne, noch lauter als sonst, und gleichzeitig die Schakale. Natürlich tun die Hunde des Konsulats das ihrige. Das dauert so seine Zeit, aber wir sind kaum wieder eingeschlafen, als auf einmal Trommeln ertönen. Schon die letzte Nacht war in der Nähe bis zum Morgengrauen getrommelt worden. Es handelte sich um eine vom Zar besessene Frau, die man tanzen und heulen ließ, um sie zu heilen. Heute nacht hat das nicht allzu lange gedauert. Da die Frage der Zar mich interessiert, hätte ich hingehen sollen, aber es war schon nach Mitternacht und ich war zu faul, noch aufzustehen . . . Als dieser Alarm vorüber ist, schon wieder ein neuer Lärm: die schwarze Sklavin schnarcht.
Ein sehr unangenehmer Traum (wegen seines zwielichtigen Charakters vor allem) hat mir den Rest gegeben: schon wieder bin ich betrogen worden. Das Schlimmste dabei ist, daß ich mit im Bett war und die Schuldige nackt zwischen mir und ihrem Liebhaber lag, einer Art Gigolo, einem Tänzer oder Akrobaten, der nur mit einem Büstenhalter und einem Lendenschurz bekleidet war. Ich plädierte einzig für die Notwendigkeit einer Wahl: entweder er oder ich, aber nicht beide. Und dennoch: die ich vor dieses Dilemma stellte, hätte aus Schwäche vielleicht die zweite Lösung vorgezogen . . .
Ich bin dieses Leben zwischen sterilen Träumen, politischen Cancans und leeren Spekulationen denn auch wirklich leid. In meinen letzten Träumen sehe ich im übrigen sehr deutliche Vorwürfe, die meine fehlende Menschlichkeit zum Gegenstand haben. Ich träume davon, daß man mich zum Hahnrei macht, und immer wieder ist es eine Art von Züchtigung, Bestrafung dafür, kein Mann zu sein, fern von aller Liebe zu reisen und meine Zeit mit eiskalt intellektuellen Beschäftigungen zu vertun.
Da wäre es sicher besser, ich würde als gemachter Grobian durch die Lande ziehen, der hier und da – aus Zeitvertreib oder Hygiene – seine Nummer schiebt.
Arbeiten. Verknöchern. Alt werden . . .

2. August

Zufällig nimmt die Befragung eine Wendung, von der ich mich betroffen fühle. Es scheint tatsächlich, daß Tanz und Poesie bei allen Völkern an die Dämonen und die Geister gebunden sind. Abba Qesié, der Entlaufene, ging sogar gestern so weit zu behaupten, daß selbst die allereinfachste Medizin sich Gott widersetze; denn ist es nicht Gott, der dem Menschen das Leiden auferlegt, und ist es nicht frevelhaft, sich diesem Leiden entgegenzustellen? Keine einzige Technik, die nicht letztlich satanisch wäre. Die Poesie – sei es als magische Formel, die etwas erzwingen will, sei es als Forderung – ist es ganz offensichtlich und in erster Linie. Mir fällt dabei der Satz von William Blake ein (an den ich mich nur ganz ungefähr erinnere): »Wenn sich Milton im *verlorenen Paradies* wohler zu fühlen scheint als im *wiedergefundenen*, so deshalb, weil sie wußte, daß Lifszyc da sein würde.

stehen.« Oft aber auch wissentlich, würde ich hinzufügen . . .

Heute morgen von dem hinkenden Dabtara die Geschichte von Tewani gehört, dem abessinischen Erfinder einer der wichtigsten Poesieformen und der meisten magischen Rezepte, die gegenwärtig im Gebrauch sind. Er wurde in diese beiden Künste von unsichtbaren Frauen eingeweiht, die ihn in die Lüfte entführten, verfaßte als einen seiner ersten Verse ein heute vollkommen unverständliches Rätsel, zwang durch seinen Talisman sieben Jahre lang den Todesengel, vor seiner Tür zu verharren, und schrieb in dieser Zeit des Kampfes gegen den Tod ein großes Gedicht, das mit den folgenden Worten beginnt:

»Lieber doch möchte ich Wasser sein im Bauch meiner Mutter.«

Auch von der Zarchefin, die ich aufsuche, höre ich einen schönen Sirenenmythos. Sie erscheint mir heute nicht mehr als Puffmutter, sondern als wirkliche Erleuchtete. Ihre Tochter – eine Prinzessin mit Wachsgesicht, die mit einem Bediensteten des italienischen Konsuls verheiratet ist – hat es sich nicht nehmen lassen, ebenfalls zu kommen, weil sie wußte, daß Lifszyc dasein würde.

Die hübsche Dämonin, die mit rauher, gebrochener Stimme spricht und kleine Kindermienen macht, erklärt, daß der Geist, von dem sie besessen ist, den militärischen Namen *Fitaorari Sabrié* trägt. Dieser großspurige Namen à la General Schlabbdibapp genügt, um ihrem Gesicht wieder den bekannten trüben Glanz zu verleihen . . .

3. August

Ein (zumindest lokal gesehen) recht bedeutendes Ereignis: In Taqousa hat der Bandit Chouggoutié in einem fünf Stunden währenden Kampf die Truppen des Fitaorari Ayyalé (der sich geweigert hatte, ihn die Steuern erheben zu lassen) und die Truppen des Fitaorari Damsié besiegt, des ehemaligen Rebellen, der sich jetzt dem Dedjaz Wond Woussen unterworfen hat und mit der Regierung ins reine gekommen ist. Resultat: 14 Tote und 33 Verwundete. Die regulären Truppen ziehen sich in Richtung Gondar zurück. Von hier, d. h. vom italienischen Territorium aus, kommt einem das schrecklich weit weg vor. Dennoch scheint der Konsul sich Gedanken zu machen – ohne allerdings zu sagen, ob das der Grund ist. Er hat einen Funkspruch nach Addis Abeba abgegeben, und anstatt nach dem Abendessen nach Hause zu gehen, ist er heute zum Arbeiten ins Konsulatsbüro gegangen. Wir haben die Nachricht übrigens von ihm. Die Männer von Chouggoutié sollen mit englischen Musketen bewaffnet sein. Im übrigen hat sich der alte Makourya entschlossen, den Guérazmatch Makonnen, den Mann der Affäre Azzezo, zur Aburteilung nach Dabra Tabor bringen zu lassen. Aber Makonnen, der theoretisch in Ketten liegt, geht gleichwohl frei herum, gefolgt von seinen eigenen Leuten und als einzigem Aufpasser dem Polizeichef von Gondar.

Griaule und Roux lösen weiter die Gemälde der Antonios-Kirche ab, die eins nach dem anderen durch von Roux gemalte blendende Kopien ersetzt werden. Nach Übereinkunft mit dem Aufseher und dem Kirchenchef, ist vor ein paar Tagen mit dieser Arbeit begonnen worden.

Wie gestern versprochen, hat die Tochter der Zarchefin Lifszyc besucht. Sie wurde von einer ehemaligen Besessenen, einer Frau mit rußschwarzem Teint, begleitet, die ebenfalls im Camp wohnt und die wir auch gestern gesehen haben. Für diese letztere empfinde ich – wegen ihrer gekräuselten, kurzen, aber ungepflegten Haare, ihrer unregelmäßigen und vorstehenden weißen Zähne, ihrer runden Augen einer Anstaltsirren – eine gewisse besondere Sympathie.

4. August

Die Wellen haben sich mal wieder geglättet: die geschlagenen Truppen ziehen sich nicht nach Gondar zurück, sondern haben weiß Gott wo sonst haltgemacht. Vielleicht hatte die Unruhe des Konsuls auch überhaupt nichts mit dieser vagen Geschichte zu tun? Allerdings soll, wie er sagt, in Dabra Tabor die Lage einigermaßen verwickelt sein. Er erzählt – lachend im übrigen, denn die abessinische Politik gibt ihm reichlich Gelegenheit, seine Verve auszuleben –, es gebe dort vier verschiedene Parteien: die Partei des Ras Kasa, die von Wond Woussen, die Partei des *abouna* oder Bischofs und die der Telephonisten. Da jede dieser vier Parteien mit den drei anderen in Fehde liegt, ergibt das n hoch n Konfliktmöglichkeiten . . . Möglichkeiten, die – bis auf weiteres wenigstens – rein theoretisch bleiben.

Den Europäern macht es immer großen Spaß, von der abessinischen Anarchie zu reden. Sie lieben es, den Mund ganz voll zu nehmen und das Sujet weidlich auszukosten. Im Hintergrund ihrer Sprüche immer das eine Leitmotiv: alles stünde zum besten mit diesem Land – das übrigens das beste aller Länder wäre –, würde man doch nur eine Kolonie daraus machen . . .

5. *August*

Abba Jérôme ist ein wertvoller, aber etwas versponnener Informant. Wenn man ihm nicht dicht auf den Fersen bleibt, verliert er sich gern in der Landschaft. Ich habe mir deswegen auch vorgenommen, ihn immer im Auge zu haben, und ihn auf seinen Verdauungsspaziergängen zu begleiten, um sicher zu sein, daß er wieder zur Herde zurückfindet. Leichtfüßig wie ein bärtiger Dämon springt er über die Gräser . . . Sein Notizbuch darf man ebenfalls nicht aus den Augen lassen, denn er schreibt fast zufällig, wie es gerade kommt, und wenn man ihn nicht bremst, geht das dann in alle Richtungen. Aber er besitzt den *poetischen* Instinkt der Befragung, d. h. den Sinn für die anscheinend unbedeutende Einzelheit, die aber dann doch alles an seinen rechten Platz rückt und dem Dokument den Stempel der Wahrheit aufdrückt. Obwohl er mich manchmal aufregt, verstehe ich mich im Grunde doch sehr gut mit ihm.

Fortsetzung der großen malerischen Operationen. Da Roux die 60 Quadratmeter Leinwand, die die Gemälde der Antonios-Kirche ersetzen sollen, alleine nicht schafft, sind Stegreifmaler auf den Plan getreten: Griaule, Lutten und sogar ich.

Ich bin von dem untätigen Leben fett geworden. Ein greuliches Photo liefert den Beweis dafür. Ich bin angewidert und finde, daß ich wie ein Pfaffe aussehe.

6. August

Abba Jérôme, der gestern bei unserem Geschirr einen kreisrunden, durchbrochenen und wie eine Rosette geformten Untersetzer aus Metall bewundert hat, bittet Roux heute, ihm eine solche Sonnenrosette im Großformat zu malen, damit er – vom Mittelpunkt ausgehend, bis hin zur Peripherie – nach Generationen geordnete Zarnamen einschreiben kann. Er beschäftigt sich im übrigen mit der auf immer ungelösten Frage der Erbsünde.

Ich habe immer mehr den Eindruck, daß ich tot bin. Ich pfeife auf diese Darstellungen, die mich früher so begeistert hätten . . .

Es sind magere Ausflüchte, von denen ich genau weiß, daß sie meine Leere nicht auszufüllen vermögen . . .

Eine einzige Zeitung als Lektüre: *La Croix* (das Kreuz). Der Lazarenerpater läßt uns regelmäßig die Nummern zukommen, die er ausgelesen hat. Ich habe darin unter anderem gelesen, daß irgendein Bischof, in Erwartung eines kommenden »Linksrutsches« seinen Schäflein nahegelegt hat, »für die Wahlen zu beten«.

7. August

Sonntag. Kopfweh. Gottseidank keine Messe. Zu kurzer Schlummer, als würde ich von den Nachtmahren verfolgt.

Unverhoffter Besuch der Zar-Dame. Wie ein würdiger Greis trägt sie eine Toga mit breitem rotem Band und einen eisenbeschlagenen Stock. Sie wird von ihrer Tochter – der Prinzessin mit dem so reinen Wachsgesicht und den welken Brüsten – begleitet, sowie von der charmanten *Fitaorari Sabrié,* die immer noch genauso verstohlen schaut und mir immer mehr den Eindruck einer x-beliebigen kleinen Nutte macht. Die netteste ist entschieden die schwarze Ballatatch, die wir mit dazu einladen, weil sie im Camp wohnt. Ihr Haar ist heute sorgfältig in Zöpfe geflochten und mit Butter eingerieben. Vielleicht wegen ihrer bescheidenen Stellung als Dienerin des Lagerkrankenpflegers macht sie sich nicht so breit wie die anderen, spielt nicht die mysteriöse Sybille und versucht nicht, mit ihren glänzenden Verwandtschaftsbeziehungen zu protzen, wie die hübsche Dinqnèsh (die von dem Zar *Fitaorari Sabrié* besessen ist).

Wir bieten den Damen Martell und Kaffee an. Ich mache eine ganz kleine Befragung. Aber was für ein totes Holz, das alles. Als hätte ich mein Blut verloren, und meine Knochen noch dazu . . .

Die jungen Frauen sehen aus wie in schmierige Kleider gesteckte Statistinnen, die irgendeine Renaissance-Intrige oder die Religionskriege vorstellen sollen.

8. August

Aufwachen bei vollkommen undurchdringlichem Nebel. Nichts von Gondar zu sehen. Es nieselt. Der Bach tost.

Mir fallen wieder bestimmte Einzelheiten der gestrigen Szene ein: die schöne rote Decke mit dem Löwenbild, die Abba Jérôme (auf der Durchreise durch Dabra Marqos) den beschlagnahmten Reichtümern des Ras Haylou entnommen und mit der er gestern zum Empfang der Zar unseren Tisch geschmückt hatte; die großen gelben Blumen, die Lifszyc den Frauen gegeben hatte, welche sie brav in der Hand hielten und manchmal daran rochen, ganz wie prärafaelitische Jungfrauen; der auf einem Tablett geröstete und noch dampfende Kaffee, der – wieder von Lifszyc – der Chefin präsentiert wurde, damit die verehrte Gauklerin ihr Gebet spreche und ihre üblichen Segnungen über unseren Köpfen zerpflücke.

Ich habe den Beischlaf seit je mehr oder weniger als einen magischen Akt betrachtet, an bestimmte Frauen Erwartungen gestellt, die man an Orakel stellen mag, mich den Prostituierten genähert, als seien sie Wahrsagerinnen . . . Deshalb denke ich auch immer zugleich mit Respekt und Zuneigung an die alte mystische Kupplerin. Wie schade, daß es heutzutage und in unseren Ländern keine mystische Prostitution mehr gibt!

Heute morgen mit meinem Lahmen gearbeitet und wegen kleinster Kleinigkeiten (Pulverproben zum Herstellen der Amulettentinte, die er mir – für den Taler, dem ich ihm dafür gegeben hatte – in lächerlich geringen Mengen angebracht hat; Entdeckung einer Lücke im Beschwörungsritual der Besessenen, das er mir offenbart hatte) steigt in mir ein verrückter Haß gegen ihn auf – als wäre ich auf einmal selbst zum Hexer geworden . . . Ich fahre ihn scharf an – und Abba Jérôme gleich mit. Fast hätte ich sie alle beide auf die Wiese geschickt. Der wahre Grund für meine Wut aber ist, daß es Bereiche gibt, in denen einem die Dinge viel zu sehr unter den Fingern brennen und wo es notwendigerweise skandalös erscheint, sie mit dem Bleistift in der Hand und den Karteikarten vor den Augen einfach kalten Blutes abzuwandern. Dazu kommt der starke sexuelle Sog der verfemten Praktiken und ein sehr deutliches Empfinden für jene extravagante Lüge: die Magie.

Etwa zwei Stunden später erfahre ich, daß Ballatatch, die ich im Einverständnis mit dem Konsul (denn sie ist die Dienerin seines Krankenpflegers) als Informantin engagieren wollte, sich glattweg weigert, zur Arbeit zu kommen – unter dem Vorwand, sie sei zu beschäftigt, sie habe neben ihrem Beruf auch noch ihren eigenen Haushalt . . . Das renkt sich schließlich aber wieder ein, denn schließlich – in den Manieren wahrscheinlich von ihrem Chef geschult – kommt sie von sich aus zum Lager und erklärt, sie stehe uns ganz zur Verfügung, könne aber aufgrund ihrer Unwissenheit, wie sie sagt, auf keinem der uns interessierenden Gebiete auch nur von geringstem Nutzen sein. Ich engagiere sie trotzdem, weil ich darauf baue, daß gerade diese ihre Unwissenheit ihre Aussagen reiner und lebendiger machen wird. Für einen Taler alle zwei Tage, soll sie im Prinzip jeden Nachmittag kommen.

9. August

Große Auseinandersetzung mit dem Lahmen: Er versucht, uns bei einem Manuskript, das er gerade für uns abschreibt, um mehrere Taler übers Ohr zu hauen. Am Ende meiner Geduld und meiner Nerven, stelle ich ihn vor folgende Wahl: entweder er hört auf, den festgesetzten Preis zu monieren, oder er verschwindet auf der Stelle. Vor mir liegen die 7 Taler und die Patrone, die ich ihm bis heute für seine Arbeit schulde. Griaule kommt dazwischen, der Lahme gibt klein bei und arbeitet schließlich wie ein Engel: endlich öffnet er mir eine wirkliche, greifbare Tür zur Bruderschaft der Zar. Es geht um das besagte Tablett mit den Kaffeetassen, den *guenda*, eine Art Altar und zugleich ein Zeichen der Befehlsgewalt, welche ein muselmanischer Eremit aus Tigré denjenigen verleiht, die von mehreren Geistern besessen waren und, mit Gaben beladen, zu ihm gepilgert sind, um ihm andächtig ein Jahr lang zu dienen. Mit seinem Segen überträgt er ihnen das Recht, das Kaffeetablett bei sich zu haben und ihrerseits die Besessenen zu heilen.

Letztlich also doch ein erfolgreicher Morgen. Aber ein übler Nachmittag, denn dieses Roß von Ballatatch ist jetzt doch nicht gekommen, obwohl sie es versprochen hatte.

. . . .

Lutten schreibt, nach den Angaben von Makan, einen Brief an dessen Bruder in Tamba-Counda:

Mein lieber Sambasam!
Ich gebe Dir Grüße.
Verlange von Mamadou Bakel die Summe von 250 Francs, die ich ihm für dich gegeben habe, als er die Expedition in Yaoundé (Kamerun) verlassen hat. Er ist mit einem Weißen der Expedition auf demselben Schiff bis nach Dakar gefahren.
Grüße an Kodaye.
Meinen Anzug bewahrst Du gut, mit den Schuhen.
Mamadou Sissoko gib meine Grüße. Vergiß nicht die 20 Francs, die er mir schuldet.
Gib meine Grüße an Diokounda Kamara. Vergiß nicht die 40 Francs, die er mir schuldet.
Grüße an Konkodougou. Er hat meinen Boubou für 20 Francs gekauft. Er muß zahlen.
Grüße an Moussa Keyta. Er muß 40 Francs für die drei Decken geben, die ich ihm verkauft habe.
Grüße an Toumani Taraoré (Chauffeur).
Grüße an Mariam.
Grüße an Fili.
Jetzt sind wir ganz weit. Wir gehen zu Fuß in den großen Bergen. Es gibt keine Straße, die Weißen und das Gepäck reisen auf den Maultieren. Es ist sehr kalt. Es gibt kein Gästehaus. Wir schlafen im Zelt (Haus aus Leinwand). Mamadou Kamara ist immer noch da, aber er macht nicht den Chauffeur, denn es gibt keinen Lastwagen.
Wir kehren über Marseille zurück, vielleicht im Februar-März nächstes Jahr.

Ich gebe Dir Grüße
Dein Bruder
für Makan Sissoko
E. LUTTEN

. . . .

10. August

Als die Zar-Frau gekommen ist, hat der Koch anscheinend große Angst gehabt. Abou Ras ist ein sehr schwarzer, sehr muselmanischer und sehr abergläubischer Béni-Choungoul. Er ist 45 Jahre alt, hat einen Turban, einen europäischen Zweireiher, große, ganz gerade Gummistiefel, die steife Gangart eines Automaten oder Golem. Noch viel größere Angst als die Alte hatte ihm neulich eine tote Schlange eingejagt, die irgend jemand in einem Pokal herbeigebracht hatte. Er hatte sich zunächst aus dem Lager zurückgezogen (nachdem er sich vorher mit Steinen bewaffnet hatte, damit ihm ja niemand zu nahe komme) und dann in die Küche eingeschlossen, aus der ihn niemand, weder Europäer noch Abessinier, wieder auszuquartieren vermochte, und wo er nicht einmal zu sprechen war.

Der *jiratam* (wörtlich »Schwanzmensch«, d. h. Menschenfresser – denn so nennt die Sklavin ihren Kleinen) nimmt sich immer erstaunlichere Freiheiten heraus. Als ich von der Befragung mit Ballatatch zurück bin (die sich jetzt entschlossen hat zu kommen), sehe ich durch den Vorhang vor meiner Tür hindurch, wie er zwei Schritte von mir entfernt mit unter die Arme geklemmtem Kittel im Stehen exkrementiert. Weil seine Mutter nicht da ist, um ihn abzuwischen, hockt er sich anschließend hin und fängt an zu plärren. Die Ärmste kommt herbei, reinigt ihn und nimmt dann sorgfältig die Exkremente von der Erde auf.

Nach und nach wird der Konsul humaner. Jetzt ist er fünf Monate hier. Nachdem es ihm erst schwergefallen war, sich mit der Einsamkeit abzufinden, gewinnt er die Abessinier jetzt allmählich lieb, zumindest die kleinen Leute. Ich für mein Teil fühle mich trotz meiner zeitweiligen Wutausbrüche diesen Leuten sehr verbunden. Die alte »Zarin« gebietet über mich wie eine Mutter. Ihre Adeptinnen sind meine Schwestern, ob sie es wissen oder nicht. Ich liebe sogar noch die Falschheit der Besessenheit bei diesen Mädchen, die dadurch ein wenig glitzernde Phantasie in ihr Leben bringen, ihrem Ehegatten entwischen und sich kraft ihrer heiligen Geister bis zum Irrealen aufschwingen, das sie die erdrückende Last des alltäglichen Krampfes vergessen läßt . . .

11. August

Befragung (oder Verhör) gestern mit Ballatatch:
1. Ihr vorheriger Mann hat sie verlassen, weil sie außer Haus übernachtet hatte, als sie zu einer Totengedächtnisfeier zu Verwandten gegangen war. Gegenwärtig ist sie die »Lendendienerin« des Lagersanitäters. Sie ist Christin, er Muselmane.
2. Seit ihrer Kindheit kennt sie die alte Heilspezialistin Malkam Ayya-

hou[35], die sich in Gondar schon lange großer Berühmtheit erfreut. Ballatatch ist von ihr kostenlos behandelt worden, und sie nimmt jetzt an den *wadadja* (den Tanzversammlungen zur Heilung der Besessenen) sowie an den Festen teil und geht von Zeit zu Zeit zu der Alten, um den Kaffee zuzubereiten.

3. Sie ist besessen auf Befehl des Zar Imam, denn als sie ihm auf dem Weg zur Kirche begegnet war, hatte sie sich nicht mit zu denen gesellen wollen, die ihm huldigten. Sie betont extra, daß sie an diesem Tag ein ganz weißes Kleid trug. Ihr Zarname, d. h. der Name desjenigen Zar, der sie auf Gebot von Iman hin mit Besessenheit geschlagen hat) ist *Ababa Negousié*. Sie lädt uns ein, uns bei der nächsten Wadadja (die in der Nacht vom Mittwoch auf Donnerstag stattfinden soll) zu vergewissern, wie schön sie in ihrem Schmuck als *Ababa Negousié* aussieht.

4. Sie hat einen achtjährigen Sohn, der bei Verwandten lebt. Sie träumt jede Nacht von ihm – obwohl die Zar es nicht mögen, wenn sie Kinder haben, sagt sie.

Aber heute kommt sie nicht. Wie ich weiß, wundert sie sich über die Arbeit, die ich ihr abverlange und die einzig und allein im Reden besteht. Wo sie doch ihre Haushaltspflichten zu erledigen hat, bedeutet es für sie verlorene Zeit, zu kommen, nur um zu reden – auch wenn sie dafür bezahlt wird. Ohne Zweifel würde sie es für natürlicher halten, wenn ich sie kommen ließe, damit sie das Korn mahlt oder mit mir schläft. Und sind diese Zargeschichten zudem nicht auch ein wenig geheim? Von den Priestern verdammt? Von der Regierung verboten?

Ein fünfzehnjähriges Mädchen ist gerade gestorben. Es war von einem *bouda* befallen, der es innerhalb von zwei Tagen unsichtbar aufgezehrt hat . . . Ohne weitere Schlüsse daraus zu ziehen, ist den Leuten doch nicht entgangen, daß das Mädchen von dem Übel befallen wurde, unmittelbar nachdem es sein Baby im Krankensaal des Lagers hatte impfen lassen.

12. August

Lange Ausführungen des Lahmen, die ich von Abba Jérôme Wort für Wort in Amharisch aufzeichnen lasse. Der übliche Fall einer Besessen-

---

35 Der Name bedeutet: »Ich habe schöne Dinge gesehen« bzw. »Ich habe schön gesehen«.

heit durch den Zar ist die Besessenheit einer Frau durch einen männlichen Geist. Es besteht eine imaginäre sexuelle Beziehung. Nicht selten hört man, wie in den Nachbarhäusern eine allein schlafende Frau schreit und den sie heimsuchenden Geist anfleht, er solle sie doch fahrenlassen, er solle aufhören sie zu quälen und sich dermaßen abrakkern zu lassen. Der von einem weiblichen Zar besessene Mann hat tagsüber und nachts Pollutionen und kann mit keiner wirklichen Frau mehr Verkehr haben, so ausgelaugt ist er . . .

Während der *wadadja* (dem gemeinschaftlichen Tanz der Besessenen) identifiziert sich der Besessene mit seinem Zar und ist selbst nur noch dessen »Pferd«, das in Kadavergehorsam allen Launen folgt, die der Geist ihm eingibt. Alle Zar sind hochmütig. Sie nennen sich groß und mächtig, geben sich als Fitaorari oder Dedjazmatch aus, genau wie es im wirklichen Leben die Chifta tun, die auch immer von sich behaupten, ihnen sei offizielle, amtliche Gewalt gegeben. Sobald sie sich aber solcherart zu rühmen beginnen, werden sie von denen, die von den wirklichen großen Zar besessen sind, ausgepeitscht, damit sie in ihren Rang zurücktreten.

Ballatatch ist nicht gekommen. Ich gehe mit Lifszyc zu ihr und wir finden sie bei ihren Haushaltsarbeiten: ihre schwarze Haut ist mit Okkerfarbenen Pünktchen übersät, denn sie bereitet gerade den Teig für die Waffeln zu . . . Sie verspricht, uns zu besuchen, nicht morgen, denn morgen ist Markttag, aber am Sonntag.

Nachdem er – aus Angst, sich zu kompromittieren – erst große Schwierigkeiten gemacht hat, erzählt Abba Jérôme Lifszyc jetzt, wie die Frau von Ménélik, um ihre Lepra auszukurieren, Kindern die Kehle durchschneiden und eine große Schüssel mit ihrem Blut anfüllen ließ. Das erinnert mich an einen Traum in einer der letzten Nächte. Ich sah eine lange Zarprozession – die Leute waren niemand anders als die Insassen eines Lazaretts – mit Kapuzen und weißen Kleidern defilieren. In Mundhöhe hatten sie jeweils einen blutroten Fleck. Die Männer waren genauso angezogen wie die Frauen, trugen dazu aber noch Gewehre über der Schulter.

Griaule, der gestern mit Hilfe von Lutten eine *Geburt Christi* für die Antonios-Kirche malte, hat heute nachmittag eine *Mariae Himmelfahrt* in Angriff genommen.

Weniger regnerisches Wetter, aber viel Wind, und über dem Tanasee zieht ein Gewitter auf.

Die Sklavin Desta, die mit Lifszyc arbeitete, hat ihr u. a. mitgeteilt, daß sie nicht schwanger ist: das widerspricht den Angaben beim Kauf und beweist, daß der Verkäufer uns übers Ohr gehauen hat.

13. August

Ein kleiner muselmanischer Klan hat sich gebildet: Mamadou, Kamara, Makan, der Golem Abou Ras. Mamadou erzählt, daß er und sein Freund jeden Morgen von Abou Ras durch drei Tritte in den Hintern geweckt werden, damit sie ihr Gebet verrichten.

Ich habe mich entschlossen, mit Abba Jérôme zu Malkam Ayyahou zu gehen. Abba Jérôme fällt plötzlich ein, daß der Alten kein Geschenk angenehmer wäre als ein paar Unzen Schießpulver, die man ins Feuer werfen kann. Auf dem Weg zu ihr machen Abba Jérôme und ich daher auch erst noch einen Abstecher zum Markt. Für einen Taler kaufen wir dort Pulver, das für 50 Gras-Patronen reichen würde, und bekommen als Zugabe noch den Inhalt einer weiteren Hülse. Wir wickeln den Kauf sorgfältig in mein Taschentuch ein und bringen es der Alten, die uns nach Überreichung des Geschenks sofort die Hände küßt und ganz außer sich ist vor Freude. Sie nimmt auf der Stelle das Gehabe von *Abba Qwosqwos* an, des militärischen Zar, von dem sie besessen ist, während wir sie bis jetzt fast nur in der Gestalt des religiösen Zar *Abba Yosèf* oder der Circe *Rahiélo* kannten. Es sind bei ihr: die getreue Ballatatch, eine weitere Adeptin, eine Sklavin, sowie ein Junge, der ihr auf dem Markt gekaufte Gerste gebracht hat. Sie führen lange Verhandlungen über den Preis.

Eine erste Prise Pulver ins Feuer, und schon ist *Abba Qwosqwos* bester Laune. Die Faust in die Hüfte gestemmt und mit hoch geschwellter Brust singt er militärische Lieder, klatscht in die Hände und wirft den Kopf auf wie ein alter stolzer Haudegen. Auch die hübsche Dinqnèsh (*Fitaorari Saberié,* oder Lidj Saberié mit ihrem Zarnamen) ist unterdessen gekommen. Sie macht eine Leichenmiene, geht mit schlafwandlerischen Schritten einher und spricht wehklagenden Tones mit ihrer kleinen Kinderstimme. Nachdem sie erst die Chefin begrüßt hat, verschwindet sie wieder und kommt einige Minuten später mit noch angegriffenerer Miene wieder herein. Sie geht schnell auf die Alte zu, verneigt sich, küßt ihr die Knie. Mit beiden Handflächen klatscht ihr die Alte zwei- oder dreimal fest auf den Rücken und spricht dabei ein Gebet. Da ich neben der Alten sitze, sehe ich, wie sich Dinqnèshs Gesicht unter den Schlägen verkrampft, und ich höre sie stöhnen wie eine Frau, die sich vor Lust nicht mehr zu halten weiß. Etwas ruhiger geworden, hockt sie sich rechts von der Chefin nieder. Sie ist vorhin baden gegangen, und als sie nackt am Flußufer saß, ist sie von dem Geist heimgesucht worden. Sie ist denn auch in der Tat von einem Djinn besessen, und da die Djinn Wassergeister sind, sind ihr die Bäder im Moment nicht zuträglich . . .

Die Gesänge werden einen Augenblick unterbrochen, als die Kranke erscheint, die ich bei meinem ersten Besuch unten in ihrem finsteren Kabuff gesehen hatte. Genesen und auf dem Weg endgültiger Heilung, kommt sie jetzt, die Chefin zu begrüßen.

Ganz aufgedreht von den Gesängen und der Unterhaltung findet die Chefin jedoch, daß eine einzige Prise Pulver zum Glück von *Abba Qwosqwos* nicht genüge. Ein halblautes Wort zu Dinqnèsh, und diese holt den Rest des Pulvervorrats. Der Kalebassenboden mit der Glut wird bis in unsere Mitte vorgeschoben. Ein paar von Dinqnèsh geworfene Körner fallen neben die Glut und entzünden sich nicht. Dinqnèsh wirft noch eine Prise nach. Nach zwei oder drei Sekunden entzündet sich das Pulver. Eine erste, mittelgroße Flamme mit einer Garbe von Funken; dann aber ein gewaltiges »Pssschüüüüüt . . .« und eine riesige Stichflamme. Heftiges Gefühl, nicht nur geblendet zu sein, sondern auch wie gebacken. Dichte quirlende Qualmwolken, aus denen einen Augenblick die Absätze von Abba Jérôme aufleuchten, der mit einem Satz in die andere Seite des Raumes abgetaucht ist. Da ich meinerseits an Gesicht und Armen die Hölle verspüre, springe ich blitzartig auf und steige auf die diwanartige Bank aus Trockenlehm, auf der ich vorher gesessen hatte. Nach einigen Sekunden der Bestürzung fängt alle Welt zu husten an, und man klopft sich den Staub von den Kleidern. Die Alte jedoch, die gegen die Flammen gefeit ist, deklamiert kriegerische Tiraden und lacht aus vollem Halse. Dinqnèsh und sie haben nichts abgekriegt, aber Abba Jérôme hat Verbrennungen an den Fingern, sein Hosenbein ist angeschmort und sein Bart versengt. Bei mir sind Haare, Augenbrauen und Wimpern etwas angebrannt, aber zumal an meinen Unterarmen ist quasi kein Haar mehr. Und bei der armen Ballatatch ist der Vorderteil der Chamma vollständig verdorben. Aber das Haus der Alten steht noch.

Ballatatch, die einen Augenblick hinausgegangen war, kommt wieder herein, als der Qualm endlich abgezogen ist, und nimmt die ungeschickte Urheberin des Unfalls, die kleine Dinqnèsh beiseite. Als sie ihre Prise Pulver ins Feuer warf, hat sie es versäumt, den restlichen

Vorrat wieder wegzulegen, so daß ein fliegender Funken alles in Brand stecken konnte. Ballatatch wirft ihr wütend vor, »keine Erziehung« zu haben und verabschiedet sich dann, weil sie ihrem Chef und Liebhaber, dem Krankenpfleger, das Abendessen richten muß. Um sie zu trösten, gebe ich ihr eine Puderdose mit Spiegel, die ich vorher eingesteckt hatte.

Abba Jérôme und ich lachen, aber Malkam Ayyahou ist so fröhlich, daß sie schon fast deliriert. Der Geist ist herabgestiegen, einer jener, großen *awolya,* jener Herren des Buschs und Beschützer der Tiere (der Elefanten, Büffel und anderer), deren Milch die Zar aussaugen. Erst diese Beräucherung mit Pulver konnte sie – als Evokation der Jagd – in eine derart lyrische Stimmung versetzen. Nichts anderes zählt jetzt mehr, nicht der Besuch einer reifen, aber sehr schönen Frau, die sie wegen der Behandlung ihres jüngeren Bruders aufsucht und die von der Chefin nach einem Gebet wieder weggeschickt wird, das die Verbrennung einer steinigen und außerordentlich wohlriechenden Substanz begleitet (Weihrauch, wie sich herausstellt), noch der Besuch der »Verlobten«, die Malkam Ayyahou für den Bediensteten von Abba Jérôme aufgetrieben hat, nachdem dieser erst versucht hatte, Dinqnêsh zu vergewaltigen. Ganz überschwenglich droht sie dem Bediensteten im Angesicht seiner »Verlobten« an, ihn durch Hexenbann zu kastrieren, falls er nicht auf immer Abba Jérôme mit der gewünschten Ergebenheit zu Diensten sei.

Noch ein paar Gesänge, dann ziehen wir uns zurück. Letzte Überraschung; gerade als wir wieder auf unsere Maultiere gestiegen sind, kommt Malkam Ayyahou auf uns zu, trippelnd wie ein kleines Mädchen, die Chamma hochgeschürzt, um sie in den Pfützen nicht mit Kot zu bespritzen. Geziert kokettierend umhüllt sie ihr Gesicht mit dem Schleier, lächelt uns zu, macht uns verliebte Augen. Denn auf einmal ist sie nicht mehr *Abba Qwosqwos,* der heldenmütige Krieger, sondern *Chankit,* die kleine Negerin, Dienerin von *Rahiélo,* die uns nicht weglassen möchte, ohne daß wir vorher etwas gegessen haben.

Wieder im Lager erfahren wir, daß der Firstbalken von Roux' Atelier gebrochen ist, während wir mit Feuer und Schießpulver spielten, und daß Roux bis zum Eintreffen von Hilfe als lebende Karyatide mit der Spitze eines irgendwo aufgelesenen Spazierstockes das Dach abstützen mußte, um sein endgültiges Einstürzen zu verhindern.

14. August (Sonntag)

Eingeschlafen über der tröstlichen Vision der Füße von Bernhanié (mein Licht«, wie Malkam Ayyahou Abba Jérôme nennt), die in der Hexenküche in halber Höhe zwischen Fußboden und Decke schweben, habe ich eine gute Nacht verbracht. Der arme Bernhanié hat sich schon gestern an Larget wenden müssen, und der hat ihm Pikrinsäure auf die Finger getan und den Bart wieder geradegeschnitten. Ballatatch kommt natürlich nicht zu uns; aber Lifszyc begegnet ihr am Abend. Ihr Arm ist verbunden; sie hat ziemlich schlimme Verbrennungen. Als das Pulver hochging, schoß die Stichflamme in ihre und Abba Jérômes Richtung.

Der Lazarenerpater von Kerker (der gekommen ist, seine Messe zu lesen), der Konsul, sein technischer Assistent und der italienische Händler mit dem Spitznamen »der Handelsminister« essen bei uns zu Mittag. Der Pater behauptet, die Zahl der Besessenen sei seit dem letzten Jahr stark angestiegen. In seinem Dorf gibt es drei Personen, die ihm zufolge die sichersten Anzeichen der Dämonenbesessenheit zu erkennen geben. Ich versuche, Auskünfte von ihm zu erhalten, aber das einzige, was ihn beschäftigt, ist die Frage der *Realität* der Besessenheit und nicht die ihrer *Modalitäten;* so daß ich von ihm letztlich nichts Interessantes zu hören bekomme.

Am Nachmittag Befragung mit dem Bediensteten von Abba Jérôme, demjenigen, der die Chifta angreift und – durch Vermittlung der Alten, die ihm übrigens als Elefantenjäger sehr gewogen ist – neuerdings auch »verlobt« ist. Sobald die Jäger in ihrem Jagdgebiet angekommen sind, erzählt er mir, nehmen sie ihren *mateb* ab (eine Halsschnur, die alle Abessinier ihr Leben lang tragen, als Zeichen, daß sie Christen sind) und sprechen gegenseitige Beistandsschwüre. Sie opfern dann ein weißes Zicklein und stellen sich in den Schutz des *bèlès,* eines Feigenbaums von der gleichen Spezies wie der Baum des Paradieses. Indem sie somit ihre Bindung auflösen und töten, betreten sie einen Bereich, in dem sie den Boden ihrer Religion verlassen und auf derselben Ebene stehen wie die großen Tiere des Busches, die Zar, die Phantome, in einem Land, in dem unsichtbar bestimmte Pflanzen herrschen.

15. August

Der *bèlès,* dem die Jäger opfern, ist nicht derselbe *bèlès* wie jene »Lebensbaum« genannte Feigenart. Es liegt lediglich eine Homonymie

vor.[36] Der *bèlès* der Jäger ist der große Geist des Busches, der Schutz-
herr der Tiere, die er versteckt hält, wenn man nicht Sorge getragen
hat, sich seiner Gunst zu versichern.

Für die Jäger stellen die fünf Tiere Elefant, Löwe, Rhinozeros, Büffel
und Giraffe Ehren-Wild dar, Tiere, deren Trophäen sie später zu tragen haben, genau wie sie auch die Last ihres Geistes tragen, der sich in
sie einnistet wie ein Gewissensbiß, oder so wie die Zar sich im Körper
der Besessenen einnisten. Und selbst das Blut der Opfer vermag es
kaum, sie zeitweilig einmal zu entbinden . . .

Denn das Fremde, der Busch, das Äußere überfluten uns von allen
Seiten. Wir alle sind doch entweder Jäger, die alles verleugnen, die
willig sich der Außenwelt weihen, nur um durchdrungen, genährt und
stolz erhoben zu werden von gewissen höheren Kräften, so mächtig wie
das im Herzen der Tiere kochende Blut, wie die zwangsläufig diaboli-
sche Inspiration, das Grün der Blätter oder der Wahn; oder aber wir
sind Besessene, die jene gleiche Flut des Äußeren eines Tages überflu-
tet und die um den Preis unzähliger, bisweilen tödlicher Qualen das
Recht erwerben, endgültig den Pakt mit dem ewigen imaginären Dämon des Innen und Außen zu schließen: unserem eigenen Geist.

Keine Spur mehr von meiner Gleichgültigkeit der letzten Tage. Manch
einer würde vielleicht sagen, daß ich jetzt wirklich allmählich besessen
bin, und ohne Zweifel würde man mich auch im Namen der »wissenschaftlichen Objektivität« zurückholen wollen . . .

16. August

Dritte Unterredung mit Kassahoun, dem Jäger. Er ist ganz formell: wer
einen Elefanten getötet hat, ist besessen. Er wird von dem Geist bewohnt; und wenn gar alle Elefanten eines Buschlandes ausgerottet sind,
dann legt sich auch der Geist dieses Buschlandes über die Schlächter –
noch zusätzlich zu den *abbigam* (oder Geistern der Elefanten), von
denen sie bereits besessen sind. So herrscht er dann über eine große
Herde von Männern, die an die Stelle der ehemaligen Herde von
Tieren tritt. Und diese Männer müssen eifersüchtig darüber wachen,
daß ihre Ehre – die nichts anderes ist als die Ehre des Elefanten – nicht
angetastet wird, falls sie nicht genau wie die von den Zar befallenen
Leute von Übeln heimgesucht werden und nicht zumindest eine Zeit-

---

36 Andere Informanten haben in der Folge das Gegenteil behauptet.

lang in einen halben Wahnsinn verfallen wollen. Sie müssen immer sauber sein, gut genährt, gut gekleidet, und dürfen womöglich niemals arbeiten. Kasahoun, der in Zaghié ein eigenes Feld bestellte, konnte nicht dort bleiben, weil der *abbigam*, der ihn bewohnte, es nicht ertragen konnte, auf solche Weise gedemütigt zu werden. Einmal ist er sogar krank geworden, hat irregeredet, und seine Freunde haben ihn einige Tage später, als er wieder zu Bewußtsein kam, erzählt, er habe gesungen, getanzt und auch »gepfiffen wie ein Elefant«. Er steht jetzt in Diensten von Abba Jérôme, eines ehrenwerten Mannes, von gleicher Würde wie ein großer Chef. Er kann dies tun, ohne gegen den Willen des Geistes zu verstoßen, genau wie er auch Chifta sein könnte und – wie ich vermute – nebenbei seine Pferde laufen hat . . . Solange Kaffee da ist, Honigwein und Fleisch, solange er mit den Besessenen tanzt (bei Malkam Ayyahou, wo er wohnt), läßt ihn der *abbigam* in Frieden, aber trotz seines Stolzes und seiner Lebenslust liegt ein ewiger Fluch auf ihm, der schon beim ersten Anzeichen des Elends sofort wieder auf den Plan tritt . . . So lebt er fröhlicher als andere, solange er sein Auskommen hat, und niedergeschlagener, sobald es ihm an irgend etwas mangelt – und immer belastet von einer zwiespältigen Bürde der Ehre.

17. *August*

Bloß diese eine Entdeckung: die Nachfolge Malkam Ayyahous als Besessene und Heilspezialistin wird ihre Tochter antreten, Emawayish[37], die schöne, obzwar etwas verwelkte Wachsprinzessin. Ich bin fassungslos bei dem Gedanken, daß diese – trotz ihrer mächtigen Rülpser beim *injéra*-Essen – so ruhige und reservierte Frau vierzig Tage nach dem Tod ihrer Mutter genauso krank und verrückt werden soll, wie jene es seinerzeit war, daß man ihr sagen wird, sie habe, um zu gesunden, die in dem Haus umgehenden Geister zu besänftigen und müsse ihnen wieder dieselben Aufmerksamkeiten zuteil werden lassen, an die sie als Gäste der Mutter gewohnt waren, die Vorstellung, daß sie (nach den gebräuchlichen Riten und Opfern) zusammen mit dem Geschäftsfundus zugleich auch das Erbe an Neurose übernehmen wird, daß vielleicht auch aus ihr ein alter Clown, ein alter Brummbär mit hin und wieder erhabenen Einfällen werden wird . . . Ich sehe denn auch bei

---

37 »Ich vertraue dir meine Qualen«.

dieser Frau viel mehr ihre Schönheit, als ihre ältlichen, verwelkten Züge.

18. August

Nächtlicher Besuch bei Malkam Ayyahou, am Vorabend von Sankt Michael. In der Hoffnung, die Zar möchten in Erscheinung treten, gehe ich mit Abba Jérôme hin, und auch Roux gesellt sich zu uns.

18 Uhr 30: Ankunft bei Malkam Ayyahou. Wir finden sie allein mit Kasahoun und dem Mädchen, das Malkam Ayyahou für ihn als Verlobte ausgewählt hat.

18 Uhr 55: Roux brennt eines der bengalischen Feuer ab, das wir der Alten zuliebe mitgebracht haben. Sofort bekundet sich der Zar *Mansour*, der Achkar von *Abba Yosèf*.

Um 19 Uhr holen wir die beiden Flaschen Mastika heraus, die wir extra eingesteckt hatten. Die Alte ist entzückt und segnet die Flaschen mit einem Gebet, ohne daß dabei die Unterhaltung unterbrochen würde.

Wenn Ballatatch Verbrennungen erlitten hat, so ist das, *Mansour* zufolge, dem Umstand zuzuschreiben, daß sie vor ihrem Kommen eine Nacht mit einem Mann verbracht hat. Außerdem sei sie hochmütig (denn hatte sie sich nicht geweigert, den Kaffee auszuschenken?). Sie ist von dem *awolya* bestraft worden.

Um die Brücken hinter uns abzubrechen (ich rechne immer noch damit, daß der Vorabend von Sankt Michael die Zar zu einem gewissen Grad von Erregung stimulieren wird) schicke ich um 19 Uhr 05 die Achkar und die Maultiere zurück.

Ich habe die Lederpeitsche von Griaule mitgebracht, die ich mir – weil ich selbst keine habe – immer ausleihe, wenn ich mit dem Maultier ausreite.

Roux, dem ich von den Geiselpraktiken der Zar erzählt habe, hat sich die Peitsche geholt und läßt sie aus Jux knallen. Auf seinen Wunsch verbeugt sich die Verlobte von Kasahoun vor ihm und empfängt lächelnd zwei simulierte Peitschenhiebe.

Dinqnêsh, der es nicht gutgeht, seitdem sie am Markttag beim Baden ein Djinn befallen hat, kommt kurz herein. Sie klagt über Schmerzen in der Seite und atmet mühsam. Der Anblick der Peitsche von Roux versetzt sie in Schrecken.

156

Beglückt über eine Verteilung von Kölnisch Wasser durch Abba Jérôme, legt Malkam Ayyahou ihre sämtlichen Halsbänder ab, um sie mit Parfüm durchtränken zu lassen, und knetet sie in den Händen. Entzückt zudem über das bengalische Feuer (nicht ganz so sehr allerdings wie am Tag des Schießpulvers) pfeift sie mit leicht geöffneten, unbeweglichen Lippen, singt, tanzt und verkörpert unzählige Persönlichkeiten, die den sie bewohnenden Zar entsprechen.

Nachdem Roux bereits von einem Heer von Flöhen überfallen und in die Flucht geschlagen ist, holt sie eine Reihe von Schmuckgegenständen aus einem Sack: die Gala-Ausrüstungen verschiedener Zar. Sie führt uns das mit einer Löwenmähne besetzte Diadem, das grüne Stirnband und die schwarze Stoffstola mit den bunten Stickereien vor: die Attribute von *Seyfou Tchenguer*, dem erlauchtesten ihrer Zar; das gleichfalls grüne, aber kürzere Stirnband, das Dinqnèsh trägt, wenn sie *Fitaorari Sabrié* ist; das schwarze Stirnband von *Abba Touquor* (= schwarzer Vater); das Tuch und den schwarzweiß gemusterten Gürtel von *Abba Nebro* (= Vater Leopard); sonstigen Flitterkram, der anderen, weniger wichtigen Zar angehört. Mit dem Schmuck des *Seyfou Tchenguer* bekleidet, spielt sie den großtuerischen Kriegsmann und gibt Erklärungen ab. Dann verschwinden all diese Wunderdinge wieder in dem Sack . . .

Kurz vor Mitternacht, gerade als Abba Jérôme und ich aus dem Garten zurückkommen (wo wir uns die Beine vertreten haben, während drinnen das geflochtene Lederbett aufgestellt wurde, auf dem wir schlafen sollen) singt Malkam Ayyahou ein amharisches Lied, das im Chor von der »Verlobten«, der alten schwarzen Sklavin und dem ältesten der Bediensteten von Abba Jérôme aufgenommen wird. Jede Strophe beginnt mit den Worten:
»Allahou meseli
Ya Rabbi Mohammedi . . .«
und die Melodie ist arabisch. Malkam Ayyahou singt kräftig und mit innerer Sammlung und wiegt im Sitzen ihren Körper rhythmisch hin und her. Ohne sich um das Problem des Synkretismus zu scheren, ruft sie in demselben Gesang auch die heilige Dreifaltigkeit an.

Abba Jérôme und ich schlafen angezogen, wie wir sind, nachdem sie uns vorher noch ihren Segen erteilt hat. Alle ziehen sich zurück. Sie selbst richtet sich in ihrem Verschlag zur Nacht ein. Mitten in dem Raum schlafen ganz alleine die alte Sklavin und ihre Enkelin. Ich schlafe erst ein wenig, aber ab halb zwei setzt die reinste Invasion ein. Mit der Taschenlampe entdecke ich Wanzen und kriege bis zum Morgen kein Auge mehr zu.

Um 4 Uhr morgens höre ich Malkam Ayyahou in ihrem Verschlag ein Selbstgespräch führen. Ohne Zweifel noch in ihrem Bett, redet sie halblaut vor sich hin und spricht wie bei einer Anrufung die Namen von mehreren ihrer Zar aus. Ich höre die Namen von *Abba Qwosqwos*, dem Krieger, und von *Abba Tchenguer* heraus.

Um 6 Uhr 25 steht Malkam Ayyahou auf. Eine Klientin hat sie wegen einer dringenden Konsultation für ihren kranken Sohn wecken lassen. Malkam Ayyahou empfängt die Klientin, geht anschließend – Anweisungen gebend für die Zubereitung des Kaffees – im Haus herum und besucht die kranken Frauen, die im anderen Gebäude wohnen. Um 7 Uhr kommt sie zurück, und wir nehmen unsere Unterredung wieder auf. Sichtlich müde, mit brennenden Augen (sie fragt mich, ob ich eine Arznei dagegen habe) antwortet sie nicht auf der üblichen Höhe mystischer Exaltation, sondern auf eine sehr gesetzte, maßvolle Weise auf alle meine Fragen. Dann serviert die »Verlobte« von Kasahoun den Kaffee. Malkam Ayyahou spricht das Gebet über dem rituellen Tablett und erläutert anschließend die einzelnen Tassen.

Es sind: *Chankalla* (Negerin), die blaue Tasse; *Weyzero* (Dame) die kleine weiße Tasse mit den dünnen roten Streifen; die besondere Tasse für bestimmte Behandlungen, eine Art zylinderförmiger Topf; die Horn-Tasse, aus der die kleine schwarze *Chankit* trinkt (die Malkam Ayyahou so gekonnt mimt); die große Tasse schließlich (grün, mit weißen Halbmonden und Sternen), die »der Thron und der Richter« ist und den Kaffeesatz enthält, der dazu dient, die Wunden zu vernarben und von den Adeptinnen in manchen Fällen als Khol gebraucht wird, mit dem sie sich in religiöser Andacht die Augen schwarz färben . . .

Nach dem Kaffee verabschieden wir uns (Abba Jérôme und ich), denn die Maultiere, nach denen ich geschickt habe, sind eingetroffen. Heute ist Sankt Michael, der Tag meines Namenspatrons. Ich komme zu einer Art Kirche, schaue den Soldaten zu, die in ihren dunklen Regenmänteln gemessenen Schrittes und mit geschultertem Gewehr einen Würdenträger eskortieren. Ich höre den großen Trommeln der Priester und den Gesängen zu und denke an Malkam Ayyahou, an ihre Mythen, ihre atemberaubenden Verwandlungen, an ihre Geschichten von Djinn und Sirenen, an ihren muselmanischen Gesang.

19. August

Den ganzen Tag über mit Abba Jérôme Durchsicht der Aufzeichnungen, die wir in der Nacht bei Malkam Ayyahou gemacht haben.
Energische Maßnahmen gegen die Wanzen und Flöhe, die ich mir bei ihr geholt habe.

20. August

Besserung. Das Jucken läßt nach. Vielleicht hat mir Malkam Ayyahou, die an dem besagten Abend die Flöhe verfluchte, die sich über Roux hergemacht hatten (»Ihre Zungen mögen ihnen abgeschnitten werden und ihre Zähne zerbrechen!«), irgendeinen unsichtbaren Balsam verabreicht . . .
Für ein Opfer hat Griaule heute am Markttag einen schönen, ganz weißen Widder kaufen lassen und will ihn ihr schicken.
Mir fällt wieder ein, was sie an diesem ruhigen, aber denkwürdigen Vorabend von Sankt Michael gesagt hatte: »Vor 23 Jahren, noch bevor Malkam Ayyahou von ihm besessen war, hat *Abba Yosèf* sein ›Pferd‹ (d. h. Malkam Ayyahou) zu einer Abtreibung veranlaßt, denn er will nur einen reinlichen Ort betreten.« Wie armselig sind doch die Ereignisse angesichts dieser Worte . . .
Ungeachtet der Initiative der Telephonisten von Gondar, die den Dedjaz Wond Woussen alarmiert haben, geht die Ablösung der Fresken aus der Antonios-Kirche weiter. Der Fitaorari Makourya seinerseits hat nichts unternehmen wollen, weil er der Ansicht ist, gegen die »Wiederinstandsetzung« einer Kirche sei an sich nichts weiter einzuwenden..
Der jüngere Bedienstete von Abba Jérôme hat die Krätze bekommen.

21. August

Malkam Ayyahou wiedergesehen, die, weil Sonntag ist, zu ihrer Tochter geht. Ich gehe mit Abba Jérôme auch hin.
Im Namen von *Abba Yosèf* diktiert Malkam Ayyahou einen schönen Dankbrief für den Widder. Da sie nicht schreiben kann, unterzeichnet sie mit 4 Kreuzen: ein einfaches als Segen für Griaule, ein weiteres einfaches für Roux, ein doppeltes für Abba Jérôme und mich, eins mit einem Henkel für Fräulein Lifszyc.

Sie erzählt uns von der Hochzeit ihrer Tochter, wie *Abba Yosèf* Emawayish, von diesem Tag an *Weyzero Tchenguer* (»Prinzessin Tchenguer«), getauft hat und wie der Schwiegersohn – ein bekannter Dabtara – besessen fast zu Tode kam, weil er sich geweigert hatte, »durch die Hilfe seiner Frau groß zu werden«, und ihm seine Schwiegermutter eine Auswahl der übelsten Zar auf den Hals geschickt hatte.

Emawayish macht kein Geheimnis mehr daraus, daß sie ihrer Mutter nachfolgen soll, und auch nicht daraus, daß sie bereits besessen ist. Aber sie scheint immer noch etwas verlegen und erschrocken, wenn man von diesen Dingen spricht. Unter ihrer Dreckschicht hat sie ihre Vornehmheit und ist außerdem belesen . . . Ich denke mir, daß sie es darauf abgesehen hat, die Frau oder Konkubine eines Europäers vom Konsulat zu werden. Und dafür ist es schon besser, wenn man nicht allzu dämonisch ist. Als sie meine Arme mit den Spuren der Pulververbrennungen und zumal die Wanzenbisse sieht, bedauert sie mich mitleidig.

Nachdem ihre Mutter mit langen Schritten wieder nach Gondar zurück ist, bleiben wir noch ein wenig zum Plaudern da. Gerade als wir wegwollen, fängt es dann aber an zu regnen. Damit uns die Zeit nicht lang wird, holt Emawayish eine Nummer des äthiopischen Amtsblattes aus einer Ecke und liest uns gemessen, wie sie auch den »David« rezitieren würde, daraus vor. Der Leitartikel handelt natürlich von dem Ras Haylou, der (wie üblich seit seiner Verhaftung) als Sündenbock fungiert. Wir gehen, als es aufhört zu regnen. Wir sehen Emawayish am Dienstag bei ihrer Mutter wieder, anläßlich eines Festes, zu dem wir eingeladen worden sind. Die Feste der Jungfrau Maria sind dann vorüber, und die Zar dürfen wieder tanzen.

Im Camp hat die Sklavin – weil Morgen Mariae Himmelfahrt ist – ein paar Patronen bekommen, um sich *talla* zu kaufen. Sie bietet uns freundlich davon an und ist sehr geehrt, als wir annehmen.

Der Gärtner des Konsuls, der zusammengeschrien worden war, weil seit einigen Tagen ein Stachelschwein im Garten sein Unwesen trieb und es ihm einfach nicht gelungen war, es zu fangen, ist verrückt geworden. Er hat brutal seine Frau und seine Kinder geschlagen. Im Gefängnis der Wache, wo er jetzt in Ketten liegt, redet er von nichts anderem als von dem Stachelschwein.

22. August

Trübsinnigkeit des Feiertages. Keine Informanten: Kramen in den Kisten, Durchsicht von Papieren, um das Nichtstun zu überdecken. Und vor allem düstere Gedanken . . .
Zurückkehren, alt sein, hinter mir haben, was ich vor mir hatte. Wieviele Beschäftigungen werde ich mir ausdenken müssen, um nicht einfach verrückt zu werden? Wie soll ich jemals wieder in Frankreich leben können? Wenn ich mir – für später – eine Studie nach der anderen vornehme, so lediglich deshalb, um mich selbst darüber zu vergessen. Aber ist das nicht das Ende von allem? Gibt es ein elenderes Abwürgen jeglicher Hoffnung?

23. August

Der Gärtner, den der Konsul gestern zeitweilig auf freien Fuß gesetzt hat, damit er zur Messe gehen konnte, hat dem heiligen Johannes für den Tod des Stachelschweines ein Bündel Kerzen versprochen. Es handelt sich hier zweifellos um eine neue Art von Besessenheit . . .
Seit gestern abend ist die Sklavin halb besoffen. Sie kommt in einem fort angelaufen, um uns von ihrem *talla* anzubieten oder irgendwelche Fragen über ihre Arbeit zu stellen, wie sie nicht ungelegener kommen könnten. Ihr Sohn, den sie vollgestopft hat, hat sich heute nacht dreimal übergeben.

. . . .

24. August

Weitere, diesmal stürmisch bewegte Nacht bei Malkam Ayyahou. Aber ich langweile mich, obwohl ich in bester Laune das Lager verlassen und fröhlich den Sturzbach überquert hatte, der von dem Regen mächtig angeschwollen war. Warum nur sind mir die Tänze der anwesenden Zar (Malkam Ayyahou und eine Adeptin in großer Aufmachung), ihr Köpfedrehen, ihr abwechselndes Heulen und Deklamieren derart unecht vorgekommen? Und dazu dieser Schmutz, dieses Durcheinander, dieses jämmerliche Flitterzeug. Auch die Gegenwart von Männern hat mich gestört, ähnlich wie in den Bordellkneipen die makabren Kellner. Da ich kein Amharigna spreche und als einziger Beobachter mitten

unter Leuten saß, die nur auf eins bedacht waren, nämlich sich zu
amüsieren und sich in die Wahnräusche der Phantasie zu versetzen,
kam ich mir schrecklich fremd vor. Abba Jérôme gegenüber war ich in
der Rolle des Aufsehers, der ihn ständig dazu anhält, auch ja alles
aufzuschreiben. Eine einzige angenehme Erinnerung: Emawayish – obwohl auch deren Prinzessinnenallüren von einem bestimmten nacht-
mährischen Wesen durchsetzt sind, mit weichem, lauem, kaltem Kör-
perfleisch, das mich anwidert und mir zugleich etwas Angst macht.
Aber ist sie denn nicht auch prädestiniert dazu! Und hat sich ihr erster
Mann, als er verrückt geworden ist, nicht heulend in die Ruinen von
Gondar geflüchtet?
Nein! Es ist nichts zu wollen: Hier ist Abessinien, und nicht einmal im
Jenseits könnte man weiter weg sein von allem . . .
Die mitgebrachten 4 Flaschen Cognac (eine für jede der Persönlichkei-
ten der Alten: eine für *Abba Yosèf,* eine für *Rahiélo,* eine für *Abba
Tchenguer* und noch eine extra für die kleine *Chankit*) rufen einen
kriegerischen Tanz auf den Plan, bei dem die beiden Tänzerinnen,
Malkam Ayyahou und die verkleidete Adeptin mit dem Zarnamen
Dedjaz Debbeb, mächtige Staubwolken aufwirbeln.
Die beiden Frauen sind in großer Aufmachung: Jägerdiadem mit Löwenmähne; Stirnband des Elefantenjägers (aus Stoff und mit langen,
wehenden Enden), bei Malkam Ayyahou eine Art schwarzer, gestick-
ter Stola und bei beiden ein über der Chamma um die Hüften getrage-
nes viereckiges Tuch. Eine jede hat eine Peitsche mit Glöckchen, die
dazu dient, die widerborstigen Zar zu bändigen.
Unter den Anwesenden ist auch ein Priester, ein jüngerer Bruder von
Malkam Ayyahou. Er ist nur gekommen, sagt er zu Abba Jérôme, um
für die Heilung seiner Schwester zu beten . . . Als dann allerdings die
Nacht hereingebrochen ist und die männlichen Gäste wieder gegangen
sind, legt er sich auf eine Bank und verschläft bzw. verschnarcht die
meiste Zeit.
Ich erfahre zufällig, daß das Fest schon gestern begonnen hat und daß
die ganze Nacht über getanzt wurde. Ich schätze, man hat uns absichtlich nicht benachrichtigt und uns erst heute kommen lassen, um sicher
zu sein, daß wir gestern nicht kommen würden, und mich packt die
große Wut. Ich sage Abba Jérôme, er solle Malkam Ayyahou ausrichten, daß »ich *Abba Yosèf* für einen Pfaffenschwänzler und einen ausgemachten Schuft ansehe«. Natürlich übersetzt Abba Jérôme das nicht.
Hätte er übersetzt, meine Worte wären ohne Folge geblieben, denn

man hätte gesagt, ich sei vom Zar besessen. Ich glaube, in Wirklichkeit war ich wohl eher vom Honigwein besessen . . . Das merke ich aber erst jetzt, wo ich mich an ein paar weitere »Unschicklichkeiten«, wenn man so will, erinnere, die ich mir zuschulden kommen ließ.

Ein weiterer kriegerischer Tanz der beiden Frauen wird von Ausrufen begleitet wie »Hoch Adouah!«, sowie von Aufschneidereien wie z. B. »Ich (dieser oder jener Zar), Töter der Dabtara usw.« Der *Dedjaz Debbeb* – eine große, schwarze Circe, die bald verdutzt und bald arglistig ausschaut – tanzt anschließend einen rasenden Tanz alleine. Sie tanzt und heult, den Kopf in weiten Kreisen in vertikaler Ebene bewegend (eine Geste, die mir die »Lothringer Kreuz-Masken« in Sanga in Erinnerung ruft, die mit ihren Spitzen den Boden aufkratzten). Ihr Geheul beginnt in dem Augenblick, wo der Kopf am weitesten gesenkt ist, und endet mit einem unvermittelten Ausstoß, wenn sie – wieder aufrecht stehend – sich nach hinten neigt, um Atem zu schöpfen. Zwischen dem Beginn des Geheuls und dem endgültigen Ausstoßen des Atems leiert sie außerdem noch (sehr schnell und wie eine Art von Gegen-Gesang) den *foukkara,* das Kampfmotto herunter.

Einige Minuten später beugt sich *Dedjaz Debbeb,* der außer Atem innegehalten hat, über das Feuer, um sich mit Pulverdampf beräuchern zu lassen. Zum Glück ist die Dosis diesmal nicht so stark wie an dem besagten Tag der Pulverexplosion . . .

Wilde Tänze. Dinqnèsh bewegt sich in heulender Trance, legt sich dann – im übrigen ziemlich schlapp – auf die Erde. Sie wälzt sich nicht im Staub. Im Chor gesungene muselmanische Gesänge, von Händeklatschen begleitet. Malkam Ayyahou, die auf der Trommel spielt, führt den Reigen an. Sie wird von immer zahlreicheren Zar heimgesucht. Bei jeder neuen Besessenheit, sobald der neue Zar sich bekundet hat, stehen alle anwesenden auf und begrüßen ihn wie einen gerade angekommenen Gast.

Die Gesänge dauern lange. Die anwesenden Männer ziehen sich anschließend zurück und nur Malkam Ayyahou, Emawayish, Abba Jérôme und ich essen zusammen zu Abend. Wir hocken rund um den großen Korb mit den weichen Waffeln oder *injéra,* auf die Emawayish mit ihren Fingern das Kraut legt, oder die harten Eier, die den Hauptbestandteil des Mahles darstellen.

Nach dem Essen entschuldigt sich Emawayish: sie will schlafen gehen und streckt sich mit ihrem Baby auf einer Bank aus. Aber die Wanzen lassen sie nicht zur Ruhe kommen. Um die Zeit totzuschlagen – und da

Abba Jérôme und ich wegen des Regens nicht wegkönnen – nimmt sie die Trommel und beginnt zu singen. Ein schönes Gesicht, das sich manchmal zwischen den Fußzehen kratzt . . .

Sie singt halbimprovisierte Liebeslieder. Es ist die Rede von ihrer Scheidung, die sie wieder aus den Banden erlöst hat, von ihrer Verachtung der Reichtümer, die nichts sind gegen die Liebe; von dem Jungen, der aus Leidenschaft zum Chifta wird und sich wie ein Ungeziefer so klein machen möchte, um besser in seine Geliebte einzudringen. Ihrer Mutter – die ihr Antwort gibt – wirft sie in Gedichten vor, sie mit Krankheit geschlagen, sie hart angefaßt zu haben . . . Und so kommt ein langer gesungener Dialog zustande.

Von Zeit zu Zeit hat die Alte ihren Besessenheits-Anfall: Sie bleibt jetzt sitzen dabei, bedeckt sich den Kopf mit ihrer Chamma und keucht unter emsigem Wackeln, oder sie redet einfach drauflos. Gegen 2 Uhr morgens bekundet sich *Abba Yosèf;* sobald die heftigste Krise vorüber und die Chamma wieder zurückgeschlagen ist, erteilt *Abba Yosèf* den Adepten, die sich einer nach dem anderen vor ihm niederknien, moralische Ratschläge: Dinqnèsh sagt er: »Du tust unrecht, mit den Dienstboten zu schlafen.« Der Verlobten von Kasahoun: »Du schaust zu sehr nach den Offizieren.« Und Kasahoun selbst: »Töte keine Antilopen!« Die dergestalt Ermahnten empfangen ein jeder anschließend den Segen und versprechen Besserung. Ich für mein Teil bin sehr verdrossen und komme mir immer isolierter vor. Von den Liedern kriege ich nur mit, was Abba Jérôme mir in aller Schnelle übersetzen kann. Ich bin außerdem immer noch verärgert darüber, daß man mich nicht am Vorabend eingeladen hat. Mir kommt grausam zu Bewußtsein, wie sehr ich doch der »Fremde« bin. Emawayish, die sieht, wie ich ständig etwas aufschreibe, oder von Abba Jérôme aufschreiben lasse, fordert mich auf, mich doch zu amüsieren – genau wie die anderen . . . Meine Achkar, die auch da sind, nicht weit von mir sitzen, singen, lachen und in die Hände klatschen, regen mich auf. Ich weiß genau, wie sehr sie mich verachten würden, wenn ich auf ihre Ebene hinunterstiege, wenn ich mich gehen ließe . . . Ein entsetzliches Ding, der Europäer zu sein, den man nicht mag, auch wenn man ihn respektiert, solange er in seinem Halbgötterstolz verbarrikadiert bleibt, und den man in den Dreck zieht, sobald er sich annähern möchte. Ich will zweimal die Maultiere holen lassen, um wegzukommen, aber Abba Jérôme, dem die Lieder großen Spaß machen (obwohl auch ihn die Wanzen langsam attackieren), findet verschiedene Vorwände: der fehlende Mondschein, die

Hyänen, die er beim Pissen vorhin angeblich heulen gehört hat . . .

Müde und überdrüssig schicke ich mich darein und bleibe noch. Als es dann aber immer weiter geht mit den entzückenden, unverständlichen Liedern und meine Gereiztheit immer mehr zunimmt, schicke ich endgültig nach den Maultieren. Die Achkar gehen hinaus, und holen sie.

Emawayish – die nach Europa möchte, oder doch vielleicht wenigstens bis nach Eritrea – ist wild begeistert über die europäischen Kleider. Sie betastet mein Bush-shirt, meine Bedfortshorts, die gestreifte Hose von Abba Jérôme . . . Bei den Verabschiedungen wird auch der Priester wach und wünscht uns wie alle anderen eine gute Heimkehr.

25. August

Bitterkeit. Ressentiment gegen die Ethnographie, die einen in Situationen, denen man sich ganz überlassen müßte, die unmenschliche Haltung des Beobachters aufzwingt.

Besuch von Kasahoun. Er setzt mich davon in Kenntnis, daß der letzte Gatte von Emawayish – derjenige, von dem sie sich gerade getrennt hat – dank seiner, Kasahouns, Diplomatie sich wieder mit ihr zusammentut. Das Mädchen wollte erst nicht, denn der Mann ist geizig und eifersüchtig, aber man hat sie überzeugt. Er ist im übrigen der Vater des Babys. Unter dem Vorwand, er habe ein Medikament eingenommen, in Wahrheit, um zu dem Fest bei den ausgesöhnten Eheleuten zu gehen, zieht sich Kasahoun früh zurück.

Auch bei uns wird ein großes Fest vorbereitet. Unser wackerer entlaufener Priester Abba Qesié heiratet: ein Mädchen aus Qwosqwam, einer der nahegelegenen Gemeinden. Für das heutige Nachtmahl ist ein Rind geschlachtet worden. In einem der Zelte ist die ganze Erde mit blutigem Fleisch ausgelegt, das von den Kollegen Abba Qesiés, unseren Bediensteten, in großen Stücken nach Qwosqwam getragen wird. Abba Qesié selbst läuft aufgedreht in der Gegend herum, mit halbnacktem Oberkörper unter dem zerrissenen Hemd, in der Hand ein breites Messer – rot vom Blut weißgott welcher Jungfräulichkeit.

Da ich die nur fragmentarisch aufgezeichneten Lieder von vorgestern abend vervollständigen lassen möchte, schicke ich einen Bediensteten zu Emawayish und lasse anfragen, ob sie uns am Nachmittag empfangen könne. Sie läßt uns eine kurze, abschlägige Antwort erteilen: ihre Mutter sei nicht da. Ich bin ziemlich gedemütigt von dieser Antwort und stelle fest, daß sich in der Tat die Lage verschlechtert seit der Versöhnung.

Abba Jérôme erklärt in plötzlicher Erleuchtung, dann bräuchten wir ja nur eins zu tun: sofort zwei Maultiere holen lassen und zur Mutter reiten. Der Regen schiebt die Sache schon einmal auf. Zudem sind die Achkar nicht da, außer einem, der uns ganz allein die Tiere von der Weide holen muß. Ich ziehe meine Stiefel über, erstens um bei der Durchquerung des Baches nicht zu naß zu werden, und dann, um mich gegen die Wanzen zu schützen, die das Haus unserer alten Freundin verseuchen. Wir gehen ein wenig auf und ab, reden von etwas ganz anderem: von den Prügeln, die der Dolmetscher Wadadjé von den Soldaten des Fitaorari Makourya bezogen hat, weil er einen von ihnen nicht gegrüßt hatte. Die Maultiere kommen schließlich. Wir satteln und brechen auf.

Bei unserer Ankunft kauert die Alte auf ihrem Gurtbett, Kopf und Schultern sind unbedeckt. In Tränen aufgelöste Adeptinnen umringen sie, denn sie ist krank. Aus ihren apokalyptischen Worten läßt sich nach und nach herauslesen, daß sie gestern fast ertrunken wäre, als sie auf dem Rückweg von Gondar den Sturzbach durchwatete, der an diesem Tag eine Zeitlang so reißend war, daß zwei Frauen und ein Esel darin umgekommen sind. Die paar Adeptinnen, die zu Hause auf sie gewartet hatten, glaubten, sie sei auch umgekommen und stimmten ein lautes Heulen und Klagen an. Als sie dann kam, rann das Wasser noch von ihr herunter. Ihre Rettung verdankte sie einzig und allein dem Eingreifen des Zar *Merkeb* (Schiff), der ihr, gerade als die Wasser sie wegreißen wollten, mit 50 unsichtbaren Mannen zu Hilfe eilte. Es folgte eine Nacht vollkommener Kopflosigkeit, eine Nacht des Wahns und der Besessenheit, in deren Verlauf ungefähr 20 Geister auf die sich windenden und schreienden Frauen herabstiegen. Der Höhepunkt der Nacht waren dann die jäh (durch eines der winzigen Fenster) hereinbrechenden 50 Löwen und 50 Hyänen, die der Zar *Sheikh Ambaso* (Scheik Löwe) ihnen geschickt hatte.

Das ist aber nicht das einzige Drama, das sich vorgestern abgespielt hat – und das erklärt die überreizte Stimmung der Frauen. Emawayish und ihr Mann haben sich doch nicht wieder versöhnt. Der Mann hatte mit der Mutter seinen Frieden geschlossen, und daraufhin hatte auch die Tochter eingewilligt, sich mit ihm auszusöhnen. Als der Gemahl diese letztere dann aufsuchte, um ihre Verzeihung zu erbitten, hatte er zwei von den jungen Leuten bei ihr angetroffen – Verwandte angeblich – die ich selbst schon in der Tanznacht bei Malkam Ayyahou gesehen hatte und die jetzt Kaffee mit ihr tranken. Wutentbrannt und überzeugt, betrogen zu sein, hatte der Gemahl den Kaffee umgeschüttet, einen geladenen Revolver gezogen und die arme Emawayish erschießen wollen. Die anwesenden jungen Leute sind dazwischengetreten, und der Rasende hat sich beruhigt, aber die Versöhnung ist danebengegangen.

Gleich nachdem ich von der Geschichte gehört habe, lasse ich Malkam Ayyahou ausrichten, daß Abba Jérôme und ich ihrer Tochter voll und ganz ergeben sind und daß sie bei jeder Gelegenheit auf uns zählen kann. Ich wolle mir überlegen, was am besten zu tun sei, verspreche ich ihr. Als ich ihr das übermitteln lasse, schlage ich einen ritterlich entrüsteten Ton an, aber ich habe kaum ausgeredet, als mir auch schon klar wird, wie groß die Wahrscheinlichkeit ist, daß meine Unterstützung platonisch bleiben wird, und ich schäme mich meines abstrakten Enthusiasmus.

Kurz bevor sie den Fluß zu überqueren versuchte, war ganz in der Nähe von Malkam Ayyahou der Blitz niedergegangen und hätte sie fast erschlagen. Der Blitz war von Abba Yosèf geschleudert worden, denn er war empört über Malkam Ayyahou und ihre Adeptinnen, die an diesem Tag, dem Fest der Apostel, gearbeitet hatten und ausgegangen waren.

Die Unterhaltung geht in einem gesetzten, besonnenen Ton weiter, der eher an eine Beweisaufnahme erinnert als an eine Offenbarung oder Enthüllung. Ich mache ein paar freundschaftliche Faxen, lese den Damen aus der Hand usw. Ich stelle Malkam Ayyahou als großen Charakter heraus, Aggadètch (*Dejaz Debbeb*) als komplizierte Person. Ich will Dinqnèsh schon als eine nette kleine Nutte beschreiben, aber dann läßt sie mir ihre Hand nicht.

Zudem erteile ich Aggadètch und Dinqnèsh ärztliche Ratschläge: Aggadètch hat Bauchschmerzen, Dinqnèsh tun die Füße weh. Ich erfahre beiläufig, daß diese letztere vor vier Jahren die Syphilis hatte. Malkam

Ayyahou schreibt Dinqnèshs Fußschmerzen teils den Folgen jener Krankheit zu, teils dem Umstand, daß sie nachts oft nach Männern ausgeht und dabei manchmal in den Urin (oder das Sperma) der Geister tritt.

Kurz vor unserem Aufbruch entschuldigt sich Aggadètch, sich neulich nicht von mir verabschiedet zu haben. Ich bin momentan wie vor den Kopf geschlagen, denn ich erinnere mich genau, ihr die Hand gegeben zu haben, aber dann erfahre ich, daß sie zu diesem Zeitpunkt nicht mehr der Zar *Debbeb,* sondern der Zar *Seggoudem* war . . .

Auf dem Rückweg erzählt uns Kasahoun, der uns begleitet, weitere Einzelheiten zum Fall Emawayish. Als ihr Gemahl den Kaffee umgeworfen hat, der für sie »das Blut Christi« bedeutet, hat sie vor den Priestern geschworen, eher Muselmanin zu werden, als sich mit ihm wieder auszusöhnen.

27. August

Schleppende Arbeit mit dem Lahmen an der Übersetzung eines Textes. Wenn ich an das unausgesetzte Wetterleuchten der Alten denke, an den befremdlichen Charme ihrer Tochter, und den immensen Wert ausmesse, den ich dem Aufzeichnen ihrer Worte beilege, wird mir die methodische Befragung unerträglich. Ich muß mitten drin sein in ihrem Drama, das was sie sind und wie sie sind aus der Nähe berühren, es im lebendigen Fleische fühlen. Zum Teufel mit der Ethnographie! Das Merkheft von Abba Jérôme, in das ich ihn im Fluge alles aufzeichnen lasse, was die Alte oder ihre Tochter oder jemand aus ihrer Umgebung sagt, ist für mich eine Welt voller Offenbarungen, und die Übersetzung versetzt mich jedesmal in Taumel . . . Ein eigenartiger Nervenzustand: losgelöst und doch zugleich fatal in die Beschäftigung mit diesen Dingen verstrickt. Und voller Angst zumal, dieses schöne Gebäude könne zusammenstürzen – aus Gründen, die von mir aus gesehen absurd wären, wie z. B. wenn Emawayish aus Angst vor ihrem ehemaligen Gatten sich darauf versteifen wollte, uns nicht mehr zu empfangen. Über mehrere Seiten des Merkheftes: Bruchstücke der Lieder, die sie neulich abends gesungen hat; und ich werde keine Ruhe haben, bevor sie nicht vervollständigt sind.

Ich bin gerade dabei, die Aufzeichnungen von dem Besuch gestern abend zu übersetzen, als der ältere Sohn von Emawayish kommt (der sich auf der Suche nach kleinen Hilfsdiensten, die ihm kleine Belohnungen eintragen können, oft in unserem Lager sehen läßt). Er bringt mir einen Zweig einer wohlriechenden Pflanze, ähnlich dem Basilikum. Ich schicke ihn gleich wieder aus, mir einen ganzen Armvoll davon zu holen. Ich bedecke damit den Boden unter meinem Bett; vielleicht vertreibt das die Wanzen, die ich gestern mitgebracht habe, und auf jeden Fall hilft es mir, in die Magie einzutauchen, denn mit dieser Pflanze wird der Fußboden des Hauses ausgelegt, wenn man die Zar oder die Dämonen anrufen will.

Kurz vor 5 Uhr ist die Übersetzung fertig. Da ich keinen Informanten zur Hand habe, schlage ich Abba Jérôme einen Spaziergang vor. Beiläufig drücke ich ihm mein Bedauern aus, mit der Vervollständigung der schönen Gesänge noch warten zu müssen. Abba Jérôme – entschieden ein initiatives Gemüt – packt die Gelegenheit beim Schopf: Wir gehen jetzt gleich zu Emawayish, begleitet von ihrem Sohn, der uns erst im letzten Augenblick anmelden soll. Wir nehmen Tee und Zucker mit, damit sie uns keinen Kaffee anzubieten braucht.

. . . .

Eine große Anzahl von Liedern haben wir vervollständigen können, und Emawayish hat auch noch andere Gedichte rezitiert. Sie ist zwar, wie üblich, aufmerksam und freundlich, aber manchmal verfinstert sie sich doch. Obwohl sie eine Frau ist, die sich ihrer Haut zu wehren weiß (ihr Gesicht verhärtet sich manchmal und ihr Blick wird dann unbezähmbar), beunruhigt sie doch fraglos die Nähe des Revolverhelden. Als wir gehen, lasse ich sie durch Abba Jérôme noch einmal meiner Ergebenheit versichern und bringe meine Hoffnung zum Ausdruck, sie möge ihre Mutter begleiten, die morgen zum Lager kommen soll.

Auf dem Rückweg mit Abba Jérôme bin ich düsterer Stimmung. Schade, daß man für dieses Mädchen nichts machen kann, daß man sie nicht vor der Brutalität dieses Kretins bewahren kann. Aber es liegt auf der Hand, daß man sich in diesem Fall ganz um sie kümmern müßte, daß man sich an die Stelle dieses Mannes setzen, mit einem Wort: sie entführen müßte. Und es bräuchte jemand, der wirklich für sie da sein könnte und – damit es nicht zum lächerlichen Ulk wird – jemand, der sie liebte und den auch sie zu lieben vermöchte . . . Ansonsten ist nichts zu wollen und alle Versicherungen der Ergebenheit bleiben platonisches Gewäsch.

Lifszyc hat mir gestern eine Neuigkeit mitgeteilt, von der ich noch nicht weiß, ob sie stimmt oder nicht, aber als ich sie hörte, war ich momentan wie vom Schlag gerührt. Kasahoun, der Bedienstete von Abba Jérôme, hat ihr gesagt, Emawayish sei jetzt außer Gefahr: ein Mann wolle sie heiraten; sie werde nach Europa gehen, wie es ihr Wunsch ist, denn der Mann sei ein Mitglied der Expedition. Und das fragliche Mitglied der Expedition ist niemand anderes als Abba Jérôme!!!

Ich habe seit gestern lange über diese Geschichte nachgedacht. Es ist gut möglich, daß es sich dabei um bloßes Gerede handelt. Aber sollte Abba Jérôme, als er angeblich meine Worte übersetzte, nicht auf eigene Rechnung seinen Hof gemacht haben? Ich habe mich entschlossen, noch heute morgen ein Gespräch mit ihm darüber zu führen. Wenn er mir sagt, daß es damit seine Richtigkeit hat, biete ich ihm meine Unterstützung an. So würde ich etwas für die Rettung des erstaunlichen Mädchens tun können. Und ganz egoistisch gesehen fällt für mich dabei ab, daß die Quelle der Poesie nicht schlagartig versiegt und daß ich in gewisser Weise meinen Pakt mit den Zar schließe, denen ich es gegenwärtig verdanke, ein paar Fuß von der Erde abzuheben und mich mitten in die Mythologie zu versetzen. Und wer weiß? Wenn Emawayish unserer Karawane folgt, fällt für mich dabei vielleicht auch noch was anderes ab . . .

. . . .

Ich habe Abba Jérôme gesagt, was ich ihm sagen wollte. Er ist überhaupt nicht darauf eingegangen. Ihm zufolge ein bloßes Dienstbotengewäsch. Ob das nun stimmt oder nicht, die Unterredung hat jedenfalls meinem schwärmerischen Rausch ein Ende gemacht; alles schrumpft wieder zur Komödie zusammen.

Emawayish ist gewiß imstande, sich allein zur Wehr zu setzen. Sie wartet bestimmt nicht auf den ritterlichen Helfer, wenn sie erst einmal wirklich entschlossen ist, ihren Mann loszuwerden. Um sich davon zu überzeugen, braucht man sie nur einmal so zu sehen, wie ich sie gestern gesehen habe: als Matrone in ihrem Haus thronend, mit ihrem Sklaven, dem Landwirt, ihrer jungen Sklavin, die den Kaffee serviert, dem Baby des Landwirts und der ganzen unbestimmten Hausgemeinschaft, zu der ihre beiden eigenen Kinder gehören, ein oder zwei kleine Mädchen aus der Nachbarschaft und die »Gottesgäste«, Fremde, Verwandte oder vorbeischauende Freunde, wie z. B. der Leprakranke, mit dem wir Tee getrunken haben und aus dessen Tasse ich, wie mir scheint, getrunken habe, ohne es im übrigen gewahr zu werden. Es wäre kindisch, Emawayish unter die Arme greifen zu wollen, wenn man sie erst einmal auf der Ecke ihres mit Bambus umzäunten Banco-Alkovens sitzen gesehen hat (in dem ihr Geld, ihre Spinnwolle, ihre Liebesbriefe verwahrt sind; der nächtens ihren von drohenden Alpgespenstern bevölkerten Schlaf bewacht, den sie ihrer Situation als Gemahlin ohne Mann verdankt; und vielleicht ihre Träumereien als Frau ohne Klitoris), wenn man sie gesehen hat, wie ich sie gesehen habe, wachsam auf das leiseste Geräusch in ihrem Anwesen achtend, über die Respektierung des »Gottes-Weizen« wachend und sofort ihren ältesten Sohn nach draußen schickend, damit er einen am Korn knabbernden Esel verjagt . . . Die würdige Tochter ihrer Mutter, trotz der Sanftmut mancher ihrer Gesten (wie z. B. als sie meine von den Pulverflammen verbrannten Arme betastete, oder die Narbe über dem linken Auge, die ich schon seit Jahren habe), würdige Erbprinzessin, imstande, selbst ihrer Mutter die Stirn zu bieten und ihr standhaft vorzuwerfen, sie mit Besessenheit geschlagen zu haben, um den Fortbestand der Dynastie zu sichern.

Wie ausgemacht, kommt sie heute nachmittag zum Lager – mit ihrer Mutter, Aggadètch und Dinqnèsh. Ich empfange die vier Damen in meinem Zimmer, damit Abba Jérôme, sie und ich in aller Ruhe miteinander reden können. Ich lasse den Kaffee servieren und dann den Tee, den ich – auf gute Manieren bedacht – eigenhändig ausgieße, nachdem ich ihn erst mit Zucker, dann mit Honig gesüßt habe. In ein Kohlenbecken, das er hereinbringen ließ, wirft Abba Jérôme Weihrauch, und nach den Gebeten, die unsere alte Freundin zu dieser Gelegenheit vorspricht, sagen alle fromm: »Amen!« Die Zusammenkunft ist sehr fröhlich, sehr vertraulich. Emawayish, die sich zu Anfang unwohl zu fühlen scheint, bleibt hinter ihrer Mutter sitzen. Sie entfernt sich dann plötzlich von ihr, behauptet, sie verbrenne in ihrer Ausstrahlung, und lehnt sich gegen das Fußende meines Bettes. Sie ist besessen, denn *Merkeb* hat ihr noch nicht verziehen, daß sie sich an dem Tag, als Malkam Ayyahou fast ertrunken wäre, geweigert hatte, diese bis zum Fluß zu begleiten. Emawayish fühlt, wie der Zar ihr auf den Schultern lastet. Sie verspürt ein so unangenehmes Gefühl, daß sie sich noch weiter von ihrer Mutter entfernen will und mich um die Erlaubnis bittet, sich auf mein Bett setzen zu dürfen. Einige Augenblicke später nimmt sie meine Hand und legt sie unter ihre Achsel, damit ich spüre, wie brennend heiß sie ist. Aber sobald ihre Mutter, die im Namen des aufgebrachten Zar spricht, ihr den Segen erteilt hat, indem sie ihr mit beiden Handflächen fest auf den Rücken klatscht, kommt Emawayish wieder zu sich und die Unterhaltung geht in munterem, aufgeräumtem Ton weiter.

Malkam Ayyahou ist sehr in Fahrt heute. Sie war begeistert, als sie in dem Porträt auf Goldgrund, das Roux in Paris vom Ras Haylou gemalt hat und das jetzt – weil es dem nunmehr inhaftierten Ras nicht hatte ausgehändigt werden können – eine Wand meines Zimmers schmückt, die Züge des soldatischen Zar *Abba Qwosqwos* erkannte. Mehrmals an diesem Nachmittag bekundet sie einen neuen Zar. Bei jeder neuen Ankunft stehen wir alle auf und verbeugen uns zeremoniell vor ihr, als sei ein neuer Gast hereingekommen.

Abba Jérôme notiert viele oft interessante Dinge: neuerliche Beispiele für den rachsüchtigen und oft vernichtenden Charakter der Zar, von denen Malkam Ayyahou besessen ist; muselmanische Gesänge, bei denen die vier Frauen sich den Kopf mit ihrer Chamma bedecken, um es ganz wie die Araber zu machen; die Geschichte von der Python-schlange, die in einer Höhle das rituelle Kaffeetablett von *Rahiélo* bewacht, rund herum geschlungen wie jene andere Schlange, die die Welt umschlingt, usw.

Ich höre zu, ich stelle Fragen, ich biete viel Tee an. Emawayish macht Miene, aufzubrechen: ihr jüngster Sohn sei zu Hause und allein die Mutter könne auf ihn aufpassen . . . Aber von Abba Jérôme erfahre ich, daß das nur ein Vorwand ist und daß die vier Frauen – wegen der harntreibenden Qualitäten des Tees – dringend urinieren müssen. Mit der Ungezwungenheit, die sie sich aufgrund ihres Alters erlauben kann, hat mich Malkam Ayyahou denn auch gerade um die Erlaubnis bitten lassen, sich in das Nebenzimmer – unser Photoatelier – zurückziehen zu dürfen, denn draußen regnet es. Ich bin natürlich einverstanden und sie geht mit ihrer Tochter nach nebenan, denn es ist gefährlich, beim Pinkeln alleine zu sein. Dinqnèsh und Aggadètch ziehen sich dann ebenfalls zurück. Und nachdem sich meine vier Freundinnen dergestalt erleichtert haben, belebt sich die Unterhaltung wieder von neuem, und es ist keine Rede mehr von Wegmüssen. Ich werde mich hüten, das Griaule zu erzählen, denn der wäre sicher nicht gerade erbaut darüber, daß der Ort, wo er seine Photos entwickelt, mit Urin besudelt worden ist. Ich meinerseits finde das sehr nett und keineswegs unvereinbar mit einer gewissen Mondänität.

172

Als meine Freundinnen Abschied nehmen (ziemlich spät, denn sie sind von immer neuen Regenschauern aufgehalten worden), begleite ich sie ein paar Schritte. Wir trennen uns als gute Freunde und sind (so scheint mir) voneinander durchaus angetan. Jetzt kommt es nur noch darauf an, daß es wiederholt werden kann.

29. August

Eine letzte Ausräucherung gleich nach dem Abgang der Frauen hat ihren sauren Milchladengeruch wieder vertrieben. Zarname von Emawayish: *Sanselèt,* d. h. »Handschelle« oder Kette, mit der man die Hände bindet. Für heute nachmittag habe ich mir vorgenommen, ihren ersten Gatten zu besuchen, der – von seinem Wahn geheilt – anscheinend mit viel Erfolg seinen Beruf als Dabtara im Viertel von Baata (dem Viertel der Schwiegermutter) ausübt.

. . . .

Zurück zur Politik: 1. Wadadjé läßt Abba Jérôme einen kleinen Brief überbringen, demzufolge er heftige innere Schmerzen hat, seitdem er von den Soldaten behelligt worden ist; er gibt den Schuldigen an und verlangt – wie es nach abessinischem Brauch sein Recht ist – dessen Verhaftung; 2. gegen 11 Uhr wird Abba Jérôme zum Konsulatsbüro gerufen, wo ein Abgesandter des Fitaorari Makourya auf ihn wartet; nach zahlreichen Entschuldigungen und Freundschaftsbeteuerungen im Namen des Fitaorari übermittelt der Abgesandte eine telephonische Botschaft des Dedjaz Wond Woussen, die den Franzosen die Fortsetzung ihrer Bauarbeiten untersagt. Die Order kommt ein bißchen spät, denn das Haus ist bereits fertig. Da es im übrigen auf italienischem Territorium steht, läßt der Fitaorari Makourya den Konsul bitten, er solle uns persönlich die Weiterführung der Arbeiten verbieten. Der Konsul gibt ihm natürlich einen abschlägigen Bescheid, sagt, daß er bei sich Herr im Hause ist und daß er uns selbst die Erlaubnis erteilt hat. Er setzt hinzu, daß wir in voller Übereinstimmung mit der abessinischen Regierung arbeiten und stellt Abba Jérôme vor, den offiziellen Repräsentanten des Kaisers, beauftragt, der Expedition in ihren Forschungen beizustehen.

Da der erste Mann von Emawayish nicht aufzufinden war (er wohnt schon seit einiger Zeit nicht mehr in Gondar), gehe ich mit Abba Jérôme zu Malkam Ayyahou und höre wieder von der Affäre Wadadjé. Malkam Ayyahou erklärt, so etwas wäre nicht passiert, wenn sie – bzw. *Abba Qwosqwos* – zugegen gewesen wäre! Von dem Sklaven und Landwirt und von Kasahoun, die auch gerade da sind, hören wir, was in der Stadt über den Zwischenfall erzählt wird: Man habe Wadadjé in ein unterirdisches Gelaß locken, ihn dort ausrauben und anschließend umbringen und verscharren wollen; da das nicht geklappt habe, habe man ihn gegen 9 Uhr abends freilassen wollen, um ihm dann auf dem Rückweg bei der Überquerung des Sturzbaches den Garaus zu machen. Und all das, weil er sich als Bediensteter der *françawi* zu erkennen gegeben hatte . . . Das sind zwar nur Gerüchte, aber immerhin bezeichnende Gerüchte. In Gegenwart von Malkam Ayyahou (der ich eine Schachtel Stärkungstabletten mitgebracht habe) und von *Dedjaz Debbeb* (der vier Rhabarberpillen als Abführmittel bekommt) lasse ich durch Abba Jérôme – mit der Bitte, es in Gondar zu verbreiten – die folgende Erklärung abgeben: Wehe dem, der sich zu seinem Unglück untersteht, in Gegenwart irgendeines von uns Hand an einen Bediensteten der Expedition zu legen, er hat auf der Stelle mit einer Revolverkugel zu rechnen! Seit drei Tagen nehme ich ein entschieden großschnäuziges Gehabe an . . .

Beim Abendessen Konferenz zwischen Griaule und dem Konsul. Der Konsul will protestieren, weil man ihm in einer Angelegenheit, die allein seine Konzession angeht, einen Befehl erteilen wollte. Griaule will protestieren: 1. bei der äthiopischen Regierung (und erklären, daß die Expedition nicht über Addis Abeba, sondern über Eritrea nach Djibouti reisen wird, falls Wond Woussen im Oktober noch immer in Dabra Tabor sein sollte); 2. durch Vermittlung des Konsuls beim Fitaorari Makourya, um die Verhaftung des Schuldigen in der Affäre Wadadjé zu verlangen; 3. bei Wond Woussen selbst, um ihm zu bedeuten, daß seine Befehle der Unterstützung zuwiderlaufen, die uns die Zentralregierung zuteil werden läßt und daß er sich hiermit selbst wissentlich in die Rubrik der Chifta einordnet. Das alles wird schon morgen früh brieflich oder per Telephon an die Empfänger abgehen.

Diese neuerlichen Komplikationen sind zwar ganz anziehend, aber ich bin wie benebelt von den Zar. Und Zusammenkünfte nach Art der gestrigen sind mir jedenfalls lieber – wo die Alte jeden Augenblick in Trance fallen kann und ihre Tochter alles mit den Händen anfaßt (Stiefelriemen, Pyjama, Plaid, Matratze), insgeheim hingerissen von so viel europäischem Luxus. Und mir ist auch die schöne und brave Schülerin

Emawayish lieber, wenn sie neben ihrem nackten Fuß hurtig einen Strohhalm aufliest und mit einer Hand abbricht, um damit auf den ersten Seiten des Wörterbuchs von Guidi das ins Italienische übertragene amharische Alphabet zu verfolgen und zu buchstabieren. Dieselbe würdige Gemessenheit, mit der sie bei sich zu Hause neulich ihren gedruckten *David* geküßt hatte, bevor sie uns dessen Typographie und Illustrationen bewundern ließ: am Anfang den Harfe spielenden König David, am Ende den mit einer Löwenmähne geschmückten Lidj Yasou.

30. August

Große Demonstration militärischer Stärke: Begleitet von zwei bewaffneten Achkar sind Lifszyc und Faivre zum Telephon gegangen, um die Botschaft an Wond Woussen aufzugeben; dem Konsul, der sich in feierlichem Zug zur Einweihung einer Kirche begeben hat, haben die Aggressoren von Wadadjé die Knie geküßt; sie kommen morgen zum Lager, um sich vor aller Augen zu entschuldigen.
Fast den ganzen Tag lang übersetze ich mit Abba Jérôme die Aufzeichnungen der letzten Tage. Ich komme wieder aus dem Abgrund heraus, in den ich mich verstiegen hatte.
Übermorgen besuchen wir Emawayish und bringen ihr ein Schreibheft, Tinte, einen Federhalter und schöne Stahlfedern mit. Wir wollen versuchen, sie zum Aufschreiben ihrer Lieder zu überreden. Die Buchstaben sind dann sicher nicht so fein gezeichnet wie die blauen Kreuze auf ihrem Handrücken und der tätowierte Kragen, der ihren Hals ziert. Aber das ist ja gleichgültig.
Man erzählt in Gondar, die Franzosen seien gekommen, um die Magie auszuüben und die Erde zu behexen. An dieser Reputation sind wohl hauptsächlich Abba Jérôme und ich schuld.

31. August

Am Morgen ein Brief von Emawayish. Sie möchte gern, daß ich ihr eine Decke schenke. Sehr verständlicher Wunsch, nachdem ich so kavaliersmäßig von Ergebenheit getönt habe . . . Nie werde ich einen Eingeborenen der Käuflichkeit bezichtigen. Man stelle sich nur einmal vor, welch einen irrsinnigen Reichtum der Europäer für so arme Leute verkörpert und welche betörenden Juwelen für sie schon die unscheinbarsten Gegenstände seines Komforts darstellen!

Noch heute nachmittag gehe ich mit Abba Jérôme zu Emawayish und übergebe ihr Feder, Tinte und ein Heft, damit sie selbst das Manuskript verfassen oder es ihrem Sohn diktieren kann. Ich lasse durchblicken, daß der Chef der Expedition ihr das gewünschte Geschenk machen werde, falls er zufrieden ist.

Der Anflug von Trance neulich, die Anstalten, sich von ihrer Mutter abzusetzen, hatten vielleicht nur den einen Zweck, sich erst einmal anzunähern und dann auf mein Bett zu setzen, um besser die Decken betasten zu können . . .

Kurz vor dem Abendessen sagt Lutten beiläufig, er habe Lust (und er spricht davon, als sei es schon geschehen), mit Emawayish zu schlafen. Sie beschäftigt mich zwar, aber ich bin in dieses Mädchen doch nicht verliebt; und ich begehre sie auch nicht. Trotzdem zerreißen mir Luttens Worte das Herz. Sie rühren wieder an meine alte Wunde, die unverändert immer noch da ist, obwohl ich mehrere Monate über geglaubt hatte, die Reise und das tätige Leben hätten sie zugeheilt: die Unmöglichkeit, mich zufrieden zu geben wie alle anderen, die Liebesdinge mit Nonchalance zu behandeln, die Unmöglichkeit sogar, zum Genuß zu kommen und als einziges Vermögen die Fertigkeit, mir die kolossalsten Qualen zu erfinden.

Intellektuelle Frenesie, mit der ich versuche, mir Emawayishs Gedanken aufzuschlüsseln, um besser zumal ihre Beziehung zu ihrer Mutter zu verstehen; vorübergehende Liebesbezeugungen von Seiten eines jungen Mannes, für den die Liebe allerdings eine Frage des Vergnügens oder der Hygiene ist! Das sind die Elemente, die gegeneinanderspielen, die widersprüchlichen Ansichten, die ich niemals in mir werde versöhnen können; das ist die Wurzel meines schrecklichen Unglücks, der Grund meiner Krankheit. Versteinert, wie ich bin, und überzeugt, daß ich in keiner Richtung eine Geste machen werde, nach hierhin nicht und nach dorthin nicht, messe ich den genauen Sinn dieses Wortes aus: EWIG. Einen Revolver gegen sich selbst zu richten, wäre das geeignete Mittel, um Abhilfe zu schaffen für alles: den Widerspruch beseitigen, nicht alt werden, nicht leiden, und dies sogar (wo ich auf solches nun einmal Wert lege) in einer vollkommen sauberen, eleganten Geste tun. Aber diese einzige Geste wird unterbleiben. Ohne Zweifel aus Gründen purer Feigheit . . .

Aber bin ich nicht auch viel zu einsam? Ich bekomme keine Briefe mehr. Niemand, zu dem ich – aus dem Grunde meines Herzens – wirklich sprechen könnte. Und so werde ich zum Opfer der Phantome, die diese Art von Internierung wie Blüten hervortreibt; kleine, unscheinbare Phantome eigentlich, die zu Fall zu bringen es weniger bräuchte als einen Hahnenschrei in der Nacht, die aber noch immer entsetzlich sind – trotz ihrer Nichtigkeit –, denn sie legen den Finger auf die kaum verborgene Wunde.

Fragen Emawayishs heute Nachmittag, als ich von dem Manuskript sprach und ihr sagte, es sei gut, wenn sie insbesondere Liebeslieder aufschreibe, wie die in der Nacht neulich: *»Die Poesie, gibt es das in Frankreich?«* und: *»Gibt es in Frankreich die Liebe?«*

1. September

Sehr schlechte Nacht. Schlaflosigkeit und ganz spät noch ein kurzer Schlummer. Von Z. geträumt, geträumt, daß ich Post bekomme, und das tut mir gut. Dann zieht mir plötzlich der Geruch der Kräuter in die Nase, mit denen ich mein Zimmer habe auslegen lassen. Halb im Traum noch fühle ich eine Art schwindelndes Kreisen (als ob ich meinen Kopf heulend im Kreise herumwirbelte und den für die Trance charakteristischen *gourri* machte) und ich stoße einen Schrei aus. Jetzt bin ich tatsächlich besessen . . . Dies feststellend schlafe ich aber ein und wache erst um 5 Uhr morgens wieder auf, als die Italiener Alarm blasen, weil ein Häftling gerade ausgebrochen ist (einer der Bediensteten des ermordeten Kolonells, ein Mann, der unter dem Verdacht steht, in das Verbrechen verwickelt gewesen zu sein) . . .

Obwohl ich den ganzen Tag über müde und gereizt bin, geht es mir besser. Es wird mir bewußt, daß ich mich übernommen habe, daß ich mich zu sehr für eine Untersuchung begeistert habe, die mich auf gefährlichen Boden führt. Ich sehe auch allmählich, woran dieser heftige Schmerz größtenteils liegt, der mich erschüttert hat: Es sind auf einmal meine eigenen Zweifel an diesen Geschichten hochgekommen. Gedichte, die sicher nicht so schön sind, wie ich geglaubt hatte, Besessenheit, die vielleicht gar nicht so tief ist, die auf vage neurotische Phänomene hinausläuft und nebenbei dazu dient, eine ganze Menge sonstiger Artikel unter ihrer Flagge segeln zu lassen . . . Aber vor allem, und ganz im Widerspruch hierzu, das quälende Gefühl, am Rande von etwas zu stehen, dessen Grund ich nie berühren werde. Und das liegt unter anderem daran, daß ich mich nicht gehenzulassen vermag, wie es nötig wäre, und das wieder aus den verschiedensten Gründen, die nur schwer zu definieren sind, unter denen aber an erster Stelle Fragen der Hautfarbe, der Zivilisation, der Sprache stehen.

Ein Beispiel, das mir ein wenig Licht in dieses Rätsel bringt und mir deutlich die unüberwindliche Kluft zwischen zwei Zivilisationen vor Augen führt: Emawayish erwähnt gestern beiläufig, daß sie ihren jüngsten Sohn nicht wäscht, aus Angst, er werde von *Rahiélo* mit Krankheit geschlagen. Nun ist aber *Rahiélo* einer der wichtigsten Zar, von denen ihre Mutter besessen ist . . . Wenn sie so etwas sagt, dann meint sie damit sicher auch, daß einer der Geister, die den Kopf ihrer Mutter bewohnen, imstande ist, ihr Kind zu töten. Aber sie sieht ihre Mutter nicht als verantwortlich an und wirft ihr bei Auseinandersetzungen immer nur Familienangelegenheiten oder Geldsachen vor. So hat denn auch jeder, Emawayish, ihre Mutter, der Jäger Kasahoun (mit dem *abbigam* des Tieres, das er erlegt hat), Abba Jérôme, ich selbst, kurz alle zusammen den Kopf voller kleiner Geister, die wahrscheinlich all unseren Handlungen gebieten (ein Geist für jede Kategorie), ohne daß wir auch nur die geringste Verantwortung dafür tragen. Das geht aus dem ganzen Verhalten meiner Freunde und aus ihren Reden hervor. Und die Verwandten diskutieren weiter ihre schäbigen Geldangelegenheiten und verkehren doch miteinander, die Männer stehlen oder morden weiter, die Frauen prostituieren sich . . . Ein ebenso großartiges wie unerträgliches, erstickendes Lebensklima. Zumindest für mich, der ich trotz allem von einer Zivilisation durchdrungen bin, in der man dazu neigt, den Dingen keine magische, sondern eine moralische Färbung zu verleihen. Und das ist auch die Schwelle, die ich nie überschreiten werde . . . Mir fällt es z. B. schwer zu glauben, daß in diesem Augenblick nicht ich selbst es bin, der leidet und spintisiert, daß ich unzweifelhaft von einem bösen Geist befallen bin – einem Nachtmahr vielleicht –, daß man jedenfalls, wenn ich z. B. morgen lustig bin, nicht den geringsten Grund hätte, auf das Bezug zu nehmen, was ich heute gesagt habe, und daß ich morgen, wo ich von einem fröhlicheren Geist inspiriert bin, nicht mehr derselbe bin. Keiner meiner hiesigen Freunde würde sich meinen jetzigen Zustand aber auf eine andere Weise erklären.

Die Aggressoren Wadadjés sind gekommen, um in aller Öffentlichkeit ihre Entschuldigung vorzubringen. Drei Männer mit Mienen von Chifta . . .

Zwei Erinnerungen. Die eine noch frisch, an ein Lied von Emawayish:

Sieht man auf ihren Hals, ihre Brüste, ihre Taille, dann tötet sie lächelnd. Glaubt doch nicht, sie sei eine Frau!

Die andere weiter zurückliegend, an die Erzählungen meines alten Freundes Mamadou Vad von den Hexen in Ségou: »Wenn man ihren Couscous ißt, vergißt man alles. Man weiß nicht mehr, wo man herkommt, noch warum man gekommen ist.«

2. September

Zur Zerstreuung gestern abend mit dem Karabiner geschossen. Heute morgen begleite ich Lutten zur Antonios-Kirche. Ich habe das dringende Bedürfnis, Luft zu schnappen.
Der Spaziergang bekommt mir. Ich helfe Lutten, die letzten Gemälde anzubringen und gehe gutgelaunt wieder nach Hause.
Am Nachmittag zu Malkam Ayyahou. Sie ist ein wenig lasch, alles in allem nicht gerade überwältigend. Ich habe mir zweifellos die Brisanz der Ehegeschichten ihrer Tochter stark übertrieben. Nach dem, was sie mir heute sagt, scheint der Gatte Emawayishs diese lediglich bedroht und seinen geladenen Revolver den beiden kaffeetrinkenden Leuten unter die Nase gehalten zu haben. Bleibt immerhin diese Kaffeeaffäre und die umgeworfenen Tassen. Von dem ganzen Abenteuer ist das bestimmt das schwerwiegendste. Wie mir das so oft passiert, habe ich wahrscheinlich einer Regung romantischer Übersteigerung nachgegeben und meinen Wunsch nach Dramatik für die Realität gehalten, als ich diese Geschichte so tragisch genommen habe.
Ich glaube jetzt allmählich, daß Lutten mich mit seinen Reden nur aufziehen wollte. So legt sich denn alles wieder . . .
Wie mir jetzt auffällt, habe ich vergessen, zwei Ereignisse von gestern zu erwähnen, die man für wichtig halten mag: Ankunft der Post aus Europa mit mehreren Briefen für mich, die dazu beigetragen haben, mich wieder aufzurichten; der Konsul setzt uns von einem Zwischenfall in Kenntnis, der die vor 14 Tagen abgegangene Postsendung getroffen hat: bei der Überquerung des Takazié ist der Postsack weggeschwemmt worden, die Träger sind nicht ertrunken.

3. September

Besuch vom Sohn Emawayishs. Er bringt mir das fertige Liederheft, sowie zwei Etiketten irgendeiner Anisette-Marke, die auf der Rückseite mit Graffiti versehen sind. Die eine ist von ihm; sie stellt einen gewissen Gabra Mikaël und einen seiner Diener dar, der einen Adler an der Leine hält; vielleicht weil es sich um Mikaël handelt, ist die Etikette mir gewidmet. Die andere, angeblich von seiner Mutter (aber ich bin mir da nicht so sicher) stellt zwei kleine Mädchen dar – Waletté Kidanè und Waletté Maryam –, die in derselben Gruppe von Hütten wohnen wie Emawayish.

Ich zeige Griaule das Heft. Die Lieder sind sehr kurz. Für so wenig Arbeit sei eine Decke ein übertriebenes Geschenk, findet er. Um ihre Decke zu bekommen, müsse Emawayish noch weitere Lieder dazuschreiben. Mir ist es peinlich, das übermitteln zu müssen, und es gelingt mir nur mit Widerwillen, mit einer Frau, von der ich genau weiß, daß sie gegenwärtig friert, um dieses Geschenk zu feilschen – gleichviel übrigens, ob sie an das harte Leben gewöhnt sein, oder welche merkantilen Hintergedanken sie dabei im Kopf haben mag. Da ich mich Griaules Entscheidung aber nicht entgegenstellen kann und außerdem wohl weiß, daß seine Politik der Härte im Hinblick auf die geleistete Arbeit die einzig mögliche ist, richte ich aus, was er gesagt hat. Aber ich schicke den Sohn von Emawayish mit einer Halskette für seine Mutter und mit einem Taler für ihn selbst nach Hause.

Am Nachmittag kommt Kasahoun und bringt mir einen Strauß Blumen. Ich schenke ihm nichts, denn – gefühlsmäßig gesehen – habe ich mit ihm kein Mitleid. Zudem wird er regelmäßig als Informant bezahlt und außerdem als Bediensteter von Abba Jérôme.

Die politischen Affären sind noch um einen Grad komplizierter geworden: der Konsul teilt Griaule mit, daß der Alaqa Sagga, der Chef der Kirchen dieser Provinz (welcher Griaule letzten Mittwoch aufgesucht hatte und sein volles Einverständnis gegeben hatte, die alte Ausmalung der Gondarotch-Maryam-Kirche durch neue Malereien zu ersetzen) – daß der Alaqa Sagga soeben zwei telephonische Botschaften abgesandt hat – die eine an den Kaiser, die andere an den Dedjaz Wond Woussen – des Inhalts, die Entfernung der alten Kirchengemälde verstimme den gondarianischen Klerus . . . Schon bei der ersten Wond Woussen-Affäre war die Rede davon, anstatt über Addis Abeba, über Eritrea nach Djibouti zu reisen, falls Wond Woussen nicht abberufen worden sein sollte. Wenn sich für diese neue Geschichte keine Lösung findet, ist das jetzt beschlossene Sache.

Ich erwarte morgen den Besuch Malkam Ayyahous, ihrer Tochter und ihrer bevorzugten Adeptinnen. Ich habe Kaffee bestellen und außerdem durch Abba Jérôme Abou Ras um *tchat*[38] ersuchen lassen, denn der ist als Muselmane sehr darauf versessen. Äußerst gerührt von meiner Anfrage, gab Abou Ras Abba Jérôme zur Antwort, er sei froh, die Menschen den Weg der Wahrheit einschlagen zu sehen und fügte – für mich, wie ich annehme – noch hinzu, vor einem Jahr sei im Sudan ein englischer Beamter Muselmane geworden . . .

4. September

Wir sind gerade mit dem Essen fertig, als Malkam Ayyahou sich ankündigen läßt. Ich lasse schnell Kisten in mein Zimmer bringen und lege Decken aus, damit die Besucherinnen sich setzen können. Als alles fertig ist, gebe ich Anweisung, sie hereinzuführen. Aber Malkam Ayyahou ist nur mit ihrem Enkel gekommen, dem ältesten Sohn von Emawayish. Wie gewöhnlich trägt sie den hohen, eisenbeschlagenen Stab, genannt *ankasié;* aber ohne ihre Eskorte, getrennt von ihrer Tochter und von ihren Adeptinnen, hat sie nichts mehr von einer Hexe; sie ist nur noch eine arme, alte, verlassene Bäuerin. Sie entschuldigt ihre Adeptinnen, die zu Hause geblieben sind, um die gegorenen Getränke und das Mahl zuzubereiten, das Malkam Ayyahou in einigen Tagen aus Anlaß des Sankt Johannes-Festes den Priestern der Queddous Yohannès-Kirche zu geben verpflichtet ist (der Gemeinde, in welcher sich der Familienbesitz befindet, den ihre Tochter bewohnt). Sie selbst ist gekommen, nicht nur um ihre Tochter zu besuchen, sondern auch, um einen Mann zu pflegen, der von *Rahiélo* heimgesucht worden ist und jetzt geschwollene Hoden hat. Da Malkam Ayyahou das »Pferd« von *Rahiélo* ist, haben die Verwandten des Kranken sich gedacht, daß nur sie imstande sein könne, eine Heilung zu erwirken. Sie hat also Weihrauch verbrannt und *Rahiélo* um Verzeihung gebeten . . .
Malkam Ayyahou sieht heute traurig aus. Sie ist wirklich verlassen . . . Sie singt kaum, bekundet nur wenige Zar, improvisiert nur ein paar Gedichte. Ich nehme an, daß wieder neue Familienaffären im Anzug sind, entweder mit ihrem Schwiegersohn, oder in irgendwelchen Besitzfragen. Das würde ihre Niedergeschlagenheit und die Abwesenheit ihrer Tochter erklären.
Ich rufe Abou Ras und bitte ihn um den versprochenen *tchat*. Mit einem breiten, freundlichen Lächeln bedeutet er mir sein Einverständ-

---

38 Pflanze mit stimulierenden Eigenschaften, von der die Muselmanen die Blätter kauen.

nis und kommt ein paar Minuten später mit einem sorgfältig verschnürten Ballen Zweige im Arm wieder. Wie ein kleines Kind beugt sich der große, beturbante Golem bis fast auf die Knie herunter und bietet der Alten die Pflanzen an. Diese küßt ihm die Hände. Abou Ras küßt daraufhin auch ihr die Hände und wird von ihr gesegnet. Verbrüderung unter dem Zeichen der heiligen Pflanze.

Die Alte zweigt von ihrem Vorrat ein paar Blätter ab und gibt sie uns zu essen. Während wir plaudern, kauen, Tee trinken, lasse ich Weihrauch verbrennen, den Abou Ras mitgebracht hat, ohne daß ich ihn darum gebeten hätte. Die Alte breitet ihre Hände aus, spricht ein Gebet, und wir, Abba Jérôme und ich, antworten »Amen!« Als dann Abba Jérôme aus einem dringenden Bedürfnis einen Moment hinausgegangen ist und ich mich mit Malkam Ayyahou nicht unterhalten kann, lege ich noch einmal Weihrauch ins Feuer. Für mich ganz allein spricht sie noch einmal das Gebet; ich fühle mich als ihr Sohn und verneige mich unter ihrem Segen.

Nur einige Augenblicke lang hatte Malkam Ayyahou ihre Traurigkeit bezwungen. Um ihr eine Freude zu machen, ließ ich Griaule rufen. Sie war sehr geehrt und sehr glücklich, endlich dem großen Chef der Expedition gegenüberzustehen. Aber auch das hinderte sie nicht daran, fast sofort wieder in ihre Melancholie zurückzufallen. Sie bestand darauf, früh aufzubrechen und gab vor, wegen der Vorbereitungen für Sankt Johannes nach Hause zu müssen. Ich tat nichts weiter, um sie zurückzuhalten, weil ich wohl einsah, daß sie im Augenblick große Sorgen hat. Einige Minuten vor ihrem Aufbruch ist sie dann noch trauriger geworden, hat von unserer bevorstehenden Abreise gesprochen und zweifellos überschlagen, wie ihr Leben nach unserem Auseinandergehen wieder aussehen wird.

Kleine Welt, du gehst vorbei,
Und ich glaube nicht an dich
Meine Gesundheit, du gehst vorbei,
Und ich glaube nicht an dich . . .

5. September

Wir haben beschlossen, weiter die Gemälde von Gondarotch Maryam zu ersetzen, als ob nichts geschehen wäre und wir keine Ahnung von den beiden Phonogrammen hätten, die der Alaqa Sagga aufgegeben hat. Aber um für alle Zwischenfälle gewappnet zu sein, machen wir uns mit unserer ganzen Streitmacht auf den Weg: 12 Achkar, bewaffnet mit 7 Gewehren, Griaule, Larget, Roux, Lutten und ich, alle bewaffnet, und dazu Abba Jérôme mit seinem üblichen Sonnenschirm.

Schwieriger Weg in aufgeweichtem Gelände, auf dem die Maultiere nur mit Mühe vorankommen.

Da Griaule gleich nach unserer Ankunft erfährt, daß der Alaqa Sagga zugegen ist, schickt er nach ihm. Obwohl wir ihnen sehr huldvoll entgegenkommen, haben die Bauern große Angst. Abba Jérôme seinerseits fühlt sich alles andere als sicher. Es ist ihm ganz offenbar peinlich, als offizieller Vertreter der Regierung in so eine Geschichte hineingezogen worden zu sein. Er weiß, daß Griaule vorhat, den Alaqa Sagga – falls der sich blicken läßt und sich weigern sollte, die alten Kirchengemälde durch die von uns mitgebrachten neuen zu ersetzen – als Spitzbuben zu beschimpfen und für den Prozeß, den er in Addis Abeba gegen ihn anstrengen will einen Bürgen von ihm zu fordern. Zur Ablenkung und um die unbehagliche Atmosphäre aufzulockern, greift Abba Jérôme nach einem Gewehr und macht den Clown: er kniet nieder, tut so als würde er schießen usw. Ein trister Anblick für diesen im übrigen charmanten Mann von 50 Jahren, den das Muffensausen zum Hanswurst macht. Es würde mich wundern, daß er wirklich den Nil schwimmend überquert haben sollte – wenn er mir nicht heute morgen gesagt hätte, daß er mit dem Boot übergefahren ist. Und ich staune noch mehr darüber, daß ich gar den Aberwitz so weit getrieben habe, an eine Unterstützung meinerseits zu denken, falls er Emawayish entführen sollte, und im Blick auf ihn geschrieben habe: »Ein Mann, der sie liebt, und den auch sie zu lieben vermöchte . . .« Allerdings konnte sich Abba Jérôme mit seinen geschorenen Haaren und seinem gepflegten Bart damals durchaus sehen lassen, wenn man dazu noch die Aureole in Betracht zieht, die ihm seine guten Manieren und seine Eigenschaft als Vertrauensmann der Regierung verleihen.

Unter den Bauern sehe ich Qiès Ayyèlé, den Bruder von Malkam Ayyahou, dem ich schon zu Mariae Himmelfahrt bei ihr begegnet war und von dem ich übrigens wußte, daß er zur Gondarotch Maryam-Gemeinde gehörte. Ich erkenne auch eine alte Frau wieder, die ich an einem Sonntag einmal bei Emawayish gesehen habe. Genau wie Abba Jérôme scheint es auch diese guten Leute zu verdrießen, mit in jene Geschichte hineingezogen worden zu sein.

Die Bauern sitzen auf einer Seite zusammen und führen unterdessen ein Palaver. Wir sitzen zusammen auf unserer Seite und schauen ihnen beim Palavern zu. Endlich kommt ein Vertreter des Alaqa und richtet aus, dieser sei schon am Morgen nach Gondar gegangen, wo er mit Griaule verabredet gewesen sei (!!!). Keiner von den Männern, die ursprünglich von sich aus zu uns gekommen waren, um Griaule darum zu bitten, sich um die Ersetzung der Gemälde zu kümmern, ist jetzt da. Natürlich ein abgekartetes Spiel des Alaqa Sagga, der wohl mit einem ansehnlichen Schmiergeld gerechnet hatte und wütend ist, noch immer nichts bekommen zu haben.

Natürlich erklären die Bauern, daß sie es in Abwesenheit des Alaqa nicht zulassen können, daß wir die Kirchengemälde ersetzen, obwohl sie diese Instandsetzung lebhaft befürworten. Griaule insistiert nicht weiter, denn es ist nur zu deutlich, wie verlegen die Leute sind, zwischen einem Chef, der ihnen größten Ärger bereiten kann, und den Europäern, vor denen sie Angst haben, in der Klemme zu sitzen. Die Gemälde, Leitern usw. sind also umsonst mitgebracht worden.

Mittagessen an Ort und Stelle und Aufbruch. Fast gleich danach dann ein mächtiger Platzregen. Ich habe das Pech, meinen Drehbleistift zu verlieren, und die anschließende Suche bleibt bei dem Regen erfolglos. Schlecht gelaunt kehre ich heim.

Spaziergang mit Griaule bis zu einer Stelle des italienischen Lagers mit dem Beinamen »Belvedere«, ganz in der Nähe des Ateliers von Roux. Man überblickt von dort aus ganz Gondar. Am Fuß des Konsularhügels wandert Roux mit dem Karabiner in der Hand und starrt gebannt in die Bäume, denn seit ein paar Tagen ist er ganz versessen auf die Jagd nach kleinen Vögeln. Von dem Belvedere sieht man auch das Qeddous Yohannès-Viertel gerade am Fuß des Hügels, mit seiner Kirche und dem Haus von Emawayish.

Der Sohn dieser letzteren, der Roux auf seiner Pirsch nachgegangen und mit ihm ins Camp gekommen ist, hat die abgeschossenen Vögel getragen. Abba Jérôme, der sich von den Aufregungen des Morgens erholt, unterhält sich eine Zeitlang mit Tebabou (so heißt der Junge) über ein Magiebuch, das der Junge verkaufen will. Abba Jérôme erzählt mir die Unterhaltung und ich erfahre endlich die wahre Geschichte des ersten Gatten von Emawayish. Ich gebe sie nach meinen Karteikarten hier ungekürzt wieder:

»Der Alaqa Haylé Mikaël (aus der Gemeinde Baata) kannte Emawayish schon, als sie noch ein kleines Mädchen war. Er war viel älter als sie

184

und gab ihr Zucker, Honig usw. Da Malkam Ayyahou kein Interesse an dieser Hochzeit zeigte, entführte Haylé Mikaël Emawayish und ließ sie sein eigenes Haus beziehen. Malkam Ayyahou widersetzte sich der Verbindung nicht mehr. Geburt Tebabous.

Haylé Mikaël wollte, daß Emawayish nicht mehr zu ihrer Mutter geht (die damals auf dem Höhepunkt ihrer Laufbahn war) und sprach, in der Absicht, das Tier verrückt zu machen, magische Formeln über eine Katze. Er hatte sie gebunden mit nach Hause gebracht, und das Tier fing an, vor der Mutter und dem Kind wilde Sprünge zu vollführen, zu schreien, überall herumzukratzen und alles zu zerfetzen. Entsetzt, fragte Emawayish Haylé Mikaël, warum er das mache. Haylé Mikaël gab zur Antwort: »Wenn du nicht still bist, mache ich es mit dir genauso.« Emawayish hinterbrachte das ihrer Mutter, die die Scheidung verlangte und nach dem Gesetz auch erreichte.

Haylé Mikaël war als junger Mann in die Provinz Yedjou gegangen (zwischen Wollo und Tigré), wo die »Jagd auf die Chankalla« betrieben wird, eine Art von Turnier, bei dem zwei Partner sich auf den gegenüberliegenden Seiten eines Flusses bekämpfen. Mit einem Schild, einem Säbel, einer Lanze, einem Messer bewaffnet, folgte Haylé Mikaël (wider seinen Willen, denn er war an diesem Tag nicht so recht aufgelegt) seinen Freunden, die zur Menschenjagd aufbrachen. Er wurde von einem Gegner angegriffen und dessen Lanze fiel direkt vor seine Füße. Haylé Mikaël hob die Lanze auf, schleuderte sie gegen den Angreifer und traf ihn tödlich am Hals. Der Tote war ein großer awolya. Zwei von seinen Zar, Shifara und Abba Qend, und noch andere Zar gingen auf Haylé Mikaël über. Als er sein Opfer kastrierte, wurde er beim Anblick des Blutes von diesen Zar befallen. Er machte den gourri und seine Gefährten mußten ihn mit Gurten binden, die sie aus seinen Kleidern rissen. Man führte ihn zum Dorf zurück, wo ein awolya ihn ein Jahr lang zu heilen versuchte, indem er ihn immerzu im Dunkeln ließ. Die Kur schlug nicht an. Noch immer waren Haylé Mikaëls Finger gekrümmt und gelähmt, und ab und zu brach seine Verrücktheit wieder durch. Immerhin ging es ihm besser: er kehrte nach Gondar zurück und heiratete als Diakon dort Emawayish.

Im Augenblick lebt er arm und halb verrückt in Attiégtcha. Unzufrieden mit seiner materiellen Lage, hat der Zar Shifara – ohne ihn allerdings gänzlich zu verlassen – jetzt eine hübsche Frau aus Addis Abeba besessen gemacht.

Als er nach Attiégtcha ging, hatte Haylé Mikaël seinen Sohn Tebabou

mitgenommen und ihm seine »Krone der Könige« und noch andere Ma-
giebücher vermacht. Grund für diesen Umzug: ein anderer Dabtara hatte
eine Frau so behext gemacht, daß sie ständig furzte. Da Haylé Mikaël
nun diese Frau geheilt hatte, hatte der andere Dabtara angedroht, ihn
umzubringen.
Er lebt in Attiégtcha bei einem hundertjährigen Greis. Er schreibt immer
noch Amulette und behandelt weiter Leute.«

6. September

Befragung mit Tebabou. Er gibt mir weitere interessante Einzelheiten
über seine Großmutter und seine Mutter. Als der König Walda Giorgis
seinen Einzug in Gondar hielt, fanden in den Burgruinen Kämpfe und
Schießereien statt. Ein blutüberströmter Mann fiel neben Malkam Ayyahou tot zu Boden; sie machte entsetzt den *gourri* und rezitierte bei
dem Toten den *foukkara*. Sie war besessen von den Zar *Abba Yosèf*
und *Abba Lisana Worq.*
Selbst Emawayish ist auf Geheiß ihrer Mutter, und zwar bei ihrer ersten
Scheidung, von den Zar heimgesucht worden. Ihre Mutter wollte, daß
sie sich von ihrem Mann trennte, aber Emawayish hatte sich geweigert
und als Grund angegeben, sie sei schwanger und im übrigen kirchlich
getraut. Deswegen hatten sie dann die Geister bestraft, von denen ihre
Mutter besessen ist.
Tebabou erzählt mir auch, daß seine Mutter *shotalay* ist, d. h. unfähig,
normal Kinder zu bekommen – der Sterilität geweiht, oder den Fehlgeburten oder dem frühen Tod ihres Nachwuchses. Vor Tebabou hatte
sie einen Sohn auf die Welt gebracht, der, anstatt einen einzigen zentralen Haarwirbel auf dem Hinterkopf zu haben, wie alle Welt, sieben
über den ganzen Kopf verstreut hatte und folglich nicht leben konnte.
Auch Tebabou wurde unter Schwierigkeiten geboren; als ihr Gatte, der
Dabtara, bis zum Hügel von Qwosqwam gegangen war, um eine die
Geburt erleichternde Arzneipflanze zu holen, wurde er von einem Dämon bedroht, der ihn bis zu seinem Haus verfolgte. Vor der Geburt
träumte ihm, das Kind trüge ein weißes Muttermal auf der Seite, und
tatsächlich hatte Tebabou dieses Mal bis zum Alter von 7 Jahren. Der
kleine Guiétatcho (derjenige, der jetzt krank ist) scheint ziemlich normal auf die Welt gekommen zu sein. Aber kurz vor unserer Ankunft in
Gondar hatte sie noch eine Fehlgeburt. Ihr Gemahl, der Konsulats-
apotheker – von dem sie sich damals noch nicht getrennt hatte – hatte

sich hartnäckig geweigert, *Abba Moras Worqié,* dem größten und wichtigsten der Zar, von denen sie besessen ist, die erforderlichen Opfer darzubringen, und *Abba Moras,* der wütend war, kein Blut zu bekommen, hatte das Kind abgehen lassen.

Ein paar Einzelheiten über *Abba Moras:* Er will als Opfergabe einen Ziegenbock oder einen Widder in weißen und feuerroten Farben; nach dem Opfer taucht Emawayish ihre Fingerspitzen in das Blut und kostet es, oder wenn *Abba Moras* sehr durstig ist, trinkt sie es noch ganz warm aus einer Tasse. Anschließend wirft man Weihrauch auf das vergossene Blut und gießt Kaffee, Honigwasser und Bier darüber; alle ziehen sich zurück und *Abba Moras* trinkt unsichtbar die Mixtur aus. Das Fett des Bauchfells bildet eine Art Schleier, den Emawayish sich dann um den Kopf legt. Das gut gegerbte Fell dient ihr später als Sitzunterlage, aber wenn sie ihre Regel hat, muß sie es aufhängen, denn *Abba Moras* mag diese Art von Blut nicht

Während Tebabou mir das und noch mehr erzählt, nimmt eine Idee (mit der ich schon vage gespielt hatte) in mir Gestalt an: Emawayish als Opfergabe ein Tier zu stiften und an der Zeremonie teilzunehmen. Als Tebabou erwähnt, das bevorstehende Sankt Johannes-Fest erfordere eben ein solches Opfer, lasse ich ihn seiner Mutter ausrichten, daß die Expedition ihr eine Ziege darbiete und daß ich heute nachmittag bei ihr vorbeischauen werde, um darüber zu sprechen und mich gleichzeitig nach dem Befinden des Kindes zu erkundigen.

Gegen 3 Uhr begebe ich mich, begleitet von meinem getreuen Abba Jérôme, zu Emawayish. Das erste, was mir ins Auge fällt, ist ein an der Wand hängendes schönes Ziegenfell, weiß und feuerfarben. Da Emawayish das Fell als das Eigentum von *Abba Moras* ausgibt und sie zudem direkt auf ihrer Bank aus Trockenlehm sitzt, schließe ich daraus, daß sie ihre Tage hat. Ich erkundige mich nach dem Kind, das sehr heiß ist und um das sie sich in der Tat Sorgen zu machen scheint. Ich lege ihr nahe, es entweder in der Krankenstation des Konsulats oder durch Larget bei der Expedition behandeln zu lassen. Aber mir ist von Anfang an klar, daß sie diesen Rat nicht befolgen wird. Ich schneide anschließend die Frage *Abba Moras* an. Auf einen Schlag hellwach, sobald ich von ihrem Zar spreche, zeigt mir Emawayish das Fell, damit ich genau die gebührende Farbe auswählen kann. Sie zieht ein Schaf einer Ziege vor, denn bei einer Ziege wäre sie aus, wie ich glaube, rituellen Gründen verpflichtet, sie alleine aufzuessen, während sie das Schaf mit ihrer Mutter und den anderen teilen kann. Es wird ausgemacht, daß wir Sonntag bei Tagesanbruch mit dem Schaf zu ihr kommen, das bei Sonnenaufgang getötet und dann von uns allen gegessen wird. Als die Bestellung und das Rendezvous gründlich registriert sind, rede ich von etwas anderem.

Ohne Schwierigkeiten zu machen, spricht Emawayish von den Fehlgeburten und sogar von ihrer eigenen Fehlgeburt. Bevor er den Fötus abgehen ließ, hatte *Abba Moras* erklärt: »Ihr, die ihr mir mein Blut verweigert habt, ihr sollt nicht zufrieden sein! Das Kind, das empfangen wurde, ich will es zu meinem *maqwadasha* (Opfergabe) machen!« Nachdem er dergestalt gesprochen hatte, ließ er Emawayish abtreiben, trank unsichtbar das Blut der Mutter und verzehrte das Fleisch des Kindes. Auf eine präzise Nachfrage meinerseits erklärt Emawayish, daß die Frau in einem solchen Fall weder ihr eigenes Blut, noch das Fleisch des Kindes anrührt; der Zar selbst ist es, der Blut und Fleisch unsichtbar verzehrt. Eine Zeitlang läßt der Zar die Frau dann in Ruhe, denn die Fehlgeburt hat das Opfer ersetzt. .

Wir sprechen ziemlich lange über dieses Abtreibungsopfer und über die Menstruation. Da es spät geworden ist, Emawayish viel geredet hat und sie zudem bei einer Nachbarin zum Kaffee eingeladen ist, verabschieden wir uns. Im letzten Augenblick, als ich mir noch einmal die Bestellung des Schafes für Sonntag bestätigen lasse, verschiebt sie das Opfer auf Montag: der Sonntag sei das eigentliche Sankt Johannes-Fest und der darauffolgende Tag sei sicherlich günstiger. Ich füge mich, aber ich kann mich des Eindrucks nicht erwehren, daß man uns hinters Licht führen will. Sollte das eigentliche Opfer nicht doch Sonntag stattfinden, ohne mich? Und das vom Montag ist vielleicht nur ein Opfer aus zweiter Hand? Ich biete Emawayish jedenfalls an, selbst das Schaf zu töten, falls niemand dieses Amt übernehmen will. Aber sie antwortet, daß Tebabou das besorgen werde. Ich insistiere nicht weiter.

Wieder im Lager, erkundige ich mich nach den Neuigkeiten, um wieder einigermaßen auf dem laufenden zu sein: heute morgen hat Roux die Botschaft mit der Klage gegen den Alaqa Sagga zum Telephon gebracht. Ein neuer Plan ist gefaßt worden, um die Strecke über Dabra Tabor durch eine andere Wegroute zu ersetzen: über Godscham nach Addis reisen und uns bei der Durchquerung des Taqousa-Gebietes von dem eigentlichen Herrn dieser Gegend, dem Banditen Chouggoutié beschützen lassen.

7. *September*

Ich werde weder sehen, wie Emawayish das Blut des geschlachteten Schafes kostet, noch wie sie sich sein Bauchfell um den Kopf legt. Ich erfahre, daß es zwei Arten von Opfern gibt: den *maqwadasha,* das hohe Opfer, das von den Zar selbst gefordert wird und das im Prinzip nur einmal im Jahr stattfindet (am Tag des Sankt Michael von Hodar); den *djebata,* ein niederes Opfer, das an weniger wichtigen Feiertagen stattfindet, bzw. die Opfergabe, die von Verwandten, Freunden oder frommen Personen wie mir gestiftet wird. Das Opfer am Montag morgen ist demnach ein gewöhnlicher *djebata,* mit einem viel einfacheren Ritual als beim *maqwadasha,* und es wird eher den Charakter eines Familienessens haben als einer religiösen oder magischen Zeremonie.

Ich werde also nicht sehen, wie Emawayish gefährlich als Göttin des Hauses thront (man läßt sie dabei nicht aus den Augen, denn sie läuft den ganzen Tag über Gefahr, von einem durch das Blut angelockten *ganyèn* getötet zu werden), aber ich werde sie sicher ihre Gedichte rezitieren hören, und das ist schon viel.

Besuch bei Malkam Ayyahou, bei der alles drunter und drüber geht wegen der Vorbereitungen zu dem Gastmahl, das am Morgen des Sankt-Johannes-Tages für die Priester von Qeddous Yohannès gegeben werden soll, und man reinigt außerdem das Haus für die Zarversammlung am Vorabend. Malkam Ayyahou selbst ist barhäuptig und hat schlammverschmierte Füße, denn *Abba Qwosqwos* ist dabei, die Lehmbänke der Spitalhütte zu erneuern.

Der Chef der Sankt Johannes-Kirche ist auch gerade da, sicher um sich an den Vorbereitungen zu seinem Gastmahl zu beteiligen. Er zeigt sich unseren Fragen gegenüber zunächst verschlossen und von rigoroser Orthodoxie, als er dann aber sieht, daß wir uns in Sachen *awolya* auskennen, wird er gesprächig und gibt eine Menge Auskünfte, zumal über die europäischen Zar, deren kennzeichnende Opfergabe – oder *maqwadasha* – der Absinth ist, das charakteristische Merkmal ihrer Bekleidung der Schlapphut und ihre hauptsächliche Beschäftigung der Beruf von Waffenproduzenten oder Architekten.

Kurz nachdem der Mann wieder gegangen ist (von Malkam Ayyahou hören wir, daß er zwei Jahre lang krank und besessen war), kommt eine ganz in Tränen aufgelöste Frau. Es ist die Schwägerin des Balambaras Gassasa, dem ich in Métamma begegnet bin und der in Gondar wohnt. Die Frau des Balambaras, die vor kurzem niedergekommen ist, ist soeben vom Zar befallen worden; Malkàm Ayyahou soll gleich zu einem Krankenbesuch zu ihr kommen. Aber Malkàm Ayyahou empfängt die Bittstellerin denkbar abweisend und weigert sich, die Patrone zu nehmen, die diese ihr als erste Bezahlung hinhält. Sie ist aber immerhin einverstanden, einen Teil von dem Weihrauch zu verbrennen, den die Frau mitgebracht hat, und gibt ihr den anderen Teil wieder zurück, nachdem sie ihn zuvor angeräuchert und ein Gebet darüber gesprochen hat. Das zurückgegebene Weihrauchstück soll dann bei der Kranken abgebrannt werden.

Als die Besucherin wieder gegangen ist, legt Malkàm Ayyahou uns auseinander, was sie an der Frau alles auszusetzen hat. Als erstes erklärt sie, daß man »einen großen *awolya* wie sie nicht noch um diese Zeit besucht«, daß dies den Zar, der für die Krankheit verantwortlich ist, nur verärgern werde und es die Frau nur noch kränker mache. Außerdem hat die Besucherin sie nicht Abbatié (mein Vater) genannt, wie es sich gehört, wenn man zu *Abba Yosèf* spricht, sondern sie hat sie in der weiblichen Form angeredet. Man brauche sich auch nicht zu wundern, wenn die Frau des Balambaras jetzt krank werde, fügt sie noch hinzu, denn als sie und ihr Gatte aus Addis Abeba kamen, hätten sie nicht einmal dem Schutzgeist von Gondar ein Opfer dargebracht. Und im übrigen habe der Balambaras nicht einmal seinen Hut gezogen, als er *Abba Yosèf* begegnet ist.

Im Namen von Griaule übergebe ich meiner alten Freundin ein Geschenk von 5 Talern, als Beihilfe zur Vorbereitung des Festes. Sie akzeptiert mit Freuden. Es ist abgemacht, daß wir Samstag bei Sonnenuntergang kommen, um der *wadadja* beizuwohnen.

8. September

Befragung mit Tebabou. Malkàm Ayyahou hat mir gestern erzählt, daß es eines schwarzen Zickleins als Opfer bedurft hatte, damit Emawayish ihn auf die Welt bringen konnte. Malkàm Ayyahou meint, sie habe ihr Übel, den *shotalay,* von ihrem ersten Gatten, dem Dabtara. Denn dieser hatte selbst den *shotalay:* von einer früheren Frau hatte er 9 Kinder, die alle sofort gestorben sind; ein erstes Kind, das er mit Emawayish hatte, ist nach 3 Wochen gestorben, und zwar nur weil er dieses Kind eines Tages, als es unbedeckt war, angeschaut hatte. Um Emawayish von ihrem *shotalay* zu kurieren, wird bestimmt ein weiteres Opfer eines Zickleins vonnöten sein.

Von Tebabou bekomme ich Nachricht über seinen kleinen Halbbruder, der schließlich doch nur ein tüchtiges Halsweh zu haben scheint. Emawayish hat ihn zur Krankenstation des Konsulats gebracht und scheint entschlossen, ihn rational zu pflegen. Unter dem Vorwand, daß ich mich nach dem Kind erkundigen will, gehe ich dann morgen zu ihr.

Der *shotalay* des armen Mädchens ist wahrscheinlich nur eine tüchtige Syphilis, die ihr sicher ihr erster Mann verpaßt hat.

9. September

Tebabou bringt mir das fertige Liederheft, das vervollständigt werden sollte. Recht besehen ist von seiner Mutter nicht viel drin: eine von ihrer Hand geschriebene Grußformel auf der ersten Seite, ein von ihr diktiertes Lobgedicht zu Eingang, ein paar weitere Gedichte, und das ist auch schon alles. Fast die ganze Sammlung ist von Tebabou. Aber das ist im übrigen nicht weiter schlimm. Die Hauptsache, wir haben eine Liedersammlung. Ich gebe Tebabou einen wollenen Pullover und für seine Mutter einen Matratzenüberzug, den ich nie benutzt habe und den sie nur mit irgend etwas vollzustopfen braucht, um wohlig oder lüstern darin zu schlummern. Der Überzug trägt ein Stoffetikett, auf dem mein Name steht, was ich immer wieder amüsant finde.

Seine Mutter könne mich heute nicht empfangen, kündigt mir Tebabou an, sie müsse zur Großmama, damit diese dem kleinen kranken Kind *tchat*-Aufguß zu trinken gibt und es mit diesem Absud der heiligen Pflanze der *awolya* wieder gesund macht. Mir gefällt es, daß Emawayish sich mit der Behandlung auf der konsularischen Sanitätsstation nicht zufrieden gibt und es für sicherer erachtet, doch lieber allen Heiligen zu opfern . . .

Damit ich mit meinem Tag noch etwas anfangen kann und da Emawayish zu ihrer Mutter geht, gehe ich schließlich auch hin. Ich bestelle sofort die Maultiere und mache mich gleich nach dem Mittagessen mit Abba Jérôme auf den Weg. Aber kaum angekommen, habe ich sofort den Eindruck, einen Schnitzer gemacht zu haben. In der Spitalhütte sind Malkam Ayyahou und Dinqnèsh mit dem Instandsetzen der Wände und Bänke beschäftigt. Die Empfangshütte ist besetzt. Anscheinend läßt sich Emawayish darin gerade die Haare machen. Auf der Vortreppe sitzend, den Kleinen neben seinen Knien, scheint ein Mann sich mit jemand im Innern der Hütte zu unterhalten, wahrscheinlich mit Emawayish. Ein Verwandter, ein Freier, ein Abgesandter ihres Gatten, der die Versöhnung aushandeln soll? Ich weiß es nicht. Ich glaube aber doch einen der 3 jungen Leute in ihm wiederzuerkennen, die ich schon zu Mariae Himmelfahrt gesehen habe.

Zwei kleine Mädchen (Kinder einer Kranken, nehme ich an), die neulich gesagt hatten: »Kommt ihr, um uns aufzufressen?« fragen heute: »Kommt ihr gegen uns?« Dann küssen sie mir die Knie und nennen mich dabei: »Mein Vater«.

Um nicht zu stören, ziehen Abba Jérôme und ich uns zurück, wir machen einen Rundgang. Wir überqueren den Marktplatz, steigen ein wenig hinunter und kommen zu einer Felsplatte, von wo aus man das muselmanische Viertel Addis Alam überblickt. Wir lassen uns da eine Zeitlang zum Plaudern nieder und kehren dann wieder um, machen noch einen kleinen Halt unter dem großen Feigenbaum des Marktes und gehen zu Malkam Ayyahou zurück.

Sie empfängt uns in der Spitalhütte, wo auch Emawayish mit ihrem Kind ist, eine Kranke, Dinqnèsh und neben ihr der junge Mann von vorhin, die beiden kleinen Mädchen (die ständig ein- und ausgehen), sowie die »Verlobte« von Kasahoun, die den Kaffee serviert. Beim Betreten der Hütte kam uns ein junger Regierungssoldat entgegen[39], der Handschellen in der Hand hielt. Auf Anfrage sagte er uns, sie seien zur Ankettung eines Häftlings bestimmt.

Sobald wir bei Malkam Ayyahou sind, empfinde ich einen wunderbaren Frieden. Die Adepten, die mir jetzt so vertraut sind, die so gelassene und schöne Emawayish, Malkam Ayyahou selbst, so lebhaft in all ihren Gaunereien und Bosheiten. Und übermorgen ist Sankt Johannestag: großes gegenseitiges Vergeben, segnen, Händedrücken und Umarmen *en famille*. Auf daß das morgige Fest durch nichts Ungutes gestört werde, verlangt Emawayish, daß die beiden Bediensteten von Abba Jérôme (die sich gestern schlagen wollten) jetzt Frieden schließen. Auch ich tue das meinige, um sie dazu zu bewegen. Unter dem Segen der Alten versöhnen sich die beiden feierlich und holen dann jeder einen Krug *talla*, um den Freundschaftspakt mit allen gemeinsam zu besiegeln.

Knie an Knie sitze ich dicht neben der Alten. Sie erkennt mir einen Schutzgeist zu, einen Unsichtbaren mit Namen Kader, dessen wesent-

---

39 Ich erfuhr später, daß das einer der Söhne des Balambaras Gassasa war, von dem wir wirklich überall etwas hören sollten.

liche Charakterzüge die Gelehrsamkeit, Stärke und Reinheit sind. Ich lache nicht im geringsten über die Komödie . . .

Um den Kleinen zu amüsieren, nimmt Malkam Ayyahou eine eiserne Kette von der Bank, auf der wir sitzen, und schüttelt sie vor ihm wie eine Kinderrassel. Als sei das schon zur Gewohnheit geworden (war sie es nicht auch, die Roux mit einem *alanga* dermaßen erschreckt und neulich am Sonntag im Scherz bedroht hatte?), ist schon wieder die Rede davon, Dinqnèsh auszupeitschen. Heute ist es der Verwandte oder Freier, der, als er meinen mit orangem und schwarzem Leder besetzten *alanga* aus Nilpferdleder sieht (eine Gabe des »Handelsministers«), lachend davon spricht, ihm damit eine Tracht Prügel zu versetzen. Eher beschämt als entsetzt versteckt sich Dinqnèsh . . . Da sie sich heute unwohl fühlt, hat sie sich – mit den Händen unter der Chamma – den Körper mit etwas Kaffee eingerieben, der von Malkam Ayyahou geweiht worden war.

Es kommen mehrere Besucherinnen und dann ein junger Mann. Anscheinend zieht das bevorstehende Fest viele Leute an; und zur gleichen Zeit wie der kirchliche Aspekt des Hauses, scheint sich auch sein Bordellcharakter deutlicher abzuzeichnen . . . Kirche und Bordell: sind sie nicht gerade darin identisch, daß man an beiden Orten seinen Frieden sucht?

Wie üblich gehen wir kurz vor Einbruch der Nacht nach Hause. Die Geschichte mit den Ketten und den Handschellen geht mir nicht aus dem Kopf. Ob sie nicht etwas mit zwei Zar von Emawayish zu tun hat, dem einen namens *Sanselèt* (»Ketten der Hände«) und einem anderen, der *Eguer Berèt* heißt (»Ketten der Füße«)?

10. September

Heute ist Markttag. Der Dolmetscher Wadadjé soll das weiße und feuerfarbene Schaf, den Kaffee und den Weihrauch für mich kaufen, die für das Opfer, das ich übermorgen früh *Abba Moras* darzubringen gedenke, benötigt werden. Ich habe Tebabou früh am morgen bestellt, damit er Wadadjé begleitet und ein Schaf auswählt, dessen Farbe genau dem Wunsch seiner Mutter entspricht. Es ist aber schon spät und Tebabou kommt nicht . . . Wieder eine Familiengeschichte? Oder ist sie unzufrieden, weil ich ihr anstelle der versprochenen Decke einen Matratzenüberzug gegeben habe? Bei dieser Vermutung packt mich ein olympischer Zorn, denn ich habe damit ein viel schöneres Geschenk gemacht, als wenn ich ihr eine Decke nach Art der üblichen Handelsware gegeben hätte. Ich sage Abba Jérôme, wenn Emawayish mir im Laufe des Tages nicht ihren Dank übermitteln läßt, dann solle *Abba Moras* bei der Versammlung heute abend nur ja seine Zunge im Zaum halten ... Zum Glück kommt Tebabou dann doch. Er habe nicht früher kommen können; weil morgen Sankt Johannes ist, sei er waschen gegangen. Seine Mutter bedanke sich bei mir, wünsche mir ein langes Leben; er seinerseits werde Wadadjé zum Markt nachgehen. Meine anschließende glänzende Laune verdankt sich aber dem Umstand, daß er mir meine gestrige Vermutung bestätigt, denn als ich ihn nach den Ketten frage, gibt er mir zur Antwort, daß die Geister, deren Aufgabe es ist, die gewalttätigen Zar in Fesseln zu legen, in der Tat *Sanselèt*, und *Eguer Berèt* sind, die beiden Zar seiner Mutter, und er nimmt deshalb auch an, daß die Kette, die man vor dem Kind erklingen ließ, dieser letzteren gehört.[40]

Nach dem Mittagessen lasse ich Abba Jérôme seine Siesta machen und mache mich selbst an die Erledigung meiner Post. Wir müssen frisch sein für die Sitzung heute abend.

. . . .

11. September

Auf dem Rückweg nach Gondar heute früh, noch staubbedeckt von den Tänzen der Nacht, sehe ich gleich nach Überquerung des Sturzbaches einen großen Prozessionszug, der den Konsulatshügel herunterkommt. Es ist der Konsul, der sich zum Sankt Johannes-Fest mit großem Pomp zur Kirche begibt. Ich treffe ihn gerade am Fuß des Hügels und etwas weiter oben Griaule, der auch auf dem Weg zu der Zeremonie ist. Er möchte, daß ich mit ihm komme, und ich mache kehrt, anstatt zum Lager hochzureiten. Ahnen die Priester von Qeddous Yohannès das Sakrileg, das ich begehe, wenn ich nach einer so heidnischgottvergessenen Nacht, und ohne mich vorher auch nur gewaschen zu haben, jetzt das Kreuz küsse? Aber ist nicht auch unter den bombastisch ausstaffierten Klerikern einer, der drei Jahre lang besessen war, und zwar der Kirchenchef selbst, dem ich ja bei Malkam Ayyahou

---

40 Diese Erklärung ist mir von keinem einzigen anderen Informanten bestätigt worden. Emawayish selbst, die ich später befragt habe, leugnete jede Beziehung zwischen den wirklichen Ketten und den Zar *Sanselèt* und *Eguer Berèt*.

begegnet bin, wo er noch manchmal hinkommt, um *tchat* und Kaffee zu sich zu nehmen? Und ist unter den Dienern mit rotem Sonnenschirm und rot bestickter Livree nicht auch mein Informant Tebabou, der zusätzlich zu seiner Funktion als Opferer für seine Mutter auch noch das Amt des Diakons in sich vereinigt – denn er hat in Dabra Tabor die Weihen empfangen? Und stiftet nicht Malkam Ayyahou selbst den Priestern heute nachmittag ein großes Mahl, nachdem sie zuvor das Kreuz geküßt hat?

Wenn am Ende der Zeremonie alle Priester zu den Klängen der großen Trommel singen und, ihre Sistren schwingend, auf der Stelle tanzen, dann geht mir die ganze Realität des Exorzismus auf . . . Gerade diese Leute kennen den Teufel ja aus dem Effeff, und sie fühlen sich noch mehr bedroht als alle anderen.

. . . .

Der gestrige Abend war ein wirklicher Hexensabbat, und doch ohne den Willen zum Satanischen. Mir ist nichts aufgefallen, was mir als Frevel um des Frevels willen erschien. Selbst wenn manche Frauen ihren *mateb* abnehmen, weil sie dann angeblich besser tanzen können, liegt, glaube ich, keine frevelnde, entweihende Absicht vor, sondern allein die stillschweigende Anerkennung, daß ihre religiösen Prinzipien und ihr Wunsch nach Trance[41] unverträglich sind. Selbst wenn Malkam Ayyahou bei einem *foukkara* im Namen eines ihrer Zar erklärt:
»*Entheiliger des Tempels!*
Entmanner der Stiere!«
geht es vor allem darum, dessen Stärke zu zeigen.

Die dämonischsten unter den Adeptinnen sind vielleicht noch die beiden folgenden: die eine, die mit ihrem Zarnamen *Dèm Temmagn* heißt (»Ich habe Durst nach Blut«) eine kleine, magere, scheeläugige Frau (ziemlich hübsch, trotz ihres fehlenden Auges und ihrer Giftkrötenallüren), die fast die ganze Nacht über – mit der Löwenmähne von Malkam Ayyahou geschmückt – die Trommel geschlagen und den Gesang geleitet hat; sodann ein dickes, widerliches Waschweib, das von einem mir namentlich nicht bekannten tigreanischen Zar besessen ist: beim Tanzen läßt sie ihr Hinterteil und die Brüste wippen, im Laufe der

---

41 Ich habe seitdem erfahren, daß die Frauen diese Geste machen, wenn sie von einem muselmanischen Zar besessen sind. Es ist also doch eine gewisse Abtrünnigkeit im Spiel.

Nacht macht sie sogar einmal den Hanswurst, nimmt die Gitarre eines der Musiker und imitiert ihn, wobei sie von *Dèm Temmagn,* die genau wie die ganze übrige Versammlung mächtig über diesen Scherz lacht, auf der Trommel begleitet wird. Ich sage Sabbat, weil in erster Linie das Erscheinungsbild dieser Versammlungen daran erinnert, aber es geht trotzdem um etwas anderes – es sei denn, man wolle in jeder Sektenversammlung, die von Leuten besucht wird, welche dem offiziellen Glauben angehören und sich doch außerhalb dieser Glaubensbindung auf anderen mystischen Ebenen zusammenfinden, eine Versammlung von Teufelsanbetern und Hexern sehen.

Ich zeichne hier, nach meinen an Ort und Stelle gemachten Aufzeichnungen, die Ereignisse nach:

18 Uhr 30: Ankunft von Abba Jérôme, Lutten und mir. Wir sind etwas zu früh dran, und es ist noch niemand bereit für die abendliche Sitzung. Am Eingang werden wir von fünf gedungenen Musikern begrüßt, die unser Lob singen. Auf eine Gefährtin gestützt, kommt Dinqnèsh jammernd aus der Hütte links vom Eingang. Sie ist wieder einmal krank.

Gegen 7 Uhr richten wir uns in der Spitalhütte ein.

. . . .

14. September

Konnte dieses Tagebuch die letzten 3 Tage nicht auf dem laufenden halten. Zu beschäftigt. Zu viel los.

Ich wäre doch um ein Haar um das Opfer für *Abba Moras Worqié* gebracht worden, denn es hatte sich bei Emawayish, in ihrem Viertel Qeddous Yohannès ein Familiendrama abgespielt (Entführung eines Mädchens, gefolgt von Handgreiflichkeiten oder einer Androhung von Handgreiflichkeiten). Aber trotz der Wogen der Erregung, die durch diese Entführungsaffäre aufgerührt worden waren, hat Montag morgen wie vereinbart das Opfer stattgefunden. Ich habe Emawayish in Trance gesehen, wobei sie den Kopf in kreisende Bewegung versetzte und den Oberkörper wie ein Pendel hin und her schlug, wie es für den *gourri* charakteristisch ist. Ich habe gehört, wie sie – mit tieferer Stimme als gewöhnlich – in abgehacktem Stöhnen das Kriegsmotiv von *Abba Moras Worqié* deklamierte. Ich habe sie das Blut trinken sehen. Ich habe

196

sie sogar thronen sehen, das Bauchfell und das Gedärm des Schafes um ihre Stirn geschlungen und wie ein Hahnenkamm von der Mitte der Augenbrauen bis in den Nacken hinabhängend – als stolzer Helmschweif und zarter Schleier im Halbschatten spiegelnd mit einem leise bläulichen Glanz, der an das nach abesinischer Weise gefärbte Zahnfleisch über den milchfarbenen Zähnen erinnert. Und noch nie hatte ich dermaßen empfunden, wie sehr ich religiös bin, aber von einer Religion, deren Gott man mich sehen lassen muß . . .

10. 9. 32

. . . Gegen 7 Uhr 15 Beginn der Tänze.
Die Adepten tauschen überschwengliche Gefühlsbezeugungen aus. Mit verstörtem Gesicht kommt ein Mann herein, der seine kranke Frau (geschwollenes Knie) auf dem Rücken trägt. Sie lassen sich in einer Ecke nieder.
Der Pförtner, Zar Aggado Berrou (eine fette Frau mit glasigem Auge), verlangt von Abba Jérôme, der hinausgegangen ist und wieder herein will, er solle einen Bürgen angeben. Er führt als Bürgen Berhanié an, einen Namen, den ihm die Chefin verliehen hat.
Räucherung für Dinqnèsh, die krank ist und ihr Gesicht verhüllt. Alle sitzen um sie herum, singen und klatschen in die Hände. Gebete: shashi amel maloshi lemamma bé sha.
7 Uhr 50: Trance von Malkam Ayyahou, vor die Schleier gespannt werden. Der Reihe nach gehen alle Adeptinnen hinter diese Schleiergardine und bringen ihre Klagen vor. Dinqnèsh beichtet. Segnungen für alle. Einer nach dem anderen werden wir hinter diesen im übrigen schon bald wieder entfernten Vorhang gerufen.
Ein paar Schüsse werden mit Youyou-Schreien begrüßt.
8 Uhr 15: Man hält mehrere Adeptinnen dazu an, ihren mateb *abzulegen, damit sie bequemer tanzen können.*
8 Uhr 30: Arabischer Gesang. Mit einem Peitschenhieb zwingt Malkam Ayyahou eine Frau, die trotz des beginnenden Gesanges noch weitertanzte, sich hinzusetzen.
Dinqnèsh verläßt den Alkoven, wo die Frau von Kasahoun neben ihr saß und ihr die Hand auf das Herz hielt.
Von Zeit zu Zeit erhält eine Adeptin von Malkam Ayyahou ein bouqdadié *(farbiges Band) und bindet es sich um die Stirn.*
8 Uhr 45: Magisches Konklave: alle Adeptinnen scheinen Malkam Ay-

yahou so nah wie möglich umringen zu wollen und drücken sich dicht
aneinander.

Lied: »Mohamed, der Awolya.«

9 Uhr 10: *Malkam Ayyahou reicht* Dèm Temmagn *ihre Löwenmähne,*
bedeckt sich den Kopf und das Gesicht und wird dann zu Abba Boullié,
dem »wouriéza« (Pagen) des großen Zar Wassan Galla.

10 Uhr *ungefähr: Die Frau von* Qiès Ayyèlé, *dem Priester und Bruder*
von Malkam Ayyahou, geht zu dieser letzteren und gibt ihr diskret zu
verstehen, daß es Zeit wäre für den Auftritt der kleinen schwarzen Skla-
vin Chankit, *die das Abendessen aufträgt.*

10 Uhr 25: *Malkam Ayyahou verhüllt sich den Kopf und das Gesicht.*
Händeklatschend helfen ihr ihre Adeptinnen, sich in Trance zu verset-
zen. Auftritt von Chankit. *Gegen Ende der Trance, als der gebotene*
foukkara *kommt, der es erlaubt, den Zar zu identifizieren, Youyou-Rufe*
der Gefährtinnen.

(Beim Imbiß sind wir alleine, in der Wohnhütte, dann Rückkehr zur
Spitalhütte.)

Die Frau, die von ihrem Mann auf dem Rücken hereingetragen worden
war, wird ermahnt, den Namen des Zar zu offenbaren, der sie mit
Krankheit geschlagen hat. Indem sie eine Hand der Frau mit ihren beiden
Händen umfaßt, spricht Malkam Ayyahou zu dem Zar und bittet ihn,
sich zu erkennen zu geben. Beim Tode mehrerer ihrer Zar, beschwört sie
den Geist, ihr »ein Zeichen« zu geben.

Die unterbrochenen Gesänge und das Händeklatschen werden wieder
aufgenommen. Die Frau sinkt in der Nähe der Trommel zu Boden,
aufgefangen von Dèm Temmagn, *die die Operationen zu leiten scheint,*
seitdem Malkam Ayyahou ihr die Löwenmähne übergeben hat.

Lied: »Der tchat *ist euer.«*

10 Minuten nach Mitternacht: *Trance von* Dèm Temmagn; *heftiges*
Pendeln des Oberkörpers von vorne nach hinten, mit kreisenden Bewe-
gungen abwechselnd. Bekundung von Djemberié, *dem Achkar von*
Abba Moras. *Die Einäugige, die erst lange sitzen geblieben war, steht*
auf, tanzt und empfängt dann die Grußbezeugungen der Anderen. Mal-
kam Ayyahou verfügt, daß Dèm Temmagn *ein* maqwadasha *braucht,*
denn er ist müde. 20 Minuten nach Mitternacht wird die Sitzung unter-
brochen und Raki ausgeschenkt (maqwadasha *von* Djemberié *und* Dèm
Temmagn).

Tanz einer jungen Adeptin, die mit ihrem Zarnahmen Adal Gwobena
heißt.

Gesänge der Musiker.
Erster Kaffeeausschank. Zuvor das Lied: Qoha molla *(»Der Kaffee ist fertig«). Danach das Lied:* Nébiya nébiyé *(»Prophet, oh mein Prophet!«).*
Glückwünsche für das neue Jahr.
Lied: Salamalékoum nébiyé, *mit einer Strophe für jeden Zar.*
Trance von Dinqnèsh.
Lied: »Der Awolya ist barmherzig.«
Verschiedene Lieder.
Die Frau mit dem dicken Knie heitert sich ein wenig auf, spricht mit den anderen Frauen, begleitet die Gesänge mit Händeklatschen.
Trance von Malkam Ayyahou, für Sheikh Ambaso. *Dinqnèsh und* Dèm Temmagn *sind dagegen, daß ich meine elektrische Lampe anknipse, um bequemer meine Aufzeichnungen machen zu können.*
Tanz für den Zar Bachay Zaodié.
Zweiter Kaffeeausschank (1 Uhr 50).
2 Uhr 20: Foukkara von Dèm Temmagn.
2 Uhr 45: Dritter Kaffeeausschank, genannt baraket *(= Segnung).*
3 Uhr: Dinqnèsh wird beräuchert von einer sehr dicken Frau, die sehr heftige gourri *gemacht hat und von einem tigreanischen Zar besessen ist. Sie bleibt zwischen Dinqnèshs Knien hocken.*
Lied, gesungen von Dèm Temmagn: *die Schwägerin von Malkam Ayyahou improvisiert die Worte dazu (ein Lob der abwesenden Emawayish) und diktiert sie* Dèm Temmagn. *Auf die gleiche Weise diktiert dann auch eine Frau einem Musiker ein Lied.* Dèm Temmagn *diktiert seinerseits und verlangt von dem Musiker (der – absichtlich oder auch nicht – ungenau wiederholt), die Lobsprüche für Malkam Ayyahou ganz genau wiederzugeben.*
Unterhaltung in der Zarsprache, von der Abba Jérôme nur Bruchstücke versteht. Die Frauen reden uns in der weiblichen Form an, wenn sie sich an uns wenden.
Tanz Dinqnèshs und des fetten tigreanischen Zar. Am Ende des Tanzes setzt Dinqnèsh sich auf die Erde; die andere hält sie bei der Hand. Die Tigreanerin zieht sie abwechselnd an beiden Armen, als wolle sie sie aufrichten, packt sie dann beim Kinn und pendelt ihren Kopf von links nach rechts und von rechts nach links, massiert ihr den Rücken und dutzt ihre Stirn an die Stirn der immer passiv bleibenden Dinqnèsh. Malkam Ayyahou hält darauf Dinqnèsh eine Moralpredigt, sagt ihr, daß sie mit böser Zunge über die Leute herziehe und ein verdorbenes Ding sei. Es ist

Abba Qwosqwos, *der ihr dergestalt ins Gewissen redet. Er verlangt von Dinqnèsh 50 Peitschenhiebe als Bürgschaft.*

3 Uhr 45: *Der dicke tigreanische Zar macht absichtlich auf burlesk. Er greift nach einer Gitarre und äfft einen der Musiker nach. Profane Tänze und Lieder. Man läßt sich gehen. Alle Welt lacht und amüsiert sich.*

Um 4 Uhr 50 fällt die Frau mit dem geschwollenen Knie in Trance, aber sie gibt ihren Zarnamen immer noch nicht preis. Nach beendeter Trance gegenseitiges Beglückwünschen und Händeküssen zwischen ihr und allen Anwesenden.

Ich höre, daß ein kleines Mädchen, das nichts sagt und immer ganz in der Nähe von Malkam Ayyahou bleibt, von dem Zar Abba Lafa besessen ist.

Um 6 Uhr 30 Aufbruch.

. . . .

12. 9. 32 (*Opfer für* Abba Moras Worqié)

9 Uhr *ungefähr: Abba Jérôme, (der den Kaffee trägt), Tebabou (der das halb weiße, halb rötliche Schaf auf den Schultern schleppt) und ich (der ich den Weihrauch trage), treffen bei Emawayish ein. Ich habe mich besonders ausgesucht gekleidet, als ginge es zu meiner Hochzeit.*

Bei ihr sind ihre Mutter und deren Schwägerin. Außerdem ein Bruder von Malkam Ayyahou, ein sehr großer, hühnenhafter Landwirt, der wegen des Familienpalavers in Zusammenhang mit der Entführung am Vortag gekommen ist.

9 Uhr 15: *Verbrennung von Weihrauch durch Malkam Ayyahou und Vorstellung des Stifters. Ich stehe. Abba Jérôme, der ebenfalls steht, ist zu meiner Linken; er hält mich bei der linken Hand.*

Der Bruder von Malkam Ayyahou zieht sich zurück.

Rösten des Kaffees auf einer eisernen Platte, die Dinguètié, die junge Sklavin von Emawayish, einen Augenblick vor diese hinhält, um sie damit zu beräuchern, während Malkam Ayyahou ein Gebet spricht.

9 Uhr 30: *Neuerliches Kaffeerösten (auf der Herdstelle in der Nähe des Mittelpfostens, wie üblich), diesmal ohne Gebet. Alle (Malkam Ayyahou, ihre Tochter, ihre Schwägerin, ihr Enkel, ich selbst) halten beide Hände wie eine Schale auf und bewegen leise die Finger, um das Glück anzulocken.*

Tebabou, der frisches Gras schneiden soll, um damit den Boden auszu-

legen, will erst nicht gehen. Er behauptet, er würde von den Zar befallen, wenn er die Gräser am Flußufer schneidet – denn heute ist Sankt Johannes.

Die Schwägerin möchte das Opfer verschieben. Sie befürchtet, die familiären Spannungen möchten Abba Moras *vom Herabsteigen abhalten.*

Malkam Ayyahou (die gerade der Zar Merkeb *ist) erklärt,* Abba Moras *werde kommen, auch wenn er nicht den* gourri *mache.*

Alle ankommenden Besucher werden einer nach dem anderen von Malkam Ayyahou hinauskomplimentiert.

Tebabou kommt mit dem frischen Gras zurück, das Malkam Ayyahou betend auf den Boden verteilt. Abba Jérôme und ich – wir haben uns auf der Bank rechts neben dem Eingang niedergelassen – sitzen im Schneidersitz. Abba Jérôme, der schwarze Schuhe trägt, wird aufgefordert, sie auszuziehen. Meine cremefarbenen Stiefel kann ich anlassen.

Das Schaf ist noch immer in der Hütte und liegt direkt vor dem Bett. Da es halb weiß und halb feuerfarben ist, ist es nicht nur für Abba Moras *bestimmt, sondern zugleich auch für* Seyfou Tchenguer *(den großen Beschützer der Familie), auf daß zwischen dem Zar der Mutter und dem Zar der Tochter keine Eifersucht entstehe.*

Als die Sklavin hinausgeht, um Holz zu holen, setzt Emawayish sich an ihren Platz vor dem Herd und lehnt sich gegen den Mittelpfosten. Sie paßt auf die röstenden shoumbra-*Körner auf, die direkt vor dem ersten Kaffee serviert werden sollen.*

Schon gleich zu Anfang hat Tebabou seine Chamma abgelegt. Er hat nur eine kurze Hose anbehalten und den ärmellosen Pullover, den ich ihm gegeben habe. Abba Jérôme und ich wechseln den Platz. Malkam Ayyahou setzt uns auf die Bank links von der Eingangstür (d. h. auf die Seite nach der Küche zu, denn die Bank steht an der Trennwand, die die Hütte ungefähr in zwei Teile teilt: links die Küche – rechts der Wohnraum). Malkam Ayyahou selbst setzt sich auf die Bank rechts (diejenige, die an der Außenwand steht).

Malkam Ayyahou macht den foukkara *von* Merkeb.

9 Uhr 55: Tebabou wetzt sein Messer an einem Stein neben dem Herd. Ein Besucher, der sich bis auf ein paar Schritte der Tür genähert hatte, ist nicht weitergegangen, als er den mit frischen Gräsern ausgelegten Boden sah und sicher ahnte, daß hier etwas Besonderes vor sich ging.

Emawayish sitzt, mit ihrem jüngsten Sohn auf den Knien, links neben ihrer Mutter.

*Verbrennung von Weihrauch in einer Tonscherbe, die (wie gewöhnlich)
mit Glut gefüllt ist.*
Malkam Ayyahou ruft den Zar an: »Komm!«
*Tebabou läßt das Schaf aufstehen, das noch immer neben dem Alkoven
(gegenüber der Tür) lag.*
Man schickt nach einer Frau, die auf das Kind aufpassen soll.
*Das Schaf knabbert an den Blumensträußen, die anläßlich des Jahres-
wechsels mitgebracht worden sind. Man läßt es fressen.*
Tebabou kostet den shoumbra. *Alle anderen essen anschließend davon.*
*Das Schaf frißt mir aus der Hand. Ich lasse es fressen. Es beißt mir in den
Daumen. Da die Körner sehr hart sind, hat es große Mühe, sie zu zer-
kauen.*
Malkam Ayyahou läßt sich auf der Bank rechts nieder.
10 Uhr: *Die Greise der Familie kommen zurück. Man überläßt ihnen die
Bank auf der rechten Seite. Emawayish setzt sich auf ein Brett neben mir
auf den Boden.*
Allgemeine Verteilung von shoumbra *und Ausschenken des Kaffees.
Man bringt das Kind in die Küche.*
Zur Erörterung der Familienangelegenheiten wird Malkam Ayyahou zu
Abbatié Tchenguerié.
*Der Bruder von Malkam Ayyahou ergreift als erster das Wort. Er sei ein
Ackersmann, sagt er, »weder Qagnazmatch noch Fitaorari«. Seine
Söhne werden ebenfalls Bauern sein, »weder Qagnazmatch noch Fita-
orari«.*
*Emawayish wischt sich die Hände an den auf dem Boden liegenden
Gräsern ab.*
Rede des Bruders über die Familienangelegenheiten.
Antwort von Malkam Ayyahou, die unter anderem sagt: »Ich, Tchengu-
erié, *bin die Stütze der Familie.« Sie war es auch, die den* tazkar *ab-
gehalten hat, sagt sie, eine Gedenkfeier für neun von den Derwischen
getötete Familienmitglieder. Malkam Ayyahou fügt hinzu, daß* Abba
Yosèf *die Nacht bei Emawayish verbracht hat, um zu verhindern,
daß bei den besagten Disputen jemand zu Tode kam. Sie scheint nicht
gewillt, sich ohne Umschweife zum Friedenschließen bewegen zu lassen.*
Die beiden Greise ziehen sich zurück. Man kann jetzt anfangen . . .
*Die Sklavin Dinguètié bringt zwei Scherben mit Glut. Tebabou wirft
Weihrauch hinein. Eine Feuerstelle für jeden der beiden Zar.*
Die Sklavin ist wieder in die Küche gegangen.

Emawayish (ihren Schleier, der allerdings nicht das Gesicht bedeckt, auf dem Kopf) wird von ihrer Mutter mit Weihrauch beräuchert. Auf der rechten Bank sitzend, nach der Tür zu und gerade neben dem Mittelpfosten, fällt sie sofort in Trance. Sie verhüllt sich das Gesicht mit ihrer Toga und hüllt sich wie ein Gespenst in ihre Kleider. Keuchend und heulend beginnt sie mit dem gourri. Das Kopfkreisen wechselt ab mit dem pendelnden Wiegen von hinten nach vorne. Endlich springt ihr der foukkara von Abba Moras auf die Lippen, den sie heulend und in weitem Kreisen des Oberkörpers deklamiert.

Als Malkam Ayyahou verfügt, es sei jetzt genug, wirft sie mit einer unvermittelt heftigen Geste die Toga von ihrem Gesicht zurück, läßt aber den Kopf noch bedeckt.

Tebabou stellt das Schaf auf die Beine, bringt es vor Emawayish und stellt es als meine Opfergabe vor. Im Stehen lege ich einen Moment die Hände auf das Tier. Dann setzen Abba Jérôme und ich uns wieder auf die Bank links. Die Schwägerin setzt sich mit eingezogenen Schultern ganz in unsere Nähe und wendet dem Geschehen den Rücken zu, um das Blut nicht zu sehen.

Das Schaf wird von Malkam Ayyahou und Tebabou auf halbem Weg zwischen Emawayish und dem Mittelpfosten auf die Erde gelegt. Es wird mit dem Kopf in Richtung Tür gelegt und mit der Kehle der völlig reglosen Emawayish zugewendet.

Tebabou schneidet quer die Kehle durch.

Gleich nach dem Einschnitt wird der Kopf des Tieres dem Mittelpfosten zugewendet und das sprudelnde Blut erst einmal in einer großen Holzschale aufgefangen und dann (direkt am Strahl) in einer kleinen, mit spiralförmigen Linien geschmückten Kaffeetasse. Die Gefäße hat die Sklavin aus der Küche hereingetragen. Die Holzschüssel wird sofort wieder weggebracht. Malkam Ayyahou hält die kleine Tasse Emawayish hin, die sie mit ihrer rechten Hand entgegennimmt, im Stehen austrinkt und sich dann wieder hinsetzt. Einzeln bitten sie dann alle Anwesenden um ihren Segen. Sie küssen ihr die Knie und Emawayish legt ihnen die Hände auf den Rücken. Auch ich verneige mich, sie küßt mir die Hände, ich küsse ihr die Hände. Dann fällt die immer noch sitzende Emawayish ermattet nach vorne auf die Bank nieder, wobei Kopf und Oberkörper nach dem Alkoven zeigen.

Keiner sagt etwas. Emawayishs Körper ist vollständig mit der Chamma bedeckt, als wenn sie schliefe. Sobald das Schaf tot ist, wird es – in Richtung Alkoven – parallel neben die rechte Bank geschleift.

Malkam Ayyahou rafft eine Handvoll Gräser zusammen und wischt das auf die Erde geflossene Blut damit auf, dann geht sie nach draußen und wirft die Gräser weg.

Kurz darauf kommt sie mit frischen Pflanzen wieder und versetzt Emawayish damit zwei oder drei Schläge auf die Wölbung der Hüften; diese kommt wieder zu sich, richtet sich auf und schlägt ihre Toga zurück.

Emawayish steht auf und geht zur Küche, wo sie sich den Mund ausspült, denn – wie ihre Tante sagt – mag sie zwar das Fleisch, aber von dem Blut wird ihr übel.[42]

Tebabou, der einige Augenblicke auf der rechten Bank, auf der Seite des Alkovens sitzengeblieben war, fängt mit der Zerlegung an.

Um die Konversation in Gang zu halten, zeigt die Tante ein Amulett vor, läßt auch Malkam Ayyahou und dann Emawayish eins vorzeigen. Diese letztere, die sich die rechte Hand gewaschen hat (die Hand, in der sie die Tasse gehalten hat) faßt ihr Amulett nur mit der Linken an. Ihre Rechte ist noch feucht von dem Wasser, denn Emawayish hat die Hand nicht abgetrocknet. Ich helfe ihr selbst, das Amulett zusammenzurollen, um es wieder in das Ledersäckchen zu stecken.

Die ganze Zeit über, während der sie Abba Moras war, hatte Emawayish ihren Kopf bedeckt. Jetzt hat sie das Kind wieder zu sich genommen.

Malkam Ayyahou hat die Stelle auf dem Boden, auf die das Blut geflossen ist und diejenigen, wo sie die Gräser zum Abwischen aufgerafft hat, mit frischen Pflanzen bedeckt. Sie erklärt, daß sie Kabbalié ist, der Diener-Zar, der das Blut reinigt.

Tebabou hat das Schaf der Länge nach aufgeschnitten und ihm das Fell abgezogen. Sekundiert von dem männlichen Sklaven, setzt er die Zerlegung auf der Schwelle fort.

Der Magen wird als erster zur Zubereitung in die Küche getragen. Dann wird das Bauchfell herausgeschnitten. Tebabou rollt es zusammen, rollt es dann wieder auseinander und überreicht es Malkam Ayyahou. Diese will es Emawayish, die auf der rechten Bank, auf der Seite des Alkoven sitzt und das Kind stillt[43], direkt um den Kopf legen.

Aber Emawayish will sich das Bauchfell nicht ohne Unterlage auf den Kopf tun lassen. Malkam Ayyahou bindet ihr daher ihren eigenen

---

42 Persönlich habe ich unter dieser Geste gelitten wie unter einer Art von Verleugnung.
43 Ich habe noch ihre großen, gelben Wolfszitzen vor Augen.

Schleier um, der bis zu den Augenbrauen hinabhängt, und legt dann das Bauchfell darüber, das wie der Schleier hinten im Nacken zusammenge-knüpft wird und den Schleier ganz bedeckt.

Unter Malkam Ayyahous Leitung werden die Eingeweide auseinander-gewickelt und gewaschen. Anschließend bläst Tebabou sie auf. Malkam Ayyahou achtet darauf, daß er nicht zu stark pustet, damit sie nicht platzen. Malkam Ayyahou wickelt den aufgeblasenen Dünndarm um die Stirn von Emawayish; ein Teil hängt wie ein Hahnenkamm von der Stirnmitte bis in den Nacken hinab.

Die Schwägerin sagt uns: »Wenn Sie nur gesehen hätten, als sie jung war, wie hübsch sie da war!« Ich sehe nicht einmal anatomische Teilstücke, sondern eine Tiara aus Quecksilber . . .

Ich versuche aufzuzeichnen, wie das Eingeweide verknüpft ist. Es gelingt mir aber nicht, denn ich bin zu verwirrt und habe im übrigen nie zeich-nen können. Als sie sieht, daß ich meine Zeit vergeude, sagt mir Ema-wayish, sie wolle – wegen der Nachbarn, die dazwischenkommen könn-ten – diesen Schmuck nicht allzu lange auf dem Kopf behalten. Ich bin einverstanden und Malkam Ayyahou nimmt ihn ihr wieder ab. Das Bauchfell wird dann am Mittelpfosten befestigt, etwas oberhalb der Ge-sichtshöhe, gegenüber der rechten Wand. Ein Stück von dem Eingeweide wird an der Bambuswand gleich links neben dem Eingang, in der Ver-längerung der Küchenwand aufgehängt.

Als ein Besucher kommt, sagt Malkam Ayyahou zu Emawayish, sie solle sich in ihrem Alkoven verstecken. Emawayish hockt sich auf ihr Bett, hinter den vorgezogenen Vorhang, gegenüber der Tür.

Die Tasse, die das Blut aufgenommen hat, ist in der Nähe der Herdstelle auf dem Boden stehengeblieben. Man hat sie gespült, aber es sind noch ein paar im Wasser verlaufene Blutflecken daringeblieben.

Malkam Ayyahou empfängt den Besucher draußen, ein wenig vor der Schwelle. Sie weist ihn ab und kommt wieder herein.

Das Fleisch ist nach und nach im Alkoven verwahrt worden, in den üblichen großen Nahrungskörben. Die Schenkel werden einzeln auf der Küchenseite aufgehängt. Die Haxen, die kurz unter den Kniekehlen ab-getrennt wurden, sind beiseite gelegt worden.

Emawayish bleibt weiter in ihrem Versteck im Alkoven. Unsichtbar be-reitet sie selbst ihr Ogermahl zu: eine Mixtur aus 12 Teilen des Tieres, die sie roh aufißt, bevor sie den Alkoven wieder verläßt.

Gegen Mittag kommen zwei Adeptinnen dazu: Aggadètch, die ein rotes Stirnband trägt, und eine andere Frau namens Fantay. Beide sind mager

und schlacksig und erinnern an die ein bißchen spinnerten alten Mäd-
chen, die bei Wohltätigkeitsfesten für Aufheiterung sorgen.
Aggadètch beginnt auf der Stelle, zu tanzen und den gourri *zu machen.*
Man beruhigt sie.
Sie seien gekommen, um Erkundigungen einzuholen, erklären die bei-
den Frauen, denn die Chefin hat sich wegen der Familienstreitigkeiten
seit gestern nicht mehr in ihrem Haus in Baata blicken lassen. Es herrscht
dort allgemeine Bestürzung. Die beiden Adeptinnen, die Hunger haben,
beklagen sich, die Chefin habe sie verlassen.
Es wird ihnen – in meinem Namen – Verzeihung gewährt. Sofort begin-
nen sie zu tanzen und machen den foukkara. *Emawayish läßt sie anhal-*
ten, »beim Kreuze«.
Die Tasse, die noch auf dem Boden stand, ist weggenommen worden,
sobald Emawayish mit dem Essen begonnen hat.
Ein neu ankommender Besucher sagt zu Emawayish, sie sei jetzt »neue
Gemahlin« geworden, denn sie hatte ihm hinter dem Vorhang hervor
gesagt, daß sie gerade beim Essen sei.[44]
12 Uhr 15: *Das Kind, das mit Emawayish im Alkoven war, fängt zu*
weinen an. Damit es herauskommt, steigt Emawayish vom Alkoven her-
unter. Sie wird von Youyou-Rufen begrüßt.
Malkam Ayyahou erhebt Protest gegen das Kind: »So ein gottverfluchtes
Kind gibt es nicht noch einmal!« Die Kinder würden bei den Zeremonien
nur stören, fügt sie hinzu.
Malkam Ayyahou setzt ihren Adeptinnen die Affäre vom Vorabend aus-
einander. Obwohl Abba Moras *wieder gegangen ist, wird Emawayish*
weiter in der männlichen Form angeredet, und das bleibt auch noch eine
Zeitlang so.
Der Zarname von Fantay: Amor Tchelat.
Der Zarname von Aggadètch: Debbeb.
Malkam Ayyahou, die – unterstützt von dem Sklaven und Landwirt – die
Innereien zubereitet, sitzt auf der linken Bank und schneidet die Lungen
auseinander. Sie sagt zu ihren Adeptinnen, die großen Zar seien noch
nicht gekommen und man müsse die Zeremonie hier zu Ende füh-
ren.
Tebabou nimmt das Herz und spießt es auf einen Stecken.
Er schneidet es auseinander und betrachtet die beiden Hälften. Kein
geronnenes Blut, was bedeutet, daß das Herz rein ist.

---

44 Als »neue Gemahlin« betrachtet man diejenige, die sich gerade in einem Opfer mit dem Zar
   verbunden hat. Die Sitte will es außerdem, daß die Neuvermählte im Verborgenen ißt.

Im Zuge der fortschreitenden Zubereitung werden die fertig präparierten Innereien nacheinander im Alkoven verwahrt. Während dieser ganzen Zeit wird talla *getrunken.*
12 Uhr 40: Emawayish reicht dem Kind des Sklaven und Bauern ein kleines Stück Fleisch unter dem Vorhang heraus.
Die Adeptinnen, die gleich bei ihrer Ankunft aufgefordert werden, sich still zu verhalten, verhalten sich still.
Emawayish geht jetzt selbst hinaus, um die Leute zu empfangen und wieder wegzuschicken.
Zwei Besucher haben sich hingesetzt und wir unterhalten uns mit ihnen.
Die beiden Adeptinnen absentieren sich.
Malkam Ayyahou geht hinaus, um das Familienpalaver zu schlichten. Als sie um 1 Uhr wiederkommt, ist ihr Kopf mit der Chamma bedeckt.
Tanz von Malkam Ayyahou und Dedjaz Debbeb, vor dem Kaffee.

. . . .

Ich steige zum Lager hoch und überlasse Abba Jérôme die weitere Aufzeichnung der Ereignisse. Ich bin froh, etwas Luft schnappen und ein Aspirin nehmen zu können, denn mir schmerzt der Kopf.
Ein paar Minuten Konversation mit Roux, dem ich die morgendliche Affäre erzähle: Wie ich, verschworen mit Leuten, die auf den günstigen Augenblick lauerten (wo keine Nachbarn kommen würden), mit einem schönen, hochmütigen Mädchen zusammenhockte (und einem Tier, das – wie jeder wußte – den Raum nicht wieder lebendig verlassen sollte) und Komplize eines erschrecklichen Verbrechens in einem Hotel garni zu sein glaubte.
Gegen 1 Uhr 30 gehe ich wieder zu Abba Jérôme. Die Zahl der Besucher und der *balazar* (Besessenen) hat beträchtlich zugenommen. Viel Lärm: Tänze, Gesänge, Schreie, Staubwolken, heftige Trancen. Nur Emawayish bleibt ruhig. Ein ganz junges, sehr großes, schwarzhaariges Mädchen von wildem Aussehen will mit aller Gewalt mit dem Kopf gegen die drei Herdsteine stoßen; man versucht sie zu bändigen, aber ihr Zar widersetzt sich und läßt sie überall hinspucken. Eine Art Dorftrottel wird nach seiner Trance von den Frauen mit den Sägespänen gekrönt, in die eine von Abba Jérôme mitgebrachte Flasche Eau de Cologne eingepackt war.

Das Palaver ist geschlichtet. Nachdem er den Frieden ausgehandelt hatte, ist *Abba Qwosqwos* in Begleitung seiner Adeptinnen zurückgekommen und hat einen Siegestanz aufgeführt. Der Bruder und Landwirt, der noch einmal erschienen ist, hat gesagt: »Ich bin nur ein Landwirt! Ich verdiene mein Brot nicht mit Magie!«

Gegen Mitternacht gehen wir. Als wir am Morgen wiederkommen, ist der Rummel immer noch in vollem Gang.

Am Nachmittag dieses zweiten Tages gehen wir zu dem Haus in Baata, um Malkam Ayyahou zu besuchen. Sie ist jetzt wieder bei sich zu Hause. Wir bleiben bis Mitternacht und wohnen der Behandlung verschiedener Kranker bei:

Die dicke Tigreanerin bekommt zwei Peitschenhiebe, weil sie zu frenetisch tanzt.

Der Frau eines der Musiker aus der Nacht kürzlich sagt Malkam Ayyahou »das ist hier kein Irrenhaus«, als die Frau vortritt und sich schleppend zu rühren beginnt, als wolle sie den *gourri* machen; und als sie sich dann regulär in Trance versetzt hat und die pendelnde Bewegung des Oberkörpers ausführt, sagt sie ihr: »Schlag an den Himmel!«

Die Frau von Kasahoun wird im Handumdrehen in Trance versetzt, indem man ihr die Trommel auf den Rücken legt und daraufschlägt.

Wieder die Frau des Musikers, sie hat wie eine Hyäne zu schnüffeln begonnen und rutscht – die Fingerglieder zu Haken verkrümmt – auf den Knien zum Herdfeuer, als wolle sie Feuer und Asche essen. Malkam Ayyahou läßt sie tanzen, beruhigt sie, gibt ihr ein wenig Asche zu essen. Sie ist von dem Zar *Azaj Douho* besessen, den man den »Leprakranken aus dem Busch« nennt. Beim Tanzen hopst er wie ein Frosch, schnüffelnd und krötenhaft kauernd; durch die Nase sprechend verlangt er ein Huhn und beklagt sich, daß sein »Pferd« von seinem Gatten vernachlässigt worden ist; etc. etc . . .

Das Mädchen, dem wir in der Sankt Johannes-Nacht begegnet sind, ist auch da. Es ist die Nichte von Malkam Ayyahou, der es nicht von der Seite geht. Es leidet an Skrofeln.

Ich nehme meine Sitzungsprotokolle wieder auf, die ich hier durch eine nachträgliche Zusammenfassung ersetzt habe.

. . . .

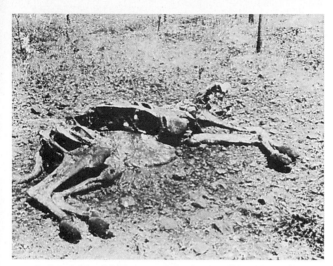

Kamelkadaver am Rand der Piste von Gedaref nach Gallabat (29. April).

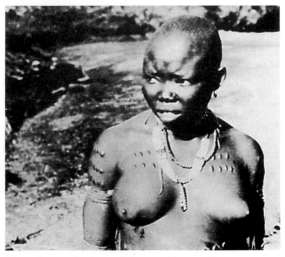

Goumz-Frau auf dem Weg zum Brunnen (Qoqit, 1. Juni).

Die Burgen von Gondar.

Die Burgen von Gondar.

Die Burgen von Gondar.

Bei den »Zar«. Von links nach rechts: Tebabou (stehend); Emawayish (ihr Kind stillend); Malkam Ayyahou; die Frau aus Darasguié. Sitzend im Vordergrund: die Adeptin Agga-dètch.

Besessene in Trance, bei einem Besuch im Lager anläßlich des Masqal-Festes (27. September).

Die Burgen von Gondar.

Beisetzung des Maultiertreibers Ayaléo an der St. Johannes-Kirche in der Gemeinde von Emawayish (6. Oktober).

Aggadètch hält sich bereit, das Blut des Huhns zu trinken, dem Enqo Bahri gerade die Kehle durchschneidet (4. Oktober).

Teilansicht des Sankt-Michaels-Viertels, wo die Einäugige Dinqiê wohnte.

Stieropfer für Seyfou Tchenguer (8. Oktober).

Die Karawane bei der Durchquerung der Provinz Wolqayt, vor dem Zoll von Ketch (6. Dezember).

Besuch des Heilers Alaqa Taggagn (der Mann mit dem Sonnenschirm) bei Malkam Ay-
yahou (mit bedecktem Kopf neben der Schwelle ihrer Hospitalhütte stehend). Die Szene,
die sich im Hof abspielt, ist von der Vortreppe aus gesehen, auf der ich schlief (13. Okto-
ber).

Keine Sträflinge, sondern Somali bei der Arbeit in den Salinen (Djibouti, 15. Januar).

Die Schluchten von Selasil, die letzte Etappe vor Eritrea (16. Dezember).

Eine Ecke des Marktes von Addis-Abeba (21. Januar 1933).

15. September

(Abba Jérôme und ich sind seit dem Nachmittag bei Malkam Ayyahou. Sie kommt von Qeddous Yohannès zurück, wo sie an der Wahl eines Kirchenaufsehers teilgenommen hat.Malkam Ayyahou hat uns ein Gemisch aus Honigwein und *tchat*-Tee angeboten, genannt »Honigwein von *tchat*«.

Ich habe Malkam Ayyahou einen Traum der letzten Nacht erzählt, der mich sehr beeindruckt hat: Ein Schakal steigt mir auf die Brust und läßt mich nicht mehr zu Atem kommen. Malkam Ayyahou zufolge bedeutet das, daß ich von einem weiblichen Zar verfolgt werde. Der Schakal ist in der Tat eine der Formen, die die weiblichen Zar in den Träumen annehmen. Um die Obsession loszuwerden, gäbe es ein sicheres Mittel: ich müßte selbst ein Schaf in der Farbe des betreffenden Tieres opfern oder opfern lassen.

Eine alte, blinde *balazar* ist da: ganz der klassische Typ der Bettlerin. Malkam Ayyahou scheint ihr große Hochachtung entgegenzubringen.)

19 Uhr 50: *Wir richten uns in dem »Haus der* wadadjä*« ein (so nennt Malkam Ayyahou die Spitalhütte).*
Noch bevor sie sich – mit der Blinden zu ihrer Linken – niederläßt, Ansprache von Malkam Ayyahou: »Wenn ihr schlechter Laune seid, so entweicht der awolya*.« Adeptinnen, die sich gezankt hatten und die von ihr gerade ermahnt worden sind, küssen Malkam Ayyahou die Füße.*
Lied: Allahou masalli.
10 Uhr 55: *Eine bei Malkam Ayyahou wohnende Frau (nicht übel, aber heruntergekommen und zerlumpt), bringt die Trommel. Es ist die Mutter eines der kleinen Mädchen, die mich* »abbatié« *(mein Vater) nennen.*
Lied: Anta oyé.
Links vom Eingang: ein Mann und eine Frau: sie hat ihren Kopf auf seine Knie gelegt.
Damit die wadadja *gut werde, muß man einmütig und zu vielen sein, sagt Malkam Ayyahou. »Die Schönheit des Menschen ist der Mensch.«*
Eine hellhäutige Frau und noch eine andere suchen um Beistand nach. Sie haben keine Opfergabe mitgebracht. Malkam Ayyahou sagt, daß sie ihr 2 Taler bezahlen müssen, die sie zurückerstatte, falls keine Heilung erfolgt. Die hellhäutige Frau geht. Sie sei vom Übel befallen

worden, weil sie 5 Jahre lang nicht gekommen ist, sagt Malkam Ayyahou.
Rückkehr der Hellhäutigen mit einer anderen jüngeren und schwärzeren
Frau, für die sie um Beistand nachgesucht hatte.
20 Uhr 05: Beginn des Gesangs zur Trommelbegleitung.
Weihrauch. Malkam Ayyahou schickt die Räucherpfanne wieder hinaus,
denn das schwarze Mädchen hat sich noch nicht als Zar bekannt.
20 Uhr 15: Heulendes Gähnen von Aggadètch (Anzeichen dafür, daß
der Geist kommt).
Ein Mann hat als Opfergabe einen Tonkrug voll talla bringen las-
sen.
Das schwarze Mädchen ist niedergesunken, hat seinen Kopf auf die Knie
einer Gefährtin gelegt.
Neuerliches Gähnen von Aggadètch.
Das schwarze Mädchen sitzt jetzt normal.
Malkam Ayyahou beschimpft sie: »Tochter einer furzenden
Memme!«[45]
Folgt eine Beräucherung mit Myrrhe und ein Gebet.
Sie legt ihr die linke Hand auf den Kopf und wiegt sie leicht im Takt hin
und her. Von Zeit zu Zeit wird in dem Gebet der Herr angerufen.
Sie schaukelt die Kranke stärker. Diese wimmert und möchte der Beräu-
cherung ausweichen. Malkam Ayyahou läßt ihre linke Hand auf der
Schulter des Mädchens und schüttelt es richtig durch. Die Kranke sinkt
zusammen.
Malkam Ayyahou peitscht sie leicht aus, zieht sie dabei an einem Arm
heran. Die Kranke will sich losmachen. Malkam Ayyahou legt ihr die
Peitsche um den Hals und schüttelt sie so.
Neuerliche Beräucherung. Das Mädchen wimmert und läßt sich auf den
Rücken fallen. Malkam Ayyahou richtet es wieder auf und peitscht es
dabei leicht aus (sie hat den Peitschenriemen in eine Schlaufe gelegt und
mit dem Griff zusammengefaßt).
Malkam Ayyahou steht und zieht das kniende Mädchen an der linken
Hand, wobei sie es rhythmisch schüttelt und peitscht. Aggadètch schlägt
die Trommel.
Malkam Ayyahou versetzt dem Mädchen (das übrigens auch einäugig
ist) Fußtritte. Sie zieht es an beiden Armen, bis es den gourri
macht.

---

45 D. h. »Dämon« (und nicht Zar).

Einen Augenblick lang macht auch Malkam Ayyahou den gourri.
Sie droht dem endlich in Trance geratenen Mädchen, für das mehrere
Adeptinnen stehend in die Hände klatschen, mit der Peitsche.
Das Mädchen legt sich mit dem Bauch flach auf die Erde. Malkam
Ayyahou zieht es wieder hoch. Das Mädchen macht noch einmal den
gourri, *angefeuert insbesondere von Aggadètch.*
Das Mädchen macht keinen gourri *mehr, sondern liegt auf den Knien,*
windet sich und schreit.
Dinqnèsh fällt stehend in Trance, macht das Kreisen und das Pendeln.
Malkam Ayyahou läßt die Kranke wieder aufstehen, die zusammen mit
Dinqnèsh zu kreisen beginnt, dann aber wieder zusammensackt. Mal-
kam Ayyahou richtet sie auf, peitscht sie, schüttelt sie. Das Mädchen setzt
sich auf, will sich aber schon gleich wieder hinlegen.
Angefeuert von dem Händeklatschen fängt das Mädchen noch einmal ein
wenig mit dem Kreisen an.
20 Uhr 40: Malkam Ayyahou setzt sich wieder. Das Mädchen bleibt in
der Mitte sitzen und läßt den Kopf kreisen. Es beginnt einen foukkara,
hält dann aber wieder inne.
Neuer gourri, *ziemlich ruhig.*
Dinqnèsh steht vor ihm.
Malkam Ayyahou befiehlt der Kranken, aufzustehen, weil ihr Chef auch
steht (Fitaorari Saberié, *der Zar von Dinqnèsh).*
Das Mädchen steht schließlich auf. Auf den Befehl: »Dreh dich!« be-
ginnt es zu kreisen.
Malkam Ayyahou zieht es an der Hand, schüttelt dabei seinen Arm und
atmet grölend (genau wie Dinqnèsh). Aber das Mädchen legt sich wieder
hin.
Die Frau , die auf den Knien eines Mannes gelegen hatte – ich erkenne in
ihr die Frau mit dem geschwollenen Knie von der Sankt Johannes-Nacht
wieder – wird von dem Mann vor die Knie der Blinden getragen.
Das schwarze Mädchen bleibt ruhig in der Mitte sitzen. Es klatscht mit
den anderen in die Hände.
Erregung, Pendeln und Kreisen von Dinqnèsh. Am Ende legt sie sich auf
den Boden. Malkam Ayyahou sagt zu dem schwarzen Mädchen, es sei
jetzt an der Reihe. Mit der Peitsche in der Hand befiehlt sie ihm dann, ihr
die Füße zu küssen. Es steht auf, kommt ins Kreisen, legt sich dann auf
die Erde.
Malkam Ayyahou befiehlt ihm erneut, es solle ihm die Füße küssen. Das
Mädchen gehorcht. Malkam Ayyahou versetzt ihm mehrere Peitschen-

hiebe auf die Hüften, sagt dann, sie wolle es tanzen lassen, wenn alle Opfergaben bereit sind. »Deine Bürgschaft: 12 Peitschenhiebe.«
20 Uhr 55: Gesang, Trommeln und Händeklatschen für die Frau mit dem geschwollenen Knie.
Fantay legt sich ein Stirnband um. Aggadètch hat sich den Kopf mit ihrer Chamma verhüllt.
Weihrauch für die neue Patientin.
Als die Frau die Augen geschlossen hat, hört Malkam Ayyahou auf, sie mit Weihrauch zu beräuchern. Sie legt ihre linke Hand auf die Schulter der Patientin.
Malkam Ayyahou packt jetzt mit den Fingerspitzen den Kopf der Kranken und beginnt ihn von hinten nach vorn schwingen zu lassen; dann verhüllt sie ihr den Kopf und das Gesicht mit der Chamma.
21 Uhr 15: Immer noch kein Zeichen. Die Frau nimmt die Chamma vor dem Gesicht weg. Malkam Ayyahou verhüllt sie wieder.
21 Uhr 25: Wimmern der Kranken. Sie hält ihr Kinn in der Hand, den Ellbogen auf das Knie gestützt. Sie hat das ferne und bittere Aussehen einer Sybille.
Heftigeres Wimmern. Leichte Veränderung ihrer Stellung.
Die Kranke dreht und windet sich, wirft sich zurück und lehnt dann ihre Stirn an den Mittelpfosten, vor dem sie sitzt.
In einer sehr langsamen Kreisbewegung entfernt sie sich von dem Pfosten, läßt sich nach hinten fallen, schwenkt zurück und lehnt ihre Stirn wieder an den Mittelpfosten.
Schon bald das Pendeln und Kreisen. Malkam Ayyahou ermahnt sie, sich den Kopf nicht an dem Pfosten aufzuschlagen.
Ende des Gesanges und foukkara *von Malkam Ayyahou.*
21 Uhr 30: Ende der Trance. Malkam Ayyahou bittet den Zar, nicht mehr »das Fleisch der Kranken zu essen«.
Wiederaufnahme des gourri. Foukkara *der alten Blinden, zum Anspornen.*
Ende des gourri. *Die beiden Alten küssen sich gegenseitig die Hände.*
Malkam Ayyahou, die der Musik Schweigen gebietet, bittet den Zar, die Kranke in Ruhe zu lassen. Der Gatte verspricht auf Anfrage, alle nötigen Opfergaben zu spenden.
Segnung eines Mannes, der vom Zar befallen worden ist.
Malkam Ayyahou geht hinaus. Als sie zurückkommt, umarmt sie die andere Alte.

Versuch, das kleine Mädchen mit den Skrofeln in Trance zu versetzen: Malkam Ayyahou läßt es vor sich niederhocken und bedeckt ihm den Kopf mit der Chamma.

Das Mädchen macht gewissenhaft den gourri. Es kreist mit dem Kopf, aber es heult nicht. Auf den Befehl: »Schlage beim Kreisen!« verbindet sie das Kreisen mit dem Pendeln. Als das Mädchen fertig ist, spricht Malkam Ayyahou zu ihm (wie üblich nach beendeter Trance) und wendet sich dabei an seinen Zar: »Das ist eine neue Gemahlin; sie hat nicht die Zeit gehabt, Böses zu tun: laß sie in Frieden!«

23 Uhr 15: Kaffee. Gesänge. »Prophet, oh mein Prophet!«

23 Uhr 40: Nachdem sie sich den Kopf verhüllt hat, wirft Fantay auf einmal ihren mateb ab. Von Händeklatschen begleitet und von den Ausrufen: léla . . . léla! . . ., macht sie gourri und foukkara.

Sie küßt den Boden vor dem Kaffeetablett und fängt dann wieder von vorne an. Sie küßt noch einmal den Boden vor dem Tablett. Sie ist von Abba Lafa geschlagen worden, einem muselmanischen Zar, der seinen Stellvertreter auf ihr gelassen hat.

Sie legt ihren mateb wieder an.

23 Uhr 55: Gerade ist der dritte Kaffee getrunken worden. Das Mädchen mit den Skrofeln küßt das Tablett und läßt sich in einer kleinen Tasse ein wenig Kaffeesatz aus der großen Tasse geben. Es geht zu Malkam Ayyahou. Diese stippt ihren rechten Zeigefinger in den Kaffeesatz, bestreicht die Skrofeln des Kindes damit und gießt den Rest der Tasse über die Wunde.

Eine ähnliche Tasse wird der Frau mit dem geschwollenen rechten Knie überbracht. Sie salbt sich das Knie mit Kaffeesatz ein.

Gebet Malkam Ayyahous. Sie und die andere Alte erteilen gemeinsam den Segen.

Trance von Malkam Ayyahou. Es werden Schleier vor sie gespannt. Die Blinde steigt auf die Bank, stellt sich neben Malkam Ayyahou und überwacht – auf ihren langen Stock gestützt – das Geschehen. Der Mann neben mir steigt ebenfalls auf die Bank. Abba Jérôme und ich tun desgleichen. Sehr feierlicher Moment . . .

Lied: »Prophet, oh mein Prophet!« Malkam Ayyahou ist noch verhüllt.

Eine Adeptin reicht unter den Schleiern eine Art Kocher durch, der zu dieser Gelegenheit die als Räucherpfanne dienenden Scherben ersetzt.

Feierliches Gebet von Malkam Ayyahou. Sie ist immer noch bedeckt.

Als sie ihr Gesicht wieder enthüllt, läßt man die Schleier zu Boden fallen.
Es ist Seyfou Tchenguer.
Aufbruch eine Viertelstunde nach Mitternacht.

. . . .

18. September

Seit dem Opfer für *Abba Moras Worqié* gehören wir schon fast zur
Familie. Wir sind so gut wie die ganze Zeit mit Malkam Ayyahou und
den Ihren zusammen. Mit einem Wort: wir sind ein Teil der Sekte. Wir
sind ihre Getreuen.
Da Abba Jérôme Halsschmerzen hat, sind gestern morgen Malkam
Ayyahou, ihre Schwägerin, Emawayish und Fantay zu uns gekommen.
Malkam Ayyahou hat Abba Jérôme behandelt, indem sie nacheinander
an jedem seiner Finger zog bis sie krachten, ihm den Hals massierte,
den Nacken küßte und ihm den Kopf nach links und nach rechts drehte
und die Halswirbeln knacken ließ. Wegen eines Traumes – in dem mir
ein Schakal in den kleinen Finger der linken Hand und ein Hund ins
rechte Handgelenk biß – hat sie mir eine ähnliche Behandlung zuteil
werden lassen.
Emawayish ist noch immer schön und sanft. Und betrachtet man ihr
Gesicht, so vergißt man ihren abgewirtschafteten Körper, den Körper
einer Frau, die schon mehrere Gatten über sich ergehen ließ und nicht
wenige Kinder gestillt hat (ich weiß das seit ein paar Tagen), die Mutter
einer Tochter ist, welche ihrerseits schon in zweiter Ehe lebt. Man
vergißt ihren manischen Geiz, ihre Dispute mit ihrer Mutter über Kölnischwasser oder sonst irgend etwas zu Teilendes oder nicht zu Teilendes, ihre kindische Gewöhnung an Geschenke, so kindisch, daß sie es
jetzt nicht einmal mehr für nötig hält, sich dafür zu bedanken . . .
Heute, Sonntag früh, ist Malkam Ayyahou wiedergekommen, um sich
nach Abba Jérôme zu erkundigen und gleichzeitig Zitronen und eine
Flasche *tchat*-Honigwein zu überreichen. Sie war in Begleitung von
Dinqnèsh, welche der Zar so hartnäckig verfolgt, daß sie jetzt schon
Blut spuckt. Larget hat sie in großen Zügen untersucht und ihr ein
Fläschchen Pillen gegeben, die sie nicht von ihrer Tuberkulose heilen
werden; aber er hat die Alte dazu angehalten, sie in die Sanitätsstation
des Konsulats zu schicken, wo sie wenigstens ihre Syphilis behandeln
lassen kann.

Auf ihre Einladung hin sind wir heute nachmittag zu Emawayish gegangen. Es war der Rest des am Montag geopferten Schafes aufzuzes-
sen. Malkam Ayyahou und Dinqnèsh sind auch dagewesen, denn sie
waren noch nicht wieder nach Gondar zurückgekehrt, weil sie vorher
noch in die Nähe der Kirche Qeddous Yohannès mußten, um an der
Wahl des Aufsehers teilzunehmen, einer Angelegenheit, über die jetzt
schon seit fast einer Woche palavert wird.

Anscheinend hat Kasahoun (der schon seit wer weiß wie langer Zeit
nicht mehr zum Schlafen kommt, weil in dem Haus von Baata jeden
Abend, oder doch *fast* jeden Abend *wadadja* stattfinden, – der mit
seiner Frau zerstritten ist, und zudem mit ihrem Baby in den Armen die
Nächte im Sitzen verbringen muß, denn die Bänke, auf denen man
sonst gewöhnlich schläft, sind von den Teilnehmern besetzt) – anscheinend hat Kasahoun seine Frau heute aus dem Haus entführen wollen.
Malkam Ayyahou ist natürlich dazwischengetreten, und es kam zu einer heftigen Auseinandersetzung. Die ganz erschütterte Frau Kasahouns ist davon immer noch teilweise gelähmt. Sie soll den Kopf geneigt halten und ihren angewinkelten Arm nicht mehr ausstrecken können.

Da Emawayish, als besorgte Mutter, ihr Kind purgiert hat, indem sie
ihm Butter zu essen gab, scheißt der Junge zweimal in das Zimmer. Er
furzt immer wieder und alle Welt lacht darüber. Ich als erster.

Aber gleichviel! Ich verleugne meine Zar-Freunde nicht. Sie haben mir
schon mehr gegeben als ich von ihnen erwartete, und ich kann ja nur im
Hinblick auf ihr Wunderbares ein Urteil über sie fällen. Denn was
macht das letztlich, ob Malkam Ayyahou ihre Kranken ausbeutet oder
nicht, ob sie die Kupplerin spielt oder nicht, daß Emawayish trotz ihres
einfältigen Aussehens eine Frau mit Köpfchen ist, daß die Auskünfte
und die Schaustellungen, die man mir gibt, sich eher dem Gewinnstreben verdanken als einer selbst mäßigen Sympathie für einen Europäer?

Denn man darf nie aus den Augen verlieren, daß die Heiligkeit weder
mit der Intelligenz noch mit der Moral je irgend etwas gemein hatte,
und daß es das »Sakrale« ist und nicht das Gute oder das Nützliche, das
den »Heiligen« definiert. Unverändert hängt seit der Zeremonie das
Bauchfell am Mittelpfosten . . .

. . . .

Zur *Masqal* (dem Kreuzesfest) allgemeine Mobilmachung in Dabra Tabor. Ungefähr 15 000 Gewehre werden zusammenkommen. Da anzunehmen ist, daß um diese Zeit wahrscheinlich Wond Woussen abberufen und durch den Sohn des Kaisers ersetzt werden wird, bleibt noch abzuwarten, ob ihm nicht der Sinn nach Rebellion steht.

Der Konsul faßt die Eventualität einer Verteidigung des Konsulats ins Auge.

. . . .

21. September

Zwei Nächte bei Malkam Ayyahou anläßlich eines Schafsopfers, das Griaule *Rahiélo*[46] dargebracht hat, um Filmaufnahmen und Photos zu machen. Griaule wollte erst das Opfer für *Abba Moras Worqié* nachstellen lassen, von dem wir – weil ich alleine hingegangen war – weder Photos noch Filme haben. Aber mir widerstrebt diese Rekonstruktion, und – vor allem! – wollte ich nicht, daß andere Europäer außer mir Emawayish den *gourri* machen sehen . . . Deshalb habe ich das Opfer für *Rahiélo* arrangiert, das übrigens angebrachter ist, denn *Rahiélo* ist ein größerer Zar und darüber hinaus ein Zar der Mutter, welche sicher eher dazu neigt, sich zur Schau zu stellen als die Tochter.

Da Malkam Ayyahou uns – Abba Jérôme und mich – darum gebeten hat, nicht mehr mitten in der Nacht aufzubrechen (zum einen, um die Harmonie ihrer Versammlung nicht zu stören, zum anderen aus Gründen unserer eigenen Sicherheit, denn man kann immer auf Wegelagerer stoßen und die Geister machen die Überquerung des Sturzbaches allemal zu einem gefährlichen Unternehmen) haben Abba Jérôme und ich schon am Vorabend der Zeremonie unsere Betten mitgebracht.

Obwohl alles sehr schlimm anfing, obwohl ich sehr schlecht gelaunt war (mehr denn je empfand ich den Abgrund, der mich, in Afrika wie in Europa, von den Leuten, und zumal von den Frauen trennt), ist mein Groll in der Atmosphäre des Familienmahles, das auf das eigentliche Opfer folgte, dahingeschmolzen. Malkam Ayyahou war zugleich die gütige Großmutter, der ihre Sprößlinge zum Geburtstag gratulieren, und die herrliche Sybille. Aufgeräumt und zum Singen aufgelegt, zu-

---

46 »Rachel«, Schwester von *Seyfou Tchenguer*.

frieden mit ihrem Mutterschaf wie mit einem Sankt Honoré, schien sie gegen Ende des Abends vergessen zu haben, was sie heute morgen, gleich nach Beginn des Opfers als *Rahiélo* gesprochen hatte: »Ich bin die Pest, ich bin die Cholera, ich bin die Blattern . . .«, Drohsprüche an die Adresse von Kasahoun, der das große Verbrechen begangen hatte, erst zu kommen, als er schon nicht mehr bei der Zerlegung des Mutterschafes helfen konnte. Emawayish ihrerseits ist zugleich die Frau und Herrin (die ihrer Mutter beisteht, das Fleisch in große Stücke säbelt, die Metzgerarbeiten leitet) und diejenige, von der es in den bürgerlichen Familien heißt, sie sei »doch eine kleine Fee« . . . Mit ihr vor allem habe ich mich innerlich wieder versöhnt.

Folgt die Aufzeichnung:

19. 9. 32

Um 6 *Uhr* 45 *ungefähr verlassen Abba Jérôme und ich auf unseren Maultieren das Lager, gefolgt von einem Lasttier, das unsere Betten transportiert. Vor Qeddous Yohannès stoßen wir auf Emawayish; sie wartet auf uns, denn sie möchte den Weg gemeinsam mit uns zurücklegen, was bei der hereinbrechenden Nacht zweifellos sicherer ist. Sie trägt ihr Kind auf dem Rücken und wird von dem Sklaven und Bauern begleitet, der seinerseits ein großes Bündel Schilfzweige trägt, die dazu bestimmt sind, den Boden des Hauses für das morgige Opfer auszulegen.*

Ankunft um 19 Uhr 30.

Alle haben sich in der wadadja-*Hütte niedergelassen. Auf der Bank vor dem Alkoven sitzt Malkam Ayyahou, mit zu ihrer Linken die alte Blinde, die magere Einäugige – die mit ihrem Zarnamen* Dèm Temmagn *heißt (und als Frau Dinqié)*[47] – *und die mit dem glasigen Auge, die am Vorabend von Sankt Johannes den Portier spielte. Die beiden Alten und Dinqié kauen* tchat.

Unterhaltung. Röhrendes Gähnen der Frau mit dem glasigen Auge.

Kaffeerösten und Gebet von Malkam Ayyahou, begleitet von schmachtend gesungenen »Amen« der wichtigsten weiblichen Adepten.

Dinqnèsh bringt Malkam Ayyahou Wasser. Diese kaut tchat, *füllt sich den Mund mit Wasser und spritzt es in drei aufeinanderfolgenden Stößen Dinqnèsh ins Gesicht, die ihr anschließend die Knie küßt. Sie macht*

---

47 »Mein Wunder«.

dasselbe bei der dicken Tigreanerin, spuckt ihr auch auf die beiden Hände und dann wieder ins Gesicht, wobei sie ihr die linke Hand auf den Kopf legt.
Die Adressaten dieser tchat-Bespuckung müssen lachen.
Malkam Ayyahou zieht die Tigreanerin einzeln an jedem Finger der linken Hand, dann schlägt sie ihr mit der flachen Hand auf den Arm und bittet ihren Zar, keinen gourri *zu machen.*
Spucken ins Gesicht von Dinqié: »Weiche, Schattenauge!«[48]
Weiter weg brennt Weihrauch.
Gesänge.
Qwosqwos *tritt an die Stelle von* Chankit. *Begrüßungen. Wiederaufnahme der Gesänge. Aggadètch geht nicht zu Malkam Ayyahou, um sich den Segen erteilen zu lassen. Sie sei nicht* »in der Lage, sich zu nähern«, *erklärt sie, was wahrscheinlich bedeutet, daß sie ihre Regel hat.*
19 Uhr 50: *Sanfter* foukkara *von Malkam Ayyahou, am Ende die Anrufung:*
»König des weißen Nil!«
Für mich unerwartetes Eintreffen des Kirchenchefs von Qeddous Yohannès, Enqo Bahri, der 3 Jahre lang besessen war. Verschiedene von Malkam Ayyahou erteilte Segnungen.
Ganz im Stil: »Da ist mir doch was Ulkiges passiert!«, *erzählt Enqo Bahri, daß er am Nachmittag in der Nähe der großen Sykomoren vor dem Baata-Viertel der Stadt einem Individuum begegnet ist, das er zunächst für einen Menschen hielt, weil es gesprochen hat. Dann aber merkte er, daß es eine Hyäne war. Malkam Ayyahou antwortet im selben Tonfall, auch sie habe dieses Individuum getroffen, habe es aber mit einer Ohrfeige verjagt.*
Gesänge. Malkam Ayyahou spielt als erste auf der Trommel. Sofortiger gourri *der Frau mit dem glasigen Auge. Als sie ein wenig ruhiger wird, hält Malkam Ayyahou sie an, den* gourri *stärker zu machen. Bewegungen mit dem linken Arm, wie Pfotenschläge. Dann setzt sie sich auf den Boden und nimmt anschließend im Knien wieder die übliche Pendelbewegung auf.*
Dieselbe Bewegung noch einmal, mit hinter dem Rücken verschränkten Armen.
20 Uhr 15: *Sie legt sich auf den Boden, beendet dann ihren Tanz im Stehen und erhält den Segen Malkam Ayyahous. Es war Gwolemshèt,*

---

48 Sehr bösartige Spielart von Geistern.

der jetzt wieder gegangen ist und auf der Frau mit dem glasigen Auge seinen Achkar Qourtet[49] *zurückgelassen hat.*

Emawayish, die bis jetzt in einem anderen Gebäude war, läßt sich mit ihrem Kind auf dem Schoß zwischen ihrer Mutter und Enqo Bahri nieder.

. . . .

(Der weitere Verlauf des Abends wie gehabt, mit Gesängen, Tänzen, Trancen, Beräucherungen, Fußküssen für die Alte, Schreien. Auch der Kirchenchef Enqo Bahri hat die muselmanischen Lieder mitgesungen, genau wie die anderen.

Gegen halb eins hat sich Emawayish mit ihrem Kind schlafen gelegt. Um 1 Uhr sind Abba Jérôme und ich zur Wohnhütte hinübergegangen, wo unsere Feldbetten aufgeschlagen waren. Auch Malkam Ayyahou schlief dort in ihrem Lederbett, in dem auch noch das Mädchen mit den Skrofeln Platz genommen hatte.

Etwa in der Mitte der Nacht hörte ich Malkam Ayyahou strömend pissen, wahrscheinlich direkt auf den Boden des Raumes.)

. . . .

20. 9. 32

7 Uhr 30: *Wieder zum Haus der* wadadja. *Verbrennung von Myrrhe innen vor der Tür, zur Vertreibung der bösen Geister. Kaffee.*

Enqo Bahri (der mit seinem kleinen Sohn die Nacht hier verbracht hat) erzählt, daß einer seiner Freunde, als er die Opfer verrichtete und sein Haus auf die gewünschte Weise bereitgemacht hatte, die Unsichtbaren zuerst im Traum erblickte und sie dann, in wachem Zustand, zum Erscheinen brachte, indem er einfach zu ihnen sagte: »Komm!«

Fortsetzung eines gegen 7 Uhr früh begonnenen Palavers über ein Mädchen, dem die zerlumpte Kostgängerin (die Mutter der beiden kleinen Mädchen, die »Papa« zu mir sagen) am Vorabend ihrer Hochzeit zur Flucht aus dem Haus ihrer Eltern verholfen hat.

Angesichts des guenda, *auf dem schon der Kaffee serviert ist, läßt die Klägerin, die anwesend ist, die Auseinandersetzung auf sich beruhen,*

---

49 »Der Schneidende«. *Gwolemshèt*, ein sehr bösartiger Zar. liebt Menschenfleisch.

erklärt aber, sie vor dem Gericht des Fitaorari Makourya wieder aufnehmen zu wollen. Der Disput bricht zwischen ihr und der Zerlumpten aufs neue aus, verstummt dann aber schlagartig. Malkam Ayyahou bittet die Klägerin, das Gericht Gottes walten zu lassen – eine feine Art und Weise, sich die Hände in Unschuld zu waschen . . .

8 Uhr 35: Ein älterer Besucher erzählt, daß bei einem Heilspezialisten in Addis Alam eine seiner Verwandten, die den Namen ihres Zar nicht offenbarte, so stark ausgepeitscht wurde, daß ihr Rücken jetzt voller Wunden ist.

Friedensschluß zwischen der Klägerin und der Zerlumpten. Alle Anwesenden sind aufgestanden.

Enqo Bahri sagt, daß man am »Tag des Blutes« die Chefin nicht reizen soll.

9 Uhr 10 Ankunft Griaules im Haus der wadadja.

9 Uhr 20: Vorführung des Mutterschafes und dann der aromatischen Pflanzen (Weihrauch, Myrrhe, Sandelholz), die von Emawayish sortiert werden. Tebabou reißt die an den Haaren des Schafes klebenden Dreckknittel ab.

Unterhaltung mit einem muselmanischen Besucher aus Addis Alam, einem eingebildeten und unsympathischen Erleuchteten.

10 Uhr 10: Rösten des Kaffees. Nicht Malkam Ayyahou, sondern der muselmanische Besucher spricht das Gebet.

Dinqnèsh zerstößt die Kaffeebohnen.

Rückkehr Emawayishs, die gerade zur Kirche gegangen war.

10 Uhr 40: Erster Kaffeeausschank. Der Muselmane erteilt den Segen.

Griaule macht eine Aufnahme mit Magnesiumblitz. Sofort tritt bei Malkam Ayyahou der Soldat Qwosqwos an die Stelle der Sklavin Chankit.

Der Muselmane beklagt sich, nicht mit Weihrauch beräuchert worden zu sein.

Zusammen mit den gerösteten Körnern ist der maqwadasha von Rahiélo (Klößchen aus Honig und zerstoßenen noug-Körnern) aufgetragen worden.

Um tchat zu bekommen, sagt der Muselmane, er wolle »grüne Blätter essen«.

Nach dem Kaffee werden rohe Saubohnen ausgeteilt. Den Leuten, die weit weg sitzen, wirft Malkam Ayyahou sie zu – um das Unheil abzuwenden.

Weil sie schwatzen, wird Dinqnèsh und der Zerlumpten mit der Peitsche gedroht.

11 Uhr 30: Dritter Kaffeeausschank. Malkam Ayyahou will das Gebet von dem Muselmanen sprechen lassen, aber der weigert sich, und sie spricht es dann selbst.

11 Uhr 45: Umzug in die Wohnhütte, wo das Opfer stattfinden soll. Eine Kochpfanne und eine tönerne Scherbe zum Verbrennen von Weihrauch werden gebracht.

Malkam Ayyahou zieht eine neue Chamma über und setzt sich auf den Treppenabsatz, das Gesicht den Stufen zugekehrt. Sie bedeckt sich den Kopf mit dem Tuch, das wir ihr vor kurzem als Geschenk überreicht haben. Eine mit einem Schaffell bedeckte Kiste dient ihr als Sitz.

Tebabou bringt das Mutterschaf herbei.

Malkam Ayyahou fällt in Trance.

Die Adepten bringen Malkam Ayyahou die Pfannen mit den aromatischen Pflanzen und den Korb mit den gerösteten Körnern und den noug-Klößchen.

Griaule stellt jetzt offiziell das Opfertier vor.

Darbringung von Kölnischwasser und mit tchat *gewürztem Honigwasser.*

Malkam Ayyahou packt den Kopf des Schafes mit beiden Händen und stößt dessen Stirn gegen ihre eigene Stirn.

Vor der Schwelle, auf dem Treppenabsatz, wird das Mutterschaf von Dinqnèsh und Tebabou auf die Seite geworfen und Tebabou schneidet die Gurgel quer durch. Das Blut wird in einer großen Holzschüssel aufgefangen.

Dinqié schöpft aus der Schüssel eine Tasse Blut und reicht sie Malkam Ayyahou.

Malkam Ayyahou steht auf, küßt die Türschwelle und trinkt die Tasse leer.

Ohne sich wieder zu setzen, trinkt sie aus derselben Tasse noch Honigwasser und dann Bier.

Auf die zerschnittene Gurgel des Schafes wird Honigwasser gesprengt. Dann trinken nacheinander Malkam Ayyahou, Fantay und Dinqié Honigwasser und spucken es in drei Richtungen. Auch die anderen Adepten trinken jetzt davon.

Malkam Ayyahou macht den foukkara *von Rahiélo. Mit den Fingerspitzen ihrer rechten Hand macht sie sich unter ihrem Schleier mit Blut ein Zeichen auf den Hinterkopf.*

221

Emawayish legt ein Stück Butter auf den Kopf von Dinqié, die anschließend bei den anderen Adepten das gleiche tut.
Die Tasse wird auf der Schwelle stehengelassen, auf ein paar Gräsern, die genau wie auf dem übrigen Boden auch auf der Schwelle liegen.
Dinqié bedeckt das vergossene Blut mit Gräsern.
Malkam Ayyahou singt zum Händeklatschen der anderen.
Das tote Schaf ist hinuntergetragen worden und wird von Tebabou unten im Garten zerlegt. Fantay und Dinqnèsh, die daneben stehen (und von Zeit zu Zeit den Platz wechseln, als wollten sie um das Schaf herumgehen), halten, die erstere eine Karaffe mit Honigwasser, die zweite eine Karaffe mit Bier in der Hand. Sie besprengen damit die Wunde des Schafes. Seitlich brennt Weihrauch.
Fantay steigt die Treppen wieder hinauf, hält die Eisenplatte, auf der der Kaffee röstet, in die Nähe von Malkam Ayyahou und trägt sie dann wieder weg.
Adepten und Sympathisanten (Abba Jérôme, ich selbst . . .) sind von Rahiélo gesegnet worden.
Malkam Ayyahou bleibt auf dem Treppenabsatz sitzen, umgeben von Dinqié, Fantay, der Frau mit dem glasigen Auge, dem Mädchen mit den Skrofeln; die vier stehen da wie eine Leibwache. Dann geht sie ins Haus zurück, um sich auf ihrem Bett auszuruhen. Sie läßt sich auf den Gurten nieder, bald kauernd, bald halb ausgestreckt. Das Mädchen mit den Skrofeln und die Frau mit dem glasigen Auge sind von Anfang an bei ihr.
Mit dem, was die Adepten ihr bringen, beginnt Malkam Ayyahou, die Mischung aus den 12 Teilen zuzubereiten, die sie roh zu verzehren hat.
13 Uhr 15: *Tebabou und ein anderer Junge, der Sohn von Dinqié, kommen mit dem Fleisch des Tieres herauf, das sie gerade fertig zerlegt haben.*
Emawayish, ein Küchenmesser in der Hand, und Dinqnèsh beginnen mit der Zubereitung des Fleisches.
13 Uhr 25: *Emawayish legt den* mora *des Mutterschafes auf den Kopf ihrer Mutter (die ihren Schleier anbehalten hat). Ich hatte den* mora *bis jetzt für das Fett des Bauchfells gehalten, aber der* mora *ist das Zwerchfell, die »Toilette« (die Lappen) in der Fachsprache der Schlächter.*
Sie bindet ihr den Dickdarm um die Stirn und legt ihr wie einen Hahnenkamm einen Teil davon oben über den Kopf. Dann schneidet sie das zu lange Ende, das hinten herunterhängt, mit dem Hackmesser ab, wel-

ches sie zum Zerschneiden des Fleisches gebraucht. Mit diesem Kopf-
schmuck (das weiße Seidentuch, das wir ihr geschenkt haben und das sie
aufbehalten hat, fällt bis über ihre Schultern hinab) bleibt Malkam Ay-
yahou auf ihrem Bett sitzen.
Jeder der Adeptinnen, die sie im Stehen umringen, überreicht sie einen
langen Stock, der oben leicht zu einem Hakengriff umgebogen ist. Die
Adeptinnen sind ihre Pagen oder wouriéza.
Emawayish bereitet weiter das Fleisch zu.
Die Magnesiumblitze der photographischen Aufnahmen werden durch
Youyous begrüßt.
Malkam Ayyahou läßt ihre Adeptinnen sowie auch Abba Jérôme und
mich einige Hälmchen von den Gräsern aufheben, mit denen der Boden
bedeckt ist, und stellt uns dann auf: mit überkreuzten Unterarmen, in
jeder Hand – wie eine Kerze – die Halme der Gräser haltend. Wir sind zu
ihren mizié *(Ehrenknaben) geworden. Auf ein Zeichen von ihr nähern*
sich die wouriéza *und* mizié *und werfen ihr die Gräser auf das Haupt,*
wobei die Frauen und Malkam Ayyahou selbst Youyou-Schreie ausstö-
ßen. Dann verläßt sie den Alkoven und setzt sich auf die nächststehende
Bank, diejenige, die der Eingangstür gegenübersteht. Man bringt ihr das
Fell des zerlegten Mutterschafes. Wie eine Husaren-Litewka legt sie sich
das umgewendete Fell über den Rücken und die rechte Schulter. Es ist
das »Blutkleid«, mit dem Rahiélo *wie eine Königin geschmückt*
ist . . .
13 Uhr 45: Außer den Adeptinnen gehen alle hinaus, damit Malkam
Ayyahou essen kann.
Wieder in der Wohnhütte werde ich im Augenblick des rituellen Mahles
Zeuge des Abgangs von Rahiélo, *die in einer Trance – begleitet vom*
Händeklatschen der Pagen und Ehrenknaben – Malkam Ayyahou wie-
der verläßt. An die Stelle Rahiélos *tritt sofort deren Tochter* Shashitou.
Diese letztere ist es auch, die durch den Mund der hinter den Chamma
ihrer Adeptinnen verborgenen Malkam Ayyahou die Mischung aus den
12 Teilen aufißt. Rahiélo, *die stolze Königin, hat sich mit dem Trinken*
des Blutes begnügt.
Nach beendetem Mahl singt die immer noch verborgene Malkam Ayya-
hou gemeinsam mit ihren Adeptinnen. Sie verkündet, daß die Soldaten
von Rahiélo *jetzt, wo sie von den Burgruinen herabgestiegen sind, in*
denen sie gewöhnlich hausen, die Epidemie auf die ganze Stadt loslassen
werden.
Das einäugige schwarze Mädchen und der Sklave und Bauer helfen

Emawayish bei ihrer Schlächterarbeit. Mit einem langen Holzsplitter, einem Stück von einem Bambusstab, den sie vom Dach abgerissen hat, schneidet das schwarze Mädchen den Magen heraus.
14 Uhr 35: *Gesänge hinter den Schleiern. Emawayish bringt das Kölnischwasser.*
14 Uhr 45: *Öffnung der Schleier. Lied über das Blut und den* mora.
15 Uhr: *Neuerliche Trance.* Shashitou, *die Tochter von* Rahiélo, *wird durch* Dammana *(= Wolke), ihren Sonnenschirmträger, ersetzt.*
15 Uhr 05: *Malkam Ayyahou legt ein schwarzes Stirnband um, Dinqié die Löwenmähne (aber sie behält sie nicht lange).*
15 Uhr 15: *Auf dem* guenda, *der für den rituellen Kaffee gebraucht wird, wird heißes Honigwasser, genannt »Honigkaffee« gebracht. Aber man schenkt nur einmal aus und es wird kein Gebet gesprochen.*
Dank an Griaule, für das Opfer: »Er hat mich das Grüne berühren lassen (d. h. das Gras, das den Boden bedeckt).«

. . . .

22 Uhr: *Malkam Ayyahou geht zu Bett. Schon vor mehr als einer Stunde hat sie ihren Helm aus Innereien wieder abgenommen. Man hat ihn so wie er war an einen Kleiderhaken gehängt. »Es ist so schwer wie die Krone«, hat Enqo Bahri gesagt.*

. . . .

22 Uhr 30 *ungefähr: Nachtruhe. Man möchte nicht, daß Abba Jérômes Bett zu nahe an der Schwelle steht, auf die das Blut geflossen ist. Bei uns in der Wohnhütte bleiben: Malkam Ayyahou, Emawayish und ihr Kind, die alte Blinde, das Mädchen mit den Skrofeln, Dinqié (gleich hinter dem Kopfende des Bettes) und ein verheiratetes 16jähriges Mädchen, das mit seinem Zarnamen Adal Gwobena heißt. Die übrigen Teilnehmer schlafen kreuz und quer in der* wadadja-*Hütte.*
Über meinem Gesicht hängen Fettzotten und ein Stück Fleisch von einem Querbalken der Decke herab.
Das Fell des Mutterschafes ist an der Eingangstür angebracht worden und bedeckt jetzt – mit den Haaren nach außen gekehrt – von oben bis unten die Außenseite dieser Tür. Da die Tür offen bleibt, sieht man im Dunkeln das weiße Fell hängen.

. . . .

Sehr gut geschlafen. Besser als in unserem Lager-Haus, wo der durch die Abou gédid-Wände scheinende Mond mich aufweckt. Aufstehen gegen 6 Uhr.

Gegen 7 Uhr erzählt Malkam Ayyahou, daß heute nacht zwischen mehreren Zar *(Siol, Aodemdem, Waynitou* usw.) ein Disput entbrannt ist, weil sie dem Opfer ferngeblieben waren und nicht die Ehrengarde aufgezogen hatten.

Die Unterhaltung geht in einem zugleich vertraulichen und mondänen Ton weiter. Emawayish macht sich über mich lustig, über mein Nichts an Kenntnissen in Amharigna. Da sie hört, wie ich immer wieder Abba Jérôme ausfrage, weil ich wissen will, um was es sich dreht, hat sie den Satz »Qu'est-ce que c'est?« (Was ist das?) auf französisch behalten und spricht ihn *»kèskesiééé?«* aus. Sie kann außerdem noch »oui!« sagen. Es scheint sie sehr zu amüsieren, diese Worte zu wiederholen. Ich zähle alle amharischen Vokabeln auf, die ich kenne, ein paar Höflichkeitsformeln, einige Tiernamen, die vier Elemente usw. und bei jedem neuen Wort, das ich ausspreche, lacht sie fröhlich.

Zum Gesprächsgegenstand wird auch ein altes italienisches Zeitungsblatt. Auf der einen Seite sind die Photos einer Gruppe von Ingenieuren zu sehen, die einen Grubenschacht glücklich bis zu 1000 Meter Tiefe in die Erde getrieben haben. Sie lächeln. Emawayish und ihre Mutter zählen nach, wieviel Zähne sie haben. Die anderen Damen werden gleichfalls zur Beurteilung herangezogen. Nach übereinstimmendem Urteil sind sie nicht hübsch: sie zeigen ihre Zähne zu sehr.

Die andere Seite des Blattes, auf der lauter Boxkampfphotos sind, interessiert Emawayish nicht weniger. Von einem der Boxer, einem Gigolo mit breitem Oberkörper und glatt anliegenden schwarzen Haaren, meint sie, er sei *»malkam«* (hübsch)!«

Um 7 Uhr 30 Honigkaffee, der wie am Vorabend nur einmal ausgeschenkt wird.

Aufbruch fast gleich danach. Dinqié empfiehlt mir ihren Sohn. Sie möchte, daß wir ihn auf der Reise nach Addis Abeba als Achkar anstellen. Auf dem Rückweg sehe ich, daß die Wiesen unabsehbar weit mit Gelb überzogen sind. Es sind die Blumen der Masqal, die während des Opfers aufgeblüht sind.

22. September

Schon gestern hat man mich über den Achkaranwärter aufgeklärt. Der Dolmetscher Wadadjé hat mich aufgesucht, als er mich mit dem Jungen, der meine Lampe trug, aus Gondar zurückkommen sah. Anscheinend ist der Sohn von Dinqié sein Boy gewesen und hat ihm einen Taler geklaut. Es dürfte also nicht ratsam sein, ihn als Achkar einzustellen. Abba Jérôme gegenüber läßt Wadadjé übrigens noch mehr verlauten, nämlich daß der Junge ihn, Wadadjé, als »dreckigen Katholiken« beschimpft habe, was beweist, daß er die Europäer und das, was mit ihnen in Zusammenhang steht, nicht gerade schätzt. Können wir also vergessen . . .

Am Nachmittag tritt schon wieder ein neuer Anwärter auf den Plan: Tebabou, der mir nach der gebräuchlichen Formel eröffnet, daß ich »sein Vater und seine Mutter« bin und daß er mein Dienstbote sein wolle, bis nach Addis und sogar bis nach Europa, wenn ich möchte. Wir würden nach der Masqal weitersehen, gebe ich zur Antwort und verspreche, ihn bei Lutten, dem Personalchef zu empfehlen. Nachdem ich jetzt schon daran gedacht hatte, die Mutter zu entführen, würde es mich freuen, wenigstens den Sohn mitzunehmen . . .

Heute morgen kommt Emawayish selbst zu Besuch. Begleitet von einer alten Frau mit kahlgeschorenem Schädel, einer Frau aus ihrem Viertel, die in diesem Fall als Anstandsdame zu fungieren scheint, ist sie die Kirche von Qwosqwam »umarmen« gegangen. Und wo sie schon bei unserem Lager vorbeikam, ist sie eben auf einen Sprung und einen Gruß hereingekommen. Wie gewöhnlich labe ich die Besucherinnen beim Plaudern mit Strömen von Kaffee.

Als Emawayish sich zurückzieht, fällt mir ein, daß ich ihr die Äffin zeigen könnte, die die Expedition soeben erworben hat. Sie würde vielleicht ihren Spaß daran haben. Aber Abba Jérôme hält mich zurück: Emawayish ist vielleicht schwanger, und in der Vorstellung der Abessinier liefe sie beim Anblick eines Affen Gefahr, ein Monster zu gebähren.

23. September

Die zweite Hälfte des gestrigen Tages ist für mich ganz wunderlich vergangen. Bei der Befragung mit Tebabou habe ich erfahren, daß weder das Opfer für *Rahiélo* noch das für *Abba Moras Worqié* reguläre Opfer gewesen sind.

Weil es ihm an der gebotenen Hilfe fehlte, um die Opfertiere ruhig zu halten, hat Tebabou beide Male den Hals quer durchgeschnitten, anstatt ihn längs aufzuschneiden, wie es zur unversehrten Bewahrung des Felles vonnöten gewesen wäre. Wenn ein Tier geschlachtet oder aus sonst irgendwelchen Gründen abgestochen wird, schneidet man quer, aber für die *awolya* schneidet man längs. Angesichts des Zornes Gottes ist das viel schwerwiegender (denn das Entweichen der Seele ist langwierig und mühsam), dafür bleibt das Fell aber unversehrt, und in der Folge – wenn es an die Wand gehängt, oder zum Sitzen ausgebreitet wird – ist es möglich, in ihm das genaue »Abbild« des Tieres zu sehen.

Zu hören, daß nichts war, wie es hätte sein sollen, reißt eine Wunde in mir wieder auf. Zu wissen, daß die beiden Opfer keine wirklichen *maqwadasha* waren, sondern bloße *djebata*, war schon eine Folter für mich. Aber zu erfahren, daß die Tiere abgestochen worden sind wie bei irgendeiner x-beliebigen Schlachtung, ist noch viel schlimmer! Ich frage mich schon, ob man mich nicht angeschmiert hat, ob – zum Beispiel – *Abba Moras Worqié* wirklich in eigener Person auf Emawayish herabgestiegen ist, als diese das Blut trank, ob man nicht eine klägliche Komödie vor mir aufgeführt hat, einzig und allein dazu bestimmt, den *»frendji«*, der ich bin, zufriedenzustellen. Ich erinnere mich, wie Emawayish nach der Bluttasse sich den Mund ausspülte, ohne auch nur im geringsten zu versuchen, ihren Ekel zu verbergen – wie manche professionelle Lutschmädchen, wenn sie sich die Zähne putzen . . . Ich erinnere mich an dieses armselige kleine Opfer, bei dem es fast an allem fehlte, weil ich geglaubt hatte, es genüge, wenn ich das Opfertier, den Kaffee und den Weihrauch stifte, und annahm, Emawayish würde schon für das Weitere Sorge tragen . . .

Tebabou muß mich beruhigen, versichern, daß *Abba Moras Worqié* auch wirklich das Blut angenommen hat, denn seine Mutter hat sich ja bei mir bedankt und gesagt »Gott schütze Euch!«, daß ihr *gourri* das tatsächliche Herabsteigen von *Abba Moras* beweist und daß er sich auch nicht durch einen Stellvertreter zu bekunden pflegt . . .

Mir fällt auch sonst noch verschiedenes ein: Mehrere Tage nach dem Opfer hing das Zwerchfell des Schafes immer noch am Mittelpfosten bei Emawayish, was doch unzweifelhaft beweist, daß sie an seine Wirkkräfte glaubte; sie wollte auch – gleich nach dem Opfer – ihr Amulett nicht mehr mit der rechten Hand berühren, denn wie ich inzwischen erfahren habe, bewohnt *Abba Moras Worqié*, wenn er herabsteigt, die rechte Seite des Körpers; und ist der Grund für die große Wut Malkam Ayyahous auf Kasahoun, der am Tag des Mutterschafes nicht bei der Tötung geholfen hatte, nicht auch gerade in dem Umstand zu sehen, daß sie das Opfer ernst nahm und daß sie ihm wegen des Versäumnisses das er verschuldet hatte, böse war?

Nach und nach beruhige ich mich also wieder. Aber da ich gemeinsam mit Griaule beschlossen habe, daß nach der Masqal *Seyfou Tchenguer* durch ein Stieropfer geehrt werden soll, nehme ich mir fest vor, diesmal das Nötige zu tun, damit alles strengstens befolgt wird. Ich werde auch extra zu Emawayish gehen, um mich mit ihr darüber ins Einvernehmen zu setzen.

. . . .

Ich war bei Emawayish. Wir haben über das Opfer gesprochen und über das Opfertier, einen roten Stier. Ich habe eine Liste der erforderlichen Sachen aufgestellt (Getränke, Körner, Parfüme, Weihrauch), damit auch alles vollständig beisammen ist. Überschlagen, daß wir für 8 1/2 Taler ein Fest geben können, mit dem alle Welt zufrieden sein wird. Die Aufstellung eines *das* (eines Pavillons aus Zweigen, eines Zeltes oder eines provisorischen Unterstandes) im Garten von Malkam Ayyahou vorgesehen, wo sich – unter günstigen Lichtbedingungen für die Photo- und Filmaufnahmen – das Fest abspielen könnte.

Mir ist, als würden wir im Kreis der Familie über eine große Hochzeit oder ein Kommunionsessen debattieren. »Wo setzen wir die Tante soundso hin?« Morgen schon wird Malkam Ayyahou verständigt, damit wir einen Tag ausmachen können.

Das ganze Gespräch über läßt Emawayish wie gewöhnlich ihre sehr enttäuschenden Brüste aus ihrer Chamma springen, erst die eine dann die andere, damit ihr Sohn gleichmäßig an beiden sauge. Der Knirps hat sich ein Spiel ausgedacht: Er preßt die mütterlichen Schläuche und versucht, einen kleinen Metallbecher damit zu füllen, den Tebabou aus einer verbrauchten zylindrischen Batterie gebastelt hat, welche Abba Jérôme ihm gegeben hat. Ohne Zweifel findet das Kind das würdiger als direkt an den Brüsten zu suckeln.

Beim Abendessen erfahre ich vom Konsul, daß man mich im italienischen Lager für einen Muselmanen hält . . .

24. September

Tebabou kommt zur Arbeit. Er ist zu seiner Großmutter gegangen und hat ihr mein gestriges Gespräch mit Emawayish erzählt. Da ihr aufgefallen war, daß wir zwei Sachen vergessen hatten, diktierte Malkam Ayyahou Tebabou das folgende, für mich bestimmte Briefchen:
»*Berbéri für den* awazié.[50]
Trockensalz für dasselbe.«
Ja! Seid willkommen! Was zu tun ist, wird Weyzero Emawayish euch sagen, damit der awolya *nicht ärgerlich wird, wenn irgend etwas fehlt.*«
Tebabou nennt mir auch den Namen eines weiblichen Zar, von dem seine Mutter besessen ist. Es ist ein sehr übler Zar, den sie uns noch nicht gestanden hatte. Aber Tebabou hatte ihn gestern erwähnt, obwohl er den Namen nicht wußte. Ich bat ihn, seine Mutter zu fragen, und heute bringt er mir den Namen. Es handelt sich um *Dira*, die Tochter von *Rahiélo*, einen Nachtmahr, der die Männer impotent macht und den Frauen das Gebären verwehrt.
Zu hören, daß Emawayish von einem derartigen Zar besessen ist, hätte mich vor 14 Tagen noch umgeworfen. Heute ist mir das fast gleichgültig. Die Magie ist verflogen . . . Sollte das Blut des Opfers alles ausgewischt haben, alles aufgezehrt haben?
Seit kurzem weiß ich auch, daß Emawayish Großmutter ist. Sie hat eine Tochter, die es schon bis zu ihrem zweiten Gatten gebracht hat. Wenn sie auch, glaube ich, nicht älter als dreißig Jahre ist, so sehe ich doch eher die Matrone als den Nachtmahr in ihr. Und zumal seitdem die Zardinge für mich an Geheimnis verlieren, gleitet alles auf eine andere Ebene hinüber. Nichts mehr von der Frenesie dieser letzten Wochen, aus mit der Besessenheit, aus mit den romantischen Regungen. Die Zar (die ich allerdings immer noch gern mag) sind nur noch eine Art Verwandte für mich . . .

25. September

Doppelter Besuch von Malkam Ayyahou: heute morgen mit Fantay und dem Mädchen mit den Skrofeln; heute nachmittag erst alleine und dann später gefolgt von Fantay. Sie war nach Qeddous Yohannès ge-

---

50 Sauce für das rohe Fleisch.

gangen, wo Emawayish ein großes Familienessen gab, Folge der ewig
weit (mehr als ein Jahr) zurückliegenden Taufe ihres Kindes.
Wir haben für das große Opfer den Donnerstag in 8 Tagen festgehalten
und den kommenden Samstag für ein weniger wichtiges Opfer: ein paar
Hühner, die Griaule den kranken Frauen stiftet. Dem Brauch gemäß
lassen diese – bevor sie sich später größere Opfertiere leisten können –
erst Hühner für sich schlachten. Da es bei einem so kleinen Tier wie
dem Huhn unmöglich ist, das Ritual mit dem Zwerchfell auszuführen,
unterscheidet sich auch das Zeremoniell. Die Frauen setzen sich das
restlos ausgenommene, aber in seiner äußeren Form vollkommen be-
wahrte ganze Huhn auf den Kopf.

26. September

Montag, Vorabend der Masqal. Ich habe mir bereits vorgenommen,
mich um den Anfang der für heute abend vorgesehenen konsularischen
Lustbarkeiten zu drücken. Leider gelingt mir das nicht. Ich dachte, in
Qeddous Yohannès fände ein Fest statt. Ich gehe hin, – Tebabou geht
mir voraus –, aber es ist nichts los. Es sind lediglich kurz vor meiner
Ankunft die Priester Gebete sprechend drei- oder viermal um den
Scheiterhaufen herumgegangen, den sie morgen anzünden.
Salven und Feuerwerk (von uns gestiftet) auf dem italienischen Ge-
lände. Selbst unsere Achkar holen die Erlaubnis ein, jeder einen Schuß
abgeben zu dürfen. Anschließend tanzen und singen sie. Die Sklavin
Desta ist hingerissen. Vielleicht überschlägt sie, wieviel Männer ihr
heute nacht über den Bauch rutschen werden?
Ich habe Abou Ras gebeten, ein großes Bündel *tchat* für mich einzu-
kaufen. Er bringt es mir, mit der stummen Zufriedenheit eines Prophe-
ten, und ich beginne, die Blätter gewissenhaft zu zerkauen. Von gutem
Geschmack kann wirklich keine Rede sein, und als Rauschmittel ist das
eher dürftig . . .
Arme *awolya,* wie lange müssen sie sich wohl die Weichen gerben, um
zu ihrem Tinnef-Wahn zu kommen? Überall Jahrmarktsatmosphäre
heute. Erregende, berauschende Besessene, wie in den Jahrmarktsbuden die gleichermaßen aufreizenden elektrischen Frauen, die Sirenen
in schwirrenden Spiegeln, und in den Glassärgen herrliche, vierbrüstige
Wachsprinzessinnen.

27. September

Die für so ein Fest gebührende schlechte Laune legt sich nicht wieder.
Schon vor dem Morgengrauen Schreie, Gesänge, Fackeln. Ich bin dadurch wachgeworden, aber erst aufgestanden, als mir wirklich nichts
anderes mehr übrigblieb . . .
Wie beim Sankt Johannes-Fest (ja sogar noch zahlreicher) kommen seit
gestern all unsere Leute zu uns und auch noch eine ganze Menge Leute,
die wir überhaupt nicht kennen. Sie bringen Blumensträuße mit und
wollen Geschenke dafür haben. Meiner jämmerlichen Schwäche nach-
gebend, schenk ich Tebabou meine Uhr – obwohl er sie nicht verdient
hat. Schon vom frühen Morgen an stopfe ich mich mit *tchat* voll.
In der Stadt soll auf dem Platz, wo der Fitaorari Makourya Recht
spricht, öffentlich der Masqal-Scheiterhaufen angezündet werden.
Nach langem Zaudern gehe ich dann doch hin. Lifszyc, Roux, Lutten,
Faivre, Abba Jérôme kommen auch. Allein Larget und Griaule bleiben
zu Hause. Sie tun gut daran, denn die Ereignisse dieses Morgens sind
nicht gerade angetan, einen zu besänftigen. Abba Jérôme, zu allerlei
Mätzchen aufgelegt, hat gesehen, daß jede Familie im Freien auf ihrem
eigenen kleinen Masqal-Scheiterhäufchen ihren Kaffee kocht. Er
möchte jetzt, daß wir Photos machen, und schleppt uns – unter dem
Vorwand, ihnen ein frohes Fest zu wünschen – zu den Leuten. Den
Dörflern ist es natürlich furchtbar lästig, von Unbekannten und zudem
in der Mehrzahl von Europäern derart überfallen zu werden. Um das
Eis zu brechen, macht Abba Jérôme die verschiedensten Faxen, überreicht Blumen, setzt sich eine Kräuter-Krone auf den Kopf. Lifszyc,
Roux und mich regt das schließlich auf. Auf dem Gerichtsplatz angekommen, erfahren wir, daß der Scheiterhaufen wider Erwarten erst
gegen Mittag angezündet wird. Als wir die Gesänge und die Trommel
hören, beschließen Lifszyc und ich, in die Kirche zu gehen. Andächtig
und konzentriert hören wir der Messe zu, wettern gegen Ende über den
Konsul, der mit seiner Eskorte auf dem Platz eingetroffen ist, wo er an
der Zeremonie des Scheiterhaufens teilnehmen will, und mit dem Höl-
lenlärm seiner abessinischen Fanfare alles aus dem Geleis bringt.
Nach der Kirche schauen wir uns draußen in der Menge um, wir versuchen die Europäer auszumachen, von denen erst nichts zu sehen ist.
Als wir uns dann aber dem Prozeßbaum nähern und an den Rand eines
doppelten Spaliers von Leuten kommen erblicken wir den thronenden
Konsul mit Bart, Binokel und himmelblauem Umhang. Das reicht uns:

Lifszyc und ich schicken sofort nach den Maultieren und ziehen auch Roux noch mit nach.

Rückkehr zum Lager ohne Eskorte. Kleiner Zwischenfall auf der Höhe von Qeddous Yohannès, wo uns vom Konsularhügel aus eine Gruppe von Leuten gesichtet hat und sofort tanzend und singend den Hügel herunter auf uns zugekommen ist, um uns das bescheidene Neujahrssträußchen zu überreichen, für das der Schenkende sich eine Gegengabe von einigen Talern erhofft. Wir treiben unsere Maultiere an und stoßen die Leute ein wenig herum.

Bei mir zu Hause entlade ich meine Galle, kaue noch ein bißchen *tchat*.

Aperitiv. Bratkartoffeln (denn das Konsulatsbankett, zu dem wir eingeladen sind, findet erst später statt, und wir haben großen Hunger).

Kurzes Auftauchen von Malkam Ayyahou, die in Paradeaufmachung mit einigen Adeptinnen ankommt, um zu singen und zu tanzen; wegen der Anstrengungen der Nacht durchweg mit krächzender Stimme und eher trunkenen Leibes.

Ich übergehe das Bankett: Der Konsul – in schwarzem Hemd – hat eine politisch so tendenziöse Rede gehalten, daß ich nicht mehr aus noch ein wußte. Um mir einen Anschein von Fassung und Haltung zu geben, habe ich angefangen Blumen aufzuessen und ostentativ immer wieder andere Sorten verlangt. Alle miteinander, Europäer wie Abessinier – wir saufen wie die Löcher. Nach dem Mahl Gesänge der Priester unter der Leitung meines Freundes Enqo Bahri, an den ich ein paar Gläschen Cognac weitergereicht habe, als er und die anderen Priester zu einem bestimmten Zeitpunkt des Festes hinter unseren Stühlen auf dem Boden saßen. Tänze der Achkar des Konsulats. Das geht so weiter bis 6 Uhr abends.

Ich lasse mich von der Volksfeststimmung mitreißen und gebe gleich neben Roux' Behausung ein paar Schüsse mit dem Revolver ab.

Von dem unwiderstehlichen Wunsch getrieben, dem Konsulatsdiner zu entfliehen, das nichts als die Fortsetzung des morgendlichen Banketts darstellt, verbringe ich den Rest des Abends bei Malkam Ayyahou. Ich begegne dort einem sehr gezierten und geckenhaften Besessenen, der alle und jeden mit seinem Segen bedenkt und mit Grammophonstimme eine große Zahl von Opfergaben verlangt. Zur Zeit seiner Krankheit war er anscheinend ein großer Mörder, der auf den Straßen von Gondar die Leute umbrachte. Er ist jetzt geheilt und bringt niemand mehr um.

Ich selbst erteile einem Mann, der mich darum bittet (dem Gatten der Frau mit dem geschwollenen Knie) meinen Segen: drei feste Schläge auf den Rücken, wie vorgeschrieben. Ich schenke ihm anschließend eine Dose Puder, denn die aus meinem Segen hervorgegangene Brüderschaft ermutigt ihn, mich mit diesem zweiten Wunsch anzugehen. Seine Frau ist fröhlicher, es scheint ihr besser zu gehen. Wohltuender Einfluß der Sekte, die doch unbestreitbar die Leute beruhigt.

28. September

Ich gehe zu Emawayish, um endgültig mit dieser Stiergeschichte zu Rande zu kommen und die 10 Taler zu übergeben, die Griaule als Kredit für den Ankauf der zusätzlichen Sachen bewilligt hat.

Das Opfer für *Abba Moras Worqié* war wirklich kein Erfolg. Da es an vielem fehlte (an gerösteten Körnern, Honigklößchen, Honigwasser, *talla . . .*), war der Zar böse und plagte Emawayish acht Tage lang, schlug sie an Schultern und Kopf. Sie fühlt sich sogar jetzt noch von einer Last beschwert. *Abba Moras Worqié* erscheint ihr im Traum und macht ihr Vorhaltungen; er jagt sie über unendlich weite Ebenen, er macht sie weinen. »Man dankt dem Herrn, auch wenn er mit der Peitsche schlägt«, erklärt Emawayish und läßt damit durchblicken, daß ich ihr, ohne es zu wollen, viel Übles getan habe.

Ich beruhige sie über ihre Täume, sage ihr, sie brauche sie lediglich mir zu erzählen, um davon loszukommen. Im übrigen nehme ich die ganze Kränkung des *Abba Moras Worqié* auf mich.

Die Unterhaltung wird beständig von kommenden und gehenden Leuten unterbrochen, die entweder auf einen Kaffee oder ein Bier hereinschauen, oder die neuesten Nachrichten aus dem Viertel erzählen wollen.

Das Kind, das zu Nachbarn gegangen ist und *talla* getrunken hat, ist besoffen. Es hat Schlagseite und kann nicht einmal mehr die Brust seiner Mutter nehmen. Es sind noch zwei andere Buben da. Ich erfahre von Emawayish, daß einer von ihnen ein Sohn ihres letzten Gatten ist. Sie gibt ihm *talla* zu trinken.

Rückkehr Tebabous, der nicht im Haus war. Er flüstert geheimnisvoll seiner Mutter etwas ins Ohr. Die ist von da an zerstreut und nur noch mühsam bei dem Gespräch zu halten. Da es andererseits schon fast Nacht ist, heben wir die Sitzung auf.

Wieder im Lager, erfahren wir, daß es zwischen den italienischen Achkar und unseren eigenen, die in einem Haus unweit des Lagers Honigwein getrunken haben, zu einer gewaltigen Schlägerei gekommen ist. Um die Schlacht aufzuhalten, mußte Lutten mit dem Revolver in die Luft schießen und unsere Leute mit Peitschenhieben nach Hause expedieren. Es gibt beiderseits sieben Verletzte. Das Gefängnis der Wache ist voll, denn alle Männer, die Blutspuren trugen, sind verhaftet worden.

29. September

Schon am Morgen kommen Emawayish, ihre Tante und eine andere alte Frau, um Erkundigungen einzuholen. Sie haben von der Schlägerei gehört (das war es auch, was Tebabou Emawayish zugeraunt hatte), und unter dem Vorwand, sich zu erkundigen, ob uns auch nichts zugestoßen ist, machen sie jetzt einen Besuch zur Vervollständigung ihrer Informationen. Vielleicht wären ja alle froh darüber, wenn die »frendji« sich gegenseitig auffräßen . . . Die Damen bewundern den Heldenmut unseres Ex-Chauffeurs Mamadou Kamara, der, wie sie behaupten, ganz alleine einem halben Dutzend Eritreer die Stirn geboten hat und die Steine zurückschleuderte, die jene auf ihn warfen.

Emawayish hat eine gute Nacht verbracht. *Abba Moras Worqié* hat sich nicht bekundet.

Am Nachmittag gehe ich mit Abba Jérôme zu Malkam Ayyahou, um endgültig den Tag des Opfers festzulegen. Es ist die Frau mit dem geschwollenen Knie da, ihr Gemahl und die üblichen Adepten. Heute Morgen ist für die Frau mit dem geschwollenen Knie das Blut vergossen worden. Die Bälge von 3 geopferten Hühnern sind an der Tür aufgehängt worden.

Die Kranke streckt mir zwei schmächtige Mädchenbeine hin, auf daß ich ihr Knie untersuche und sehe, ob nicht irgendeine Arznei der heiligen Kur unter die Arme greifen könne. Ich bin da natürlich vollkommen überfragt. Malkam Ayyahou erklärt, daß »so wahr sie *Chankit* heißt, das Knie noch heute nacht abschwellen wird«. Dann ißt die Frau, hinter einem vorgezogenen Schleier. Um zu heilen, muß sie – versteht sich – ganz alleine das Fleisch der geopferten Hühner verzehren. Hinter dem Schleier ermahnt Malkam Ayyahou die Kranke, alles aufzuessen, obwohl diese entsetzliche Rülpser ausstößt und sich, glaube ich, sogar übergibt. Draußen sitzend, mit dem Rücken gegen den Schleier, streichelt der Mann sanft den Fußknöchel seiner Frau, um ihr Mut zu machen, nehme ich an.

Eine Ablenkung ergibt sich durch die Ankunft des Kirchenchefs Enqo Bahri, der stockbesoffen von einem Bankett beim Fitaorari kommt. Er ist in Begleitung seines kleinen Jungen – eines Bürschchens, das, wenn man ihm Raki zu trinken gibt, erklärt: »Das ist doch was anderes als Milch!« Der Junge trägt den Sonnenschirm. Da mir das besoffene Gerede auf die Nerven geht, verabschiede ich mich. Es ist ausgemacht worden, daß das Hühneropfer Dienstag morgen und das Stieropfer Samstag morgen stattfindet.

30. September

Spaziergang nach Addis Alam, wo wir versuchen, muselmanische *balazar* ausfindig zu machen. Im großen und ganzen wirkt das muselmanische Dorf reicher, sauberer und besser unterhalten als die christlichen Viertel. Die Moschee – eine runde Hütte, zu der wir zufällig gelangen – ist unvergleichlich reiner als die Kirchen. Keine Dunghaufen, keine zwielichtigen Kirchendiener. Im Innern sitzen Männer mit sauber gewaschenen Kleidern und trinken Kaffee.

In dem kleinen Hof der Moschee treffen wir auf den Sohn des *négadras* (Händlers), bei dem wir uns erkundigen wollten. Abba Jérôme kennt bereits den Vater und auch den Sohn, denn er hatte sich bei ihnen ausgeruht (bevor er von dem Fitaorari abgewiesen wurde und zu Malkam Ayyahou ging), als er im Regen in Gondar eingetroffen war.

Der Négadras ist nicht da. Er ist auf seinen Feldern und beaufsichtigt die Jäte-Arbeiten. Aber sein Sohn führt uns ins Haus, wo mehrere Männer sind, mit denen wir uns unterhalten, während der Sohn des Hauses einen absolut köstlichen Kaffee mit Gewürznelken auftragen läßt.

Es ist auch ein alter Derwisch da, der Suez kennt, weil er als englischer Gefangener dort hingekommen ist); außerdem ein ehemaliger Soldat des Emirs Faisal und mehrere Händler.

Ich lenke die Unterhaltung auf die *awolya* und die *zar*, die ich auf Seiten der Muselmanen kennenlernen möchte. Die Auskünfte sind allerdings recht dürftig. Meinen Gesprächspartnern scheint wenig daran gelegen zu sein, den Besessenen gegenüber Nachsicht walten zu lassen. Aber vielleicht sind sie auch mißtrauisch. Ihnen zufolge gibt es im Viertel keinen einzigen großen *balazar*.

Rückkehr ins Lager und neuerliche, recht brutale Konfrontation mit den Fakten: Der Konsul setzt Griaule davon in Kenntnis, daß nach einem Gefecht mit den Regierungstruppen, das auf beiden Seiten 500 Tote gefordert hat, die Hauptstadt des Godscham, Dabra Marqos, soeben von dem Sohn Lidj Yasous und zwei Söhnen des Ras Haylou eingenommen worden ist. Der Stellvertreter des Ras Emrou, der neue Gouverneur der Provinz Godscham, soll getötet worden sein. Bedenklich daran ist, daß die Rebellion sich durchaus ausweiten und daß auch Wond Woussen abfallen könnte, wenn die Nachricht vom Erfolg der Rebellen Dabra Tabor erreicht, bevor die dort zum Masqal-Fest versammelten Chefs wieder abgereist sind.

Seit einigen Tagen ist der Dedjaz Kasa Mishasha, der Enkel des Kaisers Theodor und theoretisch der Kronanwärter, Gast im italienischen Territorium. Er läßt sich nicht blicken und behauptet, er sei krank. Was hat er hier zu suchen, wo er doch normalerweise mit den anderen Chefs der Gegend in Dabra Tabor sein müßte?

1. Oktober

Schlechter Tag. Eine unbedeutende, aber unangenehme Geschichte schon am Morgen. Tebabou spielte neuerlich darauf an, daß Abba Jérôme Emawayish sein Maultier leihen könnte, denn diese müsse demnächst einen Beileidsbesuch bei ihrer Tochter machen, die ein oder zwei Tagesmärsche entfernt wohnt und der gerade ein Verwandter aus der Familie ihres Mannes gestorben ist. Abba Jérôme hat sich taub gestellt. Tebabou hat andererseits – im Bezug auf das große Opfer – Andeutungen gemacht, daß auf der Liste, die ich von Emawayish habe aufstellen lassen, gewisse Dinge vergessen worden seien. Ohne Zweifel möchte man erreichen, daß ich die Subvention von 10 Talern, die ich Emawayish schon ausgehändigt habe, noch erhöhe. Aber ich stelle mich ebenfalls taub.

Heute morgen ist der Dolmetscher Wadadjé zum Ankauf des Stieres auf den Markt gegangen (begleitet von Tebabou, der ihn in der Wahl der Farbe beraten soll). Emawayish ihrerseits besorgt mit den 10 Talern und mit nicht einem mehr den Einkauf der nötigen Lebensmittel und Utensilien.

Während der Arbeit mit Abba Jérôme kommt dann aber ein Boy und übermittelt das Ersuchen einer mysteriösen Abgesandten, einer alten Frau und Freundin von Emawayish, die am Eingang des Lagers zurückgeblieben ist. Emawayish läßt lediglich anfragen, ob Abba Jérôme ihr drei Taler leihen könne, die sie brauche. Obwohl diese neuerliche Anfrage mich aufbringt, sage ich Abba Jérôme, er solle einwilligen, gleichzeitig aber die Fiktion aufrechterhalten, er selbst leihe dieses Geld aus, und außerdem ganz klar machen, daß es sich um eine absolut private Anleihe handle. Denn ich möchte vermeiden, daß die Leute glauben, sie könnten sich mit den Finanzen der Expedition alles herausnehmen.

So geschieht es denn auch, aber ich bin den ganzen Tag über vergrätzt. Auch die Ankunft des recht schönen Stieres heitert mich nicht auf.

Ich muß zu Emawayish, um zu sehen, was aus dem Einkauf für das Opfer geworden ist.

Ich treffe Emawayish beim Aufrollen der Wolle auf die Spindeln. Mit hochgeschlagener Chamma läßt sie die waagerecht gehaltene Spindel über ihren nackten Schenkel laufen und wickelt den aus der Ablaufhaspel in der Mitte der Hütte kriechenden Faden auf. Am Mittelpfosten hängt noch immer das Zwerchfell des Schafes. Auf der Bank neben mir schreibt Abba Jérôme – wie gewöhnlich mit meinem Kugelschreiber – sorgfältig die Reden eines alten besoffenen Dabtara in sein Merkheft, dessen Geschichten natürlich mehr oder weniger mit den Zar zu tun haben.

Ich sage nichts. Mit wem sollte ich auch reden? Ich esse die Körner, die man mir gibt, trinke den Kaffee, den man mir reicht. Ich schaue auf 3 Dinge: das Merkheft von Abba Jérôme, das Zwerchfell des Schafes, das nackte Knie von Emawayish und fühle mehr denn je meine heillose Vereinsamung. Als bildeten diese Punkte in meinem Kopf ein Dreieck (dessen Verbindungen ich als einziger kenne) und als schnitten sie um mich herum das übrige Universum mit dem Messer weg, wie um mich von ihm abzutrennen und mich für immer in den – jedem anderen unbegreiflichen oder absurden – Kreis meiner eigenen Verzauberungen einzuschließen.

Ich kehre in ziemlicher Verzweiflung zurück, die ich wie ein Vertrocknen erlebe.

Letzte Nachrichten: noch 200 (?) Tote, aber die Rebellen von Dabra Marqos sind von den Regierungstruppen eingekreist worden. Der betrunkene Dabtara erzählte heute von Gerüchten, die in dem Land im Umlauf sind: einer Prophezeiung entsprechend werden die Europäer Abessinien erobern. Wenn sie es bis heute noch nicht gemacht haben, dann aus reiner Zaghaftigkeit, aber alle Welt wartet auf sie; es bräuchte bloß über Métamma eine englische Kolonne einzumarschieren und der Kaiser würde vor Angst unter sich machen. Der künftige Kaiser sei dann der Dedjaz Kasa Mishasha, der zusammen mit den Italienern regieren werde, heißt es auch.

2. Oktober

Wie abgemacht kommt Tebabou mit einem alten Arzneifläschchen und ich fülle ihm Kölnischwasser ab, das am Tag des Opfers Verwendung finden wird. Er bittet mich heute um eine alte Flasche, die Emawayish für ihre Reise nach Dembia brauche. Ich gebe ihm eine leere Chianti-flasche.

Besser aufgelegt und dinstanzierter, rege ich mich heute nicht mehr über die Bitten dieser Leute auf. Ich würde kein Ende finden, wenn ich all die kleinen Tricks aufzählen wollte, die sie gegen mich ins Werk gesetzt haben, um entweder bei der bezahlten Arbeit oder außerhalb der Arbeit noch zusätzlich etwas herauszuschlagen. Wenn ich aber bedenke, daß ihre unerhörteste Forderung noch nicht einmal 3 Taler überstiegen hat, so gehe ich mit mir selbst hart ins Gericht. Ich weiß sehr wohl, zu was die 3 Taler und vielleicht sogar der Überrest der 10 Taler Subvention gedient haben: gestern habe ich neue Tassen gesehen; Tebabou hat mir stolz eine Kette für die Uhr gezeigt, die ich ihm zur Masqal geschenkt habe; beim Kaffee ist mit Weihrauch geräuchert worden. Aber warum möchte ich denn auch, daß man von mir, einer Art ausländischem Nabob, der im übrigen immer seine Ergebenheit beteuert hat, nicht die Erfüllung einiger Kinderlaunen erwartet, auch wenn man ihn dabei ein wenig übers Ohr haut? Irrsinn, unter solchen Umständen, und von Leuten, die von mir so verschieden sind, Uneigennützigkeit zu verlangen . . .

Die Schlacht um Dabra Marqos geht weiter, aber in Dabra Tabor rührt sich nichts.

. . . .

4. Oktober

Das Hühneropfer hat stattgefunden. Abba Jérôme und ich haben uns mit unseren Betten zu der Nachtsitzung am Vorabend eingefunden.

Gesänge, Trancen und Tänze, wie üblich. Die Frau mit dem geschwollenen Knie und ihr Mann sind da. Es geht ihr nicht gut. Sie stöhnt vor Schmerzen. Sie ist von dem Blut, das der Zar empfangen hat, nicht erlöst worden. Und jetzt, wo die Hoffnung der letzten Tage verflogen ist, ist sie furchtbar traurig.

Gähnen dieser Frau, dann Spucken. Sie küßt Malkam Ayyahou, die auf der Trommel spielt, lange das Knie. Schließlich macht sie den *gourri,* mit kleinen Bewegungen der linken Hand, als wolle sie den Takt schlagen. Der Zar *Galla Berrou* bekundet sich. Von Malkam Ayyahou befragt, gestattet er den Eingriff des Chirurgen. Am Morgen bestehen Abba Jérôme und ich dann darauf, daß die Operation in der Krankenstation des Konsulats stattfindet, aber es heißt immer noch, daß ein Dabtara oder ein Arzt aus Gondar den Eingriff durchführen muß. Mögen die Zar die Ärmste davor bewahren, ihr Leben lang ein Krüppel zu bleiben.

Der Tanz wird diesmal von einer großen, mageren Frau mit pockennarbigem Gesicht angeführt. Mir ist, als hätte ich sie schon einmal gesehen. Sie ist in ständiger Bewegung, spricht die verballhornte Sprache der Zar, spielt die Verrückte und will Raki haben. Aus ihrem eigenen Mund erfahre ich dann, daß ich mich nicht getäuscht habe, als ich sie wiedererkannte: es handelt sich um jene Frau mit dem so ernsten Gehabe, die uns – gefolgt von mehreren bewaffneten Männern – in Darasguié einen Dergo gebracht hatte, als ich mit Lifszyc und Roux vom Tanasee zurückkam. Ich bin und bleibe sprachlos, einer solchen Frau hier zu begegnen . . . Noch vor dem Opfer verschwindet sie.

Schon gleich zu Anfang gibt es ein paar Auseinandersetzungen über die Zeremonie. Zufrieden ist so gut wie niemand. Die meisten Frauen schmollen: die einen haben kein Huhn, weil sie mit dem Geld, das Malkam Ayyahou ihnen zugeteilt hat – von der Summe, die wir ihr ausgehändigt hatten – Parfüm gekauft haben; diejenigen, denen Hühner dargebracht werden, sind der Ansicht, daß die Farbe des Gefieders nicht genau ihrem Zar entspricht und man denselben als halbe Portion behandelt. Der Zar der Tigreanerin geht sogar so weit, durch ihren Mund zu erklären, daß er »das Blut verweigert«.

Indessen glätten sich die Wogen. Die Filmkamera ist aufgebaut. Griaule ist bereit, seine Aufnahmen zu machen.

Das Programm wird durch eine unvorhergesehene Opfergabe noch erweitert: einen dunkelbraunen Widder, den Enqo Bahri (der die Gelegenheit ergreift, sein Opfer mit dem unseren zu verbinden und auf diese

Weise um die begleitenden Kosten herumzukommen) Malkam Ayyahou für den Zar *Teqwer* darbringt.

Aus phototechnischen Gründen spielt sich die Zeremonie im Freien ab: Malkam Ayyahou steht unter einem Regenschirm, der von einer der Adeptinnen gehalten wird.

Vor der Tür der *wadadja*-Hütte werden den Frauen, die welche bekommen sollen, die Hühner präsentiert. Neuerliche Auseinandersetzungen über ihre Zuteilung. Beräucherung aller Adeptinnen mit Weihrauch durch Malkam Ayyahou, dann *gourri* einer jeden. Gemeinsamer Tanz. Gegenseitige Umarmungen.

Verteilung der Hühner: Nach drei Grüßen bekommt jede Adeptin von Malkam Ayyahou – die dabei jeweils das Wort »*Djeba!* (Opfergabe)« ausspricht – den Vogel überreicht: anschließend tanzt die Adeptin mit dem Stock in der Hand und dem Huhn auf dem Kopf.

Gemeinsamer Tanz. Umzug in eine andere Ecke des Gartens, die als Opferstelle ausgewählt worden ist. Die Adeptinnen wollen Raki haben. Griaule läßt welchen holen.

Trance Malkam Ayyahous, die man hinter den Chammas verbirgt. Es ist *Wassan Galla*. In seinem *Foukkara* erklärt der Zar sich u. a. als »Vertilger von Enqo Bahri!« Enqo Bahri geht nach ihrer Trance zu Malkam Ayyahou und begrüßt sie. Dann führt er ihr den Widder zu, den er wie ein Reittier zwischen den Beinen hält. Malkam Ayyahou packt – immer noch sitzend – den Widder bei den Hörnern und beräuchert ihn mit Weihrauch. Sie legt ihn anschließend auf die Erde, stellt ihren rechten Fuß auf seinen Kopf und wünscht allen Feinden Enqo Bahris, daß sie gleichermaßen erdrückt werden mögen.

Erst Malkam Ayyahou, dann ihre Adeptinnen und anschließend die übrigen Anwesenden kosten den Raki. Malkam Ayyahou hält einen Augenblick das Opfermesser in der Hand, dann bekommt es Enqo Bahri, der es von einem Mann mit stumpfsinnigem Gesicht, dem besagten Dorftrottel, dem ich schon bei Emawayish begegnet war, schleifen läßt.

Malkam Ayyahou hält das erste Huhn der Adeptin Fantay hin, die langsam den *gourri* macht und das Huhn dann unter ihre Chamma steckt. Man verhüllt sie. Der weibliche Zar *Dira,* der auf sie herabgestiegen ist, schwört, daß er das Blut annimmt, und Fantay macht noch einmal den *gourri.*

Trance von Malkam Ayyahou, auf die der Zar *Gragn Sellatié* herabsteigt. Segnen der Adeptinnen.

240

Der Reihe nach halten diese ihre Hühner oder Hähne Enqo Bahri hin. Sie halten die Vögel an den Beinen. Enqo Bahri packt den Kopf des Tieres und schneidet die Gurgel durch. Die Adeptin beugt sich herab, preßt ihren Mund auf die Wunde und saugt gierig das Blut.

Auf den Boden entlassen, schlägt das Huhn mit den Flügeln, flattert auf, stellt sich manchmal sogar auf die Beine und versucht zu entfliehen. Mit blutverschmiertem Mund wiegt sich Fantay vor einem ihrer Hühner in den Hüften und sagt lachend: »Komm! Wir tanzen mit dir!«

Dinqnèsh saugt das Blut nicht direkt ein. Malkam Ayyahou reißt dem Opfertier eine Schwanzfeder aus, zieht sie durch die Wunde und dann zwischen Dinqnèshs Lippen durch, die sich zu ekeln scheint. Die Hühner werden jetzt nicht mehr von Enqo Bahri getötet, sondern von dem stumpfsinnigen Besessenen.

Derselbe Ritus für das Mädchen mit den Skrofeln, dem Malkam Ayyahou außerdem mit dem Blut einen waagerechten Strich auf die Stirn malt. Bei dem zweiten Huhn, das es erhält, wird die Feder mehrmals zwischen seinen Lippen durchgezogen und dann ein großes Kreuz auf seine Stirn gemalt.

Der Boden ist über und über mit totem Geflügel bedeckt.

Mit der Hilfe des Besessenen legt der Kirchenvorsteher Enqo Bahri schließlich den braunen Widder auf den Boden. Der Besessene hält den Kopf fest, Enqo Bahri kneift die Halshaut zusammen, zieht sie weg und schneidet dann auf die richtige Art und Weise: d. h. er macht erst einen oberflächlichen Einschnitt (bei dem nur die Haut aufgeschnitten wird) längs der Luftröhre, anstatt wie bei der gewöhnlichen Schlachtung quer zu schneiden. Während das Tier weiter sorgfältig festgehalten wird, wird dann die aufgeschlitzte Haut auseinandergezogen und zwischen den beiden Lippen der Wunde kommt die Luftröhre zum Vorschein. Mit der Spitze des unten durchgeführten Messers wird die Luftröhre dann rundum freigeschnitten, als wenn man sie heraussezieren wollte.

Malkam Ayyahou trinkt im Stehen die Bluttasse.

Der Widder, den die Opferer jetzt losgelassen haben, richtet sich wieder auf. Er steht auf seinen vier Beinen wie ein angeschlagener Stier nach einem mißlungenen Degenstoß. Der Besessene hebt ihn hoch, wirft ihn brutal auf die Erde, zerschneidet, als er immer noch nicht sterben will, erneut die Luftröhre und zerrt mit einem jähen Ruck den Kopf des Tieres nach hinten, um ihm damit endgültig das Genick zu brechen.

Das Blut ist ungehindert auf den Boden geflossen.

Malkam Ayyahou sprengt *talla* auf die Wunde, zunächst aus einer Karaffe, dann mit ihrem Mund. Alle Adeptinnen kosten von dem *talla*. Die Anwesenden kosten die gerösteten Körner. Der Besessene (weil er das Opfertier zerlegt) und Enqo Bahri (weil er getötet hat) erhalten außer den Körnern jeder ein Glas Raki. Gleich nach dem Opfer ist Enqo Bahri zu Malkam Ayyahou gegangen, um ihren Segen zu empfangen.

Das einäugige schwarze Mädchen erhält ein rotes Stirnband. Fantay trägt ein weißes mit schwarzen Streifen. Malkam Ayyahou trinkt Raki und ißt geröstete Körner. Zerlegen des Widders im Schatten der Treppe: mit einem Längsschnitt wird als erstes das Fell von den Hinterbeinen abgelöst. Dann werden knapp unter der Kniekehle die Beine abgetrennt.

11 Uhr 15: *gourri* von Malkam Ayyahou. Mit einer Karaffe Bier in der Hand tanzt sie zusammen mit der Tigreanerin und dem schwarzen Mädchen. Sie gibt jeder ihrer Adeptinnen, die alle die Hände wie Regenrinnen vor dem Mund zusammenhalten, ein wenig von ihrem *talla* zu trinken. Abba Jérôme und ich werden gleichfalls mit dem Getränk beehrt, von dem sie uns ein bißchen in die hohle rechte Hand gießt, damit wir durch diesen Trank an der Kommunion teilhaben.

Die toten Hühner werden im Schatten zu einem Haufen zusammengeworfen. Der Widder, der etwas weiter weggetragen worden war, wird jetzt mit zwei durch die Hinterbeine gezogenen Stricken an der Wand der Wohnhütte aufgehängt. Der stupide Besessene und der Gatte der Frau mit dem geschwollenen Knie fahren mit der Zerlegung fort. Neben ihnen steht, mit einer Karaffe Bier in der Hand, das schwarze Mädchen.

Malkam Ayyahou, die sich zurückgezogen hatte, kommt wieder und beteiligt sich am Zerlegen der Hühner. Zuerst wird, ohne das Tier zu rupfen, die Haut abgezogen. Bauch und Hals werden der Länge nach aufgeschnitten. Dann wird das Innere des Halses aus der Haut gezogen und abgeschnitten; der Kopf bleibt unversehrt am Ende des Halses hängen. Sobald die einzelnen Hühner fertig zubereitet sind, setzen die Adeptinnen sich die ihnen gehörenden Tiere auf den Kopf. Mit über der Nase hängendem Schnabel und auf den Backen wippenden Flügeln, tanzen sie mit diesen bizarren Vogelhüten.

Malkam Ayyahou hat die beiden Hühner für das Mädchen mit den Skrofeln selbst zubereitet. Nachdem sie seine Wunden mit der Innenseite des ersten Balges eingerieben hat, setzt sie ihr den Vogel auf den Kopf, aber das Mädchen nimmt ihn sofort wieder herunter und wischt sich die Haare ab. Sie macht es genauso mit dem zweiten Huhn, das Malkam Ayyahou ihr auf den Kopf setzt. Später sollte ich erfahren, daß ihre beiden Zar das Blut verweigert haben . . .

11 Uhr 50: Ankunft der alten, blinden Besessenen, die mit suchenden Füßen herantappt.

Einblasen von Wasser durch den After in das Eingeweide des Widders, um den Kot herauszubekommen, der zögernd abgeht wie Gehacktes aus dem Fleischwolf.

Es kommen noch weitere Leute: der besessene Ex-Mörder, der immer noch genauso pedantisch ist; eine alte, verrückte *balazar* aus Addis-Alam mit sehr schönen und noch lüsternen Augen, die mich an die verewigte Louise Balthy erinnern; sie bringt Malkam Ayyahou Arzneipflanzen als Opfergabe.

Kaffee. Mahl Malkam Ayyahous, dann gemeinsames Mahl vom Fleisch des geopferten Widders. Diejenigen, die Hühner bekommen haben, essen allerdings abseits: wer ihr Fleisch anrührte, würde von Anstekkung befallen. Ein – gleichfalls einäugiges – Mädchen, die Tochter von Fantay, die gekommen ist, um bei den umfangreichen Vorbereitungsarbeiten zu helfen, welche das bevorstehende Stieropfer erforderlich macht, wird eingeladen, an dem Mahl der Geister teilzunehmen: »Iß mit uns! Später wirst du eine der unseren sein . . .« Während die jetzt sattgegessene Malkam Ayyahou ein Schläfchen macht, ziehen Abba Jérôme und ich uns zurück.

Wie ein langer, mehrmals um sich selbst gewickelter Schlauch ist an einem Querbalken der Wohnhütte das Eingeweide des Widders aufgehängt worden.

5. Oktober

Der Fluß der politischen Ereignisse ist deswegen allerdings nicht versiegt: Gestern hat die Zentralregierung die allgemeine Mobilmachung ausgerufen. Ob die Leute dem nun Folge leisten oder nicht, jedenfalls bedeutet es Anarchie. Gehorchen sie nicht, heißt das, daß sie sich für die Rebellion entscheiden, gehorchen sie und machen sich folgsam auf den Weg, dann sind die schutzlos zurückgelassenen Dörfer den Banditen ausgeliefert – ganz zu schweigen von den Plünderungen der Soldaten selbst, die bei weitem den größten Unordnungsfaktor darstellen.

Qiès Ayyèlé und seine Frau (die nach Gondar gekommen sind, um sich an den Vorbereitungen für den Tag des Stieropfers zu beteiligen) machen mir am Nachmittag einen Besuch. Ich erkundige mich bei ihnen, was in der Gegend erzählt wird. Anscheinend sind die Leute nicht so recht entschlossen, sich für die Mobilmachung in Bewegung zu setzen. Dann wieder heißt es, daß die Europäer (anders gesagt: wir, zusammen mit den Italienern) das Land besetzen werden – im Einvernehmen mit der Zentralregierung, die die Mobilmachung ohne weiteres nur aus diesem Grund ausgerufen haben könnte. Manche sind froh darüber, andere wieder nicht. Qiès Ayyèlé und seine Frau zählen sich natürlich zu denen, die froh sind.

Nach dem, was der Konsul heute abend sagt, stehen vielleicht Unterhandlungen zwischen Addis Abeba und den Rebellen in Aussicht. Alles in allem tappt man aber so ziemlich im Dunkeln. Der umsichtige Fitaorari Makourya immerhin hat sein ganzes Geld bei der Konsulatskasse deponiert.

6. Oktober

Die Irre von Addis-Alam, die gestern zu uns gekommen war und schließlich dann die Nacht unter dem großen Leinendach in unserem Innenhof verbracht hatte, ist heute morgen ruhig und friedlich wieder davongegangen.

Gestern war sie ganz hektisch gewesen und hatte alle möglichen Sachen haben wollen. Beräucherungen, Schießpulver (das ich ihr verweigert habe), Wasser für die persönliche Körperpflege (das ihr bewilligt worden ist). Sie hat eine Flasche Milch und ein paar kleine Geldstücke angenommen, es aber abgelehnt, etwas zu essen. Ihr Trick, um dazubleiben (denn sie ist obdachlos), bestand darin, entweder zu sagen, man habe ihr den dritten Kaffee noch nicht serviert (was überhaupt nicht stimmte), oder sie werde jeden Augenblick zu unserem Nachbarn, dem Dedjazmatch gehen.

Dieser letztere ist heute früh gekommen und hat sich von Griaule verabschiedet. Er geht wegen der Mobilmachung nach Dabra Tabor. Er ist immer noch krank und alles andere als froh über die Reise . . .

Unvermittelt eine traurige Nachricht: Unser Achkar Ayyaléo (der mich von Métamma bis Tchelga begleitet hatte) ist gestorben. Er war lungenkrank und arbeitete schon seit längerer Zeit nicht mehr.

Dem Brauch gemäß findet sofort die Beerdigung statt, in unserer Ge-

meinde Qeddous Yohannès. Das ganze Viertel – die Frauen zumal – ist
auf den Beinen. Griaule, Lifszyc, Faivre, Lutten, Abba Jérôme und ich
sind da. Die fürstlich entlohnten Priester machen ihre Sache gut. Wenige Abessinier werden ein so schönes Begräbnis gehabt haben. Aber
das macht den armen Jungen auch nicht wieder lebendig.

Emawayish, die in Begleitung von zwei Nachbarinnen am Nachmittag
zu einem Beileidsbesuch kommt, erzählt einen kuriosen Traum.

Ein sie verfolgender schwarzer Hund will ein Kind auffressen, das sie in
den Armen hält. Um das Kind zu retten, verbirgt sie es unter ihrer
Chamma. Aber der Hund drängt sich von unten her in die Chamma und
reißt das Kind in Stücke. Emawayish kommt zu einer sehr dicht stehenden trauernden Menschenmenge in roten Kleidern. Aber sie mischt
sich nicht unter die Menge. Von dem Hund beeindruckt, schaut sie weit
darüber weg.

Der alten Nachbarin zufolge bezieht sich die Episode mit dem Hund auf
ein nicht gehaltenes Opferversprechen, das Emawayish der Kirche gemacht haben müsse und das die Kirche ihr jetzt abverlange. Und die
Menge stelle eine prophetische Vorwegnahme der Menschenmenge bei
der Beerdigung am Morgen dar.

7. Oktober

Ein weiterer Beileidsbesuch: Mein alter Freund Enqo Bahri, begleitet
von einem Priester aus Qeddous Yohannès, dessen eines Auge ganz
weiß ist. Da ich Enqo Bahri kenne, lasse ich sofort den Raki holen.

. . . .

14. Oktober

Eine Woche Pause. Ich bin lange weggetaucht und wohne jetzt bei
Malkam Ayyahou. Für morgen erwarte ich mein Zelt, damit ich mich
endgültig einrichten kann.

Gekommen ist das ganz einfach.

Außer der Nacht, die dem Opfer vorausging, wollten wir noch eine
weitere Nacht dableiben und erst am darauffolgenden Tag wieder gehen. Man hat uns zunächst einmal begreiflich gemacht, daß wir in uns-
rer Eigenschaft als Opferbringende – oder doch als Vertreter des Stifters (denn den Stier hat ja Griaule bezahlt) – mindestens drei Tage

dableiben müßten. Und am Abend des vierten Tages wurde uns – wie von ungefähr – Mitteilung gemacht, am nächsten Tag bei Tagesanbruch werde für 2 Adeptinnen »im Busch ein schwarzes Blut« vergossen und wir könnten an der Zeremonie teilnehmen. Da es sich um ein verfemtes Ritual handelt, das in aller Heimlichkeit vollzogen wird, nehmen wir natürlich an. Die darauf folgende nächtliche *wadadja* hält uns bis zum sechsten Tag fest. Am sechsten Tag erfahren wir dann, daß am nächsten Tag »der *tchèfié* gefegt wird« (die Schilfzweige, mit denen bei dem Opfer der Boden ausgelegt wird) und daß wir unbedingt an der Zeremonie teilnehmen müssen. Damit wir nicht immer wieder die Maultiere anfordern und dann doch wieder zurückschicken müssen, habe ich daher heute – am Tag der besagten Zeremonie – beschlossen, ganz einfach das Nötige kommen zu lassen, um an Ort und Stelle im Garten von Malkam Ayyahou wohnen zu können.
Ich greife noch einmal auf meine Aufzeichnungen zurück.

. . . .

7. 10. 32

20 Uhr 30: *Wir richten uns unter dem das ein (dem provisorischen Unterstand für festliche Gelegenheiten), den wir mit Zeltplanen der Expedition zwischen der* wadadja-*Hütte und der Wohnhütte aufgestellt haben.*
Es sind viele Leute da, frisches Gras liegt auf dem Boden und fast alle Frauen haben ganz weiße Chammas an. Drei ständig brennende Weihrauchpfannen, jede entspricht einer der Öffnungen des das: den beiden Eingängen (einer an jedem Ende), der großen Öffnung zwischen den beiden Hütten, nach dem Maisfeld zu. Anwesend sind unter anderem: Ballatatch (die Frau des Konsulatssanitäters, diejenige, die sich an dem Pulver verbrannt hatte); die alte Blinde; die Frau von Qiès Ayyèlé (mit Namen Bezounèsh); Lidj Mangoustou (der große Mörder, dem wir die andere Nacht begegnet waren: ein Mann, der von Kaiser Mikaël Sehoul abstammt und an einer Hodenentzündung leidet); Enqo Bahri, der mit seinem fast kahlen und sorgfältig mit Butter eingeriebenen Kopf und seinem wohlgepflegten ergrauenden Bart sehr nach einem alten Abonnenten der Staatsoper aussieht (er kam zu spät, und seine Frau, die ein wenig vor ihm aufgebrochen war, glaubte, er sei ermordet worden).
Zwei junge Soldaten, die das einäugige schwarze Mädchen abholen ka-

246

men und den Raum betreten haben, ohne sich anzumelden – wie sie es als
»Kinder der wadadja« *hätten tun müssen) – werden abgewiesen. Das*
schwarze Mädchen desgleichen. Vor einigen Tagen ist es wegen ihr
nachts zu einer Schießerei unter Männern gekommen.

Hinter den Kulissen – d. h. im Innern der Wohnhütte – machen sich
Emawayish und ihr Onkel Qiès Ayyèlé mit den Vorbereitungen zu schaf-
fen.

Lidj Mangoustou sitzt auf dem Ehrenplatz neben der Chefin, in der
Nähe des Ruhebettes, das an der Außenwand der Wohnhütte steht.

Zahlreiche Gesänge, zahlreiche Trancen, eine davon von Lidj Mangou-
stou, sehr feierlich hinter vorgezogenen Schleiern ausgeführt und für den
arabischen Zar Bachir bestimmt.

Schöne Herabkunft des Aussätzigen Azaj Douho. *Durch die Nase nu-*
schelnd wie jemand, bei dem die Nasenscheidewand und die Nasenflügel
von der Lepra zerfressen sind, verlangt er Asche zu essen.

Eine Verwandte von Emawayish, die Frau eines gewissen Kabbada, der
für uns mehrfach als Informant gearbeitet hat, macht den gourri. *Beim*
foukkara *erklärt ihr Zar, er habe das Kind, das eine der anwesenden*
Frauen auf dem Rücken trägt, mit Krankheit geschlagen. Man bittet den
Zar, das Kind in Ruhe zu lassen.

1 Uhr 05: Der Zar wird von der Frau, die das Kind auf dem Rücken
trägt, auf den Knien angefleht. Die Frau von Kabbada und Malkam
Ayyahou legen ihre Hände auf den Rücken des Kindes. Der Zar ver-
spricht, morgen wieder von dannen zu gehen. Er hatte das Kind heim-
gesucht, weil die Mutter ihn einen »falschen Zar« genannt hatte.

Für mich unerwarteter gourri *von Bezounèsh, der Tante von Emawayish*
(unerwartet, weil ich in ihr den Typ der besonnenen und nüchternen Frau
gesehen hatte). Es steigen Bachay Galla *und dann* Gorgoro *auf sie*
herab. In der Folge, als die Leute sich allmählich zum Schlafen hinlegen,
imitiert sie – auf dem Boden liegend – mit ihrem Mund das Knallen von
Fürzen.

Die Formel, mit der die Tänze beendet werden: »Das Kreuz ist errich-
tet!«

Ende gegen 3 Uhr.

Ich schlafe auf der Vortreppe der Wohnhütte, wo ich mein Feldbett
habe aufschlagen lassen. Ein gut gelüfteter Platz, auf dem man das
Ungeziefer nicht zu fürchten braucht, wenn man ein Bett hat.

Abba Jérôme schläft im Innern der Wohnhütte. Außerdem schlafen dort: Emawayish, ihr Kind, die Frau des Sklaven und Bauern, deren Kind, Qiès Ayyèlé und vielleicht noch ein oder zwei weitere Personen, die ich nicht ausmachen konnte.

8. 10. 32

7 Uhr 15: Dem vom Zar geschlagenen Kind spuckt Malkam Ayyahou in der Wohnhütte tchat *auf die Ohren, das Gesicht, die Stirn, den Nacken. Das ganze Gesicht ist schließlich vollgespuckt. Dem Kind von Emawayish und anschließend dem ersten Kind wird dann noch auf den Hinterkopf gespuckt.*

Kaffee unter dem das. *Ankunft des Stieres, geführt von Tebabou und einem Achkar der Expedition (7 Uhr 45). Malkam Ayyahou schaut sich das Tier an und ist zufrieden damit.*

Sie geht danach zur Wohnhütte, gefolgt von den Adeptinnen, denen sie, nachdem sie in Trance gefallen sind und ihren Segen erhalten haben, die Schmuckgegenstände überreicht: Löwenmähne für Aggadètch, Löwenmähne für die Frau von Kabbada, bouqdadié *für die anderen.*

9 Uhr 02: Malkam Ayyahou gibt ihrem Bruder, der zu ihr gekommen ist und sie darum gebeten hat, das Opfermesser.

Die alte Blinde ist da. Sie trägt jetzt eine Toga mit rotem Saum.

9 Uhr 06: Malkam Ayyahou verläßt mit der Blinden und den Adeptinnen ihr Haus und geht zum das *hinüber. Ein großes, triefäugiges Mädchen mit Namen Tiénat hält den Regenschirm. Malkam Ayyahou trägt ihren* ankasié, *Fantay und die mit dem glasigen Auge halten jede einen gebogenen, die Blinde einen gegabelten Stock in der Hand.*

Tanz zu sieben, mit regelmäßigem Brüllen und Auf-den-Boden-Stampfen mit beiden Beinen zugleich, wobei der Hintern in jäher Entspannung in die Höhe wippt. Als fiktive Lanzen werden Stöcke, Schirm und an- kasié *in der rechten Hand gehalten, das Eisen nach unten und den Arm zurückgewinkelt wie zu einer Drohgebärde in einer kriegerischen Parade.*

Die Frau von Enqo Bahri, die Tochter von Fantay, Bezounèsh und die Männer klatschen in die Hände. Im Sitzen macht die Tigreanerin ein wenig den gourri, *stößt dann zu der Gruppe der sieben. Am Ende des Tanzes werden Malkam Ayyahou von allen die Füße geküßt.*

Segnung der Neuangekommenen. Verteilung von Parfüm. Kommunion mit Honigwasser.

Um 9 Uhr 50 verkündet Malkam Ayyahou, der Augenblick des Opfers sei gekommen.

Wir begeben uns zu der für die Zeremonie bestimmten Stelle, d. h. dem
Platz zwischen dem das und dem Küchenunterstand, am Fuß der Seiten-
treppe, die zum ersten Stock der Wohnhütte hinaufführt. Eine der Adep-
tinnen trägt einen großen Korb mit festen Opfergaben: ein Gemisch von
gerösteten und aufgeplatzten Körnern, Honigkügelchen, eine Art Bröt-
chen, die dabbo genannt werden.
Die Tötung des Stieres aber macht noch Probleme.
Qiès Ayyèlé und der Bauer binden die Vorderbeine des Tieres zusam-
men. Anschließend werden die Hinterbeine gefesselt. Der Schwanz wird
zwischen den Hinterbeinen durchgeführt und nach rechts gezogen. Ein
vor dem Stier stehender Mann packt ihn bei den Nüstern und an einem
Horn. Ein weiterer hält das andere Horn fest.
Ziemlich langer Kampf. Der Stier wird auf die linke Seite geworfen.
Aber das ist nicht die richtige: Er muß auf die rechte Seite gelegt werden.
Der Stier befreit sich aus seinen Stricken, muß wieder festgebunden wer-
den. Schließlich wird er auf die rechte Flanke gestürzt. Es fehlte nicht viel
und es wäre zu einer Corrida ausgeartet.
Malkam Ayyahou besprengt den Stier mit talla. Ein Pfahl wird in das
Maul des Tieres getrieben, damit es sich nicht rührt. Emawayish bringt
die Körbe mit den Opfergaben.
Als das Tier endlich richtig liegt, schneidet Qiès Ayyèlé der Wamme
entlang das Halsfell auf und zieht die Wunde auseinander. Der untere
Rand füllt sich wie ein Becken mit Blut.
Enqo Bahri läßt die Tasse vollaufen und reicht sie Malkam Ayyahou, die
sie inmitten der Youyou-Rufe austrinkt.
Der Stier, der nur langsam sein Leben aushaucht, grunzt, während man
ihm die Luftröhre zersäbelt.

. . . .

Malkam Ayyahou hat sich das Zwerchfell nicht nur auf den Kopf gelegt, sondern wie eine Pelerine umgehängt. Den sorgfältig gewaschenen und getrockneten Magen des Opfertieres hat man ihr noch oben
drauf gelegt und ihn vorne mit einer Sicherheitsnadel festgehakt.
Das schwarze Mädchen ist gekommen, um Verzeihung zu erbitten, und
hat als Opfergabe Kaffee und eine Zitrone mitgebracht. Ich habe auch
die Irre von Addis Alam gesehen, die Malkam Ayyahou ausgepeitscht
hat, um ihr Lebensart beizubringen. Die Frau mit dem geschwollenen
Knie – Yeshi Arag – war ebenfalls da, ausgesprochen elend und immer

noch unfähig zu gehen. Ihr Mann hat sich entschlossen, sie in der Krankenstation des Konsulats pflegen zu lassen. Es ist vereinbart worden, daß wir zum Transport der Kranken am Montag morgen eines unserer Maultiere schicken.

Zur Entspannung machen Abba Jérôme und ich gegen Ende des Nachmittags einen Gang zum Markt. Aber es ist schon fast niemand mehr da . . .

Auf dem Rückweg zum Opferhaus begegnen wir der mageren Frau mit den Tressen und dem blatternarbigen Gesicht, die ich zum ersten Mal in Darasguié gesehen habe. Ernst und nobel wie immer, kommt sie gerade vom Markt zurück. In der einen Hand hält sie ihren Sonnenschirm, in der anderen eine Kürbisflasche mit Körnern. Ein paar Schritte vor ihr geht eine Sklavin mit den schweren Lasten. Nach den Begrüßungen – bei denen wir nicht einmal stehenbleiben (denn die Frau fürchtet vielleicht, sich zu kompromittieren) – wechseln wir auf dem gemeinsamen Weg ein paar Worte. Die Frau weiß, daß bei der Chefin das Blut vergossen wurde; aber sie ist nicht gekommen und will auch nicht kommen, denn sie fürchtet, daß ihr Zar sie peinigt wegen des vergossenen Blutes.

Obwohl sie uns das gesagt hat, sehen wir sie noch am selben Abend – mit wirbelndem Halskreuz – einen *gourri* machen . . .

9. 10. 32

Die magere Frau mit den Tressen ist früh wieder gegangen. Ein Gewehrträger und eine kleine Sklavin haben sie schon am morgen abgeholt. Sie hat mich um Parfüm gebeten. Ich habe versprochen, ihr welches zu geben, falls sie als Informantin zum Lager kommt.

15 Uhr: *Kaffee. Malkam Ayyahou verlangt – im Namen von* Moulo Kedda, *dem Neffen von* Seyfou Tchenguer *– die Tasse, in der* Seyfou *am Vorabend das Blut getrunken hat. Sieben Tage lang muß die Tasse ihr vorbehalten bleiben.*

Seit dem Morgen vergnügt man sich hauptsächlich mit einem *bestimmten Spiel: den burlesken Prozessen, die man bei Überschreitung von Verboten im Zusammenhang mit dem* guenda *und den auf dem Boden liegenden Gräsern organisiert. Die Schuldigen werden in aller Form abgeurteilt und zu Geldstrafen verdonnert, die dazu dienen, die Getränke zu bezahlen. Wer keinen Bürgen stellen will, dem wird die Chamma konfisziert. Das Abenteuer widerfährt auch Kasahoun, der die Sache ziemlich übel* aufnimmt. *Verbot u.a., sich auf das Traggerüst für die Bierkrüge zu setzen; Verbot für einen Mann, einer Frau einen Speisebrocken nicht in die Hand zu geben, sondern direkt in den Mund zu stecken; Verbot, seine Kaffeetasse auf die Erde oder eigenhändig zurück auf das Tablett zu stellen, nachdem man ausgetrunken hat . . .*

Ein Mann, der ein regelrechtes Palaver anstimmt, weil ihm jemand seinen Spazierstock gestohlen hat, sagt: »Der guenda soll es euch zeigen!« *anstelle der sonst üblichen Formel:* »Gott möge es euch zeigen!«

Es kommt ein gewisser Seyd, ein Muselmane und ehemaliger Sklave, der mit seinem Zarnamen Dèm Temmagn *heißt (wie die einäugige Dinqié). Er macht sogleich den* gourri *und geht dann durch die versammelten Leute, um hier und da ein paar Peitschenhiebe auszuteilen. Bei allgemeinem Gelächter führt er anschließend die folgende Komödie auf, an der die Anwesenden sich beteiligen:*

Adeptinnen geben ihm eine mit talla *gefüllte Karaffe. Er beschreibt damit mehrere Kreise über seinem Kopf und sagt dazu:* »Arznei! Arznei!« *Dann trinkt er tanzend und mit zurückgeworfenem Kopf den Krug leer. Er mimt damit jemand, der ein Abführmittel zu sich nimmt. Er geht etwas beiseite, tut so, als würde er exkrementieren und fällt dann auf die Erde nieder, als läge er im Sterben. Man bringt ihn wieder in die Mitte der Versammlung, und die Blinde hält ihm ein Kreuz , das aus ein paar Schilfhalmen zusammengebastelt worden ist, zum Küssen hin. Er stirbt. Man bedeckt ihn mit einem weißen Tuch. Aber* Abba Qwosqwos *(Malkam Ayyahou) erweckt ihn wieder zum Leben, indem sie ihn mit einem Stück* dabbo *kommunizieren läßt. Er verlangt jetzt nach Raki, den er das* »Blut Christi« *nennt.*

Dinqnèsh hat eine große Trommel mitgebracht, wie man sie für die Hochzeiten gebraucht. Kaum wird darauf gespielt, stürzt sich die magere Frau mit den Tressen in einen wilden, entfesselten gourri *(sie war in Begleitung von zwei jungen Männern, die sie als ihre Brüder vorgestellt hatte, wieder zurückgekommen). Hinter ihr sitzend, versuchen ihre beiden Brüder, sie jedesmal wieder zu bedecken, wenn sie sich entblößt. Sie rücken ihre Chamma zurecht, wenn sie verrutscht und die nackte Schulter sehen läßt, binden ihren losen Gürtel wieder zu. Nach beendeter Trance und mit einem hohen Stab (einem Hirtenstab) in der Hand nimmt sie bei dem Tanz mit den anderen ihren Platz ein. Der herabgestiegene Zar war* Senker.

Die Frau mit dem geschwollenen Knie – Yeshi Arag – fällt gleichfalls in Trance. Sie hat den ganzen Tag über Schmerzen gehabt. Um den Zar

anzuflehen, sie in Frieden zu lassen, werfen sich am Ende der Trance die
Frauen alle zusammen flach vor ihr auf die Erde und rufen wie jemand,
der nach Gerechtigkeit schreit: »Abièt! Abièt!« (Erbarmen! Erbarmen!)

Der Mörder Mangoustou hat Abba Jérôme im Laufe des Nachmittags
seine Qualen anvertraut. Er kann nicht nach Addis, um seine Familien-
rechte geltend zu machen, denn er hat dort einen Mann getötet. In Gon-
dar hat er zwei getötet. Er wollte gerade wieder in den Busch gehen wie
jedes Jahr, um dort auf seine Weise die Steuern zu erheben (d. h. sich als
Chifta zu betätigen), aber da sind seine Beine und seine Hoden derart
angeschwollen, daß er nicht mehr gehen konnte. Wenn das kein Pech
ist . . .

Abba Jérôme und ich haben oben in der Wohnhütte mit Emawayish zu
Abend gegessen. Während wir die injéra *und das Fleisch mit der Soße*
aßen, nagte sie an einem riesigen Knochen . . . Ein paar Adeptinnen sind
auf sie zugekommen, angelockt von der Hoffnung, ebenfalls ein paar
Stückchen von dem Knochen abzubekommen.

Emawayish gebraucht die auf dem Boden liegenden Gräser (die aller-
dings nicht geweiht sind), um ihren Buben abzuwischen.

Am Abend, unter dem das, *steigt der Zar auf Mangoustou herab. Hinter*
den herabgelassenen Schleiern wiegt er sich in den Hüften, singt lauter
und klatscht dabei in die Hände, und von Zeit zu Zeit reckt er sein Kinn
einer Frau zu. Als die Erregung auf ihrem Höhepunkt angekommen ist,
läßt er die Schleier hochheben, steht auf und geht, immer noch singend
und händeklatschend in die Mitte der Versammlung. Die begeisterten
Frauen bilden stehend einen Kreis um ihn, klatschen in die Hände und
singen. Er setzt sich danach wieder hin und Malkam Ayyahou befragt
seinen Zar. Der Zar weigert sich, ihn in Ruhe zu lassen: »Ich lasse diesen
wedel *nicht (dicker Esel, der die ganze Zeit brüllt, weil er ständig ram-*
meln möchte). Überall tötet er, und kommt er nach Gondar zurück,
macht er überall Prostituierte.« Im Schneidersitz, mit weit auseinander-
gespreizten Knien, empfängt er die Adeptinnen, die seinen Zar anflehen.
Zu seinen Füßen liegend, küßt ihm jede Frau die Schenkel und die Ho-
dengegend.

Die magere Frau mit den Tressen, die jetzt mit ihrem Dienst als keddam
oder freiwilliger Sklave an der Reihe ist, serviert – ihre Toga auf eine
respektbezeugende Weise drapiert – den Kaffee.

Der Dorftrottel macht gleichfalls einen gourri. *Nach der Trance und dem*
Tanz sehr zahlreiche, immer wiederholte Kniefälle in die vier Himmels-

richtungen. Diese Kniefälle werden aus dem Stehen heraus gemacht, nach einem wirbelnden Händeklatschen auf die Schenkel. Jeder Satz des foukkara wird im Chor wiederholt.

Eine schmale, grindige Frau in Lumpen, mit dem recht netten Gesicht einer kleinen Äffin, macht den gourri von Azaj Douho. Hockend und gänzlich unter dem vagen Gespensterschleier verborgen, macht sie ulkige Hopser wie ein Frosch. Es folgt eine mit Schnupfenstimme durch die Nase gesprochene Rede, auf die alle Anwesenden immer wieder mit »Amen« antworten. Man gibt ihr Asche zu essen. Azaj Douho wird – auf derselben Frau – von seiner Lendendienerin, dem weiblichen Zar Mafodié abgelöst, der gleichfalls leprakrank ist und eine zerquetschte Nase hat.

Es ist schon spät in der Nacht. Abba Jérôme und ich gehen hoch und legen uns schlafen. Von meinem Bett aus höre ich unten Emawayish singen, die wieder hinuntergegangen ist, als sie mit ihrer Arbeit fertig war. Ihre Stimme ist zart und wie erstickt, auf halbem Weg zwischen Krampf und Schluchzen. Etwas später höre ich in der Ferne die Gesänge der Priester einer Kirche und den Klang der großen Trommeln, die mich gleichfalls noch lange rühren und erstaunen werden.

10. 10. 32

Heute morgen verlassen wir den das. Die Gräser sind von den beiden alten Sklavinnen hinausgeschafft worden. Es wird jetzt Weihrauch verbrannt.

Wir müssen zur wadadja-Hütte hinüber: Umzug mit dem Weihrauch, den Fellen zum Sitzen und dem anderen Zubehör; aber wir müssen auf Malkam Ayyahou warten, bevor wir uns in der Hütte einrichten können.

»Wir sind drei Jahre im Busch gewesen, jetzt müssen wir wieder heim«, erklärt Fantay. Der Busch war der das und die drei Jahre die letzten drei Tage.

Als Malkam Ayyahou bereit ist, gehen wir in einer Prozession zur wadadja-Hütte, deren Boden mit frischen Gräsern ausgelegt ist. Malkam Ayyahou schreitet an der Spitze.

Ein Bettler kommt und setzt sich rechts neben der Tür nieder. Sein linker Arm zittert krampfhaft unter der Chamma. Seine Kinnladen bewegen sich, sein Mund klappt auf und zu.

Abbrennen von Weihrauch, begleitet von einem Gebet Malkam Ayyahous. Dito beim Rösten des Kaffees.

Malkam Ayyahou läßt dem Bettler zwei Patronen geben.
Adeptinnen, die nicht oder nur zu Beginn des Opfers teilgenommen
haben, kommen jetzt, um ihre Ehrerbietung zu bezeugen. Als sie den
neuen Raum betreten, stoßen sie Youyou-Schreie aus.
Zerstampfen des Kaffees im Mörser.

7 Uhr 55: *Enqo Bahri, der die drei Tage über nicht von unserer Seite*
gewichen ist, schneidet ein großes, rundes Brot auf, genannt »Besen des
tchèfié«. Ein Mann der auf der rechten Bank steht und nach der Tür zu
schaut, setzt ihm ein Palaver auseinander. Fantay, die auf der linken
Bank sitzt – dem Mann gegenüber – spannt beim Zuhören mit beiden
Händen ihre Chamma über die Knie. Sie sagt, die Zar würden diese
Geste machen, um nicht zu vergessen – genau wie man etwas auf-
schreibt.
Man wartet gerade auf einen speziell für den aussätzigen Azaj Douho
zubereiteten Kuchen. Dieser Zar, der dem großen Zar der Lepra, Sheikh
Ambaso, unterstellt ist, ist der »Zerschneider« dieses letzteren. Er ist es
auch, der die Schwären und Wunden bewirkt. Nach jedem Blut braucht
er sein maqwadasha, denn er ist zugleich derjenige, welcher darüber
wacht, daß die dem Zar gemachten Versprechungen richtig eingehalten
werden und nichts davon unterschlagen wird. Er bewohnt die Herdstelle
des Hauses. Sein Achkar Ye Taqara Tor (»Rußlanze«) ist der Ruß auf
dem Hausdach.
Trance von Malkam Ayyahou: Es ist Azaj Douho.
Segnungen mit nasaler Stimme. Ratschlag: »Vergießt kein Wasser wo die
Asche liegt« (denn das würde Azaj Douho gegen euch aufbringen).
Man bringt Azaj Douho einen Becher ungegorenes talla-Püree. Malkam
Ayyahou leert ihn, ohne den Schleier hochzuschlagen.
Massage des linken Schenkels von Enqo Bahri durch Malkam Ayyahou.
Zum Zwecke der Kommunion hat Fantay allen Anwesenden den talla-
Becher gereicht. Enqo Bahri, der nicht nur von Sheikh Ambaso, son-
dern auch von Azaj Douho geplagt wird und dessen Beine von einer Art
Elefantiasis angeschwollen sind, zeigt sich diesem Zar gegenüber, den er
»den bösartigsten von allen« nennt, von ganz besonderer Hochach-
tung.
Auf Malkam Ayyahou ist Yè Taqara Tor soeben an die Stelle von Azaj
Douho getreten. Sie zieht die Tigreanerin an den Fingergelenken, mas-
siert Enqo Bahri das Bein und bläst ihm auf die Zehen.
In einem Holztrog, der auf drei, wie ein Dreifuß angeordneten Steinen

niedergesetzt wird, welche die Quader des Herdes vorstellen sollen, trägt
man den Kuchen von Azaj Douho *auf. Er ist aus Getreide gebacken und*
mit verschiedenen Zutaten gewürzt. Er hat merklich die Form einer
Halbkugel und ist mit einem runden Helmdach – genannt »die Kuppel« –
gekrönt, dessen Spitze eine kleine Kugel schmückt. Um die Kuppel
herum sind weiter unten drei andere, ein Dreieck bildende kleine Kugeln
angebracht. Und noch weiter unten wieder drei. Die kleine Kugel oben
auf der Spitze stellt die tönerne Firstkappe dar, die das Strohdach des
Hauses ziert, und die drei Kugeln in der Mitte stellen die Quadersteine
des Herdes dar. Die unteren Kugeln beziehen sich auf Chankit *und ent-*
sprechen den drei Haarbüscheln, aus denen ihre Frisur besteht.
Die Frau, die den Kuchen zubereitet (eine alte Frau, die ihre Wechsel-
jahre schon hinter sich hat), hat sich zwar die Hände gewaschen, sie aber
genau wie Dinqié, *die bei der Bedienung hilft, nicht abgetrocknet.*
Von den zwei Frauen wird die Kugel abgehoben, und sie formen mit dem
übrigen Teig Klöße. Mit überkreuzten Händen gibt Malkam Ayyahou
jedem zwei Klöße, die auch mit überkreuzten Händen in Empfang ge-
nommen werden. Sie bekommt selbst die Kuppe und teilt an diejenigen,
die sie begünstigen will, kleine Häppchen davon aus.
Die Klöße sind heiß serviert worden. Die Reste werden von den Adep-
tinnen an die Leute draußen verteilt.
Kommunion mit talla, *der in die zur Schale zusammengelegten Hände*
gegossen wird.
Die Zeremonie hat zwischen dem zweiten und dem dritten Kaffee statt-
gefunden.

10 Uhr 30: *Malkam Ayyahou weigert sich, Leute zu empfangen. Am*
Tag, wo der tchèfié *gefegt wird, soll man niemand empfangen. Es ist der*
Tag, an dem man am ehesten vom Zar heimgesucht wird.
Eine Alte, die den gourri *gemacht hat, spielt eine komische Szene:*
Sie geht hinaus und kommt mit einem Stock (dem von Abba Jérôme)
wieder herein, einen Sonnenschirm über sich haltend und den Kopf mit
einem Schleier bedeckt. Sie stellt eine alte Nonne vor, die zu Abbatié
Tchenguerié *zur Konsultation kommt (so wird Malkam Ayyahou, nach*
dem Namen ihres größten Zar, meistens angeredet). Beräucherung des
Stockes von Abba Jérôme. Burlesker simulierter gourri *vor dem Weih-*
rauch, Abwerfen des mateb, *Parodie einer Befragung zur Bestimmung*
des Zar, Abgang. Die Alte mimt das Abenteuer, das einer ihrer Ver-
wandten zugestoßen ist, einer Nonne, die den Zar verachtete und von

ihm bestraft wurde. Rückkehr der Alten. Sie bittet Lidj Mangoustou, der gerade da ist und sich somit zum Priester befördert sieht, ihr die Absolution zu erteilen. »Gott möge dich f . . .!« gibt er ihr zur Antwort. Neuerlicher gourri der Alten, die Malkam Ayyahou am Ende ihren Schleier hinwirft, zum Zeichen, daß sie die Religion aufgibt. Man legt ihr den Schleier wieder um, und Malkam Ayyahou befragt sie noch einmal. Eine Adeptin gibt zu bedenken, daß auch der Beichtvater der Nonne vom Zar geschlagen werden könnte, falls er es ihr nicht gestattet, das Blut zu vergießen. Die Nonne fragt die Adeptinnen (die Freundinnen vorstellen), was zu tun sei, damit sie gesund werde. »Zu Tchenguerié gehen und den gourri machen.« Die Nonne bittet eine Adeptin, die ihre Tochter darstellt, sie mit Weihrauch zu beräuchern, dann geht die Tochter zur Konsultation bei Malkam Ayyahou. Tchenguerié aber weigert sich, die Nonne zu behandeln. Die Nonne legt sich wimmernd auf die Ruhebank neben Malkam Ayyahou. Sie liege im Sterben, sagt sie, und möchte, daß Lidj Mangoustou ihr die Beichte abnimmt. Dieser willigt ein, unter der Bedingung allerdings, daß sie ihm ein Rind verspricht. Die Alte geht hinaus und kommt ohne Verkleidung wieder herein. Händeküssen in die Runde. Zwei Adeptinnen beenden die Komödie, indem sie die Beerdigung der Nonne ankündigen, der, weil sie den Zar verachtet hatte, auch von Tchenguerié nicht geholfen wurde.

11 Uhr 50: Malkam Ayyahou besprengt mit Wasser (das mit Kölnisch Wasser versetzt ist): die Stelle, an welcher der das errichtet worden war; die (jetzt zum Abtransport zusammengerollte) Leinwand, aus der er bestand; die Wände der wadadja-Hütte; die Stelle zwischen der Tür dieser Hütte und der Eingangstür zur Straße.

Anschließend besprengt sie von der Schwelle der wadadja-Hütte aus die Leute im Innern mit Kölnischwasser.

Später kommen dann die Profiteure, die üblichen Schmarotzer und Tellerputzer der Opferfeste. Als Hahn im Korb läßt sich Mangoustou von den Frauen den linken Fuß massieren.

Abba Jérôme und ich gehen in die Wohnhütte hinüber, wo Emawayish und Fantay sind. Plauderei über verschiedene Sujets: das Vergnügen, den gourri zu machen, die Geschichte von Fantay (der Tochter einer balazar), die, als sie klein war, von ihrer Mutter massiert wurde (nachdem diese sich erst selbst massiert hatte), damit ihre eigenen Schmerzen sich auf das Kind übertrugen.

Als der Tag sich neigt, besprengt Malkam Ayyahou wieder die Stelle, an welcher der das stand – diesmal mit Honigwein. Bei zunehmender Dun-

kelheit beginnen die Adeptinnen zu spielen: Sich gegenüberstehend und gegenseitig bei den Händen fassend kreisen sie mit geschlossenen Füßen um ihre eigene Achse, wie es überall auf dem Land die Mädchen machen. Internatsschülerinnen im Pausenhof . . .

Bei diesem Kreisen fällt die dicke Tigreanerin hin. Malkam Ayyahou kommt dazu, staucht die Adeptin zusammen, und das Spiel hört auf.

Rückkehr in die wadadja-*Hütte. Die Tigreanerin kommt mit einem weißen Hahn auf dem Kopf herein. Es ist einer der Hähne, die – wie wir von der einäugigen Dinqié erfahren haben – morgen früh getötet werden sollen.*

Dinqnèsh erzählt, daß sich im Haus der Chefin ein Schutzgeist aufhält, der ein Leopard ist. Er kommt immer von der Seite her, wo die Sykomoren stehen. Man hört, wie er »dem . . . dem . . .« macht, wenn er an dem Haus entlang steigt.

Das Huhn, das die Tigreanerin auf dem Kopf hatte, und ein weiteres Huhn werden in eine Ecke gesetzt. Ich glaube, sie sollen die Nacht über dort bleiben.

Die Adeptinnen bringen Malkam Ayyahou die für das morgige Opfer vorbereiteten Gaben. Malkam Ayyahou überprüft sie. Es sind dabbo *da, kleine* injéra, *dicke* noug-*Ballen . . . Malkam Ayyahou sagt, daß man die letzteren kleiner machen muß, denn sie sollen ja nicht gegessen, sondern in den Busch geworfen werden.*

. . . .

11. 10. 32

Fast schlaflose Nacht. Infolge eines Mißverständnisses hat Lutten den Leuten, die ich zum Lager geschickt hatte, das Bett nicht wieder herausgegeben, das ich in der Tat am Morgen erst weggeschickt hatte, weil ich glaubte, im Laufe des Tages zurückzukehren. Zu allem Unglück sind auch noch die Maultiere, die am Nachmittag kamen, um mich abzuholen, und die ich unbeladen zurückgeschickt hatte (denn ich wußte mittlerweile, daß am folgenden Tag »ein schwarzes Blut ins Gebüsch« geworfen werden sollte), abgezogen, ohne die Sättel dazulassen, wie ich es den Maultiertreibern befohlen hatte. Also nichts, nicht einmal eine Decke, worauf ich schlafen könnte. In meinen Regenmantel gehüllt, mit meinem sudanesischen Sack als Kopfkissen, lege ich

mich oben auf die Vortreppe, direkt auf den Boden. Zu viel Ungeziefer. Ich probiere es mit den Treppenstufen. Zu hart. Dann das Bett von
Malkam Ayyahou, das im Hof steht, wo es zum Trocknen in die Sonne
gestellt worden war. Zu kalt, zu viele Wanzen. Des Kampfes müde,
kehre ich in die Wohnhütte zurück. Trotz der Insekten, die mich zerbeißen, gelingt es mir, im Sitzen ein wenig auf einer schmalen Bank aus
Trockenlehm zu schlafen, zwischen dem Feldbett von Abba Jérôme
(das er – darin glücklicher als ich – wieder herbringen lassen konnte)
und der Hauptbank, auf der Emawayish und ihr Kind schlafen. Immerhin muß ich in einem fort wieder aufstehen, um nicht ganz steif zu
werden.
Wohl denke ich daran, zu Emawayish zu kriechen, aber es liegt ihr
Kind neben ihr, Abba Jérôme ist im Raum und sicher würde sie mich
zurückweisen? Ganz zu schweigen von den vielen anderen Gründen,
und wäre es auch nur der Mangel an allerelementarster Hygiene . . .
Kurz, ich rühre mich nicht vom Fleck.
Das hat immerhin den Vorteil, mich bis zu dem Augenblick wachzu-
halten, als ich Malkam Ayyahou und ihre Adeptinnen die Vorbereitungen für das Opfer im Busch treffen höre. Es ist gut möglich, daß sie
ohne mich ausgezogen wären, wenn ich nicht schon wach gewesen
wäre.

. . . .

5 Uhr 30: *Aufbruch noch in der Nacht. Wir sind zu acht: Malkam Ayyahou, Dinqié, die dicke Tigreanerin, die Triefäugige mit dem Regenschirm, die mit dem glasigen Auge, Fantay, Abba Jérôme und ich.
Schweigend und im Dunkeln etwa 5 Minuten Weg, ungefähr in der Richtung des Marktplatzes. Halt an einem öden Platz.
Abbrennen von Weihrauch in der Tonscherbe mit der von zu Hause
mitgebrachten Glut. Der Teller mit Waffeln und Körnern wird auf die
Erde gestellt.
Während zwei Adeptinnen eines der schwarzen Hühner holen, das sie
vergessen haben, wechseln wir den Ort. Wir machen halt unter der Te-
lephonleitung, an einer von lauter Gebüschen umstandenen Stelle.
Dinqié und die Frau mit dem glasigen Auge halten jede eine Karaffe in
der Hand (Honigwasser und* talla). *Die dicke Tigreanerin, für die eins
der schwarzen Hühner bestimmt ist, steht mit dem Gesicht nach Osten.*

Die Sonne ist immer noch hinter dem Horizont. Malkam Ayyahou steht
vor der Frau, mit dem Gesicht nach Westen.
Man wartet.
Die beiden Adeptinnen kommen mit dem Huhn zurück.
Die Tigreanerin sitzt jetzt auf der Erde, den Rücken nach Osten gewen-
det. Malkam Ayyahou steht ihr gegenüber.
Das Huhn bei den Flügeln haltend, massiert sie damit von vorne nach
hinten, d. h. von der Stirn zum Nacken den Kopf der Tigreanerin. Sie
drückt fest auf beim Massieren. Zuerst der Kopf, dann das Gesicht, dann
der ganze Körper. Schließlich wird links und rechts von der Tigreanerin
das Huhn fest auf die Erde geschlagen.
Malkam Ayyahou gibt dem Huhn den Rest, indem sie ihm – auf dem
Boden, vor der Tigreanerin – den Hals umdreht. Dann wirft sie es in ein
dichtes Gebüsch, ein wenig rechts hinter der Patientin.
Man sprengt Honigwasser und talla *und streut Speisen nach allen Seiten.*
Noug-Ballen, dabbo *und Waffeln werden in das Gebüsch geworfen. Al-*
len Anwesenden wird der Kopf mit parfümierter Butter gesalbt.
Kommunion mit den flüssigen Opfergaben und mit dem Rest einer jeden
festen Speise. Kleine Bröckchen davon werden auf den Boden gewor-
fen.
Dieselbe Zeremonie für die Triefäugige mit dem Regenschirm, mit einem
anderen schwarzen Huhn.
Ende um 5 Uhr 50. Die Sonne ist immer noch nicht über den Horizont
gestiegen.
Als Folge dieser Vornahmen wird die erste Person, die in der Nähe des
Gebüsches vorbeikommt, die Gebrechen der beiden Adeptinnen auf sich
ziehen, für die das Blut vergossen wurde, und diese beiden sind dann
geheilt.
Rückkehr zum Haus, wo dem Zar der Tigreanerin und dem der Frau mit
dem Regenschirm Hähne in der ihnen entsprechenden Farbe dargebracht
werden sollen, nachdem das Blut der schwarzen Hühner die bösen Gei-
ster – »Schattenaugen« in diesem Fall – im Busch festgebannt hat.

. . . .

Emawayish war gegangen, weil sie zu Hause zu tun hatte, bei Einbruch
der Nacht dann aber wiedergekommen, um an der nächtlichen wadadja
teilzunehmen.

Dinqié tanzt grölend im Garten. Sie hat das Kind von Emawayish vor sich hingestellt. Sie wiederholt anschließend denselben Tanz mit dem Kind auf dem Rücken. Ob nicht auch hier – genau wie bei dem Mahl, an dem die Adeptinnen auch die Tochter von Fantay teilnehmen ließen – eine Ansteckung und Übertragung beabsichtigt ist?

Zwei zu zwei fassen sich die Adeptinnen bei den Händen und tanzen an der Stelle des das einen Reigen. Die mit dem glasigen Auge begleitet die Tanzenden mit Händeklatschen und zarmäßigem Röhren.

19 Uhr 20: *tala-Ausschank in der wadadja-Hütte. Erteilung des Segens durch Qiès Ayyèlé, der zwischen Malkam Ayyahou und der alten Blinden sitzt.*

Ankunft der Adeptinnen. Sofortiger Beginn der Tänze, zur Begrüßung einer neuen Kranken, die in Begleitung von zwei Sklavinnen gekommen ist. Die drei Frauen sind von bewundernswerter Reinlichkeit und bei den beiden Sklavinnen spürt man, daß sie von ihrem Käufer allein im Hinblick auf ihre Robustheit erstanden worden sind. Eine von ihnen bringt im Namen der Kranken Myrrhe dar.

Dinqié leitet die Gesänge und die Tänze. Sie sitzt zwischen Malkam Ayyahou und der Blinden, auf dem Platz von Qiès Ayyèlé, der sich zurückgezogen hat.

Die Tigreanerin, die auf einer der Bänke auf dem Rücken liegt, den Kopf dem Weihrauch zugewendet, stimmt den Gesang an. Entfernung des Weihrauchs, Ende des Gesanges.

19 Uhr 45: *Während all jene Beisitzer oder Adepten, die heute kein Blut empfangen haben, ein schwarzes Huhn zu verspeisen beginnen, das Malkam Ayyahou extra für sie schlachten ließ, wird die Kranke, die sich kaum aufrecht zu halten vermag, vor die Chefin geführt.*

Assistiert von Dinqié segnet Malkam Ayyahou sie mit mehreren leichten Peitschenhieben. Die Kranke hockt sich vor den beiden Frauen nieder.

Ende des Mahls, an dem die mit dem glasigen Auge partout nicht teilnehmen will: Sie ist wütend, daß ihr Zar kein Huhn bekommen hat.

Die Kranke hustet oft.

20 Uhr: *Malkam Ayyahou labt die Tigreanerin, die die Hände gefaltet hält, mit talla.*

Beginn des Trommelspiels durch Dinqié, mit Gesängen und Händeklatschen. Dinqié hält die Trommel schräg zu sich hin geneigt zwischen den Beinen. Gesenkten Auges klatscht die Kranke zaghaft in die Hände und

hört dann wieder auf. Malkam Ayyahou nimmt sie bei der rechten Hand
und bewegt sie im Rhythmus ihres Gesangs.
Die Kranke, die sich von einer ihrer Sklavinnen den Gürtel hat abneh-
men lassen, wird mit Myrrhe beräuchert. Malkam Ayyahou beugt sie
zum Rauch nieder, indem sie ihr die rechte Hand auf den Kopf legt und
ihn hin und her schwingen läßt. Sie deutet vor ihr kurz einen gourri *an.*
Mit der Hand auf dem Nacken der Frau versetzt sie deren Kopf in eine
heftige Bewegung.
Malkam Ayyahou rezitiert vor der Kranken Bruchstücke eines foukkara.
Sie klopft ihr sanft und rhythmisch mit der Peitsche auf den Rük-
ken.
Tanz der Adeptinnen, im Stehen. Malkam Ayyahou bedeckt den Kopf
der Kranken und pendelt sie weiter hin und her. Sie läßt sie los.
Eine der beiden so sauberen Sklavinnen bringt ein Bündel Holz für den
Kaffee. Da Malkam Ayyahou sich entfernt hat, nimmt ihre Herrin den
Schleier wieder ab.
Malkam Ayyahou kommt mit ein paar tchat-*Blättern wieder zurück. Sie*
zerreißt und kaut sie und befeuchtet sie mit talla, *mit dem sie ihre Wan-*
gen aufbläht.
Tchat-*Spucken in das Gesicht, wobei der Kopf in den Händen gehalten*
wird und die Finger in der Nähe der Schläfen aufliegen. Sie läßt den Kopf
der Frau hin und her schwingen und legt ihr den Schleier wieder
um.
Spucken auf den Nacken. Neuerliche Beräucherung. Neuerliches Spuk-
ken.
Malkam Ayyahou prägt dem Kopf deutlich die Bewegung des gourri
ein.
Weihrauch. Neuerliches Spucken. Husten der Kranken. Weiterer Ver-
such, den gourri *machen zu lassen. Der Kopf beginnt von selbst zu*
schwingen.
21 Uhr 05: Neuerliches Spucken mit tchat. *Mehrere Adeptinnen mimen*
den gourri, *um die Frau zu ermutigen. Ermahnung des Zar, abwech-*
selnd mit Spucken.
21 Uhr 15: Emawayish, die auch da ist, übernimmt die Trommel und die
Leitung des Gesangs.
Lied: »Vom Busch, wir sind vom Busch . . .« *Weitere Beräucherung der*
Kranken.
Ein Junge hat jetzt die Trommel. Dann nimmt Emawayish sie wieder.
Der Gesang wird rascher und lebhafter.

21 Uhr 45: *Rösten des Kaffees. Anrufung der Zar, damit sie herabsteigen auf die Kranke und sie zum Sprechen bringen. Malkam Ayyahou setzt sich ungefähr in der Mitte nieder, gegenüber der Tür. Sie nimmt die Kranke vor sich.*

. . . .

22 Uhr 30: *Ich komme von einer Treibjagd im Garten zurück, wo man einen Maisdieb gesehen haben will. Mit dem Revolver in der Hand habe ich den Stengelwald durchstöbert, während Malkam Ayyahou, die sich einen dicken Knüppel gegriffen hatte, auf einer anderen Seite suchte, gefolgt von der kleinen Woubaloush, oder – mit ihrem Zarnamen –* Adal Gwobena. *Der Bauer und Sklave und unser Boy Tèklè Maryam liefen mit mir durch den Garten. Vorsichtig wie immer war Abba Jérôme in der Nähe der Küche geblieben und begnügte sich damit, das Strahlenbündel seiner elektrischen Lampe über das Maisfeld zu schicken. Bevor wir wieder hineingingen, bestand er darauf, daß ich mit dem Revolver ein paar Schüsse in die Luft abgebe, um die Diebe abzuschrecken.*
Die Kranke ist allein mitten in dem Raum geblieben. Malkam Ayyahou setzt sich hinter sie, faßt sie wieder an und schwingt sie rhythmisch hin und her.
Zwei, dann drei Adeptinnen machen gleichzeitig den gourri.
Malkam Ayyahou gibt die Kranke auf. Sie ist nicht in Trance gefallen. Der Zar war ein wenig herabgestiegen, ist dann aber wieder weg.
Kaffee, mit den üblichen Körnern.
Malkam Ayyahou erklärt, daß sie der Kranken ein zefzef *machen will (eine Waschung mit Wasser, in dem magische Pflanzen enthalten sind).*
Auf den Boden gekauert und die Wange auf dem Schenkel einer ihrer Sklavinnen liegend, schläft die Kranke. Unter jedem Auge pappt eine dicke, grüne tchat-*Kruste. Sie war mit einem anscheinend ganz neuen Kleid gekommen, ihre Haare waren frisch gebuttert gewesen und ihre Hände mit Henné eingerieben.*

. . . .

12. 10. 32

Das Ende der Soiree war dann stürmisch. Unvermittelt ist *Abba Moras Worqié* herabgestiegen, nicht auf Emawayish, sondern auf Malkam Ayyahou und hat dieser letzteren das morgendliche Blut im Busch und das *tchat*-Spucken am Abend vorgeworfen, denn es sind seit dem Stieropfer noch keine sieben Tage vergangen. Außerdem muß Tebabou (der seit ein paar Tagen zu allen unverschämt und gehässig ist) einen Bürgen angeben, denn er hat die Tasse hinausgestellt, aus der am Tag des Stieres *Seyfou Tchenguer* das Blut getrunken hat. Die Großmutter beschuldigt den Enkel, es absichtlich gemacht zu haben, und behauptet, daß es sich um einen schweren Fehler handelt. Der Zar von Emawayish hätte Tebabou ohne weiteres auf der Stelle heimsuchen und ihn sofort den *gourri* machen lassen können.

Im Laufe des Abends verfinstert sich Emawayish einmal und zeigt Anzeichen von Müdigkeit und Gereiztheit. Einen Augenblick lang stützt sie ihr Kinn auf die Hände, den Ellenbogen auf die Knie. Ich erwarte, daß sie jeden Moment in Trance fällt. Sie fängt sich dann aber wieder. Den ganzen übrigen Abend leitet sie den Gesang. Seit langem schon ist die (eifersüchtige?) Dinqié eingeschlafen. In bester Laune läßt Emawayish abwechselnd Zar-Gesänge und profane Lieder singen. Sie ist sogar so aufgeräumt, daß sie mit ihren Gefährtinnen Zar spricht. Das regt mich auf, denn dieser Slang hat in ihrem Mund irgend etwas Unreines und das ruft mir einmal mehr in Erinnerung, daß ich ein Fremder bin.

Um 2 Uhr morgens sind Abba Jérôme und ich zu Bett gegangen – unter dem abhängenden Fleisch, das allmählich in Fäulnis übergeht. Da das ganze Haus damit vollhängt, die Vortreppe inbegriffen, stinkt es überall wie die Pest. Es ist Zeit, daß wir gehen. Beim Ausziehen ist mir aufgefallen, daß die Hörner des Stiers am Dach der Vortreppe aufgehängt worden sind.

. . . .

Heute morgen war ich entschlossen, mich zu verabschieden. Ich hatte sogar schon die Betten wieder wegschaffen lassen. Die Adeptinnen bestanden dann aber darauf, daß Abba Jérôme und ich noch dableiben, denn morgen früh soll eine weitere kleine Zeremonie stattfinden.

Es bleibt uns also nichts anderes übrig, als die Betten wieder zurückholen zu lassen. Um die Wäsche zu wechseln und uns gründlich zu waschen, verbringen wir allerdings den Tag über im Lager, bevor wir dann noch einmal hier übernachten.

Emawayish ihrerseits kehrt endgültig nach Hause zurück.

Kennzeichnend für die *wadadja* war wieder eine gewissermaßen überreizte Atmosphäre. Die Frau mit dem glasigen Auge, die nach draußen
gegangen war, um etwas zu trinken, wurde mit Peitschenhieben bedacht. Im Garten hatte sie sich laut schreiend auf der Erde gewälzt und
kreuzförmig die Arme ausgebreitet. Später ist sie – wahrscheinlich zu
recht – mit drei ehemaligen eritreischen Soldaten ins Gericht gegangen,
die gekommen waren, um Frauen aufzutreiben. Sie beschuldigte sie,
ihr ein Stück Toilettenseife, ein Geschenk von Abba Jérôme, gestohlen
zu haben.
Selbst das Mädchen mit den Skrofeln, das gewöhnlich so still ist, ließ
ein Löwengebrüll vernehmen, weil man es beim Ausschenken des Kaffees übergangen hatte. Fantay tat die Schulter weh. Die Tigreanerin
stieß ihr übliches Geheul aus. Tebabou hat sich wieder mit seiner Großmutter versöhnt. Sie erteilte ihm den Segen, indem sie ihre Stirn gegen
die seine stieß, wie bei einem Schaf, das zur Opferung ansteht.
Obwohl ich wieder einmal erst nach 1 Uhr nachts ins Bett gekommen
bin, war ich schon früh auf den Beinen, denn ich wollte der angekün-
digten Zeremonie beiwohnen. Als ich aber zur *wadadja*-Hütte komme,
erfahre ich, daß die Zeremonie schon stattgefunden hat, ohne mich.
Wir schliefen noch und man habe es nicht gewagt, uns zu wecken. Im
übrigen habe es nicht viel zu sehen gegeben: Die Gräser, mit denen der
Boden der Hütte bedeckt war, sind zusammengefegt und in eines der
Rinderfelle gewickelt worden, die als Schlafunterlage dienen. Dann hat
man sie zu einem buschbestandenen Ort gebracht und in ein Gebüsch
geworfen. Kommunion, Besprengungen mit *talla* und Auswerfen von
Nahrung. Alles lange vor Tagesanbruch. Am Ende wurde Benzin verbrannt. Die Glut und der Weihrauch wurden an Ort und Stelle ausge-
kippt. Anscheinend ist neulich beim Abbau des *das* mit den darunter-
liegenden Gräsern dieselbe rituelle Handlung vorgenommen worden.
Damit ich meine Enttäuschung verschmerze, wiederholt Malkam Ayyahou die Zeremonie mit den Gräsern, die auf den Bänken liegenge-
blieben sind. Beim Auszug ist sie an der Spitze der Prozession, auf dem
Rückweg am Ende. Kriegerischer Tanz bei der Rückkehr.
Schon zu Beginn des Nachmittags zahlreiche Besucher: Der Jude Guiétié, durch den Abba Jérôme bei Malkam Ayyahou eingeführt worden
war (er hat immer noch denselben Filzhut, seinen Judas-Bart, seine

europäische Jacke, seine Jagdaufsehergamaschen); ein Konkurrent der Chefin, der uns bereits im Lager besucht und sich allerdings wenig gesprächig gezeigt hatte – heute will er nicht hereinkommen, weil er weiß, daß wir da sind, und Angst hat, wir könnten seinen Namen und seine Worte aufschreiben; ein Händler aus Addis-Alam, den wir kennen; Emawayish, die zum Spinnen und Nähen kommt, sekundiert von dem Dorftrottel und einem sie begleitenden kleinen Jungen.

In seiner Eigenschaft als besonders honoriger Besucher, segnet der Jude Guiétié den dritten Kaffee. Malkam Ayyahou spricht einen Fluch über die Bösen. Da Emawayish gerade in dem Augenblick gesprochen hat, weissagt sie ihr, daß ihr Viertel von Truppen zerstört werden wird.

Als Emawayish mit ihren Näharbeiten fertig ist, verabschiedet sie sich und zeigt Abba Jérôme und mir das »Nachtgewand«, d. h. den großen Mantel, den sie sich gerade hat anfertigen lassen. Danach stand ihr also der Sinn, und nicht nach einer Decke, wie wir geglaubt hatten . . . Sicher war das auch der Grund für die Anleihe von 3 Talern in diesen letzten Tagen. Wo sie jetzt ein neues Gewand hat, möchte sie, daß jeder von uns ihr seinen Segen erteilt. Den meinen gebe ich ihr gern.

Abba Jérôme erfährt beiläufig – ich weiß nicht mehr, von wem – eine Einzelheit, die uns bei dem *danqara* oder »schwarzen Blut im Busch« entgangen ist. Dem Huhn wird nicht nur der Hals umgedreht, sondern es wird vorher regelrecht zerrissen. Man packt den Schnabel mit beiden Händen, zerrt ihn mit aller Kraft auseinander und reißt dabei so tief wie möglich den Hals auf, etwa so wie ein Tuchhändler ein Stück Stoff zertrennt. Dann dreht man dem Vogel den Hals um und wirft das Tier ins Gebüsch. Der Opferer taucht anschließend seine große Zehe in das herabgeflossene Blut.

Bei dem *danqara* war es noch sehr dunkel, und ich wagte es nicht, zu nahe an die zelebrierende Malkam Ayyahou heranzugehen. Deshalb war mir das entgangen. Aber ich erinnere mich, daß das Huhn, obwohl es mit den Flügeln schlug, nicht gegackert hat . . . Ohne Zweifel, weil es schon zu Beginn der Operation nicht mehr dazu in der Lage war!

18 Uhr 15: In der Wohnhütte salbt Malkam Ayyahou Adanètch, der Frau mit dem glasigen Auge, den Kopf mit Butter ein. Adanètch ist verletzt. Sie hat eine gestreifte Schramme am rechten Augenlid und über der Nase. Malkam Ayyahou hat ihr im Namen von *Abba Qwos-*

qwos einen wütenden Peitschenhieb versetzt, denn sie war im Laufe des Tages zu einer konkurrierenden *balazar* gegangen und hatte dort den *gourri* gemacht und das Stirnband erhalten, welches ihr einen bestimmten ständigen Zar zuerkennt.

Zwischen 6 Uhr 30 und 7 Uhr kommt Enqo Bahri ohne seine Frau. Malkam Ayyahou nimmt einen dicken, noch mit Fleisch behafteten und wie ein Kolben gebogenen Stierknochen von der Wand. Sie legt ihn sich wie eine Hacke oder ein Gewehr über die Schulter und führt lachend damit einen Tanz auf.

Das Stück Fleisch, das von Malkam Ayyahou für Enqo Bahri bestimmt worden war, wird roh von Adanètch, Enqo Bahri, Tebabou, dem Sohn von Dinqié und ihr selbst verzehrt.

Die drei jungen Eritreer unten sind immer noch da. Dinqnèsh hat geweint, weil sie ihretwegen von der Chefin eine heftige Zurechtweisung erhalten hat. Wenig später überraschte ich sie dabei, wie sie einem von ihnen in einer Ecke die Nagelsandalen zuband. Im übrigen wird man sie zur Schlafenszeit dann heimlich in die kleine Hütte links vom Hofeingang einlassen, in das »Haus der Fremden«, wo Dinge vor sich gehen können, die Malkam Ayyahou in keiner der beiden Hütten dulden würde, welche ihr *awolya*-Haus im eigentlichen Sinne darstellen.

20 Uhr: Wir gehen zum *wadadja*-Haus hinüber, dessen Boden mit großen Eukalyptuszweigen ausgelegt worden ist. Ich denke an die Lorbeerblätter, an die Pythagoreer und die griechischen Philosophen. Im Laufe des Abends bin ich dann froh, als ich merke, daß der Geruch des Eukalyptus die Wanzen in Schach hält.

. . . .

14. 10. 32

9 Uhr: Kaffee in der *wadadja bièt*. Abba Jérôme und ich wollten uns empfehlen; aber es wurde uns untersagt, während des Kaffeeausschenkens zu gehen, denn unser *wouqabi* (Schutzgeist) würde dableiben und wir wären dann ohne Beistand.

9 Uhr 35: Der Zar des Dorftrottels, der den Schluckauf hat und sich beklagt, wird ermahnt: »Ein männlicher Mann soll nicht schreien.« Sein Geist – ein Djinn mit langen Haaren, den er wohl in Yedjou angenommen hat – läßt ihn »wie einen Schakal heulen«.

Lidj Mangoustou taucht auf, besoffen und prachtvoll in funkelnagelneues Abou-gédid gekleidet. Der stürmische Auftritt eines Wüstlings. Weil sie ihm (in der Vergangenheitsform) gesagt hat, er sei einmal schön *gewesen,* bekommt *Chankit* den Hintern versohlt. Kriegerische Aufschneidereien mit seinem Vater, dem Fitaorari Debalqo, der den Italienern ungefähr zur Zeit der Schlacht von Adouah eine Abreibung verpaßt habe. Maßlose Verachtung für die drei Eritreer, die »Arbeiter« seien, während er, Mangoustou, sich immer nur ganz alleine schlage.

Er ist im Umgang mit mir von einer Vertraulichkeit, gegen die ich anzukämpfen versuche. Er weiß vielleicht, daß ich mich entschlossen habe, hier zu wohnen, oder aber – dem Gerücht zufolge, das sie mir selbst hinterbracht hat – daß Emawayish meine »Verlobte« ist, und jetzt bietet er mir in aller Öffentlichkeit seine Unterstützung bei der Suche nach einer »*guten* Frau« an. Scherzend, aber doch in gereiztem Ton weise ich das Anerbieten zurück.

Dabei bleibt es. Der Bursche ist im übrigen nicht unsympathisch. Man muß ihn lediglich in seine Schranken weisen . . .

Rückkehr zum Mittagessen im Lager, wo wir die letzten Neuigkeiten erfahren: auf der politischen Bühne klärt sich alles; sogar die Mobilmachung wird abgeblasen. Auf lokaler Ebene erhärten sich die Gerüchte über mich: Ich bin der Geliebte von Emawayish, und Abba Jérôme spielt den kuppelnden Vermittler.

15. Oktober

Besuch bei der Kranken, die ich ins Lazarett habe einweisen lassen. Es scheint ihr besser zu gehen. Offenbar hat Ibrahim, der Krankenpfleger des Konsulats, wahre Wunder vollbringen wollen. Ich hoffe, daß sie in ein paar Tagen gehen kann. Aber genau wie das Gerede weiter seinen Lauf nimmt, reißen auch die Scherereien nicht mehr ab.

In meiner Abwesenheit hat eine entflohene Sklavin bei uns Zuflucht gesucht. Alarm während des Mittagessens: wir hören, daß soeben ein Mann in das Zelt eingedrungen ist, in dem sie schläft, und versucht hat, sie zurückzuholen. Wir laufen sofort hinaus und bringen den Kerl, der schnell dingfest gemacht ist, ins Gefängnis des Konsulats. Es ist ein Verwandter des verstorbenen Herrn der Sklavin; er fordert sie im Namen der Witwe zurück. Es kommt natürlich nicht in Frage, sie herauszugeben . . . Der Mann, den festzuhalten der Konsul nicht befugt ist, und den er demnach wieder laufen ließ, soll sich beschweren, wo es ihm paßt.

Yeshi Arag geht es entschieden besser. Die Punktierung, die Ibrahim bei ihr vorgenommen hat, scheint ihren Erguß der Gelenkschmiere geheilt zu haben.

Abba Jérôme und ich haben zwei Verabredungen: die eine am Morgen, mit dem Négadras Enguéda Shèt (einem unserer Bekannten aus Addis-Alam) zum Besuch eines großen *woliy*[51] der Moschee; die andere mit der einäugigen Dinqié, zur Befragung bei ihr zu Hause.

Aus der ersten Verabredung wird nichts: Eine Wolke von Heuschrek-ken ist über Dembia hergefallen; der Négadras mußte auf seine Felder, und wir treffen ihn nicht zu Hause an.

Bei der zweiten – am anderen Ende der Stadt – ruft unsere Ankunft im Viertel einen besonderen Zwischenfall hervor. Da wir – vor einer Kir-che stehenbleibend – sofort von einer Schar kleiner Schüler umringt sind, die uns einen jubelnden Empfang bereiten, und da wir im übrigen ohnehin noch warten müssen, bis Dinqié fertig ist und wir zu ihr hin-einkönnen, beschließen wir, die Kirche zu besichtigen – zur großen Freude der Schüler. Wir brauchen niemand zu bemühen, denn es ist Sonntag und die Kirche steht offen. Wir werfen einen Blick hinein: Sie ist schäbig, die Malereien sind abscheulich. Als wir gehen, will ich, wie gewöhnlich, einen Taler für Weihrauch stiften. Abba Jérôme findet, das sei zu viel. Ich gebe 8 Tamoun. Der Priester segnet uns. Aber die 8 Tamoun bleiben nicht lange, wo sie sind. Sie werden uns von einem Mann zurückgebracht, der die Summe zu gering erachtet. Ich reiße Abba Jérôme die Münzen aus der Hand und fetze sie in ein Gebüsch, wie das Huhn des *danqara*. Die kleinen Schüler balgen sich darum. Der Zwischenfall erregt Aufsehen im Viertel, und als Inauguration ist das gar nicht übel.

Bei Dinqié finde ich zu meiner Freude nicht eine, sondern drei Infor-mantinnen. Dinqié hat nämlich eine Art Untergruppe um sich, die mehr oder weniger aus Frauen oder Mädchen ihrer Familie besteht, wie z. B. aus Woubaloush und einer sehr angenehmen Frau namens Alla-fètch, der Witwe eines Négadras, der wir (unter dem Namen *Galla Berrou*) schon beim Sankt-Johannes-Fest begegnet waren . . .

Bei der Rückkehr ein weiterer Zwischenfall: in der Nähe des Sturzba-ches will ein Mann einer Frau ans Leben. Die Frau und ein Komplize des (nach Verfolgung festgenommenen) Mordbuben werden vor den

---

[51] Muselmanischer Erleuchteter. Manchen Informanten zufolge ein Synonym für *awolya*.

Konsul gebracht. Die Frau ist die Mätresse des Dolmetschers Wadadjé, die nicht zum ersten Mal in solche Geschichten verwickelt ist. Der Mann ist der Bruder oder der Verwandte eines anderen Geliebten. Er hat mit seinem Revolver zuerst die Frau und dann die anderen Verfolger bedroht (zu denen auch der bewährte Pfadfinder Faivre gestoßen war). Der Konsul konfisziert die Waffe, setzt aber den Delinquenten wieder auf freien Fuß, weil er für so etwas nicht zuständig ist.

17. Oktober

Heute richte ich mich bei Malkam Ayyahou ein. Ich bin begeistert, für eine noch unbestimmte Zeit dem Rest von europäischen Gewohnheiten und zumal den Konsulatsdiners zu entkommen.
Der Platz zwischen der Wohnhütte und der *wadadja*-Hütte, auf dem bei dem Stierfest massenhaft Leute hin und her liefen und der mir riesig vorgekommen war (wie ein großer Festsaal auf einem orientalisierenden Gemälde), ist in Wahrheit so eng, daß ich Mühe habe, mein Zelt darin unterzubringen.
Malkam Ayyahou weiht meine Behausung ein, wie es sich gebührt: der Boden wird mit *tchat*-Aufguß besprengt, Weihrauch abgebrannt, Kaffee ausgeschenkt.
Dinqié, die gerade da ist und den Kaffee mit uns einnimmt, ist krank. Sie hat geträumt, daß eine Frau ihr erschienen ist, »groß wie Emawayish und so rot[52] wie sie.« Die Frau wollte ihren Namen nicht sagen und warf ihr einen bösen Blick zu. Seitdem hat Dinqié einen so harten Bauch, daß man »Flöhe darauf zerdrücken« könnte. Ich vermute, Dinqiés Traum ist der Furcht zuzuschreiben, die sie sicher hegt, einer der Zar von Emawayish (wütend bei dem Gedanken, ich könnte auf einen anderen Gaul umsatteln) möge sie heimsuchen. Und der aufgeblähte Bauch: wahrscheinlich bloß die Folge des gestern getrunkenen *talla* . . .
Ansonsten ist Dinqié sehr geschäftig: Die Frau, die gestern fast ermordet worden wäre, ist ihre Tochter. Zwar ist nur die Chamma zerrissen und sonst ist ihr nichts weiter zugestoßen, aber Dinqié hat vor, einen großen Prozeß aufzuziehen. Gleich ob das Messer den Bauch aufgeschlitzt hat oder nur die Chamma; juristisch gesehen sei es dasselbe Vergehen, meint sie.

---

52 D. h. hellhäutig, anders gesagt: eine Schönheit.

18. Oktober

Besuch von Roux. Die Gerüchte, die über mich im Umlauf sind, wurden ihm offiziell gestern abend im Konsulat berichtet. Es versteht sich, daß mein Umzug hierher sie nur noch bestätigen wird: die Leute werden jetzt einfach sagen, daß ich bei meiner Schwiegermutter wohne . . .
Ich frage mich übrigens, inwieweit Emawayish überhaupt ungehalten ist über diese Gerüchte. Die Frau eines Europäers zu sein ist immer noch eine schmeichelhafte Verwandtschaft. Vielleicht erleichtert das ihre Wiederverheiratung?
Aus irgendwelchen Gründen (Familienangelegenheiten oder Besitzfragen) kommt bei Einbruch der Nacht Emawayish. Ihre Haare sind schön frisiert und gebuttert und zum erstenmal seitdem ich sie kenne, trägt sie eine wirklich weiße Chamma. Ich mag dieses Mädchen doch gern, und meine Plauderversuche mit ihr machen mir Spaß. Warum nur mußte ich ihr gerade am Ende dieser Reise begegnen, als sei sie einzig dazu da, mir in Erinnerung zu rufen, daß ich zuinnerst von einem Phantom besessen bin, bösartiger noch als alle Zar dieser Welt?

19. Oktober

Emawayish verläßt uns und nimmt auch ihre Mutter mit, die beim Konsul Klage erheben will, weil der Hirt des Konsulats – anscheinend absichtlich – ein Rind zum Grasen auf ihr Feld in Qeddous Yohannès geführt hat.
Uns selbst überlassen, machen Abba Jérôme und ich uns an die Befragung. Wir haben damit weniger Schwierigkeiten als in Gegenwart der Chefin, denn sie ist sehr eifersüchtig, und wenn sie da ist, wagen die Adeptinnen es nicht, als eine Art Konkurrenz aufzutreten und uns Auskünfte über die Zar zu erteilen.
Beiläufig vervollständigen wir unsere Liste der Syphiliskranken durch 3 weitere Namen: Emawayish, der Dorftrottel, die Dicke mit dem glasigen Auge. Sie haben zur Behandlung alle schon eine Badekur gemacht. In Anbetracht der fehlenden Hygiene und der Vielzahl der Heiraten, ist es gut möglich, daß es im ganzen Land keine einzige gesunde Person mehr gibt.

Großes Trara. Die Schwiegermutter von Kasahoun (die zugleich die Patentante von Emawayish ist) hat sich verbrüht. Malkam Ayyahou zufolge ist dieser Unfall darauf zurückzuführen, daß die Familie es früher einmal versäumt hat, ein Opfer darzubringen, welches sie empfohlen hatte.

Malkam Ayyahou wird keinen Krankenbesuch machen. Sie schuldet dieser Familie nichts, denn Kasahoun und seine Frau Adannakoush haben sich schlecht aufgeführt. Am Tag des Stieropfers hat Adannakoush in der Tat bei einem *gourri* zwei Karaffen zerbrochen, und weder sie noch Kasahoun haben sich dafür entschuldigt.

Emawayish allerdings geht hin. Da es bis zum Dorf ihrer Patin ziemlich weit ist, schickt sie schon bei Morgengrauen den Sklaven und Bauern zu Abba Jérôme und läßt ihn um die Erlaubnis bitten, sein Maultier ausleihen zu dürfen. Abba Jérôme ist einverstanden. Der Bauer geht. Aber die Geschichte ist damit noch nicht zu Ende . . .

Gegen Mittag kommt Tebabou mit der Nachricht, seine Mutter sei zu Fuß aufgebrochen. Das Maultier habe nicht rechtzeitig eingefangen werden können, und sie sei ungeduldig geworden . . . Er schlägt vor, das Maultier selbst morgen früh hinzubringen. Aber Malkam Ayyahou fängt an zu wettern: er habe es extra gemacht, um selbst das Maultier besteigen zu können, meint sie. »Mir ist es lieber, Emawayish kommt zu Fuß zurück, als daß ihr Sohn auf dem Maultier reitet!« Tebabou sei ein *ganyèn* (Dämon), der würdige Sohn seines Vaters . . . Wären nicht die Bande des Blutes, sie hätte ihm schon längst die Tür gewiesen. Er wolle nichts tun, beschimpfe alle Leute im Haus (hat er nicht gestern noch zu Adanètch gesagt, sie sei eine Hure?), er helfe seiner Mutter nicht, gebe – wenn man etwas von ihm gemacht haben wolle – zur Antwort, seine Arbeit sei das Schreiben (wobei er das neue Heft vorweist, das ich ihm für ein weiteres Manuskript gegeben habe): Und was noch schlimmer ist: er gehört zur Bande der Maisdiebe!

Ganz krank von den Aufregungen, bläst Malkam Ayyahou die *wadadja* ab, die am Abend hätte stattfinden sollen. Dazu kommt, daß Adanètch sich betrunken hat und von der Chefin weggeschickt worden ist. Die besoffene Adanètch war über Gott und die Welt hergezogen, hatte über Tebabou gelästert und auch an sonst niemand ein gutes Haar gelassen. Sie hatte uns, Abba Jérôme und mich, heimlich vor der Chefin gewarnt, die nicht wolle, daß ihre Adeptinnen mit uns sprechen,

weil sie eifersüchtig darauf aus sei, ihr Monopol zu bewahren. Sie sei
sogar imstande, sie alle deshalb zu töten ... Über Tebabou sagt sie,
daß er – bei so einem Vater und so einer Mutter – eben auch sein Teil
abbekommen habe. Ihrzufolge hat Emawayish gegenwärtig mehr Zar
als selbst die Chefin, aber man halte sie geheim, damit sie noch einen

Malkam Ayyahou hat Tebabou als »Judensohn« beschimpft und ihm
angekündigt, daß all ihre Zar und die Zar ihres Vaters auf ihn überge-
hen würden. Beim abendlichen Kaffee, während Dinqnèsh die Tassen
füllt, verflucht sie ihn dann in aller Form: »Die Augen von Emawayishs
Sohn mögen zerspringen und auslaufen!«[53]
Ich für mein Teil denke an die beiden Treibjagden gegen die Maisdiebe
in diesen letzten Nächten, als ich mit schußbereitem Revolver im Garten herumlief. Ich hatte nicht die Absicht zu schießen, aber man weiß ja
nie. Vielleicht hätte ich Emawayishs Sohn getötet? Vielleicht hätte
meine werte Familie – die ich immer mehr liebgewinne, denn sie ist ein
biblisches Monument – sich das zunutze gemacht, um mir einen hübschen Blutpreis abzuverlangen?

21. Oktober

Abba Jérôme und ich sind zu Dinqié gegangen. Wir haben regelrecht
Reißaus genommen und für unseren Abgang einen günstigen Moment
abgepaßt, als Malkam Ayyahou beschäftigt war, bzw. fast buchstäblich:
als sie uns den Rücken kehrte.
Dinqié hat noch Bauchschmerzen. Nach einem ihrer Träume hat sie die
Nachbarn zusammengetrommelt: Die Expedition kam zu den Ruinen
(die sich an das Viertel von Dinqié anschließen), um Feuerwerkskörper
abzubrennen. Dann stellte Lutten (der genau wie der Zar *Esat Ned-
ded*[54] aus Feuer war) Dinqié alle möglichen Fragen. Jedesmal wenn sie
einschlafen wollte, wurde Lutten wieder zu Feuer – wahrscheinlich eine
Erinnerung an die Befragungen und an die Photos mit Magnesiumblitz.
Die ganze Expedition schlief in dem großen, zweistöckigen Haus des
Karrees.
Die hübsche Witwe des Négadras ihrerseits hat von Abba Jérôme ge-

---

53 Tebabou tun die Augen weh.
54 Oder *Rom Nedded,* derjenige, der über dem roten Meer das Feuer entzündet hat, indem er mit
   dem Zeigefinger gegen seine Stirn schlug (Enqo Bahri *dixit*).

träumt, dem »Führer der Franzosen«, die zu ihr kamen und zu Dinqié.

Als sie im Laufe der Befragung die Namen ihrer Zar angeben soll, räuchert Dinqié den Raum abergläubisch mit Blättern und Weihrauch aus, denn sie fürchtet, das Nennen der Namen könne die Geister selbst herbeirufen, deren Heimsuchungen sie dann preisgegeben wäre, falls nichts im Hause sie zufriedenstellen kann. Als sie von ihrem Zar *Djember* spricht, der auf einen Holzstuhl Anrecht hat, holt sie den für ihn bestimmten Sitz herbei und stützt sich – wie um sich zu schützen – mit den Ellenbogen darauf.

Für Dinqié ist der Zar wie ein Gatte, der seine Frau manchmal im Traum besucht.

Als wir wieder gehen, fleht sie uns an, nur ja der Chefin nichts zu sagen. »Ihr wißt, wie unsere Mutter ist . . .«, sagt sie. Es wird ausgemacht, daß wir so tun, als hätten wir Dinqié seit langem nicht mehr gesehen, wenn wir ihr heute abend bei der *wadadja* zum Vorabend von Sankt Michael begegnen.

Emawayish, die von ihrem Krankenbesuch zurück ist, nimmt kurz an dieser *wadadja* teil. In den zwei Tagen hatte sie gerade Zeit, zu Fuß hin- und wieder zurückzukommen, und zum Übernachten hat sie sich unterwegs einen Unterstand aus Zweigen und Blättern gebaut. Müde läßt sie sich die Füße von der Tochter einer der Sklavinnen massieren, einem armseligen Kind, dessen Zehen derartig von Krätzmilben zerfressen sind, daß sie nur auf den Fersen gehen kann.[55]

Später – Emawayish ist schon schlafen gegangen – fängt unerklärlicherweise dieses Mädchen zu weinen an. Um es zu trösten, gibt Malkam Ayyahou ihm eine Handvoll gerösteter und aufgesprungener Körner. Anschließend wechselt die Kleine ihren Platz und kommt ein wenig weiter nach vorne. Vielleicht war sie unglücklich darüber, abseits zu stehen?

22. Oktober

Sankt Michael heute (noch ein anderer Sankt-Michaels-Tag) und aus diesem Anlaß *talla* in meinem Zelt. Austausch sentimentaler Reden, hauptsächlich zwischen Malkam Ayyahou, Enqo Bahri und mir. Ich

---

55 An diesem Abend – wenn mich nicht alles täuscht – habe ich die zärtlichste Liebkosung erhalten, die sie mir jemals gegeben hat: einen Kuß in meine hohle Hand, die ich mit Kölnischwasser benetzt und ihr zum Riechen wie einen Knebel vor den Mund gehalten hatte.

erkläre, daß ich weder Chef zu werden hoffe, noch all das, was Malkam Ayyahou mir wünschen mag, wenn sie ihre Segenssprüche beim Kaffee hersagt, sondern lediglich eins: so schnell wie möglich nach Gondar zurückzukehren, um meine hiesigen Freunde wiederzutreffen . . .

Da heute Markttag ist, gehen Malkam Ayyahou und Enqo Bahri das Geflügel kaufen, das ich beschlossen habe, *Azaj Douho* zu opfern. Schon kurz nachdem sie weggegangen sind, bringt jemand einen schönen Widder in der *danguilié*-Farbe (eine Mischung aus weiß und feuerfarben), den man im Garten anbindet. Er kostet anscheinend zwei Taler. Da ich kein Geld bei mir habe, bitte ich Abba Jérôme, mir zwei Taler von denen zu geben, die ihm Griaule bei unserem Umzug anvertraut hatte. Aber Abba Jérôme erklärt unbefangen, er habe sie weggegeben, um uns in dem Hause in günstigem Licht erscheinen zu lassen, er habe nicht geahnt, daß ich damit rechnen könne und keineswegs geglaubt, ich würde Wert darauf legen, davon unterrichtet zu werden, wie und wann er sie ausgebe.

Der Zwischenfall regt mich furchtbar auf, denn ich weiß wohl, daß es für einen Europäer in einem exotischen Land keinen tödlicheren Prestigeverlust gibt, als ohne Geld dazustehen – wenn auch nur für einen Augenblick, und ganz gleich aus welchen Gründen. Ich schicke sofort den Bediensteten von Abba Jérôme mit einem brieflichen Geldansuchen zum französischen Lager, aber für den Hin- und Rückweg braucht er eine gute Stunde.

Weil ich jedenfalls auf den Markt muß, um an der Auswahl des Federviehs teilzunehmen, gehe ich jetzt gleich hin, denn ich begegne dort bestimmt unserem Dolmetscher Wadadjé, den ich um Geld anhauen könnte. Aber Abba Jérôme findet eine andere Lösung: er borgt die zwei Taler bei dem lahmen Dabtara Gassasa, unserem ehemaligen Informanten, der als Nachbar gerade zu einem Besuch gekommen war. Ich gehe trotzdem spornstreichs zum Markt und direkt auf Wadadjé zu, denn ich will dem Lahmen so schnell wie irgend möglich sein Geld zurückerstatten, damit er gar nicht erst die Zeit findet, die Nachricht von meiner Mittellosigkeit im Viertel zu verbreiten.

Auf dem Markt amüsiere ich mich bestens. Es erinnert mich an die Avenue du Bois (die ich im Jünglingsalter, zur hohen Zeit der Surprise-Parties besuchte). Ich treffe eine ganze Menge Leute: die Frau des bekloppten Kabbada (eine Verwandte von Emawayish), sie ist gekommen, irgendein Produkt zu verkaufen; die magere Frau mit Tressen, der ich zum erstenmal in Darasguié begegnet bin und die immer noch sehr grandios aussieht, ich lade sie zu dem bevorstehenden Opfer ein; die junge Woubaloush, die, glaube ich, Gewürze verkauft; den alten Lidj Balay – einer der Vertrauensleute des italienischen Konsulats (er war es auch, den man mit der Untersuchung der Affäre des ermordeten Konsuls betraut hatte) und Vater meiner Informantin Dinqié; den Jäger Kasahoun (der sich den Kopf kahlscheren ließ, deshalb eine Art Turban trägt und wie der perfekte Straßenräuber aussieht); die Schwägerin von Malkam Ayyahou; die schwarze Sklavin von Emawayish; die Irre von Addis Alam; Ibrahim, den Krankenpfleger des Konsulats (den ich für die gelungene Behandlung meiner Kranken beglückwünsche); ganz zu schweigen von den Leuten, die ich nur vom Sehen kenne und die mich alle grüßen.

Ich spaziere herum, rechts und links flankiert von Abba Jérôme und Enqo Bahri, vor dem sein kleiner, frisch geschorener Sohn hergeht. Er trägt den Haarkamm der Kinder seines Alters: wie eine über den Schädel gelegte Schuhbürste oder eine lange Tafel Schokolade.

Viel Sonne. Es ist heiß. Ich fächle mir mit meinem Fliegenwedel Luft zu. Mir ist, als kenne ich alle. Ich fühle mich wohl.

Wir stoßen auf Malkam Ayyahou, und ich gebe ihr das nötige Geld zum Ankauf des Geflügels und des für die Zubereitung des *berz* bestimmten Honigs. Ich meinerseits kaufe Weihrauch, Myrrhe und noch eine andere Duftpflanze ein, deren Namen ich nicht weiß. Ich habe vor, übermorgen (wo Malkam Ayyahou nicht da ist, weil sie ihr Feld in Qeddous Yohannès bestellt) Dinqié einen Besuch abzustatten und möchte zur Erleichterung des Gesprächs die geeigneten Räucherstoffe bereitstellen.

Morgen kommt Malkam Ayyahou, die wie jeden Sonntag zu Emawayish geht, mit dieser zum Lager, um Tonaufnahmen zu machen.

Das Geflügel für *Azaj Douho* besteht aus einem buntgescheckten Huhn und zwei schönen weißen Hähnen.

23. Oktober

Ich habe im Lager zwei Maultiere anfordern lassen und Abba Jérôme und mich zum Mittagessen angekündigt, denn wir wollen bei der Aufnahme dabeisein. Als frischgebackener Gondarianer bin ich der Ansicht, daß wir auf Besuch gehen und habe mich deshalb in Sonntagsstaat geworfen. Wir nehmen den Widder von *Azaj Douho* mit, der in der Zwischenzeit, bis zum Opfer, bei uns einen besseren Weideplatz hat als in Baata. Wir bringen außerdem die kleine Trommel von Malkam Ayyahou mit, die sie zur Begleitung braucht. Sie bittet uns, die Trommel zu verstecken, damit man nicht erfährt, daß sie mit ihren Adeptinnen zu uns kommt, und damit es nicht heißt, sie würden »überall den *gourri* machen«. Abba Jérôme schwant Böses. Er weiß, daß Lidj Mangoustou, den ich neulich ziemlich hart angefahren habe (er hatte sich beklagt, im Lager von Lifszyc schlecht empfangen worden zu sein), gegen uns agitiert. Er hat namentlich zu Malkam Ayyahou gesagt, eine »so berühmte« Frau wie sie dürfe nicht einfach so herumziehen und nicht für weniger als 20 Taler zu uns kommen. Dazu kommt die Affäre Enqo Bahri, dem sämtliche Grundeigentümer von Qeddous Yohannès (darunter Malkam Ayyahou) vorwerfen, die 5 Taler, die Griaule anläßlich der Beerdigung von Ayaléo für die Kirche gestiftet hatte, ganz allein für sich behalten zu haben, anstatt sie zu verteilen.

Abba Jérôme rät, vorher noch in Qeddous Yohannès vorbeizugehen, um das Terrain zu sondieren, Emawayish und ihre Nachbarinnen persönlich von der Versammlung am Nachmittag zu verständigen und sie dazu einzuladen.
Wutanfall bei der Überquerung des Baches. Wo ich, in der Überzeugung, den kürzeren Weg nach Qeddous Yohannès zu nehmen, den Wald rings um die Kirche *links* umgehen will und nicht, wie üblich, *rechts,* biegt der Mann, der den Widder führt, nach rechts ab, um den Bach an der gewöhnlichen Stelle zu überqueren. Ich verlasse die Richtung, die ich eingeschlagen hatte, hole den Mann ein, rege mich mächtig darüber auf, daß er nicht auf mein Rufen gehört habe und empfehle ihm wärmstens, nur ja alle Vorkehrungen zu treffen, damit der Widder bei der Ankunft im Lager auch wirklich abseits untergebracht werde und keine Gefahr laufe, als eins der gewöhnlichen Schlachttiere abgestochen zu werden. Dann kehre ich um, nach links, und gelange nach Qeddous Yohannès, nachdem mir aufgegangen ist, daß der Weg, den wir nun eingeschlagen haben, weniger bequem ist als der Weg rechts, und außerdem viel länger.
Emawayish ist etwas mürrisch. Sie spielt auf die Gerüchte an, die über sie im Umlauf sind. An der Wand links vom Eingang hängen zwei abgezogene Felle. Ein schwangeres Mutterschaf ist von einem Nachbarn geschlagen worden, weil es in seinem Feld gegrast hatte. Es mußte geschlachtet werden. In seinem Bauch fand man das Junge, dessen Fell jetzt neben dem der Mutter hängt.

Am Mittelpfosten trocknet weiter das Zwerchfell des Schafes für *Abba Moras Worqié* . . .

Wir trinken den Kaffee und machen unsere Einladungen. Zu einem zweiten Kaffee finden wir uns bei einer Nachbarin zusammen – der Schwiegermutter von Kabbada, deren jüngste Tochter gerade heute morgen geschieden worden ist. Sie wollte uns einladen, weil wir sie auch eingeladen haben.

Dort stößt dann auch Malkam Ayyahou zu uns, flankiert von Dinqnèsh und Dinqié. Wir kehren zu Emawayish zurück und nehmen Abschied, nachdem wir vorher noch einmal die Verabredung von heute nachmittag bekräftigt haben.

Als Abba Jérôme bei Emawayish seine Aufzeichnungen machte, ist ihm – wie ein Ahnenbildnis, das sich von der Wand löst – das Fell des für *Abba Moras Worqié* geopferten weißen und feuerfarbenen Ziegenbockes, das gerade hinter ihm an der Wand hing, auf den Kopf gefallen.

. . . .

24. Oktober

Malkam Ayyahou ist gestern nicht gekommen. Wir haben lange gewartet, bis Woubié – der Dorftrottel – ankam und ohne weitere Erklärung im Namen der Chefin den Gurt zurückforderte, mit dem wir heute früh das Schaf weggeführt haben. Etwa zur gleichen Zeit kommt auch der Gatte von Yeshi Arag zurück, den wir nach Erkundigungen ausgeschickt hatten, und erklärt, daß *Abba Qwosqwos* auf einmal herabgestiegen sei und Malkam Ayyahou vorgeworfen habe, ohne seine Erlaubnis die kleine Trommel herausgegeben und das Haus verlassen zu haben, ohne im voraus dafür bezahlt worden zu sein. Daraufhin hätten Malkam Ayyahou, Dinqnèsh und Dinqié sofort kehrtgemacht und seien wieder über den Bach zurück.

Abba Jérôme und ich speien Gift und Galle über die Alte: Sie ist ein Geizkragen, sie will den ganzen Profit für sich alleine haben und hat sorgfältig alle Leute aus ihrer Bekanntschaft vergrault, die unsere Informanten hätten werden können (Beispiel: zwei Erleuchtete aus Yedjou oder Woguera, die anscheinend in der Woche des Stieropfers bei ihr vorgesprochen haben und die sie angeblich abgewiesen hat, um eine Begegnung mit uns zu verhindern.) . . .

Wir erfahren im übrigen, daß die gegen uns gestartete Offensive ganz gewaltig ist: In der Stadt haben sie Lidj Mangoustou und der Alaqa Alamou – ein *awolya,* den wir aus Rücksicht auf »unseren Vater Tchenguer« verschmäht hatten – öffentlich beschuldigt, sich nicht ausreichend bezahlen zu lassen; im italienischen Camp wird der Reigen von dem Apotheker Bayana, dem Exgatten von Emawayish angeführt, der das Gerücht verbreitet, sie und ich hätten ein Liebesverhältnis, und unter der Flagge der Zar würde noch so manches andere segeln . . .

Wie dem auch sei, ich verzeihe es der Alten nicht, daß sie sich beeinflussen ließ, genausowenig wie Emawayish, daß sie sich nicht einen Dreck darum schert, ob ich als ihr Liebhaber gelte oder nicht. In dem einen wie im anderen Fall sehe ich lediglich eine Geldfrage. Daß sie jetzt diese Schwierigkeiten vorschieben, hat ohne Zweifel nur ein Ziel: eine Erhöhung der Tarife zu erwirken . . .

Ich gehe mit Abba Jérôme sofort nach Baata und lasse unter den entgeisterten Blicken der Umstehenden mein Zelt abbauen und auf der Stelle ins Lager zurückschicken.

Die Alte merkt, daß sie zu weit gegangen ist, entschuldigt sich, gesteht offen, »auf Schlangen gehört« zu haben. Ich nehme der Form nach eine Versöhnung an, erkläre mich sogar bereit, der *wadadja* heute nacht beizuwohnen, aber ich bleibe weiterhin eisig. Ich reagiere nicht einmal, als man mir sagt, *Abba Qwosqwos* solle angerufen und um die Erlaubnis gebeten werden, in einer der kommenden Nächte im Lager eine *wadadja* abhalten zu dürfen – unter dem Vorwand, die bei uns beherbergte Kranke zu behandeln. Ich ziehe mich gleich nach dem morgendlichen Kaffee zurück.

Abba Jérôme hat mich daran erinnert, daß Malkam Ayyahou am Tag meines Einzugs bei ihr ein prophetisches Lied gesungen hatte:

> »*Von weitem sind die Freunde gut,*
> *Aber aus der Nähe?*«

25. Oktober

Ich bleibe im Lager und rühre mich nicht weiter. Ich bin sicher, daß das schlagartige Entfernen meines Zeltes seine Wirkung getan hat, und ich warte jetzt darauf, daß sich ein Abgesandter bei uns blicken läßt.

Der bleibt auch nicht lange aus: der älteste Bedienstete von Abba Jérôme, der große Ounètou, der immer noch dort wohnt, fragt im Namen der Alten an, ob sie mit ein paar Adepten die Nacht im Lager verbringen und eine *wadadja* abhalten könne. Die einzige Bedingung, die sie stellt: wir sollen uns darum kümmern, daß *tchèfié* gepflückt wird, mit dem der Boden des Tanzplatzes ausgelegt werden soll. Ich gebe natürlich meine Einwilligung und treffe die nötigen Vorkehrungen: Gräser, *talla,* Raki, *tchat,* Weihrauch, Kaffee. Mir liegt daran, als guter Hausherr zu erscheinen.

Bis zum letzten Augenblick befürchte ich, daß sich noch einmal alles in Nichts auflöst, und bin ungeduldig. Kurz vor 7 Uhr aber meldet man mir die Ankunft der Equipe.

. . . .

26. Oktober

Alles in allem war die Versammlung gestern nacht gelungen. Malkam Ayyahou ist mit sechs Adepten gekommen, mit Dinqié, mit dem hageren Gestell Aggadètch, der schwarzen Tigreanerin, der schwarzen Einäugigen, der kleinen räudigen Äffin und dem Einfaltspinsel Woubié. Außerdem waren Enqo Bahri da (der selbst darum gebeten hatte, kommen zu dürfen), sowie Yeshi Arag und ihr Mann, die ich eingeladen hatte. Nur Emawayish war nicht gekommen, aus Furcht, sich zu kompromittieren, nehme ich an.

Im Laufe der *foukkara* haben mehrere Zar der Chefin ihre vollkommene Unterwerfung bekundet und sich als »Sklaven der Franzosen« erklärt. Der auf die Räudige herabgestiegene *Azaj Douho* hat nicht versäumt, die für Donnerstag getroffene Verabredung in Erinnerung zu rufen, denn er fürchtet zweifellos, daß er sich nach den letzten Ereignissen sein Schaf in den Wind schreiben kann.

Der Trubel war so groß, daß Griaule, der in seinem Zimmer im Bett lag, nicht einschlafen konnte und sich gegen ein Uhr nachts im Bett Bratkartoffeln servieren ließ.

Die Gäste haben alle bei uns übernachtet, in dem mit Gräsern ausgelegten Eßzimmer. Ich meinerseits bin gegen 3 Uhr zu Bett gegangen.

Beim Aufbruch – heute morgen nach dem Kaffee – verabredet man sich für den Abend im Haus von Baata, um die unerläßliche *wadaja* zu »ziehen«, denn morgen soll der Aussätzige *Azaj Douho* seinen Widder erhalten.

Dinqié habe ich heimlich einen Spiegel geschenkt, ein diplomatisches Präsent, dazu bestimmt, mich ihrer Freundschaft zu versichern. Die Alte hat von Griaule 5 Taler bekommen.

27. Oktober

Eine recht bewegende Szene bei der *wadadja* heute nacht. Der Alaqa Mezmour – ein *balazar,* dem wir schon einmal bei Malkam Ayyahou begegnet waren und dessen rechte Seite halb gelähmt ist – kündigt uns den Tod von Sheikh Mohammed Zayd an, eines großen, in Tèmbièn lebenden Heilspezialisten, der – wenigstens für Ober-Äthiopien – so etwas wie der Papst der *awolya* ist. Sheikh Mohammed Sayd war es auch, der Mezmour inthronisiert hat, der ihm befahl, sich nach Gondar zu begeben und sich dort, zur »Eröffnung eines *guenda*«[56] von den Dabtara des Viertels von Baata ein Haus bauen zu lassen.
Nach einem langen, sehr extatischen Gesang mit geschlossenen Augen (er wiegt den Kopf immer stärker hin und her und berührt zwei- oder dreimal mit der rechten Hand den Mittelpfosten, als verspüre er das Bedürfnis nach Kontakt mit einer Bezugsachse), fällt Mezmour in eine stille Trance und erklärt kurz, er werde sich ohne zu zögern auf den Weg nach Tèmbièn machen und diese Pilgerfahrt im Angedenken an Sheikh Mohammed Sayd unternehmen, auch wenn er einen Monat zu Fuß gehen sollte.

. . . .

Beginn der morgendlichen Veranstaltungen ganz im Stil von Paul und Virginie. Vor dem Küchenunterstand auf der Erde sitzend, kauen wir alle zusammen das Zuckerrohr, das Emawayish im Garten geerntet hat. Anwesend sind Abba Jérôme, ich, einige Adeptinnen (darunter die Frau aus Darasguié, die pünktlich zu der Samstag auf dem Markt getroffenen Verabredung schon gestern abend gekommen ist).
Griaule kommt kurz vorbei, den plastisch gestalteten Kuchen für *Azaj Douho* zu photographieren. Als wir dann aber hören, daß der Kuchen erst am dritten Tag zubereitet wird (anläßlich des Auskehrens des *tchèfié*) geht er wieder, ohne das Opfer abzuwarten.

---

56 D. h. zur Niederlassung als Heilspezialist mit dem heiligen Kaffeetablett. Die Vorschrift, sich von seinen Amtsbrüdern, den *dabtara,* ein Haus bauen zu lassen, hat Mezmour, ein schwacher und schüchterner, und vor allem kranker, Mann nicht befolgt.

Ich erfahre dabei übrigens nicht viel neues. Da wir keine Filmaufnahmen machen, findet es nicht draußen statt, sondern in der *wadadja bièt*. Der Hals des Widders wird der Länge nach aufgeschlitzt, die beiden Lippen der Wunde werden weit auseinandergezogen und mit dem Messer tief die beiden Seiten des Halses aufgegraben, um die Haut vom Fleisch zu lösen. Genau in dem Augenblick, als die Luftröhre durchgeschnitten wird, *gourri* von Aggadètch. Die Agonie des Tieres dauert viel länger als gewöhnlich. Ein Schaf, das ich noch am Morgen für 1½ Taler kaufen mußte (denn es stellte sich plötzlich heraus, daß niemand außer Malkam Ayyahou von dem Widder essen darf, da er dem aussätzigen und bettelnden Zar *Azaj Douho* geweiht ist) wird ohne besonderes Ritual geschlachtet.

Vor dem Opfer ist Malkam Ayyahou ein Becher *talla* – der obligatorische *maqwadasha* für *Azaj Douho* – ausgeschenkt worden. Da es aber gewöhnlicher *talla* ist und nicht der an Ort und Stelle zubereitete (fast noch ein Körnerbrei), wie es sich für den Bettler *Azaj Douho* gehört, dem man die gröbsten Speisen der Küche gibt, weist ihn Malkam Ayyahou zurück. Sie macht Emawayish (die sich um die Vorbereitungen gekümmert hatte) heftige Vorwürfe, und Emawayish muß versprechen, *Azaj Douho* am dritten Tag zu entschädigen.

Die übliche Kommunion nach dem Opfer. Wie allen anderen hat Emawayish auch mir den Kopf mit Butter gesalbt. Nach diesem hervorragenden Schampoo hat sie mich dann sorgfältig frisiert. Sie hält mir anschließend nebeneinander ihre beiden Handflächen hin, und ich muß (als Zeichen meines Dankes?) dreimal vage hineinspucken.

Wie gewöhnlich wird uns auch der Segen von *Azaj Douho* erteilt, der einem mit seinen Handstümpfen (die Finger sind zurückgebogen) über den Rücken fährt.

Unerwartete Zugabe am frühen Nachmittag: jemand bringt Malkam Ayyahou die beiden weißen Hähne, die wir letzten Samstag auf dem Markt gekauft haben. Im Sitzen nimmt sie die beiden auf ihre Knie und hält sie einander gegenüber, als wolle sie ihre Schnäbel in Berührung bringen. Dann geht sie auf uns zu, sagt »*Djeba!*« und bietet Abba Jérôme das eine an (für den Zar *Akreredis*), das andere mir, für *Kader*. Da ich ahne, was kommt, lasse ich Enqo Bahri (der als Opferer neben uns steht) sagen, ich lege Wert darauf, keine Formalität zu umgehen. Als Vegetarier lehnt Abba Jérôme sein Huhn ab, und es wird durch Eier ersetzt. Demnach wird *Kader* ganz allein das zwiefache Blut erhalten, das uns *Gragn Sellatié* im Namen ihres Meisters *Seyfou Tchen-*

guer anbietet. Ich weiß nicht, warum es mir so befremdlich erscheint, ja von einer absurden Komik, daß es eine Verbindung geben sollte zwischen dem Vegetariertum und der Verweigerung eines Blutopfers . . .

Malkam Ayyahou, Enqo Bahri, Abba Jérôme und ich (der ich in jeder Hand ein Huhn halte) gehen in den Hof hinaus und stellen uns einige Schritte von der Türschwelle entfernt auf. Ich nehme das erste Huhn bei den Füßen, Enqo Bahri, der es am Kopf gepackt hat, schneidet ihm mit dem Messer den Hals durch. Malkam Ayyahou reißt in einem schnellen Ruck eine weiße Feder heraus, benetzt sie in der Wunde mit Blut. Dann zeichnet sie mir ein großes Kreuz auf die Stirn und zieht mir dreimal die Feder durch die Lippen, damit ich das Blut koste. Sobald ich es gekostet habe, läßt Enqo Bahri das Huhn los, und ich muß es selbst ein paar Schritte weit wegwerfen. Dasselbe geschieht mit dem zweiten Huhn. Malkam Ayyahou hält mich dazu an, die Agonie der Hühner zu beobachten und zuzusehen, wie sie zu Boden fallen. Das erste verendet auf dem Rücken, die Beine in die Luft gestreckt, und das ist ausgezeichnet; das zweite auf der linken Seite, und das ist nicht gut.

Malkam Ayyahou setzt sich dann auf einen Stein an der Wand der *wadadja bièt*, läßt mich an ihrer Seite Platz nehmen, beginnt mit der Zerlegung der Hühner und fordert mich auf zuzusehen, wie man die »Trophäe« zubereitet.

Enqo Bahri bringt eine Karaffe mit *berz*. Malkam Ayyahou trinkt davon und spuckt es auf die Füße von Abba Jérôme, dann auf die meinen.

Als die Zerlegung des ersten Opfertieres beendet ist, setzt mir Malkam Ayyahou den Balg auf den Kopf. Die Füße hängen hinten herunter und die Flügel liegen auf meinen Backen auf. Enqo Bahri, der immer sehr ernsthaft und gewichtig ist, und sehr genau in seiner Rolle als Zeremonienmeister, setzt mir den Balg etwas weiter nach hinten, aus der Stirn heraus. Ich weiß nicht, ob er das tut, damit das Kreuz sichtbar bleibt, oder weil er der Ansicht ist, das sei schmucker so. Nun kommt es allerdings nicht in Frage, daß ich mit dem Huhn auf dem Kopf den *gourri* mache, und so macht die aus Neugier gekommene Tigreanerin ihn an meiner Stelle, während Malkam Ayyahou meinen *foukkara* aufsagt.

Der zweite Balg ist fertig. Malkam Ayyahou wischt mir mit seiner Innenseite das Blut von der Stirn, dann setzt sie mir auch diesen Balg noch auf, über den ersten. Bis die Zerlegung beendet ist, bleibe ich so sitzen, ohne aufzuhören, an meinen Aufzeichnungen zu schreiben.

Um 1 Uhr 13 (d. h eine halbe Stunde nach Beginn der Zeremonie) nimmt mir Malkam Ayyahou, die gerade mit dem Zerlegen fertig ist, die beiden Bälge vom Kopf und hängt sie an der Außenwand der Wohnhütte auf, an der Stelle, wo nacheinander erst drei Tage lang der *das* für das Stierfest und dann eine Woche lang mein Zelt standen.

Um 1 Uhr 25 gehe ich wieder in die *wadadja bièt*. Abba Jérôme sitzt auf der linken Bank, Malkam Ayyahou auf der rechten, hinter einem Schleier. Ich will mich neben Abba Jérôme setzen, aber Enqo Bahri tritt dazwischen und läßt mich rechts neben Malkam Ayyahou Platz nehmen, die gerade die 12 rohen Teile ihres Widders ißt.

Malkam Ayyahou läßt mir durch Abba Jérôme einen Becher Honigwasser reichen. Dann bringt mir Enquo Bahri rituell in einer Schale die gerösteten Lebern der beiden Hähne. Ich esse sie mit etwas *injéra*, das mir Malkam Ayyahou von dem ihren abzweigt. Nach beendetem Mahl legt sich die Alte auf die Bank und schläft ein.

Immer noch auf der Bank sitzend, fühle ich mich sehr abgesondert, sehr heilig, sehr auserwählt. Ich denke an meine Erstkommunion: wäre sie ähnlich ernst und gemessen gewesen, vielleicht wäre ich heute noch gläubig. Aber die wahre Religion beginnt beim Blut . . .

Später gehe ich hinaus in den Garten und setze mich in die Sonne. Aber Emawayish heißt mich in den Schatten treten, denn es ist anstößig, sich der Sonne auszusetzen, wenn man das Blut erhalten hat.

Am späten Nachmittag bricht ein Streit aus: Der Besitzer des heute morgen gekauften Schafes schickt uns Wachleute auf den Hals. Der mit seiner Frau abgeschlossene Handel sei nichtig, es sei genauso, als wenn wir das Schaf gestohlen hätten, denn er sei nicht mit dem Verkauf einverstanden gewesen. Da der Kaufpreis des Schafes (1½ Taler) mit einer Münze und mit Patronen beglichen worden ist, verlangt er andererseits, daß wir ihm die Patronen gegen Tamouns eintauschen. Die zuerst sehr heftige Auseinandersetzung (die Polizsten hatten ihre Gewehre geladen) beruhigt sich schließlich. Beim Kaffee, den die 3 Wachleute mit uns einnehmen, wird der Friede wieder hergestellt. Den beiden Jüngsten erteilt Malkam Ayyahou sogar ihren Segen. Malkam Ayyahou schreibt dieses Palaver dem Zorn von *Yè Teqara Tor* (»Rußlanze«, einem *wouriéza* von *Azaj Doho*) zu, der ungehalten darüber war, daß die Achkar der Expedition heute morgen weggegangen sind, ohne etwas getrunken zu haben.

Kurz bevor es Abend wird, das Mahl. Malkam Ayyahou bekommt ein ansehnliches Stück von ihrem Widder, Abba Jérôme seine Eier und ich meine beiden Hühner. Zwar frage ich, ob ich nicht ein Teil davon Malkam Ayyahou, als der Stifterin, anbieten kann, ein Stück Emaway-ish, als der Köchin und ein Stück Enqo Bahri, als dem Opferer, aber es ist nichts zu machen: ich muß alles alleine aufessen. Die Hühner gehen im übrigen dann ganz gut hinunter, und ich lasse nur sehr wenig übrig. Die Knochen, die ich abgenagt habe, werden sorgfältig in dem Teller versammelt, denn sie müssen unbedingt eingegraben werden.

28. Oktober

Heute esse ich meine Hühner zu Ende. Ich bin verblüfft zu sehen, wie wenig ich gestern übriggelassen habe. Es muß da wirklich der Zar essen und nicht das »Pferd«, denn ich hätte mir ein solches Fassungsvermö-gen nie zugetraut.

Enqo Bahri präpariert das Widderfell. Er schneidet das Fett weg und spannt dann das Fell, das er mit 4 kleinen Pflöcken auf die Erde nagelt, in der Sonne aus. Ihm zufolge ist das Fell wichtiger als das Fleisch, das man ißt, denn es ist das *mesel* (Abbild) des Tieres, und zudem ist es dauerhaft. Er vergleicht die kurvige Form, die der am Boden befestigte Kopf annimmt, mit einem Regenbogen oder der Arkade einer Mo-schee. Der wahre *woliy* soll sein Gebet im Kniefall auf diesem Fell verrichten, wobei sein Kopf sich dann mit dem Kopf des Tieres deckt . . .

Dinqnèsh, die die ganzen letzten Tage auswärts geschlafen hat, taucht auf unerwartete Weise wieder auf, um Verzeihung zu erbitten. Sie legt sich einen dicken Stein auf den Nacken und nähert sich Malkam Ayya-hou, um ihren Segen zu empfangen. *Abba Qwosqwos* ist jedoch sehr zornig: die schmollende Malkam Ayyahou legt sich einen Moment ins Bett.

Während der »tief gekränkte« *Abba Qwosqwos* sein Pferd schlafen läßt, trinken wir im Garten Raki, denn Enqo Bahri hat für das Fell irgendeine Inaugurationsabgabe ausfindig gemacht, die in Raki zu be-gleichen ist, und ich habe für 1 Taler 4 Flaschen holen lassen.

Bei Einbruch der Nacht macht Malkam Ayyahou, die aus ihrem Schlummer wieder erwacht ist, in der *wadadja bièt* den *gourri*. Es ist nicht mehr *Abba Qwosqwos*, sondern *Azaj Douho*. Er macht ihr Vor-würfe, einen Teil des Nachmittags in der Sonne verbracht zu haben (wo sie mit mir plauderte und Gemüse enthülste), gestern den Widdermagen gegessen zu haben, obwohl er nicht genügend gewaschen war, und findet im übrigen das Bier nicht gut, das Dinqnèsh zur Versöhnung mitgebracht hat.

Enqo Bahri zieht die Pflöcke heraus und entfernt das Fell, damit es in der Nacht nicht von den Hunden berührt wird, denn das würde alle krank machen.

29. Oktober

Ausfegen des *tchèfié,* nach dem üblichen Ritual. Mit den Gräsern wird zugleich auch der Balg meiner Hühner in das Gebüsch geworfen. Und damit die Hunde nicht drangehen (was bei mir Rheuma verursachen würde), beerdigt Emawayish die Knochen in einem kleinen Loch, das sie rechts neben der Küche gräbt.

Beginn einer langen Reihe von Palavern.

Auf ihre langen *wouriéza*-Stöcke gelehnt, stehen Aggadètch und die Tigreanerin in der *wadadja*-Hütte und verlangen von Enqo Bahri, der die Sache aber eher übel aufzunehmen scheint, ein Bußgeld. Um Auseinandersetzungen zu vermeiden, soll er in einer der letzten Nächte eingewilligt haben, für eine Frau den Bürgen zu stellen, welche die *wouriéza* angeblich beim Beischlaf ertappt hatten, und zwar mit einem Mann, der nur deshalb zu der Versammlung gekommen war, um sie dort zu treffen. Obwohl (wie Emawayish uns erläutert) der Fall nicht sehr schwerwiegend ist, denn der Beischlaf hat in einem Nachbarhaus und nicht im Haus selbst stattgefunden, hat Enqo Bahri eine Buße verdient, und er soll einen Krug *talla* bezahlen.

Schon gestern hatte mir Emawayish zum Kaffeekauf einen Taler aus der Tasche gelockt. Dasselbe heute für *berz.* Der Geschäftssinn treibt seine Blüten . . .

Als ich nach der Beerdigung meiner Hühnerknochen in die *wadadja bièt* zurückkehre, liegt Malkam Ayyahou schon wieder schlafend auf der Bank. Diesmal ist Rußlanze verärgert, denn es ist kein Wasser für den Kaffee da.

Als sie wieder aufwacht, macht sie der schmächtigen Kranken, die so jämmerlich hustet, den *zefzef.* Diese ist seit ihrem Kommen quasi ohne Unterlaß mit *tchat*-Spucke getränkt und hin- und hergeschüttelt worden, damit der *gourri* zum Durchbruch komme. Die Szene spielt sich im Freien ab: Die ausgemergelte Kranke hockt nackt auf dem Boden und zittert unter der kalten Dusche, als die Alte, die hinter ihr steht, die Kalebasse über ihr ausleert. Immer noch hockend, zieht die Ärmste sich wieder an. Beim Aufstehen muß sie sich von einem Mann helfen lassen.

Wir gehen wieder ins Haus, wo der plastisch gestaltete Kuchen für *Azaj Douho* aufgetragen wird. Er wird nach einem ausgezeichneten *talla* serviert, den Enqo Bahri persönlich für den Preis seiner Buße geholt hat.

Glückwünsche. Rußlanze wird uns auf unserer Reise begleiten.

Kommunion mit *talla*-Brei, jenem abscheulichen Gesöff, dessen Zubereitung Emawayish am ersten Tag des Opfers vergessen hatte. Malkam Ayyahou trinkt ihren Brei, befächelt von einem kleinen Fliegenwedel, denn der Aussätzige *Azaj Douho* sitzt immer voller Fliegen.

Von den vier Flaschen Raki, die ich gestern habe kaufen lassen, ist eine gleich bei der Einweihung des Felles getrunken worden. Auf den Rat von Enqo Bahri hin (der väterlich darum besorgt ist, mir weitere Ausgaben zu ersparen) habe ich eine weitere Asammanètch gegeben (der mageren Frau mit Tressen, die mit ihrem Zarnamen *Senker* heißt), weil ich einmal für irgend etwas, an das ich mich nicht mehr so recht erinnere, eine Bürgschaft für sie übernommen hatte. Es ist noch eine dritte Flasche aufgetragen worden, aber es stellte sich schon bald heraus, daß sie nicht von mir stammte; es war die Flasche, die Dinqnêsh mitgebracht hatte, um den Frieden zu besiegeln. Es fehlen demnach 2 Flaschen.

Da entpuppt es sich, daß Enqo Bahri sie versteckt hatte, natürlich nicht, um sie zu trinken, nein! sondern, wie er sagt, um sie vor der Begier der Dienstboten in Sicherheit zu bringen. Man holt also die wiedergefundenen Flaschen hervor und schenkt ein. Tebabou, der die Bedienung übernommen hat, wirft in einer mißmutigen Regung ein Glas um. Enqo Bahri, den man als Richter heranzieht, versucht die Sache herunterzuspielen und die Affäre beizulegen. Tebabou muß Malkam Ayyahou lediglich die Füße küssen und bekommt von ihr mehrere Schläge mit einem kleinen Stück Bambus.

Aber kaum eine Stunde später steigt *Azaj Douho* auf die Tigreanerin herab. Sie macht den *gourri* und zwingt Enqo Bahri, eine Garantie zu stellen, weil er im Fall Tebabou nicht nach bestem Wissen und Gewis-

---

57 Ohne Zweifel handelt es sich um das Huhn, das zur gleichen Zeit wie die beiden Hähne auf dem Markt gekauft worden war.

sen geurteilt habe. *Azaj* ruft anschließend Abba Jérôme, und man entdeckt, daß noch etwas anderes gefehlt hatte: 2 Stangen Salz, die man
vor dem Fegen auf die Gräser hätte legen sollen, damit Malkam Ayyahou *(Chankit)* nach dem rituellen Wegwerfen der Gräser damit tanzen
konnte, und die *Chankit* als Trinkgeld behalten hätte . . . Ich werde
wieder einmal berappen müssen.

Azaj Douho schließlich geruht, von der Räudigen ein buntgeschecktes
Huhn anzunehmen, das er vor zwei oder drei Tagen als Opfergabe
angefordert hatte.[57]

Für die Salzaffäre findet sich ein passables Arrangement: im Einvernehmen mit Enqo Bahri lasse ich Emawayish ausrichten, sie solle ihrer
Mutter das Wechselgeld geben, das mir von dem Taler für den Kauf
von *berz* noch zusteht. Ich verliere dabei nichts, denn ich hätte dieses
Wechselgeld ohnehin nicht zurückgefordert und deshalb auch nie wiedergesehen.

Emawayish holt also den fraglichen Taler hervor und gibt ihn Abba
Jérôme. Abba Jérôme gibt ihn Malkam Ayyahou, die gibt ihn der Tigreanerin (gegenwärtig *Azaj Douho*), die ihn Emawayish gibt, die ihn
Malkam Ayyahou gibt. Weiter kommt er dann allerdings nicht mehr: er
wird von dieser letzteren sorgfältig verstaut.

. . . .

30. Oktober

Besuch von Dinqié, die gestern morgen um die Erlaubnis gebeten
hatte, sich die kürzlich in der Nacht gemachten Tonaufnahmen anhören
zu dürfen. Ganz offenbar in dem Wunsch, sich angenehm zu machen,
bringt sie uns ein paar Eier mit.

Sie beklagt die gegenwärtige Dekadenz der *awolya*. Zur Zeit des Ras
Gougsa Olié, eines Mannes mit roter Hautfarbe, war alles viel besser
als unter dem schwarzen Kasa.

Wie gewöhnlich lasse ich Kaffee servieren.

Dinqié erzählt verschiedene Geschichten. Sie scheint sich ziemlich wenig aus dem Grammophon zu machen und ist leicht darüber wegzutrö-
sten, daß Lutten, der zuviel Arbeit hat, es nicht anstellen kann. Ihre
Bitte war, glaube ich, bloß ein Vorwand, um zu uns zu kommen . . .

Gerade als sie wieder gehen will, macht sie uns unvermittelt ein Geständnis: die Chefin ist eifersüchtig auf sie, denn sie ist die älteste und gelehrteste, die am ehesten der Rivalität verdächtige Schülerin.

In der Tat hat Dinqié sehr große Zar, wie z. B. *Gragn,* einen der bedeutendsten in ganz Godscham, fast schon vergleichbar mit *Seyfou.* Vielleicht ist sie darauf aus, auf eigene Rechnung einen *guenda* aufzumachen? Vielleicht ist auch das alte Prinzip im Spiel, wonach der Initiierte seinen Initiator zu töten hat?

31. Oktober

Ich wurde die Befragungen allmählich leid. Malkam Ayyahou und ihre Familie langweilten mich zusehends. Ich war immer weniger imstande, Magier und Atriden in diesen Bauern zu sehen, die ganz einfach von schäbigstem Geiz beseelt sind. Emawayish und ihre Mutter betörten mich nicht mehr. Es widerte mich an, daß dieses ganze Abenteuer – das mir lange so vollkommen vorgekommen war – auf einmal brutal in sich zusammensackte und etwas darunter zum Vorschein kam, das seit eh und je sein mehr oder weniger verborgenes Rückgrat dargestellt hatte: das dicke Geld. Ich wollte mich ausruhen . . .

Aber es brauchte nicht mehr als das Geständnis von Dinqié, um mich wieder in den Bann zu schlagen. Mir steht eine ganz neue Schicht von Informationen vor Augen, auf einer ganz neuen Ebene: Rivalitäten zwischen Besessenen. Und vielleicht kann ich das ausspielen, um Dinge herauszubekommen, die man mir gegenüber bis jetzt immer abgestritten hat; die Frage z. B., ob die Frau selbst die Abtreibung vornehmen läßt, wenn ein Zar ein Kind »verwirft«.

Ein Besuch von Dinqié ist für übermorgen vorgesehen. Sie ist auf einem Auge blind und das andere fängt an, schwächer zu werden. Es käme mir nicht in den Sinn, mit ihr schlafen zu wollen. Und dennoch fieberte ich, als handelte es sich um ein wirkliches Stelldichein.

Ich möchte auch zu Enqo Bahri. Ich lasse Raki kaufen und bringe ihm heute abend eine Flasche mit. Denn ich will heute abend zu ihm gehen.

Ich bin am Boden zerstört, als der Sendbote, den ich (insgeheim, damit Emawayish und, durch sie, ihre Mutter nichts davon erfahren) zu seinem Haus in Qeddous Yohannès geschickt habe, mit der Nachricht zurückkommt, daß Enqo Bahri nicht abkömmlich ist, er sei noch für heute abend von Malkam Ayyahou in ihr Haus in Baata bestellt worden.

Morgen ist Dienstag, Festtag. Und wir hatten bei der Affäre *Azaj Douho* ein Detail notiert, nämlich daß Asammanètch ihrem Zar *Senker* ein weißes Schaf versprochen hat. Sicher ist Enqo Bahri als Opferer gerufen worden. Dieses verfluchte Blut, das morgen früh vergossen wird, blockiert alles auf 3 Tage hinaus . . . Und nächsten Montag reisen wir ab! Wie oft werde ich noch mit Dinqié sprechen können – wenn ich sie überhaupt noch wiedersehe?

1. November

Ich bin kaum mit dem Rasieren fertig, Abba Jérôme und ich haben uns gerade in meinem Zimmer zur Arbeit niedergesetzt, als sich ein Besuch anmelden läßt: Malkam Ayyahou, die soeben in Begleitung des kleinen Jungen von Enqo Bahri im Lager eingetroffen ist. Überrascht über ihr Kommen – denn ich glaubte ja, sie hätte ein Opfer – lasse ich sie hereinführen.

Kurz darauf kommt auch Enqo Bahri nach, und ich verstehe, daß Malkam Ayyahou sich in Anbetracht der bevorstehenden Abreise endgültig mit uns aussöhnen will. Enqo Bahri für sein Teil möchte uns gefällig sein (er kann davon ja auch nur profitieren); aber da er (aus Furcht vor ihrer Eifersucht) sicher nicht wagt, ohne die Alte mit uns eine Befragung zu machen, hat er sich wahrscheinlich entschlossen, sie zu begleiten.

Wie gewöhnlich lasse ich Kaffee machen. Aber ich hole auch Raki herbei und lasse ein abessinisches Mahl bestellen.

Offensichtlich möchte Malkam Ayyahou, daß die Gewitterwolken der letzten Wochen sich wieder restlos verziehen. Nie ist sie so bereitwillig auf die Befragung eingegangen.

Der Schwindsüchtigen geht es viel besser. Sie hat aus eigener Kraft bis zu ihrem Haus gehen können und hat sich entleert. Sie litt anscheinend an einem Bandwurm.

Auf einem Schreibblock, den ich ihm gebe, schreibt Enqo Bahri das Rezept der Eukalyptus-Inhalation auf, die ich für die Kranke empfehle.[58]

Beiläufig beklage ich mich über Tebabou und stelle ihn als einen der Hauptschuldigen an den zwischen uns aufgekommenen Zerwürfnissen

---

58 Am 15. November sollte ich dann ihren Tod erfahren. Hatte Malkam Ayyahou – genau wie das auch oft in unseren Kliniken und Sanatorien geschieht – sie nicht einfach nach Hause geschickt, als sie spürte, daß alles zu spät war?

hin. Malkam Ayyahou pflichtet mir voll und ganz bei, sagt, daß Tebabou nach seinem Vater geschlagen sei, daß dieser letztere – früher war
er Priester, aber jetzt kann er schon seit langem keine Messe mehr lesen
– verflucht sei, weil er mit einer Schwester von Emawayish geschlafen
habe. Er sei schon immer »unersättlich auf Frauen aus gewesen«; zur
Zeit, als er noch Schreiber des Ras Olié war, vor seiner Heirat mit
Emawayish, wurde er zu 40 Peitschenhieben verurteilt, weil er mit einer Frau des Ras geschlafen hatte. Nach der Scheidung (die Emawayish
von dem Augenblick an endgültig verlangte, als Haylè Mikaël Malkam
Ayyahou nicht mehr *»Abbatié Tchenguerié«* nannte, sondern in der
weiblichen Form als *»Weyzero Tchenguerié«* anredete) hat *Seyfou
Tchenguer* Haylè Mikaël als Strafe den muselmanischen Zar *Shifarrao*
auf den Hals geschickt, hat ihm den Raki als *maqwadasha* auferlegt und
ihm den Kaffee verboten, damit er zum Alkoholiker wurde. Gegenwärtig trinkt Haylè Mikaël täglich 3 Liter Raki . . . Darüber hinaus wurde
trügerisch dem Namen *Shifarrao* der Titel »Negous« angehängt, auf
daß Haylè Mikaël sich für einen König halte und dadurch hochmütig,
verschwenderisch und närrisch werde.
Malkam Ayyahou erzählt auch, daß der Alaqa Gassasa, mein lahmer
Informant, ihr damit gedroht habe, »ihr Glücksholz zu zerbrechen«,
falls sie weiter zu uns gehe, denn er gehe ja auch nicht mehr hin . . .
Außerdem könne man bei uns nichts verdienen. Weil *Chankit* ihn
heimgesucht hat, tun ihm jetzt die Hoden weh.
Malkam Ayyahou läßt kein Mittel ungenutzt, sie redet viel, bricht erst
sehr spät wieder auf, aber es ist alles umsonst: der Zauber ist gebrochen.

2. November

Griaule ist gestern eine böse Geschichte zugestoßen: Er hatte von den
Falacha[59] eines Dorfes in der Nähe von Gondarotch Maryam eine Kuh
opfern lassen und wollte anschließend die Kirche von Gondarotch photographieren – wegen deren Gemälden es schon zu Spannungen gekommen war. Förmliches Verbot, die Kirche zu betreten (auf Befehl
des Alaqa Sagga, der schon für den ersten Zwischenfall verantwortlich
war), Palaver. Ein Soldat des Alaqa droht mit einem Gewehr, ein anderer Mann tritt Griaule in die Leistengegend, man muß auf die Achkar

---

59 Abessinische Juden.

einschlagen, damit sie nicht als Rache für den beleidigten Griaule unter die Leute schießen ... Die Wogen haben sich schließlich wieder geglättet, aber es ist trotzdem der schwerste Konflikt, in den die Expedition bis jetzt hineingeraten ist.

Besuch bei Dinqié, die eigentlich kommen sollte, aber nicht gekommen ist – unter dem Vorwand, sie sei gestern bei der Rückkehr von Emawayish (zu der sie in Geschäften gegangen war) beim Überqueren des Baches vom Zar geschlagen worden. Der wahre Grund ist, glaube ich, daß unser Dolmetscher Wadadjé Dinqiés Tochter (deren Liebhaber er ist) ganz neu eingekleidet hat, daß diese als Dank *talla* spendiert und folglich ein kleines Familienfest stattfindet.

Imbroglio: Lidj Balay, der Vertrauensmann des Konsulats, den ich für den Vater von Dinqié hielt, ist einer ihrer ehemaligen Gatten. Sie nennt ihn »Vater«, weil sie einen Sohn von ihm hat, weil er ein »großer Mann« ist und weil er sie immer noch in ihren Prozessen unterstützt.

Was ihre Politik uns gegenüber anbetrifft, legt Dinqié auf einmal ihre Karten auf den Tisch: Sie erklärt, daß die ganzen Opfer, die wir durch Malkam Ayyahou haben ausführen lassen, verpfuscht worden seien und daß wir von ihr, Dinqié, gegen ein Entgelt von 10 Talern ein Opfer hätten haben können, bei dem alle Regeln genauestens beachtet worden wären.

Als wir gehen, möchte die Tochter von Dinqié mit uns kommen. Sie fürchte sich, alleine den Bach zu überqueren, sagt sie. In der Tat ist sie dort ja fast umgebracht worden ... Beim Bach angelangt, läßt sie uns dann aber sitzen, denn es ist zugleich der Ort, wo sie als Prostituierte auf ihre Kunden wartet ...

3. November

Besuch von Malkam Ayyahou, mit der ich eine Verabredung hatte. Ich bleibe äußerst mürrisch und vermag mich nicht zur Freundlichkeit durchzuringen.

Emawayish hat Tebabou weggejagt, der im Haus keinen Finger rühren will. Malkam Ayyahou hält das für einen Fehler und ist der Ansicht, daß sie besser daran täte, im Busch ein schwarzes Blut zu vergießen, um ihn von den 7 Djinn zu befreien, die sein Vater an dem Tag, als er ihn verfluchte, auf ihn gehetzt hat.

4. November

Neuerlicher Besuch bei Dinqié, die zu meiner hauptsächlichen Informantin geworden ist.

Gestern ist eine Schlange bei ihr eingedrungen und hat kleine Vögel gefressen, die ihr Nest im Stroh des Daches hatten. Dinqié ist froh, daß diese Schlange gekommen ist, denn sie hält sie für den *qolié* (Schutzgeist) des Hauses.

Ihr zufolge handelt es sich um eine Art von Paarung, wenn der Zar herabsteigt und den *gourri* machen läßt . . .

5. November

Unglaublicher Vorfall heute nacht. Mir träumt, daß bei einem Brand eine Wahrsagerin einen halbvertrockneten Zweig mit Blättern schwenkt und davon werden später eine Menge Leute blind. Als ich dann aufwache, werde ich gewahr, daß ich in einem danebengegangenen Furz soeben mein Bett besudelt habe. Der gestern getrunkene *talla* sicher . . .

Im Laufe des Morgens erscheint unerwartet Asammanètch, die magere Frau aus Darasguié. Sie ist immer noch genauso groß, hager, pockennarbig, noch genauso schön mit ihrem Gesicht einer knausrigen Fuchtel, die ihrem Mann Rattengift in die Suppe rührt. Sie kommt von der Sanitätsstation des Lagers, wo sie sich eine Spritze (wahrscheinlich gegen die Syphilis) verabreichen ließ, und wird von einem kleinen Mädchen begleitet, das ihre Nichte ist.

Es tut ihr überall weh. Sie beklagt sich, daß der Zar sie immer daran gehindert hat, Kinder zu bekommen. Ich sehe jünger und schöner aus, seitdem sie mich zum ersten Mal in Darasguié gesehen hat, findet sie, und erklärt, daß ich sehr »*seltoun*«[60] bin, weil ich dreimal Kaffee servieren und, wie es sich gebührt, Weihrauch verbrennen lasse. Mehr braucht es nicht, um mich glücklich zu machen . . .

Die samstagabendliche *wadadja* bei Malkam Ayyahou (wo ich nur hingehe, weil ich es versprochen habe) bestärkt mich nur noch in der Überzeugung, daß es mit der Freundschaft zwischen uns beiden vorbei ist. Umsonst gehe ich in meiner Schwäche so weit, mich zum Trommel-

---

60 Dieselbe Wurzel wie das Wort »Sultan«. Zur Bezeichnung einer geschmackvollen, höflichen, kultivierten Person gebraucht.

schlagen zur Begleitung des Gesanges anstellen zu lassen (wie ich es schon einmal gemacht habe): die Gemeinsamkeit ist weg.

6. November

Heute ist Sonntag. Ich habe Dinqié zur Arbeit bestellt. Sie ist kaum eine halbe Stunde da, als Malkam Ayyahou mit dem einäugigen schwarzen Mädchen und mit Tebabou ankommt. Sie geht uns nicht mehr von den Fersen. Durch ihre Anwesenheit fliegt die Befragung mit Dinqié natürlich vollständig auf . . .
Ich lasse für alle etwas zu essen kommen.
Als Malkam Ayyahou wieder geht, geht auch Dinqié, denn sie wagt es nicht, alleine dazubleiben. Ich muß ihr zudem noch irgendeine Arznei geben, damit sie der Chefin sagen kann, sie sei lediglich gekommen, sich behandeln zu lassen.
Was die Affären im allgemeinen betrifft, wird Griaule jetzt von der ganzen Gegend von Kerker, dem Dorf, in dem die Eigentümer der entflohenen Sklavin wohnen, mit dem Tode bedroht.
Der Lazarenerpater, der wie gewöhnlich zum Lesen der Messe kommt, rät Griaule, sich um jeden Preis mit den Eigentümern zu verständigen. Als die Leute von Kerker gehört hatten, daß Griaule nach Dabat wollte (um dem Dedjaz Ayyaléo Bourou einen Besuch abzustatten und ihn um Erleichterungen für unsere Durchreise durch den Norden zu bitten), hatten sie tatsächlich beschlossen, daß Griaule »nicht mehr zurückkommen« werde, falls er nach Dabat wolle. Da es nicht in Frage kommt, die Flüchtige wieder herauszugeben, bietet sich als Lösung an, die Herren zu entschädigen. Mit 200 Talern wird das dann auch gemacht.

7. November

Zweiter Besuch von Asammanètch. Ich hatte ihr ausrichten lassen, daß sie nach ihrer nächsten Spritze zu uns kommen solle und ihr eine gründliche Untersuchung durch Larget in Aussicht gestellt.
Sie hat so starke Schmerzen in den Schenkeln und im Bauch, daß sie sich – den Kopf auf die Knie ihrer Nichte gelegt – momentan auf der Matte und den Fellen ausstreckt, die ich habe herrichten lassen.
Daß sie steril ist, weiß ich schon. Ich bekomme heute die einfache Erklärung dafür, denn sie hat selbstverständlich die Syphilis. Sie bekam

sie schon als kleines Mädchen, als sie kaum älter war als ihre Nichte . . .

Früher war sie reich. Ihr gegenwärtiger Gemahl, der den Titel »Reiter« trägt, ist der Chef des Ortes Darasguié. Nach meiner Durchreise durch dieses Dorf, wo ich einen Taler für die Kirche gestiftet hatte, ist das Gerücht entstanden, ich hätte zu ihrem Wiederaufbau eine ganze Kiste Geld dagelassen.

Asammanètch seufzt über die gegenwärtige Armut, über ihre Krankheit. Sie wünscht sich, daß »ich mir alle Zar von Gondar auflade und mit mir nehme . . .«

Den ganzen Tag über ein schreckliches Gezeter. Dem Dolmetscher Wadadjé, der zum Fitaorari gegangen ist, um den versprochenen Passierschein für die Nord-Route abzuholen, sowie ein anderes Papier ohne große Bedeutung (eine Hin- und Rückreiseerlaubnis nach Dabat, die Abba Jérôme und ich schon morgen früh für eine Reise zum Dedjaz Ayyaléo benutzt hätten), sind die beiden Dokumente verweigert worden. Griaule, der außer sich ist vor Wut, ruft Abba Jérôme zu sich und droht ihm an, ihn des Lagers zu verweisen, falls er in seiner Eigenschaft als Repräsentant des Kaisers nicht das Nötige unternehme. Im Anschluß daran eine Auseinandersetzung zwischen Larget und Lutten, bei der noch lauter gebrüllt wird. Die arme Asammanètch, die immer noch bei mir ist, scheint dadurch ganz den Kopf zu verlieren.

Als Abba Jérôme einmal weg ist, und da ich unfähig bin, alleine die Konversation weiterzuführen, mache ich mich daran, den Schmuck meiner Informantin zu untersuchen. Das Auffallendste ist eine silbergefaßte Löwenkralle. Sie hat außerdem einen kleinen braunen Hornring, Büffelhorn, nehme ich an . . .

Als Abba Jérôme zurückkommt, schenkt sie mir dann den Ring, und ich nehme ihn mit großer Freude entgegen. Wahrscheinlich denkt sie, daß ihr das Geschenk hundertfach vergolten wird, und von seinem Handelswert her gesehen ist er sicher auch fast nichts wert. Aber trotzdem bewahre ich ihn auf: das einzige nicht-offizielle Geschenk, das ich seit Antritt dieser Reise bekommen habe, ein Ring, der von einem Jäger gefertigt wurde, ein Ring, der den *gourri* gemacht hat, ein als Glücksbringer überreichter Ring – kein Zweifel: ein kostbarer Ring . . .

8. November

Unvermutete Ankunft einer zahlreichen Abordnung: Malkam Ayyahou, Enqo Bahri, das schwarze Mädchen, Tebabou, der Sohn von Enqo Bahri, und gleich dahinter Emawayish mit einer ziemlich sauberen Chamma und einem bunten Seidengürtel. Es soll für einen der Hauptschuldigen der Gondarotch-Affäre um Vergebung gebeten werden, für den, der Griaule den Fußtritt versetzt hat – denn es ist Malkam Ayyahous Neffe. Man geht sogar so weit, uns eine Entschädigung anzubieten.

Ich konsultiere Griaule, der sich nicht zeigt, und wir kommen überein, einen Brief zu verlangen, in dem der Schuldige erklärt, nicht aus eigenem Antrieb, sondern auf Befehl gehandelt zu haben, nach welchem Brief der Schuldige dann kommen und um Vergebung bitten mag. Ich kehre zu meinen Freunden zurück und teile ihnen diese Entscheidung mit. Enqo Bahri bittet mich sogleich um Papier und Tinte und macht sich an die Abfassung des Briefes, der von Malkam Ayyahou mit dem Abdruck ihres rechten Daumens unterzeichnet wird.

Ich lasse Kaffee servieren, ohne Zucker, den man mir seit ein paar Tagen gestrichen hat, denn meine Empfangskosten nehmen alarmierende Ausmaße an. Sanft, aber bestimmt, verlangt Emawayish nach Zucker, und ich umgehe ihre Anfrage so liebenswürdig wie möglich. Natürlich wird Weihrauch abgebrannt.

Malkam Ayyahou, die den Rauch beobachtet, rät von der nördlichen Route ab. Die Gegend sei ungesund. Es könne uns dort nur Übles zustoßen. Gut sei dagegen der Süden. Es geht übrigens das Gerücht, der Kaiser habe uns in einem Brief zum Einschlagen der südlichen Route verpflichtet. Malkam Ayyahou weiß natürlich von den Drohungen der Leute von Kerker und von unserer allgemeinen Unbeliebtheit in der Gegend.

Wir wußten lange nicht, was wir mit dem großen Porträt auf Goldgrund machen sollten, das ursprünglich für den Ras Haylou bestimmt war und in dem Malkam Ayyahou *Abba Qwosqwos* wiedererkannt hatte. Ich hatte schon angeboten, es der Alten zu schenken, aber mein Vorschlag war abgelehnt worden. Roux bringt heute das Gespräch wieder darauf, und da sich die Gewißheit immer mehr erhärtet, daß wir unter den gegebenen Umständen niemand mehr begegnen werden, dem ein solches Geschenk überreicht werden müßte, kommen wir überein, es *Abba Qwosqwos* zu schenken. Roux macht eine feierliche Ankündigung für das Geschenk. Malkam Ayyahou heult laut auf, klappt ihren Oberkörper unvermittelt nach vorne – und *Abba Qwosqwos* bestätigt den Empfang. Alle Anwesenden erhalten seinen Segen.

Kurz darauf streckt sich auch Emawayish und gähnt laut, wie die Frauen, die von Besessenheit überfallen werden. »Der *kouragna*[61] schlägt mich«, sagt sie. Ohne Zweifel ist ihr *kouragna* eifersüchtig auf die Alte, die gerade ein so prächtiges Geschenk erhalten hat . . . Kaum eine Minute später faßt Emawayish mich liebevoll bei den Händen und flötet mir leise eine Bitte um Parfüm zu. Das widert mich plötzlich mehr an als jede vorstellbare Nuttentour. Und unter dem Eindruck dieser Gebärde geht für mich der Tag zu Ende . . .

9. November

Ich erwarte Asammanètch, die aus Arbeits- und manchen anderen Gründen zu meiner hauptsächlichen Informantin geworden ist. Es ist die erste Frau, mit der ich in Äthiopien gesprochen habe. Sie hat das verheerte Gesicht einer Heiligen oder eines Mannweibes. Sie hat mich (wie es scheint, ohne zu lachen) im Schmuck meiner beiden Hühnerbälge gesehen . . . Sie scheint eine ausschließlich praktische Frau zu sein, die vor nichts Angst hat. Als die Rede davon war, daß ein Dabtara das Knie unserer Kranken Yeshi Arag aufschneiden solle, hatte sie auf Anhieb vorgeschlagen (als sei es gar ihr Wunsch, diese Operation durchzuführen), die Sache in die Hand zu nehmen, wenn man ihr nur ein gutes Messer gebe . . . Sie treibt die Sparsamkeit so weit, daß sie jedesmal, wenn ich Weihrauch abbrenne, findet, ich nehme zuviel.

Heute morgen wird ein Bediensteter des Konsuls beerdigt, einer von denen, die uns zu Tisch bedienten. Da ihm sein Gewehr gestohlen wurde, während er beim Gedenkessen für den Marsch auf Rom den Service machte (ein Bankett, an dem ich nicht teilgenommen habe, weil ich – wie von ungefähr – gerade in Gondar war), hat ihn der Konsul seines Postens enthoben und zum Steineklopfen abgestellt. Dieser jähe Stellungswechsel hatte eine Hirnhautentzündung zur Folge, die den Mann dann dahingerafft hat . . .

Asammanètch kommt nicht. Vielleicht hat ihre Abwesenheit etwas mit der Unruhe im Lager zu tun, die die Beerdigung hervorgerufen hat?

---

61 Euphemismus für *zar*. Wörtlich: Mann, an den man – in einem Prozeß – gebunden ist.

Unsere politische Lage – die doch wirklich schon kompliziert genug war – verschlimmert sich noch weiter. Gestern waren von Abba Jérôme und Lutten beim Fitaorari Makourya wegen der Pässe unternommene Schritte ohne Erfolg geblieben. Heute erfährt man, daß sich jetzt – nachdem die Affäre der Sklavin Arfazé kaum gütlich beigelegt ist und die Bevölkerung von Kerker sich wieder beruhigt hat – Armatcheho und die Gegend von Tchelga gegen uns verschwören. Schuld daran ist ein Priester, der vor einiger Zeit unter unseren Achkar einen seiner ehemaligen Sklaven wiedererkannt hat, der schon vor zehn Jahren entsprungen ist. Er wollte den Sklaven zurückhaben, und wir haben es selbstverständlich abgelehnt, ihn herauszugeben.

Griaule, der jetzt außer sich ist, macht im Speiseraum wütende Ausfälle gegen die Äthiopier und ihren Kaiser. Abba Jérôme weiß schon bald nicht mehr, wo er sich verstecken soll, und zieht sich wie so oft durch seine Hanswurstiaden aus der Affäre: er hängt sich mit beiden Händen an einen Querbalken und schaukelt und strampelt einen Moment lang wie ein Hundskopfpaffe.

10. November

Etwas später als gewöhnlich – ich befürchte schon, daß sie überhaupt nicht mehr kommt – erscheint Asammanètch mit ihrer Nichte.

Sie erschnuppert sofort das Fläschchen Kölnischwasser, das Abba Jérôme in der Tasche stecken hat, und will ein wenig Parfüm haben. Abba Jérôme gibt ihr etwas.

Sie ist gestern nicht gekommen, weil sie, als sie aus dem Haus trat, auf einen Mann von dunkler Hautfarbe gestoßen ist, was ihr ein böses Omen schien.

Ich spreche von ihrer Gesundheit, von dem italienischen Arzt, der soeben eingetroffen ist. Sie will nicht, daß dieser Arzt sie mit dem »Teleskop« untersucht, das sei nur für die *chermouta* aus Tigre gut. Ich rede ihr gut zu, sage, daß eine Untersuchung mit dem Spekulum sehr vorteilhaft für sie wäre, verspreche ihr, sie dem Arzt zu empfehlen.

Aus einem Traum, den sie mir erzählt – ein in einem leeren Haus gefundener Taler, der ihr von Frauen aus den Händen gerissen wird und sich dann, kurz bevor ein Brand ausbricht, in das Eisenteil einer Sturmlampe verwandelt – geht ihrer eigenen Auslegung zufolge hervor, daß Asammanètch ihre Sterilität dem Haß der weiblichen Zar zuschreibt, die jede Nacht wieder herausreißen, was sich in ihrem Schoß gebildet hat.

Sie war letztens ganz begeistert von einem zwar etwas langweiligen, aber sehr netten, preziösen und vornehmen muselmanischen Erleuchteten, der immer sehr sauber aussieht mit seinem orangefarbenen Turban, dem gekräuselten Bart ohne Schnurrbart und dem Fliegenwedel, der seine eleganten Gebärden unterstreicht. Der Erleuchtete scheint mir für die Frauen hier ein wenig die Rolle zu spielen, die in den Augen bestimmter europäischer Frauen dem »Künstler« zukommt . . .

Asammanètch will mir eine Informantin zuführen, eine Verwandte von ihr, die normalerweise in Gedaref wohnt, angeblich sehr »kultiviert« ist und angewidert von den abessinischen Zuständen. Ich nehme ihren Vorschlag zunächst ernst, aber als mir dann einfällt, daß sie uns auch einmal einen Sattel hatte verkaufen wollen (den ich abgelehnt habe), und mir zudem überlege, warum sie so darauf bestanden hat, mir ihre Verwandte als sehr »kultiviert« zu empfehlen, kommt mir der Gedanke, daß sie als gute Geschäftsfrau den mißlungenen Handel wieder wettmachen will und mir jetzt eine Frau zum Heiraten anbringt. Als Geschenk bei meiner Rückkehr nach Gondar (denn ich habe allen gesagt, daß wir nach einer Zeit in Europa jedenfalls wieder nach Gondar zurückzukehren gedächten) möchte sie einen Filzhut von mir haben. Das paßt gut zu meinem ersten Eindruck von ihr, als sie uns in ihrem Männerumhang in Darasgié den Dergo brachte.

11. November

Abba Jérôme hat vor ein paar Tagen entdeckt, daß er die Krätze hat. Es ist weiter kein Geheimnis, wo er sie erwischt hat . . . Er hat mordsmäßige Angst, daß Malkam Ayyahou dahinterkommen könnte und sich dann rühmt, sie habe ihn vom Zar heimsuchen lassen. Da sich dieselbe aber für heute bei uns angekündigt hat, da Abba Jérôme sich die Arme einreiben will und Malkam Ayyahou ihn um keinen Preis in diesem Zustand sehen soll, eröffnet er mir seinen Vorsatz zu desertieren. Da ich ohne ihn quasi nichts tun kann, beschließe ich, ebenfalls zu verschwinden. Wir verbringen dann den ganzen Tag in Qwosqwam, übersetzen unsere Dokumente und flanieren vor allem . . .

Die Reiseroute für den Rückweg ist immer noch unbestimmt. Der angeforderte Sklave ist auch zurückgekauft worden, so daß in Tchelga und Armatcheho die Gemüter sich wieder beruhigt haben. Aber noch immer nichts neues in der Frage der Geleitbriefe. Wir haben uns mit einem recht sympathischen Chifta in Verbindung gesetzt, der uns eskortieren könnte, falls wir die Nordroute nehmen. Aus polizeilichen Gründen täte er gut daran, sich nach Eritrea abzusetzen, aber das ist ihm nur möglich, wenn er uns begleitet.

Am Abend habe ich eine Diskussion mit Griaule, freundschaftlich immerhin, aber ziemlich heftig im Ton (denn nach 18 Monaten Afrika steigt der Pegel recht schnell). Er wirft mir meine Schwäche gegenüber den Informantinnen vor. Wütend, denn ich weiß, daß er recht hat (wenn er mir z. B. sagt, daß mehr oder weniger auf Eingeborenenart Empfänge zu geben mich keineswegs mit den Leuten in Kontakt bringt, sondern lediglich dazu führt, daß sie mich verachten), spreche ich das große Wort aus, streiche meinen Masochismus heraus, mein Gefallen an der Selbstdemütigung. Aber das klingt alles falsch, und ich bin mir dessen auch klar bewußt. Ich täte besser daran, einfach zuzugeben, daß ich mich getäuscht habe, daß ich diese Leute überschätzt habe und mich von dem Prestige blenden ließ, das ihnen ihre Gebräuche verliehen . . .

Wie dem auch sei, beim Abendessen sage ich kein Wort. Aus einer lächerlichen Scham heraus wage ich es nicht, dem Arzt die Frau aus Darasguié zu empfehlen.

12. November

Gestern abend ist das dem Kellner gestohlene Gewehr wiedergefunden worden. Auf dem Rückweg aus Qwosqwam sah Abba Jérôme die Patronentasche auf dem Boden liegen. Er brachte sie zum Konsul und der schickte sofort Leute aus, damit sie den Fundort durchstöberten. Sie gruben das Gewehr wieder aus, das der Dieb wahrscheinlich dort eingebuddelt hatte, weil er nach dem Tod des unglücklichen Servierers Gewissensbisse bekam. Alle haben »Vivat« gerufen, der Konsul auch. Der Bedienstete von Abba Jérôme (der die Patronentasche entdeckt hatte) und jeder der Ausgräber haben 1 Taler bekommen. Aber das bringt den Servierer auch nicht wieder zurück . . .

Sehr gereizt heute morgen, komplimentiere ich Malkam Ayyahou und Emawayish hinaus. Sie wollen mich des Neffens wegen sprechen, der sich in der Gondarotch-Affäre entschuldigen soll. Ich möchte den Platz freimachen für Asammanètch.

Diese kommt wieder in Begleitung ihrer Nichte, aber ohne die angekündigte Verwandte. Sie erinnert mich an mein Versprechen, sie beim Doktor zu empfehlen und sie sogar zur Sanitätsstation zu begleiten. Ich behaupte, daß ich dem Doktor von ihr gesprochen habe, daß ich nicht extra mitzugehen brauche, daß der Doktor sie untersuchen wird. Die Frau geht und kommt knapp eine Stunde später wieder. Ich frage sie aus: Der Pfleger Ibrahim hat ihr wie gewöhnlich ihre Spritze gegeben, es jedoch abgelehnt, sie vom Arzt untersuchen zu lassen. Die Ärmste ist am Boden zerstört, sie weigert sich dazubleiben und möchte noch bevor die Sonne zu hoch steht wieder nach Hause.

Ich schäme mich den ganzen Tag über, sie dergestalt hinters Licht geführt zu haben . . . Ich weiß zwar, daß Ibrahim sich in seinem Metier auskennt, daß die Untersuchung durch den Arzt für sie eine rein platonische Genugtuung gewesen wäre, daß das dringendste die Behandlung gegen die Syphilis ist . . .

Malkam Ayyahou kommt noch einmal am Abend, diesmal begleitet von Enqo Bahri. Ich finde sie allzu vertraulich und bleibe ausgesprochen mürrisch.

13. November

Besuch von Malkam Ayyahou, Enqo Bahri, Emawayish und Ballatatch. Es geht um die Verzeihung. Der Neffe von Malkam Ayyahou und der Soldat, der das Gewehr in Anschlag gebracht hatte, küssen Griaule die Knie, bitten Lifszyc, sowie den Dolmetscher Cherubin (allerdings nicht Lutten, der als Photograph außerhalb der Zeremonie bleibt) um Verzeihung.

Als die Formalität beendet ist, gehen alle wieder, und ich mache keine Anstalten, jemand zurückzuhalten.

Roux hat immer noch seinen Ausschlag an den Füßen, den er seit ein paar Tagen hat. Die Krätze von Abba Jérôme und mein Durchfall gehen zurück.

Ich bin immer noch peinlich berührt davon, daß ich es wissentlich unterlassen habe, Asammanètch dem Arzt zu empfehlen (und das aus einem artifiziellen Korrektheitsfimmel heraus: fühlt sich ein Arzt nicht einem jeden seiner Patienten gleichermaßen verpflichtet?). Ich befürchte, daß sie morgen früh nicht kommt.

Enqo Bahri hat geträumt, daß eine weibliche Pythonschlange über das Grab unseres Achkar Ayaléo kroch und ein männlicher Python mit dem ganzen Körper in die Vulva der weiblichen Schlange eindrang.

Malkam Ayyahou zufolge bedeutet das, daß Ayaléo seinen Tod einem *bouda* verdankt, von dem er aufgefressen wurde.

14. November

Asammanètch ist nicht gekommen. Warum? Vielleicht war sie enttäuscht darüber, daß die Konsultation nicht stattgefunden hat, von der sie sich, wie ich annehme, eine augenblickliche Heilung versprach. Asammanètch ist nicht mehr ganz jung und blatternarbig, aber hochgewachsen (Abba Jérôme, der sich nie so recht an die Namen erinnert, apostrophiert sie als die »Große«), und für mich ist sie von so großem Prestige! »Waren Sie schon einmal außer Atem, nachdem Sie lange einen Hügel hochgelaufen sind?« fragte sie, um den Schmerz auszudrücken, den sie beim *gourri* empfindet.

Ich weiß wohl, daß das lauter Kindereien sind. Ich habe nicht in den Zeitplan des Arztes einzugreifen, der ohnehin schon genug zu tun hat. Es steht mir – nur um jemand einen Gefallen zu tun – nicht zu, Untersuchungen zu erbitten, die bestenfalls die Notwendigkeit von Eingriffen an den Tag brächten, die unter den hiesigen Bedingungen überhaupt nicht durchführbar sind. Und ich brauche mich schließlich auch nicht um das Wohlergehen einer Knickerin zu kümmern, die mir – wo sie mir schon keinen Sattel verkaufen konnte – jetzt doch wenigstens eine Konkubine andrehen wollte. Ich brauche sie nicht auch noch zu ermutigen, wenn sie sich meiner bedienen will, um andere zu übervorteilen.

Aber ich habe eine Vorstellung von meiner eigenen Gruppe, meiner eigenen Partei. Wer mit mir arbeitet, ist mir auch verbunden.

Ich finde, daß ich sie verteidigen muß – selbst wenn sie mich nicht mögen. Wenn ich es mir dennoch übel nehme, mein Versprechen nicht gehalten zu haben, so nehme ich es mir noch viel übler – aus Gründen der Demagogie und um nett zu erscheinen – überhaupt das Versprechen gegeben zu haben.

Ich habe den Nachmittag im Zelt von Yeshi Arag verbracht, der Kranken mit dem geschwollenen Knie, die ich in der letzten Zeit sehr vernachlässigt habe. Ihr Bein ist nicht wesentlich besser geworden, und jetzt wird ihr linker Arm steif. Vorgestern war sie mit Krücke und stützendem Begleiter wegen ihrer Spritze bis zur Sanitätsstation gegangen und dann auf dem Rückweg gefallen . . . Sie ist auch ganz kopflos, weil Lutten, der das ganze Lagermaterial für unsere bevorstehende Abreise zusammenbringen soll, ihrem Mann heute morgen bedeutet hat, er müsse sich irgendwie eine Hütte bauen, weil das ihnen zur Verfügung stehende Zelt abgeschlagen werden muß.

Am späten Nachmittag (zu einem Zeitpunkt, als gewissermaßen niemand mehr erwartete, unsere Situation könne noch irgendwie eine normale Lösung finden) wird uns eine Kopie des Phonogramms von Wond Woussen zugestellt, demzufolge wir autorisiert sind, die Nordroute einzuschlagen.

Er wendet sich gleichzeitig an den Konsul, mit folgender Anfrage: ist der gerade in Gondar eingetroffene Arzt mit der Erlaubnis des Kaisers gekommen oder nicht? Was in der Vorstellung des Dedjaz einem Verbot gleichkäme, die Kranken zu behandeln . . .

15. November

Unsere Abreise ist auf übermorgen festgesetzt worden. Lutten ist dabei, alles vorzubereiten.

Ein Besuch, der mir Freude macht: Asammanètch. Sie ist guter Laune. Der Arzt hat sie endlich untersucht. Ein Traum will ihr allerdings glauben machen, daß der Zar verärgert ist und es vielleicht besser wäre, auf die italienischen Heilmittel zu verzichten:

Ein gewisser Tasamma Ndalammo (den Asammanètch in Tchelga flüchtig gekannt hat) geht auf sie zu. Sie sitzt auf ihrem Bett. Er tut, als wolle er ihr einen Kuß geben und beißt ihr in die Wange. Asammanètch spuckt ein durch den Biß abgetrenntes talerförmiges Fleischstück in ihre Hand und hält es Tasamma hin: »Siehst du, was du mir angetan hast, als du so tatest als ob!« Der andere antwortet: »Das ist ja nur ein Spiel, hab keine Angst!« Der Achkar eines Europäers (gekleidet »wie der Mann, der das Haus des Konsuls neu verputzt«, sagt Asammanètch – das heißt auf eine halb europäische Weise) kommt mit einer Schmiedezange, berührt Asammanètch damit an der Stirn – ohne ihr weh zu tun – und geht wieder hinaus. Asammanètch entflieht aus Angst, der Achkar könne zurückkommen und sie mit seiner Zange berühren. Sie versteckt sich in einem nahegelegenen Bazar, der Tasamma gehört. Der Achkar mit der Zange verfolgt sie bis zum Bazar, aber er geht wieder weg, ohne Asammanètch gefunden zu haben, die sich platt an die Wand gedrückt hatte. Er kommt noch einmal: da hat sich Asammanètch aber hinter der Tür versteckt. Der Achkar schließt die Tür. Asammanètch glaubt, daß er sie gesehen hat und macht: »Hmmm!« Aber er hatte sie gar nicht gesehen. Als der Achkar weg ist, sctzt

302

Asammanètch sich wieder auf ihr Bett, wie am Anfang. Der Achkar mit der Zange findet sie wieder und kneift ihr da und da mit seinem Werkzeug die Schenkel. »Du machst mir Angst! Ich sage es deinem Meister, damit er dich ein Bußgeld zahlen läßt«, sagt sie zu ihm. Andere Leute aber – darunter Tasamma –, die auch gerade da sind, behaupten, das sei nur ein Spiel und sie brauche keine Angst zu haben.

Seit diesem Traum (den sie in der Nacht von Samstag auf Sonntag geträumt hat) geht es Asammanètch nicht gut. Sie meint, daß Tasamma und der Achkar mit der Zange zwei unzufriedene Geister darstellen und schließt daraus, daß sie sicher besser daran täte, sich mehr den Zar und den geistigen Heilmitteln zuzuwenden als der Medizin.

Als ich mich von ihr verabschiede und ihr meine Glückwünsche ausspreche für alles, was sie nur je begehren mag, sage ich ihr, daß es meiner Ansicht nach besser sei, wenn sie sich weiter auf der Sanitätsstation behandeln lasse und gleichzeitig den Zar anrufe, und daß ich nicht einsehe, wieso denn der Zar verärgert sein sollte . . . Wird Asammanètch auf mich hören? Sie ist extra nach Gondar gekommen – wo sie jetzt bei ihrer Schwester wohnt – um sich behandeln zu lassen, und ich glaube, daß sie vor allen Dingen Lust hat, wieder nach Darasguié zurückzukehren.

Zwei Besuche von Malkam Ayyahou. Ich komplimentiere sie hinaus, denn ich weiß jetzt nur zu gut, wie sehr diese Besuche vom Gewinnstreben geleitet sind. Beim zweiten Besuch teilt sie uns mit, daß bei Enqo Bahri heute abend eine *wadadja* für seine niederkommende Frau stattfindet. Wir werden eingeladen und ich beschließe hinzugehen.

. . . .

16. November

Um 2 Uhr morgens war Frau Enqo Bahri immer noch nicht niedergekommen. Es wurde nicht nur gesungen und getrommelt, es kamen auch die verschiedensten speziellen Verfahren zur Anwendung: *tchat*-Spukken auf den Arsch der Patientin; Einreiben ihrer Vulva und ihres Bauches mit Butter, auf die jeder Beisitzer zuvor dreimal kurz gespuckt hatte; Revolverschüsse, von mir vor dem Haus abgefeuert, um erst die Patientin und dann die Frau von Kabbada, auf die Azaj Douho herabgestiegen war und Kanonenpulver als Opfergabe verlangt hatte, die leeren Patronenhülsen fühlen zu lassen; Beschwörung einer ganzen

Reihe verschiedener Zar (die man nacheinander auf alle Frauen der Familie herabrief), um herauszufinden, wer an den Gebärschwierigkeiten schuld war, und mit ihm Frieden schließen zu können. Diese ganzen Prozeduren, die während des Kaffeeausschanks und der Verabreichung von fester Nahrung durchgeführt wurden, haben nichts erbracht – zumindest nicht in meiner Anwesenheit, denn im Laufe des Tages sollte ich dann erfahren, daß der wackere Enqo Bahri Vater eines Jungen geworden ist. Um 2 Uhr morgens, nachdem Frau Enqo Bahri eingeschlafen war, haben Abba Jérôme und ich uns verabschiedet und die ganze, um die Frau gescharte Familie zurückgelassen, mit Malkam Ayyahou und ihrer Zaubertrommel, Enqo Bahri in seiner Würde als umsichtiger Hausherr.

Da der Fitaorari Makourya sich geweigert hat, dem Dolmetscher Wadadjé unseren Geleitbrief zu geben (unter dem Vorwand, die Affäre der beiden angeforderten Sklaven sei immer noch nicht beigelegt, und zum anderen wegen einer fragwürdigen Geschichte, bei der es um eines unserer in Gallabat gekauften Maultiere geht, in dem jemand ein ihm früher gestohlenes Maultier wiedererkannt haben will), wird beschlossen, daß ich mit Abba Jérôme zum Fitaorari gehe, um die betreffenden Papiere einzufordern. Um ihm zu beweisen, daß die Sklavenaffären endgültig bereinigt sind, werde ich ihm die Quittungen vorlegen, die die Eigentümer bei der Entschädigung unterzeichnet haben. Im Fall daß er das für unzureichend halten sollte, sagen wir, daß Griaule bereit ist, die Sklaven unter Aufsicht des Konsuls zurückzulassen, bis der Streit geschlichtet ist.

Mit als erste fallen mir im Umkreis des Fitaorari die beiden Polizisten auf, die beim Opfer für *Azaj Douho* auf die Bediensteten von Abba Jérôme schießen wollten. Ich erkenne auch in seiner unmittelbaren Umgebung einen der Männer wieder, der Wadadjé auf dem Markt angegriffen hatte und ihn später dann um Verzeihung bitten mußte.

Der Fitaorari selbst sitzt auf seiner Vortreppe hinter einem Schleier und spricht Recht.

Schon gleich zu Beginn der Unterredung kommt er auf die Sklaven zu sprechen; ich höre immer wieder das Wort »barya«. Die Maultieraffäre wird dagegen in den Hintergrund geschoben.

Unter den Chefs, die der Sitzung beiwohnen oder zum Gericht kommen, erkenne ich zwei Bekannte aus Métamma wieder: den Guérazmatch Hayla Sellasié, der mir die Hand drückt; den Balambaras Gassasa, der sich meiner nicht mehr erinnert (er soll bis zum Angarèb unsere Eskorte anführen). Schon vor ein paar Tagen ist Lutten beim Fitaorari auf Lidj Damsié gestoßen, der wieder aus Dabra Tabor zurück ist, wo er von dem Dedjaz Wond Woussen mit einem Ehrenhemd ausgezeichnet wurde, zweifellos als Belohnung für die Schikanen, die er uns bereitet hat.

Ich zeige dem Fitaorari die Quittungen für die Sklaven. Er läßt sie sich vorlesen und hört aufmerksam zu. Abba Jérôme, der sie noch einmal überlesen hat, macht ein besorgtes Gesicht. Er sagt mir, daß wir diese Quittungen in Zukunft nicht mehr vorzeigen dürfen, die eine von den beiden sei ungünstig formuliert, so daß sich das Geschriebene gegen uns wenden lasse.

Da es dem Fitaorari auf seiner Freitreppe kalt wird, läßt er uns in sein Haus kommen. Mehr schlecht als recht wird die Unterredung fortgesetzt, mit *talla* und in Likörgläsern serviertem europäischen Champagner . . . »Unterredung« will allerdings nicht viel heißen, denn es ist fast nicht möglich, mit diesem gerissenen Gauner Makourya von irgend etwas bestimmtem zu reden. Kaum ist etwas gesagt, löst sich das Gesagte auch schon wieder in Luft auf.

Eine Zeitlang ist ein junger Chef da, der erst dem Fitaorari seine Aufwartung macht, bevor er sein Kommando antritt. Er ist auf einem Maultier mit silbernem Zaumzeug gekommen. Er trägt einen langen blauen Umhang mit rosarotem Samtkragen über der weißen Toga mit dem breiten roten Band: Ein Junge von ungefähr 16 Jahren mit dem Facies eines Kretins, eines frühreifen Alkoholikers oder Wichsers.

Als er geht, versuche ich, die Unterhaltung mit dem Fitaorari wieder aufzunehmen. Aber es ist alles umsonst: auch nach der Drohung mit 3 alarmierenden Telegrammen, die morgen früh abgehen sollen – eins nach Genf, eins nach Paris, eins nach Addis – wird er nicht anderen Sinnes. Er weigert sich, uns den Passierschein auszustellen, und macht zur Bedingung, daß wir ihm erst einen Brief von Griaule einhändigen, worin dieser erklärt, sich spontan entschlossen zu haben, die Sklaven dem Konsul zu übergeben.

Da ich den Passierschein nicht bekommen kann, verlange ich – Griaules Instruktionen gemäß – ein Papier, durch das der Fitaorari seine Ablehnung bescheinigt. Der Fitaorari fordert mich auf, mich jetzt zurückzuziehen und verspricht, die Bescheinigung zu schicken. Sein Sekretär sei jetzt nicht da. Ich erkläre, daß ich nicht von der Stelle weiche, bevor ich das Papier nicht bekommen habe.

Der Fitaorari lenkt schließlich ein und läßt einen Zettel ausschreiben, demzufolge er mit dem »Ehrwürdigen« telephoniert habe (es handelt sich um den Dedjaz Wond Woussen, mit dem er tatsächlich telephoniert hat, um ihm über die Sklavenaffäre Bericht zu erstatten, und hinter dessen Entscheidung er sich jetzt mit der Behauptung verschanzt, er könne uns den Geleitbrief nicht ausstellen, solange er von ihm keine Antwort erhalten habe) und jetzt, um uns abreisen zu lassen, auf ein Phonogramm des »Ehrwürdigen« warte.

Man händigt mir das Papier aus. Es fällt mir gleich auf, daß es nicht datiert ist. Und das ist von größter Wichtigkeit, denn vor ein paar Tagen ist ein Phonogramm des Dedjaz eingetroffen, das uns die ungehinderte Überquerung des Sétit zusicherte, und es muß sich nachweisen lassen, daß die – begründete oder unbegründete – Verschleppung durch den Fitaorari erst nach diesem Datum erfolgt ist. Ich verlange also, daß das Datum hinzugefügt wird. Anschließend feuchtet dann der Schreiber den Stempel des Fitaorari (da er nicht schreiben kann, seine einzige Unterschrift) nicht mit Stempeltinte an, so daß außer einem kreisrunden Abdruck nichts zu lesen ist. Ich muß ihn noch zweimal aufdrücken lassen – obwohl auch dann nur eine Seite zu lesen ist.

Ich möchte einen vierten, deutlicheren Abdruck haben, aber der Fitaorari, der wahrscheinlich die Nase gestrichen voll hat, beendet die Unterredung auf die denkbar einfachste Weise: er beginnt zu stöhnen, hält sich den Bauch, sagt, daß er alt ist, daß er krank ist, daß er pissen muß . . . Was bleibt mir anderes übrig, als mich zu fügen. Wir nehmen Abschied.

Als Griaule und der Konsul unterrichtet sind, beschließen sie, dem Fitaorari auf der Stelle jeder einen Brief zu schicken, in dem sie erklären, daß die Expedition ihre befreiten Sklaven spontan dem Konsul übergibt. Später haben wir dann immer noch Zeit zu sehen, wie wir den Ärmsten da wieder heraushelfen . . .

Bei Einbruch der Nacht gehe ich mit Abba Jérôme noch einmal zum Fitaorari, um ihm die beiden Schreiben zu übergeben. Ein Dienstbote bescheidet uns allerdings, er sei schon zu Bett gegangen und schlafe jetzt. Er habe sich beim Gericht heute nachmittag verkühlt. Dann gehen wir eben morgen ganz früh wieder hin, damit wir so bald wie möglich am Vormittag noch wegkommen.

17. November

Wir stehen fast schon im Morgengrauen auf. Die Packen sind seit gestern abend verschnürt, aber es bleibt trotzdem noch viel zu tun. Ich lasse sofort mein und Abba Jérômes Maultier satteln, so daß wir gleich, wenn wir fertig sind, zum Fitaorari aufbrechen können.

Ich schicke Emawayish weg. Sie ist gekommen, uns Lebewohl zu sagen, und stellt wie bei einem Beileidsbesuch höflich ihre Traurigkeit zur Schau. Sie vor allem kann ich jetzt nicht mehr ausstehen. Aber sie geht erst, als sie zwei alte Kisten bekommen hat, die wir zurücklassen.

Gerade als wir losziehen, stoßen wir am Ende des Weges, der den Hügel hinabführt, auf Malkam Ayyahou, die uns gleichfalls Lebewohl sagen will, gefolgt von Dinqnèsh, die ihren Regenschirm trägt. Ich steige immerhin vom Maultier ab, denn ich habe der Alten früher zu viel Achtung bezeugt, um ihr jetzt überhaupt keine mehr zu bezeugen. Aber ich sage, daß wir es sehr eilig haben, daß wir Papiere abholen müssen, daß wir sie später noch sehen. In der *wadadja* heute nacht seien die »Großen« herabgestiegen, sagt sie, und man habe uns beweint . . .

Um 7 Uhr 15 kommen Abba Jérôme und ich beim Fitaorari an. Er sei noch nicht aufgewacht, richtet man uns aus; aber um 7 Uhr 30 werden wir dann eingelassen. Er empfängt uns im Bett.

Ich übergebe ihm den Brief des Konsuls und den von Griaule, wonach die fraglichen Bediensteten in die Obhut des italienischen Konsulats gegeben werden. Ich bringe den versöhnlichen, vermittelnden Zweck unserer Demarche zum Ausdruck, die darauf abziele, die Absendung von berichtenden Telegrammen zu vermeiden, im Falle daß der Fitaorari nicht einwilligen wolle. Der alte Makourya, der nicht lesen kann, hat die Briefe nicht entsiegelt. Er hat sie am Fuß seines Bettes liegen lassen und nach seinem Sekretär geschickt.

Ich werde etwas ungeduldig, denn ich fürchte sehr, daß Makourya – nicht einmal um uns besondere Unannehmlichkeiten zu machen, sondern einfach weil er Abessinier ist – die Sache den ganzen Morgen über hinzieht. Die Unterredung läßt sich außerdem schlecht an. Makourya kommt immer wieder auf die Sklavenaffäre zurück, auf die Unterhaltung von gestern, erklärt – wie er es auch gestern schon getan hat – daß er nicht einsehe, wieso wir überhaupt so feindselig sind. Ja mehr noch: das Unrecht liege ganz bei uns. Wir hätten einen Sklavenkauf getätigt, wo doch die Gesetze des Reiches den Sklavenhandel verbieten. Wir hätten damit nicht nur den äthiopischen Gesetzen zuwidergehandelt, sondern auch den Grundsätzen, die die Europäer selbst in diesem Land eingeführt haben. Und noch mehr: Wenn unsere eigene Regierung von unserer Aufführung unterrichtet wäre, könnte sie unser Tun nur mißbilligen.

Der Fitaorari wiederholt seine Anschuldigung dreimal. Obwohl ich wütend bin, antworte ich auf die erste in aller Ruhe, sage, daß die den Eigentümern der Sklaven ausgezahlten Gelder keinen Kaufpreis darstellen, sondern »Lösegelder zu ihrer Befreiung«. Beim zweiten Mal – ich bin etwas gereizter, denn der Fitaorari hat es kategorisch abgelehnt, den Inhalt der Briefe zur Kenntnis zu nehmen, bevor der Sekretär eingetroffen ist – lasse ich durch Abba Jérôme ausrichten, daß ich gegen eine solche Anschuldigung (vorgebracht unter solchen Bedingungen und in einem solchen Lande) mit »allergrößter Schärfe« protestiere. Abba Jérôme erhebt sich und übermittelt mein Statement – mit großer Entschiedenheit, wie mir scheint –, aber den Zusatz: »in einem solchen Lande« hat er sicher nicht übersetzt. Das dritte Mal – da der Fitaorari selbst auch lauter geworden ist – springe ich plötzlich auf, lasse ausrichten, daß, wenn dem so sei, ich hier keine Minute länger mehr zu verlieren habe, und gehe hinaus. Der bestürzte Abba Jérôme bleibt allein zurück. Ich hege die vage Hoffnung, daß es ihm gelingen möge, den Fitaorari zum Lesen der Briefe zu bewegen – wer weiß? ein paar Mißverständnisse zu zerstreuen, ohne daß meine Würde dabei angetastet wird, denn ich bin ja nicht dabei.

Aber kaum bin ich aus der Tür des Guébi getreten und habe ein paar Meter auf dem Maultier zurückgelegt, als mich ein Bediensteter des Fitaorari einholt, der mir nachgelaufen ist und mir in einer wütenden Gebärde die 2 noch immer versiegelten Briefe hinhält. Als ich sehe, daß Abba Jérôme ebenfalls aus dem Haus kommt, winke ich ihm zu, sich zu beeilen, denn ich möchte gleich ins Bild gesetzt werden. Es sei nutzlos, noch weiter zu insistieren, sagt er, ich solle die Briefe, die mir der Fitaorari nachgeschickt hat, nur wieder zurücknehmen.

Ich nehme also die Briefe zurück und mache mich wieder auf den Weg, bin aber dann, als mein Zorn allmählich verraucht, am Boden zerstört. Es wird mir erst jetzt bewußt, welche Konsequenzen mein Abgang beim Fitaorari nach sich ziehen kann. Denn das war keine bloße Geste des Unmuts mehr, sondern ein wirklicher Bruch, ja recht eigentlich ein Abbruch der diplomatischen Beziehungen.

In aller Eile kehre ich zum Lager zurück, um Bericht zu erstatten. Ich trabe schnell an Qeddous Yohannès vorbei und galoppiere den Hügel hoch. Abba Jérôme ist weit hinter mir.

Ich setze Griaule in Kenntnis. Er gibt mir nicht Unrecht, findet aber, daß die Zeit der »*foukkara*« und der ungestümen Ausbrüche vorbei sei . . .

Sofortiger Besuch beim Konsul, dem die beiden abgewiesenen Briefe übergeben werden. Er will sie zustellen lassen. Radiogramm an den französischen Gesandten, in dem Griaule ankündigt, daß er sich, weil man uns partout nicht reisen läßt, »als Gefangener betrachtet«.

Um 9 Uhr 15 erhält Griaule vom ersten Dolmetscher des Konsuls Meldung, daß er den Befehl zum Aufladen geben könne. Die beiden Briefe sind dem Fitaorari übergeben worden und der Dolmetscher hat einfließen lassen, daß die Sanitätsstation des Konsulats für die Chefs geschlossen bleibe, solange der Passierschein nicht ausgestellt worden sei. Der Fitaorari hat versprochen, den Schein zu schicken.

Es wird also aufgeladen. Die beiden Sklavinnen weinen. Sie wissen, daß wir sie zurücklassen. Auch Malkam Ayyahou ist da und schaut zu, zusammen mit Dinqnèsh, Tebabou und der Frau von Kasahoun. Es sind viele Leute gekommen: die Dabtara, denen Frl. Lifszyc Manuskripte abgekauft hat, Leute aus Qeddous Yohannès, Leute aus Qwosqwam, eine große Anzahl von Nutten, die mit den Achkar in Liaison waren . . . Das Aufladen geht schnell: in einer guten Stunde ist alles fertig. Lutten soll als erster aufbrechen und Larget, Abba Jérôme und ich die Nachhut bilden. Aber wir warten immer noch auf den Passierschein.

Gegen 11 Uhr will ein junger Mann Abba Jérôme sprechen. Es ist der Bruder des Qagnazmatch Ayyana, des Zollchefs. Er überbringt einen Brief dieses letzteren und ein mysteriöses, nicht unterzeichnetes Phonogramm aus Dabra Tabor. Man verlangt Erklärungen in der Sklavenaffäre und über die »unschicklichen Sachen, die das Volk gemacht hat, in seiner Unwissenheit« . . .

Wahrscheinlich geht es um die Kirchengemälde, die Manuskripte und ganz allgemein um all die Dinge, die wir käuflich erworben haben. Abba Jérôme gibt die nötigen Auskünfte und verfaßt einen Brief, in dem er erklärt, daß wir immer in Übereinstimmung mit dem Völkerrecht gehandelt haben.

In Anbetracht dieses neuerlichen Zwischenfalles aber, und da der Geleitbrief immer noch nicht eingetroffen ist, beschließt Griaule im Einvernehmen mit dem Konsul, wieder abladen zu lassen. Wir stapeln also die Kisten wieder auf. Die Sklaven, die sehen, daß wir dableiben, heitern sich allmählich auf.

Wir werden in dem jetzt ganz leerstehenden Haus wohnen müssen. Der Einfachheit halber nehmen wir in Zukunft beide Mahlzeiten am Tisch des Konsuls ein. Wir sind ganz und gar in der Lage von Flüchtlingen . . .

Während des Mittagessens bringt Bachay Ogbankiel, der zweite Dolmetscher des Konsulats einen Brief von Makourya. Der Fitaorari will sich nicht damit zufrieden geben, die Übergabe der Sklaven an den Konsul zu verlangen und fordert jetzt, daß die unterzeichneten Quittungen ebenfalls ausgehändigt werden.

Im Laufe des Nachmittags spitzt sich die Affäre noch weiter zu. Der Konsul, bei dem gerade der Qagnazmatch Ayyana und der Balambaras Gassasa vorgesprochen haben, kündigt Griaule an, daß sich alles arrangieren werde. Die Gemälde und sonstigen Sachen würden als nebensächlich betrachtet; allein die Frage der Sklaven sei von Belang. Der Qagnazmatch Ayyana und der Balambaras Gassasa erklären, daß die Verkäufer ins Gefängnis geworfen werden. Gegen Vernichtung der Kaufpapiere soll das als Entschädigung gezahlte Geld zurückerstattet und der französischen Gesandtschaft übermittelt werden. Der Balambaras Gassasa treibt die Freundlichkeit sogar so weit, nach seinem Abschied vom Konsul im Lager vorbeizukommen und Lutten zu fragen, wann wir denn abzureisen gedächten.

Um 18 Uhr 20 bekommt Griaule, der mit dem Konsul spazierengeht, allerdings neuere Nachrichten. Begleitet von einer großen Zahl von Notabeln der Stadt, soll morgen früh ein Mann des Fitaorari Makourya erscheinen und den Franzosen feierlich verkünden, daß sie, indem sie sich auf den Sklavenhandel einließen, gegen die Gesetze des Reiches verstoßen haben. Sie müssen die Sklaven zurücklassen, und falls sie das verweigern sollten, wird den Wachen Befehl gegeben, die Sklaven zu verhaften und nur die Europäer und ihr Gepäck durchzulassen.

Wir vereinbaren, daß die Sklaven morgen früh um 7 Uhr 30 im Wachthaus sind. Anschließend kommen wir dann selbst, um der Zeremonie beizuwohnen.

18. November

Wir haben die Nacht in unserem Haus verbracht, das so verödet ist wie nach der Beschlagnahmung durch den Gerichtsvollzieher. Keine Elek-

trizität, keine mit Abou-gédid verschlossenen Durchlässe, keine Trenn-
wände mehr. Unsere Klientel von Informanten hat uns im Stich gelassen. Die Zelte, in denen unsere Bediensteten hausten, und die als Vorzimmer für die Besucher dienten, sind abgebaut worden. Kein Betrieb
mehr vor unserem Zuhause. Alles ist ausgestorben. Wir sind nur noch
ruinierte Leute.
Und die Affären nehmen weiter ihren Lauf . . .
Gegen 7 Uhr 15 kommt der getreue Abba Qèsié (der entlaufene Priester) und meldet Griaule, daß Chérubin und Sersou, unsere beiden
Dolmetscher, die wir wegen der Abreise entlassen haben, als Ange-
stellte der Expedition verhaftet worden sind, als sie gerade nach Kerker, dem Dorf des Lazarenerpaters aufbrechen wollten, wo sie bis zu
ihrer Abreise nach Addis Abeba bei einem abessinischen Kollegen des
Paters zu wohnen gedachten.
Um Punkt 7 Uhr 30 werden die vier Sklaven (der Achkar Radda, Arfazé, Desta und ihr kleiner Junge) der Wache des Konsulats übergeben.
Um 8 Uhr 30 kommt dann der Karawanenführer (der mit uns verhandelt hatte, um einen Teil unseres Materials zu befördern) mit der Nachricht, daß er gestern beim Verlassen des Lagers auf Befehl des Qagnazmatch Ayyana und des Balambaras Gassasa verhaftet und in Ketten
gelegt worden ist. Als er einen Bürgen stellte, wurde er wieder freigelassen.
Um 8 Uhr 45 immerhin ein günstiges Radiogramm des französischen
Botschafters: der äthiopische Außenminister will mit dem Dedjaz
Wond Woussen telephonieren, damit er dem Fitaorari Makourya Befehl erteilt, die Expedition durchzulassen und ihn persönlich für jede
Verspätung verantwortlich macht.
Die Situation vor Ort ist jedoch alles andere als glänzend. Anscheinend
war gestern die ganze nähere Umgebung der Stadt bewacht, um unsere
Durchreise zu verhindern. Es wirft nicht allein die Sklavenaffäre ihre
Wellen. Man verdächtigt uns, in unseren Kisten eine große Zahl *tabot*
(heilige Altartische) mitzuführen. Und bei den alten Gemälden von
Antonios, die wir für den Transport auseinandergeschnitten haben,
beschuldigt man uns, sie in Stücke gerissen zu haben . . .
Als er spürte, daß unsere Aktien im Fallen waren, tat sich der Eigen-
tümer des Feldes, auf dem unsere Maultiere weideten, weiter keinen
Zwang an, sie einzufangen, in Beschlag zu nehmen und zum Guébi des
Fitaorari zu schaffen, unter dem Vorwand, der Pachtvertrag für das

Feld sei jetzt abgelaufen – was nicht stimmt. Zum Glück hat der tapfere Abba Qèsié die Maultiere einholen und das Palaver auf gütlichem Wege beilegen können. Aber diese Beschlagnahmung ist ein Zeichen der Zeit . . .

Auf ein Schreiben des Konsuls hin sind die beiden Dolmetscher aus der Haft entlassen worden. Der Konsul ist der Ansicht, daß wir eine große Dummheit begangen haben, die beiden Quittungen vorzulegen. Anscheinend hat man dem Fitaorari auf der Versammlung der Chefs vorgeworfen, die Quittungen nicht mit Gewalt an sich gebracht zu haben, als ich sie vorzeigte, oder uns, Abba Jérôme und mich, nicht nach dem Verlassen des Guébi verhaftet zu haben.

Immerhin haben sie in bezug auf die geplante öffentliche Anschuldigung einen Rückzieher gemacht.

19. November

Die Vorstellung geht weiter. Wir haben mit dem Konsul vereinbart, daß wir seine Gefangenen sind und daß er für alles die Verantwortung übernimmt. Ohne seine Genehmigung reisen wir nicht ab.

Die Gemüter sind immer noch sehr erregt. Es heißt, die Bauern hätten die Absicht – gleich wie die Befehle der Regierung lauten –, uns mit Gewalt festzuhalten, falls wir versuchen sollten abzureisen. Der Dedjaz Wond Woussen soll dem Fitaorari Makourya ein Phonogramm geschickt und ihm Anweisung erteilt haben, uns bis auf weiteres festzuhalten.

Angesichts dieser Gerüchte ist das Haus natürlich immer noch genauso verödet. Ich habe mich, so gut es geht, wieder eingerichtet, habe mein Bett in dem Raum aufgeschlagen, der früher als Photolabor diente und meinen Tisch an die Stelle gestellt, wo früher mein Bett stand. Um dieses zu kaschieren, habe ich so gut ich konnte mit einem Stück einer alten Matte, meiner rot-weißen Maultierdecke, meinem grünen Bettsack, meinem braunen Regenmantel und dem roten Sattelteppich eine Zwischenwand hergerichtet. Die Öffnung nach außen hin ist teilweise mit alten Lagersäcken verstopft. Aber das bleibt alles ziemlich trostlos.

Auf dem Sims seiner Zimmerwand hat Abba Jérôme ein Säckchen aus grober Leinwand entdeckt, das ein scheußliches, aus Dreck und Exkrementen bestehendes Pulver enthält. Wer hat diesen Zauber in sein Zimmer gelegt? Die Frau Kasahouns, die am Tag des falschen Aufbruchs mit Malkam Ayyahou, Dinqnèsh und Tebabou in dem Raum geblieben ist? Aber vielleicht war es auch Tebabou? In der Stadt heißt es wieder, der Fitaorari empfange niemand, weil er den *kouso* (Abführmittel) genommen habe. Als wenn es über unsere Abreise gar keine Kontroversen gäbe, soll der Balambaras Gassasa auf dem Markt den Reiseproviant für sich und die Männer seiner Eskorte eingekauft haben.

20. November

Gondar existiert nicht mehr. Jetzt, wo uns niemand mehr besucht, ist es eine tote Stadt.

Eine weitere Verbesserung in meiner Zimmereinrichtung: ich lasse den Boden mit *tchèfié* auslegen. Das gibt einen Anschein von Komfort.

Obwohl ich überzeugt war, überhaupt keinen Besuch zu bekommen, läßt sich Malkam Ayyahou ankündigen. Sie ist in Begleitung von Fantay, des ältlichen Wohltätigkeitsfräuleins mit den ein wenig verdorbenen Augen, dessen ständiger Zar *Amor Tchelat* heißt.

Malkam Ayyahou schreibt unsere Scherereien zum Teil dem Zorn von *Abba Qwosqwos* zu, den das pressierte Fräulein Lifszyc am Morgen des mißratenen Aufbruchs in ihrer Eile angerempelt hatte. Wie dem aber auch sei, auf der *wadadja* heute nacht ist *Qwosqwos* herabgestiegen und hat den Fitaorari verflucht.

Malkam Ayyahou lädt Abba Jérôme und mich ein, zum Vorabend von Hodar Mikaël die Nacht bei ihr zu verbringen. Ich weise das Anerbieten zurück, verschanze mich hinter den formellen Befehlen Griaules: bis zur Klärung der Lage sind wir Gefangene des italienischen Konsuls.

Der gerührten Malkam Ayyahou und Fantay gegenüber mache ich die demagogische Anmerkung, daß wir zur Zeit des Ras Gougsa[62] sicher keine solchen Unannehmlichkeiten gehabt hätten.

Abba Qèsié ist in der Stadt herumgezogen, romantisch in seine Toga gehüllt, um nicht erkannt zu werden. Er hat Neuigkeiten zu berichten. Die Chefs sagen, daß sie uns nicht abreisen lassen, wenn wir kein Papier beibringen, das vorschriftsmäßig mit dem Stempel des Kaisers versehen ist; ein bloßes Phonogramm genüge nicht. Andererseits sind

---

62 Ehemaliger Gouverneur der Provinz. Unsere Freunde aus Gondar sagten, unter seiner Regierung sei alles viel besser gewesen.

sämtliche Chefs der Gegend, bis hin nach Angarèb, alarmiert worden, damit sie uns nicht durchreisen lassen. Angeblich soll der Skandal jetzt zum Großteil um die vagen Unterhandlungen entbrannt sein, die wir mit dem Chifta Lidj*** eingeleitet hatten, damit er uns auf der nördlichen Route eskortiert.

Die Neuigkeiten Abba Qèsiés sind dennoch eher beruhigend: wir scheinen nämlich Parteigänger zu haben. Bei der Versammlung des Rats der 44 Kirchen haben Priester erklärt, die Arbeit der Expedition in der Antonioskirche sei gut ausgeführt. Darüber hinaus sollen uns der Gagnazmatch Ayyana und der Balambaras Gassasa in der Sklavenfrage recht geben, denn wir hätten diese Sklaven nicht geholt, sie seien selbst zu uns gekommen, und der Kauf sei vollkommen ordnungsgemäß erfolgt.

Im übrigen von einer Verhaftung erfahren: der des Priesters Mallassa, des ehemaligen Eigentümers von Radda.

21. November

Der Dedjaz Wond Woussen hat durch Phonogramm verlangt, daß die beiden Sklaven Radda und Arfazé zum Zweck ihrer Befreiung zu ihm nach Dabra Tabor gebracht werden. Im Einvernehmen mit dem Konsul beschließt Griaule, dem zwar Folge zu leisten, aber gleichzeitig zu versuchen, Zeit zu gewinnen. Wahrscheinlich wird sich der Dedjaz in Anbetracht des Aufsehens, den diese Affäre erregt hat, korrekt verhalten und die beiden Sklaven tatsächlich befreien, anstatt sie in jenes bessere Zuchthaus zu stecken, das er sein »Befreiungslager« nennt.

Der Allaqa Bellata, einer unserer hauptsächlichen Informanten, ist verhaftet worden.

Malkam Ayyahou, die zum Sankt-Michaels-Fest eigentlich mit ihren Adeptinnen hätte kommen sollen, ist nicht erschienen. Aber eine ihrer alten Sklavinnen und Dinguètié, die *galla*-Sklavin von Emawayish, haben uns als Geschenk *shoumbra*-Körner und einen Tonkrug mit sehr gutem *talla* gebracht. Ich versuche, ihnen ein paar Auskünfte über die umlaufenden Gerüchte zu entlocken. Nicht viel Neues: Es heißt immer noch, daß wir den Erlassen bezüglich des Sklavenhandels zuwidergehandelt hätten; man faßt unsere Absicht, über den Norden zu reisen, als Herausforderung oder als Vabanque-Spiel (manche sagen: als Schuldeingeständnis) auf. Erstaunliche Nachricht kurz vor dem Abendessen: die Dolmetscher Chérubin und Sersou wollen von Griaule Führungszeugnisse haben. Der Fitaorari Makourya soll in der Tat als Grund ihrer Verhaftung angegeben haben, sie hätten diese Papiere nicht vorweisen können.

22. November

Ein weiterer von unseren Freunden ist verhaftet worden, der Alaqa Nagga, der bedeutendste religiöse Maler von Gondar, Dabtara und Kirchenchef. Er war gestern zur gleichen Zeit wie Bellata beim Fitaorari vorgeladen. Bellata, der über den Verkauf von Büchern ausgefragt wurde, hat erklärt, ein einziges für 10 Taler an Faivre verkauft zu haben. Da dieser aber schon vor einiger Zeit abgereist ist, kommt es nicht in Frage, die Angelegenheit weiter zu verfolgen . . . Außerdem hat er angegeben, nur deswegen zum Lager gekommen zu sein, um seinen Bruder (meinen Ex-Freund, den Wegelagerer Mangoustou Debalgo) behandeln zu lassen. Nach den Malereien befragt, gibt Nagga seinerseits an, er habe für die Expedition verschiedene kleinere Sachen gemalt. Die strittigen Gegenstände aber habe Faivre mitgenommen. Bellata und Nagga sind wieder freigelassen worden, aber sie haben Bürgen stellen müssen.

Gegen Mittag Besuch von einem weiteren Mann, der sich mit uns kompromittiert hat: vom Négadras Balay Guérazguièr, dem Verkäufer der beiden ersten Sklaven. Er hatte uns darüber hinaus eine Offerte für einen Eunuchen gemacht. Er hat selbstverständlich große Angst, aber Griaule beruhigt ihn.

Um 11 Uhr ein Brief des Lazarenerpaters, in welchem er uns unser bevorstehendes Massaker ankündigt. Er rät stark davon ab, die Nordroute einzuschlagen und hält uns zur Kapitulation an, was heißt, daß wir über Dabra-Tabor reisen würden, uns im Hinblick auf die Sicherheitsvorkehrungen gänzlich der Regierung anvertrauen und alle Kisten öffnen lassen.

Nach dem Mittagessen noch ein Besuch eines Verhafteten und wieder Freigelassenen: mein lahmer Informant, der Alaqa Gassasa. Er seinerseits hat ausgesagt, daß er außer unbeschriebenem Pergament nichts weiter verkauft hat und daß er nur als Körperbehinderter und Bedürftiger zu uns gekommen ist. Er hinterbringt uns ein eigenartiges Gerücht: Abba Jérôme und ich würden die Expedition verraten. Unser nächtlicher (und erfolgloser) Besuch beim Fitaorari, sowie unser morgendlicher Besuch am Tag der fehlgeschlagenen Abreise sollen keinen anderen Zweck gehabt haben, als unsere Abreise zu hintertreiben . . .

In der Stadt wendet sich das Wetter zu unseren Gunsten: heute nachmittag hat die Eigentümerin von Arfazé vor Gericht öffentlich den Fitaorari angeklagt und erklärt, sie habe ihm zu Beginn der Affäre ein Schmiergeld von 30 Talern zukommen lassen und verstehe deshalb nicht, wieso man sie jetzt verhaften lasse. Außerdem soll der Fitaorari gleichzeitig zwei Phonogramme von Wond Woussen erhalten haben, die mit nur ein paar Stunden Abstand aus Dabra Tabor abgegangen sind: das erste mit dem Befehl, uns nicht abreisen zu lassen, das zweite, uns mit einer starken Eskorte abreisen zu lassen. Der Fitaorari, der nicht mehr weiß, wo ihm der Kopf steht, hat ein Phonogramm mit der Bitte um nähere Erläuterungen nach Dabra Tabor gesandt.

Auch die Sklavenaffäre wendet sich zu unseren Gunsten: allein Arfazé kann nach Dabra-Tabor geschickt werden. Eine Untersuchung, die der Konsul durchführen ließ, hat gerade zu Tage gebracht, daß Radda aufgrund seines langen Aufenthalts im anglo-ägyptischen Sudan als englischer Untertan angesehen werden kann. Und Desta und ihr Sohn, die ganz normal gekauft worden sind, haben nie zur Debatte gestanden.

Der Doktor hat die Opfer einer Hochzeit verarztet, die gestern in der Stadt stattgefunden hat: 4 Verwundete, davon einer durch einen Messerstich, der den ganzen Körper durchbohrt hat.

23. *November*

Heute morgen sind zwei Abgesandte des Alaqa Sagga gekommen (einer davon ein Priester von Gondarotch). Sie wollen sich in der Gondarotch-Affäre endgültig versöhnen. Eine Weise, das Terrain zu sondieren – im Hinblick vielleicht auf eine allgemeinere, allumfassende Versöhnung. Einem Greis aus Gondarotch hat geträumt, daß »der *tabot* nicht zufrieden war«. Wenn die Franzosen aber auch nur einen Sonnenschirm oder einen Teppich *(sic)* geben könnten, so möchte der *tabot* sich zufrieden geben, und der Versöhnung würde nichts mehr im Wege stehen . . .

Jetzt, wo sich gerade alles zum Guten zu wenden scheint: ein äußerst leidiges Radiogramm. In der Absicht, den ganzen Konflikt zu bereinigen, übermittelt der französische Gesandte die Vorschläge des Ras Kasa: die örtlichen Behörden sollen über den Inhalt unserer Kisten ein

Inventar aufstellen; wir und die strittigen Gegenstände sollen nach Addis Abeba geschickt werden. Eine Katastrophe: Wie die Chefs der Gegend uns gesinnt sind, liegt es auf der Hand, daß schon der kleinste Gegenstand als verdächtig angesehen werden wird, und wir können noch von Glück sagen, wenn die Öffnung unserer Kisten nicht zu einem plünderungsartigen Chaos führt . . . Zudem verlieren wir jegliches Prestige, sobald man spürt, daß die Regierung nicht hinter uns steht.
Wir sind alle wie vor den Kopf geschlagen. Wir müssen zu extremen Mitteln greifen. Den ganzen Tag über sortieren wir die Manuskripte und Sammlungen aus. Die wertvollsten Gegenstände und die kompromittierendsten Schriften (statistische Erfassung der Sklaven, der *balazar*) werden beiseite getan . . . Wir bringen sie dann nachts an einen sicheren Ort. Gegen ein Geschenk von 2 Gras-Gewehren, 200 Patronen und 100 Talern würde der Chifta Lidj*** ihren Abtransport übernehmen. In aller Ruhe verneigt er sich respektvoll vor Griaule, der ihm den Auftrag gibt, um jeden Preis durchzukommen, koste es was es wolle.

24. November

Am frühen Morgen ist aus dem Zimmer von Larget Flammengeknister zu hören. Als würde er sich hinter verschlossener Tür ein Feuerchen machen, um sich zu wärmen. Roux aber, der die Tür bewacht, erklärt mir, was da vor sich geht: Beseitigung der Altartafel, bei der man uns den Vorwurf macht, wir hätten sie gestohlen bzw. stehlen lassen: ein Objekt, dessen Entdeckung ohne weiteres zu einem Massaker führen könnte. Gestern abend sind die eingravierten Motive übertragen worden, damit nicht das ganze Dokument verloren geht.
Griaule und Roux verpacken die Malereien der Antonioskirche systematisch in Ballen. Nur ein Teil davon soll den Zöllnern vorgelegt werden. Der Rest wird eingerollt, mit Papier umwickelt und in Felle verpackt. Die Pakete unterscheiden sich dann kaum von den üblichen Abou-Gédid-Lasten, welche die Karawanen befördern.
Der Konsul ist jetzt auch direkt mitbetroffen: ein an die Chefs gerichtetes Phonogramm von Wond Woussen beschuldigt ihn offen, der Hauptverantwortliche in der Sklavengeschichte und in der Affäre der Kirchengegenstände und -gemälde zu sein. Der Konsul faßt das natürlich als eine recht bedenkliche Bekundung von Feindseligkeit auf . . .

Abba Jérôme der immer ein Mann der eleganten Lösungen war, schlägt vor, sich zur Durchreise der Unterstützung von »50 Herren mit Gewehren« zu versichern. Unter »Herren« versteht er die Straßenräuber. Wir wären auch ohne ihn darauf gekommen, aber wir müssen ja nicht nur selbst das Land verlassen, sondern auch das Gepäck durchbringen und 50 Maultierlasten lassen sich nicht so einfach in Luft auflösen.

Larget – der ganz aufgeräumt ist, seitdem wir Gefangene sind – nimmt jetzt wieder an den Mahlzeiten im Konsulat teil. Er hatte wegen eines Magenleidens seit geraumer Zeit in seinem Zimmer gegessen, dessen Wände er mit den Seidenkleidern seiner Frau vom Niger ausgehängt hatte.

25. November

Besuch von Malkam Ayyahou. Sie wollte schon gestern kommen, war aber dann beim Verlassen des Hauses gestolpert – ein schlechtes Vorzeichen. Sie hätte auch ohnehin zu Hause bleiben müssen, weil sie für eine Klientin ein Blut vergossen hatte. Die ganze Zeit über, die sie im Lager bleibt, hat sie nichts besonders Interessantes zu erzählen.

Anschließend Besuch von Fantay, da Griaule immer noch seine Ballen verfertigt und man das Geräusch zerknitterten Papiers hört, halte ich es für klüger, sie in meinem Zimmer (dem ehemaligen Photolabor) am anderen Ende des Gebäudes zu empfangen, anstatt in dem angrenzenden Raum, der mir als Büro dient. Ein schwerwiegender Irrtum: Ich bin mitten in meiner Befragung, als uns plötzlich – Abba Jérôme und mich – die wütende Stimme Griaules zur Ordnung ruft. Da ich jetzt nicht mehr aufpasse, hat einer der Dienstboten unvermutet sein Zimmer betreten und die ausgebreiteten Gemälde gesehen. Griaule sagt mir, daß ich den Ernst der Lage nicht begreife. Ich begreife ihn sehr wohl, kann mich aber nicht dazu aufraffen, selbst die wenigen Besucher abzuweisen, die noch zu uns kommen. Ich versuche das lieber zur Befragung zu benutzen. Wie dem auch sei, ich erkenne an, daß ich Unrecht habe und bin sehr gedemütigt . . .

Der Räuber Lidj***, der heute abend um Mitternacht aufbricht und nicht länger warten kann (denn ihm wird entschieden der Boden zu heiß) wird unsere Gemälde nicht mitnehmen. Sie bleiben hier im Lager verwahrt und viel später, wenn die Gemüter sich beruhigt haben, werden wir weitersehen . . . Es ist besser so, denn nichts garantiert, daß Lidj***, den man sehr streng überwacht, nicht unterwegs verhaftet wird. Wenn er an sein Ziel gelangt, soll er mit seinen 25 Männern in Angarèb auf uns warten und uns dann bis zum Sétit geleiten. Ohne Zweifel wird er die Wartezeit dazu benutzen, in der Gegend seiner Arbeit nachzugehen . . .

Nach dem Abendessen, gegen 10 Uhr, Abtransport der 7 Ballen in eines der Gebäude des Konsulats. Wir befleißigen uns der größtmöglichen Heimlichkeit, tun so, als würden wir pissen gehen, aber es ist doch ein sehr relatives Geheimnis . . .

26. November

Nichts. Ein paar Übersetzungen am morgen, mit Abba Jérôme. Fast den ganzen Nachmittag über lese ich. Ich habe gestern den *Liebhaber der Lady Chatterley* zu Ende gelesen. Heute fange ich mit *Farewell to arms* an. Nichts Lesbares heutzutage außer der englischsprachigen Literatur.

Gegen Abend, nach einem kurzen Spaziergang zur Ziegelei des Lagers, Whisky mit Roux, der sich entschlossen hat, die Flasche aufzumachen, die ihm der Konsul kurz vor dem mißlungenen Aufbruch als Reiseproviant geschenkt hatte.

Ich blicke immer noch genauso gern über Gondar und liebe den unsagbaren Frieden seiner Ruinen und Bäume.

Ich kann Abba Jérôme nicht mehr ausstehen. Wenn ich bei den heftigen Ausfällen, die wir jetzt jeden Abend gegen die Abessinier vorbringen, das Wort ergreife, dann immer gegen ihn. Er ist geschmeidig genug, das gut aufzunehmen, und gerade das bringt mich auf die Palme . . . Und all das so pittoresk, so rokokohaft, so abgefuckt, so wenig menschlich! Wer könnte mehr »Intellektueller« sein als ein abessinischer Intellektueller!

27. November (Sonntag)

Noch eine weitere alarmierende Nachricht, von seiten des Alaqa Gassasa: wo jetzt die Sklavenaffäre beigelegt ist, will man uns mit dem Kauf der Magiebücher festnageln. Man ist fest entschlossen, uns vollends rasend zu machen. Was die Zollkontrolle erbringen wird, weiß niemand . . . Vielleicht kommt es zu Konfiszierungen, und das heißt dann, daß Tür und Tor offenstehen für die Plünderung.

Der Lazarenerpater, der zum Lesen der Messe kommt, orakelt mit lächelndem Gleichmut, daß wir dem Massaker entgegengehen. Man sei in seiner Gegend sehr gegen uns aufgebracht. Anscheinend sieht der Pater schon die Märtyrerpalme über unseren Häuptern schweben.

Ein Phonogramm von Wond Woussen fragt an, wann wir abzureisen gedenken. Aber zum Abreisen bräuchten wir erst einmal seinen Paß und dann eine Eskorte, die ein Mindestmaß an Zuverlässigkeit gewährleistet . . .

Glücklicherweise ergibt sich im Laufe des Nachmittags ein großer Umschwung. Einer der Vertrauensleute des Konsulats hinterbringt das folgende in der Stadt umgehende und von den Telephonisten ausgestreute Gerücht: Alle Chefs der Gegend, angefangen bei Wond Woussen und Makourya sollen nach Addis zurückbeordert worden sein: der Dedjaz Mesfen komme angeblich mit dem Flugzeug nach Dabra-Tabor und dann nach Gondar, wo er das Amt des Chefs der Gegend übernehmen werde; dem Oberbefehl des Dedjaz Ayyaléo Bourou soll jetzt auch unsere Region noch unterstellt werden.

Wenn dieses Gerücht auf Wahrheit beruhte, so würde das – in dem Augenblick, wo wir am wenigsten darauf gefaßt waren – einen glänzenden Sieg für uns bedeuten, oder zumindest doch die Möglichkeit, sich ohne die schlimmsten Scherereien aus der Affäre zu ziehen. Der Dedjaz scheint uns wohl gesonnen zu sein; wir haben mehrere liebenswürdige Phonogramme über die Eskorte mit ihm gewechselt, die er uns zur Durchreise durch sein Gebiet zur Verfügung stellen sollte.

Mir persönlich ist Ayyaléo sympathisch. Der Typ des alten, gestrengen Chefs, der seine Gegend aber im Griff zu halten weiß. Zudem ist er von einem *kebir*[63] besessen gewesen, der ihn den *foukkara* und den *gourri* machen ließ, nachdem er eine *balazar* zur Geiselung verurteilt hatte.

Den ganzen Nachmittag über sind wir guter Dinge. Griaule verfertigt doppelte Böden für die Schubladen seiner Kiste und verstaut darin seine Magiebücher. Wir trinken die Flasche Whisky leer.

Gegen Abend bestätigen sich die Gerüchte, nur daß der neue Gouverneur der Gegend Dedjaz Melkié heißt und nicht Mesfen. Er soll schon in Dabra-Tabor eingetroffen sein.

Die letzte gegen uns vorgebrachte Anschuldigung ist die folgende: wir wollen die Landesreligion ändern. Der Pfadfinder Faivre und seine

---

63 Sehr mächtiger Zar aus Tigré.

katholische Propaganda, die er hinter unserem Rücken betrieb (bevor die Furcht, eine vage berufliche Stellung zu verlieren, ihn dazu bewog, uns vorzeitig zu verlassen), sind jedenfalls nicht unschuldig daran.

28. November

Die Gerüchte über die administrativen Veränderungen halten sich. Und es ist gut möglich, daß sie auf Wahrheit beruhen . . . Der *abouna* (koptische Bischof) von Dabra-Tabor soll demnächst die Gegend bereisen und auch das hängt sicher mit diesen ganzen Vorgängen zusammen.

Ein Fait-divers: Bayana, der Ex-Gatte von Emawayish, hat gestern abend, als er sich auf den Weg nach Godscham machte, mit seinem Maultier und seinem Esel vor dem Haus Emawayishs halt gemacht. Wahrscheinlich trunken von *talla,* ist er mit Revolver und Gewehr in das Haus eingedrungen und hat alles kurz und klein geschlagen: er zertrümmerte mit seinen Gewehrschlägen das Bett und war drauf und dran, Emawayish niederzumachen, die sich aber zu Nachbarn flüchten konnte. Die ganze Gemeinde ist alarmiert worden, und auch die ganz in der Nähe liegende Gemeinde Ledata, deren Priester ebenfalls eingegriffen haben.

Ich erfahre das von Abba Jérôme (der den Morgen über verschwunden war, weil er einen Spaziergang nach Qeddous Yohannès gemacht hatte). Emawayish ist den ganzen Morgen über von allen Seiten umsorgt worden: Verwandte, Priester, Greise, Nachbarn sprechen ihr Mitgefühl aus. Emawayish, die anscheinend sehr niedergeschlagen ist, sagt: »So meine Mutter Geister hat, werden sie diesen Menschen bestrafen!« Ein Greis behauptet, das sei alles ihre Schuld: »Das wird dich lehren, Leute mit *sourri*-Hosen zu empfangen.«

Als Abba Jérôme mir das so berichtet, glaube ich zu verstehen, daß er und ich damit gemeint sind, aber ich hake nicht weiter nach. Ich habe die Nase voll von diesen Bauern: Raffsucht ohnehin und jetzt auch noch Trunksuchtstragödien. Es genügt mir zu wissen, daß Emawayish weder verletzt noch getötet worden ist.

Der Tag geht im Stil des Melodramas auch weiter: der Schildträger (von dem Griaule sagt, er sehe wie eine ältliche Midinette aus) kommt aus der Stadt zurück und behauptet, daß die beiden Dolmetscher Chérubin und Sersou uns verraten haben. Als Zeugen unserer ganzen Arbeiten haben sie jetzt den Mund nicht gehalten, sie haben gesagt, daß wir Erhebungen über Besessene und über Sklaven haben, Malereien usw.... Der Lazarenerpater, der sie gut kannte (denn sie sind beide katholisch und der eine ist sogar sein Schüler gewesen) hatte uns schon vor dieser Möglichkeit des Ausplauderns gewarnt und uns nahegelegt, sie nicht vor uns das Konsulatsgebiet verlassen zu lassen, damit sie nicht zu früh in Dabra-Tabor aus der Schule plaudern können.

Roux möchte den beiden Denunzianten auf der Stelle die Fresse polieren. Griaule sinnt auf subtilere Mittel, ihren weiteren Missetaten vorzubeugen.

Wir haben den ganzen Tag damit verbracht, die Malereien zu verstecken: ein Triptychon ist ganz einfach mit einer Papierfolie überdeckt worden, auf der – von Roux gezeichnet und koloriert – die Motive seiner eigenen Tafeln figurieren; das wird als eine Kopie durchgehen. Aus einem ebenfalls mit Papier überdeckten Diptychon hat Griaule sich eine hübsche Brieftasche gemacht, in der er Briefmarken und verschiedene Papiere verwahrt. Ein großes Bild schließlich ist unter aufgeklebtem Einwickelpapier auf dem Boden einer Kiste mit ausgestopften Vögeln versteckt worden.

Da wir nur acht Gewehre haben und gut daran täten, ein bißchen mehr vorzustellen, schenkt uns der Konsul ein altes russisches Gewehr von undefinierbarer Marke und so seltsamem Kaliber, daß es unmöglich ist, Patronen dafür zu finden. Diese Repräsentationswaffe ist Abba Jérôme zuerkannt worden.

29. November

Schlecht geschlafen die beiden letzten Nächte.

Von den Informanten, die nicht mehr kommen, fehlt mir vor allem Asammanètch. Sie ist die einzige, die bis zum Ende nett war, vielleicht weil sie kränker ist als die anderen, vielleicht auch, weil sie erst im letzten Moment gekommen ist und keine Zeit hatte, dreist zu werden und uns auszunutzen. Ich verwahre sorgfältig den Hornring, den sie mir gegeben hat. Gleichviel aus welchen Motiven sie mir dieses Geschenk gemacht hat, ob sie es aus ganzem Herzen gegeben hat, aus Eigennutz, oder um einen Gegenstand loszuwerden, der ihr aus irgendwelchen Gründen an die Krankheit oder allgemeiner an das Pech-Haben gebunden zu sein schien . . .

Keine Ahnung, ob sie sich weiter in der Sanitätsstation des Konsulats behandeln läßt oder nicht.

. . . .

Besuch von einem Unbekannten, der erklärt, er sei der Qagnazmatch Afe Worq, *balabbat* (Stammeigentümer) aus Gondar und von Ras Gougsa zum »Ritter« ernannt. Wie er sagt, hat ihn die Polizei soeben mit der Frage der »Achkar von Tripoli« betraut, ehemaligen Soldaten der »Tripolitaine«, die elegant gekleidet in der Stadt herumziehen, mehr oder weniger die Zuhälter spielen und alle möglichen Übeltaten vollbringen. Sie werden alle systematisch verhaftet. Viele Leute behaupten sogar, daß es weniger um die Säuberung der Stadt gehe, als vielmehr um eine Rekrutierung von einigermaßen ausgebildeten Truppen für den Dedjaz Wond Woussen . . . Jedenfalls kündigt der Polizist uns an, daß er Auftrag habe, alle »Achkar von Tripoli« festzunehmen und deshalb gern unsere eigenen Bediensteten sehen möchte, um sie nicht irrtümlich mit zu verhaften. Zweifellos spekuliert er darauf, wir möchten die Gewißheit, daß es zu einem solchen Mißgriff nie kommen möge, mit einem kleinen Geschenk honorieren. Wir begnügen uns damit, ihn liebenswürdig mit Cognac und Raki zu empfangen, unsere Freundschaft für die *balabbat* von Gondar zu beteuern und mit ihm ganz einträchtig zu dem Schluß zu kommen, die fremden Chefs, welche über die Stadt gebieten, seien an allem Übel schuld. Als er wieder geht, merke ich, daß seine Eskorte ausschließlich aus »Achkar von Tripoli« besteht, von denen ich ja manche kenne (unter anderen einen Liebhaber von Dinqnèsh). Kollaborateure? oder Gefangene? Vielleicht beides in einem.

Beim Aperitiv erfahren wir vom Konsul, daß die Stadtbewohner anscheinend die Absicht bekundet haben, die Chefs bei deren bevorstehender Abreise anzugreifen. Und das, weil die Chefs natürlich vorhaben, die Kasse mitgehen zu lassen . . . Wenn die Leute diese Drohung wirklich zur Ausführung brächten, würden wir bestimmt etwas zu lachen haben!

Plötzlich fällt Roux und mir auf, daß die beiden treubrüchigen Dolmetscher verschwunden sind . . . Das Zelt, das ihnen der Konsul für die Dauer ihres Zwangsaufenthaltes zur Verfügung gestellt hatte, ist abgebrochen. Sie müssen heute morgen weg sein. Ich glaube, sie haben Lunte gerochen.

Während ich mit Roux an der Abfassung eines Berichtes über seine Reise von Addis Abeba zum Tanasee arbeite, statten Malkam Ayyahou und ihre Tochter Abba Jérôme einen Besuch ab. Ich tue, als seien sie nicht da, rühre mich nicht von der Stelle und warte, bis man ausdrücklich nach mir fragt. Als man mich ruft, komme ich. Ich will denn doch nicht den Anschein erwecken, als würde ich ihnen systematisch aus dem Wege gehen.

Wir sprechen natürlich von dem Skandal von gestern abend. Es fehlte nicht viel und Bayana – der als Präparator das Ausstopfen einer gewissen Anzahl von Vögeln für die Sammlungen der Expedition besorgt hatte – hätte auch Emawayish und etliche Bewohner des Viertels (darunter ihr jüngstes Kind und unseren Freund Enqo Bahri) in ausstopfenswürdigen Zustand versetzt. Bayana, der nicht einmal betrunken war, hat das Rinderfell und das ganze Leder des Bettes aufgeschlitzt, hat versucht, Emawayish zu töten und ist, als diese mit ihrem Kind die Flucht ergriff, mit dem Revolver in der Hand von Haus zu Haus gelaufen, um ihre Herausgabe zu fordern . . .

Wir trinken den Kaffee. Es ist etwas heiß, und ich habe keine Jacke an. Ich trage ein ziemlich leichtes, zitronengelbes Polohemdchen. Wie üblich werfe ich mich in die Brust, ziehe den Bauch ein, mache unnütze Gebärden mit meinem Fliegenwedel. Ich trage eine souveräne Gleichgültigkeit zur Schau. Ich verkörpere einen bombastischen Figuranten. Was macht das übrigens schon, daß wir nicht abreisen? Schöne Gelegenheit für uns, sich auszuruhen, Fett anzusetzen . . . Ohne Arbeitsverpflichtungen bin ich so ruhig wie ein Rind auf der Weide.

Emawayish berührt einen der beiden Ärmel meines Hemdchens, legt dann ihre Hand auf die Grube an meinem Hals unter dem Adamsapfel und sagt, daß ich doch gar noch nicht so dick sei! Vor noch nicht allzu langer Zeit hätte mich eine solche Geste verwirrt. Jetzt reizt sie mich nicht einmal. Obwohl Emawayish schön ist – unbenommen, trotz ihres bäuerlichen Gehabes: sehr helle Haut, aber eher dreckig, dicker geworden durch ihre Entbindungen, mitgenommen vom vielen Stillen, von sonderbar gewölbter Haltung durch das Auf-dem-Rücken-tragen der Kinder, dem sie zweifellos dieses so ausladende Hinterteil verdankt . . . Ihr Gesicht ist immer noch sehr fein, ihre Füße sind von ergreifendem Ebenmaß, etwas breit, aber wohl geformt und keinesfalls verunstaltet dadurch, daß sie nackt zu jedem Wetter auf allen Wegen gehen. Mir fällt auf, daß sie zwei silberne Fußreifen trägt, die ich noch nie zuvor an ihr gesehen habe . . .

Um nicht aus der Übung zu kommen, bettelt Emawayish um Zucker und – als Abba Jérôme einen Moment hinausgeht – um Parfüm. Ich mache ihr begreiflich, daß alles in den Kisten verstaut ist und ich ihr nichts geben kann. Sie ist ein wenig enttäuscht. Seit unserem verfehlten Aufbruch sind unsere sämtlichen Kisten verschlossen; vielleicht braucht man auch nicht weiter nach dem Grund für das Verschwinden unserer Informanten zu suchen . . .

Ich kehre wieder an meine Arbeit zurück, lasse Abba Jérôme mit seinen beiden Gesprächspartnerinnen allein. Als diese weggehen, bemühe ich mich nicht extra. Fast könnte ich sagen, daß das mit »meiner Würde« nicht vereinbar ist.

Großes Palaver gegen Abend. Hauptakteurin ist die Frau des Achkar Mallassa, die diesem letzteren einen großen, rot und blau unterlaufenen Bluterguß am rechten Auge verdankt. Die im Kreis herumsitzenden Achkar urteilen. Sie liegen alle mit ihren Frauen im Streit: da diese sie bei ihrer verfehlten Abreise durch Achkar von Tripoli ersetzt haben, fordern sie nun ihren alten Platz zurück und hätten – unter dem Vorwand gezahlter Summen und mündlich abgeschlossener Verträge über zu leistende Dienste – angeblich sogar daran gedacht, einen öffentlichen Prozeß gegen die Frauen anzustrengen. Ich höre das von Abba Jérôme: die Achkar haben sich mit der Bitte an ihn gewandt, sich bei Griaule für sie zu verwenden, damit der ihnen drei Tage Urlaub bewilligt, während derer sie den Prozeß abwickeln könnten. Abba Jérôme hat die Geistesgegenwart besessen, ihnen davon abzuraten, diese Idee weiter zu verfolgen . . .

Vor einiger Zeit habe ich mit Abba Jérôme über die abessinische Erotik gesprochen. Beim Beischlaf sind beide, Mann und Frau, nackt und bis über den Kopf in dasselbe Tuch eingehüllt. Die übliche »Papa«-Stellung. Der Mann bleibt die ganze Nacht über in der Frau. Diese kommt in der Regel beim zweiten Koitus zum Orgasmus. Wider mein Erwarten scheint – nach dem, was Abba Jérôme mir darüber sagt – dieser Koitus nicht viel länger zu dauern als unser europäischer.

Wenn ich mit Emawayish geschlafen hätte – weiß man es? Vielleicht hätte ich sie zum Orgasmus gebracht . . .

30. November

Unsere Welt ebnet sich ein. Wir hören von nichts mehr, außer daß man in der Stadt verwundert ist, daß wir immer noch nicht weg sind.

Ein Mann stellt sich bei uns vor, der kürzlich aus Dabra-Tabor einge-
troffen ist. Es ist der Qagnazmatch Aznaqa, *meslènié* (d. h. oberster
Polizeichef) von Gondar und Dembia. Er zeigt eine ordnungsgemäße
Vollmacht des Dedjaz Wond Woussen vor, in der ihm der Auftrag
erteilt wird, uns zu begleiten und sorgsam zu überwachen, denn »es gibt
Leute, die uns übelwollen«. Aznaqa treibt den Eifer so weit, uns sofort
Männer zu unserer Bewachung im italienischen Territorium vorzu-
schlagen. Sein Anerbieten wird selbstverständlich zurückgewiesen . . .
Es wird ausgemacht, daß Aznaqa – wenn alles gut geht – am Sétit ein
Geschenk von mehreren Gewehren erhält. Da er außerdem Auftrag
hat, uns den Preis der beiden herauszugebenden Sklaven zu erstatten,
wird vereinbart, daß die Summe (zwei- bis dreihundert Taler) beim
Konsulat hinterlegt wird und daß Aznaqa sie nach seiner Rückkehr
vom Sétit dort entgegennehmen kann.
Morgen teilen wir Aznaqa dann brieflich mit, an welchem Tag wir
abzureisen gedenken und welchen Tag wir für die Zollvisite bestim-
men. Es ist abgemacht worden, daß dieser Besuch auf dem Konsulats-
gelände stattfindet.
In dieser verwickelten Situation und in Anbetracht der zu erwartenden
reichhaltigen Belohnung legt Aznaqa zweifellos Wert darauf, uns gegenüber die Rolle des Erlösers zu spielen.

1. Dezember

Nach Übereinkunft mit dem Konsul wird die Zollkontrolle des Gepäcks auf Sonntag festgesetzt, die Abreise auf Montag. Griaule verfaßt
einen Brief, den ich Aznaqa überbringen soll. Aber er hat, ohne Wissen
des Konsuls, noch einen schönen kleinen Partherpfeil dazu ausge-
heckt . . .
Ich verfüge mich also zu Aznaqa – begleitet von Abba Jérôme – und
übergebe ihm offiziell den Brief. Er wendet nichts gegen das Abreise-
datum ein, sagt aber, daß es ihn in Verlegenheit bringe, denn am
Dienstag komme der *abouna,* und er habe Befehl erhalten, ihn zu empfangen. Er schlägt als stellvertretenden Eskortenchef den Balambaras
Gassasa vor und besteht andererseits darauf, daß die Zollkontrolle am
Tag der Abreise stattfindet und nicht am Vortag.
Ich treffe selbst keine Entscheidung und sage ihm lediglich, er solle
heute nachmittag zum Lager kommen, um sich mit Griaule zu verstän-

digen. Nachdem ich Aznaqa darum gebeten habe, die Leute alle hinauszuschicken, nehme ich den vertraulichen Teil meiner Mission in Angriff.

Mit halblauter Stimme erkläre ich Aznaqa, daß wir wegen der Schwierigkeiten mit dem Zoll von Métamma außer unseren Fahrzeugen auch noch eine gewisse Anzahl von Dingen auf englischem Territorium zurückgelassen haben, die einen, weil sie die Mißverständnisse nur noch vermehrt hätten, die anderen, weil sie für diesen neuen Abschnitt der Reise unnütz und zu sperrig waren. Zu diesen Gegenständen zählen:

1. Ein Maxim-Maschinengewehr mit 2000 Patronen;
2. eine Eismaschine;
3. ein Grammophon »die Stimme seines Herrn« mit 40 zweiseitigen Platten, ergo 80 Musikstücken;
4. ein großes wasserdichtes Zelt mit doppeltem Dach;
5. ein automatisches Beretta-Gewehr (das entweder Schuß für Schuß abgeben kann oder Garben von 12 oder 25 Schüssen) und 1000 Patronen; der Dedjaz Wond Woussen besitzt bereits ein Gewehr gleichen Modells.

Von diesen Gegenständen (sage ich Aznaqa) war das Maschinengewehr ein für Wond Woussen bestimmtes Geschenk der französischen Regierung; allein die Böswilligkeit der Zöllner von Métamma habe uns daran gehindert, es über die Grenze zu bringen. Aber wo sich heute alles zum Guten wende, habe Griaule als Beweis seiner versöhnlichen Stimmung beschlossen, es dem Dedjaz zu schenken, genau wie die Eismaschine, das Grammophon und das Zelt. Und das Beretta-Gewehr sei für Aznaqa selbst bestimmt, falls bis zum Sétit alles klargehe.

Ich bitte also Aznaqa (der sehr interessiert ist) dem Dedjazmatch das zu übermitteln, und erkläre ihm, daß der Dedjaz – wenn Lutten sich nach Métamma begibt, um die Fahrzeuge abzuholen (sobald wir in Eritrea sind) – nur jemand mit der erforderlichen Anzahl von Maultieren nach Métamma zu schicken brauche, um die Geschenke in Empfang zu nehmen.

Aznaqa ist derart geködert, daß er erklärt, selbst nach Métamma gehen zu wollen, denn er sei der Vertrauensmann des Dedjaz . . .

Ich verschweige ihm allerdings, daß Lutten – wenn er ihn dann in Métamma trifft – sich unter irgendeinem Vorwand weigern wird, die Geschenke herauszugeben und daß das automatische Gewehr gar nicht existiert . . .

Bei seiner Unterredung am Nachmittag mit Aznaqa überbietet Griaule das noch. Er präzisiert die Einzelheiten: das Gewicht eines jeden Gegenstandes, die Zahl der nötigen Maultiere, Aufteilung der Lasten, Gegenstände, die mit der Hand getragen werden müssen, damit sie nicht zerbrechen (wie z. B. das Grammophon und die Platten, von denen Griaule behauptet, es seien mehrere abessinische Gesänge darunter), die grüne Farbe der Zelte (sie sind mit einem Mittel imprägniert, das die Zelte vor jeder Beschädigung durch Ameisen und Termiten schützt usw. . . . . Er verlangt sogar extra Geheimhaltung von Aznaqa (denn die europäischen Mächte könnten gegen ein solches Geschenk von Waffen etwas einzuwenden haben) und rät ihm davon ab, Wond Woussen durch ein chiffriertes Telegramm zu verständigen (was Aznaqa vorgeschlagen hatte); ein ganz sicherer Mann soll einen Brief Aznaqas an Wond Woussen überbringen.

Die Übernahme der Geschenke in Métamma wird schließlich nicht Aznaqa selbst tätigen, sondern ein Mann, in den er vollstes Vertrauen hat, der Négadras Nourou, den wir bereits als Nachfolger des Guérazmatch Hayla Sellasié als Zollchef von Métamma kennen (und der Griaule bei der Abreise übers Ohr gehauen hat, indem er ihm als Leittier für die Maultiere ein Pferd verkauft hat, das nach 2 oder 3 Tagen Karawane schon verendet ist).

Aznaqa scheint für unsere Sache ganz gewonnen zu sein. Da Lutten in Gallabat dann seine Antwort so drehen wird, daß Nourou nicht an unserem guten Willen zweifeln kann, ist es gut möglich, daß Aznaqa ihm vorwirft, sich der Geschenke kurzerhand bemächtigt zu haben – ein Vorwurf, den ihm gegenüber wieder der Dedjaz Wond Woussen erheben wird. Es wird ein famoses Durcheinander geben.

Unsere Abreise ist auf Montag festgesetzt. Die Zollkontrolle am Sonntag wird nicht im Lager stattfinden, sondern beim Zoll, »um alle üble Nachrede zu zerstreuen«. Aznaqa wird uns ein Stück weit begleiten, dann zurückkehren, um den *abouna* zu empfangen, und in den unmittelbar darauffolgenden Tagen wieder zu uns stoßen.

2. Dezember

Phonogramm des französischen Botschafters an Griaule: Alle von der Expedition befreiten Sklaven sollen zum Zwecke ihrer Übersendung nach Addis Abeba, wo die Angelegenheit dann geregelt wird, Wond Woussen übergeben werden. Dadurch sei dann unsere Sicherheit gewährleistet.

So zwingt uns denn also unser eigener Gesandter zur Übergabe . . . Dem italienischen Konsul, der die Sklaven betreut und ihnen kleine Anstellungen in seinem Lager gegeben hat, tut das sehr leid. Es liegt auf der Hand, daß die äthiopische Regierung aus Furcht vor einem Skandal alles daransetzen wird, daß die Ärmsten auch wirklich freigelassen werden; aber was wird nachher aus ihnen? Werden sie Hungers sterben oder später doch wieder aufgegriffen werden?

Die Übergabe soll deshalb auch nur schleppend erfolgen: als englischer Untertan bleibt Radda natürlich im Lager und arbeitet weiter als Stallbursche; Desta und ihr Kind bleiben auch da, denn sie sind nie direkt in die Sache verwickelt worden. Nur Arfazé (die sich zu uns geflüchtet hatte – »Gott hat mich geschickt«, hatte sie behauptet –, nachdem sie eines nachts wieder angekettet worden war und daraufhin die Flucht ergriffen hatte; sie hat seitdem erzählt, wie ihre Herrin sie festzubinden pflegte, bzw. auf welche Weise sie sie immer schlug: die Herrin preßte im Sitzen den Kopf der niederknienden Arfazé zwischen die Beine und versetzte ihr starke Stöße mit dem Ellenbogen auf das Rückgrat) – nur Arfazé wird dem Fitaorari Makourya ausgeliefert werden, der sie dann nach Dabra-Tabor überführen wird.

Vor den Männern, die sie mitnehmen sollen, fängt Arfazé zu weinen an. Der Konsul läßt ihr ein gutes *injéra*-Gericht mit Soße servieren. Das arme Mädchen weint immer weiter. Der Konsul schenkt ihr einen, dann zwei Taler. Ihre Tränen fließen immer noch. Der alte Lidj Balay, der ehemalige Gatte von Dinqié, der die für sie bestellte Eskorte befehligt, holt ein großes Stück Fleisch und gibt es ihr, in der Hoffnung, sie zu beruhigen. Unmöglich, sie zu trösten. Eins immerhin hat eine gewisse Wirkung: Lidj Balay erklärt ihr, daß Makourya ein Galla ist wie sie selbst. Da sie sich nach dieser Eröffnung zweifellos weniger alleine fühlt, ist Arfazé ein wenig beruhigt, als sie dann geht . . .

Heute morgen habe ich Enqo Bahri wiedergesehen. Er ist wegen einer Schlägerei gekommen, die gestern abend zwischen seinem »Geldsohn« (d. h. seinem Sklaven) und einem unserer Achkar stattgefunden hat, dem Gatten der Frau mit dem geschwollenen Knie (den Lutten engagiert hat). Des »Geldsohns« Kopfhaut sei etwas lädiert worden, aber aus Freundschaft für uns sei Enqo Bahri bereit zu verzeihen, obwohl der Gatte der Frau mit dem geschwollenen Knie ihn im Laufe der Auseinandersetzung als »falschen Priester« und was sonst nicht noch alles bezeichnet habe.

Ich erfahre im übrigen von Tay, dem jungen Bediensteten von Abba

Jérôme, Emawayish sei verwundert, daß wir ihr keinen Besuch abgestattet und uns nach ihrem Befinden erkundigt haben, als sie »dem Tod so nahe« war.

3. Dezember

Der Qagnazmatch Aznaqa hätte Griaule 1000 Taler übergeben sollen, die Griaule durch Radiogramm vom französischen Botschafter angefordert hatte. Dieser sollte die 1000 Taler dem Ras Kasa geben und durch ihn dann an Griaule auszahlen lassen, der widerum den Botschafter mit ägyptischen Pfund abdeckt. Nach 5 Uhr ist Aznaqa immer noch nicht da. Griaule schickt den Schildträger nach Erkundigungen aus. Er kommt zurück: Angeblich soll der Schlüssel des Kassenraumes verlorengegangen sein und Aznaqa, der neu in der Gegend ist, wage es nicht, die Tür aufzubrechen, aus Angst, der Taktlosigkeit bezichtigt zu werden. In Wahrheit wagt Aznaqa nicht, einzugestehen, daß er im ganzen Land nicht in der Lage war 1000 Taler zusammenzubringen.

Von Abba Qèsié gehört, daß der Guérazmatch Ennayo, der Chifta von Wahni, soeben in Dabra-Tabor verstorben ist, wohin er sich wie die anderen Chefs anläßlich des Masqal-Festes begeben hatte.

Vom Konsul die Fortsetzung der Geschichte von Arfazé gehört: Obwohl man immer angenommen hatte, daß sie nur Galligna spreche, stellte sich heraus, daß sie bei ihrer Ankunft beim Fitaorari Makourya auf einmal Amharigna sprach. Und allem Anschein nach hat sie ihre Kollegin Desta denunziert, mit der sie sich nicht vertragen hat. Denn man weiß jetzt bei Makourya, daß die Franzosen noch andere Sklaven hatten als Arfazé und Radda, und will sie jetzt ebenfalls anfordern. Der Konsul ist entschlossen, ihre Herausgabe abzulehnen: er wird sagen, daß sie zwar bei ihm waren, aber entflohen sind.

Morgen Zollkontrolle. Lutten und ich werden den ganzen Tag beim Zoll verbringen und die Nacht über dort kampieren. Ich kann es nicht glauben, daß das die Abreise sein soll.

Manche sagen, daß man in unseren Kisten nichts finden wird, denn wir seien nicht so dumm, nicht Vorsorge getroffen zu haben, und hätten im übrigen Zeit genug gehabt, es zu tun.

Heute morgen sind der Alaqa Saǧga und alle Priester von Gondar zum Konsul gekommen, um das Kirchenkreuz zu bewundern, das er dem *abouna* zu überreichen gedenkt. Bei den Priestern geht das Gerücht,

wir hätten den *tabot* nicht mehr, wir hätten ihn auf den Wolken fort-
fliegen lassen.

. . . .

5. Dezember

Wir sind endlich weg. Gestern hat die Zollkontrolle stattgefunden –
dank der Intervention des auf seinen eigenen Gewinn bedachten Aznaqa ohne weitere Komplikationen. Mehrere bekannte Gesichter: der
Eskortenchef aus Tchelga, Guérazmatch Tasamma, der uns schon einmal sitzen gelassen hatte; der Guérazmatch Hayla Sellasié, der auf
freiem Fuß ist, obwohl Aznaqa behauptet hatte, er habe ihn in Ketten
legen lassen.
Wie abgemacht, haben Lutten und ich an Ort und Stelle übernachtet.
Die durch Anleihen bei muselmanischen Händlern von Addis Alam
endlich zusammengebrachten 1000 Taler sind ausgezahlt worden.
Die Abreise ist der Anlaß für eine Reihe von Mondanitäten.
Unter den versammelten Leuten wiedererkannt: Malkam Ayyahou,
Emawayish, Ballatatch (die sich den Kopf hat scheren lassen), den
italienischen Konsul, der Alaqa Gassasa, Lidj Balay, den Marguiéta
Enqo Bahri (der mir endlich das bei ihm bestellte Manuskript übergibt:
eine Reihe von farbigen Porträts, die wichtigsten Zar darstellend), den
Alaqa Gabra Yohannès (Priester der Sankt-Johannes-Kirche wie Enqo
Bahri), Sheikh Hahmed (der so noble Muselmane, der gekommen ist,
sich von seinem Glaubensbruder Abou Ras zu verabschieden), eine
große Zahl von Frauen der Achkar usw., usw.
Viele Leute gehen ein paar Schritte mit oder verabschieden sich vom
Wegrand aus, wenn die Karawane vorbeizieht. Die Eskorte ist stattlich:
Qagnazmatch Aznaqa, Balambaras Gassasa, von Ort zu Ort lokale
Oberhäupter; eine Zeitlang auch der Qagnazmatch Ayyana.
Als die Burgen von Gondar verschwunden sind, überkommt mich die
Trauer. Ich bedaure all die Leute, denen ich so kühl Lebwohl gesagt
habe. Ich nehme ihnen nichts mehr übel: es ist nur natürlich, daß sie ein
wenig Geld verdienen wollten. Und im übrigen kommt es nicht darauf
an, was sie *sind:* das, was sie *darstellen,* erscheint mir auf einmal im
selben Glanz wie zu Beginn. Geister, die ich niemals wiedersehen
werde . . . Was kümmern mich eure Pferde aus Fleisch und Blut!
Berge wie Kraut und Rüben, gewundene Pfade, unablässige Martern.

Als Nachhut zurückgeblieben, kraxle ich ganz alleine. Plötzlich sehe ich 50 Meter unter mir das aufgeschlagene Lager. Man alarmiert mich mit Trompetenstößen. Ich muß wieder zurück. Die Karawane hatte die normale Piste verlassen, um die Lagerstelle zu erreichen.

Ich komme zum Lager. Viele Menschen, viele Feuerplätze in Vorbereitung, viele Tiere, viele Zelte. Zwei Achkar-Frauen (Frauen aus Qwosqwam, glaube ich), die der Karawane gefolgt sind, sind ebenfalls da.

Potamo, der Hund von Fräulein Lifszyc, ist müde; er ist die ganze Zeit über nebenhergetrabt.

Weder Roux noch Frl. Lifszyc haben Gondar verlassen. Lifszyc ist gestern mit 39° Fieber aufgewacht: sie hat eine Angina. Wenn es ihr morgen nicht besser geht, kommt es für Roux und sie nicht mehr in Frage, uns noch nachzureisen. Sie werden dann über Métamma das Land verlassen.

Ein Mann des Chifta Lidj*** verständigt Griaule heimlich, daß sein Herr über uns wache. Er warte mit 80 Mann am Angarèb auf uns. Weil sie jetzt schon lange dort sind, sind sie am Fieber erkrankt. Im Auftrag von *** bittet der Mann um Chinin. Griaule gibt ihm welches.

6. Dezember

Die Reise wird immer mehr zu einem Triumphzug. Die Mobilisierung geht weiter, aber sie hat jetzt nicht mehr unsere Festnahme zum Ziel, sondern die Überbringung des Dergo. Der Qagnazmatch Aznaqa, der immer mehr links liegen gelassen wird, setzt seinen Weg mit uns fort. Als graziöser Kabinettchef trippelt der Balambaras Gassasa wie ein kleiner Junge hinter ihm her.

Fünf Stunden Marsch ungefähr, in denen wir nach und nach zu den *qolla* (unteren Regionen) hinabsteigen. Zeitweilig versinkt man in den Gräsern, den Fleischpflanzen, den Stachelpflanzen. Die chaotischen Gebirge von gestern, die wie lotrechte Rohre, wie Zacken und Kuppen unter uns aufragten, stehen jetzt über uns. Und es ist heiß.

Ich denke immer noch an Gondar (ich habe davon geträumt) und ich blättere das kleine, bunte Büchlein von Enqo Bahri durch: *Abba Yosèf* und *Abba Lisana Worq* mit ihren Priesterkreuzen; der Kaiser Kalèb (einer seiner beiden Söhne war der König der Unsichtbaren, während der andere sichtbarlich herrschte) umgeben von zwei Chankalla-Sklaven; *Rahiélo* – eine schöne rote Frau – und zwei Dienerinnen, die ebenfalls Chankalla sind; *Yè Teqara Tor* (»Rußlanze«) in bräunlicher Dreckfarbe; *Dammana* (»Wolke«), der Achkar von Rahiélo; Weyzero *Dira,* umgeben von Bogenschützen; *Gwolem Shèt* (der Schmiede-Zar, der das Menschenfleisch liebt), ebenfalls in schmutzig brauner Farbe; er hält einen Hammer in der Hand; *Chankit,* umgeben von roten Dienerinnen und Chankalla-Sklaven; *Abba Moras Worqié* aufrecht auf seinem Ziegenfell und Gebetteppich stehend; *Kamimoudar* mit 4 Kanonen; fünf Füsiliere, darunter *Kader; Abba Lafa* mit seinem Rosenkranz und seinem Gebetbuch; sein Bruder *Seyfou Tchenguer* mit einem Schwert, eine Mitra auf dem Haupt tragend; *Adjimié Berrou* als Lanzenträger; *Adal Gwobena,* den waagerecht gezeichnete Gestalten anbeten; schließlich *Ararié* als Lanzenträger und *Sheikh Ambaso,* der letztere – wie sein Name besagt – halb als Löwe (mit Mähne und Fellumhang) dargestellt. Mir fällt auf, daß Enqo Bahri als besonnener Mann und guter Familienvater auf den beiden letzten Blättern den großen Zar seiner Frau *(Ararié)* und seinen eigenen, *Sheikh Ambaso,* abgebildet hat.

Die Frauen der Achkar sind nicht mehr da. Sie sind heute früh wieder nach Gondar zurück.

Lager am Zoll von Kètch – aber eine Durchsuchung unseres Gepäcks steht nicht zur Debatte. Nach dem Mittagessen läßt Griaule Aznaqa zwei Flaschen Raki bringen, dem Balambaras Gassasa eine, den Zöllnern zwei. Aznaqa hat zur Antwort geben lassen, daß er hier bei sich zu Hause ist und es demnach seine Sache sei, Geschenke zu machen, und nicht unsere. Der Balambaras Gassasa hat sich verschmitzt bedankt und gesagt: »Brauchen wir unsere Kraft denn nicht, um die Gewehre zu tragen?«, die Zöllner gaben zur Antwort, sie seien nicht zwei, sondern vier, anders gesagt, die Zahl der Flaschen stimme nicht.

7. Dezember

Abschied vom Qagnazmatch Aznaqa und vom Balambaras Gassasa, die nach Gondar zurückkehren. Das Mondänste vom Mondänen. Der Qagnazmatch Aznaqa versäumt es nicht, von Griaule eine Quittung über 200 Taler Entschädigung (für die zurückgegebene Sklavin) zu verlangen. Wie abgemacht zahlt er das Geld nicht aus; er behält es für sich.

Fünf Stunden leichten Marsches, in einem fast durchweg flachen Gelände, nach 1 oder 2 Stunden Abstieg. Wieder die »tropical countries«.

Wie gewöhnlich bin ich hinten dran. Alles in Ordnung, keine Nachzügler, wir reisen in geschlossenem Verband. Die Achkar singen. »*Beragna, beragna* . . . Vom Busche sind wir, wir sind vom Busch.«, ein großes Jäger- und Zarlied. Der Boy Tèklé Maryam macht Parodien von *foukkara.*

Kleiner Zwischenfall. Bei der Wasserstelle angelangt, wo wir kampieren sollen, merken wir, daß Lutten nicht da ist. Wir glauben zuerst, er habe sich verirrt, und verwünschen den Qagnazmatch X., der uns geleitet: er ist der Chef der Gegend und müßte wissen, daß die Piste an manchen Stellen nicht eindeutig ist, und er hat keine Vorsorge getragen, Lutten Führer mitzugeben. Es ist ihm nicht einmal aufgefallen, daß ein Teil der Karawane vorneweg gezogen war.

Nach dem Mittagessen Brief von Lutten: er ist noch schneller vorangekommen als wir und befindet sich bei der nächsten Wasserstelle. Die Karawanenführer geben ihm Brot und Kaffee. Er möchte lediglich Zucker haben, sowie ein Gewehr und Patronen, um sich Fleisch zu verschaffen. Wir lassen es ihm bringen.

Vor dem Mittagessen Bad im Fluß, über einem sehr angenehmen Felsgrund.

Kurz vor Sonnenuntergang großes Fischen mit Netzen. Larget und Griaule leiten die Operation. Neuerliches Bad. Man kommt sich vor wie in Dieppe an einem Sonntag im August. Heute abend essen wir dann gebratenen Fisch wie Pariser Ausflügler an den Marne-Ufern.

Makan, der eine Anzugshose (ein Geschenk von Larget) und eine weiße Weste anhatte, stand bis zum Bauch im Wasser.

8. Dezember

Reise in zwei Etappen. Um 20 vor 11 bei der Wasserstelle von Tyéma angekommen. Wir bleiben da zum Mittagessen, denn Lutten, der schon vor uns da war, hatte den guten Einfall, ein Zelt dafür aufzustellen. Drei Stunden Marsch am Nachmittag, bis zur Wasserstelle Baskoura, die wir kurz vor Sonnenuntergang erreichen.

Sehr flache Piste. Unmengen von Bambus mit messerförmigen gelben oder grünen Blättern. Immense, ebenfalls gelbe und grüne *mashilla*-Felder. Oder hohe, goldfarbene Gräser, aus denen verdrehte Bäume herausragen.

Fast den ganzen Tag über bleibt die Karawane dicht beisammen. Gegen Ende sehe ich über den grünen und gelben Stengeln vor einem

Hintergrund ausgezackter Berge den aufgespannten Regenschirm von Abba Jérôme. Er gebraucht ihn als Sonnenschirm, wenn er auf seinem Maultier reitet. Seine übrige Ausrüstung besteht aus: Kakihelm, Brille, himbeerfarbenem Wollschal, Wickelgamaschen, grauem Sommermantel.

9. Dezember

Aufstehen vor Tagesanbruch. Befehl zum Aufladen. Aber die Karawanenführer stellen fest, daß ihnen mehrere Tiere abhanden gekommen sind: 7 Maultiere und zwei Pferde. Damit sie grasen können, binden sie sie nachts nicht fest. Und das ist jetzt das Resultat. Die Männer machen sich auf die Suche. Wir müssen das ganze Gepäck der Mannschaft mit den verlorengegangenen Tieren zurücklassen. Griaule, Larget, Lutten, Abba Jérôme ziehen mit unserer eigenen *gwaz* (Karawane) und einem Teil der Führer los. Ich bleibe da und warte, bis die Tiere wiedergefunden sind. Bei mir sind Tèklè Maryam und zwei Soldaten.

Ich sitze fast den ganzen Morgen auf einem Klappstuhl. Wohl weiß ich, daß sich in diesem Land alles wiederfindet, aber ich frage mich doch, wieviele Stunden weit die entflohenen Tiere gekommen sein können.

Um 5 nach 12 kommt ein Mann mit 5 Maultieren. Die Tiere zogen gemächlich wieder nach Gondar zurück. Er hat sie auf dem Weg gefunden.

Um 13.40 Uhr Rückkehr des Karawanenchefs mit zwei weiteren Männern und den verschwundenen Pferden. Sie waren gleichfalls auf dem Weg nach Gondar.

Ich gebe Anweisung zum Aufladen. Um 14 Uhr 35, gerade als wir aufbrechen, bringen zwei Männer die beiden letzten fehlenden Maultiere zurück. Wir sind gestern Kamelen begegnet, die auf dem Weg nach Gondar waren. Die beiden letzten Maultiere waren, als man sie einholte, noch weiter gekommen als diese Kamele.

Noch wildere Straße. Keine angebauten Felder und keine Aussichtstürme zum Überwachen der Ernten mehr.

Wir kommen ziemlich schnell zum Angarèb, einem breiten, steinigen Flußbett. Noch mehr zackige Berge als gestern.

Die Piste führt am Angarèb entlang; einmal entfernt sie sich etwas, dann führt sie wieder dicht heran.

Die Sonne geht unter, und wir sind immer noch nicht da. Zum Glück kommt der Mond heraus. Aber wir haben nur wenige Männer und ich fürchte sehr, daß die Tiere vom Weg abkommen und verlorengehen.

Nach ungefähr einer Stunde Nachtmarsch finde ich Griaule und die anderen wieder, die ungefähr 1 Stunde vor der Furt des Angarèb das Lager aufgeschlagen haben. Da ich den ganzen Tag über nichts gegessen habe, speise ich mit bestem Appetit zu Abend.

10. Dezember

Kurze Etappe (3½ Stunden). Überquerung des Angarèb. Wir sind bei dem Dedjaz Ayyaléo Bourou. Wir kampieren an einem bezaubernden Ort: Bambus-Arkaden, in denen wir unsere Betten aufstellen, ohne die Zelte aufzuschlagen. Regelrechte Schlafzimmer. Das Eßzimmer und die Küche sind unten in dem ausgetrockneten Flußbett. Name des Ortes: May Shambouko.

Erinnerungen an Gondar: Kirchen, die wie Inseln daliegen (das Hellgrau der Steine und das Dunkelgrau des Holzes); hier und da absakkende Hütten unter ihren ärmlichen Strohdächern; aber die Silhouette der Hügel und der Burgen schließt alles zusammen. Die Familie Enqo Bahri (sehr einfache, in nichts europäisierte Hütte, die Tür innen mit schwerem Blattwerk ausgepolstert; ein ruhiges, bequemes Haus, in dem so gut gegessen wurde): Enqo Bahri, der Vater, ein reifer, aber immer noch schöner Mann, groß, stark, mit würdig getragener Glatze – ein von der Syphilis oder der Trunksucht ein wenig mitgenommener, aber immer noch gut aufgelegter Lot; Terouf Nèsh, die Mutter, verhältnismäßig jung, und durchaus anmutig ihre Rolle der schwangeren Frau spielend; der kleine Junge, der den Teufel im Leib hat und dem Alkohol zuneigt; das Töchterchen (vielleicht 10 Jahre alt, das beste Alter zum Heiraten): die junge Dame trug ein Kleid mit gefältelten Ärmeln und kochte einen so guten Kaffee! Und der Neugeborene, den ich nicht kenne . . .

Der Ort, den wir hier bewohnen, bringt mich auf Theatergedanken: die ganz gerade in den Wald hineingestellten Betten, die herabgelassenen Moskitonetze. Die Forschungsreisenden sind nicht zu sehen; sie liegen unter ihren Moskitonetzen und plaudern. Ein paar Auftritte: Abou Ras, der turbanbewehrte Koch, eine Zange in der Hand, und in dieser Schlosserzange ein dicker, bluttriefender Backenzahn, den er gerade dem Dolmetscher Wadadjé ausgerissen hat. Dann ein mysteriöser Besucher: ein Abgesandter von Lidj***; er meldet uns, daß sein Chef und seine Gefährten in der Nähe sind. Obzwar unsichtbar, wachen sie doch über uns; denn wenn sie auf die Männer des Dedjaz Ayyaléo stießen (unsere neue offizielle Eskorte) gäbe es bestimmt Kleinholz. Lidj*** will uns trotzdem einen Besuch abstatten, höchstwahrscheinlich heute abend.

Griaule und ich kommen vom Baden zurück, wo der erste einen Panther (oder Leoparden oder sonst ein Raubtier) gesehen, der zweite ihn gehört hat. Er strich nach der Tränke durch die hohen Gräser und wir haben seine Spur entdeckt. Ganz aus der Nähe einen hübschen Königsfischer photographiert.

Zu guter Letzt kommt Lutten von der Jagd und legt Patronentasche und Gewehr ab. Er ist schlecht gelaunt, denn er hat nichts vor die Flinte gekriegt.

Geruhsames, vergnügliches, obgleich monotones Ferienleben! Die Piste ist eben und nicht ermüdend. Kein einziges Dorf. Vollkommene Stille unterwegs. Entzückt tanzt Abba Jérôme in Hemdsärmeln mitten in den Bambusstauden.

Um mich gegen die nächtliche Feuchtigkeit zu schützen, habe ich meine Reitdecke (das Geschenk des Ras Haylou an Griaule bei dessen erster Reise nach Abessinien) über das ausgespannte Moskitonetz ausgebreitet: ein immenses rotes Kreuz auf weißem Grund, das über meinem Bett schwebt. Ich finde, daß sich das, neben meinen Bettüchern und den weißen und grünen, von gelben Streifen durchkreuzten Würfeln meiner Schottendecke sehr hübsch ausnimmt.

Auf dem Grund des ausgetrockneten Wasserlaufs zünden Abou Ras und seine Akolyten (Makan, Mamadou und Djimma, sein eigener Bediensteter) mit ganzen Baumstämmen ein wahres Höllenfeuer an.

20 Uhr 05: der erwartete Besucher ist nicht gekommen.

Abba Jérôme erklärt, er habe soeben offizielle Nachricht erhalten, daß der Dedjaz Ayyaléo uns zur Verstärkung der Eskorte reguläre Soldaten schickt, »französisch gedrillt und tripolitanisch gekleidet« (d. h. in Kaki). Sie sollen morgen früh da sein.

11. Dezember

Die Würfel meiner Schottendecke sind nicht grün und weiß, sondern blau und weiß: oben drüber laufen breite gelbe und grüne, sich lotrecht überschneidende Querstreifen. Mir fällt das auf, als ich mein Bett auf der Böschung des quasi ausgetrockneten Sturzbaches aufschlage, an dessen Ufer wir nach etwas mehr als 5 Stunden Marsch kampieren.

Fast die ganze Strecke über sind mir andere Dinge durch den Kopf gegangen. Kleine Details der Rückkehr: das Gepäck; der Anzug, den ich mir bei dem hindustanischen Schneider von Addis Abeba machen lassen will.

Mein Maultier zeigt erste Zeichen der Ermüdung. Ich muß zusehen, daß ich es mehr schone.

Siesta an der Etappe. Bad in einer nicht allzu dreckigen Wasserlache. Zahlreiche Leopardenspuren. Griaule findet Spuren von Löwen.

Rückkehr zum Camp. Die Eskorte ist noch größer geworden. Es sind soeben weitere 30 Männer angekommen, darunter sieben »Metropolitaner« (und nicht »Tripolitaner«, wie Abba Jérôme gesagt hatte), die in Kaki gekleidet sind und aus Dabat kommen. Als Gruß nehmen sie, auf ein italienisches Kommando hin, Habachtstellung an. Der Dedjaz Ayyaléo verwöhnt uns . . .

Wir werden so gut bewacht, daß unser Freund Lidj*** sich nicht blicken lassen kann. Unterwegs hatte mich ein Mann eingeholt, mir einen Brief gezeigt und gesagt, er komme aus Gondar. Ich hatte den Botschafter zu Griaule geschickt, der weiter vorne in der Karawane ritt. Es war ein Mann von Lidj*** mit einer Botschaft seines Herrn. Dieser fragt sich, wann er denn mit uns zusammentreffen kann. Der Mann kam vom Angarèb und nicht aus Gondar. Aber er mußte die offizielle Eskorte hinters Licht führen . . .

12. Dezember

Fünf Stunden Marsch durch eine immer flachere Landschaft. Die gelben Gräser werden oft 2 bis 3 Meter hoch. Großen Spaß daran, wie sie sich vor mir verneigen, wenn das Maultier sich hindurch windet, die fest auf den Steigbügel gestemmten Füße sie niederdrücken und die Halme manchmal wie Bleistifte zerknacken.

Lager am Ufer des Ma Kasa-Flusses. Alle nehmen ein Bad: die Europäer baden einzeln, die Achkar alle zusammen. Abba Qèsié schnaubt beim Schwimmen wie ein Nilpferd.

Immer noch keine Tiere. Abba Jérôme hat nicht einmal seine große rote Decke herausgeholt, die mit einem lebensgroßen Löwen in echter Raubtierfarbe geschmückt ist. Gestern hatte er sie über sein Zelt ausgebreitet, und das sah dann mehr oder weniger täuschend aus wie bei einem Wanderzirkus.

Es sind noch weitere Männer zur Eskorte gestoßen. Wir sind jetzt ungefähr hundert. Lidj*** läßt überhaupt nichts mehr von sich hören.

Die Untätigkeit bedrückt mich allmählich. Mir wird die Zeit lang.

13. Dezember

Gestern abend schöner Vollmond wie immer. Lärm der Grillen und Frösche. Große Holzfeuer, die die Bäume bescheinen. Wetterleuchten und aufkommender Wind lassen einen Augenblick einen Tornado befürchten. Zum Glück kommt nichts. Kein nachträgliches Bedauern, daß wir die Zelte nicht aufgeschlagen haben.

Ich schlafe schlecht (ich bin zu früh ins Bett gegangen). Am morgen habe ich einen starken Schnupfen.

Die Durchquerung von Wolqayt geht genauso weiter wie sie begonnen hatte. Neuerlicher Eskortenwechsel. Eine Schar zu Fuß gehender und auf Maultieren reitender Leute stößt von rechts her zu uns. Über die ganze Ebene hin hallt der Klang der Trompete. Es handelt sich um einen gewissen Fitaorari Molla, der uns bis zum Sétit geleiten soll. Er sieht ziemlich europäisch aus, hat einen schönen schwarzen Bart und einen kleinen Boy und Strichjungen, dessen Kopf kahlgeschoren ist bis auf einen seitlichen Haarkranz, der wie ein Heiligenschein aussieht.

Durchquerung eines *mashilla*-Feldes. Achkar und Soldaten (einschließlich der so korrekten »Metropolitaner«) halten eine ausgiebige Ernte, wie gewöhnlich. Proteste einer Frau und dann eines Mannes, die beide Chankalla sind und zweifellos die Eigentümer des Feldes.

An der Etappe teilt uns Abba Jérôme das letzte Gerücht mit: die Regierung legt wert darauf, uns gut zu bewachen; man glaubt hier nämlich, daß die Italiener uns ermorden lassen wollen, um einen Grund zu haben, in das Land einzufallen . . .

14. Dezember

Wir langweilen uns alle. Unsere Reise erinnert an einen unendlich langsam vorankriechenden Bummelzug. Obwohl wir nach unserem Zeitplan gerechnet einen Tag Vorsprung haben.

Die Tiere sind etwas erschöpft. Mein Maultier ist verletzt. Ich muß irgendwie seine Last verringern und gebrauche dabei Tricks wie ein Jockey, der um jeden Preis mit dem Gewicht hinkommen muß: mein Colt kommt in den Koffer von Griaule; ich schenke Makan meinen Regenmantel, und meine Toilettensachen werde ich in meinem Bettsack verstauen.

Ich überlege mir, was ich nach meiner Rückkehr in Paris machen werde. Die Leute, mit denen ich verkehren oder nicht verkehren werde. Die Riesenarbeit der Veröffentlichungen. Im großen und ganzen wird das aber eher eine Zerstreuung sein. Ich ermesse die höllische Findigkeit, die ich werde entfalten müssen, um mich auch nur ein wenig wieder einzugewöhnen . . .

Ich werde mir in Addis schließlich doch keinen Anzug machen lassen. Ich telegraphiere lieber von Omager aus an Z., damit sie mir einen mit der Post nach Djibouti schickt. Und einen Filzhut.

Unangenehmes Tagesbad heute. Ich muß weit hinausgehen, mit den Pantoffeln durch den Sand laufen (was unendlich lästig ist) und finde am Ende nur eine Pfütze dreckigen Wassers.

Zweimal am Nachmittag ziehen Schwärme von Bienen in betäubendem Surren über unseren Köpfen dahin.

15. Dezember

Angenehmere Piste: wir kommen aus den Gräsern heraus. Offenes Land. Mein Maultier kommt besser voran. Bei der Ankunft merke ich allerdings, daß es an der Fessel des linken Vorderbeins wieder eine neue Wunde hat und daß der Widerrist geschwollen ist. Die Achkar werden es heute abend mit dem glühenden Eisen ausbrennen. Dieses Maultier war in Gondar krank geworden und hatte sehr an Gewicht verloren. Und ich glaube auch, daß Tèklè, der jeden Morgen meinen Sattel auflegt, die Gurte zu fest angezogen hat. Außerdem habe ich während der ersten Tage der Reise nicht bei jeder Etappe eine oder zwei Stunden zu Fuß eingelegt, wie ich es jetzt mache, damit es sich ausruhen kann.

Nichts Neues. Unterhaltungen über die Rückkehr, die Organisation der Arbeit in Paris.

Wettschießen mit Lutten. Es freut mich, daß ich mich eher geschickt zeige. Fast alle Männer der Eskorte schauen uns zu und kommentieren die Schüsse. Wir schießen auf kleine Büchsen aus Weißblech, die in ein paar Meter Höhe auf dem Abhang aufgestellt sind. Bei einem Volltreffer kullert die Büchse den ganzen Abhang hinunter und fällt in die große Pfütze, die hier die Wasserstelle ist. Das ist das lustigste dabei . . .

16. Dezember

Ich habe jetzt ein anderes Reittier, ein ehemaliges Lastmaultier, das wirklich einwandfrei läuft. In dieser Hinsicht geht es also besser. Aber ich hätte nie geglaubt, daß man das Karawanenleben so schnell satt haben würde, obwohl man doch gar nicht müde ist.

Erotische Meditationen. Seit bald zwei Jahren schon lebe ich jetzt keusch. Manche werden mich für impotent halten und behaupten, ich sei ein müder Sack. Abgesehen von den ganzen gefühlsmäßigen Gründen, die eine solche Keuschheit motivieren können, ist eines jedoch gewiß: Ich mag nicht in Gesellschaft vögeln. Ich bin zu menschenfeindlich, um mich – in einer Gruppe lebend – nicht absondern zu wollen. Und ist nicht eines der sichersten Mittel, eine solche Absonderung zu erreichen, sich als Mann zu verleugnen?

Ich rühre hier an einen Aspekt dessen, was die Psychoanalytiker meinen »Kastrationskomplex« nennen. Männerhaß, Vaterhaß. Fester Wille, ihnen nicht zu gleichen. Wunsch nach Eleganz in der Kleidung – denn sie ist unmenschlich. Wunsch nach Sauberkeit – denn sie ist unmenschlich. Zugleich aber der schnell sich einstellende Ekel vor dieser künstlich verstärkten Einsamkeit und große Lust, auf anderen Wegen wieder zu einer umfassenden Menschlichkeit zurückzufinden . . . Bin sicher weit davon entfernt, das erlösende Mittel gefunden zu haben.

Lager in einer sehr schönen Gegend: Selasil, 8 Stunden ungefähr vor der eritreischen Grenze. Große Bäume mit komplexen Verzweigungen, die wahre Unterstände bilden. Einige Palmen. Große Felsen, wie in Löwenkäfigen zoologischer Gärten. Herden von Ziegen. Herden von Kühen. *Béni-amèr*-Hirten mit muskulösen Oberkörpern und wirren Haarschöpfen von Wilden.

Kurz nach unserer Ankunft schießt Lutten einen fetten Hundskopfaffen. Seine – ganz legitime – Zufriedenheit des erfolgreichen »Schlächters« regt mich auf. Ein Bein des Tieres dient zur Fütterung der Adler und Raben der Menagerie.

Spaziergang in den Felsen. Aber die Soldaten haben beim Honigsammeln die Bienen rebellisch gemacht. Wir werden zweimal angegriffen.

Griaule, Larget und ich, die bei diesem zweiten Spaziergang dabei sind, werden ziemlich überall gestochen, obwohl wir Hals über Kopf die Flucht ergreifen. Larget zieht mir 6 Stacheln aus dem Kopf . . . Er selbst hat einen dicken Stich am Auge.

Morgen kommen wir nach Omager. Die Karawanenführer, die von dort aus wieder zurückkehren, möchten uns Waffen und Patronen abkaufen. Sie haben nämlich gehört, die Soldaten der Eskorte hätten vor, sie auf dem Rückweg zu überfallen und ihnen das Geld wieder abzunehmen, das sie bei uns verdient haben.

Während des Abendessens laute Schreie von Affen, die von Leoparden belästigt werden. Ganz wie Forschungsreisende und Weltenfahrer zünden wir zur Sicherheit rings um das Lager große Feuer an.

Bevor sie zu Bett gehen, klatschen die Wächter in die Hände, um das Fieber zu bannen. Sie bitten um den Beistand eines weiblichen Zar namens EMAWAYISH . . .

17. Dezember

Quasi nicht geschlafen. Wir müssen um 3 Uhr aufstehen. Die Affen, die sich jetzt untereinander streiten, machen einen entsetzlichen Lärm. Ich bin schon um 11 wach. Um Mitternacht steht Abba Jérôme auf, weil er glaubt, es sei Zeit aufzubrechen. Natürlich schlafen wir nicht wieder ein, oder nur ganz kurz. Ich bin sehr geschwätzig und erzähle eine Menge Kindheitserinnerungen.

Abreise um 4 Uhr 15, eine Viertelstunde später als vorgesehen.

Dreieinhalb Stunden Fußmarsch, denn ich will mein neues Maultier nicht ermüden. Giraffenspuren auf der Piste.

Um 8 Uhr 50 sehe ich in einiger Entfernung europäische Gebäude. Zu meiner großen Überraschung höre ich, daß das schon Omager ist. Man hatte uns die Etappe als viel länger angekündigt.

Um 9 Uhr 15 überquere ich am Schluß der Karawane den Sétit. Die paar Männer von der Eskorte, die hinter mir geblieben waren, haben mich, ohne ein Wort zu sagen, verlassen. Sie setzen sich auf der abessinischen Seite der Grenze unter einem Baum nieder. Da Griaule vorausgegangen ist, um uns anzukündigen, wundere ich mich, daß ich auf dem anderen Ufer keine empfangsbereiten Grenzbehörden sehe.

Ich überquere den Fluß und treibe ein Teil der Maultiere der Karawanenführer vor mir her. Weil nicht genug Männer da sind, um sie zu geleiten, wollen sie immer wieder auseinanderlaufen.

Jetzt bin ich also in Eritrea, etwas betäubt von diesem unvermittelten Übergang in ein zivilisiertes Land. Im übrigen habe ich Lust, mich aufs Ohr zu legen.

Ich stoße wieder zu Larget, der vor mir hinüber war und auf der anderen Seite wartete. Die Karawane setzt ihren Weg fort und nähert sich den Häusern von Omager. Eine Strecke lang ziehen wir durch Maisfelder.

Ungefähr um 9 Uhr 30 taucht plötzlich Abba Jérôme (der mit Griaule in Omager war) auf seinem Maultier vor uns auf. Er behauptet, wir müßten wieder umkehren, Griaule habe Order gegeben, inzwischen am Fluß zu kampieren, in der Stadt sei kein Wasser. Bevor Larget und ich noch weitere Erkundigungen haben einziehen können, ist er schon mit verhängten Zügeln davongebraust.

Larget und ich sind wie vor den Kopf geschlagen. Es will uns nicht in den Sinn, daß Griaule, der so darauf aus war vorwärtszukommen, jetzt ohne zwingenden Grund den Befehl zur Umkehr gegeben haben sollte und das Lager am Fluß aufschlagen lassen will. Der Chef der Karawanenführer weiß eine andere Wasserstelle, etwas weiter unten am Fluß, wo wir kampieren könnten. Es wird ausgemacht, daß Larget mit der Karawane wartet und daß ich Abba Jérôme am Sétit einhole, damit er uns nähere Auskünfte gibt und wir uns mit dem Karawanenchef über den besten Lagerplatz absprechen können.

Ich mache mich in aller Eile auf den Weg. Es wundert mich, daß ich Abba Jérôme nicht einhole. Er war doch erst ganz kurz vor mir losgeritten. Ich komme zum Sétit: Auf dem italienischen Ufer ist niemand, aber ich sehe, daß Abba Jérôme auf der abessinischen Seite mit seinem Maultier gerade aus dem Wasser heraussteigt. Ich rufe. Er antwortet mir. Ich brülle hinüber, verlange Erklärungen. Förmlicher Befehl von Griaule, antwortet er. Da diese gebrüllte Unterhaltung über einen Grenzfluß hinweg eher schwierig ist, befehle ich ihm, zum eritreischen Ufer zurückzukommen. Ich brülle so laut, daß er sich schließlich fügt. Bestätigung des förmlichen Befehls von Griaule. Vorschlag sogar, auf dem abessinischen Ufer zu lagern, »wo es Bäume gibt« und folglich Schatten. Ich fordere Abba Jérôme auf, mit mir zurückzukehren, um sich bei dem Karawanenchef zu erkundigen und mit ihm die beste Lagerstelle auszumachen. Er verschanzt sich wieder hinter dem Befehl Griaules und fügt sogar hinzu, daß er denselben Befehl auch Lutten übermittelt habe, als er ihm begegnet ist, worauf Lutten ihm zur Antwort gegeben habe, das sei kein »gerechter Befehl«. Man habe Griaules

Befehle nicht zu diskutieren, erklärt er, und man solle »sich von einem Karawanenführer nichts vormachen lassen«. Er behauptet dann, auf der anderen Seite zu tun zu haben und lenkt sein Maultier in den Fluß, um wieder hinüberzukommen. Ich mache mich meinerseits auch wieder auf den Weg, eine Flut von Beschimpfungen vor mich hin spuckend, darunter den Ausdruck »hirnverbrannte Idioten« und das Wort »Scheiße«.

Ich finde Larget etwas weiter weg als die Stelle, wo ich ihn verlassen hatte, denn er hat seinen Weg fortgesetzt, als er mich nicht zurückkommen sah. Wir wissen nicht, was wir tun sollen, bis wir dann Lutten gewahr werden, der mit dem ersten Stück der Karawane zu einem europäischen Gebäude gelangt ist, wo er schon das Gepäck abladen läßt. Wir schließen bis zu ihm auf.

Weite, von kleinen Kolonialbauten umstandene Esplanade. Griaule ist in einem der Gebäude, der Faktorei. Er redet dort mit dem Chef, einem kleinen kahlgeschroenen Alten mit dem Kopf eines Toreros, und noch mit zwei oder drei weiteren Italienern. Aus seinen Erklärungen geht sofort hervor, daß Abba Jérôme einfach stiften gegangen ist. Bei seiner Ankunft in Omager hat Griaule, flankiert von Abba Jérôme, mit dem einheimischen Polizeichef Kontakt aufgenommen. Es sind hier überhaupt keine Anweisungen gegeben worden, ja es gibt nicht einmal einen italienischen Verwaltungschef, wie man uns in Gondar gesagt hatte. Während Griaule mit diesem letzteren telephonierte (der in Tessenei, etwa 100 km von hier residiert), hörte Abba Jérôme von den anwesenden Leuten, daß es in der Stadt kein Wasser gebe. Als Griaule ihm sagte, er solle schnell den Schildträger zum Fluß schicken, damit Lutten anderweitig Vorsorge treffen könne, ist Abba Jérôme dann abgehauen, um nie mehr zurückzukommen: er ist so schnell weg, daß Griaule, der sich über seine Abwesenheit Sorgen machte (denn der Schildträger wartete ja gleich an der Tür des Büros) ihm Makan mit einem Maultier nachschickte. Aber Makan hat ihn nicht einholen können.

Auf italienischer Seite klärt sich alles. Ein bloßes Mißverständnis. Man erwartete uns auf einer anderen Route. Der Verwalter holt uns morgen mit dem Lastwagen ab.

Abba Jérôme, der immer noch auf der Flucht ist, schickt einen seiner Bediensteten: er will nach Omager kommen, sobald wir einen ordnungsgemäßen Paß für ihn erhalten haben. Er setzt also nicht das geringste Vertrauen in uns und ist – ganz befangen in seinen närrischen

Ideen und seinen finsteren Vorstellungen vom Treiben der Italiener –
bei der Grenzüberquerung in Panik geraten. Er glaubte sich schon verhaftet oder massakriert . . . Armer Irrer! Sein Zelt, sein Bett und sein
Gepäck wird er so bald nicht wiedersehen, denn unserem Personal wird
sofortige Anweisung gegeben, von unserem Gepäck nichts herauszugeben, nicht einmal die Sachen von Abba Jérôme.
Wir richten uns in einem zur Verfügung gestellten Haus ein. Öffnung
einer Kiste der Expedition, welche die Habe von Abba Jérôme und
einen uns gehörenden Beutel mit Talern enthält, den wir benötigen. Es
findet sich eine Strickjacke in dieser Kiste. Ich erkenne meinen Pullover wieder, den ich seinerzeit Tebabou geschenkt hatte und den dieser
für ein paar Tamoun an Ounètou, den Bediensteten von Abba Jérôme
weiterverkauft hat. Auch ohne diese letzte Geschichte hatte ich schon
eine Wut auf Abba Jérôme: ich hatte ihm eines Tages, auf seinen
Wunsch hin, ein altes Taschentuch gegeben, das Z. gehört hatte; und
ohne mir etwas davon zu sagen, hat er dieses Taschentuch dann später
einem Informanten geschenkt. Mehr braucht es nicht, damit ich mich
jetzt auf die Strickjacke stürze und sie auf der Stelle irgendeinem gerade anwesenden Achkar schenke, dem Gatten der Kranken mit dem
geschwollenen Knie. Die Strickjacke wird so wieder den Zar oder ihren
nächsten Verwandten zurückerstattet. Der Mann küßt mir als Dank die
Knie. Und Abba Jérôme kann zusehen, wie er seinen Bediensteten
entschädigt, wenn dieser sein Eigentum wiederhaben will.
Als Züchtigung des Ausreißers ist lange die Rede davon, seine Sachen
zu beschlagnahmen und sie unter unseren beiden Senegalesen aufzutei-
len.
Entlassung des Personals. Nur die Senegalesen, Tèklè Maryam und
Abou Ras bleiben bei uns. Wadadjé begleitet Lutten nach Métamma.
Weitere Zehn geleiten die Maultiere nach Asmara, wo wir sie zu verkaufen gedenken.
Makan und Mamadou sind froh. In diesem Land, in dem die Neger so
gesittet und sauber sind, fühlen sie sich eher zu Hause als in Abessinien,
dem Land der zerlumpten Hungerleider und Briganten, »wo sogar die
kleine Bube habin Giwehre«. Mamadou hat in Omager »ein klein Hotel für Eingeboren« gefunden, wo es zu essen und zu trinken und wahrscheinlich auch Frauen gibt.
Wir unsererseits nehmen unser Mittag- und Abendessen, den Aperitiv
etc. in der Faktorei ein. Lutten verständigt sich mit dem Chef auf spa-
nisch, Griaule auf Amharigna.

Als Folge der Bienenstiche ist mein Gesicht teilweise verquollen wie nach einer Schlägerei.

Ein Teil des Tages wird darauf verwandt, die Amulette wieder zu ordnen, die Griaule in seinem Querkissen versteckt hatte.

18. Dezember

Wir machen uns weidlich lustig über den jetzt auf dem anderen Ufer sitzenden Abba Jérôme: in Hemdsärmeln, mit Tropenhelm, Spazierstock und Sonnenschirm – und seine ganzen anderen Sachen sind hier drüben. Als Strafe für sein Muffensausen, seine Dummheit (er wußte doch genau, daß wir irgendwo, in einer der Bürokisten, seinen Paß hatten) und seine Hinterhältigkeit (er hätte ja klar sagen können, daß es ihm unangenehm war, nach Eritrea einzureisen) – einfach aus Spaß auch an der üblen Farce kommen wir überein, ihm seine Sachen nicht zurückzugeben. Bei der Abreise übergeben wir sie offiziell der örtlichen Polizei, bei der er sie dann nach Belieben einfordern kann, falls er es wagen sollte, noch einmal den Fluß zu überqueren.

Besuch, von Lidj***, der seit gestern da ist und sich auf der Polizeistation mit Griaule getroffen hat. Es werden ihm Patronen und ein Colt ausgehändigt. Er ist nicht so groß, nicht so sauber, nicht so schön, nicht so jung und außerdem unterwürfiger, als es mir auf den ersten Blick erschienen war.

Telephongespräch mit dem Kommissar der Gegend: Es wird abgemacht, daß er uns heute nachmittag mit einem Lastwagen und einem Personenwagen abholt. Ob Abba Jérôme noch etwas von sich hören läßt, bevor wir abfahren?

Um 9 Uhr 45 kommt denn auch Tay. Er überbringt Griaule einen französisch geschriebenen Brief von Abba Jérôme mit der Aufschrift »Streng vertraulich«. Keine Rede vom Paß, von der Abreise oder von seinem Gepäck. Abba Jérôme gibt lediglich zu wissen, daß der Fitaorari Molla bereit wäre, für den Dedjaz Ayyaléo die von der Expedition in Gallabat zurückgelassenen Gegenstände aufzukaufen. Er wolle bis zu 3000 Taler dafür geben, zahlbar entweder hier oder in Asmara oder in Addis.

Griaule und mir verschlägt das die Sprache. Abba Jérôme, der doch genau weiß, daß diese Sachen dem Dedjaz Wond Woussen versprochen worden sind (eine Lüge zwar, aber davon weiß er ja nichts), versucht sicher nur, mit einer ganz abessinischen Ungeniertheit, bei der ihm auch das Aznaqa gegebene Versprechen für Wond Woussen in Vergessenheit gerät:

1.) sich mit dem Fitaorari Molla gut zu stellen, indem er den bei der Expedition einflußreichen großen Mann spielt,

2.) durch den Köder der 3000 Taler mit uns wieder Verbindung anzuknüpfen,

3.) dem Dedjaz Ayyaléo einen Dienst zu leisten.

Griaule läßt mündlich ausrichten, das gehe alles in Ordnung, aber er denkt gar nicht daran, irgendwelche dahingehenden Schritte zu unternehmen.

Zehn Minuten später kommt ein Mann des Fitaorari Molla. Zwei Briefe im selben Umschlag:

1.) Der Fitaorari Molla erinnert Griaule daran, daß er ihm einen Brief für den Dedjaz Ayyaléo übergeben wollte;

2.) Abba Jérôme bittet Griaule auf amharisch, wegen der Ausstellung eines Passes mit den italienischen Behörden zu telephonieren.

Griaule läßt dem Fitaorari ein Dankschreiben für den Dedjaz Ayyaléo zustellen, sowie einen Gürtel mit Jagdpatronen für ihn selbst. Keine Antwort für Abba Jérôme, dessen Stupidität nun wirklich alle Grenzen übersteigt. All unsere Achkar sind ohne Paß eingereist. Es liegt überhaupt kein triftiger Grund vor, daß er es nicht genauso macht.

Besuch des Eskortenchefs der »Metropolitaner«. Er bekommt für sich und seine Leute 8 Fläschchen Kölnischwasser.

Um 14.15 Uhr neuerliche Botschaft von Abba Jérôme, diesmal – als Hilfestellung für sein Ansuchen – an den Brief eines gewissen Guérazmatch Golla angehängt, der im Namen des Qagnazmatch Ayyana, des Zollchefs von Gondar, Griaule an sein Versprechen erinnert, ihm einen Colt zu schenken.

Dem Wunsch wird stattgegeben. Es ist damit nicht zu scherzen, denn Roux und Lifszyc sind vielleicht immer noch in Abessinien. Einer der Männer des Guérazmatch soll zur Entgegennahme des Coltes unter der Veranda warten.

Wir warten auf die Fahrzeuge der Behörden. Sie haben Verspätung.

17 Uhr: Dritte Botschaft von Abba Jérôme, überreicht durch Ounètou und betitelt: *Pro Memoria*. Er erinnert uns an den in Gondar geäußerten Wunsch des lahmen Informanten Gassasa, einen Revolver zu bekommen und schlägt Griaule vor, ihm die Waffe durch die Karawanenführer zustellen zu lassen, die bald nach Gondar zurückkreisen.

Abba Jérôme wird immer verrückter. In seiner Panik scheint er entschlossen, uns alle je gemachten Versprechungen in Erinnerung zu rufen, um sich einerseits Freunde zu machen, andererseits mit uns in
Verbindung treten zu können.

Um 18 Uhr 30 – es ist schon Nacht – Ankunft des *commissario*. Rötliche
Haut, korpulent, kurz geschorene Haare, Bush-shirt und Shorts in
deutschem Militärgrau, Stiefel, Marinemütze. Tadelloses Französisch,
beste Manieren, jovial. Griaule und er haben schnell Freundschaft geschlossen, und es wird unsere Odysee erzählt . . . Griaule erwähnt
Abba Jérôme. Der Commissario läßt ihn ausreden und sagt dann in
aller Ruhe, daß ihm Abba Jérôme wohl bekannt ist. Die Regierung von
Asmara hat soeben an die italienische Gesandtschaft in Addis telegraphiert, Abba Jérôme sei aufgrund früherer Geschichten in diesem Land
in Eritrea unerwünscht. Falls er dennoch einreisen sollte, bestehe Befehl, ihn zu verhaften (denn er ist Eritreer).

Ganz einfach . . .

Kein Zweifel also, daß wir ihm, ohne es zu ahnen, einen Dienst erwie-
sen haben, als wir nicht darauf bestanden, ihn ohne Paß einreisen zu
lassen. Aber ich bereue die Geschichte mit der Strickjacke.

Abfahrt des Commissario, der einen Teil unseres Materials in seinem
Lastwagen mitnimmt und in seinem Personenwagen Lidj***, dessen
Dienste er benötigt. Wir werden morgen von dem Auto und dem Lastwagen zusammen mit dem restlichen Material abgeholt. Wir fahren
zuerst nach Tessenei und dann nach Agordat, wo wir den Commissario
wiedertreffen.

Demarche von Ounètou nach dem Abendessen: Nach der Überbringung der letzten Botschaft von Abba Jérôme hatte er bei der Rückkehr
seinen Herrn nicht mehr vorgefunden; der war dem Fitaorari Molla
zum Fitaorari Ibrahim, dem muselmanischen Chef der Gegend, gefolgt. Griaule beauftragt Ounètou, sich morgen in aller Frühe zum
Fitaorari Ibrahim zu begeben, um Abba Jérôme von den Entwicklun-
gen zu verständigen und ihm zu sagen, er solle an den von uns aus
nächstgelegenen Punkt des Flusses kommen, damit wir ihm sein Gepäck zurückgeben können.

Am Nachmittag hat der Fitaorari Molla den Patronengurt zurückbringen lassen und einen unverschämten Brief mitgeschickt. Ohne Zweifel
findet er das Geschenk zu gering . . .

Abreise, ohne Abba Jérôme wiedergesehen zu haben. Heute morgen kam Tay und richtete aus, sein Herr erwarte uns wie ausgemacht am Fluß, aber eine Stunde von hier, was beweist, daß er nichts verstanden hat bzw. den für seine fundamentale Faulheit günstigsten Sinn herausgelesen hat. »Der nächstgelegene Punkt des Flusses«: wahrscheinlich hat er verstanden für ihn am nächsten, und nicht für uns. Wir können auf keinen Fall noch so weit gehen, denn die Fahrzeuge müssen jeden Augenblick da sein; außerdem müssen die Sachen von Abba Jérôme von Männern getragen werden, denn die Karawane nach Asmara geht heute ab und wir können kein Maultier daraus abzweigen. Griaule läßt Abba Jérôme ausrichten, er solle zur Furt kommen.

Kurz nach Tay erscheint Ounètou. Er meldet, daß Abba Jérôme zur Furt kommt. Widersprüchliche Auskunft: Abba Jérôme ist demnach nicht eine Stunde von hier entfernt, wie Tay gesagt hatte, und er kommt zur Furt, bevor Tay zu ihm stoßen und ihm unsere mündliche Botschaft übermitteln konnte.

Gegen 11 Uhr kommt erst das Auto und dann der Lastwagen. Bevor wir mit dem Aufladen beginnen, essen wir zu Mittag.

Um Mittag sind wir wieder bei den Fahrzeugen. Tay ist da und teilt uns mit, daß Abba Jérôme jetzt an der Furt ist. Aber es ist zu spät, um noch hinzugehen. Griaule übergibt Tay offiziell die Sachen von Abba Jérôme, in Gegenwart von zwei Italienern aus Omager (die gekommen sind, sich von uns zu verabschieden) von zwei Soldaten des Fitaorari Molla (die mit Tay gekommen sind und einen sehr konfusen Brief des Fitaorari überbracht haben, aus dem hervorzugehen scheint, daß er Griaule vorwirft, nicht weiter auf seine Vorschläge bezüglich der in Gallabat zurückgelassenen Gegenstände eingegangen zu sein) und von zahlreichen Achkar und Bediensteten. Geschenk von 1 Taler für Tay, 1 Taler für Ounètou.

Um 13 Uhr 10 Abfahrt im Auto, so komisch nach mehreren Monaten Maultieren.

Der Hund Potamo, der mit bei uns im Auto sitzt – und für den das die erste Autofahrt ist – sabbert und kotzt.

Mit dem Phantom Abba Jérôme sind auch die letzten Erinnerungsfetzen, die mich noch mit Gondar verbanden, dahingeschwunden . . .

Um 16 Uhr 50 Tessenei, der am klassischsten afrikanische Ort, den ich je gesehen habe. Glatte Flächen, grelle Sonne, Felsen, Lavaströme,

Palmen, Nomadenzelte, dunkle Frauen in Umhängen mit bunten Schals usw. . . .

20. Dezember

Üble Nacht auf der mir zugefallenen behelfsmäßigen Bettstatt in dem letzten Endes recht angenehmen Haus, das man für uns zurechtgemacht hatte. Schnaken. Träume: ich trete mit dem Fuß gegen den weitgeöffneten Regenschirm von Abba Jérôme. Diesen Fußtritt versetze ich wirklich: ich stoße mich am Holz des großen Kanapees, auf dem mein Lager aufgeschlagen ist und verstauche mir eine Zehe. Letzte Bekundung des Phantoms . . .
Angenehme Kolonialstadt. Auf das flache Land sind Berge aufgesetzt, von denen mehrere wie der Vesuv aussehen. Sehr weiträumige Stadtanlage: breite Straßen und so weit auseinander stehende Häuser, daß jede Besorgung zum Ausflug wird. Aber das macht nichts, wir fahren ohnehin immer mit dem Auto. Genau lokalisierte Eingeborenenstadt. Die in der Fabrik arbeitenden Frauen und Mädchen sind mit grellfarbenen Importstoffen bekleidet. Viele kombinieren das halbeuropäische Sommerkleid mit der abessinischen Kopfbedeckung oder dem muselmanischen Schleier.
Die Mahlzeiten nehmen wir mit sehr netten Italienern in der griechischen Kneipe ein. Fast die ganze Kolonie kommt hier zum abendlichen Aperitif zusammen. Herzliche, wohlerzogene Leute. Unser besonderer Freund ist ein alter Advokat aus Asmara: dreißig Jahre Eritrea, großer Jäger, Melomane (ich habe ihn in Verdacht, ein Liebhaber der Mailänder Scala zu sein). Am Abend der Ankunft delektieren wir uns an Rossini- und Verdiplatten. Ich bin sehr zufrieden.
Gestern abend und heute mittag haben wir von einem Warzenschwein gegessen, das der *avvocato* geschossen hatte.
Lutten, der seit gestern ein wenig Fieber hat und an einer Quetschung am Bein leidet, ist nach dem weniger als eine Stunde von hier entfernten Kassala im englischen Sudan aufgebrochen. Er begibt sich von da aus nach Gedaref und dann nach Gallabat, um die Kraftfahrzeuge wieder in Stand zu setzen und auf Lifszyc und Roux zu warten, die gestern, Montag morgen, aus Gondar aufgebrochen sind. Wir stoßen entweder in Agordat oder in Asmara wieder zusammen.
Eins werde ich den Abessiniern nie verzeihen: daß es ihnen gelungen

ist, mich anerkennen zu lassen, daß die Kolonialisierung auch ihr gutes hat . . .

21. Dezember

Auf dem Rückweg von den Besorgungen in der Stadt: Halt am Fluß. Große Kamelherden. Vögel sitzen auf den Höckern der Tiere, auf dem Hals oder auf dem Kopf. Der Fluß ist gänzlich ausgetrocknet. Die Tiere saufen aus in den Sand gegrabenen Löchern. Begleitet werden sie von kleinen Jungen und Mädchen. Die Jungen sind fast nackt, die Mädchen tragen weite dunkle Kleider, Kopf und Gesicht sind mit Schleiern verhüllt; rechteckige, mit zahlreichen Anhängseln besetzte Masken. Ich denke an die Touareg, an die Sahara, die ich nicht kenne. Idee zu einer Reise in den algerischen Süden, die ich als Tourist machen möchte.
Genau wie in Gondar sind auch hier der Cinzano und der Martini von wesentlich besserer Qualität als in Paris. Vor allem der weiße Wermut. Als Tischwein trinken wir Chianti. Jetzt, wo das Wildbret des *avvocato* aufgegessen ist, sind die Menüs ziemlich dürftig . . .

22. Dezember

Abreise nach Agordat. Potamo kotzt wieder ins Auto. Aus dem Hund wird nie etwas rechtes. Bei jedem Halt springt er aus dem Wagen und sucht das Weite. Man muß ihm nachlaufen, um ihn dann weißgott wo wieder einzufangen. Fast hätten wir ihn schon in einem Dorf zurückgelassen, wo er sich zu einem anderen Hund und einem Zicklein gesellt hatte.
In Agordat angekommen weist man uns in eine prächtige Villa florentinischen Stils ein, und der Commissario holt uns mit dem Auto zum Abendessen ab. Wir sind kaum beim Commissario, als dieser Kretin Potamo aufkreuzt. Diesmal ist er uns also nachgelaufen. Der Herr des Hauses lacht zwar freundlich, aber das Vieh ist unerträglich: es stöbert überall herum, glotzt die Leute blöde an und wedelt dabei mit dem Schwanz, bettelt bei Tisch usw. . . . . Als wir uns verabschieden, will er nicht mehr weg. Er hat sich unter den Tisch des Speisezimmers verkrochen und läßt sich erst durch eine Treibjagd wieder zum Vorschein bringen.
Die Villa ist sehr geräumig und angenehm. Sie ist (als Imitation einer ihm gehörenden Villa in der Toskana) von dem Vorgänger des gegen-

wärtigen Konsuls in Gondar gebaut worden, als er noch Kommissar der Gegend war.

Die Stadt Agordat hat einen Bahnanschluß, aber zum Glück merkt man davon nichts. Eindruck einer Sommerfrische. Zu Ehren des durchreisenden Gouverneurs – der noch gestern hier war – hat man viele Eingeborene kommen lassen und die Stadt ist mit Fähnchen und Wimpeln geschmückt. Die Leute singen, schreien, tanzen, spielen im Freien auf den Trommeln. Ein doppeltes Spalier von Frauen und Männern bei unserer Ankunft – die einen schreien, die anderen schwenken ihre Waffen, als das Auto vorbeifährt – hätten an einen extra für uns organisierten Empfang glauben lassen können.

Die Majestät unserer Wohnstätte scheint unsere abessinischen Boys ganz schön zu beeindrucken. Von Makan dagegen ist schon seit langem bekannt, daß ihn nichts mehr umwirft.

23. Dezember

Kompletter Müßiggang. Um uns bei unserer Einrichtung nicht zu stören, läßt der Commissario nichts von sich hören. Sehr schöne Aussicht von der Terrasse aus: rechts das Militärlager (mit sehr sauberen runden Hütten) und getrennt davon die Ställe. Der Monumentaleingang des Lagers ist mit Flaggen geschmückt. Auf einem sehr nahe gelegenen Hügel sieht man die Ruinen des ehemaligen Forts von Agordat und eine Art Kriegerdenkmal. In der Mitte eine ganze Reihe von kleinen Dünen, eine eigentümliche Folge von Tälern und Hügeln mit spielenden Licht- und Schattenmustern. Links tiefe Palmenhaine (zumindest scheint es so) – am Fuß des Verwaltungssitzes im maurischen Stil – und dann die Ebene bis hin zu den Bergen (am morgen sind sie von Nebelstreifen und Wolken durchzogen).

Mittagessen in der griechischen Kneipe.

Fortsetzung meiner erotischen Reflexionen: die Ferien- oder Hochzeitsreisenstimmung entspannt mich, ich werde menschlicher. Meine Angst vor dem menschlichen Kontakt aber hält mich zurück und läßt mich vor dem Beischlaf zurückscheuen – als fände die Lust ihr Maß nicht allein an diesem Kontakt, sondern an jener Angst selbst. Vor diesem Kontakt habe ich eine solche Angst, daß ich den Leuten nur mit Mühe in die Augen schaue und ihnen manchmal nur ungern die Hand gebe. Ich habe kaum Freunde, denen ich mal einen Klaps auf den Rücken oder auf die Schulter geben würde. Und bei den Frauen ist es noch viel schlimmer: die kleinste Berührung verwirrt mich, denn sie ist schon als bloßer menschlicher Kontakt erotisch. Das Unglück will es, daß ich seit meiner Kindheit durch meine katholische Erziehung und aus verborgenen Gründen, die ich verwünsche, hintergründig immer dazu neige, die Erotik als eine Art Schande zu betrachten . . .

24. Dezember

Ulkige Geschichte gestern abend. Gegen 7 Uhr komme ich aus dem Büro mit dem Telephon, in dem ich gerade arbeite und werfe einen Blick in den riesigen Speisesaal. Die zum Haus gehörenden eritreischen Bediensteten sind dabei, den Tisch zu decken; ich zähle neun Bestecke. Ich gehe zu Griaule hinauf, sage ihm, was los ist. Er ist genauso verblüfft wie ich, denn es ist abgemacht worden, daß wir nicht hier zu Abend essen, sondern entweder zum Griechen gehen, oder zum Kommissar, falls der uns abholt. Ich frage Tèklè: Es sind anscheinend wirklich Leute zum Essen geladen. Mysteriös! Wird da ein Bankett vorbereitet, auf dem wir mit den wichtigsten Persönlichkeiten der italienischen Kolonie zusammentreffen sollen, eine Surprise-Party, oder gar ein Corps-Essen, zu dem wir gar nicht eingeladen sind (was im Bereich des Möglichen liegt, denn unser Haus – das gewöhnlich dem Gouverneur zur Verfügung gestellt wird – hat wahrscheinlich den geräumigsten Empfangssaal)? Ein Auto mit zwei mir unbekannten Personen fährt vor, die eine trägt eine weiße Marinemütze, die andere ein Stirnband. Griaule und ich wissen nicht, ob wir hinuntergehen sollen oder nicht, denn vielleicht handelt es sich um Gäste, die überhaupt nichts mit uns zu tun haben (wir nehmen zwar stark an, daß diese Behutsamkeit im Grunde überflüssig ist, halten es aber doch für nötig, so zu tun »als ob«). Nach ziemlich langer Wartezeit (es läßt sich niemand anmelden) höre ich Larget, der unten gerade mit den Besuchern zusammengetroffen ist. Ich entschließe mich, jetzt auch hinunterzugehen und erkenne den Commissario mit seinem Adjutanten wieder – gerade in dem Augenblick, als die Dienstboten, die den großen Tisch wieder abgeräumt haben, das Tischtuch abheben, das von der Bildfläche verschwindet wie ein wehendes Kleid in einem offenstehenden Türspalt . . . Sprachlos: Wer soll hier hinters Licht geführt werden?
Der Commissario klärt mich allerdings schnell auf (ich hatte ihn nicht erkannt, weil ich das kleine goldgelbe arabische Käppchen, das er oft zu tragen und besonders zu mögen scheint, für ein Stirnband gehalten

hatte): er holt uns zum Abendessen bei sich zu Hause ab, sagt er. Eigentlich sollten wir zwar hier essen, zusammen mit Leuten, die man aus Asmara erwartete (unter ihnen die französische Frau eines italienischen Beamten). Aber die Leute haben einen Tag Verspätung.

Weil sie schon sehr früh am Tag abgesagt haben, hatte man uns gar nicht erst benachrichtigt. Aber die Dienstboten haben irrtümlicherweise den Tisch doch gedeckt.

Das Diner hat demnach erst heute abend stattgefunden, sehr angenehm wegen des Eindrucks, weniger zu einer Surprise-Party, als vielmehr bei sich selbst zu Hause eingeladen worden zu sein. Außer der Französin war auch noch eine junge Italienerin aus Asmara da. Das hat jetzt absolut nichts mehr mit der Kolonie zu tun, sondern erinnert immer mehr an eine Sommerfrische.

Der Commissario verabschiedet sich erst um Mitternacht, nicht weil heute Weihnachtsabend ist, sondern weil er mit seinen Adjutanten im Auto nach Tessenei fährt, um Brunnen zu bauen. Morgen früh haben sie, jeder für sich, noch mehrere Stunden Kamelreise vor sich. Mit seinen weißen Haaren, den schwarzen Augenbrauen, den stattlichen Kapitänsschultern und seiner Condottiere-Miene ist der Commissario ein prächtiger Bursche.

25. Dezember

Sehr stille Weihnachten. Gestern viel Post bekommen. Zusammen mit den direkt nach Eritrea geschickten Briefen kamen gleichzeitig auch noch viele andere an, die nach Addis adressiert worden waren. In Paris scheint sich alles zu geben. Man findet sich mit der Krise ab und das Leben geht weiter. Briefe, die mir Freude machen: von Z., von meiner Mutter, von Freunden. Nachrichten vom letzten Frühjahr, von den Ausstellungen, aus Südfrankreich, über den holländischen Urbanismus usw. . . . Man registriert, so scheint es, einen gewissen Geisteswandel: zurück zur Natur, zur Menschlichkeit. Ich will hoffen, in ein Europa mit etwas weniger erhitzten Gemütern heimzukehren. Ich mache mich mit diesem Gedanken vertraut, ich beruhige mich. So sympathisch war meine Berührumg mit Eritrea, der ersten Etappe auf dem Weg nach Europa!

Sanftes Behagen, sich wieder bewußt zu werden, daß man Eltern hat, Freunde . . .

. . . .

Entsetzliche Trübsal. Die wirkliche, die koloniale Trübsal. Untätig, ein Zimmer ganz für mich allein; Tür und Tor stehen offen für jedweden Spleen. Rückblick auf meine sämtlichen Fehlschläge: Fehlleistungen, mißratene Abenteuer, mißlungener Beischlaf. Mich auflösen in einer Woge sanfter Haut, roter Kleider, schwarzen Leibes. Unvermögen . . . Aussichtslos, endlich einmal einfach zu sein, ruhig die Gelegenheit zu ergreifen, nicht alles zu komplizieren. Wo die anderen ihre Lust finden, vermag ich nicht einmal eine Obsession loszuwerden. Das Leben, das ich mir unendlich weit gespannt wünschte, dessen einzige Schönheit aber vielleicht darin bestanden haben wird, gewissermaßen unendlich lädiert gewesen zu sein . . .

Plan zu einer Erzählung, deren einzelne Elemente so weit wie möglich der gegenwärtigen Realität entlehnt wären. Eine Gestalt nach Art des Axel Heyst (vgl. Joseph Conrad)[64]. Gentleman wie er, aber weniger wohlhabend, viel schüchterner, noch viel reservierter. Er verwendet eine peinliche Sorgfalt auf seine Kleidung. Ein Fleck auf seinen weißen Anzügen bringt ihn aus der Fassung. Selbst bei tadelloser Bekleidung hat man immer den Eindruck, als würde er sich schämen. Perfektion seiner Bedienung bei Tisch. Er ist gewöhnlich schweigsam. Sehr selten (aus dem unscheinbarsten Anlaß, oder wenn er mal ein paar Whisky getrunken hat) taut er auf. Er spricht dann auf kühle und hochmütige Weise, redet über Sexuelles mit einer Art Zynismus, die genausogut eine Form wissenschaftlicher Objektivität sein könnte. Er übt irgendeinen beliebigen Beruf in einer beliebigen Kolonie aus. Er ist nicht leutselig, kann aber, genau wie Axel Heyst, durchaus zuvorkommend sein. Ein einziges Mal hat er etwas von sich selbst preisgegeben: gesprächsweise bei einem Diner unter Männern, als er lachend erklärte, ihn persönlich interessiere das Sexuelle nicht, er sei nämlich impotent. Dieser Scherz ist sehr goutiert worden und Axel Heyst gilt jetzt als jemand, der sich bei Gelegenheit als lustiger Kumpan erweisen kann. Da man ihn nie mit einer Frau zusammen sieht, hält man ihn für homosexuell; der Zynismus mancher seiner Reden hat zu diesem Ruf womöglich noch beigetragen. Andererseits sagt er gern, man brauche die Frauen nicht, denn man habe ja die Onanie. Er sei »kein Mann«, behaupten manche auch: er rühre sich nicht vom Fleck, er gehe nicht

---

64 *Une victoire*, Paris 1923.

auf die Jagd, er sei den Eingeborenen gegenüber ausgesprochen weich, er lasse sich leicht aus dem Gleis bringen. In schwierigen Situationen allerdings, wenn es darauf ankam, hat er freilich auch schon Kaltblütigkeit bewiesen. Selbst diejenigen, die ihn am meisten diskreditieren, sprechen ihm eine gewisse Würde nicht ab. Aber man liebt ihn jedenfalls nicht: soviel ist sicher. Der einzige, mit dem er eine gewisse Verbindung unterhält, ist der Arzt, mit dem er oft über Naturwissenschaft und Ethnographie plaudert. Aber weiter geht es auch mit dem Arzt nicht. Er läßt ihm gegenüber nichts Zynisches verlauten und vermeidet sorgfältig alles, was mit Sexualität und Psychologie zusammenhängen könnte.

Eine Tages geht es wie ein Lauffeuer durch die Kolonie: eine Frau ist in seinem Leben aufgetaucht. Ein Boy hat gesehen, daß in der Nacht eine Eingeborene sein Haus betrat und einige Minuten später wieder herauskam. Aber nichts im Verhalten von Axel Heyst läßt darauf schließen, daß sich auch nur das geringste geändert hätte. Er sieht immer noch ziemlich regelmäßig den Doktor, er geht bald zu ihm zum Essen, bald lädt er ihn zu sich ein.

Eines Abends – der Doktor will gerade zu Bett gehen – erscheint unter vielen Entschuldigungen Axel Heyst. Er hält sein Taschentuch wie einen Wattebausch in der Nähe der Schläfe an die Stirn gepreßt. Das Taschentuch ist blutdurchtränkt. Der Doktor will wissen, was passiert ist. Etwas verlegen gibt Axel Heyst zur Antwort, er habe sich beim Abfeuern des Revolvers verletzt. Ziemlich konfus sagt er – lächelnd und mit gesenkten Augen – man kenne ihn ja in der Kolonie, er sei kein Jäger, kein Krieger, er wisse mit Waffen nicht umzugehen, sei ungeschickt usw. . . . Der Doktor verbindet die Wunde – nichts weiter als eine leichte Streifwunde – und schickt ihn wieder nach Hause.

Einige Wochen später hört der Doktor, daß Axel Heyst – der auf Urlaub nach Europa fahren sollte – nun doch nicht fährt. Diese ganze Zeit über hatte er sich nur wenig blicken lassen. Da der Doktor selbst auf Reisen geht, möchte er sich von Axel Heyst verabschieden. Er kommt mehrmals bei ihm vorbei, trifft ihn aber nie an. Er besteigt schließlich das Schiff, ohne ihn wiedergesehen zu haben. Da er Heyst als ausgesprochen höflich kennt, kann er sich eines gewissen Unmuts nicht erwehren.

Rückkehr des Doktors. In der Kolonie war eine Seuche ausgebrochen. Heyst ist als einer der ersten gestorben. Anscheinend hat er nichts unternommen, um sich gegen die Krankheit zu schützen. Man übergibt dem Doktor ein bei Heyst gefundenes an ihn adressiertes Paket. Das Paket enthält:

1.) die Photographie eines kerngesund aussehenden blonden jungen Mädchens englischen Typs, auf der Rückseite irgendeine zärtliche Widmung, die mit den Worten endet: ».. . und harre seiner Rückkehr«;

2.) ein paar Bücher, darunter planlos gekaufte Romane, ein oder zwei Anthologien klassischer Poesie, eine gemeinverständliche Darstellung des Marxismus, einige Zeitschriften (in einer ein sorgfältig angemerkter Artikel über Freud), Illustrierte mit Filmphotos;

3.) ein ziemlich dicker Stoß loser Blätter, die eine Art recht konfusen persönlichen Tagebuchs darstellen. Der Doktor macht sich an die Entzifferung. Das Tagebuch enthält:

ein paar allgemeine Reflexionen über den Selbstmord, den Axel Heyst als etwas »an sich Gutes« bezeichnet. Axel Heyst fügt aber hinzu, daß er bei seiner Manie der Fehlschläge – glücklicherweise! – sicher ist, sich zu verfehlen (dem Doktor fällt die Geschichte mit dem abgefeuerten Revolver wieder ein);

zwei oder drei Anspielungen auf vergangene Beziehungen – sehr vage Andeutungen, aus denen aber doch hervorzugehen scheint, daß Heyst weder homosexuell war, noch daß er eine wirklich anormale Sexualität gehabt hätte;

Aufzeichnungen über die Arbeit von Heyst, wahrscheinlich in einer optimistischen Phase geschrieben: die Pflanzung wird bald ihren vollen Ertrag abwerfen, auch Heyst wird dann zu zeigen gewußt haben, daß er »ein Mann« ist;

einzelne Sätze über verschiedene Themen, namentlich über die Liebe; Heyst beklagt sich, daß es ihm nie gelungen ist, den Beischlaf als etwas anderes denn »eine tragische Angelegenheit« zu betrachten; an anderer Stelle wirft er sich vor, »nicht immer den Mut gehabt zu haben, seine Wünsche bis zum Ende zu verfolgen«;

mehrere wütende Ausfälle gegen das Romantische;

hier und da ein paar sehr zärtliche Bemerkungen über eine Verlobte (wahrscheinlich das junge Mädchen auf dem Photo); wenn Heyst es sich erst bewiesen hat, daß er ein Mann ist, daß er mit Erfolg gearbeitet und sich abgemüht hat, wenn er einmal die Sicherheit erlangt hat, daß er keine Angst mehr hat, weder vor sich selbst noch vor den anderen, dann wird er zurückkehren (der Doktor erinnert sich zufällig daran, daß das Gerücht, in Heysts Leben sei eine Frau aufgetaucht, kurz nach der Zeit aufkam, als die Pflanzung »ihren vollen Ertrag abzuwerfen« begann; wenig später dann folglich die Affäre des abgefeuerten Revolvers und der Verzicht auf den Urlaub);

auf einem sorgfältig datierten Blatt nur dieser eine Satz: »Nicht einmal
der Arsch einer Negernutte ist für mich . . .«
Das Tagebuch endet hier. Der Doktor überlegt und beschließt dann,
Axel Heysts Boy auszufragen. Im allgemeinen scheint Heyst zu seinen
Domestiken sehr gut gewesen zu sein, wie übrigens zu allen Leuten, die
für ihn gearbeitet haben. Der Boy erinnert sich allerdings, daß er ihn
einmal, wegen einer Lapalie, einem Arbeiter bis aufs Blut das Gesicht
zerpeitschen sah. Der Boy fügt lachend hinzu, daß es sich dabei um
einen eingeborenen Arbeiter gehandelt habe, der in der Gegend wegen
der imposanten Entwicklung seines männlichen Organs berühmt war.
Was die Frauen angeht, sei sein Herr »noch viel weniger ein Mann
gewesen als die Pfaffen«, erklärt der Boy. Ein einziges Mal, kurz bevor
er in Urlaub gehen sollte, habe Heyst sich eine Frau holen lassen.
Obwohl auch die nach 5 Minuten schon wieder gegangen ist und niemand je erfahren hat, was denn geschehen war. Es handelte sich um
irgendeine Eingeborene, die offiziell dem Beruf einer Prostituierten
nachgeht. Der Doktor läßt sich zu ihr führen, fragt sie aus. Sie sagt
sofort, daß *sie* es war, die nicht bleiben wollte. Warum? Wie sie zuerst
behauptet, war es das erste Mal, daß sie mit einem Weißen schlafen
sollte. Sie hätte ein wenig Angst gehabt und sich geschämt. Nach dem,
was sie sagt, scheint Heyst ein Lüstling gewesen zu sein. Trotzdem will
sie von diesem »so sauberen und höflichen« Mann beeindruckt gewesen
sein. Ausschlaggebend für ihr Gehen war schließlich sein Begehren, sie
solle ihr indisches Kleid ausziehen. Heyst hatte sie zunächst zurückgehalten, dann aber – immer noch sehr höflich – gehen lassen.
Der Doktor geht nach Hause, denkt nach. Jetzt, wo er sich als »Mann«
fühlte, hatte Heyst (wie fast alle anderen es zu tun vermögen) eine Frau
lieben wollen, als handle es sich um etwas Angenehmes, etwas
Leichtes. Die Umstände wollten es aber, daß ihm das nicht gelang.
Daher der Selbstmordversuch (der genauso danebenging wie der Beischlaf), der Entschluß dazubleiben, und dann die Preisgabe an die
Krankheit . . .
Der Doktor wendet sich wieder dem Paket zu: er stellt die Bücher in
seine Bibliothek ein, zögert ein wenig, bevor er das Tagebuch ins Feuer
wirft, fängt dann den folgenden Brief an:
Sehr geehrtes Fräulein!
Mir kommt die schmerzliche Pflicht zu usw. . . .
Ich übersende Ihnen diese Photographie, die einzige Erinnerung, . . .
usw. usw.

ZUSÄTZE: Das Zimmer von Axel Heyst, von der Prostituierten beschrieben (erdrückende Nacktheit und Ungeschminktheit dieses Raumes). Sie hat zudem auch nicht kapiert, warum sich Heyst nicht einfach ohne Präliminarien über sie hergemacht hat.

Axel Heyst hat den Doktor einmal ins Vertrauen gezogen: er fürchtet die Rückkehr nach Europa.

Porträt von Axel Heyst: groß, ziemlich gut gewachsen, kleiner Schnurrbart. Er kleidet sich bei den Engländern ein. Zu Beginn seines Aufenthaltes zog er zum Abendessen immer den Smoking an; aber sicher aus Angst, lächerlich zu erscheinen, hat er das dann später sein lassen.

Die meisten halten ihn für einen Wichtigtuer; die weniger Rohen bezeichnen ihn als Ästheten. Man findet es sonderbar, daß er nicht reitet und auch die Jagd nicht mag.

Seine Abscheu vor sentimentalen Romanzen einerseits, vor schlüpfrigen Witzen andererseits.

Seine häufige Schweigsamkeit in Gegenwart von Frauen. Diese halten das gelegentlich für Geringschätzung oder gar für Bosheit. Im allgemeinen sehen sie in ihm einen tölpelhaften, geschlechtslosen Hampelmann; die Nachsichtigsten sagen, er habe »einen Stich«.

Seine Verachtung des Militarismus; sein Malthusianismus.

In der Liebe: seine Manie, allem, was sich gut anläßt, aus dem Weg zu gehen (oder es gleich wieder zu Fall zu bringen) und dem nachzulaufen, was sich schlecht anläßt bzw. nur zu kümmerlichen Resultaten führen kann.

In seinen Papieren ein paar »Beischlafprotokolle«.

KORREKTUR: Diese Papiere durch eine Reihe von nicht abgeschickten Briefen Heysts an seine Verlobte ersetzen.

Die Geschichte in dem Augenblick einsetzen lassen, als der verletzte Heyst beim Doktor auftaucht, der gerade zu Bett gehen will.

27. Dezember

Entschieden quälende körperliche Einsamkeit, noch verstärkt durch die Untätigkeit und den Umstand, daß ich jetzt zwischen soliden Wänden in einem eigenen Zimmer alleine sein kann.

Lange trübsinnige Ergötzungen. Ich denke viel an Z., die mir so lieb und zart ist, daß ich mich schäme . . . Ich kann fast nicht schlafen.

Die raren erotischen Episoden dieser Reise: die etwas unschickliche Geste, die ich mir Emawayish gegenüber erlaubt habe, an dem Tag, als ich so sehr gegen *Abba Yosèf* aufgebracht war[65]; die lachhafte Geschichte, die mich auf den Gedanken zu diesem Roman gebracht hat[66] und die nur dazu dienen sollte, einen Wahn zu zerstreuen.[67]

Weder die Wissenschaft noch irgendeine menschliche Kunst oder Arbeit werden je an das Prestige der Liebe heranreichen und das Leben auszufüllen vermögen, wenn die fehlende Liebe es zunichte macht. Und alles so erschreckend zugleich und doch auch so schön. So köstlich ausgeschmückt, daß man weinen möchte ... Die Liebe, die uns vereint und die uns trennt, die uns in ein einziges Objekt zusammenschmilzt und zwischen uns und dem übrigen einen Graben aufreißt; die Liebe, die uns die *anderen* hassen läßt, denn ist sie nicht die eklatante Bestätigung unserer Einzigkeit, unserer Einsamkeit; die Liebe, der geborene Feind des Humanitarismus und des christlichen Geblökes.

An diesem Wendepunkt meines Lebens – wo ich schon bald 32 Jahre alt sein werde (was doch immerhin kein Schuljungenalter mehr ist), wo ich fast zwei Jahre an einer Arbeit beteiligt war, welche die sogenannten »ernsthaften« Leute für richtig und wohl fundiert halten, wo ich (vielleicht zum ersten Mal) behaupten kann, daß ich mich einer Verpflichtung in nichts entzogen habe – verfluche ich meine ganze Kindheit, die ganze Erziehung, die man mir zuteil werden ließ, die schwachsinnigen Konventionen, in denen man mich aufgezogen hat, die Moral, die man mir – überzeugt, es sei »zu meinem Besten« – als Grundstock meiner Ehrbarkeit eingetrichtert hat: all die Regeln, die mir letzten Endes nur Fesseln angelegt haben, die aus mir lediglich jenen sentimentalen Paria

---

65 Die Hand unter ihrer *chamma*. Und ich werde nie die Feuchte zwischen ihren Schenkeln vergessen – feucht wie die Erde, aus der die Golem gemacht sind (April 1933).

66 Eine Frau, die der Dolmetscher Wadadjé mir zugeführt hatte und die wieder weggelaufen ist – ohne Zweifel, weil sie von der Größe des Hauses beeindruckt war und von dem Umstand, daß es sich um ein Regierungsgebäude handelte. Ich war danach so niedergeschlagen, daß es in keinem rechten Verhältnis mehr zu dem auslösenden Ereignis stand (April 1933).

67 Heute, wo ich dieses Tagebuch kaltblütiger betrachte, kann ich einiges präzisieren. Was mich Emawayish gegenüber immer zurückgehalten hat, ist der Gedanke an ihre Exzision, die Vorstellung, daß ich sie nicht zu erregen vermöchte und als impotent dastehen würde. Da ich wußte, daß sie wie alle Abessinierinnen und zumal die Besessenen für Parfüm sehr empfänglich war, habe ich manchmal daran gedacht, diese Unfähigkeit, sie körperlich zu erregen, dadurch wettzumachen, daß sie mich mit meinen eigenen Händen ihren Körper mit Parfüm einreiben ließe. Obwohl ich einen solchen Kunstgriff verlockend gefunden hätte, war er mir doch gleichzeitig auch zuwider, und nichts beweist im übrigen, daß sie das akzeptiert hätte. Und die Affäre in Agordat geht auf meine Scham zurück, fast zwei Jahre lang durch Afrika gereist zu sein, ohne je mit einer Frau geschlafen zu haben. Ich wußte, daß mich nach der Rückkehr das größte Bedauern überkommen würde, meine Selbstverachtung, so unmenschlich gereist zu sein, und immer noch unverändert das Trugbild der »farbigen Frau« vorzufinden, das ich mir als Gegenbild zu all dem entworfen habe, was bei der »zivilisierten Frau« meine Phobien auszulösen vermag. Daß ich als Beschreibung meiner selbst die fiktive Gestalt des Axel Heyst gewählt habe, hat eine ganze Reihe von Dingen verfälscht (September 1933).

gemacht haben, der ich bin, unfähig, gesund zu leben, gesund zu koitieren. Wenn ich mich dergestalt martere und mir jeden Augenblick wieder neue Tragödien und Torturen erfinde, wenn ich diejenigen martere, die mich lieben, so fällt die Schuld daran weder auf mich selbst zurück, noch auf meine Erzieher (die es nicht besser wußten, und deren einziges Unrecht darin besteht, mich auf die Welt gesetzt zu haben), sondern auf jene morsche Gesellschaft, die sich verzweifelt an ihre alten Werte klammert . . .

Man behaupte ja nicht, Axel Heyst sei ein Ästhet, ein Irrer oder ein kauziges Original. Er ist nichts weiter als ein halb sehender in einer Welt von Blinden. Und es will ihm nicht gelingen, blind zu werden.

. . . .

Siesta. Ruhigeres Erwachen. Fluch über die Untätigkeit, Fluch über die Literatur. Fluch über dieses Tagebuch (das – wie ich es auch anstellte – letztlich doch nicht mehr ganz aufrichtig ist).

Mein Erwachen war recht komisch: um meinen Revolver zu laden und zu Ehren des italienischen Konsuls von Gondar (der irgendwo an der Spitze einer Eskorte zu Pferde ankommt) eine Salve abzufeuern, ziehe ich eine Maske und eine Brille ab, die mein Gesicht bedecken. Diese Larve und die Brille sind meine sich öffnenden Augen.

Spaziergang bei Sonnenuntergang. Immer noch schöne Orte mit Palmen; so schön, daß es unerträglich wird, daß das ganze übrige Leben in keinem Verhältnis dazu steht. Wozu sich lieben? Hält das den Mann oder die Frau vom Altern ab? Wozu reisen? Hindert einen diese Art, sich der Dinge zu bemächtigen etwa daran, überall dort hilflos zu sein, wo geschrieben steht, daß man hilflos sein wird?

28. Dezember

Ich fühle mich doch wieder etwas besser. Ich habe heute nacht gut geschlafen, bei offenem Fenster. Die unvermeidliche Entspannung nach den abessinischen Affären hat sich bei den einen in Müdigkeit niedergeschlagen, bei mir in einer massiven, aggressiven Rückkehr meiner Phobien.

Meine Wahnvorstellungen sind weg. Ich kann mir wieder eine Beschäftigung vornehmen. Die Rache wird kommen, wo den Phantomen der

Garaus gemacht wird. Ein paar Tiefschläge vielleicht noch; aber ich träume von einem wunderbaren Frieden nach meiner Rückkehr. Um ihn aber zu finden muß eins eliminiert werden – koste es was es wolle –: meine tragische Einstellung zum Beischlaf.
Sonnenuntergang: Vier im Fort von Agordat abgefeuerte Kanonen-schüsse künden den Beginn des Ramadan an.

29. Dezember

Sonderbares Erschlaffen vor der Rückkehr. Gefühl des Abgetrieben-werdens, das ich nie vorausgesehen hätte. Mentalität des Matrosen, der an Land geht und von einer Kneipe zur anderen zockelt. Alle Schleusen sind offen. Trotz der vielen Berichte, die wir zu versenden haben, und die ich abtippen muß, fühle ich mich nicht wirklich beschäftigt. Ich erinnere mich, daß man mir, als ich noch klein war, von den Verkäu-ferinnen der Konditorei Boissier erzählte, sie dürften so viel Zuckersa-chen essen, wie sie wollen – bis sie sich einen Ekel daran gegessen haben. Im Augenblick versuche ich keine andere Verhaltensregel auf mich anzuwenden als jene den Konditoren abgeschaute Richt-schnur.
Spaziergang durch die Stadt. Auf dem Rückweg durch das besagte Viertel. Jedes Bordell ist durch eine kleine Fahne kenntlich ge-macht.

30. Dezember

Ankunft von Lifszyc-Lutten-Roux. Was ich auch immer darüber sagen mag, ich spüre die Kameradschaft. Ich denke einfacher, wenn wir alle zusammen sind.
Jeden Abend kündigt kurz nach Sonnenuntergang ein Kanonenschuß das Ende des Fastens an. Jede Nacht, etwa um 2 Uhr morgens, ein weiterer Kanonenschuß, wenn das Fasten wieder anfängt.

31. Dezember

Abreise in unserem Ford, den wir jetzt wiederhaben. Griaule fährt, Lifszyc, die sich ausruhen muß, bleibt mit einem Teil des Materials in Agordat zurück. Sie kommt dann mit dem Zug nach.
Asmara. Eine große, wenig koloniale Stadt. Alle Europäer in Ausgeh-

anzügen. Sehr herzlicher Empfang: wir sind die Gäste der Kolonie. Wir richten uns im Hotel ein, wo gerade diejenige Tochter des Kaisers abgestiegen ist, die vor ein paar Monaten geheiratet hat. Es ist eine sehr häßliche junge Frau mit abessinischer Kleidung, aber europäischen Schuhen. Ein Gefolge von Anstandsdamen und Männern mit Schulterkragen macht sich um sie zu schaffen.

Vom abendlichen Aperitif an kümmert sich der Lokaljournalist um uns: Whisky, Diner im Hotel in einem Extra-Raum, Kino und wieder Whisky. Morgen früh übergebe ich ihm ganz offiziell ein Kommuniqué.

Mäßige Laune: Keine Lust mehr zu Ergüssen. Ich fühle mich schrecklich gesittet. Oder besser: ich habe zu nichts mehr Lust. Allein noch mich auszuruhen . . .

1. Januar

Die schicke Neujahrsfeier unten (an der wir mangels jeglicher Abendanzüge – denn die erwarten uns, d. h. zumindest Lutten, Roux und mich, erst in Addis – nicht haben teilnehmen wollen) hat uns einigermaßen um den Schlaf gebracht. *Basta!*

In der Bar des Hotels eine ergreifende Kaffeemaschine im Stil des Pariser »Kaffee-Hauses«. In einer so modernen Stadt habe ich nur noch den einen Wunsch: heimzukehren. Das Abenteuer ist zu Ende. Jetzt gilt es, sich mit der Presse, den Ausstellungen, den Veröffentlichungen herumzuschlagen: Offensive Rückkehr der Zivilisation (die man ja im Grunde so wenig verläßt!).

. . . .

2. Januar

Gestern nach dem Tee mit 38,9° Fieber ins Bett. Das Fieber ist sicher der Ermüdung zuzuschreiben und den 2400 Metern über dem Meer, die eine zu unvermittelte Veränderung darstellen, wenn man aus der Ebene kommt.

Euphorie des beginnenden Fiebers: extreme Empfindlichkeit der ganzen Epidermis.

Zwischenzeitliche Besserung heute, so daß ich sogar Besorgungen machen kann und zum Tennisklub gehe, wo wir eingeladen sind. Als ich

aber zu spielen versuche, merke ich, daß meine Glieder wachsweich sind: ich bringe keinen einzigen Ball übers Netz.
Vor dem Abendessen wieder zu Bett.

. . . .

5. Januar

Ich schreibe im Bett. Einigermaßen normaler Tag vorgestern (ich konnte etwas essen und zum Tee zum Gouverneur gehen) aber nach einem Autoausflug zu einer Kaffeeplantage mit dem Gebietskommissar gestern 39,2°. 38° heute morgen. Mußte auf die Besichtigung des Klosters von Bizen verzichten, der Ausflug hätte einen fünfstündigen Ritt auf den Maultieren verlangt. Griaule ist mit dem Kommissar allein aufgebrochen. Außerdem auf einen geplanten Gang zum besagten Viertel verzichtet.

6. Januar

Heute aufgestanden und zum Mittagessen runtergegangen. Gestern eine Teestunde verpaßt, zu der die in Agordat getroffene französisch-italienische Dame eingeladen hatte. Eine mit einem italienischen Grafen verheiratete Amerikanerin, die auch gekommen war, hat mir 2 französische Bücher geschickt. Dieselbe Person hat zu Griaule gesagt: »Das Verblüffende an eurer Reise ist, daß ihr euch nicht letzten Endes gegenseitig umgebracht habt.« Das nenne ich Psychologie!

7. Januar

Die Besserung hält an. Angenehmes Mittagessen beim Gouverneur. Amüsant trotz seines offiziellen Charakters – und das will schon was heißen. Unter den Gästen: die amerikanische Dame und ihr Gemahl, das junge italienische Mädchen mit den venezianisch blonden Haaren und die in Agordat gesehene Französin, ein Admiral mit Frau und Töchtern, verschiedene Beamte usw. Da wir heute den Zug nach Massaouah nehmen müssen, ist das Mittagessen eine halbe Stunde vorverlegt worden, aber da wir ja auch mittagessen müssen, versteht es sich, daß der Zug auf uns wartet. Die mit den venezianisch blonden Haaren trägt einen kleinen, kecken, schwarzen Strohhut, der meine Lust noch verstärkt, wieder in den großen Städten zu sein.

Die Bahnfahrt erinnert an Präsidentenreisen. Auf dem Bahnsteig steht zum Abschied der Gebietskommissar. Ich rede nicht von der Strecke: es gibt übergenug zu sehen. Rascher Abstieg in so schwindelerregenden Serpentinen, daß man manchmal – nach verschiedenen Höhen gestaffelt – drei Tunnelmündungen gleichzeitig sieht. In Damas steigt ein Abgesandter des Kommissars von Massaouah ein und bittet uns ins Bahnhofsbuffet. Es erwarten uns eine doppelte Reihe von 6 Tassen Kaffee und 6 Gläsern Orangensaft. Wir können in Ruhe austrinken, der Zug wartet. Es lebe die italienische Gastfreundschaft!

Massaouah. Das Meer: Endpunkt unserer Afrikadurchquerung (aber man denkt kaum daran). Es tut mir wohl, wieder in die Feuchtigkeit einzutauchen. Ich bin wieder munter.

Wir richten uns im Hotel ein, wo alles bis ins kleinste vorbereitet ist. Gang in die Stadt, mit einem Adjutanten des Kommissars: schöne, ein wenig antiquierte europäische Häuser mit Arkaden und Galerien in den Stockwerken. Arabische Häuser mit Mocharabien. Schiffe im Hafen.

Großes Diner beim Kommissar mit der Frau und der Tochter des Gouverneurs (die zur Badesaison gekommen sind) und noch ein paar anderen Leuten. Ein Band mit den italienischen Farben liegt auf dem Tisch, aber die langen Baguettebrote werden mit Bändern in den französischen Farben zusammengehalten. Konversation auf französisch, wie beim Mittagessen. Beim Dessert ein europäischer und patriotisch-faschistischer Toast des Kommissars (ein Herkules oder ein Meeresgott), auf den Griaule mit einem italienisch-französischen Toast antwortet.

Soiree. Rückkehr ins Hotel, wo mich schon wieder eine neue Aufmerksamkeit erwartet: in jedem unserer Zimmer steht neben dem Schreibpapier eine enorme Schachtel mit 100 Zigaretten. Manche Chauvinisten erzählen was von französischer Höflichkeit . . .

8. Januar

Heute nacht ist das Schiff eingelaufen: ein kombiniertes Motorfracht- und Passagierschiff mit dem Namen *Volpi*. Ganz neu, sehr gepflegt, sehr hübsch. Da heute der Namenstag der Königin ist, ist es genau wie die anderen Schiffe des Hafens mit Lilienbannern geschmückt.

Gang zur Schiffahrtsgesellschaft, wegen der Fahrkarten. Der Vertreter der Gesellschaft ist nicht da. Er hat mit den Bordoffizieren heute nacht die Ankunft des Schiffes in Massaouah gefeiert und schläft noch. Er ist erst nach 10 Uhr zu sprechen.

Einschiffung. Verladung des Materials. Eine Kabine für Lifszyc, eine für Griaule-Larget. Eine für Lutten, Roux, mich. Gute, geräumige, gelüftete Kabinen. Unter den wenigen Passagieren an Bord eine amerikanische Mutter mit ihren 3 Töchtern. Sie kehren nach Kalkutta zurück, wo sie zu Hause sind. Diese Fräulein (ausgenommen eine, die – nach Auskunft von Lutten – verlobt ist) flirten was das Zeug hält mit den Offizieren, den Kommandanten inbegriffen. Sie gehen derart ran, daß wir uns fragen, ob diese Flirts nicht bis zu einem gewissen Grad beruflicher Natur sind . . .

Großes Behagen, auf einem Schiff zu sein. Aber warum schon in Djibouti wieder haltmachen? Es wäre so einfach, bis nach Indien weiterzufahren . . .

9. Januar

Erwachen auf See. Ohne daß ich etwas davon gemerkt hätte, haben wir Massaouah verlassen und seine Regierungspaläste im maurischen Stil, bei denen einem die Weltausstellung einfällt. Der Vertreter der Gesellschaft hätte es gern gesehen, wenn wir schon gestern abend abgelegt hätten, aber wir waren noch bis in die Nacht hinein beim Einladen. Zu Ehren der Königin Galavorstellung im Kino; auch die drei Mädchen sind hingegangen – unter Vormundschaft des Kapitäns. Er hatte also offenbar keine Eile, den Anker zu lichten.

Auf dem Meer heute. Dem »roten« zwar, aber auch nicht verschieden von den anderen. Wir fahren mit Gegenwind. Es ist sehr kühl.

Bei den Mahlzeiten hat der Kommandant den Vorsitz des Tisches mit den drei Mädchen, der technische Offizier hat den Vorsitz an unserem. Mit den drei Mädchen sitzen ein schwedisches Missionarsehepaar und ihr erwachsener Sohn am Tisch. Bei uns ein Armenier. Obwohl der technische Offizier sicher ziemlich weit gereist ist, kennt er doch nichts – oder fast nichts – außer den Häfen seiner Schiffahrtslinie. Bürokraten-Dasein mancher Seeleute.

Djibouti. Baufällige, aber alles in allem weniger häßliche Stadt, als ich geglaubt hätte. Ein paar Palmen. Die klassischen französischen Kolonialisten. Trübsinnige Kneipen.

Es ist feucht und kühl. Es hat geregnet. Wir ziehen in das sehr geräumige Haus, das man uns zur Verfügung gestellt hat. Verschiedene Besuche Griaules, u. a. den unvermeidlichen beim Gouverneur. Schöne Araberinnen und Somali-Frauen, im allgemeinen von ziemlich großer Statur.

Dringende Vorladung, kaum daß wir zu Abend gegessen haben. Ein Kamerad von Griaule, der von seiner Ankunft erfahren hat, schickt ihm Wagen und Chauffeur. Der Chauffeur überreicht eine Visitenkarte mit der Aufforderung, sich stehenden Fußes bei dem Freund einzufinden. Wir kommen zu viert. Es ist ein belgischer Konsul da und noch ein weiterer Belgier, die gerade Bridge spielen. Die Freundlichkeit der Hausherrin und des Hausherrn bewirkt, daß wir ohne zu zögern noch einmal zu Abend essen, obwohl wir gar keinen Hunger mehr haben.

Whisky, eisgekühlter Champagner. Als fidele und aufgedrehte Leute aus dem Busch schlagen wir in der Unterhaltung schon bald über sämtliche Stränge. Die Hausherren – die so etwas nicht zum erstenmal erleben – sind entzückt. Der belgische Konsul ist erst etwas pikiert, stimmt dann aber auch mit ein. Wir kringeln uns vor Lachen.

Ende des Abends als italienische Pantomime im Bordellviertel, dessen säuberlich aufgereihte Häuser wie Waschtröge aussehen. Weiß gekleidet durch die Pfützen laufend, verfolge ich in einer undefinierbaren Mondlandschaft nach allen Seiten die Somali-Nymphen, die laut lachend reißaus nehmen und sich in den Ecken und Winkeln verdrücken. Seltsames Blindekuhspiel, bei dem ich der erste Darsteller bin, eine Art von Theaterhanswurst, der sich selbst eine ganze Komödie aufführt . . . In einer Ecke steht Roux und tut als bewürfe er die Leute mit Steinen.

Als ich nach Hause komme, bin ich bis zum Bauch mit Kot bespritzt. Es gibt ja auch geeignetere Aufmachungen für den Fußsport als eine weiße Anzugshose.

11. Januar

Die *Volpi,* mit der wir gekommen sind, ist bereits gestern nachmittag wie ein Geisterschiff am Horizont verschwunden. Ich sinne eine phantastische Geschichte aus von einem ins Verderben laufenden Schiff, dessen willenloser Kapitän drei Schönheiten hörig ist . . .

Lifszyc und ich gehen zur Schule, um uns nach Informanten zu erkundigen. Eine charmante Lehrerin. Gelber, ärmelloser Pullover, zitronenfarbenes Kleid, Ringelsocken. Schwarze, über den Augenbrauen glatt abgeschnittene Haare. Blutroter Mund. In ihrem Gebaren ein Anflug von Bravheit und Verlorenheit des kleinen Mädchens, das von weißgott wo hierher verschlagen wurde und entschlossen ist, das Leben noch einmal von vorne zu beginnen.

Anschließend mit Griaule ein Besuch bei den Salinen, die der Leitung des Kameraden von gestern abend unterstehen . . . Becken, in denen sich das Salz absetzt. Loren. Enge Deiche. Große Fluchten von Schneekuppen. Wir sind in Holland, in den Poldern, oder in Alaska.

Wir laufen über das Salz, und es macht Spaß, auf einem Nahrungsmittel zu gehen. Unter einem riesigen Schuppen ein Eisberg, den fast nackte Schwarze – auf deren Haut wie Schweißtropfen das Salz perlt – mit Spitzhacken angraben. Von unserem Kommen überrascht, halten sie in ihrer Arbeit inne. Einer bleibt wie erstarrt stehen und hält seine Hacke über den Kopf erhoben. Als er dann den Photoapparat sieht, geht er vor Angst langsam rückwärts nach draußen, wobei er die Spitzhacke noch immer unverändert über dem Kopf hält. Wir glauben zu träumen.

12. Januar

Sturzregen. Sowas hat man in Djibouti noch nicht gesehen. In den Salinen sind die Deiche hart am Brechen und das Salz löst sich auf. Wind. Schlamm.

Mein exotischer Wahn ist zu Ende. Keine Lust mehr, nach Kalkutta zu fahren, keine Lust mehr auf farbige Frauen (dann lieber noch mit Kühen koitieren: manche haben ein so schönes Fell!). Die Illusionen, all die Trugbilder, von denen ich besessen war, sind weg.

Ich bin ruhig, und ich langweile mich, oder besser: ich schleppe mich so hin. Ich möchte schnellstens zurückkehren; nicht um Frankreich wiederzusehen (mit dem mich diese Reise wirklich nicht ausgesöhnt hat), sondern um Z. wiederzusehen, die mir so lieb ist, die mich so gut versteht – um mit ihr zu vögeln. Wir werden das Leben führen, das wir bis jetzt versäumt haben: ausgehen, uns prächtig anziehen, zum Tee ins Ritz gehen, tanzen . . . Manche nennen mich einen Snob. Es wäre wohl richtiger zu sagen, daß ich ein Kind bin. Ich glaube nicht an den Luxus, aber sein Abglanz zieht mich unwiderstehlich an wie den Neger die Importartikel aus Weißblech. Was ich der bürgerlichen Gesellschaft nicht verzeihe, ist der Schmutz der Arbeiter. Aller Luxus wird davon besudelt . . . Und jeden Luxus' bar, ist der Arbeiter noch kaum Mensch. Der Bourgeois dagegen hat als Monopolinhaber dieses Luxus' das Recht, ein Mensch zu sein, aber sein Luxus wird mit jedem Tag falscher. Der Grund eben, warum man in Europa alles ändern müßte.

Also Z. wiedersehen. Schluß mit den Martern und den Grillen. Mit ihr zusammen mich amüsieren, in ihr aufgehen. Es ist gut möglich, daß wir nicht viel Geld haben werden, um uns zu kleiden und auszugehen, aber wir werden zusammen sein, und wenn wir auch nur wie die Kinder miteinander spielen . . .

13. Januar

Langer Besuch beim Gouverneur, zur Vorstellung der Expedition. Es ödet mich derart an, daß ich fast einschlafe.

Da ich nach dem Abendessen nichts zu tun habe, mache ich einen Gang zum Viertel (was jetzt eine feste Gewohnheit zu werden verspricht). Am äußersten Rand der Eingeborenenstadt, in der Nähe des Meeres steht das halbe Dutzend Häuser – dünnwändig und hellhörig wie Jahrmarktsbuden. So weit das Auge reicht der schlammige Meeresstrand. Die schwarzen Sirenen kommen dir plappernd entgegen und greifen dich auf wie Strandräuber das antreibende Wrack. In der Ferne sieht man die Salzberge . . .

14. Januar

Abendessen bei einem der Eisenbahndirektoren, einem älteren Junggesellen. Vor dem Essen schenkt er uns eigenhändig ein exquisites Gebräu eigener Mischung ein. Als er gerade die Gläser überreicht, kommen zwei Damen herein. Er begrüßt sie mit einer Hand, wobei er sich – ohne sein Tablett loszulassen – zur Seite verneigt.

Eine der Damen ist recht hübsch. Sie macht etwas auf snobistisch und soll angeblich eine Verehrerin von Cocteau sein. Eigentlich wohnt sie in Diré-Daoua. Nach dem Abendessen gehen wir auf dem Strand spazieren. Der Hausherr, die Dame, Griaule und ich laufen hinter den Krabben her. Die Dame und Griaule sind barfuß, der Hausherr hat Socken an und ich meine Schuhe, denn ich habe nichts ausgezogen. Plötzlich überkommt mich weiß der Himmel welche Lust nach Exzentrizität. Entschlossenen Schrittes gehe ich bis zum Gürtel ins Wasser vor und dann wieder zurück. Die Dame, die das sehr sportlich findet, bewundert sehr, daß mein Krawattenknoten dabei nicht naß geworden sei.

15. Januar

Neuerlicher Besuch der Salinen. Bei dem Sturm ist ein Deich gebrochen. Man repariert die Bresche nach einem anderen Plan: in Zukunft wird dieser Teil des Deiches überschwemmbar sein. In einem Maschinenschuppen schlafen ein paar Eingeborene vor einem Lenkrad. Sie sind von Kopf bis Fuß in Chammas gehüllt. Die Pumpen werden angeworfen, damit die Besucher sehen, wie sie funktionieren. Spaziergang durch die blendend weißen Berge, die – so scheint es – ruinös sind für die Haut der Eingeborenen.
Abendessen beim Direktor-Kameraden und seiner charmanten Frau, die so vollendet ihr Geschick der seit Jahren bettlägrigen Kranken erträgt. Whisky. Eisgekühlter Champagner. Beim Dessert wird gesungen. Die Hausherren geben altbekannte Nummern zum besten.

. . . .

19. Januar

Nach einer Nacht, einem Tag und noch einer Nacht in der Bahn sind wir (Lutten und ich) jetzt in Addis, mit dem Auftrag, dem französischen Gesandten alle nötigen Auskünfte über unsere Auseinandersetzungen mit den Äthiopiern zu übermitteln und den Kaiser davon in Kenntnis zu setzen, daß Griaule für die Expedition 150 000 Taler Entschädigung fordert, zahlbar in bar sowie in Sammlungen und Manuskripten.
Sonderbar, jetzt mit der Eisenbahn wieder nach Abessinien hineinzufahren, nachdem wir doch erst auf Maultieren gekommen waren. In der

ersten Nacht Vollmond über der Dankali-Wüste. Die zweite Nacht Anstieg zum Hochplateau. Heute sind wir in der belebten und im Vergleich zu Orten wie Gondar oder Tchelga luxuriösen Stadt. In der Umgebung des kaiserlichen Guébi zahlreiche von Gewehrträgern eskortierte Chefs. Zahlreiche Damen mit Lackschuhen, Seidenumhang und Mundschleier.

Wir richten uns bei einem Rechtsanwalt und Freund von Griaule ein, der schon die kranken Roux und Lifszyc beherbergt hatte. Er begleitet uns auf unseren ersten Gängen: zum Schneider, der unserem Mangel an europäischer Kleidung abhelfen soll, zum Gesandten, dem wir die Berichte übergeben, zum Vertreter der französisch-äthiopischen Eisenbahnen, die den einzigen sicheren Beförderungsweg für die Post darstellen.

Aus unseren ersten sondierenden Gesprächen scheint hervorzugehen, daß man den möglichen Erfolg unserer Demarche eher skeptisch beurteilt, daß der Quai d'Orsay versuchen wird, die Affäre zu vertuschen, und man geneigt ist, alle Zwischenfälle den Italienern zur Last zu legen . ...

Im übrigen hören wir, daß der Gesandte in etwa der Ansicht ist, wir hätten ganz einfach die Kirchen von Gondar ausgeplündert.

Die Frau des Franzosen, der den *Courrier d'Ethiopie* leitet, hat anscheinend erklärt, Frl. Lifszyc müsse »hysterisch« sein, um als einzige Frau unter soviel Männern auf Expedition zu gehen.

20. Januar

Besuch bei der italienischen Gesandtschaft. Fregolismus, Garderobenkomödie: wir sind zu dritt und tragen die Anzüge eines einzigen. Da Lutten und ich keine Ausgehanzüge haben, hat unser Gastgeber – der uns begleitet – jedem einen von sich ausgeborgt.

Unterwegs kommen wir vor dem Guébi des Kaisers in ein schreckliches Gedränge. Der Kaiser kehrt von einem Gottesdienst zurück. An der Spitze des Zuges stützt sich ein reitender Zeremonienmeister, der ein weißes Schafsfell über den Schultern trägt, von seinem Maultier herab auf einen sehr langen Stab, den er wie einen Spazierstock gebraucht. Die reitenden Paukenschläger – es sind durchweg Sklaven – tragen Schirmmützen wie Zirkusjungen. Über dem Kopf des Kaisers schwebt ein roter Sonnenschirm mit goldenen Stickereien. Der Kaiser trägt einen Seidenumhang und einen Tropenhelm. Sein Gesicht ist aus Wachs.

Eine vergleichbare Blässe kenne ich nur bei Emawayish. Hinter ihm, auf Maultieren oder Pferden, die Minister, die fast alle ein Gewehr geschultert haben. Wir steigen aus dem Auto, um unsere Reverenz zu erweisen. Unter den Ministern macht man mich auf den berühmten Fasika aufmerksam; er trägt einen europäischen Anzug und hat kein Gewehr. Eine Menge Leute zu Fuß, mit oder ohne Gewehr. Reguläre Soldaten in Kakiuniform. Reiter in Kaki mit Wimpeln in den äthiopischen Farben. Ein kleiner Page mit der königsblauen Uniform eines Portiers in einem vornehmen Restaurant. Dahinter eine immense Menge von Leuten auf Maultieren oder zu Fuß. Die Damen fast immer mit Filzhut und Mundschleier.

Da das Tor nicht rechtzeitig geöffnet wurde, blieb der Kaiser ziemlich lange direkt vor uns stehen, und wir konnten uns in aller Ruhe den Mann anschauen, von dem es 750 000 Francs zu erhalten gilt.

21. Januar

Ein Brief mit unseren Berichten ist gestern – um alle Indiskretionen zu vermeiden mit der franko-äthiopischen Eisenbahn – an Griaule abgeschickt worden.

Besuch beim französischen Militärattaché. Er setzt uns mit aller Deutlichkeit die Lage auseinander: eine französische Pressekampagne gegen Äthiopien brächte den französischen Einfluß in diesem Land zum Erliegen und würde anderen Mächten in die Hände arbeiten.

Es wird immer deutlicher, daß Griaule bei jedwelchem Versuch, eine Entschädigung für die erlittenen Unbilden zu erhalten, als Verräter und schlechter Franzose dastehen wird.

Der Gang zum Markt ruft wehmütige Erinnerungen an Gondar wach. Die Verkaufsstände sind kleine, von Steinen umgebene Erdhügel. Sie dienen dazu, die Waren vor Überschwemmung zu bewahren, wenn sich in der Regenzeit der Boden in einen See oder Sturzbach verwandelt. Zahlreiche Palaver werden vor Freilufttribunalen geschlichtet, die aussehen wie Musikerestraden für den 14. Juli oder die Freiwilligenmusterungsbüros von 1792, wie sie auf den alten Bildern zu sehen sind.

Mittagessen bei dem Hotelier G., der hält, was sein Ruf verspricht. Zweifelhafte Notarbrille, bartlos-glattes Komödiantengesicht, Goldzähne, hellblaues Seidenhemd des Marseiller Zuhälters, das er kragenlos unter dem beigen Überzieher trägt. Er ist voller Verve und spendabel bei den Getränken. Im Eßzimmer ein großes gemaltes Porträt des Ras Haylou, der sein Kommanditist war. G. rühmt sich, es nicht entfernt zu haben.

Gegen 5 Uhr gehe ich den Anzug abholen, den ich mir habe machen lassen. Der Schneider ist ein portugiesisch-hinduistischer Mestize aus Goa.

22. Januar

Feuersbrunst heute nacht. Es sind mehrere Häuser abgebrannt, unter anderem eins, das dem Schwager von G. gehörte. 1 Million Francs Sachschaden und nur 200 000 versichert, erklärt der Hotelier. Er spielt den Stoiker, der hart im Nehmen ist. Aber seine Zahlen sind vielleicht frisiert.

Der Kaiser fährt heute abend mit einem Sonderzug nach Djibouti. In der Abenddämmerung machen sich alle *zabagna* (Polizisten), mit Mützen wie die Japaner beim Feldzug in der Mandschurei, auf den Weg hinunter zum Bahnhof. Halb Monte-Carlo, halb Kreml, liegt der neue Guébi noch lichtübergossen auf seinem Hügel. Als dann die Nacht gänzlich hereingebrochen ist, kündet ein langer Pfiff die Abfahrt des Zuges an.

23. Januar

Besuch beim französischen Konsul. Besuch bei einem ehemaligen Professor des Institut Catholique, der soeben von der äthiopischen Regierung zum Konservator der Staatsbibliothek und der staatlichen Museen ernannt worden ist.

Den Verräter Sersou, unseren ehemaligen Dolmetscher in der Menge gesehen. Anscheinend sind er und sein Kollege Chérubin von Wond Woussen als Französischlehrer eingestellt worden. Chérubin ist bereits auf dem Weg nach Dabra-Tabor.

Trotz der ganzen Affären und der Schuftigkeit der Leute liebe ich Abessinien. Ich bin ganz geknickt, wenn ich bedenke, daß ich das Land vielleicht nie wieder betreten werde.

Die Wellblechdächer, die groben braunen Wollumhänge, die Eukalyptusbäume; das Kindermädchen Askala, die bei unserem Gastgeber, dem Rechtsanwalt, abwechselnd *Au clair de la lune* und abessinische Refrains anstimmt.

24. Januar

Wir gehen zur französischen Gesandtschaft hinauf, wo wir zum Mittagessen eingeladen sind. Im Wagen unser Gastgeber, der Rechtsanwalt mit seiner Frau sowie Lutten und ich. Auf dem Trittbrett der Koch, der Einkäufe zu machen hat, weil heute abend Leute zum Essen kommen. Obwohl alle abessinischen Chefs so herumfahren, mit einem, zwei, oder gar einer ganzen Traube von Achkar auf den Trittbrettern, und niemand ihnen etwas sagt, hält an einer Kreuzung ein *zabagna* das Auto an, packt den Koch bei der Chamma und will ihn nicht wieder loslassen. Nach dem Mittagessen müssen wir zur Polizeiwache, um ihn wieder auf freien Fuß setzen zu lassen. Nach Verhandlungen mit einer Art Dogge von Kommissar läßt sich die Affäre einrenken. Der Mann hat ein altes Schleppkleid an und sitzt vor einem ehemaligen Spieltisch, auf dem noch PAIR-PASSE, IMPAIR-MANQUE zu lesen ist und dessen Mittelloch mit einem umgestülpten Tropenhelm verstopft ist. Auf Verlangen eines jungen Polizeichefs – Lidj Ababa –, der gerade angekommen ist, hat der Koch einen Bürgen stellen müssen. Unser Gastgeber hat sich im übrigen auf den obersten Polizeichef der Stadt berufen, den Guérazmatch Amara, der das Haus neben dem unseren bewohnt und dort manchmal Eier und Hühner stiehlt.

25. Januar

Weißer Rücken, zu gleich fahlen Arschbacken sich weitend, und ganz unten, zwischen den von hinten gesehenen Schenkeln, die geheimen Organe. Seit mehreren Nächten dieselbe Art von Träumen. Die wenigen Frauen, die ich gekannt habe, sind in dieses Bild eingeflossen, ja sie verschwimmen fast ineinander.

Lutten und ich werden vom französischen Gesandten zu Blatten Guéta Herouy, dem abessinischen Außenminister geführt. Im Vorzimmer treffen wir auf den deutschen Gesandten. Er wirkt fast genauso französisch wie der französische. Internationalität der Klassen, Internationale der Diplomatie . . .

Blatten Guéta Herouy ist einer der gewehrtragenden Minister, die ich neulich hinter dem Kaiser hergehen sah. Er ist feist, schwarz, bärtig und hat leicht gekräuselte weiße Haare. Abba Jérôme hatte mir einmal gesagt, er sei Hexer und *balazar*. Wie dem auch sei, wir haben nichts von ihm zu erhoffen. Er blockt die Vorwürfe Luttens ab und verlangt

Aushändigung einer schriftlichen Zusammenfassung der Beschwer-
den.
Funkspruch an Griaule, damit er uns seine Instruktionen erteilt. Funk-
spruch des französischen Gesandten an den Gouverneur der Somali-
Küste, um Griaule Vorsicht und Mäßigung nahezulegen.
Empfangstag der Frau des Gesandten. Wir gehen hin. Klan der Män-
ner, Klan der Frauen. Jedes Geschlecht hat sich auf einer Seite des
Salons zusammengeschart. Ich gebe mich wie ein weidlich dressiertes
und gebürstetes liebes Hündchen. Wann werde ich endlich diese üble
Angewohnheit loswerden?

26. Januar

Landausflug im Taxi, auf der Straße nach Addis-Alam. Einen Pflug,
eine Wasserpfeife, eine Fiedel und Ackergeräte gekauft.
Besuch beim englischen Gesandten. Wir erfahren, daß der englische
Konsul von Danguila, der sich nach Gallabat begeben hatte, um dort
Personal anzuwerben und sich mit Geld zu versorgen, seit 20 Tagen am
Zoll von Métamma zurückgehalten wird.
Auf den Straßen immer dieselbe Masse von Menschen. Damen auf
Maultieren. Häftlinge mit Ketten an den Füßen. Prozessierende Män-
ner, die mit sehr lockeren Handeisen aneinandergekettet sind.

27. Januar

Fest zur Beendigung des Ramadan. Kanonenschüsse, Leute auf den
Straßen, Gesänge, in bunte Stoffe gekleidete Kinder.
Besuch beim französischen Gesandten, zur Übergabe eines Griaule
abverlangten und gestern eingetroffenen ergänzenden Berichts. Der
Gesandte hat seinerseits einen Funkspruch erhalten, wonach Lutten
und ich uns unverzüglich auf den Rückweg machen sollen. Es fällt mir
schwer, dem Folge zu leisten, denn ich wollte es irgendwie einrichten,
zwischen zwei Zügen noch Harrar zu besichtigen. Sei's drum. Es ist nun
mal nicht zu ändern . . . Der Kaiser, der sich zur Zeit in Aden aufhält,
oder in Berbera in Britisch Somaliland, wird für Sonntag oder Montag
in Djibouti erwartet. Und ich täte gut daran, noch vor seiner Ankunft
dort zu sein, denn wenn sich Griaule entschließt, dem Kaiser einen
Besuch abzustatten (wie der Gesandte es ihm angeraten hat), braucht
er mich sicher für dieses und jenes. Wir kommen also überein, daß ich

mit dem Zug heute abend hinunterfahre und daß Lutten dableibt, denn er muß sich um die Verpackung verschiedener in Addis gekaufter Sammlungsobjekte kümmern. Er fährt dann eben allein nach Harrar.

Während ich meine Koffer packe, gehen Lutten und unser Gastgeber zu einem mit dem letzteren befreundeten Muselmanen, der im Familienkreis den Bayram feiert. Sie kennen meinen Geschmack und bringen mir von dem Fest ein paar *tchat*-Zweige mit, die ich gleich gierig zerkaue. Der hiesige *tchat* ist süßer, nicht so bitter wie der von Gondar. Allerdings ist der *tchat* von Gondar auch erst bitter geworden, nachdem ihn irgendein Scheich verflucht hatte, weil die Muselmanen der Stadt zu sehr zu Mischehen mit Christinnen neigten, und umgekehrt.

Ich verlasse Addis wider Willen. Ich mochte diese belebte Menschenmenge gern, den Guébi und die Häuser aus Pappmaché, die abschüssigen, felsigen Sträßchen, die Läden, auf deren Aushängeschildern immer zumindest ein Löwe zu sehen ist.

Unsere Gastgeber begleiten mich zum Bahnhof, und ich verabschiede mich von ihnen mit aufrichtigem Bedauern.

28. Januar

Mein Reisegefährte ist ein alter Deutscher, der als Architekt in den Diensten der abessinischen Regierung steht und dessen Frau die Anstalt leitet, in der die Töchter des Kaisers aufgezogen worden sind. Der Alte bietet mir eine Zigarette an. Es schließt sich eine höfliche Konversation an. Ich erfahre unter anderem, daß Lidj Yasou ein Säufer ist und es – als er in Addis weilte – mehrmals vorgekommen ist, daß er in den Freudenhäusern im Suff Frauen umbrachte.

Weite Buschlandschaft mit viel Wild anscheinend. Ich sehe unter anderem: einen schönen Hundskopfaffen und dann einen, der sich wie eine große faule Katze unter einem Baum ausruht. Hier und da eine ziegelrote Hirtin, die das Vieh hütet.

29. Januar

Der gestrige Abend ist sehr angenehm gewesen. Als ich gegen 5 Uhr in Diré Daoua ankam, stand der französische Konsul, der sich ausgerechnet hatte, daß ich in dem Zug sein müsse, auf dem Bahnsteig. Autoausflug im Flußbett und dann auf der Straße nach Harrar. Anschließend nimmt er mich zum Abendessen zu seiner Frau mit. Es ist auch die hübsche junge Dame da, unter deren Augen ich in Djibouti in voller Kleidung ins Meer gestiegen bin. Halb ästhetische, halb moralische Konversation im Stil »Avantgarde«, wie sie zur Zeit meiner Abfahrt in Paris an der Tagesordnung war.

Ausgezeichnete Nacht, ganz allein in einem Abteil. Ankunft zwischen 6 und 7 Uhr morgens. Lifszyc holt mich mit den Boys Wadadjo und Abata von der Bahn ab.

Auf dem Weg zum Haus begegnen wir Griaule, der mir entgegengekommen ist. Er erzählt mir gleich, wie die Dinge stehen:

Das Außenministerium will um jeden Preis einen Skandal vermeiden. Man hat eine Art Familienrat der Freunde zusammentreten lassen; sie haben Griaule telegraphiert, sich unbedingt ruhig zu verhalten, den Reklamationen könne nur dann Erfolg beschieden sein, wenn sie, ohne Aufheben, über den französischen Gesandten erfolgten.

Der Kaiser wird für morgen früh erwartet. Wir sprechen ab, daß Griaule sich einer Zusammenkunft nicht entziehen wird, falls sie von einem Dritten, z. B. dem Gouverneur, arrangiert werden sollte.

30. Januar

Besuch beim Gouverneur, Berichterstattung von meiner Reise nach Addis, von ihren Resultaten und den gegenwärtigen Absichten Griaules. Wir kommen überein, daß der Gouverneur beim Kaiser das Terrain sondiert und versucht, »eine Unterredung zu arrangieren«.

Gegen 10 Uhr kommt der Kaiser auf einem englischen Kriegsschiff aus Aden an. Kanonenschüsse. Auf dem Landungssteg eine wenig zahlreiche Menge von Eingeborenen, die kleine Fähnchen schwenken. Anschließend erscheint der Kaiser, der im Regierungsgebäude wohnt, auf der an seine Gemächer angrenzenden Terrasse und bleibt dort lange in Begleitung seines kleinen Sohns. Unten, in den Gärten, werden weiter kleine Fähnchen geschwenkt. Wir beobachten das alles mit dem Fernglas, von den Fenstern unseres Hauses aus.

Diner bei den Leuten von den Salinen. Whisky. Eisgekühlter Champagner. Vertraute Gesangsnummern. Roux legt ein paar Tänze aufs Parkett.

31. Januar

Unangenehmes Gefühl, unser weißes Leinenzeug wieder anzuziehen, nachdem man sich jetzt an die Anzüge gewöhnt hatte.

Am Nachmittag empfängt der Kaiser alle Beamten und die ganze französische Kolonie von Djibouti. Wir gehen natürlich nicht hin.

Ich kaufe auf der Straße einen gebrauchten Koffer. Der Verkäufer legt ihn, um seine Stabilität unter Beweis zu stellen, flach aufs Trottoir und tritt mehrmals feste drauf, wobei er den Fuß jeweils geschickt im richtigen Moment abbremst. Der Artikel ist zweifellos nicht gerade zerbrechlich, sieht aber doch etwas komisch aus: wie der Musterkoffer eines Handlungsreisenden oder der Koffer eines Kokaindealers.

1. Februar

In sieben Tagen geht unser Schiff. Ich spüre aber nichts davon, es dringt nicht bis zu meinem Bewußtsein. Genausowenig wie ich daran denke, daß wir ganz Afrika durchquert haben.

Ich habe – etwas schlapp – die ethnographische Arbeit wiederaufgenommen. Ich arbeite immer noch über die Zar, mit Informanten, die mir ein Mann verschafft hat, der hier genau wie in Abessinien recht bekannt ist und den man vor ein paar Jahren um seine glänzende Stellung gebracht hat, weil er ehelich mit einer Abessinierin lebt.[68] Ich komme nicht sehr weit mit meiner Untersuchung, denn die Leute sind hier sehr mißtrauisch, und man bräuchte viel Zeit, um ihr Zutrauen zu gewinnen. Zum anderen fehlt es mir etwas an Mut zu diesen Arbeiten der letzten Stunde.

Morgen gibt der Kaiser in einem Saal des Regierungsgebäudes ein Diner. Zur Frau des Gouverneurs, die die Einladung aussprach, hat Griaule gesagt, er werde nicht kommen. Von den Leuten hier wird sicher so mancher verblüfft sein, denn anscheinend sind hier alle bereit, jede beliebige Einladung für schmeichelhaft zu halten, ganz gleich ob sie von einem Gouverneur, einem Kapitalisten, einem Bürokraten oder einem Negerkönig kommt.

---

68 Der Schwester einer ehemaligen Frau eines Mannes, von dem geschrieben stand, daß wir vom ersten Tag in Métamma an immer wieder von ihm hören sollten: des Balambaras Gassasa.

2. Februar

Die Befragung über die Zar läuft nicht. Niemand will kommen, niemand will etwas sagen. Undenkbar zudem, sich einmal an Ort und Stelle mitnehmen zu lassen. Ich werde aufgeben müssen.

Diplomatisch gesehen ein großer Tag: Trotz des besonderen Eingreifens des äthiopischen Konsuls – eines jungen Mannes, den wir schon aus Paris kannten – hat Griaule endgültig die Einladung zu dem Diner ausgeschlagen. Anscheinend hat man so fest damit gerechnet, daß wir doch noch nachgeben würden, daß für uns schon gedeckt war. Es machte viel Scherereien, dann alles wieder umzuändern.

Ein paar Minuten vor dem Diner hatte Griaule, der ins Regierungsgebäude gerufen wurde, eine Unterredung mit dem Gouverneur und seiner Frau. Er setzte ihnen klar und deutlich seinen Standpunkt auseinander. Anscheinend glaubt auch der Kaiser, daß wir versucht haben, Waffen ins Land zu bringen, mehr oder weniger die Kirchen geplündert haben und nur deshalb Sklaven gekauft haben, um ihm Unannehmlichkeiten zu bereiten. Ohne Zweifel hält er seine Einladung für einen Akt der Großmut . . .

3. Februar

Verschwörungsatmosphäre: Geheimgespräche, Abgesandte, Telephonanrufe, Rendezvous. Ganz offenkundig in der Absicht, Griaule schließlich doch noch zu einem Audienzgesuch zu bewegen, schickt ihm der Kaiser einen offiziellen Abgesandten. Griaule läßt die Dinge auf sich zukommen und den Botschafter reden, er formuliert keinen bestimmten Wunsch und gibt ausweichende Antworten, so daß ihm der Abgesandte schließlich auf den Leim kriecht und von sich aus erklärt, er wolle mit dem Kaiser sprechen, um eine Unterredung zu vereinbaren.

Promenade auf dem Steg. Sonnenuntergang, nach dem das Wasser noch blauer wird. Lange Barken befördern Massen von Arabern, die Passagiere eines kleinen, aus Aden kommenden englischen Dampfers, an Land. Frauen mit einfarbigen, roten oder orangefarbenen Gewändern. Unter den Handelsartikeln zahlreiche Koffer von der Sorte, wie Griaule und ich einen gekauft haben.

Rückkehr. Von Roux gehört, daß Griaules Platz gestern während des ganzen Abendessens leer geblieben ist. Man hatte vergessen, sein Gedeck abzutragen . . . Gleichfalls gehört, daß Lifszyc, Larget, Roux und ich nicht zum Diner eingeladen waren, wie ich angenommen hatte, sondern erst nach dem Diner. So eine Taktlosigkeit muß man sich erst einmal vorstellen!

Soiree. Spaziergang. Bordell. Ein großes, mageres Mädchen aus Diré-Daoua. Unterhaltung in Kauderwelsch: »Ich gut arbeiten! Ich so machen!« Im Mutterland macht man sich ulkige Vorstellungen von der kolonialen Erotik . . .

4. Februar

Der Kaiser hat Griaule ausrichten lassen, daß er ihn um 4 Uhr empfange. Die Unterredung, die ursprünglich im Regierungsgebäude stattfinden sollte, findet jetzt in dem sogenannten »Neben«-Haus statt, das der Kaiser soeben als Privatbesitz erstanden hat. Vollkommen schmuckloses, leeres Gebäude, zehn Meter vom Meer entfernt. Ich begleite Griaule. Man hat uns kaum eingelassen, als wir auch schon auf den Kaiser stoßen, der in der zum Meer hin gelegenen Veranda auf uns wartet. Wir nehmen in zwei weiteren, symmetrisch vor ihm aufgestellten Korbsesseln Platz. Der Kaiser ist klein, mager, hat einen wächsernen Teint, glanzlose Augen, einen kuriosen Christuskopf wie aus einer spanischen Kirche oder wie Landru im Wachsfigurenkabinett. Er trägt einen schwarzen, rotgefütterten Umhang, eine weiße Hose aus schlechtem Flanell, die ihm eng an den Waden anliegt, gelbe Schuhe mit Gummibändern. Ich hatte ihn mir viel majestätischer vorgestellt.

Am Strand spielt ein Kind mit kretinoidem Kopf. Es ist sein Sohn. Zwei Vertrauensmänner – darunter der Konsul– gehen auf dem Strand auf und ab, um dem Gespräch zuzuhören oder den Souverän zu bewachen. Ich werde das erst in dem Augenblick gewahr, als wir uns verabschieden und die beiden Männer das Zimmer betreten.

Die Unterredung erbringt eigentlich nicht viel, wahrscheinlich gar nichts. Griaule tut sich keinen Zwang an und läßt keinen Klagegrund aus. Mit dem Finger auf den *negous* zeigend, beschuldigt er ihn, für all das persönlich verantwortlich zu sein, denn das Verbot, unseren Schiffsmotor zu gebrauchen, habe uns den Chefs gegenüber in die Lage von suspekten Leuten gebracht und sie auf den Gedanken gebracht, sie könnten uns ungeniert kujonieren.

Der Kaiser sagt fast nichts. Nur spürt man, daß er von Griaule gern gehört hätte, daß die Zentralregierung für die Fehler ihrer Chefs ja nicht verantwortlich sei. Griaule sagt natürlich nichts dergleichen.

Man trifft schließlich eine vage Vereinbarung, derzufolge der Kaiser eine Untersuchung durchführen lassen wird. Und falls andererseits der gegen die Expedition gerichtete Anklagebrief, den der abessinische Außenminister Blatten Guéta Herouy an den französischen Botschafter geschickt hat, nicht sofort zurückgezogen wird, erhebt Griaule mit allen ihm zur Verfügung stehenden Mitteln Klage vor Gericht. Die Entschädigungssumme wird kein einziges Mal auch nur erwähnt.

Als wir uns zurückziehen, läßt der Kaiser uns nicht hinausbegleiten. Er bleibt zwischen seinen weinroten Wänden sitzen, trist und reglos wie eine Kleiderpuppe.

. . . .

Müdigkeit. Unausweichlicher Schlaf nach jeder Mahlzeit. Kleine Wunden an den Füßen, die nicht vernarben. Es ist noch nicht heiß, aber die Luft wird immer feuchter und wärmer. Einen Moment lang fürchte ich einen neuen Fieberanfall. Ich gehe früh zu Bett. Wegen Griaule und Roux, die neben mir quatschen, kann ich nicht einschlafen. Rufe von unten: unsere Freunde von den Salinen, die mit dem Auto auf dem Nachhauseweg sind und nach uns rufen. Wie wir gerade sind – Griaule und ich im Schlafanzug – gehen wir hinunter. Lebhaftes Geplauder bis nach 1 Uhr morgens.

5. Februar

6 Uhr 29: Ankunft von Lutten, der von Addis Abeba herunterkommt und zwei Tage lang mit Zollformalitäten aufgehalten worden ist.

Abendessen bei unseren Freunden von den Salinen. Die üblichen Getränke und Speisen. Roux führt zahlreiche komische Tänze auf.

6. Februar

Besorgungen und Gänge für die bevorstehende Einschiffung: Seetransportbüro, Zoll, Regierung. Kauf eines zweiten Koffers. Müdigkeit.

Der Kaiser ist gestern abgereist. Er hat die Abfahrt seines Zuges um mehrere Stunden verzögert, weil er einen gerade einlaufenden deutschen Dampfer besichtigen wollte.

Abendessen mit unseren Freunden von den Salinen bei sehr netten Italienern, die eine zahlreiche Familie haben und ein ganzes Sortiment von Töchtern: eine Witwe, eine Braut, ein Fräulein. Den Vater, der Kalabrese ist, kannte ich schon. Ich war ihm auf dem Rückweg von Addis im Zug begegnet.

7. Februar

Kater. Gegen 7 Uhr am Horizont die Silhouette des näherkommenden Schiffes. Es hat zwei Schlote und sieht ganz schnittig aus, obwohl es ein Dampfschiff ist.
Umzug. Umladung. Einschiffung. Wie immer, wenn wir uns in einem großen Schiff einrichten, tolle Kavalkaden durch die Gänge, um diese oder jene Kabine, diesen oder jenen Eingang zu finden (das gilt gleichfalls für mich, der ich nicht die Spur von einem Orientierungssinn besitze).
Beim Betreten des Schiffes will es mir nicht klarwerden, daß ich erst in Marseille wieder aussteigen werde.
Jeder von uns hat eine Kabine, und nach 20 Monaten Promiskuität ist das ganz angenehm.
Eine gute Siesta nach dem Mittagessen macht mich wieder fit.

8. Februar

Vollkommen stilles Meer. Bedeckter Himmel. Bordfest auf dem *d'Artagnan:* Spiele für Kinder, Sackhüpfen, Tauziehen, Duelle mit Kissenrollen für die Erwachsenen – aber es nehmen nur die Unteroffiziere der Kolonialarmee daran teil, die vierter Klasse reisen; die Passagiere der ersten Klassen lassen sich wohlwollend dazu herab, über ihr Gerangel zu lachen. Ball gegen Abend, mit anschließendem Souper. Aber außer Lutten nimmt niemand von uns daran teil.
Lutten läßt seiner Manie, sich mit allem und jedem einzulassen freien Lauf. Da diese Manie nun allerdings ausgesprochen verbreitet ist, ja nicht einmal eine Manie ist, sondern eher die Verhaltensregel jeder vom Zufall an Orten wie Hotel, Dampfer, Eisenbahn zusammengeführten menschlichen Herde, bleibt auch der Erfolg nicht aus . . .
Ich höre mit einem Ohr einem seiner Gesprächspartner, dem Direktor einer Bergwerksgesellschaft zu: »Halten sie sich einmal die orologische Konfiguration von Madagaskar vor Augen . . .«

9. Februar

Immer noch ruhiges Meer. Herumlaufen auf dem Promenadendeck. Lektüre. Bordspiele. Zugunsten der Seemannswohlfahrt Wettrennen von Seepferden. Auf der Brücke wird eine Rennstrecke aufgezeichnet und wie ein Gänsespiel numeriert. Vier Rennen mit 6 Holzpferden als Teilnehmern. Vor jedem Lauf werden die Pferde versteigert. Der Besitzer des gewinnenden Pferdes steckt den Gesamterlös aus der Versteigerung ein, abzüglich der Summe für die Wohlfahrt. Die Fortbewegung der 6 Pferde wird ausgewürfelt: ein Würfel gibt an, welches Pferd (1, 2, 3, 4, 5 oder 6) voranrückt, der andere, um wieviel Felder. Natürlich gibt es auch Strafpunkte, die bewirken, daß dieses oder jenes Pferd zurücksetzen muß, wenn es auf eine Hecke stößt. Es ist sogar ein tödliches Hindernis dabei: der Graben . . . Man kauft im Toto Lose für 5 Francs. Es ist ganz lustig.
Zwanzig Francs bei dem Spiel gewonnen und zu Ehren dieser Glückssträhne ein paar Drinks spendiert.

10. Februar

Noch stilleres Meer. Intensives Herumlaufen. Spiel mit Wurfscheiben.
Bei der Tombola – dem Schlußakt des Bordfestes – gewinne ich ein Feuerzeug. Glück im Spiel . . . wie man so sagt.
Heute viele Schiffe und Land in Sicht. Morgen früh ist der *d'Artagnan* in Suez.

11. Februar

Doppellinie von gelbrosa Bergen. Erstaunlich blaues Meer.
Nach dem Deckschrubben heute früh sind auf der Brücke keine Zeichnungen mehr zu sehen. Keine Spur mehr von den Feldern des Wurfscheibenspiels, das der Deckstewart gestern so sorgfältig mit weißer Farbe aufgemalt hatte. Die Figuren für den ersten Tag des Festes sind auch schon lange verschwunden. Da war unter anderem ein prächtiges Schwein, dem die Kinder, die man in einiger Entfernung mit verbundenen Augen loslaufen ließ, mit Kreide ein Auge aufmalen mußten. Es erinnert mich an die bettelnden Londoner Straßenmaler, die auf den Bürgersteigen Porträts Dero Königlicher Hoheiten in mehreren Farben

malen und sie wieder auswischen, bevor sie das nächste machen oder woanders hingehen, sobald sie ein paar Pence in der Tasche haben. Keine Ahnung, ob dieses Gewerbe immer noch existiert. Ich selbst kenne es nur vom Hörensagen.

Suez. Europäische Gebäude, Schiffe und Industrieanlagen in gleißendem Licht. Formalitäten für die Durchfahrt. Das Deck wird von Händlern erstürmt, die Halsketten, Postkarten, Datteln, Zigaretten und Rahat Loukoum verkaufen. Ein Zauberkünstler spuckt Ratten und schluckt einen Säbel. Ein gutmütiger, lächelnder Bursche verkauft Halsketten aus »Gold von der Jerusalem, Silber aus der Sudan und Steine von der Berg Sinai«. Diese letztere Steinkette knallt er fest auf den Boden und fordert den Käufer auf, draufzutreten, um ihre Solidität zu testen.

Nach dem Mittagessen legen wir ab und fahren in den so sauberen und regelmäßigen Kanal ein, der eine Landschaft durchschneidet, wo selbst die Wüste noch künstlich erscheint.

In regelmäßigen Abständen ein Kanalbahnhof, der mit seinem hohen, tauumwickelten Signalmast wie ein Vorgebirge ins Wasser ragt.

Um jedes Schiff herum flattern zahlreiche Möwen.

Der Sonnenuntergang spiegelt sich einwandfrei in dem vollkommen glatten Wasser.

12. Februar

Ankunft in Port-Said schon um 2 Uhr morgens und deshalb ein höllischer Lärm: Stimmen, Schritte, Schiffsglocken, Seilwinden, vorverlegtes Schrubben der Brücke.

Da das Schiff in der Nähe der Heizölinsel vor Anker liegt, müssen wir die Motorboote nehmen, um an Land zu kommen.

Mehrstöckige Häuser mit großen Veranda-Balkonen. Arkadenstraßen, geradlinig, asphaltiert, schattig. Sobald Passagiere auftauchen, erklingen die Grammophone und die Verkäufer hauen die Kunden an. Wir irren durch die Boutiken und kaufen von allem etwas: Lederwaren für Geschenke, fruit salt, Spielkarten, obszöne Photos. Dann kehren wir wieder zurück. Wir essen zu Mittag und der *d'Artagnan* legt ab.

Majestätisches Defilee der Häuser längs des Kais. Lichtreklame, Zuschauer an den Fenstern. Auf dem Steg die Statue von Lesseps, die den großen Mann in schwarzem Anzug darstellt, sich mit einer Hand auf eine lange Papierrolle stützend, die wie ein aufgewickelter Flanellgürtel abläuft (*dixit* Roux). Obwohl kein starker Seegang ist, klatscht das Meer gegen den Steg.

Abschied von Afrika. Kalt. Tristesse. Widerwille, im Mittelmeer zu sein.

Schwungloser Spaziergang auf dem Deck. Unter den Funksprüchen von heute morgen: der Verband ehemaliger Studenten der Universität Oxford hat mit 275 gegen 153 Stimmen eine Resolution angenommen, in welcher die Mitglieder des Verbandes erklären, »daß sie unter keiner Bedingung für König oder Vaterland zu den Waffen greifen werden.«

Ein nachahmenswertes Beispiel . . .[69]

13. Februar

Etwas stärkerer Seegang.

Unruhe über das Leben, das ich jetzt wieder aufzunehmen habe. Bei manchen von uns scheint sich der Pessimismus in dem Maße zu verstärken, wie das Schiff sich Frankreich nähert. Stupides Leben der Metropolen. Kleinkariertes Leben der Franzosen, noch platter womöglich, wo jetzt der Sparstrumpf sich leert.

Und es soll tatsächlich Leute geben, die Heimweh haben . . .

14. Februar

Stärkerer Seegang. Trotzdem schlingert das Schiff nicht allzusehr. Das muß man gerechtigkeitshalber dazusagen. Je näher wir Marseille kommen, desto aufgeregter scheinen die Leute zu werden. Vielleicht stehen sie öfter an der Bar.

In der Nacht hat sich ein Ehepaar in Sekundenschnelle derart zerdroschen, daß die Frau sich eines geschwollenen Auges wegen nicht mehr blicken läßt und der Oberkellner die Ehehälften in zwei getrennten Kabinen unterbringen mußte. Ein weißbärtiger Mönch hat eine lange Gesangsnummer mit Melodien aus aller Herren Länder zum Vortrag gebracht: *La Madelon* und *Viens Poupoule*.

---

69 Oder doch eher nicht. Intuitiv neige ich zur Kriegsdienstverweigerung – genauer zur Desertion. Aber heute will mir scheinen, daß nur noch eine einzige Losung ihre Gültigkeit besitzt, obwohl auch sie sich auf die verschiedenste Weise interpretieren läßt: Umwandlung des imperialistischen Krieges, Umwandlung zur kommunistischen Revolution durch das bewaffnete Proletariat (September 1933).

Kurz vor dem Abendessen – Lifszyc und ich waren beim Dauerlauf – haben sich uns zwei Passagiere angeschlossen, mit denen wir noch nie gesprochen hatten: ein Engländer und ein französischer Ingenieur bei den chinesischen Eisenbahnen. Sie haben lange mit uns ihre Runden gedreht. Wir haben gut und gern 5 Kilometer abgezogen. Etwas aufgekratzt trällerte der Ingenieur Regimentslieder. Er hat eine Warze auf der Nase. Der Engländer ist elegant, obwohl er ein wenig hinkt und sein rechter Arm etwas kürzer ist als der linke. Er ist mit der einzigen attraktiven Frau an Bord verheiratet.

Die Rückkehr hat für mich die Gestalt eines einzigen Gesichts, ohne das für mich schon seit langem nichts mehr in Frage gekommen wäre – jedenfalls keine Rückkehr nach einem solchen Aufbruch.

15. Februar

Nach Einbruch der Nacht begann das Schiff schließlich etwas stärker zu stampfen. Aber heute morgen ist das wieder vorbei.

Wir nähern uns der Meerenge von Messina. Eine ganze Stange von Attraktionen:

Der schneebedeckte Ätna, der ein wenig weißen Dampf ausspuckt.

Kalabrien mit Bergen, Feldern, Felsen, Sturzbächen, Fischerdörfern, hochgelegenen Dörfern, Eisenbahnen und Brücken, aber ohne Briganten.

Sizilien mit seinen fernen Hängen, und ohne Schäfer.

Die sehr schmale Meerenge von Messina; zwei Städte, Messina auf der einen, Reggio auf der anderen Seite (die erstere viel größer als ich geglaubt hätte); hinter uns begegnen sich zwei Fährschiffe; ein Zug rollt vorbei; ich sehe ein Auto auf einer Straße.

Skylla und Charybdis.

Die sehr chaotischen liparischen Inseln.

Der Stromboli, an dem wir ganz nah vorbeifahren; der Vulkan ist grünbewachsen auf der einen Seite und verkohlt auf der anderen. Mehrere Dörfer am Fuß des Bergkegels, Terrassenfelder bis hoch hinauf, verstreut stehende weiße Häuser, hier und da ein gelbes Haus, ein rosa Haus. Über der Vulkaninsel eine Krone weißen Dampfes, den man langsam aus dem Krater wehen sieht. Zwei, drei Mal ein dumpfes Grollen, gefolgt von einem Stoß dichten braunen Rauchs, der wellig in die Höhe steigt.

Wir kehren dem Stromboli den Rücken zu und nehmen wieder Kurs aufs offene Meer.

Pläne für die nahe Zukunft. Schöne Orte, an denen man den Urlaub verbringen könnte. Aber dazu bräuchte es das nötige Geld. Denn es läßt sich nur außerhalb Europas als Sultan leben . . .

Der Klan der höheren Offiziere und Geschäftsleute an Bord ist noch aufgedrehter als zuvor. Ihre ständige Muse ist die Frau eines der ihren: eine große Provinzschnepfe, deren Kleider entweder immer zu lang oder zu kurz sind und die mit ihrem Parfüm alle Gänge vollstinkt. Um sie herum tänzeln: der beim Spiel ausgenommene (?) Schnurrbärtige, der dicke jüdische Kaufmann, der große Kapitalist mit dem breiten Bart und den kleinen Füßen, der distinguierte General, der Kolonell mit dem rotglühenden Gesicht. In Port-Said ist noch eine Art Nilpferd mit Armband zu ihnen gestoßen, das wohl gleichfalls Kapitalist oder Kolonell ist.

16. Februar

Kaltes und regnerisches Wetter. Man spürt den Tod in den Knochen, wenn man zu lange auf dem Deck bleibt. Das Meer ist zwar ruhig, aber wegen der zu befürchtenden schlechten Witterungsverhältnisse in der Meerenge von Bonifacio, umrunden wir das Nordkap von Korsika.

Ich habe 3 Bücher von Conrad gelesen, die ich in der Bibliothek ausgeliehen habe. Jetzt fallen mir im Lesesaal die Theaterstücke der *Petite Illustration* in die Hände.

Der Klan der höheren Offiziere und der Geschäftsleute verhält sich heute still. Es ist jetzt der Klan der Kolonialsoldaten in Fahrt. Die verehrten Damen und Herren haben 15 Flaschen Champagner geleert. Es ist *Werther* und *La Tosca* gesungen worden.

Die Attraktionen des Tages: Elba; das Kap Korsika mit seinen grüngrauen Farben.

Gegen Abend Wind. Das Meer geht etwas hoch.

Der Ingenieur bei den chinesischen Eisenbahnen – der sich gern alleine zu amüsieren scheint – hat eine schöne Farce aufgezogen: In seinen Überzieher eingesackt, mit dem Hut über den Augen, liegt er in Selbstmörderpose auf einem Kanapee. Vor ihm, auf einem kleinen Tisch, ein Papier: »*Adieu auf immer! Dein treuer Geliebter.*« Da sich aber alle seine Freunde an der Bar zu schaffen machen und niemand den Scherz aufgreift, ersteht er wieder von den Toten und geht zum Abendessen hinunter.

Die Tiere (Midaqwa Ariel-Antilope, Zibetkatze, Steinmarder) und Vögel, die wir mitbringen, scheinen unter der Überfahrt nicht gelitten zu haben. Mamadou und Makan, unsere beiden Senegalesen, die nach Dakar rapatriiert werden sollen, auch nicht. Unnahbar und selbstbewußt raucht Makan eine sehr schöne Pfeife.

Morgen früh, gegen 7 Uhr, laufen wir in den Hafen von Marseille ein, wenn nicht inzwischen noch das Schiff in Brand gerät oder untergeht, oder wir wegen des immer stärker gewordenen Mistrals nicht stundenlang vor der Estaque warten müssen, bevor wir in den Hafen einlaufen können.

Ich habe Papiere in meiner Bürokiste verstaut, die Koffer zugemacht, die Wäsche für morgen früh zurechtgelegt. In meiner Pritsche schreibe ich diese Zeilen. Das Schiff wiegt sich leicht. Mein Kopf ist klar, meine Brust ist still. Bleibt mir nichts weiter zu tun, als dieses Tagebuch zu beschließen, das Licht auszumachen, mich hinzulegen, zu schlafen – und zu träumen . . .

. . . .

Rolf Wintermeyer
Das autobiographische Projekt

I Authentizität

2. 10. 1899: Ich glaube, glaube aufrichtig, daß es keinen besseren Weg gibt, zu einem wirklichen, ernsthaften Schreiben zu kommen, als tagtäglich etwas zu kritzeln. Man muß versuchen, jeden Tag einen Laut, einen Akzent aus dem Grund seines eigenen Seins an die Oberfläche zu tragen, einen fossilen oder vegetalischen Rest von etwas, was ein Gefühl ist oder auch nicht, eine Absonderlichkeit, ein Schmerz, irgend etwas Aufrichtiges, das man zergliedert, und nichts weiter . . .

Dezember 1902: Ich schreibe dieses Tagebuch meines Lebens in den letzten Jahren, ohne auch nur im mindesten an seine Veröffentlichung zu denken. Ich habe jetzt endgültig jene lächerliche und gefährliche Angelegenheit, welche man Literatur nennt, aus meinem Leben verbannt. Diese Aufzeichnungen sollen mir lediglich dazu dienen, mich selbst besser zu verstehen. Meine Gewohnheit, und die Gewohnheit aller Unfähigen, nur mit dem Schreibstift in der Hand denken zu können (als sei im Augenblick des Handelns das Denken nicht mehr notwendig und nützlich), nötigt mich zu diesem Opfer. So soll mir denn die Feder, dieses rohe und starre Gerät, noch einmal dazu verhelfen, auf den so komplexen Grund meines Seins vorzudringen. Dann aber will ich sie auf immer beiseitelegen und mich daran gewöhnen, in der Haltung des Handelns selbst zu denken: im Lauf, einem Feinde ausweichend oder ihm nachsetzend, mit zum Schlag oder zum Parieren erhobener Faust.

Italo Svevo[1]

Der Schreibstift als Ersatzmodus des Lebens.[2] Der antiliterarische oder antifiktionale Schreibimpuls als Garant der Wahrhaftigkeit: ». . . eine

---

1 Livia Veneziani Svevo: *Vita di mio marito* (dall'Oglio editore) 1976, S. 64-65 (Zitat aus Svevos persönlichen Tagebüchern).

2 »Anfänglich versucht zu haben, seine Revanche zu bekommen für ein Leben, das einen nicht zufriedenstellte, indem man im *Bewußtsein* dieses Scheiterns ein Element des Erfolges zu finden suchte, einen Ausgangspunkt, um auf einer anderen Ebene etwas weniger Bedeutungsloses zu realisieren, und die Tatsache, daß auch das danebengeht, denn letzten Endes findet sich nur Unbeständigkeit darin.« Michel Leiris: *Fourbis*, zitiert in: Susan Sontag: *L'œuvre parle* (Against interpretation), Paris (Seuil) 1968, S. 69. »Wäre ich materiell mehr engagiert, mehr handelnd und

Gruppe von Tatsachen und Bildern in fast rohem Zustand zu verdichten und mich zu weigern, sie durch Überarbeitungen der Phantasie
auszubeuten; im ganzen also: die Negation des Romans.«[3] Die Aufrich-
tigkeit als Methode: »Als Materialien nur wirkliche Tatsachen (und
nicht wie im klassischen Roman bloß wahrscheinliche) zulassen, so lautet die Regel, die ich mir erwählt hatte.«[4] Nichts auslassen wollen,
nichts auslassen dürfen. Die Regularität des Kalenders als Beglaubigung und Korrektiv. Die Vogel-Strauß-Politik gegenüber einer eventuel-
len Veröffentlichung.[5] Die Gratwanderung zwischen alltäglichster Be-
langlosigkeit und bedeutsamster Enthüllung. Der repetitive Exhibitio-
nismus der Selbstbeobachtung.[6] Die Inventarliste des Scheiterns . . .:
Verkleidungen, Aspekte, Behauptungen einer autobiographischen
Authentizität, die trotz der altehrwürdigen Aufgabe der Selbsterkennt-
nis nichts *Einfaches* ist, sondern – so zumindest bei Leiris – erst als
Projekt eines handlungsgleichen Risikos, anders gesagt, eines »Enga-
gements«[7] eine gewisse Eindeutigkeit gewinnt. Das Sprechen erscheint
insofern als authentisch, als es unter einem außersprachlichen Anspruch steht. Denn eindeutig wäre dabei das Risiko der Entblößung,
das Leiris als Kriterium dieser Authentizität in dem berühmten Vergleich mit dem Stierkampf zu fassen suchte:

»Ein Problem quälte ihn, verschaffte ihm ein schlechtes Gewissen, hin-
derte ihn am Schreiben: ist das, was auf dem Gebiete der Schriftstellerei
vor sich geht, nicht jeden Wertes bar, wenn es ›ästhetisch‹ bleibt, harmlos
und straffrei? Wenn es in dem Vorgang, ein Werk zu schreiben, nicht
etwas gibt (und hier schiebt sich eines der dem Verfasser besonders teuren
Bilder ein), etwas, das dem entspräche, was für den Stierkämpfer das
spitze Horn des Stieres ist? Denn einzig und allein diese materielle Be-

---

deshalb auch mehr bedroht, vielleicht würde ich die literarischen Angelegenheiten leichter neh-
men.« Michel Leiris: *L'age d'homme*, durchgängig zitiert in der Übersetzung von Kurt Leonhard:
Mannesalter, Frankfurt/M. (Suhrkamp) 1975, hier S. 13. (Die übrigen Übersetzungen aus dem
Französischen oder Italienischen stammen vom Autor des Nachwortes.)

3 Leiris 1939a/1975 *(Mannesalter)*, S. 13.

4 Leiris 1939a/1975, S. 15.

5 »Von Anfang an habe ich beim Schreiben dieses Tagebuchs gegen ein ganz bestimmtes Gift
angekämpft: den Gedanken an seine Veröffentlichung.« Leiris III (*Phantom Afrika*, Bd. 1),
S. 281.

6 »Als wenn es auch nur im geringsten von Interesse wäre, an sich selbst zu denken« oder : »Das
Tagebuchschreiben steht mit jener sonderbaren Überzeugung in Verbindung, man könne sich
beobachten und man müsse sich kennen. Sokrates jedenfalls schreibt nicht.« Maurice Blanchot: *Le
livre à venir*, Paris (Gallimard, collection idées 246) 1959, S. 275-276.

7 Die »ethische Idee, die ich von meinem Engagement im Schreiben hatte . . .« Leiris 1939a/1975,
S. 15.

drohung verleiht seiner Kunst eine menschliche Realität und bewahrt sie
davor, nichts weiter zu sein als eitle Grazie einer Ballerina. – Gewisse
Anfechtungen seelischer oder sexueller Art bloßzulegen, gewisse Schwä-
chen und Verzagtheiten, deren er sich am meisten schämt, öffentlich zu
bekennen, darin bestand für den Verfasser das Mittel (. . .), wenigstens
den Schatten eines Stierhornes in ein literarisches Werk hineinzubrin-
gen.«[8]

Engagement sich selbst gegenüber (»Es handelte sich dabei weniger um
das, was man gewöhnlich ›engagierte Literatur‹ nennt, als vielmehr um
eine Literatur, in welcher ich mich selbst ganz und gar zu engagieren
suchte«[9]), bei dem das vorzuzeigende Ich, aus dessen intimster Kenntnis heraus enthüllend gesprochen werden soll, in seiner Wahrheit als
Wunsch, Lebensmöglichkeit oder Erkenntnis – als ein Ganzes gewissermaßen – dennoch nie zur Anschauung kommt. Es erfährt sich vielmehr als redendes Subjekt in einem Prozeß der Auflistung ausufernder
und zugleich steriler, ewiggleicher Symbole, Mythologien, Bezüge und
Manien. Die begleitende Hoffnung auf Klärung und Besserung, auf die
kathartische Wirkung der schreibenden Selbstanalyse ist zwar die Hoffnung desselben unteilbaren Individuums. (Leiris erwähnt sie wiederholt[10]; Susan Sontag behauptet sogar, die Literatur werde bei ihm zu
einer »Technik psychologischer Heilung«.[11])
Und doch geht es weder um seelische Heilung noch um das Aufdecken
einer fundamentalen Einheit oder Einmaligkeit des Individuums. Wie
sehr sich auch das autobiographische Schreiben und die Psychoanalyse
z. B. in bestimmten Verfahrensweisen berühren (in dem Prinzip, *alles*
zu sagen etwa) – die Heilung ist keine Perspektive der Literatur, sondern der Text. Der realistische Text im weitesten Sinne sucht zwar eine
außersprachliche bzw. außerliterarische Beglaubigung, aber er hat kein
außersprachliches Ziel.
Das Exemplarische an Leiris' Vorgehen liegt nicht etwa darin, daß ihm
als einzigem eine Art Psychoanalyse ohne Analytiker gelungen wäre
(durch ganz besondere Anstrengung und Unbestechlichkeit der Selbst-

---

8 Leiris 1939a/1975, S. 8.
9 Leiris 1939a/1975, S. 13.
10 »... Suche nach einer Lebensfülle, die eine *Katharsis* voraussetzen würde, eine Liquidation, zu
   deren Vollstreckung die literarische Tätigkeit – und besonders die sogenannte ›Bekenntnislitera-
   tur‹ – eines der geeignetsten Werkzeuge sei.« (Leiris 1939a/1975, S. 7-8) »Damit eine *Katharsis*
   einträte und meine endgültige Befreiung sich vollziehe, war es nötig, daß diese Autobiographie
   eine gewisse Form annähme ...« (ebd., S. 10).
11 Susan Sontag: a.a.O., S. 67.

beobachtung)[12], sondern darin, daß er das »kreisrunde Gefängnis« der Selbstdarstellung als eigenes, ausschließliches Projekt rückhaltlos ausgeschritten hat: die Grenzkontakte zur erzählenden Literatur, zum Bekenntnis, zur Psychoanalyse, zur Theorie, die Unmöglichkeit des Ausbruchs durch Fiktion, den Kreislauf der Selbstentblößung des in seinen Symbolen sich verbarrikadierenden Ich, die fragwürdige Verdoppelung des Lebens, das Prekäre und zugleich Unausweichliche des Subjektiven als letztes verbleibendes Material . . .

Wegzudenken von dem, was Leiris versucht, wäre vielleicht noch die Ernsthaftigkeit, die »Gutgläubigkeit« des Projekts (aber ist die *Reduktion* nicht auch wieder ein Schritt in die Fiktion, in das Flüssigmachen der geronnenen Widerstände und Hoffnungen?). Nicht wegzudenken bliebe allein das Unabschließbare, Unausweichliche des Redens. Der Anfang von Becketts *L'innomable* liest sich wie eine bittere Parodie (Fiktion?) auf das Leirissche Projekt:

»Wo jetzt? Wann jetzt? Wer jetzt? Ohne mich das zu fragen. Ich *sagen. Ohne es zu denken. Das dann Fragen nennen, Hypothesen nennen. Voran gehen, das Gehen nennen, das voran nennen. (. . .) Ich scheine zu sprechen, das bin aber nicht ich, von mir zu sprechen, aber ich spreche nicht von mir. Die paar Verallgemeinerungen zu Beginn. Wie soll ich es anstellen, wie werde ich es anstellen, was soll ich tun, in der Lage, in der ich mich befinde, wie soll ich vorgehen? In reiner Aporie oder durch nach und nach oder früher oder später entkräftete Behauptungen und Verneinungen? Das im allgemeinen. Es muß da noch andere Wege geben. Sonst müßte man ja an allem verzweifeln. Aber es ist auch zum verzweifeln, an allem. Was ich noch sagen wollte, bevor ich weitergehe, oder voran: wenn ich Aporie sage, weiß ich nicht, was das heißen soll. Kann man nicht nur dann pyrrhonistisch sein, wenn man nichts davon weiß? Keine Ahnung. Die Jas und Neins sind etwas anderes, die kommen mir wieder im Laufe der Zeit, und die Art und Weise, drauf zu scheißen, früher oder später, wie ein Vogel, ohne auch nur eins auszulassen. Das sagt man so. Tatsache scheint, wenn man in meiner Lage von Tatsachen sprechen kann, daß ich nicht allein von Dingen zu sprechen habe, von denen ich nicht sprechen kann, sondern auch, was noch interessanter ist, daß ich, ich weiß nicht mehr, das macht nichts. Aber ich kann nicht umhin zu reden. Ich werde nie schweigen. Nie.«*[13]

---

12 Zumal in den späteren Werken – wie Susan Sontag selbst bemerkt (S. 69) – von einer Lösung der im *Mannesalter* ausgebreiteten Probleme nicht die Rede sein kann.
13 Samuel Beckett: *L'innommable*, 10/18, Nr. 664, S. 5-6.

II Der Spiegel am Weg

Elle voulut devenir une sainte. Elle acheta des
chapelets.

Flaubert: Madame Bovary (II, 14)[14]

Die eine Seite der autobiographischen Authentizität ist zweifellos der
realistische Impuls, das Antifiktionale, kompromißlos Reproduktive
als Investigationsmethode: Nichts in die Erzählung einlassen, was nicht
seine Bestätigung an der Realität findet. Keine Phantasien und Schi-
mären sind gefordert, sondern ein methodisch geregelter Bezug zum
realen *Objekt*. Wobei sich das Aufklärerische und Mythenzerstörende
des erzählerischen Realismus, die Kaltblütigkeit, Unvoreingenommen-
heit, Unpersönlichkeit (»Was kümmern mich die Konsequenzen«,
Flaubert[15]) der alles bis auf den Grund durchblickenden erzählerischen
Instanz auch bei Leiris wiederfindet, doch ist sie bei ihm zur fast magischen Erwartung des in sich als Schreibender und Beschriebener ge-
spaltenen Ich geworden. Denn gerade da, wo der Realismus (und Leiris
bezeichnet sich immer wieder, wenn auch etwas ironisch als
»Realisten«) sich mit der klassischen *Wahrscheinlichkeit* des Erzählten
nicht mehr zufrieden geben will und – jede Fiktion ausschließend – auf
das »wirklich« authentische Material, das subjektive Erleben, zurück-
greift, rückt das Substrat dieses Realismus, nämlich die trotz Atomisie-
rung und Entzauberung »eine, aufschreibbare Realität« in die Ferne.
Sie kehrt ihren hypothetischen Charakter heraus: als Erwartung und
Methode, die in sich weder Anfang noch Ende haben und auch virtuell
keinem zu reproduzierenden Inhalt *gegenüber*stehen, sondern die
Realität erst in der Form der eigenen schreibenden Bewegung haben.

Auch wenn der Rückgang auf das subjektive Erleben dem realistischen
Konzept einen neuen Inhalt liefert, so verliert dabei die in Analogie zu
den Naturwissenschaften gesehene Erkenntnishaltung des klassischen
Realismus paradoxerweise ihre Einheit und Zentrierung. Das *Cogito*
liefert bekanntlich keine Substanz. Die gepriesene Bewußtseinsevidenz
»Ich denke« beinhaltet keineswegs, *wie* oder *was* »ich bin«. Das Ich ist
sich selbst Objekt. Aber damit nicht genug: im Objekt spiegelt sich
umgekehrt auch wieder das Ich. Beide stehen sich nicht neutral gegen-

---

14 »Sie wollte eine Heilige werden. Sie kaufte sich Rosenkränze.«
15 Brief an George Sand vom 10. 8. 1868.

über, sondern sind in einem prinzipiell unabschließbaren Prozeß des Versagens und Begehrens ineinander verstrickt. Von einer *direkten* Wiedergabe oder einer Angemessenheit der Abspiegelung kann also nicht die Rede sein. Der intime Umgang mit sich selbst garantiert keinesfalls die Klarheit des Bezugs.

Denn nicht, daß es direkt zur Verfügung stände, unmittelbar zugänglich wäre, verbürgt den Wahrheitsgehalt des autobiographischen Materials, noch etwa seine wunschgemäße Entsprechung, sondern gerade das Außengelenkte, Zufällige daran, die erst gegen den Strich, gegen jedes Credo des Individualismus mühsam zu vollziehende Entäußerung auf ein so und nicht anders Gegebenes hin. Wie Heißenbüttel sagt: das »Wagnis der (unter Umständen) selbstzerstörerischen Entdeckung am Grunde der eigenen Erfahrung.«[16] Oder wie es bei Leiris heißt:

»Materialien gebrauchen, über die ich nicht Herr war und die ich nehmen mußte, wie ich sie vorfand (denn mein Leben war, wie es war, und es war mir nicht erlaubt, auch nur ein Komma an meiner Vergangenheit zu ändern, dieser ersten Gegebenheit, die für mich ein ebenso wenig zurückweisbares Los darstellt wie für den Torero das aus dem Toril hervorbrechende Tier), alles sagen und dabei jede Emphase verschmähen, nichts dem Belieben überlassen, gleichsam einer Notwendigkeit gehorchen, darin bestand sowohl der Zufall, den ich akzeptierte, als auch das Gesetz, das ich mir fixiert hatte, die Etikette, um die ich nicht herumkam.«[17]

»Ohne Emphase«, das heißt zum einen: ohne die Fiktion einer randvollen Persönlichkeit, die im Guten wie im Schlechten letztlich alles trägt und in sich vereint, und meint zugleich die Geformtheit (die »Künstlichkeit«) seiner Investigationssprache, die nie die Illusion unterhält, sie brauche sich wie ein geschmeidiges Kleid ihrem Gegenstand lediglich anzulegen. Gleichweit entfernt vom Genre der *Herzensergießungen* wie vom mündlichen Bereden, scheint das Individuellste nur in einem aufs Äußerste disziplinierten, geronnenen, »klassischen«[18] Sprachstil das erhoffte Relief zu gewinnen. Leiris »geht an sich heran wie an ein Objekt, mit Ermittlungen und Annäherungen, mit vorsichtigen Entzifferungen; er hält sich in Schach«.[19]

---

16 Helmut Heißenbüttel: *Zur Tradition der Moderne*, Sammlung Luchterhand 51, S. 85.
17 Leiris 1939a/1975, S. 19.
18 Ebd., S. 18.
19 J.-B. Pontalis: »Michel Leiris ou la psychanalyse sans fin«, in: *Après Freud*, Paris (Gallimard, collection idées 237) 1968, S. 316.

Die Hoffnung, Objektivität zu erreichen (eine zum Schreiben unabdingbare Naivität), hat Leiris nie aufgegeben, auch wenn ihm diese Objektivität unter der Hand immer wieder in eine Anhäufung von Skrupeln oder in hermetische Wiederholungen umschlägt, wenn er dem Eigenen nur in den unendlich weit gespannten Symbolen der Sprache »habhaft« wird. Die Sprache, »das Arachnegespinst meiner Bezüge zu den anderen, sie übersteigt mich, sie schickt von allen Seiten ihre mysteriösen Antennen nach mir aus«, schreibt Leiris in *Biffures*.[20] Heißt ein einziges Wort zu gebrauchen nicht schon aus dem (unerkannten) Horizont der ganzen Sprache heraus sprechen? Ist die Sprache nicht der Schlüssel und die vorgezeichnete Straße, auf der das Ich und das Andere sich erschließen?

Leiris' Interesse am Aufdecken unerwarteter (unbewußter), vom Willen unabhängiger Zustände, Zusammenhänge, Einbrüche, die in der Sprache aufscheinen und das Verhalten des denkenden, handelnden Ich sowohl erhellen als auch zugleich unterlaufen und übersteigen (eine Erweiterung des auch in klassischer Literatur gegenwärtigen Doppelsinns, Nebensinns . . .) – Leiris' Interesse zielt nicht auf eine Theorie der Sprache als Konnotationssystem (wie etwa Roland Barthes sie entwickelt hat), sondern es teilt mit dem Surrealismus die leichte Sakralisierung des Unbewußten, welche diesen Vorgängen fast eine schicksalsbestimmende Macht zuerkennt:

»Ich denke an bestimmte sprachliche Phänomene, an Worte, die in sich selbst reich an Ausweitungen sind, oder an nicht richtig gelesene oder gehörte Wörter, die plötzlich eine Art Schwindel auslösen, wenn man gewahr wird, daß sie nicht das sind, was man bis dahin gedacht hatte. Derartige Worte hatten in meiner Kindheit erst die Funktion von Schlüsseln, denn durch ihren Klang eröffneten sich entweder überraschende Perspektiven, oder aber die plötzlich vollständige Erfassung eines Wortes, das man vorher immer entstellt hatte, wirkte gewissermaßen wie eine Enthüllung, wie das plötzliche Zerreißen eines Schleiers oder das Aufbrechen irgendeiner Wahrheit. (. . .) sprachliche Phänomene, welche mir die unbestimmte Erfahrung dieser Art von Abweichung oder Verschiebung vermittelten, die für mich immer noch den Übergang vom gewöhnlichen zu einem privilegierten Zustand charakterisieren, das Hinüberleiten vom Profanen ins Heilige. In Wirklichkeit handelt es sich um

---

20 Michel Leiris: *Biffures* (La règle du jeu I), Paris (Gallimard) 1948, S. 12.

sehr geringfügige Entdeckungen: die Richtigstellung von Hör- oder Lese-
fehlern und – in der Gegenüberstellung zweier Varianten ein und des-
selben Wortes – um die Aufdeckung einer Divergenz, von der eine spe-
zifische Verwirrung ausging. Man hätte sagen können, daß die Sprache
hier wie verdreht war und daß in der kleinen Abweichung, die die beiden
Vokabeln voneinander schied (. . .) eine Bresche sich auftat, aus der eine
Welt von Offenbarungen hervorzudringen vermochte.« (Leiris I, S. 234-
236)

Schwindel, Enthüllung, Verschiebung, Bresche, Schlüssel, Offenbarung: Was psychologisch als Wörterbuch möglicher Lapsi sinnlos wäre,
soll literarisch (zumal in dem Text: *Glossaire, j'y serre mes gloses*[21]) als
Wirkung und neue Realitätserfahrung im Spiel mit den (und gegen die)
Wortbedeutungen eingefangen werden.

»Der abgekaute Nagel, die Haarlocke oder sonst ein Fragment einer
Person, dank dessen sich eine Magie ausüben läßt.
Bei Sigmund Freud, den ein französischer Intellektueller der zwanziger
Jahre mit einem Detektiv (namentlich mit Nick Carter) verglich, dessen
Jagd nach dem Geheimnis sich auf ein paar unbedeutende Indizien
stützt, das unscheinbare Faktum – ein Lapsus, eine Fehlleistung –, das
von größter Bedeutung erfüllt ist.
Bei Marcel Proust, der fast seine ganze Zeit auf den Versuch verwandte,
die Zeit zu neutralisieren, die flüchtige Empfindung, welche ein weites
Feld von Erinnerungen hervortreten läßt.
Der Apfel Newtons, der präzise und konkrete Fall, von dem man aus-
geht, um eine Theorie zu erarbeiten.
Im umgekehrten Fall der Wassertropfen, der das Faß zum Überlaufen
bringt.«[22]

Der Eisberg des sprachlichen Unbewußten oder das bewahrheitende
Detail Diderots scheinen – beide in einem – modellhaft die Dimension,
die spezifische Fragerichtung von Leiris' persönlichem Realismus abzu-
stecken: Die erwartet unerwartete Offenbarung und ihr minutiöses An-
binden an das wirkliche Faktum. Das Faktum als Spur, als Fe-
tisch.
Spekulativ ließe sich ein weiterer, ein erotischer Ausgangspunkt für
diesen Bezug zum Anderen in einem Kommentar des *Mannesalters*

21 Wiederabgedruckt in: *Mots sans mémoire*, Paris (Gallimard) 1969.
22 Michel Leiris: *Das Band am Hals der Olympia*, Frankfurt/M. (Qumran) 1983, S. 25.

finden, der auf die Beschreibung seiner ersten Erektion beim Anblick von barfüßigen »armen« Mädchen und Jungen folgt:

. . . diese plötzliche Erektion [. . .] war etwas wie ein Hereinbrechen der Natur in meinen Körper, ein jähes Auftreten der äußeren Welt; denn wenn ich auch nicht imstande war, die Lösung des Rätsels zu finden, so bemerkte ich doch immerhin ein Zusammentreffen, das einen Parallelismus zwischen zwei Arten von Tatsachen bedeutete: das, was sich in meinem Körper abspielte, und die äußeren Ereignisse, von deren real getrenntem Ablauf ich mir bis dahin niemals Rechenschaft abgelegt hatte.« (Leiris 1939a/1975, S. 38).

Wäre Realismus die Erwartung, daß die Dinge, die Menschen (das Wirkliche) einem etwas tun? Das ungläubige Bestehen auf einem Kinderzauber? Die verallgemeinerte Umkehr einer erotischen Faszination oder eines erotischen Mangels?

III Der gekrümmte Narziß

J'ai l'imagination du regret et non pas celle de l'espérance

H. F. Amiel: Journal intime, 21. 6. 1857[23]

Die andere Seite der autobiographischen Authentizität ist die narzißtische Falle (will er nun gerichtet oder losgesprochen, oder letztlich doch bewundert werden?), deren sich bewußt zu werden das Dilemma nicht löst (auch wenn Leiris bisweilen noch die Hoffnung hat, durch Einbeziehung dieser zusätzlichen Bewußtheit zu einer Art Totalität oder Objektivität zu finden[24]), sondern nur den Anfang einer virtuell unendlichen Kette von selbstkritischen Rückbesinnungen darstellt, als fände die philosophische Illusion einer möglichen Unendlichkeit des sich einschachtelnden Bewußtseins vom Bewußtsein vom Bewußtsein usw.

---

23 »Meine Einbildungskraft sinnt auf Bedauern und nicht auf Hoffen.«
24 »Hier stoße ich auf die Klippe, die sich wie ein Verhängnis den Schreibern von Bekenntnissen und Memoiren entgegenstellt, und daraus entsteht eine Gefahr, von der ich mir Rechenschaft ablegen muß, wenn ich objektiv sein will.« (Leiris 1939a/1975, S. 49) Oder: »Das Besondere auf die äußerste Spitze treibend rührt man noch am ehesten ans Allgemeine: Nur wenn man den persönlichen Anteil offenlegt, vermag man das Ausmaß der Fehler richtig einzuschätzen, und man erreicht gerade dann die Objektivität, wenn man die Subjektivität bis zum höchsten steigert.« (Leiris III, S. 278-279) Am gleichen Tag freilich die Feststellung: »In diesem Entwurf [. . .] ist es mir nicht gelungen, gerade diesen Punkt deutlich genug zum Ausdruck zu bringen.«

eine reale Entsprechung im Doppel von Selbstquälerei und Erlösung.

>*Mich ohne Gefälligkeit betrachten, auch das hieß noch: mich betrachten, meine Augen auf mich festgeheftet halten, anstatt sie über mich hinaus zu richten, um mich zu übersteigen und in irgendeiner umfassenden Lebenseinheit aufzugehen. Mich vor anderen enthüllen, aber dies in einem Schriftwerk zu tun, das ich mir gut abgefaßt und aufgebaut wünschte, reich an Einsichten und ergreifend, das hieß versuchen, sie durch Nachsicht gegen mich zu verführen, jedenfalls den Skandal durch eine ihm gegebene ästhetische Form begrenzen. Gab es also Wagnis dabei und Stierhorn, so glaube ich doch, es ist ein kleines Doppelspiel gewesen, in das ich mich da eingelassen habe: einerseits folgte ich abermals meiner narzißtischen Neigung, andererseits versuchte ich im anderen Menschen weniger einen Richter als einen Spießgesellen zu finden.< (Leiris 1939a/1975, S. 11-12) >Ich gebe mich nie hin ohne den Hintergedanken, mich irgendwie wieder zurückzunehmen.< (ebd. S. 138)*

Die unabschließbare Verhandlung des Prozesses, was in Leiris' literarischer Selbstanalyse überhaupt gegenständlich zu werden vermag, wird zweifellos unterhalten von einem anderen, privaten Prozeß: dem offensichtlichen Hang zum Sammeln der Fehlschläge. Fast scheint es, als sei die Bekennerpose der subjektiven Redlichkeit nichts als das blendend-weiße Übermalen ihres narzißtischen Gegenbildes, der um Komplizen und Bewunderer werbenden Ausstellung des Privaten, als hebe das Eine das Andere auf und als bleibe alles letztlich ein hermetischer innerer Prozeß.

Ein Ausgang aus dem privaten Prozeß wäre das Ausweichen in die Fiktion, in der das schweifende Ungenügen seine Beruhigung oder zumindest sein Bild finden könnte. Aber auch hier zeigt es sich, daß es nicht eigentlich um Besserung oder Beruhigung geht, sondern viel eher um Bekenntnis und im Grunde um die Schaffung eines *Rituals,* das nicht mehr nur rein persönlich bleibt. Denn wo das Bekenntnis noch nach Analyse ruft (warum denn überhaupt bekennen müssen?), verlangt das Ritual nach Inhalt, nach dem ewig auseinanderzufaltenden Gestern und Heute. Im Zusammenhang mit dieser Ritualisierung ist offenbar auch das für Leiris so charakteristische Auf-der-Stelle-Treten zu sehen: als sei die Aussage von einer Lähmung ergriffen, die sie nicht eigentlich vorankommen, sondern sich lediglich *ausbreiten* läßt – in Parenthesen, Assoziationen, Parallelen, punktuellen Erklärungsansätzen, ausufernden Inventarisierungen eines sich wiederholenden Materials, immer auf der Schwelle zwischen dem erhellenden oder erklärenden Zugriff und dem jeder Gewißheit beraubten Verästeln, Zerreden, Verstummen. Denn wie behaupten? Wie den Kreislauf der Prozesse durchbrechen? Woher das Recht (die Allgemeinheit) nehmen, zu behaupten, sich zu behaupten, den Raum zu besetzen? Daß der Grund meiner Überzeugung nicht in mir liegt, daß ich aber als Materie meiner Behauptung immer nur mich selbst vorfinde, ist die Unruhe in Leiris' (trotz allen Theoretisierens) letztlich theorielosem, grundlosem Humanismus: daß es nichts gebe als den Menschen, wie angebrochen, verspiegelt, zerredet, angeblich gerettet oder angeblich verloren er auch immer erscheinen mag.

Die zumal in seinem letzten Werk, *Das Band am Hals der Olympia,* so häufigen Klagen Leiris' über seine Unfähigkeit zu fiktionaler Erzählung, über sein Unvermögen, sich vom eigenen Ich zu lösen, ermangeln nicht einer gewissen Koketterie. Zwar kommt in diesen von der eigenen Schwere oder Furcht immer wieder verhinderten Auffliegversuchen in die Ungebundenheit der Fiktion zugleich die Zwitterstellung des Autobiographischen zum Ausdruck, »noch nicht ganz Literatur« zu sein (die Notwendigkeit eines begleitenden Treppengeländers für die schreibende Wahrheitsfindung, d. h. des Rückgriffs auf das »wenigstens nicht Falsche«, das Gegebene, das Erlebte), das Zögern vor der weiter ausholenden Formbildung, die Repetition des Ungenügens – und von hier aus gesehen mag das autobiographische Projekt, dessen Illusionen ja hinlänglich beschrieben sind, letztlich wie ein *falsches Problem* erscheinen. (». . . auch das glanzloseste Leben findet seine Definition nicht im Eingeständnis dessen, was geschieht, und im absoluten Respekt vor den Eindrücken, sondern in der immer vermischten und oft unsichtbaren alltäglichen Erarbeitung eines Handlungs- und Daseinsraumes,« schreibt Pontalis, a.a.O., S. 313.)

Und dennoch läßt sich das Leirissche Projekt an jenem selbstgelieferten Vergleich mit fiktionaler Erzählliteratur nicht messen. Nicht um ein Wissen oder ein ablösbares Bild geht es, um ein realistisches Gemälde, das Aufzeigen einer Epoche, und sei es in ihren disparatesten Intimitäten und Ungereimtheiten, sondern gleichsam um ein *Vollziehen,* um das Schreiben als die dem Tod, dem Vergessen, der Welt entgegengehaltene Lebenstätigkeit, denn alle guten (politischen, moralischen, selbstzweiflerischen) Gründe genügen nicht, es einzustellen. Warum dann nicht auch aufhören zu reden? Zu zeigen, daß man lebt?

Dies ist der unendlich reduzierte und im Sinne eines realistischen Bildes nicht zu fassende Punkt, um den das Leirissche Werk kreist und aus dem es die Welt schreibend entwickelt. In seiner »Beschränkung« vielleicht kein beispielhaftes, kein Schule machendes, aber ein exemplarisches Unterfangen.

IV Tagebuch (Phantom Afrika)

> Das Schreiben erhält mich, aber ist es nicht richtiger zu sagen, daß es diese Art Leben erhält?
> Kafka: Brief an Max Brod, 5. 7. 1922

Im autobiographischen Werk von Leiris ist *Phantom Afrika* ein Sonderfall: Als intimes Tagebuch und ethnographische Aufzeichnung in einem (der Empfehlung von Marcel Mauss folgend, jeder Feldforscher solle ein Reisetagebuch führen) ist *Phantom Afrika* in beider Hinsicht ein Unikum. Leiris hat später weder ein weiteres Tagebuch noch unverarbeitete ethnographische Aufzeichnungen publiziert. Das fünf Jahre später (1939) veröffentlichte Buch *Mannesalter* und auch die Bände der *Règle du jeu* verlassen das »Unvermittelte« der Tagebuchchronologie und bieten eine thematisch zentrierte assoziative Durcharbeitung des subjektiven Materials. Die als wissenschaftliche Nebenprodukte, Nachfolgeprodukte zur Expedition (bzw. zum Tagebuch) entstandenen späteren ethnologischen Arbeiten (vgl. Leiris I und II) abstrahieren von den Wechselfällen des ethnographischen Erlebens, den Mühen der Befragung[25] und dem »Widerhall der Präsenz und des Verlangens des Beobachters«[26] im beobachteten Milieu, oder sie verdichten sich zu eigentümlich von der Erkenntnis ihrer objektiven Fragwürdigkeit angefressenen Good-will-Bekundungen im Sinne des Antikolo-

---

25 Vgl. dazu etwa die besonders eingehend geschilderten Sackgassen, Begeisterungen und Unbillen seiner Befragung mit dem alten Ambibè Babadyi am 11., 12., 26., 28., 30. Oktober 1931 oder – banaler – seine Wutanfälle bei den Befragungen mit den Kirdi-Informanten (2., 4., 5., 6. Februar 1932): »Der sonst so sanfte Schaeffner, der mit meinem Moundang arbeitet, ist schließlich so hochgradig gereizt, daß er ihm plötzlich androht, er werde ihn ins Gefängnis werfen lassen, wenn er weiter so unmögliche Antworten gibt. – Ich selbst werfe auf einmal meine Befragung mit dem Namchi-Krankenpfleger hin. Seine unaufhörlichen Widersprüche bringen mich an den Rand des Nervenzusammenbruches.« (Leiris III, S. 228)
26 Jean Jamin: *Exotismus und Dichtung. Über Victor Segalen,* Frankfurt/M. (Qumran) 1982, S. 33.

nialismus und der angestrebten authentischen Erfahrung der untersuchten Kulturen.[27]

Methode und Regulativ sowohl der intimen Aufzeichnung als auch des ethnographischen Logbuchs in *Phantom Afrika* ist der Kalender, die fast ausnahmslos durchgehaltene Disziplin des tagtäglichen Aufschreibens. Noch ununterschieden genügt zu Beginn des Buches der Vorsatz der Notierung und die natürliche Progression der Reise, um der Aufzeichnung – bei aller anfänglichen Blauäugigkeit – ihre Spannung und ein recht glückliches Mischungsverhältnis der notierten Eindrücke und Ereignisse zu verleihen:[28]

Denn der Ausgangspunkt des Buches ist eine spezifische *Einfachheit*, eine nach außen gerichtete Erwartung: auch die persönliche Bestandsaufnahme lasse sich unterschiedslos in der Wiedergabe der äußeren Ereignisse realisieren. Der Aufbruch ins Fremde ist nämlich von einer ganz bestimmten Hoffnung getragen: weg von Paris, weg von den »rein ästhetischen Fragen«, den »sterilen Streitereien zwischen den einzelnen Gruppen«:

»(Ich sehe) in dieser Reise nicht nur die beste Methode [. . .], eine reale lebendige Kenntnis zu erwerben, sondern (erwarte) mir von ihr auch die Erfüllung bestimmter Kindheitsträume [. . .], eine Möglichkeit zugleich, gegen das Altern und den Tod anzukämpfen, indem ich mich – um wenigstens imaginär dem Fluß der Zeit zu entgehen – rückhaltlos dem Raum anheimgebe und damit auch meine eigene, zeitlich beschränkte Person im konkreten Kontakt mit einer großen Anzahl anscheinend sehr verschiedener Menschen vergesse.«[29]

Dieser Ausgangspunkt wird – zumindest in der Systematik der alltäglichen Notierung – bis zum Ende der Expedition nicht aufgegeben. Im

---

27 Schematisiert, parodiert nähme sich ein Argumentationskreislauf in diesen Schriften etwa so aus: Wir, der Westen, die wir an die grausamen Dimensionen unserer eigenen Zivilisation zu denken haben – und die Anderen, die ihre eigenständige Kultur haben, und diese Kultur wollen wir fördern. Obwohl, eigentlich haben sie ja diese eigenständige Kultur gar nicht mehr: Kolonialismus, Imperialismus. Aber es ist so wichtig, ja beispielhaft für uns, daß sie ihre eigene, eigenständige Kultur haben – obwohl, eigentlich können wir ja gar nichts für deren Bewahrung tun, das wäre nur Konservierung, das Eigene muß aus ihnen selbst kommen. Um zu sein, muß das Andere das Andere sein. Und doch kommen wir um die Diagnose nicht herum, daß das Andere bald nicht mehr sein wird. Und es bleibt nur das Gemischte. Aber auch damit das Gemischte wieder zum Eigentlichen wird, muß es von sich selbst her sein. Und wir, die Anderen der Anderen, wir können unendlich bemüht sein, und manchmal geschieht es, daß wir uns in die Arme fallen und gerührt sind über die gemeinsamen Regungen der Humanität – einen Moment lang.

28 Vgl. etwa den 24. Mai 1931.

29 Leiris II *(Das Auge des Ethnographen)*, S. 34-35.

Zuge der Reise zeigt es sich freilich, daß im Gegenlauf zu dieser Selbstverständlichkeit eine *neue* Grunderfahrung sich Platz schafft und an Allgemeinheit gewinnt: die Erfahrung der bleibenden Fremdheit. Aber wie neu sie sich aus dem Fortschreiten der Ereignisse gerade erst zu ergeben scheint, so wirkt diese Erfahrung doch zugleich wie eine alte *(und liegt in dieser Inaktualität nicht gerade der Ansatzpunkt für den späteren Blick zurück in die Kindheit, für das künftige autobiographische Werk?).*

Im zweiten Teil von *Phantom Afrika,* bei der Untersuchung der Besessenheitskulte in Gondar z. B., steht vielfach die repetitive Konstatierung des persönlichen Versagens, des Ungenügens und der Enttäuschung bei der ethnographischen Arbeit unverbunden neben der akribischen, wissenschaftlich gläubigen Notierung jeder Kleinigkeit eines äthiopischen Rituals. Allerdings nimmt in diesem Kontext die endlose Genauigkeit der Ethnographie unmerklich den Geruch eines peinlichen Faux-pas an. Selbst in ihrer exotischen (wunschhaften) Umformung bleiben die Dinge jedoch letztlich fremd, so daß auch Leiris als Fazit seiner Untersuchungen und Annäherungen hätte sagen können: »*J'ay feinct que les choses parloient.*«[30]

Und dennoch macht er seine Befragung weiter (»botanisiert er weiter«), verzweifelt er weiter, geht die Expedition weiter, ändert sich nichts. Leiris' Lähmung (wieso läßt er sich von Griaule so maßlos beeindrucken? wieso fühlt er sich schon wieder ausgeschlossen? wieso hat er schon wieder keine Lust mehr? sieht er in seiner Arbeit nicht viel mehr Enttäuschung als nötig wäre? fühlt er sich nicht fremder als er es eigentlich ist?) ist unhintergehbar, unzugänglich für Appelle nach Abwägung, Einsicht, Besserung, die ohnehin nur bewiesen, wie fremd die innere Erfahrung bleibt und wie äußerlich, maskenhaft die (von den anderen) erwartete Besserung zu realisieren wäre. Denn die Krise ist immer allseitig. Es gibt kein Detail, das eventuell zu korrigieren wäre. Alles ist immer zugleich *da* und *versteckt* in einem.

Auch der vielleicht erlösende, aus der Fremdheit, der »Einsamkeit unter Menschen«[31] herausführende Dialog scheint nur unter der Kontrolle eines Monologes zu erreichen, als wäre das Schreiben ausgeschlossen, verbannt aus der Gläubigkeit der persönlichen *Übertragung,* aus der Verbesserungshoffnung, die in jeder therapeutischen Übertra-

---

30 »So tat ich, als sprächen die Dinge.« (Segalen: *Die Ästhetik des Diversen,* Frankfurt/M. (Qumran) 1983, S. 35 ff.)

31 Kafka: Brief an Max Brod, 11. 9. 1922.

gungssituation einen *Verlauf*[32] vorgibt und den Sprachgestus der »Bekenntnisse« bestimmt. Nichts dergleichen letztlich bei Leiris (trotz der ursprünglichen Hoffnung, »daß ich darüber aufgeklärt werde – [. . .] – was ich im tiefsten Innern eigentlich will«[33]): Weder die Theoretisierung ohne Rest scheint möglich, noch die schließliche Auflösung der Erfahrung, sondern nun ihre Doppelung, ihr Ausschreiten. Das *Phantom Afrika* scheint nur der Angelpunkt, an dem die Wiederholung der Fehlschläge – gelebt, stilisiert als Fluch, als Komik, als Unvermögen, als Vorlage für einen literarischen Versuch, als orientalische Komödie, als aninterpretiertes psychologisches Problem, als Naivität, als Fremdheit, als Vorsatz, als zynische Beschreibung – die Darstellung immer zentraler beherrscht (deckungsgleich noch mit der als Hoffnung weiter festgehaltenen Erneuerung durch das Andere, durch die Reise) und sich dann folgerichtig im *Mannesalter* zu einer weiteren Doppelung, der Rückkehr in die Kindheit, in die Erinnerung ausweitet.

Das bisweilen etwas Chaplineske der ewigen Fehlschläge wird erst in bestimmten stilistischen Zügen des später veröffentlichten *Mannesalters* (das überzwerch-selbstironisch-Bescheidene) wirklich greifbar, denn bei dieser Art der Komik bedarf es einer gewissen Inszenierung. Der »unmittelbare« Stil des Tagebuches verdeckt diesen Zug eher. Das Repetitive des Reisetagebuches erscheint weder als ein persönliches Groteskes noch als ein absolutes, der »Menschheit« inhärentes Groteskes, sondern als die immer wieder unvorhergesehene (obgleich schematische) Konsequenz einer Niederlage vor der übermächtigen Realität. Die Kurve der Bemühungen, der kleinen Siege und Niederlagen, das Auf und Ab der Launen ist zu sehr dem Zufall der Ereignisse des nächstfolgenden Tages oder der nächsten Stunde preisgegeben, als daß es den gelösten Charakter der chaplinesken Tragikomik annehmen könnte. Dazu kommt, daß das permanente Danebengehen zwar von außen gesehen komisch wirkt, die innere Ansicht der Dinge dagegen – und das gilt trotz des Charakters einer »Chronik der Ereignisse« gerade für *Phantom Afrika* – jenes diffuse Schuldbewußtsein zu Tage fördert, welches als die Konsequenz der Fehlschläge erscheint, während es doch eher (wenigstens als begleitende Ratte) an ihrem Ursprung sitzen mag.

»Aber man muß nicht sehr genau hinschaun und das Schuldbewußtsein

---

32 Ein beliebiges Zitat: »Lassen Sie der Seele Flügel wachsen. Wege aus der Lebensangst«: der Titel eines rororo-Sachbuches Psychologie.
33 Leiris: *Biffures*. Zitiert bei Pontalis, a.a.O., S. 320.

ist bloß ein Zurückverlangen.« (Kafka)[34] Der Weg zeichnet sich ab zum
memorisierenden, retrospektiven Unternehmen des *Mannesalters*.

V Veröffentlichen

> Nun habe ich Sie also überzeugt, Fräulein Grete, und Sie
> fangen an, in mir nicht F.'s Bräutigam, sondern F.'s Gefahr
> zu sehen.
>
> Kafka: Brief an Grete Bloch, 3. 7. 1914

Jedes Veröffentlichen ist beflügelt von der Hoffnung, daß es nicht gehört werde. Das Geschriebene ist in den Wind geschrieben, für ein
fernes, gesichtsloses Tribunal. Der Skandal der Exhibition findet nicht
statt. Und ist nicht gerade bei Tagebüchern (Bannsprüchen, daß einem
nicht mehr widerfahre, was man soeben als seine ewige Krux hinstellte)
der Publikationswunsch am stärksten?
Die Verwunderung dann, im einzelnen doch für das gehalten zu werden, als was man sich darstellte.
In diesem Doppel von rücksichtslosem Entblößen und blindem Hinhal-
ten (als gelange eigentlich nichts von dem Persönlichen an ein Gegenüber[35], als sei der Raum, in den man hineinschreibt, ohne Widerhall und
kenne nur das Echo und die Ansprüche der eigenen Furcht) ist wieder
beides, die realistische Radikalität des autobiographischen Schreibens
und das Ungreifbare seines Gegenstandes spürbar: die Beschränkung
der Perspektive auf die Selbstbeleuchtung/Selbstzerfleischung des *Individuums*, dessen Aufnahme und Infragestellung als Wirkprinzip der
Moderne (der Lebenslauf als Mikrostruktur des bürgerlichen Erfolgs-
lebens) und zugleich das Protokoll der Verstrickung im Mißverhältnis
des Privaten, in der Unmöglichkeit von Überein-Stimmung im nahen
Bezug, der Unmöglichkeit, zu bewirken, was man sagt, dem Unab-

---

34 Kafka: Brief an Felix Welsch, September 1913.
35 »Aber nicht nur, wenn wir von uns selbst reden, glauben wir, die Anderen seien blind, nein, wir
handeln auch so, als wären sie es. Es ist für einen jeden von uns ein spezieller Gott da, der ihm
seinen Fehler verbirgt oder ihm dessen Unsichtbarkeit verspricht, genauso wie er den Leuten, die
sich nicht waschen, die Augen und die Nasen verschließt angesichts des Schmutzrandes rund um
ihre Ohren und des anhaltenden Schweißgeruches unter den Achseln und ihnen einredet, sie
könnten den einen wie den anderen ungestraft durch die Welt tragen, ohne daß jemand es merke.
Und diejenigen, die falsche Perlen tragen oder zum Geschenk machen, bilden sich ein, man hielte
sie für echt.« (Marcel Proust: *A la recherche du temps perdu*, Pléiade, Paris (Gallimard) 1954.
Bd. 1, S. 744).

schließbaren der Korrektur (des Beredens). Die Autobiographie ist endlos.

VI Die Reise am Reisetagebuch

Anders, einfacher scheint es aber gerade beim Reisetagebuch zu sein, wo das Schreiben im *Be*schreiben seinen konkreten Sinn finden und das Gelebte als *Er*lebtes (als Abenteuer) per se Interesse gewinnen könnte. Nun hat allerdings der rote Korsar kein Tagebuch geführt, seine Heldentaten nicht schriftlich verdoppelt, und alles spricht dafür, daß selbst das *gelebte Abenteuer* (die Abenteuererzählung) erst durch bestimmte Arrangements (Peripetien, Verhältnis von Anfang und Ende, Auswahl, Ausmerzen des Repetitiven, des gegenläufigen Persönlichen) seine Wirkung erhält. Umgekehrt zeigt sich etwa an Werner Herzogs *Fitzcarraldo,* wie belanglos gerade die tatsächliche, nachträgliche Realisierung einer *fiktiven Abenteueridee* sein kann (zumindest deren Abfilmung, denn die Fiktion wird dadurch nicht wahrer, sondern nur zähflüssiger, unstimmiger): wie nichtssagend ist die Mühe der schwitzenden Indios, die an den Hebeln drehen, um das Schiff *wirklich* über den Berg zu bringen, wie peinlich ihre Kriegsbemalung, bei der weder das Dokumentarische noch das Erzählerische mehr greift.
Leiris hat in *Phantom Afrika* exemplarisch erfahrbar gemacht, wie – ausgehend von der, ja *innerhalb* der »naiven« Übereinstimmung des klassischen Entdeckungsreisenden mit sich selbst und seinem Beschriebenen – die Fronten sich aufspalten und jetzt unversöhnt nebeneinander bestehen: wie aus dem Abenteurer der Zuschauer, aus dem immer Neuen das immer Gleiche wird und die Genauigkeit des ethnographischen Beobachters umkippt in die Blindheit nasenplatter Akribie. Der Wunsch erfährt sich nur mehr als privat oder in romantischem, fernem Rückbezug auf verlorene (obgleich nahe) Rituale; selbst die Extase ist angefressen, psychologisiert, momentan.

»Auf den Rat meines Arztes und weil ich selbst meinte, es fehle mir ein wenig die Erfahrung einer härteren Lebensweise, (ergriff ich) die Gelegenheit, eine lange Reise zu machen, und verreiste als Mitglied einer ethnographischen Expedition für fast zwei Jahre nach Afrika. Nach Monaten der Keuschheit und der Entsagung, während eines Aufenthaltes in Gondar, verliebte ich mich in eine Äthiopierin, die physisch und mora-

*lisch meinem doppelten Ideal der Lucretia und der Judith entsprach.
[. . .] Im Jahre 1933 kehrte ich zurück und hatte wenigstens eine Legende
zerstört: jene vom Reisen als Möglichkeit, sich selbst zu entfliehen.«
(Leiris 1939a/1975, S. 202 f.)*

VII Phantom Afrika, zweiter Teil

C'est encore un peu le chemin de fer, la route ou le bateau . . .
1. Juni 1932

Der zweite Teil von *Phantom Afrika* ist der bessere. Der längere, der
intensivere, der persönlichere und (bei allen Skrupeln) der freiere.
Der Anfang des zweiten Teils (die Ankunft an der abessinischen
Grenze am 20. April und das endlose Hin und Her mit den Zollbehör-
den bis zur schließlichen Einreise am 1. Juni) ist ein besonders glücklicher Moment des Buches, wo die doppelpolige Struktur des Reisetagebuches (das Ereignishafte und die persönliche Bestandsaufnahme) eine
ausgewogene, gleichmäßig atmende Erzählung ausbildet, die eine Vielzahl persönlichen und äußeren Materials zu einem komplexen Bild zu-
sammenfügt (das nicht in seinem Dargestellten, aber in seiner fließen-
den Erzählung eine besondere Stimmigkeit gewinnt). Würde man diese
Passage ganz als Erzählung lesen, könnte man sagen, sie sei besonders
gelungen, und doch ist es gerade das Tagebuchhafte daran, die »selbst-
tätige« Korrektur des einen Tages durch den nächsten, der einen
Stunde durch die andere (d. h. eine besondere Rezeptivität hierfür),
die dem Erzählten seine Offenheit und Intensität verleiht.
Aber es gibt noch einen anderen subjektiv-objektiven Grund für dieses
»Gelingen«: Die Situation steht auf eine fast halluzinatorische, komö-
diantische Weise in bezug zur Grunderfahrung des ganzen Buches, der
bleibenden Fremdheit. Leiris spielt wochenlang den Unterhändler,
läuft von den Abessiniern zu den Engländern, von den Engländern zu
den Abessiniern, in einer Situation, in der nichts voranzugehen scheint,
in der jede Demarche (und das ist das einzig Voraussehbare daran) ein
unerwartetes Ergebnis zeitigt. Beide Seiten lavieren, die improvisierten
Bürokratien und Pläne gedeihen, nichts geht voran. Leiris ist höflich, er
brüllt, er verausgabt sich, er macht Komplimente, er raucht die ange-
botenen Zigaretten, er bringt den Bakschisch, Papiere werden ausgestellt, vorgezeigt, abgelehnt, neue angefordert, vom englischen *District*

commissioner übersetzt, auch sie nutzen nichts, aber die Verhandlungen und Scharmützel gehen weiter. Es ist nicht auszumachen, ob Leiris überhaupt noch mit dem Bewußtsein über die Grenze geht, irgend etwas voranzubringen, oder ob sich nicht seine zeitweilige Euphorie gerade aus der untergründigen Überzeugung von der perfekten Erfolglosigkeit seiner Demarchen herleitet.

Und in dieser orientalischen Comédie légère, die sich hier an der abessinischen Grenze abspielt, in einer Situation, in der die persönliche Unterscheidung zwischen Fehlschlag und Gelingen hinfällig wird angesichts des vollkommenen Auf-der-Stelle-Tretens der Ereignisse, wo alle nur denkbaren Einstellungen von den brüderlichsten Gefühlen bis zu Invasionsgelüsten Revue passieren und sich gegenseitig revidieren, in dieser euphorisch illusionslosen Spiel- und Erleidenshaltung, in der sogar die Zeit, und damit der Fortgang der Expedition aufgehoben scheinen, ist paradoxerweise der Kern, die Qualität, die organisierende Erzählinstanz des ganzen Buches greifbar.

Bis zum Ende verliert die Aufzeichnung nie mehr ganz jenen Fluß in der Notierung der disparaten Elemente, den sie am Anfang des zweiten Teils gewinnt.

Am 7. Juni z. B., während der Karawanenreise in Richtung Tchelga, als Leiris und der »Pfadfinder« Faivre alleine die 1. Karawane anführen (Leiris hat seine Probleme mit der Autorität, ist abwechselnd »brutal« und versöhnlich, berichtet dem Expeditionschef Griaule ausführlichst von wenig aufregenden Einzelheiten, wobei die Ausführlichkeit etwas von der Erregung durchscheinen läßt, in das ihn dieses Abenteuer in Selbstverantwortung, auch Griaule gegenüber, versetzt), am 7. Juni erzählt Leiris von einem für ihn demütigenden Ereignis, der Meuterei des Domestiken Wadadjé:

».. . *er erinnert mich – mit den Füßen stampfend – an den Tag, als ich mit seinem Essen ›Fußball gespielt habe‹, und fügt außer sich vor Wut hinzu, daß wir nicht mehr ›im Land der Europäer sind, sondern im Land der schwarzen Menschen‹«.*

Die Darstellung der Demütigung beleuchtet seine Rolle als Karawanenchef, als Europäer, als Michel Leiris, als improvisierter Anführer in der Fremde, den schon am 1. Juni beklagten »Mangel an Befehlsgewalt« und auch die zweifelhafte Lösung des Autoritätsproblems (von der nicht auszumachen ist, ob sie nun ein geschicktes Manöver darstellt oder eine blinde Farce und Selbstüberredung), die versuchte Umkehrung der Niederlage in Großmut, das Grinsen der Treiber, die Spende von Fleisch usw.

Die Situationen werden äußerst klar, die Bezüge entziehen sich aber den Vorstellungen, die man zu Recht oder zu Unrecht vom Wirken eines Ethnographen, von der Beziehung Eingeborene – Europäer zu dieser Zeit (Anfang der dreißiger Jahre) im Kopf haben mag. Und doch wird auch nichts Gegenteiliges erzählt: die Expedition wird durchgeführt, die Autorität irgendwie wiedergewonnen, auch die Euphorie vor dem Anderen legt sich wieder, man bleibt bei sich, man ärgert sich letztlich über die Widerstände[36], man macht seinen Job.

Sehr bezeichnend dafür (sehr komisch und entblößend im Grunde) die Begegnung mit dem ausgesprochen uneuropäischen, sehr »anderen« Fitaorari Asfao, einem würdigen, ja souveränen Mann: Bezeichnend für die selbstgestellte Falle, in die der Ethnograph tappt, wenn er als Fachmann, der die Riten und Lebensweisen der Anderen »kennt, schätzt und würdigt« und als Seigneur (eine Rolle, die er als Europäer, auf Grund seines relativen Reichtums automatisch innehat) mit diesen »Anderen« in Kontakt tritt.

Des Fitaorari Gastfreundschaft ist überwältigend und wird auch gebührend von ihnen genossen. Bis sich herausstellt, daß die Überwältigung buchstäblich zu nehmen ist und das Durchfüttern der Gäste dem Nudeln von Weihnachtsgänsen gleichkommt. Die Grenzen der europäischen Mägen und Festgelüste sind schnell erreicht. Es gilt also, sich zu entziehen. Ausflüchte werden gefunden, man hofft gar, den Fitaorari Asfao umgehen zu können, denn er soll dieser Tage abberufen werden. Nun wird er aber gar nicht abberufen. Und man hatte ihn überhaupt nicht mehr vom geplanten Abreisetag der Karawane unterrichtet. Der perfekte Schnitzer! Wieder verlegt man sich auf die umständlichsten Ausflüchte, die der Fitaorari offensichtlich durchaus als solche durchschaut. Aber er geht letztlich darüber hinweg und organisiert beim Abschied der Karawane eine abschließende Rezeption:

»*EINE TÖRICHTE WETTE:* Er hatte gewettet, Schlag zwölf Uhr mittags zwölf hartgekochte Eier zu verspeisen. *Noch eine Sentenz – diesmal in Form einer Schlagzeile – geht mir durch den Kopf, als ich – von der Abschiedssituation überlistet – tatsächlich vom Fitaorari mit hartgekoch-*

---

36 Vgl. Heinrichs (Vorwort zu Leiris III, S. 9): »Es ist die eurozentristische Idee, das Fremde authentisch haben zu können, ohne daß es sich als widerständig erweist, ohne daß es sich dem Zugriff der Weißen verwehrt.«

*ten Eiern vollgestopft werde. Dieser großmütige Mann – der seine
schlechte Laune von gestern vergessen und sich damit abgefunden zu
haben scheint, kein besonders ansehnliches Geschenk zu erhalten – mästet mich heute so rapide, daß ich kaum die Zeit finde, Sturzbäche von
Hydromel nachzuschütten (der zum Glück nicht sehr stark ist), um dem
Geschick des törichten Wetters, dem Tod durch Ersticken, zu entgehen.«
(27. 6.)*

Hätte Leiris dieses Tagebuch nicht geschrieben, man sähe wohl dieselben Ausstellungsstücke im Pariser Musée de l'Homme. Leiris hat sich
nicht gegen die oft raubzugartigen Praktiken beim Erwerb dieser Gegenstände gewandt (eher im Gegenteil): er hat sie beschrieben, die
obsessionelle Lust dabei, den Durst nach mehr und immer mehr[37], die
Umkehrung des fehlenden menschlichen Bezugs in nie rastende Kauf-
gier, Gier des Zugreifens, Einpackens, Auswertens:

*»Noch haben wir niemand seine sämtlichen Kleider abgekauft und ihn
(oder sie) nackt an der Straße stehen lassen, aber das kommt bestimmt.«
(29. 8. 1931: Leiris III, S. 104)*

Und doch wäre der würdigste Platz für dieses Reisetagebuch neben
diesen Ausstellungsstücken selbst, neben jenen spektakulären Verdich-
tungen einer fremden Kultur, als ebenbürtiges Zeugnis der europäischen Zivilisation: weniger im Sinne einer Verdichtung freilich, sondern vielmehr als Protokoll einer Aufsplitterung, in dem unser Größen-
wahn, unser lärmender Kleinmut und blinder Eroberungsdrang, Kon-
frontationsdrang, Bewunderungsdrang wie Bruchstücke eines zentrifu-
gen Universums aufscheinen.
Untersuchungsgegenstand ist nicht der Eingeborene, sondern das han-
delnde Ich, der arbeitende Ethnograph, der Europäer in Afrika, der
Wissenschaftler im Kolonialismus, der Diplomat im unterentwickelten
Ausland, das Ich in ewiggleichen Umständen . . .
Unterminierend ohne anzugreifen, reflexiv ohne eine (eine weitere)
Sachtheorie anzubieten, ist das Leirissche Unternehmen der Spiegel,
der nicht neutral »am Wege steht« (Stendhal), sondern in den Bruch
des eigenen Verhaltens hineinleuchtet. Wer keine Brüche sieht, den
mag es nur ärgern.
Das Kernstück des ganzen Buches ist die monatelange Untersuchung

---

37 Die beiden spektakulärsten Beispiele sind der Raubzug am 6. 9. 31 und die problematische Entfernung der äthiopischen Kirchengemälde.

der *Besessenheitskulte* in Gondar, anders gesagt die Freundschaft zu einer äthiopischen Heilerin, die Liebe zu ihrer Tochter, anders gesagt der Weg von der Euphorie über das wissenschaftliche »Seine-Arbeit-machen« und die persönliche Enttäuschung zum nachträglichen Bedauern, die Geschichte eines langwierigen Werbens um Nähe und Kommunion, der Fehlschlag eines versuchten (oder doch nur ablehnend erträumten?) Einswerdens.

Wer die Arbeiten »Die Besessenheit und ihre theatralischen Aspekte bei den Äthiopiern von Gondar« (Leiris I, S. 135-227) und »Der Stier für Sayfou Cangar« (Leiris II, S. 145-167) kennt, der kennt auch Leiris' Interesse, der ahnt seine Faszination. Er kennt den Zusammenhang der Rituale, aber nicht die Geschichte, den *europäischen* Zusammenhang dieses ethnographischen Unternehmens, das sich – wie man hier erst merkt – schließlich nicht von selbst versteht.

Es ist ein besonderes Zusammenspiel von Entblößungsbedürfnis und Verbergen, wenn Leiris gegen Ende des Buches der Erzählung eines erotischen Fehlschlags eine literarische Form verleiht: der Novelle vom mißlungenen erotischen Abenteuer und vom mutmaßlichen Selbstmord eines gewissen Axel Heyst, der sich nach langer Zeit der Keuschheit in den Kolonien eine Prostituierte zuführen läßt, die ihm gleich wieder davonläuft. (Leiris selbst hatte sich – wie er in den Anmerkungen bekennt – von dem ehemaligen Meuterer und Dolmetscher Wadadjé eine Frau bringen lassen,

»die wieder weggelaufen ist – ohne Zweifel, weil sie von der Größe des Hauses beeindruckt war und von dem Umstand, daß es sich um ein Regierungsgebäude handelte.« (27. 12. 1932, Anmerkung 66)

Die Novelle von Axel Heyst und die sie umrahmenden Reflexionen sind in gewisser Weise die depressive Kondensation, das Fazit der Monate in Gondar, ja des ganzen Buches. Die der Erzählung unmittelbar vorausgehende Notierung lautet:

»26. Dezember
Entsetzliche Trübsal. Die wirkliche, die koloniale Trübsal. Untätig, ein Zimmer ganz für mich allein; Tür und Tor stehen offen für jedweden Spleen. Rückblick auf meine sämtlichen Fehlschläge: Fehlleistungen, mißratene Abenteuer, mißlungener Beischlaf. Mich auflösen in einer Woge sanfter Haut, roter Kleider, schwarzen Leibes. Unvermögen . . .
Aussichtslos, endlich einmal einfach zu sein, ruhig die Gelegenheit zu ergreifen, nicht alles zu komplizieren. Wo die anderen ihre Lust finden,

vermag ich nicht einmal eine Obsession loszuwerden. Das Leben, das
ich mir unendlich weit gespannt wünschte, dessen einzige Schönheit aber
vielleicht darin bestanden haben wird, gewissermaßen unendlich lädiert
gewesen zu sein . . .
Plan zu einer Erzählung, deren einzelne Elemente so weit wie möglich
der gegenwärtigen Realität entlehnt wären.«

Am Ende der Novelle bzw. des Novellenprojektes – denn wie sollte sich
an dieser Stelle ein abgerundetes Werk ausbilden können? – gehen die
Reflexionen wieder in das altbekannte Gefühl des Ungenügens über.
Was ist letztlich mit dieser Literarisierung gesagt? Ist es nicht wieder
eine Verfälschung, abermals ein Scheitern? Er versucht, die Aussage
allgemeiner, theoretischer zu fassen:

»Die Liebe, die uns vereint und die uns trennt [. . .], die Liebe, die uns
die anderen hassen läßt, denn ist sie nicht die eklatante Bestätigung un-
serer Einzigkeit, unserer Einsamkeit; die Liebe, der geborene Feind des
Humanismus und des christlichen Geblökes.« (27. 12.),

aber sie wird zugleich wolkiger dabei, etwas peinlich sogar, sie greift zu
und gleichzeitig daneben. Ist der letzte Grund seines Ungenügens nun
»jene morsche Gesellschaft, die sich verzweifelt an ihre alten Werte klam-
mert« (27. 12.)? Wie geht es weiter? Ist nicht anderes noch zu sagen?
Auch diese Sätze sind nicht die letzten . . .

Und hier setzt das Tagebuch die objektiven Zäsuren. Am nächsten
Tag, am 28. Dezember, findet sich die folgende, ganz anders gestimmte
Notierung:

»Ich fühle mich doch wieder etwas besser. Ich habe heute nacht gut
geschlafen, bei offenem Fenster. Die unvermeidliche Entspannung nach
den abessinischen Affären hat sich bei den einen in Müdigkeit niederge-
schlagen, bei mir in einer massiven, aggressiven Rückkehr meiner Pho-
bien. – Meine Wahnvorstellungen sind weg. Ich kann mir wieder eine
Beschäftigung vornehmen. Die Rache wird kommen, wo den Phanto-
men der Garaus gemacht wird. Ein paar Tiefschläge vielleicht noch, aber
ich träume von einem wunderbaren Frieden nach meiner Rückkehr.«

Und dann gegen Ende der Reise, kurz vor der Heimfahrt, die paar
Bordellbesuche in Djibouti, die er im *Mannesalter* kommentiert:

»Nach meiner Abreise von Gondar hatte ich schließlich im ›heißen Vier-
tel‹ von Djibouti einige Zufallsbegegnungen mit Somalimädchen; den-

*noch habe ich von diesen lächerlichen und unglücklichen Liebschaften
einen paradiesischen Eindruck bewahrt.« (Leiris 1939a/1975, S. 203)*

Aber dabei bleibt es nicht. Das Pendel wird wieder zurückschlagen.
Denn zwar ist das Buch hier zu Ende, aber nicht sein endloses Projekt.

15. Mai (S. 35, Abs. 1)

Bei den Dogon von Sanga ist meine »Neigung zum Höhenschwindel« einmal auf ziemlich lächerliche Weise zum Ausdruck gekommen: Bei einer Exkursion auf dem Hochplateau, als wir, glaube ich, das alte Dorf I besuchten, mußten Schaeffner und ich uns von unseren Gefährten trennen, weil wir es nicht über uns brachten, eine (allerdings gute 100 Meter tiefe und geradezu senkrecht abfallende) Felsspalte zu überqueren, wo es doch nur eines großen Schrittes bedurft hätte, um auf die andere Seite zu gelangen. An die Verlegenheit des anderen denkend, da hinüberzuspringen, hatten wir beide erst einmal darüber gelacht, aber schließlich war einer so gelähmt gewesen wie der andere.

23. Mai 1932 (S. 44, Abs. 3) und passim.

Keine »Fladen«, sondern Pfannkuchen, auf amharisch *enjera*.

19. Juli (S. 129, Abs. 3)

Den Schreibern oder *dabtara* wird gewöhnlich der Titel *alaqa* verliehen.

5. September (S. 184, Abs. 4, 5)

Die besagten Vögel waren für die Sammlungen des Musée national d'histoire naturelle bestimmt.

20. September (S. 222, Abs. 12) und passim.

Nach verschiedenem Hin und Her erkannte ich, daß das Wort *mora* tatsächlich das Bauchfell bezeichnet und nicht das Zwerchfell.

7. Oktober und die folgenden Tage (S. 246 ff)

Ich habe in *Minotaure*, Nr. 2 unter dem Titel: *Le Taureau de Seyfou Tchenguer* eine ausführlichere Beschreibung dieser Zeremonie gegeben (vgl. Leiris II, S. 145 ff). Außerdem findet man in *Aethiopica*, 3. Jahrgang, Heft 2 eine Studie über das Ritual, dem ich am Morgen des 11. Oktober beigewohnt habe *(Un rite medico-magique éthiopien: le jet du danqarâ)*. Zwei weitere Artikel, von denen der eine, *Le culte des zars à Gondar (Ethiopie septentrionale),* in *Aethiopica*, 2. Jahrgang, Heft 3 und 4 erschienen ist, und der andere, *La croyance aux génies »zar« en Ethiopie du Nord,* im *Journal de Psychologie normale et pathologique*, XXXV. Jahrgang, Heft 1-2, steuern zur Erforschung des abessinischen Zar definitionsgemäß ausgearbeitetere Stellungnahmen bei, als die unverarbeiteten Dokumente (Beobachtungen oder Eindrücke) in dem vorliegenden Logbuch.

16. Oktober (S. 268, Abs. 1)

Da er annahm, Yeshi Arag leide lediglich an einem Erguß der Gelenkschmiere, hatte Larget die Pflege in der Sanitätsstation des Konsulats angeraten. Trotz meiner Pietät den Zar gegenüber hatte ich mich dieser Auffassung angeschlossen und in diesem Sinne mit Malkam Ayyahou gesprochen. Von dieser wurde demnach der Yeshi Arag angeblich plagende Zar (den man bei einer Trance dieser letzteren ausfragte) um die Erlaubnis gebeten, sie Ibrahim übergeben zu dürfen. Malkam Ayyahou verbuchte die von Yeshi Arag nach dem Eingriff verspürte Besserung selbstverständlich für den besagten Zar und konnte so das Gesicht wahren.

20. Dezember (S. 350, Abs. 7)

Trotzdem habe ich mich gerade deshalb, weil Abessinien keine Kolonie war – und nicht allein, weil es der einzige Ort war, wo wir uns etwas länger aufgehalten haben und weil sein altes Christentum es Europa kulturell näher rückt als andere Gegenden Afrikas –

alles in allem mehr mit den Menschen in Verbindung gefühlt als in den anderen Ländern, die wir bereist haben und deren Einwohner mir eher wie Schatten entgegentraten denn als konsistente Partner. Ob sie nun gut oder böse sind, man hat zu freien Menschen gesündere Beziehungen als zu Leuten, die unter Vormundschaft stehen, denn die Beziehung zwischen Herr und Knecht kann nie eine vollwertige menschliche Beziehung sein.

26. Dezember (S. 358, Abs. 2, 3)

Wenn der Doktor etwas eingehender nachgedacht hätte, so hätte er sich bestimmt auch weiter über jenen Faustschlag ausgelassen, den Heyst dem eingeborenen Arbeiter versetzt hat, der in der Gegend der »beachtlichen Ausbildung seines männlichen Organs wegen berühmt war«. Es wäre ihm nicht entgangen, wie sehr die Reaktion von Axel Heyst – diese Regung puritanischer Wut einem Farbigen gegenüber – trotz seiner anzunehmenden geistigen Aufgeschlossenheit infiziert war von einem der schlimmsten Rassenvorurteile: demjenigen, das in den Augen zahlreicher Weißer die Schwarzen in gefährliche sexuelle Rivalen verwandelt, die es unbedingt auf Distanz zu halten gilt. Und vielleicht wäre ihm aufgegangen, daß Heyst eben deshalb nicht um den Selbstmord herumgekommen war, weil die Furcht, sich als minderwertig zu erweisen – ablesbar an dem hohen Preis den er an sein Prestige setzte und der übergroßen Sorglichkeit, mit der er auf sich selbst bedacht war – nicht ohne eine radikale Umkehr zu überwinden gewesen wäre, dergestalt, daß er z. B. in einer Frau nur noch *diese* bestimmte Frau zu erkennen vermocht hätte, anstatt sie zu einem Instrument zu reduzieren an dem er seine Versuche hätte anstellen oder sich bewähren können – daß er schließlich ganz allgemein sich in geringerem Maße um seine *Männlichkeit* besorgt, sich aber zugleich reicher an einfacher Menschlichkeit gezeigt hätte.

2. Januar 1933 (S. 363, Abs. 8)

Ich muß freilich gestehen, daß ich sehr wenig Übung im Tennisspielen hatte (genauso wenig wie in allen anderen Sportarten) und immer ein jämmerlicher Spieler gewesen bin, selbst wenn ich einmal gut in Form war.

12. Januar (S. 368, Abs. 7)

Geheilt vom »exotischen Wahn« – was zweifellos auf dem Wege zu einer realistischeren Auffassung der Dinge einen wichtigen Schritt bedeutete – war ich doch noch zu egozentrisch, um nicht dem Verdruß und der Verachtung anheimzufallen. Indem ich jetzt alles auf die »farbigen Frauen« abluf, von denen ich so lange geträumt hatte, würdigte ich sie jetzt zu bloßen Tieren herab, als wenn die Liebe mit jemand, mit dem keine sprachliche Verständigung möglich ist, und unter Bedingungen, die auch das geringste erotische Einvernehmen bei der Vereinigung ausschließen, nicht in der Tat die größten Chancen hätte, sich kaum nur von der Bestialität zu unterscheiden.

12. Februar (S. 385, Abs. 3)

Neben dem sexuellen Themen tritt im Verlaufe dieses Tagebuchs das Thema des Horrors vor dem Krieg und das der Kriegsdienstverweigerung wie ein Leitmotiv heraus. Von den »Funksprüchen von heute morgen« vermerkte ich zwar die Resolution einer Gruppe Oxforder Studenten, aber ich übersah eine Meldung aus Deutschland: die Ernennung des nationalsozialistischen Führers Adolf Hitler zum Reichskanzler. Ich unterschätzte natürlich die Bedeutung dieser Nachricht und erkannte nicht, wie sehr dieser Krieg, an dessen unmittelbares Bevorstehen ich schon seit langem glaubte, sich auf einmal als gewiß und relativ nah erwies. Zweifellos war ich auch derart fasziniert von jeder moralischen Stellungnahme in spektakulärer Form, daß mir ein Manifest wie das der ehemaligen Schüler von Oxford erwähnenswerter schien als ein in seiner ganzen Nacktheit einfaches, reales Faktum, dessen Bedeutung ich seinerzeit nicht zu ermessen vermochte, insofern mir eben meine persönlichen Probleme den Blick dafür verstellten, das aber eine Lawine von Ereignissen auslösen sollte, die alle Schläfrigkeit und Selbstbezogenheit schon bald zunichte machten.